2014年度山西经济社会发展重大课题

2016年度山西省哲学社会科学规划课题

主　　编：李中元　杨茂林

执行主编：刘晓丽

副 主 编：马志超

课题组成员：（以姓氏笔画为序）

王勇红　刘晓丽　张文广　张侃侃　李　冰　陕劲松

柏　婷　赵俊明　郭永琴　秦　艳　董永刚

西沟

西沟口述史及档案史料

（1938—2014）

李中元　杨茂林　主编

刘晓丽　执行主编

村政卷二

本卷编者　郭永琴

人民出版社

出版说明

《西沟口述史及档案史料（1938—2014）》是2014年度山西经济社会发展重大课题，2016年度山西省哲学社会科学规划课题，是山西省社会科学院“西沟系列研究”课题组历时3年的研究成果，从2013年3月至2014年6月，课题组核心团队经过了艰苦的田野调查、深度访谈与原始档案的拍摄及扫描，拿到了大量的极其宝贵的第一手资料，这些资料全面深刻地反映了山西省平顺县西沟村，怎样从太行山深处的一个偏僻小山村，凤凰涅槃般地成为互助合作化时期的中国名村、成为全国农业金星奖章获得者所在地、第一届至第十二届全国人大代表诞生地的历史图景；到2015年3月，经过课题组全体成员艰苦紧张的专业性努力，这些原始资料成为在乡村社会史、当代中国史、口述史学、妇女史学等研究领域具有很大价值的学术成果。再经过一年多的修改打磨，2016年7月，全套书籍正式交由人民出版社，又经过一年多的出版方与作者双方的多次沟通、协商、精细化打磨，现在，这项研究成果终于要与读者见面了！其间艰辛自不必说！

《西沟口述史及档案史料》涵盖两大内容：一是西沟村民群体性口述史成果，二是从1938年至2014年间西沟村完整原始档案的整理与发掘，它们与本课题另一重要成果——反映西沟专题人物的口述史著作《口述申纪兰》相互印证，在西沟这个小小山村范围内，集专题人物、村民群体、原始档案整理于一体，在相关学术领域内的意义是有目共睹的。

“西沟系列研究”课题是立体性学术研究成果，首先，它突破了书斋式研究范式，课题组成员走向田野，走进被研究者生活之中，走进鲜活的社会现实，将平生所学运用于广泛深刻的中国农村变迁。这种科研体验是全新的，有生命力的，课题组的每一位成员，都在这种科研体验中得到了成长；其次，“西沟系列研究”课题从开题到正式出版，得到了方方面面人士的关注，除课题组成员付出大量的艰辛的劳动之外，从申纪兰以下，本套书中出现的每一位工作人员，都从不同方面为它的成功出版作出了努力。

整套书除已经明确署名部分外，其他分工如下：西沟口述史部分，第一章、第五章、第七章由赵俊明编撰，第二章由刘晓丽编撰，第三章、第四章、第六章由郭永琴编撰，第八章、第九章、第十章由张文广编撰。整套书由刘晓丽最后统稿。

本套书不足之处：口述访谈部分过于碎片化、一些提问缺乏深度，显示访谈者前期功课不足；档案史料部分，注重了史料的内容，忽视了拍摄清晰度，由于重新拍摄难度太大，只能对清晰度加以调整。这两个不足，既有主观原因，也有客观原因，不能不说是一大遗憾。

编　者

2017年7月29日

凡例二

一、本档案史料为《西沟口述史及档案史料（1938—2014）》的子课题，内容涵盖西沟村经济、土地林权、农林牧业、政治活动、人口、养老、青年工作、科教文卫、民事调解、人物手稿、照片、锦旗等。

二、本档案史料涵盖1938年到2014年的历史阶段。

三、本档案史料按不同专题分卷出版，有一个专题一卷，也有多个专题一卷，共分八卷。

四、所选档案史料一般以同一内容为一类别，或彼此有直接联系的组成一类别，同一类别内按照年代先后排序。

五、档案史料中涉及个人隐私部分，如姓名、证件号码等，一律作屏蔽处理。

六、所选档案史料如需注释，则在页下作注。

七、文中数字用法：

使用阿拉伯数字的情况：说明中的公历年月日、年龄等，一般用阿拉伯数字；一般有精确统计概念的十位以上数字用阿拉伯数字；一组具有统计意义的数字中，为照顾段落格式统一，个位数有时也使用阿拉伯数字 。

使用汉字的情况：一个数值的书写形式照顾到上下文，不是出现在一组表示有统计意义数字中的一位数字，使用汉字，如一个人、三本书等；数字作为词素构成定型的词、词组或具有修辞色彩的语句用汉字。如： 十来岁、二三十斤、几十万等；星期几一律使用汉字，如星期六等。

八、正文之后附录两篇：

附录一：西沟大事记述。简略记述从1938年至2014年间西沟重要历史事件及人物活动轨迹。

附录二：课题组采访编撰纪事。时间为2013年3月16日至2016年7月，即课题组的工作日志，从中可以了解本课题研究的基本脉络，成为重要的补充资料。

总 序

一

人类文明的演进经历了原始文明、农业文明和工业文明三个阶段。在历时上百万年原始文明阶段，人们聚族而居，食物完全依靠大自然赐予，必须依赖集体的力量才能生存，采集和渔猎是主要的生产活动。大约距今一万年前，人类由原始文明进入到农业文明，通过创造适当的条件，使自己所需要的物种得到生长和繁衍，不再依赖自然界提供的现成食物，农耕和畜牧成为主要的生产活动。在这一阶段，以畜牧为生的草原游牧民族逐水草而居，经常性地迁徙流动，居无定所；以农耕为生的农耕民族通过开荒种地，居住地逐步固定下来，在此基础上形成了农耕文明的重要载体——村庄。纵观历史，不论是社会生产关系的变革还是国家方针政策的调整，作为地缘和血缘关系组成的共同体，村庄始终能够保持一种较为稳定的结构。

放眼中华文明发展的历史长河，农业文明时代经历的时间漫长，在中华民族的形成和发展过程中具有不可替代的作用。中华民族创造了灿烂辉煌的农耕文明。历经几千年的发展，农耕文明成为中华民族的珍贵文化遗产之一，是中华文明的直接源泉和重要组成部分。农耕时代，特别是原始农耕时代，由于生产工具简陋，单个的人难以耕种土地，需要多人合作，甚至是整个部落一起耕种，由此产生了人与人之间的合作共存。可以说农耕时代是人和人关系最为密切的时代，也是人和自然关系最为密切的时代。

随着社会生产力的发展，人类征服和改造自然的能力日趋提高，随着铁器、牛耕的运用，单个的农户逐渐成为农业生产的核心，村庄成为组织农业生产最基本单元，在农业生产和农耕文明发展过程中起了重要作用。作为族群集聚地的村庄同时也是中华传统文化形成和发生的主要载体。村庄的历史，可以看成是一个民族一个时代的历史缩影。与时代发展有着特殊紧密联系的村庄，它的历史可以说代表着那个时代的历史，蕴含着那个时代的缩影。

西沟，一个深藏于太行山深处的小山村，是数十万中国村庄中的一个典型代表。她是中国第一个互助组的诞生地，她曾被毛泽东称赞为边区农民的方向，她是全国第一批爱国丰产金星奖章获得者。在相当长的一段时间里，她是共和国版图上唯一被标出名字的行政村。

清代理学家李渔在《闲情偶寄》中说过“辟草昧而致文明”，意即“文明”与“野蛮”是相对的，越是文明的社会，社会的进步程度就越高。马克思认为：“文明是改造世界实践活动的成果，他包括物质和精神两个方面”。西沟人用自己的实践，不仅创造出了丰富的物质财富，创造出了更为丰富的精神财富。由于西沟的典型性和特殊性，村庄中留存有丰富的历史文化信息，保存下了大量的珍贵的档案史料。这些都极具价值，因而引起了我们的关注。

二

西沟是一个什么样的村庄呢?

明代以前的西沟，人烟稀少，还没有形成真正意义上的村落。明代洪武至永乐年间的大移民后，当地人口逐渐增多，村落渐趋形成。清代咸同年间以后，河南省林县（今林州市）的大量移民迁居当地，李顺达便是其中之一，今日西沟的村庄基本形成。在这几百年的历史进程中，西沟和当地的众多村庄一样，始终默默无闻。

历史更迭白云苍狗、风云际会，从上世纪三十年代末开始，西沟这个小山村与中国960万平方公里国土上发生的许多重大事件开始产生千丝万缕的联系。伴随着中国革命、建设和改革的历程，这里出了两位在共和国历史上有着相当影响的人物李顺达和申纪兰，西沟的历史也由于这两位人物的出现而发生了翻天覆地的变化。

山连山，沟套沟，山是光头山，沟是乱石沟，冬季雪花卷风沙，夏天洪水如猛兽。这就是民谣中所唱的过去的西沟。这样一个自然条件非常恶劣的穷地方，由于一个人物的出现而发生了根本改变。李顺达朴实、憨厚、善良，是中国农民的典型代表，在他的带领下，西沟的历史掀开了崭新的一页。在抗日战争最艰苦的岁月里，李顺达响应太行区边区政府“组织起来，自救生产”的号召，组织贫苦农民成立了全国第一个互助生产组织——李顺达互助组，组织群众开荒种地，度过饥荒。互助组通过组织起来发展生产，通过合作生产度过困难，在发展生产、支援前线的斗争中做出了突出的成绩，李顺达因此被评为民兵战斗英雄、生产劳动模范，西沟被评为劳武结合模范村。1944年，李顺达出席太行区召开的群英会，被评为一等劳动模范，晋冀鲁豫边区政府授予李顺达“边区农民的方向”的光荣称号，西沟成为中国农民发展的方向。

新中国成立后社会主义建设初期，西沟李顺达互助组向全国农民发出了爱国增产竞赛倡议，得到全国农民的热烈响应，极大地带动了全国农业生产的发展。1952年，中央人民政府农业部给李顺达颁发了爱国丰产金星奖状，他的模范事迹开始在国内外广为传播。1951年到1955年4年间，西沟农业生产合作社农林牧生产和山区建设都取得了显著成就。合作社的公共积累由120元增加到11000多元。1955年，社员每人平均收入粮食884斤，比抗日以前增加77%，比建社之前增加25.1%。这一成就得到了毛泽东主席的充分肯定。合作社副社长申纪兰动员妇女下田参加集体生产劳动，并带领西沟妇女争得了男女同工同酬。《劳动就是解放，斗争才有地位——李顺达农林牧生产合作社妇女争取男女同工同酬的经过》通讯1953年1月25日在《人民日报》发表后，在全国引起轰动，申纪兰由此名扬天下。1950年和1953年，李顺达和申纪兰先后成为全国劳动模范；1954年，李顺达、申纪兰当选第一届全国人民代表大会代表，两人双双出席了第一届一直到第四届全国人代会；李顺达于1969年和1973年分别当选为中共九届、十届中央委员。在20世纪50年代至60年代，西沟村成为共和国版图上唯一被标名的行政村。这期间，西沟的社会经济有了长足的发展。1971年，全村总收入达到33.64万元，粮食亩产533公斤，总产量达73.9万公斤，交售国家公粮15万公斤。为了改变恶劣的生态环境，在李顺达和申纪兰的带领下，西沟人开始大面积植树造林，70年代末，有林面积达10000余亩，零星植树100多万株，恶劣的生态环境逐步趋好。西沟成为那个时期太行山区农村建设中的一刻璀璨明珠。

党的十一届三中全会以来，农村发生了举世瞩目的变化，在这场伟大变革中，农村始终处于最活跃的状态。改革开放使得村庄这个社会经济细胞更具活力，成为家庭经营为基础、统分结合为特征的双层经营体制的主要载体，在农村经济中发挥着日益显著的作用。西沟在全国人大代表申纪兰为核心的领导班子带领下，把工作重点转移到调整产业结构、发展市场经济上来。村集体先后兴办了铁合金厂、饮料公司、“西沟人家”及房地产开发公司等企业，西沟初步形成了建筑建材、冶炼化工、农副产品加工等外向型企业为主的新格局。2008年，西沟经济总收入达到1.5亿元，实现利税1000万元，农民人均纯收入达到4000余元，是平顺县农民人均纯收入最高的村庄。此后，为了开展爱国主义教育和生态环境旅游，建设了金星森林公园，修复扩建了西沟展览馆，修建了金星纪念碑和互助组纪念雕塑。在改善生态方面，继续不断地植树造林，现今已有成林15000多亩，幼林10000多亩。光头山都变得郁郁葱葱，乱石沟到处都生机勃勃。

如今的西沟，已经由过去的农业典型变为绿色园林生态村、老有所养的保障村、西沟精神的红色村、平安敦厚的和谐村。西沟是一个缩影，它浓缩了新中国成立以来中国农村的发展和变迁，承载了中国几亿农民几代人追求富裕生活的梦想。今天，在西沟这种梦想正在一步步变为现实。

随着人类社会的发展，一个个自然村落的消失，从某种意义上讲，可以说是时代的必然，但从另一个方面而言，消失的又是一种传统和记忆。我们就是要传递和记载西沟这样一个村庄的变迁，把这种消失变为历史的存照，把传统和记忆原原本本地留给后人，原汁原味地展示在世人面前。代代相传的不仅是生活，更重要的是精神。建设一个新西沟，让村民一起过上幸福舒心的生活，是西沟人世世代代追求的梦想。望得见山水，记得住乡愁；梦想不能断，精神不能忘。

三

为了能够将西沟这样一个记录中国乡村几十年变迁的村庄的历史真实而详尽地展示给读者，研究选择通过口述史的方式来进行。以山西省社科院历史所研究人员为主体的研究团队，先后编撰出版了《山西抗战口述史》和《口述大寨史——150位大寨人说大寨》两部口述史著作，得到了学术界乃至全社会的认可，在口述史研究方面有着丰富的经验。让西沟人说话，让老百姓讲述，他们是西沟历史的创造者和见证人。通过他们的集体记忆，以老百姓原汁原味的口述来最大限度地还原真实的历史。课题组进行口述访谈的过程中，发现了西沟建国后至今的各种档案资料保存极为完整，为了弥补口述历史的不足，课题组从西沟现存的档案资料中选取价值较高的部分将其整理出版。经过课题组成员三年多的辛勤工作，《西沟口述史及档案史料（1938-2014）》（十卷本）终于完成了。

希望这套书能够真实、立体、全面地展现西沟的历史，并且希望通过课题组成员的辛勤工作，通过书中的访谈对话，通过对过去时代的人物、事件的生动、详细的描述，并且对照留存下来的档案资料，展现出西沟这个中国村庄几十年的历史变迁。同时力求能够为学界提供一批新的研究资料，为合作化时代的农村研究贡献一份力量，也为今天的新农村建设提供更多有益的借鉴。

由于课题参与者专业与学识积累的不同，编撰过程中遗漏、讹传甚至谬误之处，肯定难免，虽然竭尽全力去查实考证，去粗取精、去伪存真的任务很难全部完成。衷心希望社会各界众多有识之士提出宝贵的批评意见。

本套书出版之际，特别感谢西沟村民委员会、西沟展览馆，是他们为访谈活动、收集资料提供了诸多便利条件；感谢所有接受过课题组访谈的人们，正是他们的积极配合和热情支持，才使课题研究能够顺利完成；同时，也要特别感谢接受过课题组访谈的专家学者、作家记者以及曾经担任过领导职务的老同志们的热情支持。可以说，这套书是他们与课题组集体合作的结晶。

是为序。

山西省社会科学院院长、党组书记、研究员

李中元

2017年7月11日

序二

众所周知，乡村文化是中国文化的依托和根基，乡村又是连接过去和未来的纽带。在中国这样的农业大国，研究乡村就是寻找我们的根脉和未来发展的方向。

关于乡村的研究早在20世纪20年代就已开展，当时学者们已经将社会学和人类学的研究方法应用到村落研究当中，对中国乡村社会的政治、经济、文化、习俗和社会结构，以及其中的权力关系进行分析和综合。比较有代表性的论著有李景汉的《定县社会概况调查》、费孝通的《江村经济》和《乡土中国》、林耀华的《义序的宗教研究》和《金翼》、李珩的《中国农村政治结构的研究》等。在实证性资料收集方面，为了侵略中国，日本在我国东北设置了“南满洲铁道株式会社”，其庶务部的研究人员于1908年至1945年间在我国的东北、华北和华东进行了大规模的乡村习俗和经济状况调查，记录了大量的一手资料。

与学院式研究的旨趣完全不同，中国共产党人的乡村研究，是在大规模开展农民运动的同时展开的。他们更关注对乡村社会政治权力关系的改造，并写出了大量的社会调查报告。其中，毛泽东的《中国农民中各阶级分析及其对于土地革命的态度》《湖南农民运动考察报告》和彭湃的《海丰农民运动报告》最为著名。

学术界大范围多角度地对中国乡村社会进行深入细致的研究是从20世纪80年代才开始的。这一时期学者们收集资料的方式开始多元化，研究的角度也越来越丰富，从而诞生了一大批有影响的村落研究著作。如马德生等人通过对广东陈村26位移民的多次访谈而写成的《陈村：毛泽东时代一个农村社区的现代史》和《一个中国村落的道德与权力》等著作，侧重探讨了社会变革与中国传统权力结构的关联性，以及“道德”和“威严”等传统权力结构与全国性政治权力模型的联系。美国学者杜赞奇运用华北社会调查资料写成的《文化、权力和国家》，提出了“权力的文化网络”概念，用以解释国家政权与乡村社会之间的互动关系。萧凤霞在《华南的代理人和受害者》一书中通过对华南乡村社区与国家关系的变化过程的考察提出，本世纪初以来，国家的行政权力不断地向下延伸，社区的权力体系已完成了从相对独立向行政“细胞化”的社会控制单位的转变。90年代以后，张厚安等人系统地论述了研究中国农村政治问题的重要性，并出版了《中国农村基层政权》这部当代较早系统研究农村基层政权的专著。王沪宁主持的《当代中国村落家族文化》的课题研究，揭示了中国乡村社会的本土特征及其对中国现代化的影响。王铭铭和王斯福主编的《乡土社会的秩序、公正与权威》等著作，通过对基层社会的深入考察，关注了中国乡土社会的文化与权力问题。徐勇在《非均衡的中国政治：城市与乡村比较》这部专著中，从城乡差别的历史演进出发，运用政治社会学和历史比较分析等方法，对古代、近现代和当代城市与乡村政治社会状况、特点、变迁及历史影响进行了系统的比较分析。黄宗智的《华北的小农经济与社会变迁》及《长江三角洲小农家庭与乡村发展》从社会学和历史学的视野，分析了近一个世纪以来村庄与国家之间的相互关系。中国社会科学院农村发展研究所主持编写的《当代中国的村庄经济与村落文化丛书》对乡村社会结构及权力配置问题也给予了一定的关注。其中，胡必亮在《中国村落的制度变迁与权力分配》一书中对制度创新与乡村权力的关系进行了实证分析。

毫无疑问，这些研究成果对我们认识中国村落经济社会政治关系和权力结构提供了许多相关性结论和方法论启示。但是，这些从不同的理论视野及不同的理性关怀所得出的研究成果，或是纯理论的推论而缺乏实证考察，或者是在实证研究中简单地论及乡村问题，而没有将村落问题作为一个专门的领域来进行全面而系统的实证研究，缺乏在观念、制度和政策层次上进行深入、精致、系统的分析，尤其是对村落社会整体走向城市变迁过程中村落经济、社会、政治、文化结构的连续转换缺乏细致的研究。之所以出现这些不足，除了我们需要新的理论概括和更高层次的综合外，还在于我们对于基本资料的掌握不够完善，无论是在区域的广度上，还是个案资料的精度上，都有继续探寻和整理的必要。

如前所述，早在20世纪上半叶，在乡村研究进入学者视野之时，资料搜集工作便已开始。到了20世纪80年代以后，随着学术视野的开阔和多学科研究方法的引入，学者们资料搜集的方式也日趋多元化，口述访谈、田野调查、文本收集等方法都被普遍采用。这一时期，乡村档案资料受到了学者更多的关注。

相比口述史料，档案资料有其先天的优势。所谓档案："是指过去和现在的国家机关、社会组织以及个人从事政治、军事、经济、科学、技术、文化、宗教等活动直接形成的对国家和社会有保存价值的各种文字、图表、声像等不同形式的历史纪录。"[①]也有学者指出："档案是组织或个人在以往的社会实践活动中直接形成的清晰的、确定的、具有完整记录作用的固化信息。"[②]简言之，档案是直接形成的历史纪

① 《中华人民共和国档案法》（1988年1月1日执行）。

② 冯惠玲、张辑哲：《档案学概论》，中国人民大学出版社2006年第二版。

录。它继承了文件的原始性和记录性，是再现历史真实面貌的原始文献。原始性、真实性和价值性是档案的基本属性。而这些属性也恰恰反映出了档案资料对于历史研究的重要意义。可见，乡村社会研究若要更加深入决然离不开这些宝贵的乡村档案资料。

西沟村位于山西省平顺县的太行山区，与现在的生态环境相比，曾经是山连山，沟套沟，山是石头山，沟是石头沟，冬季雪花卷风沙，夏季洪水如猛兽，真可谓是穷山恶水，不毛之地。西沟土地贫瘠，最适合种植的经济作物是当地人称之为地蔓的土豆，土地利用率也很低，一般只有三年时间，即第一年种土豆，第二年种谷子，第三年种些杂粮，到第四年地力基本就耗尽了。历史上这里的常住人口除少量为本地居民外，大多为河南迁移来的难民。而今的西沟甫入眼中的却是一片郁郁葱葱，天然氧吧远近闻名。而西沟人也住进了将军楼，吃上了大米白面，过上了衣食无忧的生活。可以说，西沟人的生存环境和生活状态都有了天翻地覆的变化。纵观西沟村的形成和发展史，无不与中国共产党的领导紧密相连。西沟村发迹于中国共产党领导下的农业生产互助合作组，成长于农业合作化和新农村建设时代。在新中国建立的最初十几年中西沟代表了中国农村发展的方向，在中国农村发展史上具有里程碑式的地位。

西沟是典型的金木水火土五行俱缺的穷山沟，西沟人在中国共产党人的带领下用艰苦奋斗、自力更生、顽强拼搏的精神，以无比坚强的意志坚持互助合作、科学建设，用自己的劳动改变了穷山恶水的生态环境。改变自己的境遇虽是人性最深处对生存的渴望和作为社会的人的一种追求的体现，但是必须肯定的是中国共产党的领导是这种境遇得以改变的关键。从西沟的发展过程来看，党的领导在西沟发展的各个时期都发挥着主导的作用，西沟党支部在任何时候都是人们的主心骨，党的领导催发了西沟人锐意进取、奋发向上的精神。现在的西沟是平顺县最富裕的村庄，在许多老人眼里，村里提供的福利待遇在整个平顺县都是“头等”水平，村集体的实力也是最强的。然而我们还必须正视西沟在历史上和当下遇到的问题。它既是中国共产党领导下的代表了中国农村方向十余年时间的一面旗帜，同时也是改革开放后中国农村中发展缓慢的村庄之一。如此大的差距，应当如何理解？从更广的层面来看，当下中国农村社会发展同样出现了不平衡问题，而且差距越来越大，这一难题又应当如何破解？可以说小到一个个体村落，大到全中国的所有农村，都面临着严峻的发展问题。这是我们国家发展的全局性、根本性问题和难题。我们认为要破解这一难题需要回到历史中去寻找它的根源。

我们无法还原历史的真实，只能无限地接近历史的真实，那么原始资料可谓是实现这一愿望的最好选择。西沟村在这一方面便有着得天独厚的优势。从李顺达执掌西沟村开始，西沟村的档案管理工作就开始有条不紊地展开。直到20世纪80年代，随着社会形势的改变，长期积累的档案资料面临散失的危险。这时西沟村党总支副书记张章存在村两委的支持下，组织人手对20世纪30年代到80年代的档案资料进行归类整理，完整地保留了西沟村在集体化时代的档案资料。此后，村两委又建立了规范的档案存放体制，延续至今。可以说，西沟档案资料无论在保存的完整性，数量的众多性和内容的丰富性上，都是其他地方保存的同时期档案资料无法比拟的。现在呈现在大家面前的《西沟档案史料》，正是从山西省社会科学院“西沟系列研究”课题组于2014年4月16日到5月29日期间，历时一个半月在西沟村搜集的原始资料中抽取的精华部分汇编而成。这批内容丰富且极具研究价值的档案资料，不仅是典型村庄生产生活全景的详细记录，也是研究山西乃至中国农村历史珍贵的原始文献资料，对于重新认识当时的历史具有重要的价值与意义，也可为新农村建设和破解当前中国农村遇到的发展难题提供有益的借鉴。

《西沟档案史料》共分为八卷，即《西沟口述史及档案史料（1938—2014）》的第三卷至第十卷，包括村政、村务经济、社会人口、土地林权、单据、历史影像等六个专题。

《西沟档案史料》基本上每个专题单独成卷。由于村政类和单据类档案资料内容最为丰富，因此选择的资料较多，将其各分为两卷。

村政类档案资料收录在第三卷和第四卷。此类资料时间跨度很长，从1938年至2014年，历时70余年。其内容非常丰富，涉及政治、经济、科教文卫、社会救助、村民矛盾调解、精神文明建设等各个方面，几乎覆盖了西沟村发展的方方面面。村政卷虽名为村政，但由于西沟村的特殊性，其内涵实则极为丰富，不仅是西沟社会管理工作的汇编，其实更是西沟村级事务的综合。通过村政卷的资料，人们不仅能够了解西沟的社会管理和村级事务变迁，也能了解中国近现代基层农村的发展历程。

单据类档案资料是西沟村档案资料中保存最多的一类。此次呈现给大家的主要是1970年和1975年部分月份的会计凭证，分别收录在第八卷和第九卷。为保证单据的原始性，我们保留了单据保存时期的初始状态，按原档案保存形式，整体收录。这就造成了一个年份分布在两卷资料中，而且月份也未能按照顺序排列的缺憾。但是这些单据之间有着天然的相关性，不仅可以进行统计分析，而且也能够给我们提供20世纪70年代有关西沟村产业结构、生产经营、收入水平、商业贸易等集体经济活动方面的诸多信息。其中有关收入和支出的财务单据客观反映出了西沟村集体经济生产、经营、流通、销售的情况，西沟村商业贸易活动所覆盖的地区以及西沟村民当时的生存状态。

第五卷为村务经济卷。该卷成分单一，主要反映的是20世纪50年代到70年代西沟村经济活动的详细情况，包括财务状况和经营成果。包括分配表、工票领条表、记工表、粮食结算表、粮食分配表、金额分配决算表、参加分配劳动日数统计表、预分表、包产表、任务到队（初步计划）表、固定资产表、账目、小队欠大队粮登记表、历年各项统计表等十四类。这些财会信息保存完整，内容丰富，是研究中国农村生产生活难得的资料。

第六卷为社会人口卷。该卷分为人口和社会保障两大部分。人口部分以西沟村二十世纪七、八十年代的常住人口和劳动力及青壮年人口统计表为主，能够反映不同阶段男女劳动力比例和工分分配情况。社保服务的内容主要为2011-2013年的村民医疗和参保的部分数据，反映出西沟近年来在社保服务这一方面所做的工作和取得的成绩。

第七卷为土地林权卷。该卷涵盖了20世纪50年代到21世纪初期西沟村重要的林木入股、林权证、土地入股、土地所有证和宅基地申请、审批等资料。该卷是对我国农村土地、山林等生产资料进行四次确权过程的鲜活例证，反映了我国农村土地制度由农民私有制发展到土地合作社、人民公社，再到农村村民自治的村民委员会所有的集体所有制的演变过程。

第十卷为历史影像卷。该卷收录的资料从图像和文本的角度反映了西沟七十余年的发展历程，不仅生动体现了西沟人改天换地的战斗精神，再现了西沟进行社会主义农村建设的生动画面，而且也显示出了西沟对于中国农村发展的影响，是深入研究中国农村历史的重要依据。本卷根据资料的相关性将其分为书信手稿、领导题词、照片资料、锦旗、会议记录以及工作笔记等六大类。这些资料真实的体现了西沟村为探索中国农村的发展道路做出的卓越贡献。

保持西沟档案资料的原始性是我们进行此次资料汇编坚持的重要原则。此次收入的资料全部原图拍摄，不进行任何加工，档案排序也遵照原有序列不做任何调整。同时由于篇幅有限，我们还会对收录的资料进行一些选择，力争收录内容有代表性且相对完整的材料，这样就可能将一些零散的资料剔除，因此会出现一本档案不能全部收录的情况。由此给大家带来的不便，我们深表歉意。尽管我们在资料的选择和编辑上进行了多次的讨论和修改，但是由于学识有限，其中一定还存在不少问题，衷心希望资料使用者能提出宝贵的批评意见。

在本书出版之际，我们特别感谢西沟村两委，尤其是西沟村党总支书记王根考、原党总支副书记张章存、村委办公室主任周德松、村支委委员郭广玲的大力支持。在他们的积极配合和热情支持下，我们才得以将这些尘封的档案资料搜集、整理、选择，并汇编成册，奉献在大家的面前。

杨茂林

2017年4月

目　　录

本卷序

本卷收录的资料均与村务相关，时间起于1938年截止1975年。根据资料相关性大致可分为西沟基本情况、经济、科教文卫、救助、其他等五类。具体内容如下：

第一类是西沟基本情况类。包括“关于李顺达农林牧生产合作社领导问题的调查研究”和“西沟大队概况”两种。

李顺达农林牧生产合作社即西沟金星农林牧生产合作社（初级社），“关于李顺达农林牧生产合作社领导问题的调查研究”的主要内容涉及该社的经营管理及如何向高级社过渡的问题。本调查手稿不全，最后部分有缺页，因此调查的具体时间缺失。但是文中提到贯彻《中华人民共和国宪法》的内容，说明这一调查开始时间在1954年9月20日之后。调查中还提到参加李顺达农林牧生产合作社的户数为203户，而李顺达合作社在1955年秋后兼并辉沟黎明社前就是203户，再根据1955年12月24日西沟金星农林牧高级生产合作社成立等判断，这次调查的时间应该在1955年。在本次调查中开首写明调查时间为当年七月廿日到月底的十天时间，根据1955年11月杨树培撰写的《初级社向高级社的过渡问题》一文中提到“今年秋季，我们在地委指示下，对川底、西沟、羊井底三个合作社进行了典型调查。”[①]那么这次调查的时间，应该是在1955年9月6日到15日之间。该调查的内容丰富，细节完整，记录的大量统计数字、结构图表、规章制度、群众反应，可以使研究者清晰地看到西沟村从初级生产合作社发展到高级社的历程，是研究这一时期中国农村合作化发展的一份重要材料。

西沟大队概况没有具体的时间，但是根据首页右上角手写“送北京林展，1975年10月”，可知此文件撰写的时间当在1975年10月，内容则是反映二十世

① 载于1955年11月山西省委农村工作会议文件。

纪七十年代西沟发展的基本情况。

第二类是经济类，又分为农业类、林业类、收入分配和基本情况统计表类、其他类。农业类包括“西沟大队发展农业生产十年规划〈草案〉”（1963年制定）、“西沟生产大队一九六三年农业包产表”、通讯：“西沟管理区推行圪涝田种植方法每亩粮田平均产量五百八十一斤”。林业类包括“西沟大队一九六八年林木作价表”。收入分配和基本情况统计表类包括“第一生产队各月工分月报表”（1958年12月30号）、“西沟生产大队基本情况表”（1962年）。其他类包括“金星公社西沟生产大队生产发展情况”、“西沟公社西沟大队十年规划表”（1963年5月31号制定）、“平顺县西沟公社西沟大队机械财产登记表”（1975年）、“平顺县西沟公社西沟大队农业机械管理办法（试行稿）”。

农、林、牧、副业协调发展一直是西沟农业发展的基本方针。1952年4月李顺达作为中国农民代表团的一员到苏联参观学习，先后考察了5个加盟共和国的9个集体农庄。回国后李顺达受到很大启发和激励便立即组织将1952年本已制定好的1952-1954年农林牧发展建设规划修订为五年规划。1953年秋后又制定了“1952—1966年农林牧发展十五年规划”。

其中制定农业发展规划是西沟人农业生产的重要组成部分，是他们完成农业生产的硬性指标。因此，我们挑选了“西沟大队发展农业生产十年规划〈草案〉”（1963年制定）。选择西沟生产大队一九六三年农业包产表也能反映出，西沟对农业生产计划的落实情况。西沟人不仅重视农业生产规划，而且积极倡导科学种田，李顺达、申纪兰、马何则都是全国劳动模范，他们不仅勤劳，而且吸收总结了先辈的经验，认真学习农业技术，皆为当时真正的农业专家。西沟还曾开办过金星农业大学，培养农业技术人才。通讯《西沟管理区推行圪涝田种植方法每亩粮田平均产量五百八十一斤》就反映了当时西沟进行科学种植的情况。

林业也是西沟的一大特色。新中国建立前的西沟极目远望，到处是秃山石沟，没有林草护持，土地资源很容易流失。互助组时期，西沟人就开始在荒山上种树，但是成效甚微。直到1952年春，初级农业生产合作社开始打响了荒山造林的战斗，在南沟背上种下了300亩油松树种。此后，他们坚持在容易成活的阴坡、背坡封山造林，1959年国庆节前造林8000亩。1960年，全国林业现场会在西沟召开，推广西沟植树造林经验。西沟村不仅重视集体绿化，也鼓励村民多种经济林木，因此在社员的自留地和房前屋后都种植了大量经济树木。本资料提供的“西沟大队一九六八年林木作价表”，主要是关于社员个人自留地和房前屋后树木的作价表。这是为了适应生产资料公有的需要，而将这部分生产资料掌握到集体手中，进行集中管理。这样可以利用集体的技术和人员优势保证林木长势和果实的丰收，促进集体经济的发展。但是不可否认将个人林木收归集体所有，一定程度上也会挫伤个人对林木管理和种植的积极性。

收入分配、基本情况统计表类和其他类收录的资料主要是一些数据，相对杂乱，但是有助于研究者深入了解西沟的分配制度、财产管理制度以及相关的财产管理情况和规划内容。

第三类是科教文卫类。又分为科学、教育、文艺活动、卫生类。科学类有“西沟管理区的人人学科学”（1960年2月3号）。教育类有“山西省平顺县西沟乡金星大学生产管理系辅助课本第1册”（1958年度）、西沟中心校长曹全喜1960年在晋东南区学校教育先进集体先进工作者总结评比交流经验誓师大会材料：《依靠党的领导团结全体教师想尽一切办法办好全区学校》。文艺活动类有通讯：《农村文艺战线上的一面红旗》（1960年5月25日）。卫生类有通报：《生产必须卫生，卫生保证生产——西沟管理区春播运动中卫生赶稷山成绩优异》（1960年5月1日）。

西沟不仅是一个农林牧副业生产协调发展的典型，而且也是多方面平衡发展的模范。新中国建立初期，西沟便开始进行“温汤浸种”“药物拌种”和科学施肥等实验和推广工作。并引进和培育新的优良农作物品种，尝试土壤分析、因地种植经验，1956年探索出“早播种、早中耕、早追肥”的三早经验，解决了玉米晚熟霜害问题。20世纪50年代的西沟先后建立了科学技术研究组、科普协会、科协技术协会、红专大学，在各个生产队设有技术学校、红专学校，培养技术人才，创建三点一体五连环制度推进科学工作。同时还开展形式多样的科普工作。真正使每个人都能体会到学科学，懂科学的意义，并在实践中运用科学技术。“西沟管理区的人人学科学”就充分反映了这些内容，而且还展现了西沟在农业、林业、牧业、副业等各方面运用科学技术后取得的成绩。

西沟有着重视教育的传统。1938年，古罗和南赛就已建立小学校。1947

年，在李顺达主持下，老西沟也在一所破羊窑创办了第一所小学。1953年，池底、西沟、南赛合并为一个大社，将刘家地学校改建为完全学校，南赛、老西沟、东峪沟建有初级小学校。1958年，西沟金星人民公社成立，西沟成为其下的一个管理区。西沟中心校长曹全喜的《依靠党的领导团结全体教师想尽一切办法办好全区学校》涉及的范围涵盖了西沟金星人民公社下辖所有小学。除了小学，西沟还建立了完整的成人教育。1952年，西沟建立社办民校，设扫盲班和小学班。1955年民校开办了高小班。从1952年到1956年，全村共扫盲160余人，42人从小学班毕业，24人从高小班毕业。这些人后来都成为建设西沟的中坚力量。大跃进时期，西沟金星大学应运而生，促进了西沟的文化教育活动达到新的高潮。1958年7月1日，金星大学成立。李顺达任校长，申纪兰、马何则任副校长。学校下设农、林、牧、工四个系。该校采取理论与实际相结合，坚持教学与生产挂钩，力求实用，文化和科学技术并重的原则办学，培养出了147名农业技术人才、130名林业技术人才，还有大量的机械操作人才。虽然这些人才和经过专门培训的技术人才还有相当的差距，但是他们能够根据农村的实际，活学活用，在人才紧缺的特殊时期为西沟的建设作出了巨大的贡献。“山西省平顺县西沟乡金星大学生产管理系辅助课本第1册”有助于我们了解当时的金星大学及其教学内容。

第四类是救助类。包括“西沟乡一九五八年修水库以工代赈花名表”（1958年5月27日）、“平顺县西沟乡社会救济登记表”（1958年6月6日）、“西沟公社西沟大队困难户统计表”（1962年11月26日）、“西沟公社西沟大队寒衣救济表”（1965年3月8日）

社会发展过程中总会因为各种各样的原因而出现弱势群体。他们往往成为社会救助的对象。这里提供的救助表基本上可以完整地反映这些弱势群体的基本情况，也可以反映那个时代的若干信息。需要说明的是一九五八年修水库以工代赈花名表。1958年，金星人民公社成立，有利于集中调配人力进行大型农田水利设施修建。于是该年，西沟金星人民公社采用“以西沟村民为主体，平调全社所辖生产大队社员为辅”的办法，组织300多人，修筑西沟民兵战斗水库。由于整个工程要调用全公社的劳力，而当时的困难群体的基本情况都是人口多劳力少，无法上工，因此就用以工代赈的方式进行救助。

第五类是其他类。包括“1962年西沟生产大队庆祝十年老社模范队社员名单”、“李顺达1971年批条”等。

1951年12月10日，西沟初级农业生产合作社成立。到1961年12月10日恰好是十年，在这十年中，西沟人披荆斩棘，跟荒山恶水斗争，取得了丰硕的成绩，成为当时合作社的典型代表。西沟初级农业生产合作社成立十周年在西沟人的意识中是非常值得纪念的事情。于是1962年西沟生产大队召开庆祝大会，并表彰模范生产队和模范社员。奖品简单，但是荣誉神圣。凡是能登上这个名单的人都是西沟的佼佼者，如果要研究西沟，他们是绕开的线索。

李顺达1971年批条被收入，是因为它本身的珍贵性。其中李顺达的签名是他本人手笔。李顺达是扫盲班毕业，平时的稿件为他人代写，只有签名多为亲笔。但是现今留存的李顺达颇为稀少，故而这个批条很珍贵。

本卷内容简介

本卷是西沟村有关村务工作的档案资料汇编，时间从1938年到1975年止，以20世纪50年代到70年代的档案为主。本卷档案的选择以其珍贵程度为准，前后之间没有必然的相关性。本卷内容主要涉及20世纪80年代之前西沟社会发展的基本情况、经济工作情况、科教文卫事业、救助工作以及较为独立的珍贵档案。西沟基本情况类包括“关于李顺达农林牧生产合作社领导问题的调查研究”和“1975年西沟大队概况”。经济类又划分为农业、林业、收入分配和基本情况统计表等类，不能归入这些类别的归为其他，所涉及的档案为多种统计报表、规划方案、管理办法和通讯等，相对复杂。科教文卫类又分为科学、教育、文艺活动、卫生类，绝大部分是当时的通讯，教育分类中还包含了金星大学生产管理系的课本等。救助类皆为统计报表。其他类是比较珍贵又无法涵盖到此前四类中的档案，包括“1962年西沟生产大队庆祝十年老社模范队社员名单”和“李顺达1971年批条”。

本卷编者简介

郭永琴，女，1981年7月出生，山西省阳泉市人。2000—2004年就读于山西大学历史系，获历史学学士学位，2005—2008年就读于中国社会科学院研究生院历史系中国古代史专业，获历史学硕士学位。现为山西省社会科学院历史所助理研究员。研究方向为先秦史、区域历史研究。

村政卷（二）

一、西沟基本情况

（一）关于李顺达农林牧生产合作社领导问题的调查研究

注：李顺达农林牧生产合作社即西沟金星农林牧生产合作社（初级社）。该调查研究的主要内容是研究该社的经营管理，以及向高级社过渡的问题。本调查手稿不全，最后部分有缺页，因此未能见到标注的时间。但是文中提到贯彻《中华人民公社国宪法》的内容，而《中华人民公社国宪法》于1954年9月20日颁布，说明这一调查当在1954年9月20日之后。本次调查统计的户数中参加李顺达农林牧生产合作社的户数为203户，而李顺达合作社在1955年秋后兼并辉沟黎明社之前就是203户，再根据1955年12月24日西沟金星农林牧高级生产合作社成立等判断，这次调查的时间应该在1955年。在本次调查中开首写明调查时间为当年七月廿日到月底的十天时间，根据1955年11月杨树培撰写的《初级社向高级社的过渡问题》一文中提到“今年秋季，我们在地委指示下，对川底、西沟、羊井底三个合作社进行了典型调查。”七月廿日很可能是农历计日，那么这次调查的时间，应该是在1955年9月6日到15日之间。

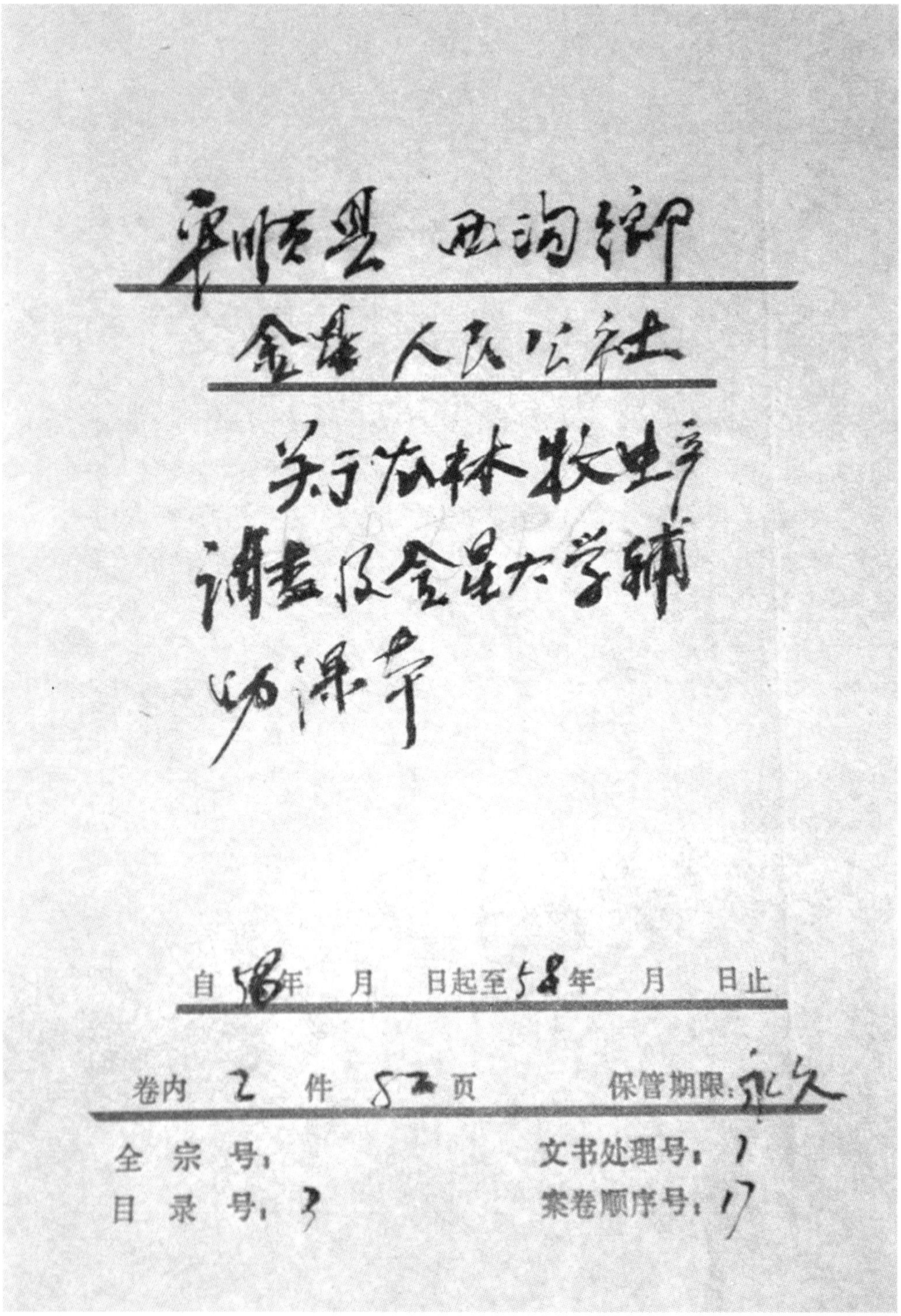

平顺县 西沟乡

金星人民公社

关于农林牧生产调查及金星大学辅助课本

自58年 月 日起至58年 月 日止

卷内 2 件 5[illegible] 页 保管期限：永久

全宗号：　　文书处理号：1

目录号：3　　案卷顺序号：17

图1–1–1　档案封面

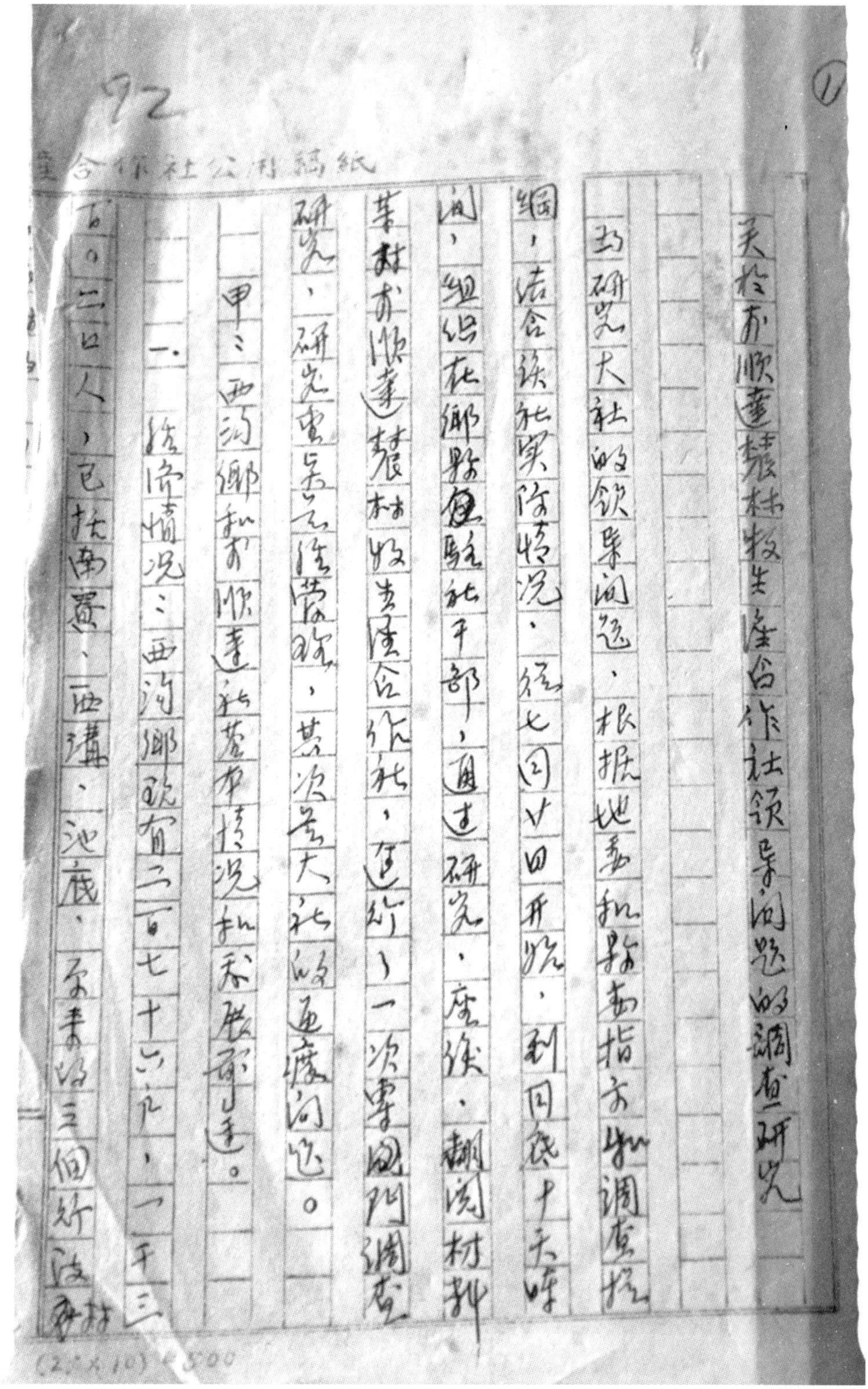

关于李顺达农林牧生产合作社领导问题的调查研究

为研究大社的领导问题，根据地委和县委指示和调查提纲，结合该社实际情况，从七月廿日开始，到同[illegible]十天时间，组织在乡县社干部，通过研究、座谈、翻阅材料等对李顺达农林牧生产合作社，进行了一次重点调查研究，研究重点是经营管理，其次是大社的过渡问题。

甲、西沟乡和李顺达社基本情况和发展前途。

一、基本情况：西沟乡现有二百七十六户，一千三百〇二口人，包括南赛、西沟、池底、东峪沟三个行政村

图1-1-2　关于李顺达农林牧生产合作社领导问题的调查研究第一页

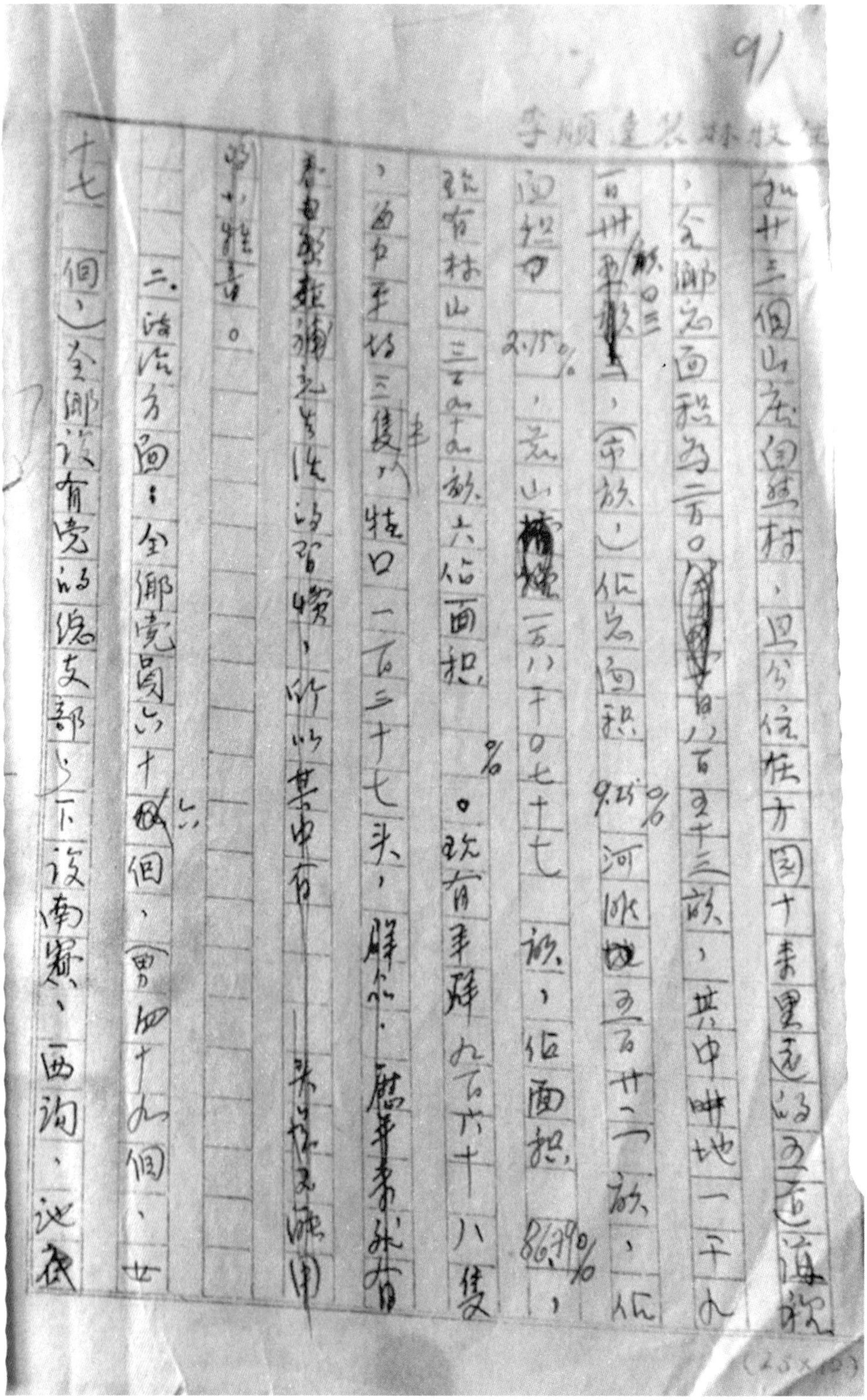

图1-1-3　关于李顺达农林牧生产合作社领导问题的调查研究第二页

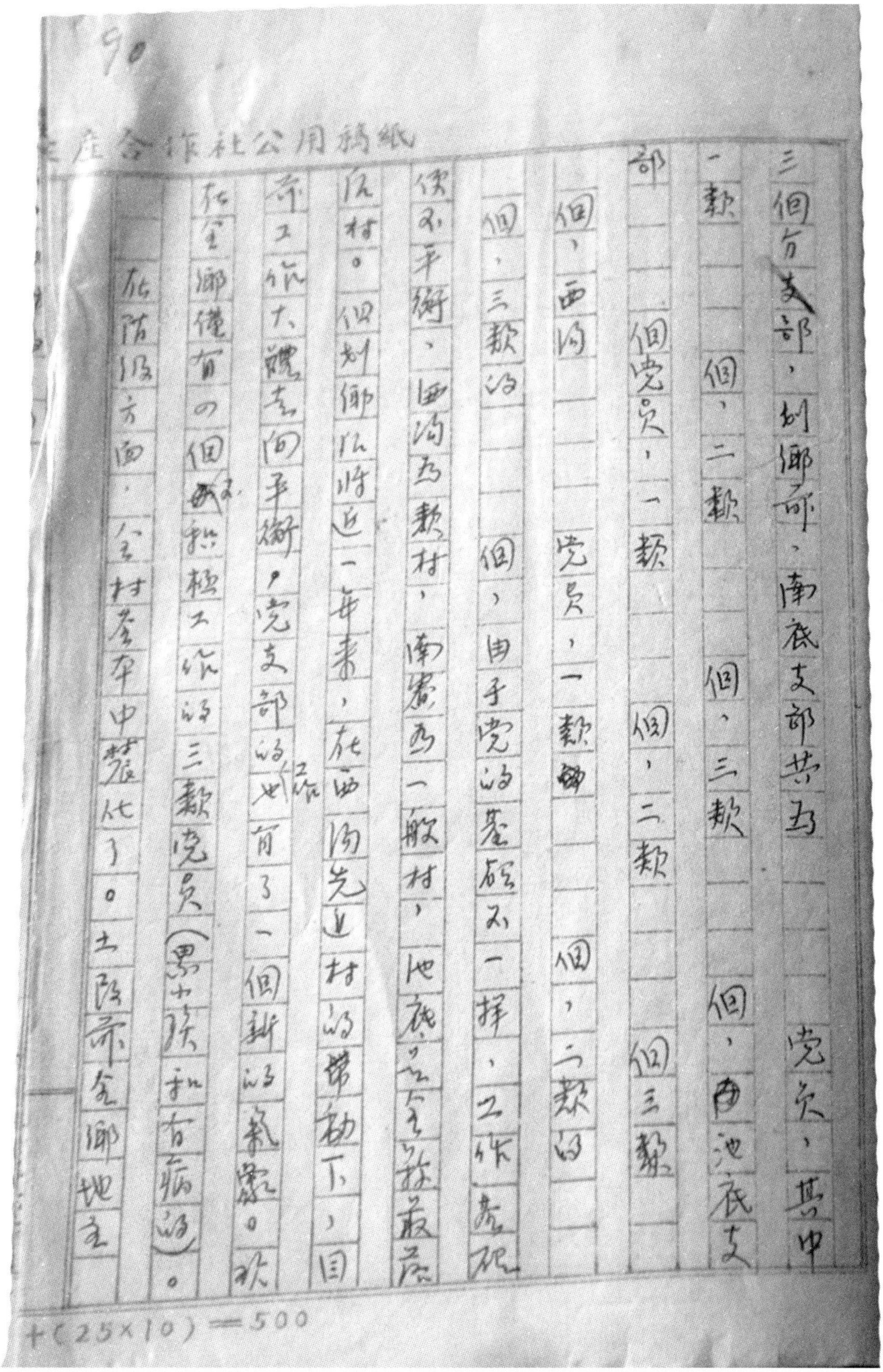

90

庄合作社公用稿纸

三個方支部，刘鄉部、南底支部共五　党员，其中一款　個，二款　個，三款　個，西池底支部　個党员，一款　個，二款　個三款　個，西河　党员，一款　個，二款的　個，三款的　個，由于党的基础不一样，工作基础很不平衡，西河为款村，南底为一般村，池底是全乡最落后村。但刘鄉在将近一年来，在西河先进村的帮助下，同帝工作大体走向平衡，党支部的组织也有了一个新的气象。在全鄉仅有の個点極工作的三款党员（黑小孩和有病的）。

在阶级方面，全村基本中農化了。土改前全鄉地主

+（25×10）＝500

图1-1-4　关于李顺达农林牧生产合作社领导问题的调查研究第三页

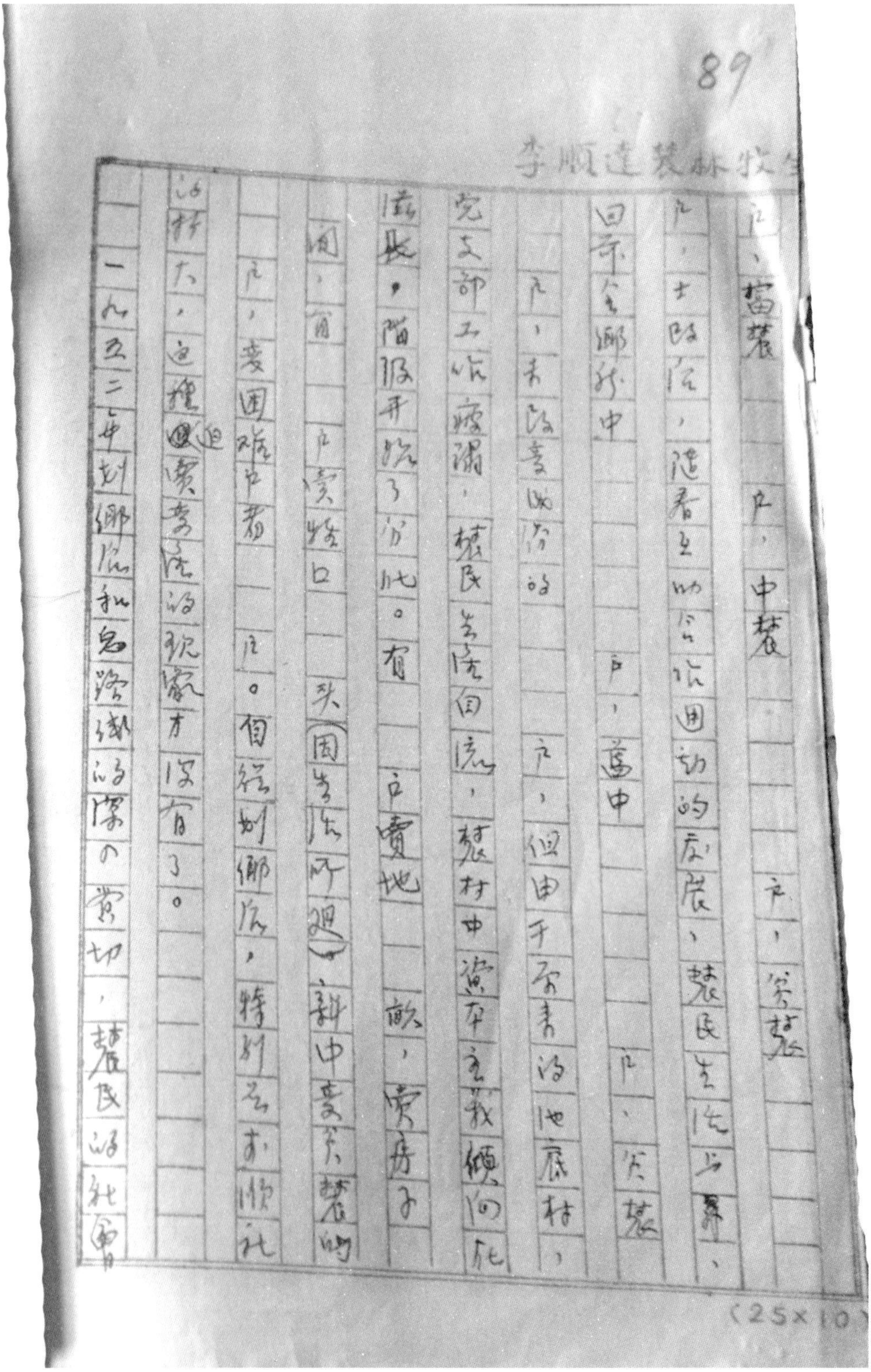

89

李顺达农林牧生

户、富农　户，中农　户，贫农
户，土改后，随着互助合作运动的发展，农民生活上升、
回乡参加乡行中　户，富中　户，贫农
户，有强烈发展的　户，但由于原来的地底村，
党支部工作疏漏，农民生活自流，农村中资本主义倾向抬
头长，出现开始了分化。有　户卖地　亩，卖房子
间，有　户卖牲口　头（因生活所迫）新中农贫农的
户，变困难户者　户。自经划乡后，特别在办社
以转大，这种（追）资本主义的现象才没有了。
一九五二年划乡后和总路线的贯彻，农民的社会

（25×10）

图1-1-5　关于李顺达农林牧生产合作社领导问题的调查研究第四页

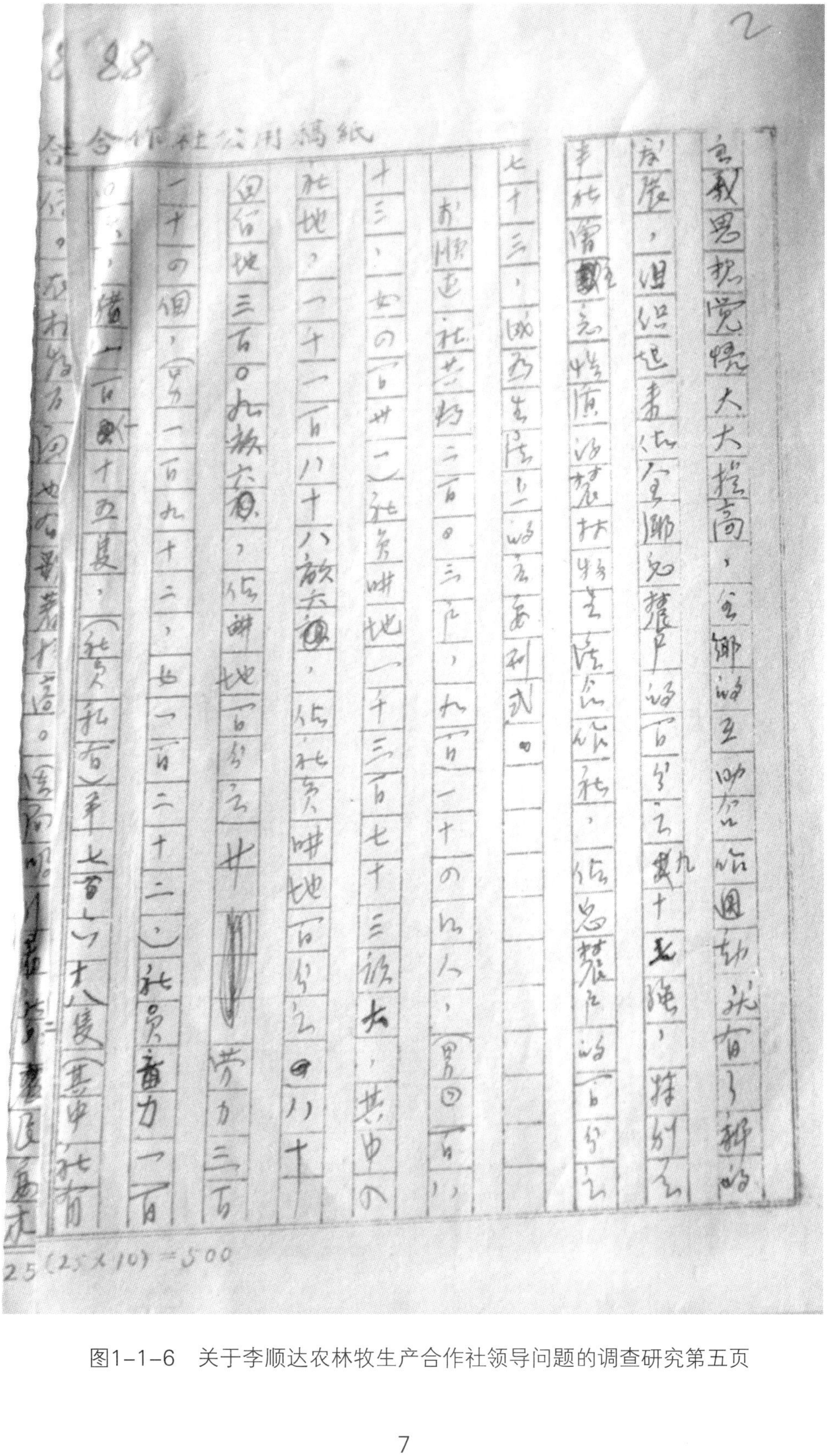

主义思想觉悟大大提高，全乡的互助合作运动就有了新的发展，组织起来的全乡农户的百分之九十五强，其余的[illegible]农户的百分之七十三，成为[illegible]的[illegible]。

李顺达社共有二百〇三户，九百一十四口人，（男四百八十三，女四百卅一）社员耕地一千三百七十三亩大，其中社地，一千一百八十八亩六，[illegible]占社员耕地百分之八十[illegible]，留地三百〇九亩六，占耕地百分之廿[illegible]，劳力三百一十四个，（男一百九十二，女一百二十二）社员畜力一百[illegible]，[illegible]一百[illegible]十五头，（社员私有）[illegible]七十八头（其中社有[illegible]

25（25×10）＝500

图1–1–6　关于李顺达农林牧生产合作社领导问题的调查研究第五页

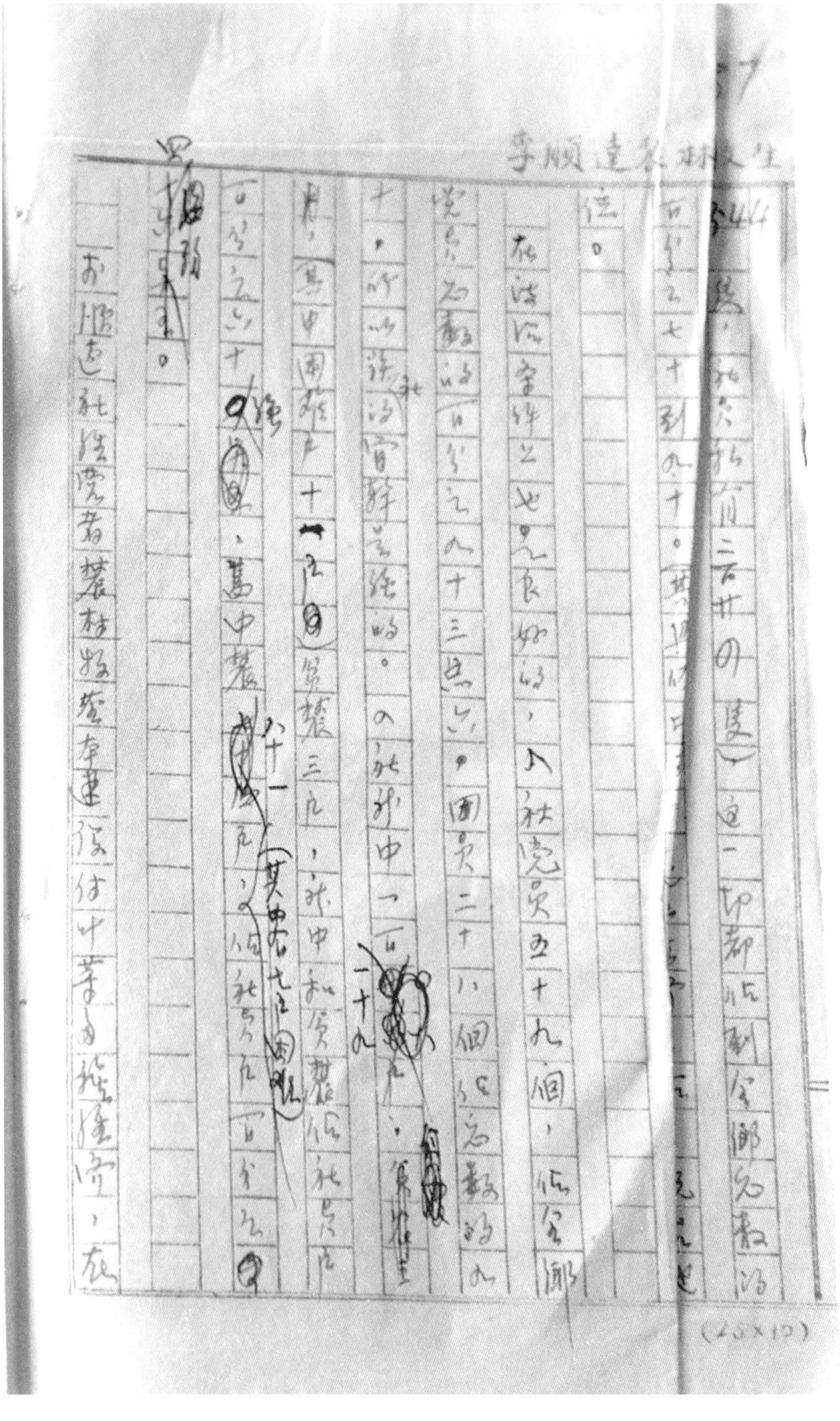

图1–1–7　关于李顺达农林牧生产合作社领导问题的调查研究第六页

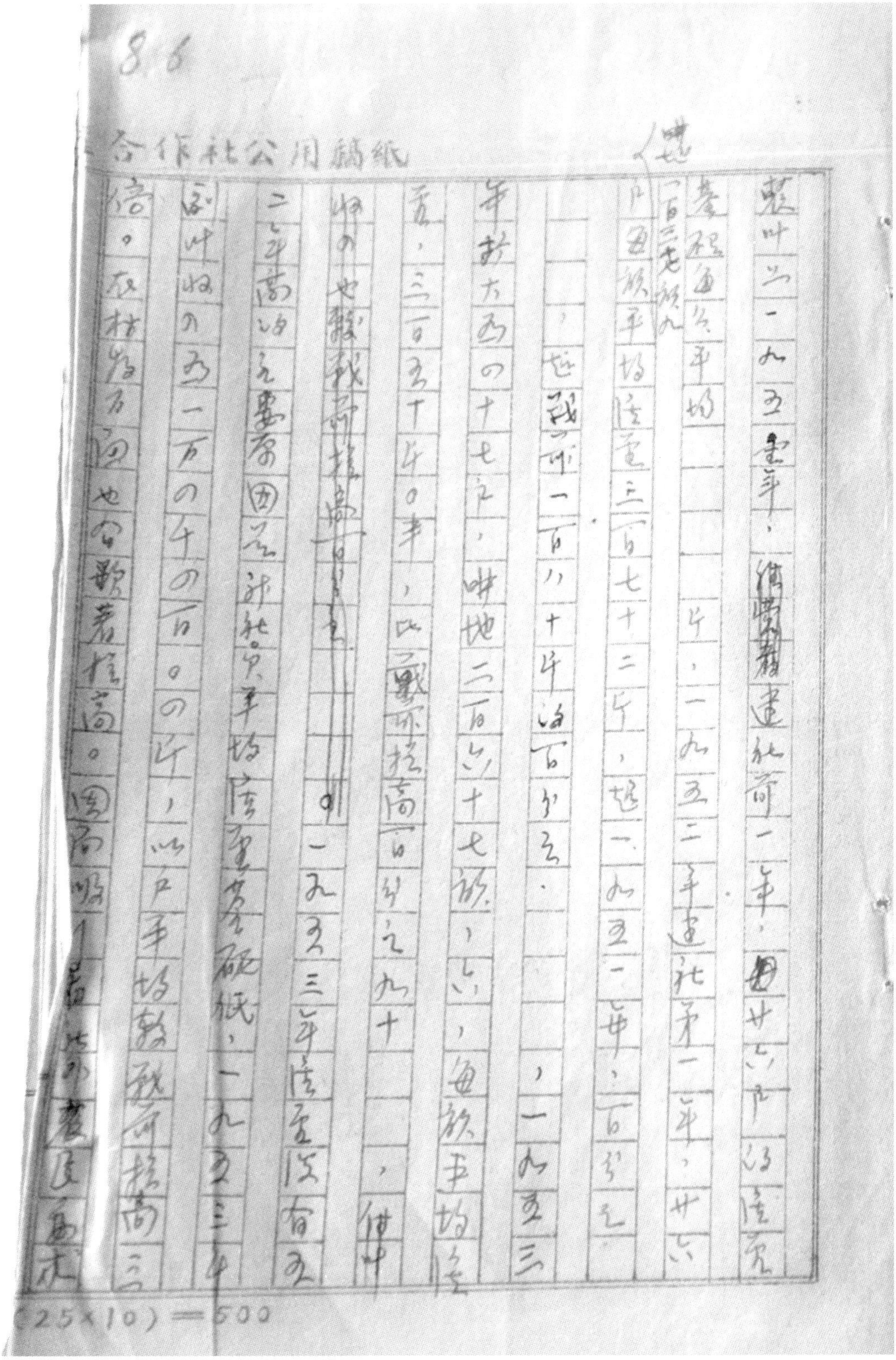

图1-1-8　关于李顺达农林牧生产合作社领导问题的调查研究第七页

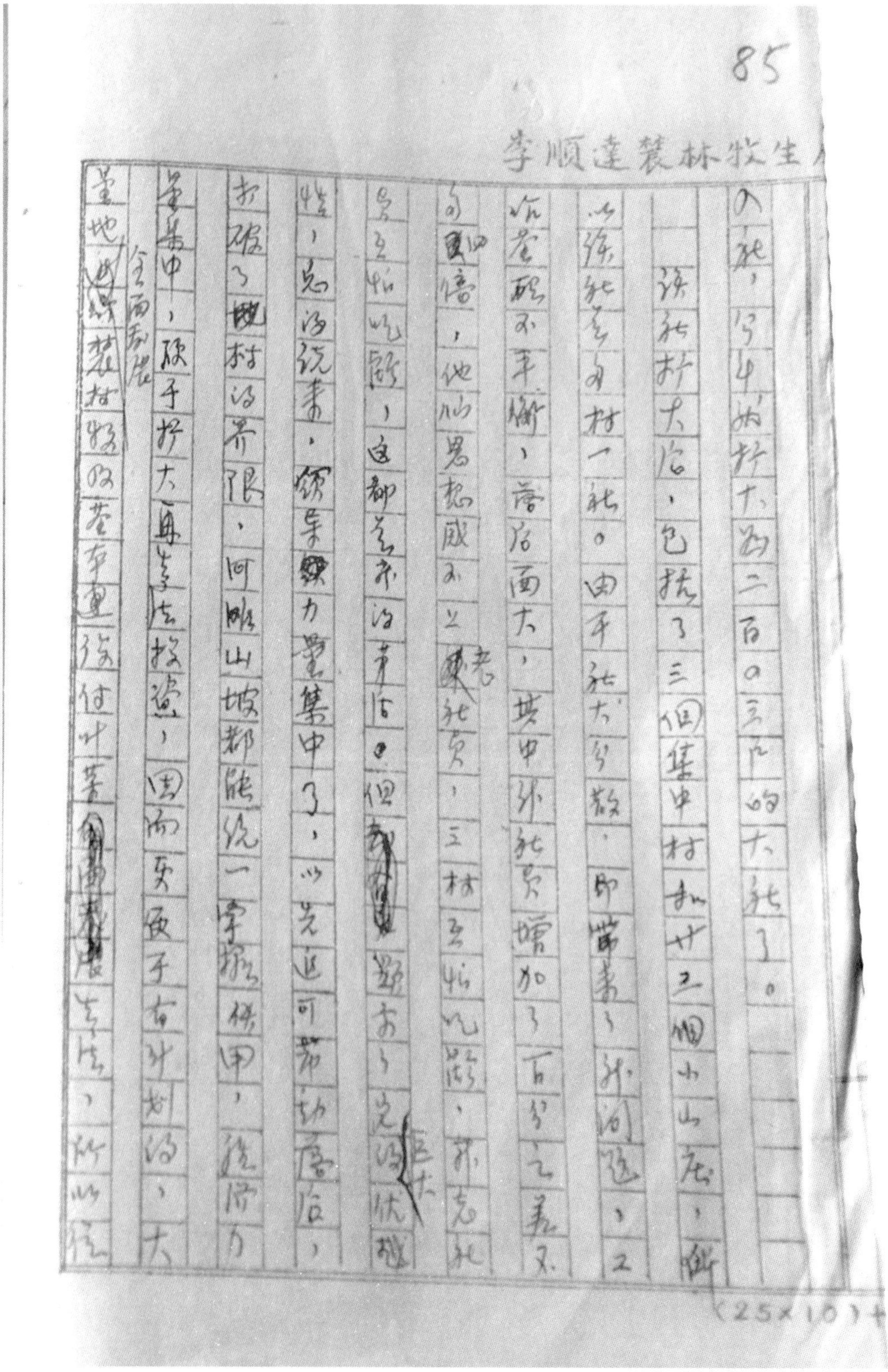

85

李顺達農林牧生产

入社，與中尚於大約二百〇三户的大社了。

該社扩大后，包括了三個集中村和廿二個小山庄，以及

以該社分本村一社。由于社大户数，即带来了新的問題，工

作范围不平衡，管后面大，其中新社员增加了百分之五十六

向题增，他们思想感不上老社员，三村多怕吃虧，新老社

员互怕吃虧，这都是未的事情。但[illegible]题出了定的优越

性，是可统其，领导力量集中了，可先进可带动落后，

打破了过去村的界限，何此山坡都能统一掌握使用，能使方

集中，使于扩大再生产按造，因而更便于有計划的，大

量地[illegible]農林牧的基本建设，使叶[illegible]限等法，所以從

全面规划

(25×10)

图1-1-9　关于李顺达农林牧生产合作社领导问题的调查研究第八页

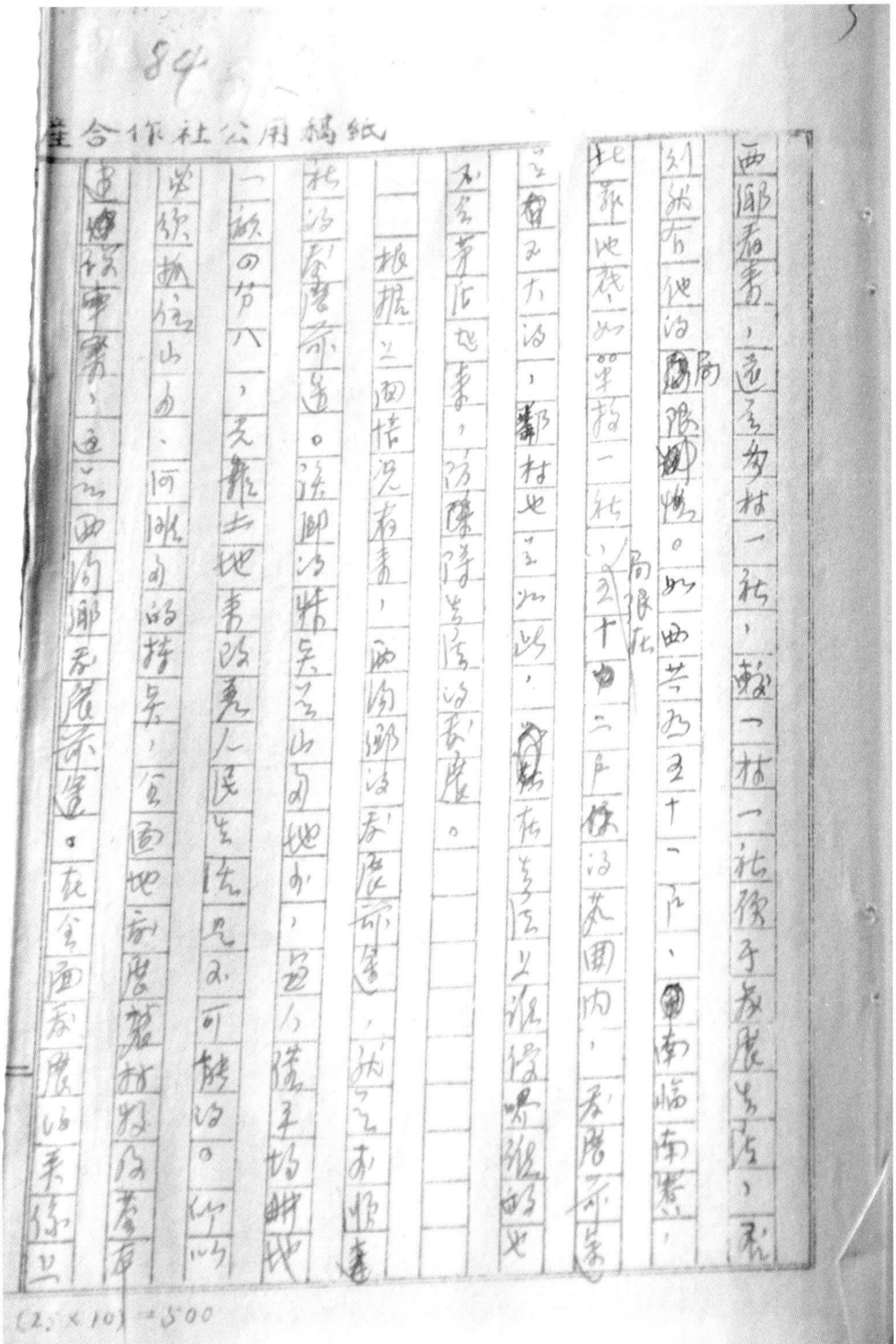

84

产合作社公用稿纸

西乡看来，适宜乡村一社，较一村一社便于发展生产，农村的有些地方的局限性。如西营为五十一户，西南临南寨，北靠池塘，如果搞一社，只五十二户，保的范围内，发展前途受到大的，郑村也是如此，郑村在生产上必受到限制的也不会再扩大，阻碍了生产的发展。

根据上面情况看来，西沟乡的发展前途，就是要顺着社的发展前途。该乡的特点是山多地少，每人摊地一亩四分八，光靠土地来改善人民生活是不可能的。所以必须抓住山多、河滩多的特点，全面地发展农林牧副造林事业，这是西沟乡发展前途。在全面发展的条件下

(25×10)=500

图1–1–10　关于李顺达农林牧生产合作社领导问题的调查研究第九页

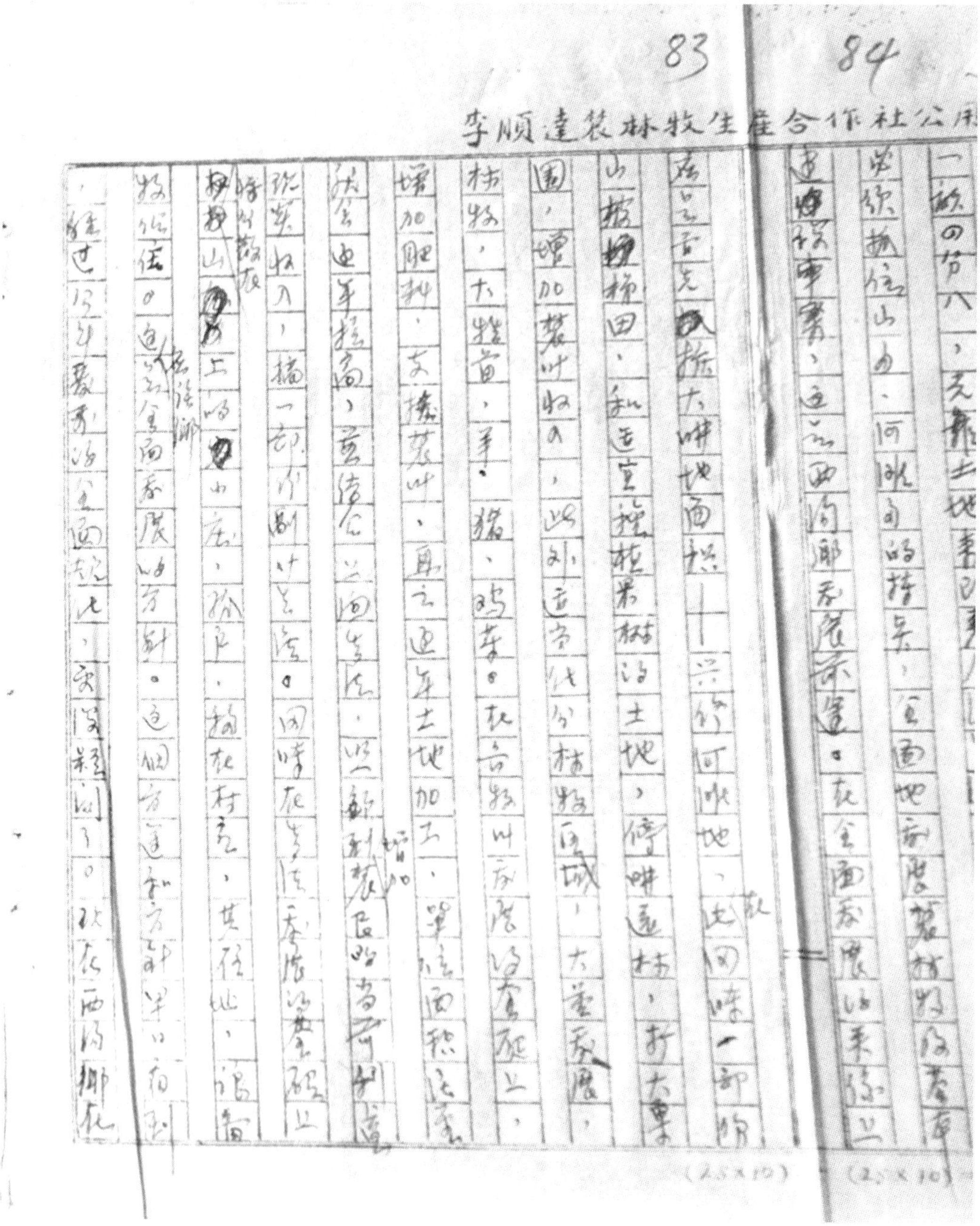

图1-1-11　关于李顺达农林牧生产合作社领导问题的调查研究第十页

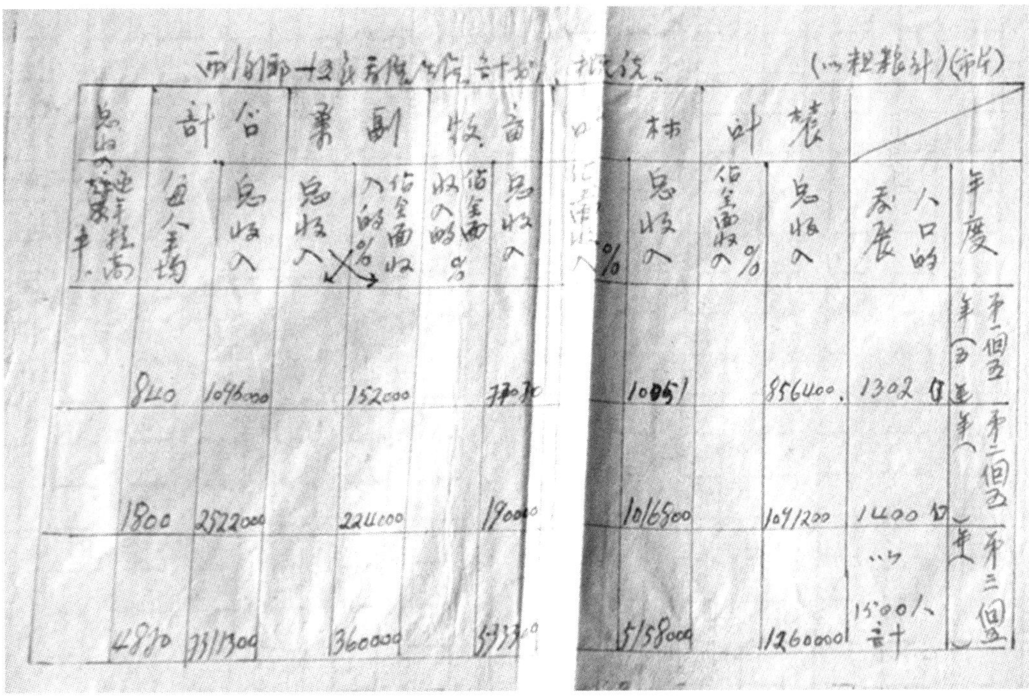

图1-1-12　关于李顺达农林牧生产合作社领导问题的调查研究第十一、十二页

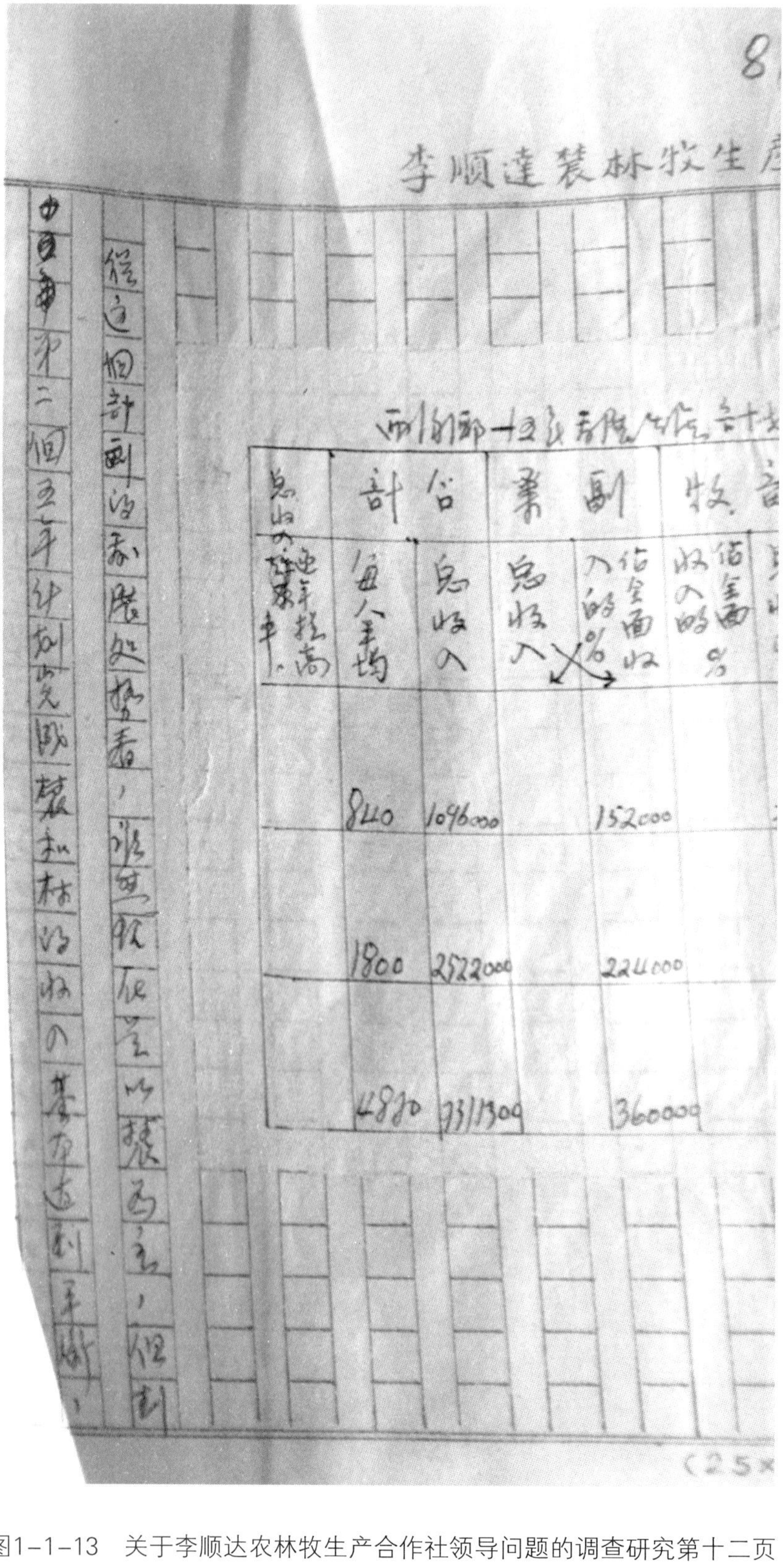

图1－1－13　关于李顺达农林牧生产合作社领导问题的调查研究第十二页

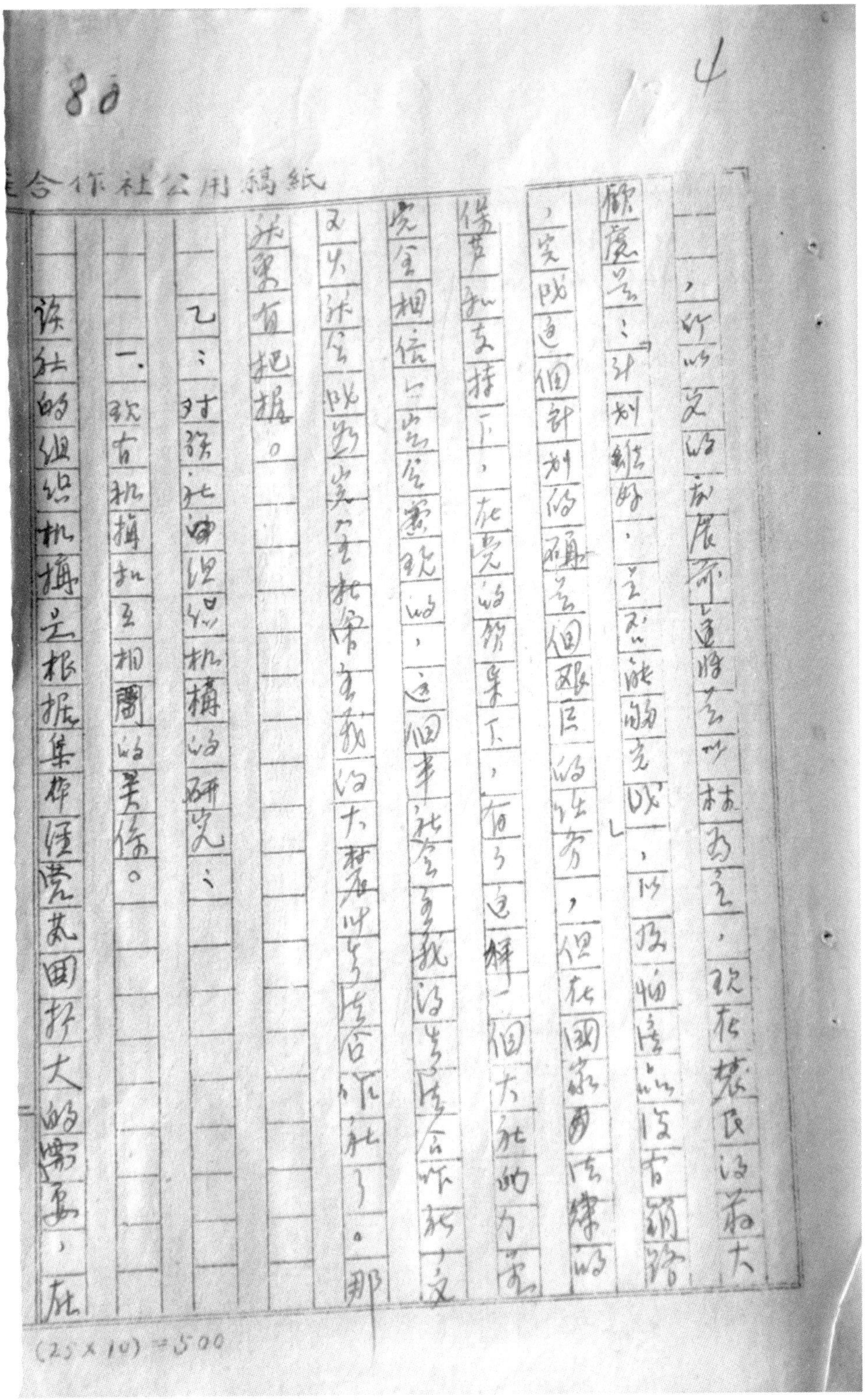

80　　4

…合作社公用稿纸

，所以它的发展前途将是以林为主，就在农民的前大

欣赏是：计划虽好，是否能够完成，以及怕得没有销路

，实现这个计划的确是个艰巨的任务，但在国家法律的

保护和支持下，在党的领导下，有了这样一个大社的力量

完全相信：当会实现的，这个半社会主义的生产合作社，变

又为社会主义性质的大型生产合作社了。那

就更有把握。

乙：对该社的组织机构的研究：

一、该社机构和互相关的关系。

该社的组织机构是根据集体经营范围扩大的需要，在

(25×10)=500

图1-1-14　关于李顺达农林牧生产合作社领导问题的调查研究第十三页

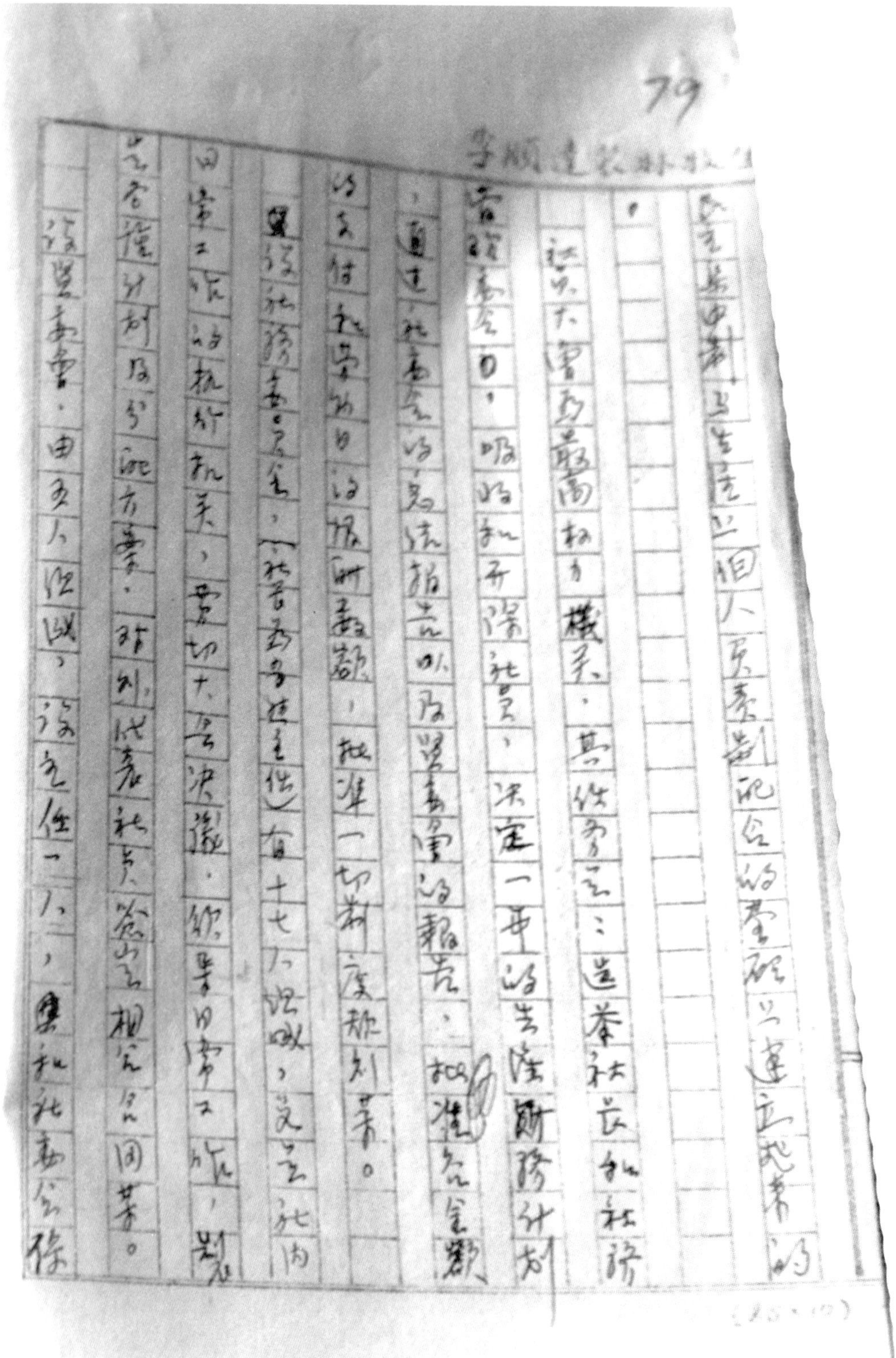

图1-1-15　关于李顺达农林牧生产合作社领导问题的调查研究第十四页

图1-1-16　关于李顺达农林牧生产合作社领导问题的调查研究第十五页

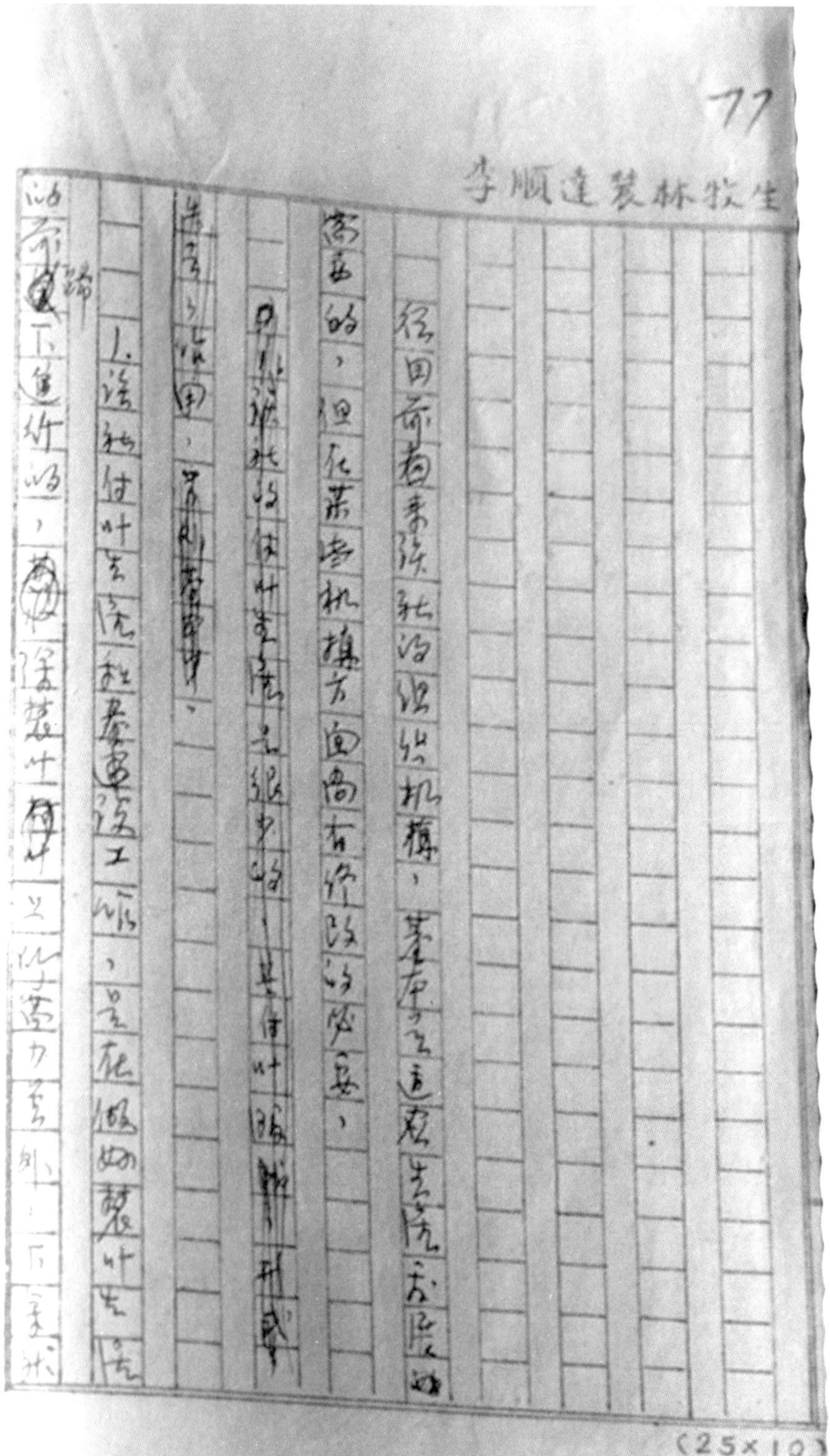

图1-1-17　关于李顺达农林牧生产合作社领导问题的调查研究第十六页

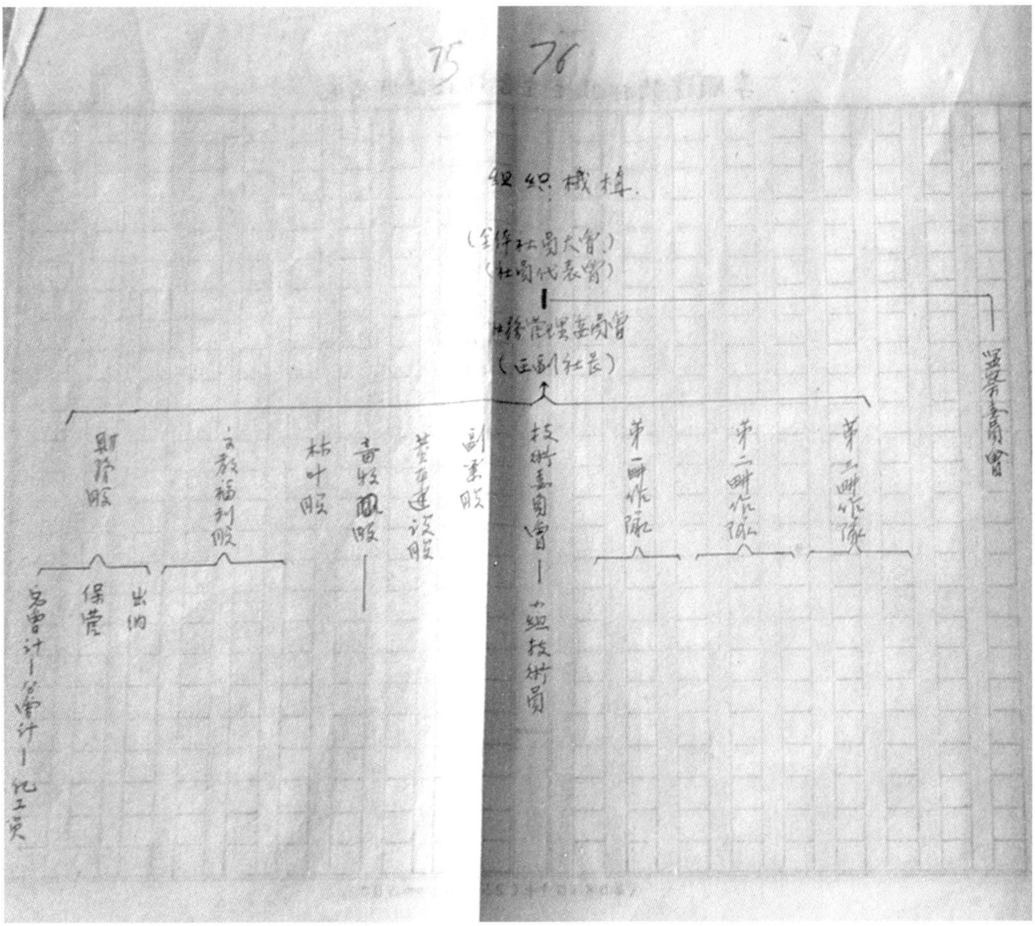

图1-1-18　关于李顺达农林牧生产合作社领导问题的调查研究第十七、十八页

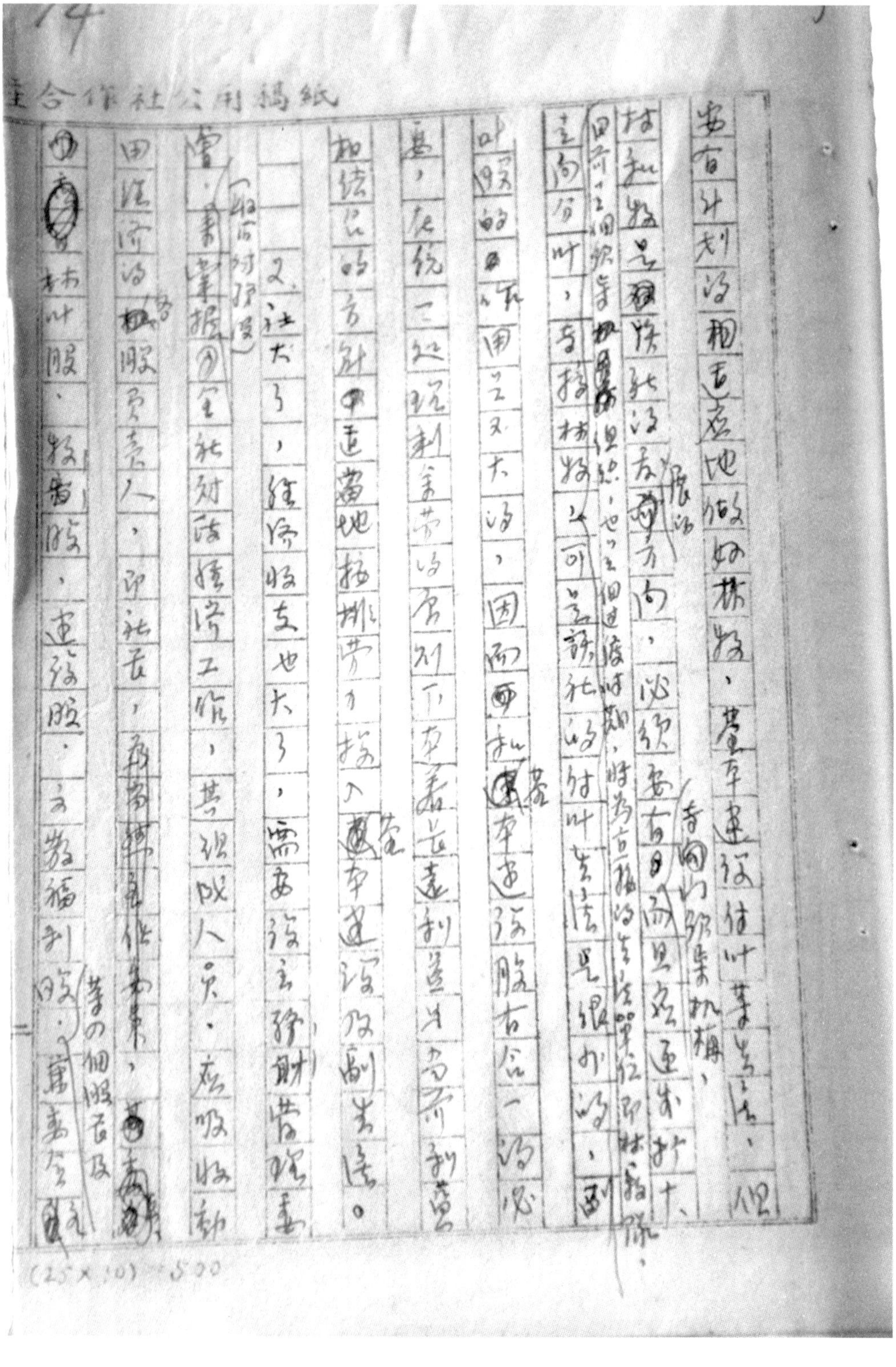

图1-1-19　关于李顺达农林牧生产合作社领导问题的调查研究第十九页

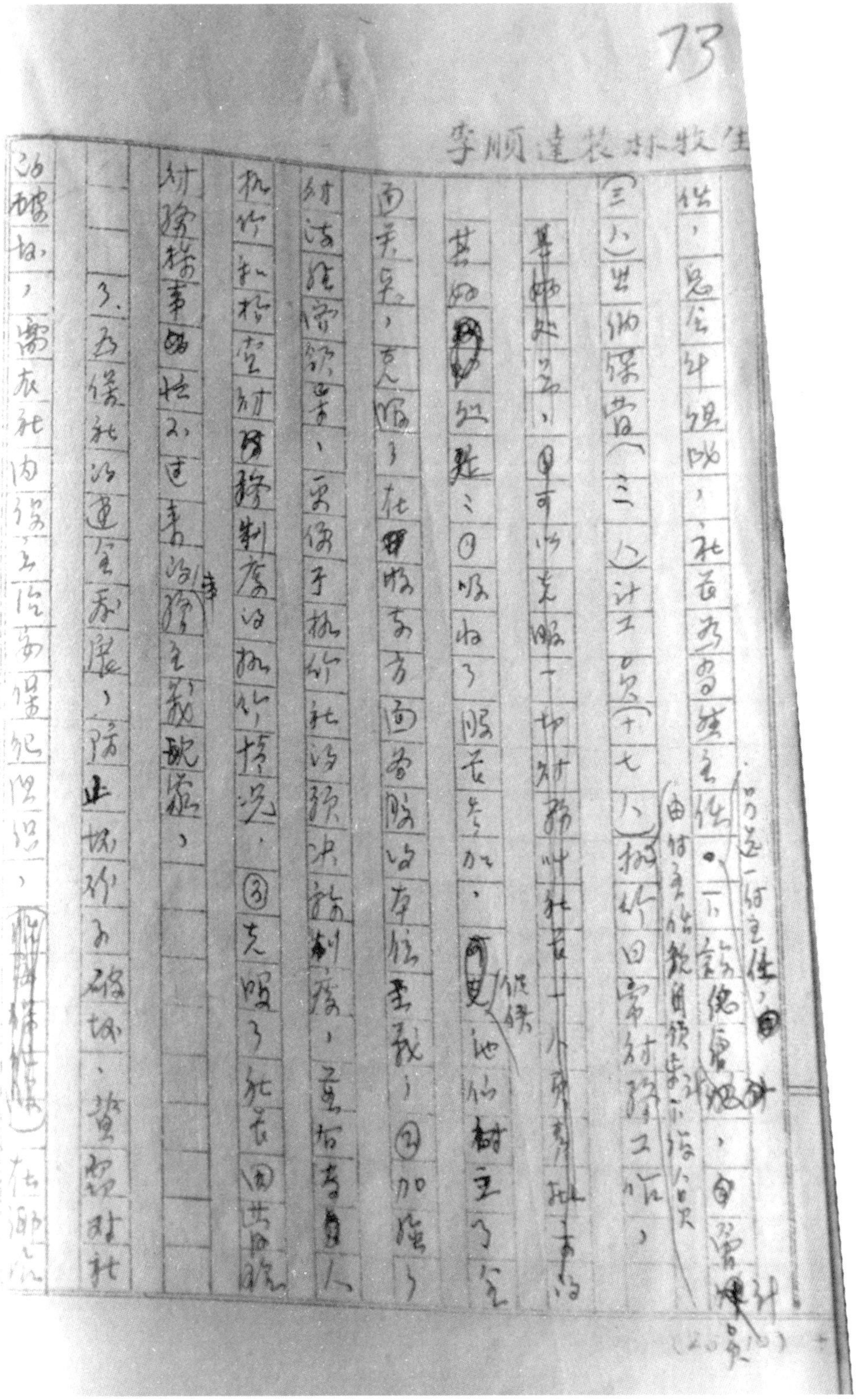

图1-1-20　关于李顺达农林牧生产合作社领导问题的调查研究第二十页

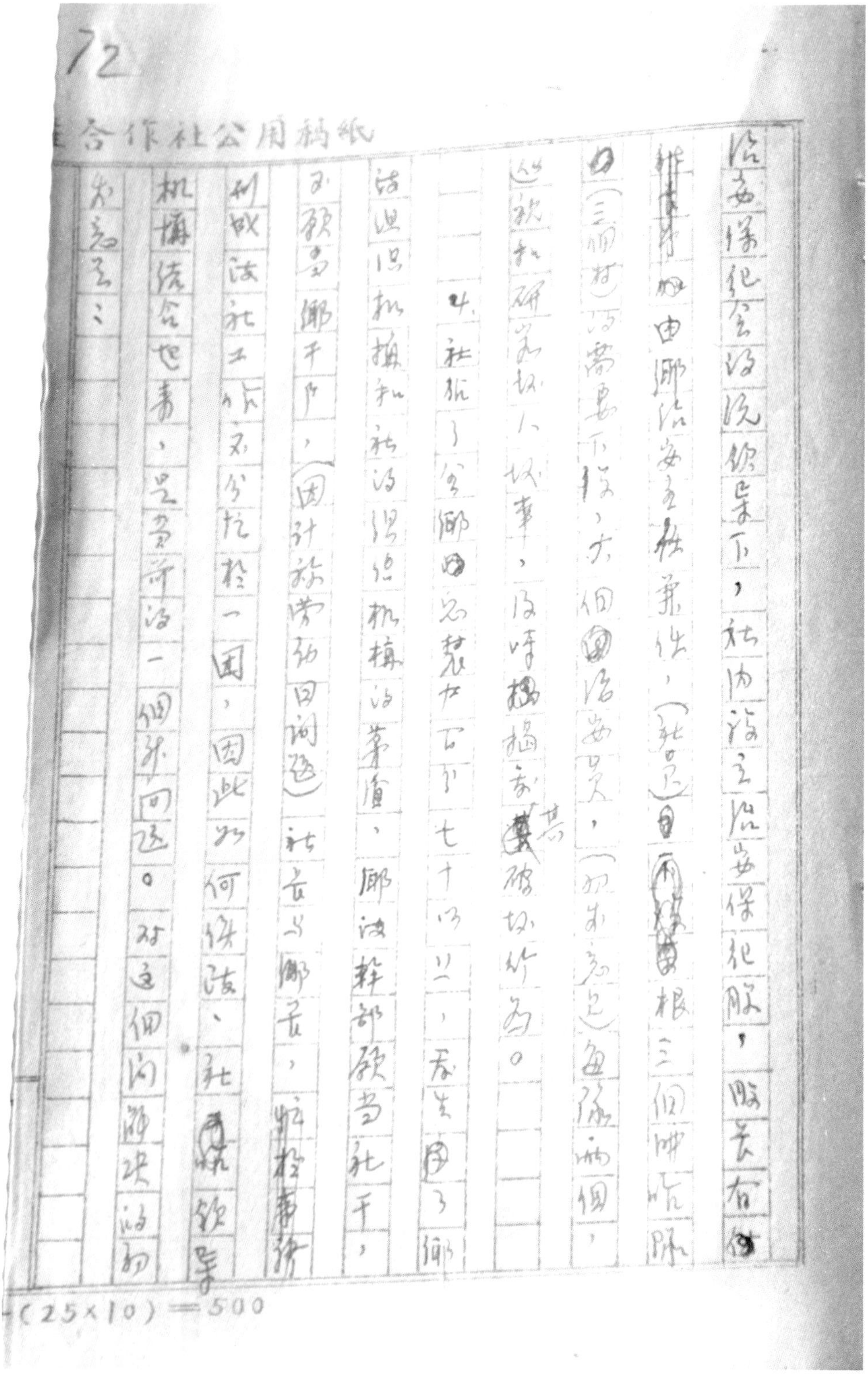

图1-1-21　关于李顺达农林牧生产合作社领导问题的调查研究第二十一页

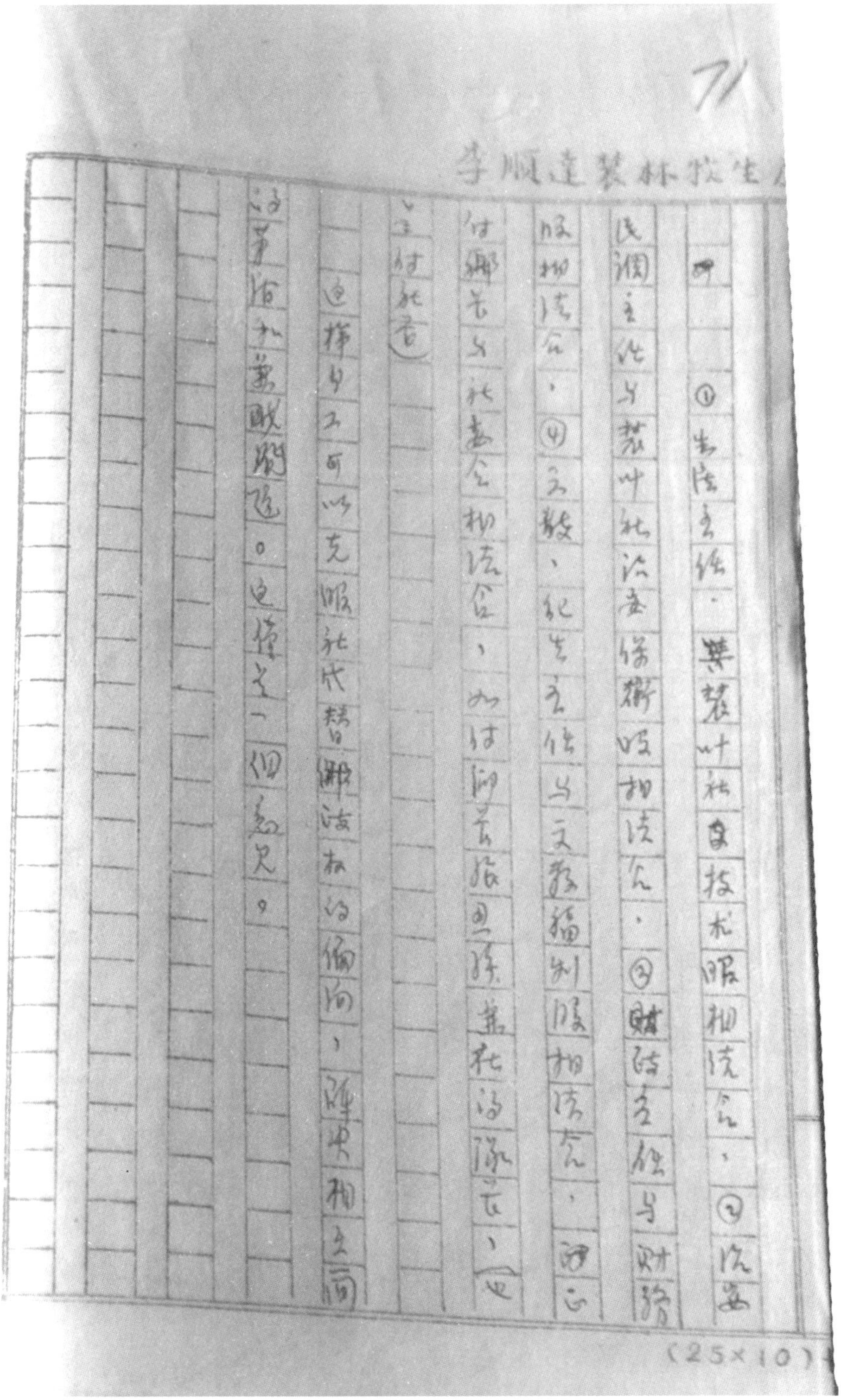

71

李顺达农林牧生产

甲 ①生产主任、农林牧技术股相结合、②治安民调主任与农业社治安保卫股相结合、③财政主任与财务股相结合、④文教、卫生主任与文教福利股相结合、付乡长与社委会相结合、如付乡长须且兼社的队长、也可兼付社长）

这样办了可以克服社代替乡政权的偏向、并使相互间的关系加强联系。这仅是一个意见。

(25×10)

图1-1-22 关于李顺达农林牧生产合作社领导问题的调查研究第二十二页

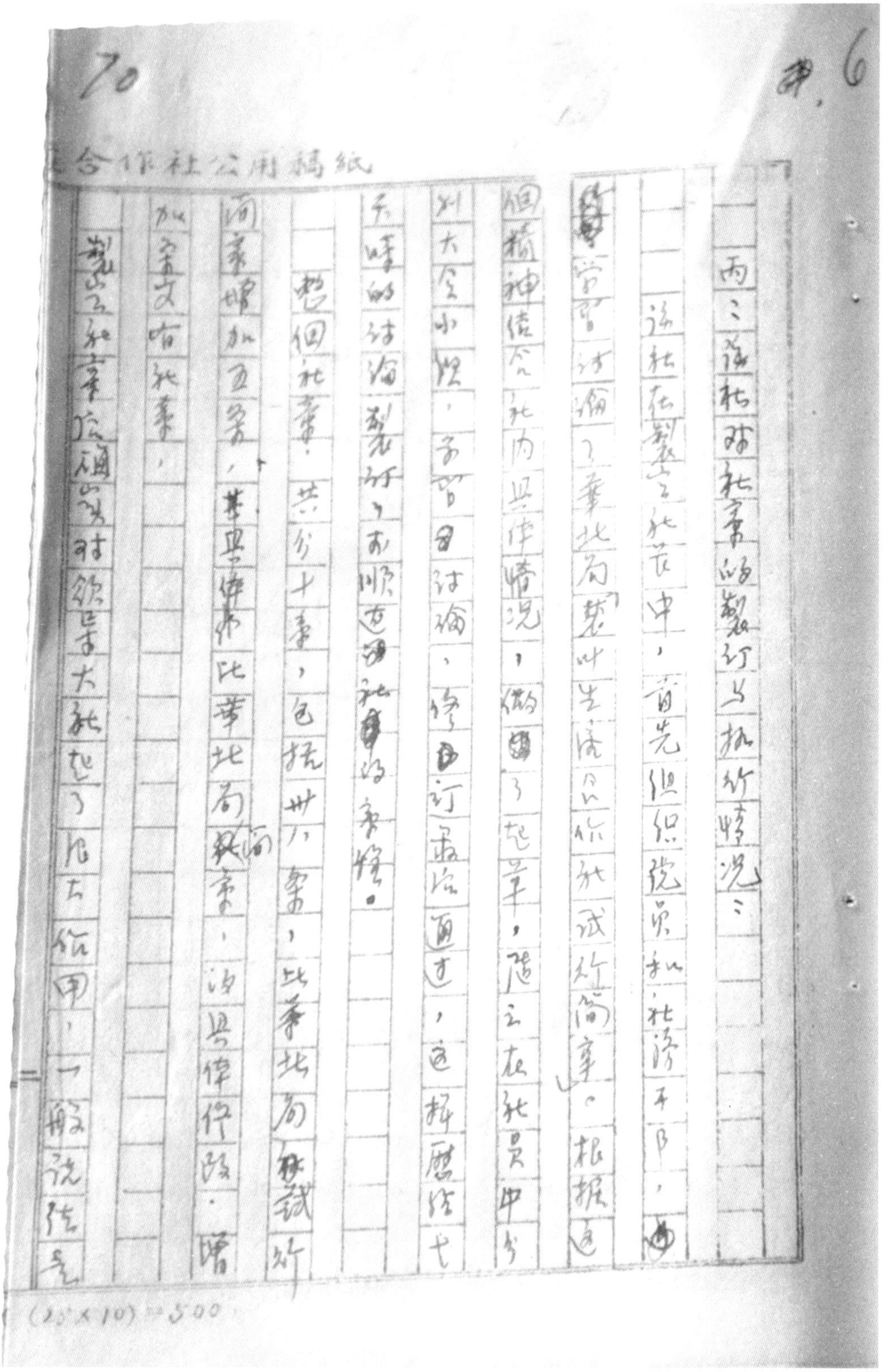

70　第6

合作社公用稿纸

两、该社对社章的制订与执行情况：

该社在制定社章中，首先组织党员和社务干部，学习讨论了华北局农业生产合作社试行简章。根据这个精神结合社内具体情况，做出了社章，然后在社员中分别大会小组，分别讨论，修订后通过，这样历经七天时的讨论制订了本社的章程。

整个社章：共分十章，包括卅六条，比华北局试行简章增加五条，其具体条文比华北局简章，均具体化了。增加了实行社章，

制出了社章后通过时领导大社起了很大作用，一般说社员

(25×10)=500

图1–1–23　关于李顺达农林牧生产合作社领导问题的调查研究第二十三页

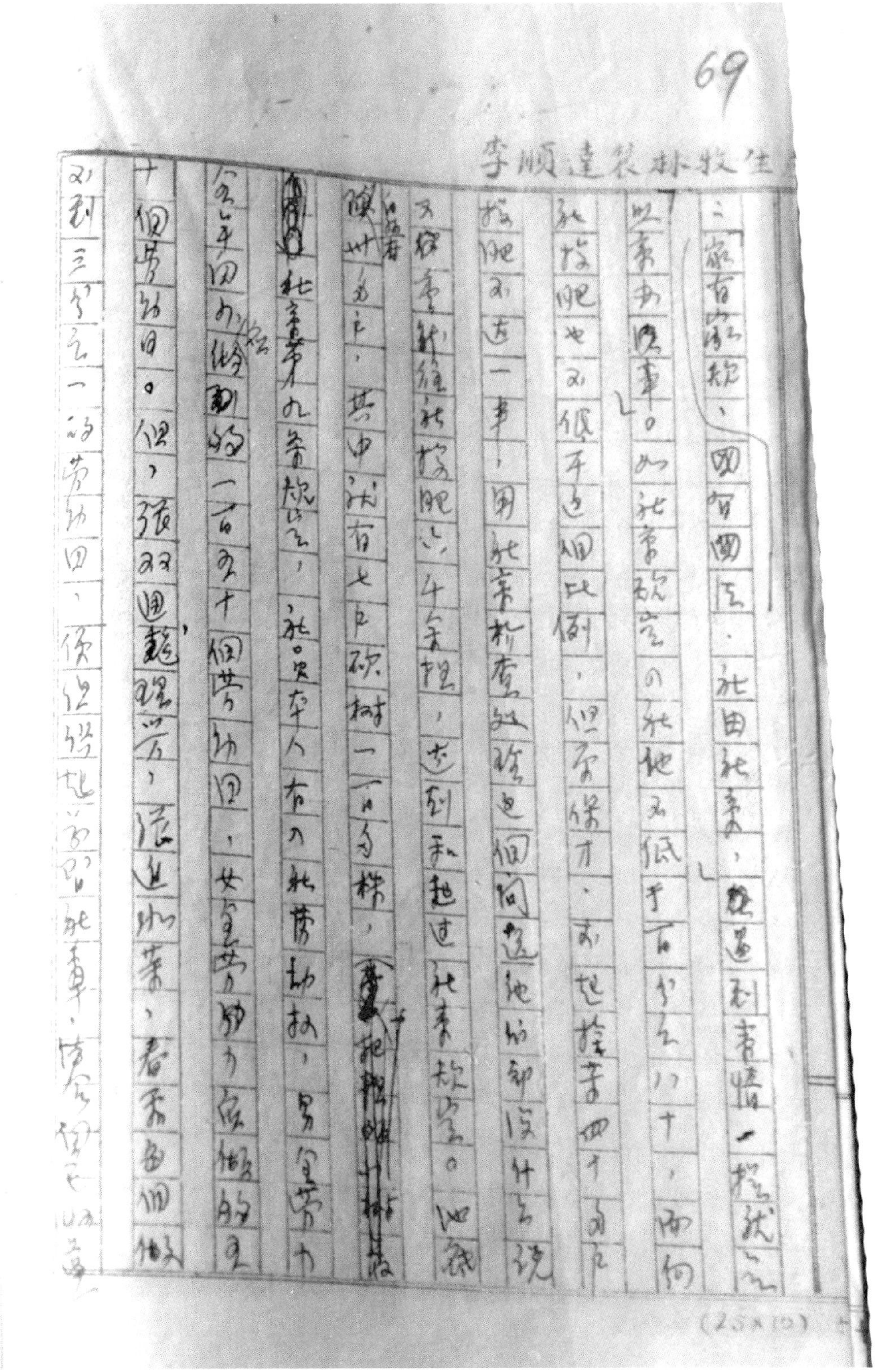
69

李顺達農林牧生

图1-1-24　关于李顺达农林牧生产合作社领导问题的调查研究第二十四页

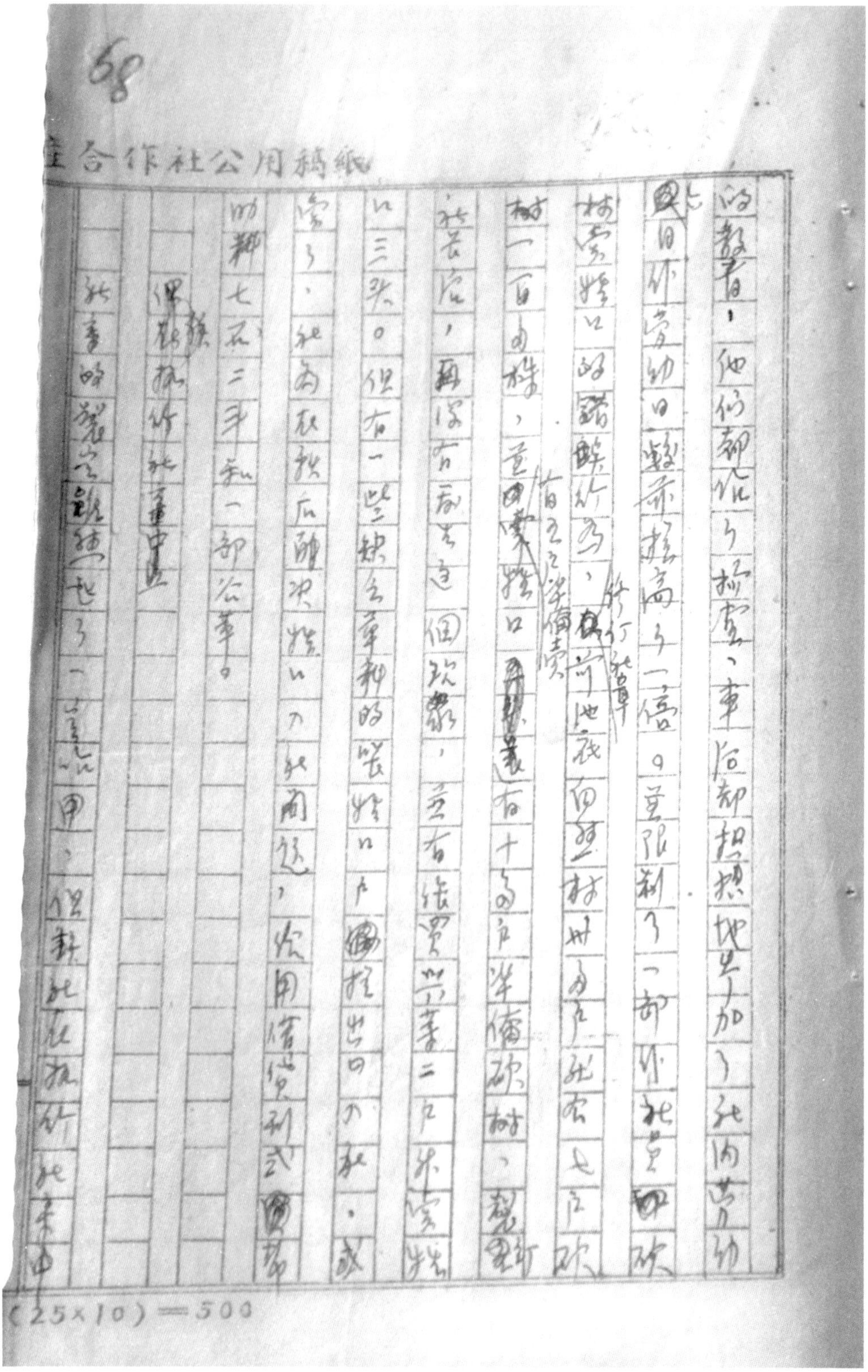
的数目，他们都作了拆零，事后都想把生产加了社内劳动
因日作劳动日数亦提高了一倍。并限制了一部分社员砍
柴烧柴口的错误作为，前此地主与村卅多户社员七户砍
树一百多株，并因此柴口还有十多户准备砍树，影响新
社员情绪，再说有人甚至造个谣言，并有话买卖二户不卖柴
以三头。但有一些缺乏革新的思想的户坚持出口力和，或
变了，社内秋后解决柴口力社问题，应用信贷利式自帮
助耕七石二斗和一部分草。
保护林木社社事中造
社李顺达与社员讨论过一置加用，但社员护林木社来中
(25×10)=500

图1-1-25　关于李顺达农林牧生产合作社领导问题的调查研究第二十五页

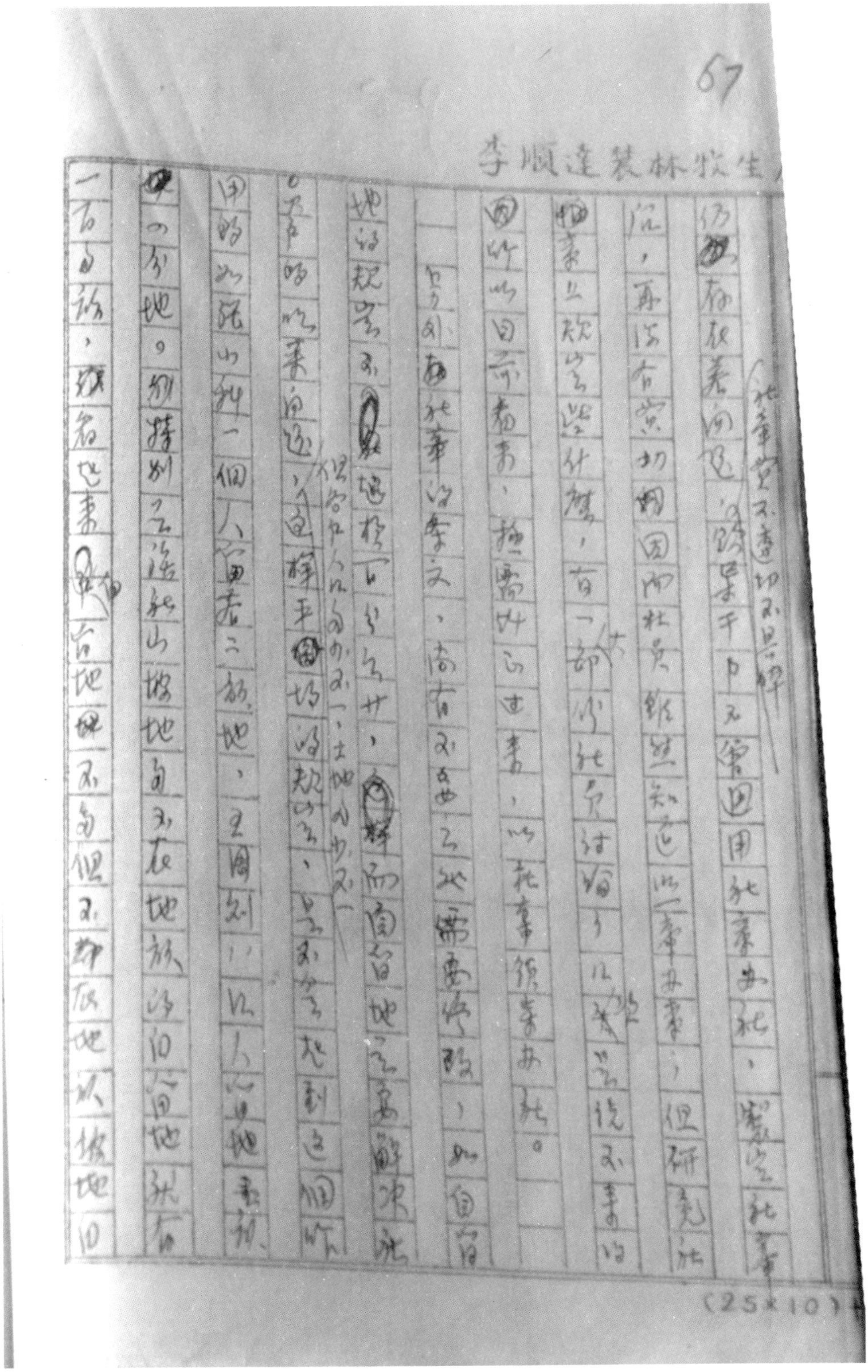

图1-1-26　关于李顺达农林牧生产合作社领导问题的调查研究第二十六页

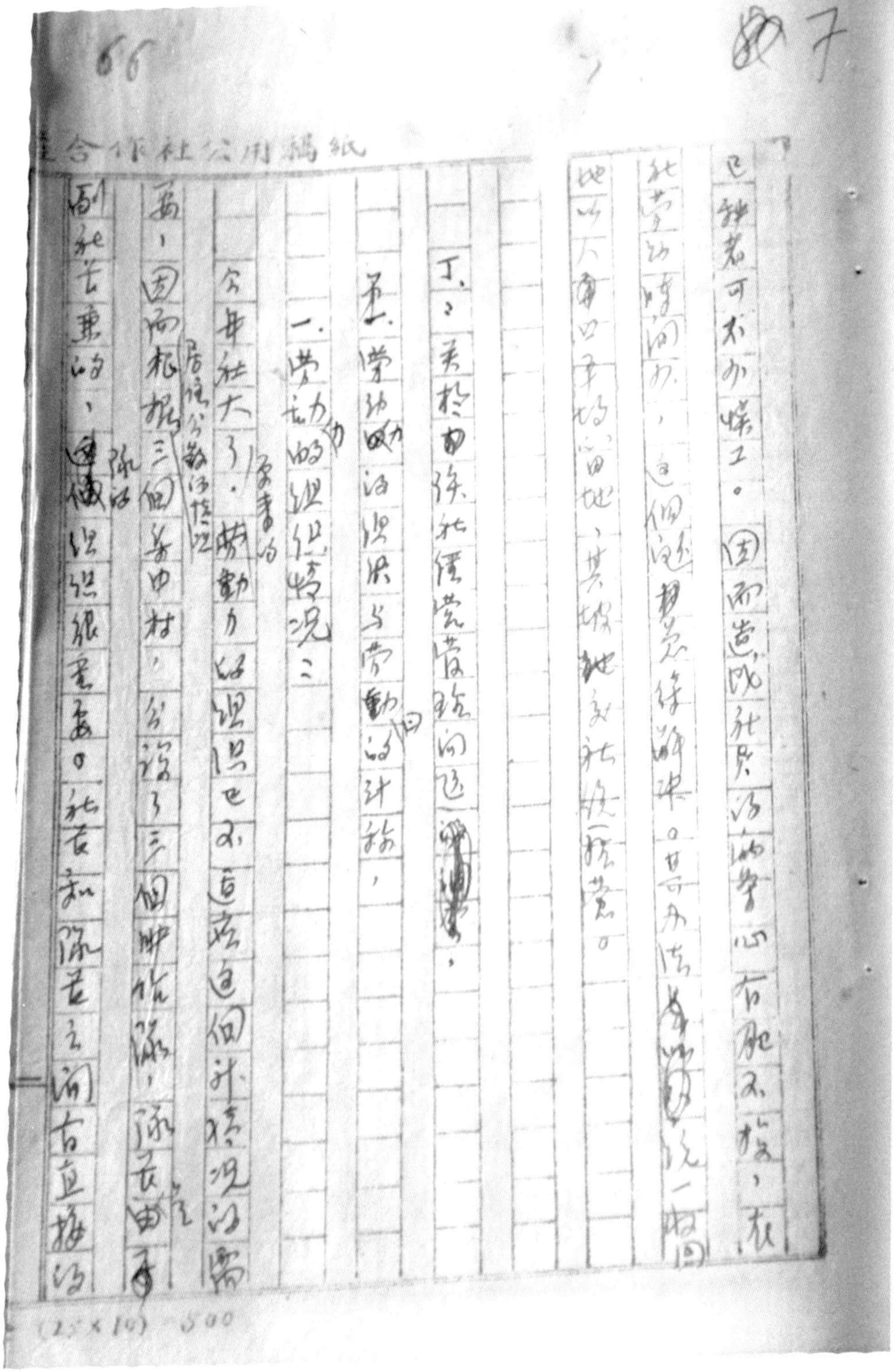

已经若可不办烘工。因而造成社员的关心有肥不拔，在
社劳动时间外，这個问题才容易解决。其它办法就一個
地的人每口平均的留地，其余地交社统一经营。
丁、关于由个体社经营管理的问题。
戊、劳动的组织与劳动的计算，
一、劳动力的组织情况：
合并社大了，劳动力的组织也不适应这個新情况的需
要，因而根据三個自由村，分设了三個耕作队，队长由社
副社长兼的，这種组织很重要，社长和队长之间有直接的

图1-1-27　关于李顺达农林牧生产合作社领导问题的调查研究第二十七页

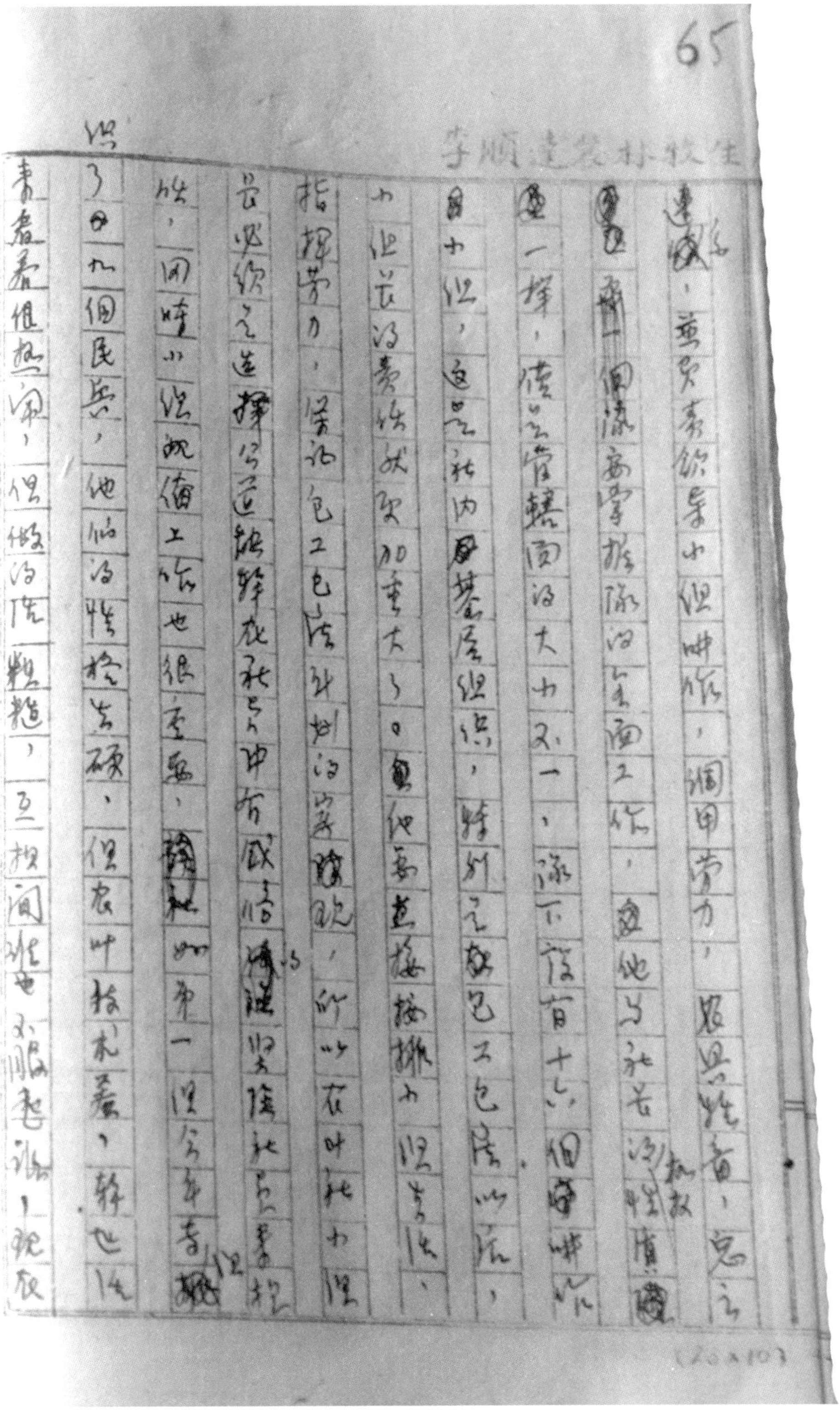
65

李顺达农林牧生

违反，并且要领导小组工作，调用劳力，很是性急，忘记

一个农业劳动队的全面工作，这就与社会的性质

这一样，使它管辖面的大小不一，派下設有十六个生产作

各小组，这是社内最基层组织，特别是在包工包活以后，

小组长的责任就更加重大了。由他安排直接掌握小组生产、

指挥劳力，实行包工包活到组的安排，所以在小组社小组

长必须是选择公道能干在社员中有威信的坚强社员担任

的，同时小组就像工作也很重要，如第一组会計李

为了8九个民兵，他们的性格各殊、但农业技术差，干也低

青年看着很热闹，但做的活粗糙，互相闹意见不服气，说我

(20×10)

图1-1-28　关于李顺达农林牧生产合作社领导问题的调查研究第二十八页

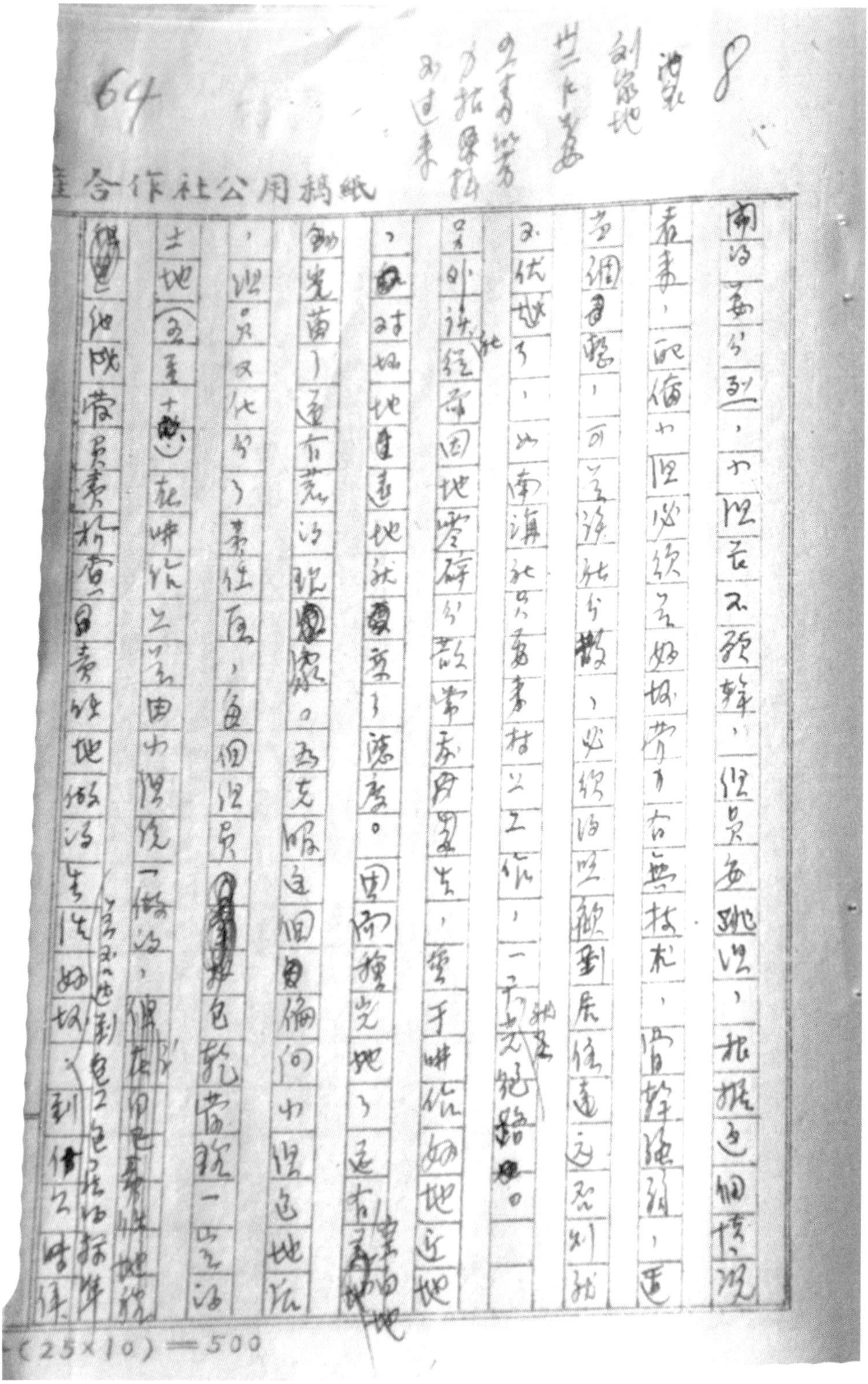

…社合作社公用稿纸

南的每分到，小队长不够干，但是每块地，根据这个情况看来，所备小队必须是好好劳力合无技术，管干活的，这每个单整，可以分给分散，必须的队做到层位这[illegible]就不仗地了，如南滩北只有几村之工作，一下完就跟路了。只小许往前田地零碎分散常常只有田头，至于耕作好地近地，在时好地远地就要落了落后。田间种光地了这有荒的现象。为克服这个偏向小队包地的，但只又化分了责任区，每个组员包干负责一些的土地（五至十亩）在耕作上完由小队统一领导，但在[illegible]由队带员责任到组员责任地做的怎样好坏，到什么时候

(25×10)=500

图1-1-29　关于李顺达农林牧生产合作社领导问题的调查研究第二十九页

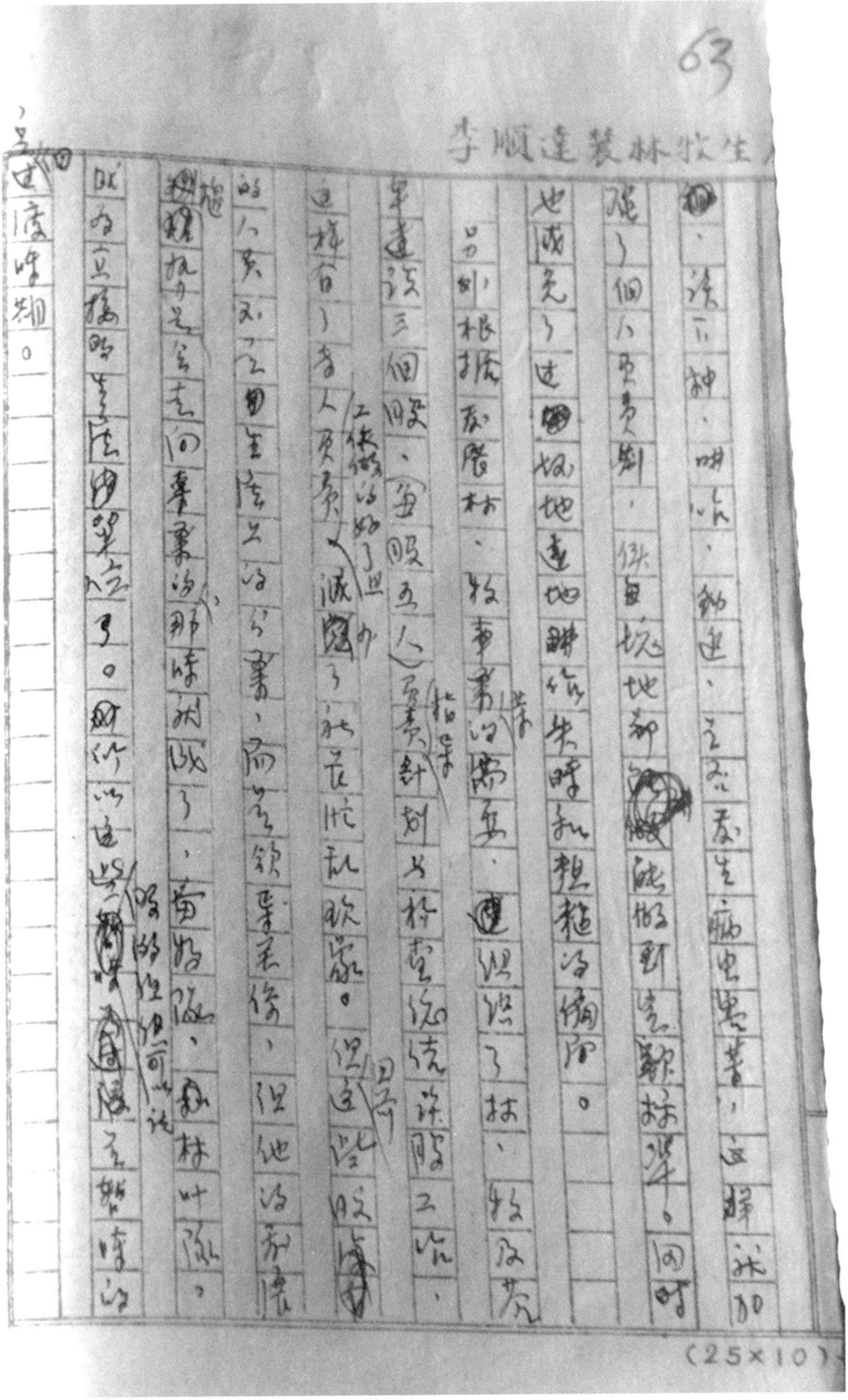

图1-1-30　关于李顺达农林牧生产合作社领导问题的调查研究第三十页

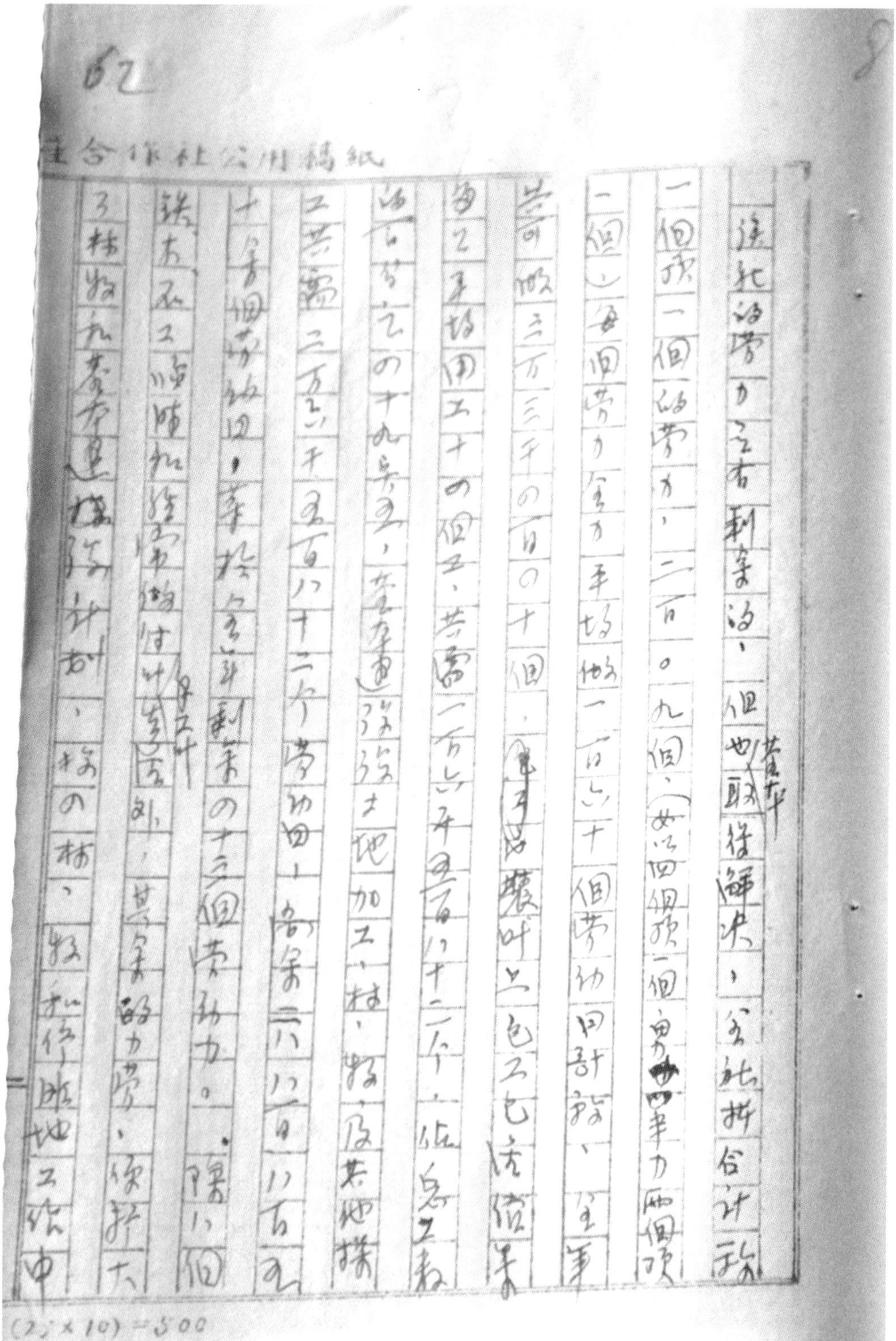

62

8

□合作社公用稿紙

该社的劳力还有剩余的，但也获得解决，实行按合计设一個孩一個的劳力，二百〇九個，（女的四個孩一個男劳力两個孩一個）每個劳力全年平均做一百六十個劳动日计算，全年共可做三万三千四百四十個，（男女合计）农业上包工包活计算，每亩平均用工十四個工，共需一万六千五百八十二个，占总工数的百分之四十九点五，如果再进行土地加工、林、牧及其他措施工共需二万六千五百八十二个劳动日，尚余六八百八五十八個劳动日，等于全年剩余的十三個劳动力。除八個铁木、石工、皂、哨和经常做付业等外，其余的劳力，使用于大力林牧和农业基本建设计划，按の林、牧和修路、地工作中

(25×10)=500

图1-1-31　关于李顺达农林牧生产合作社领导问题的调查研究第三十一页

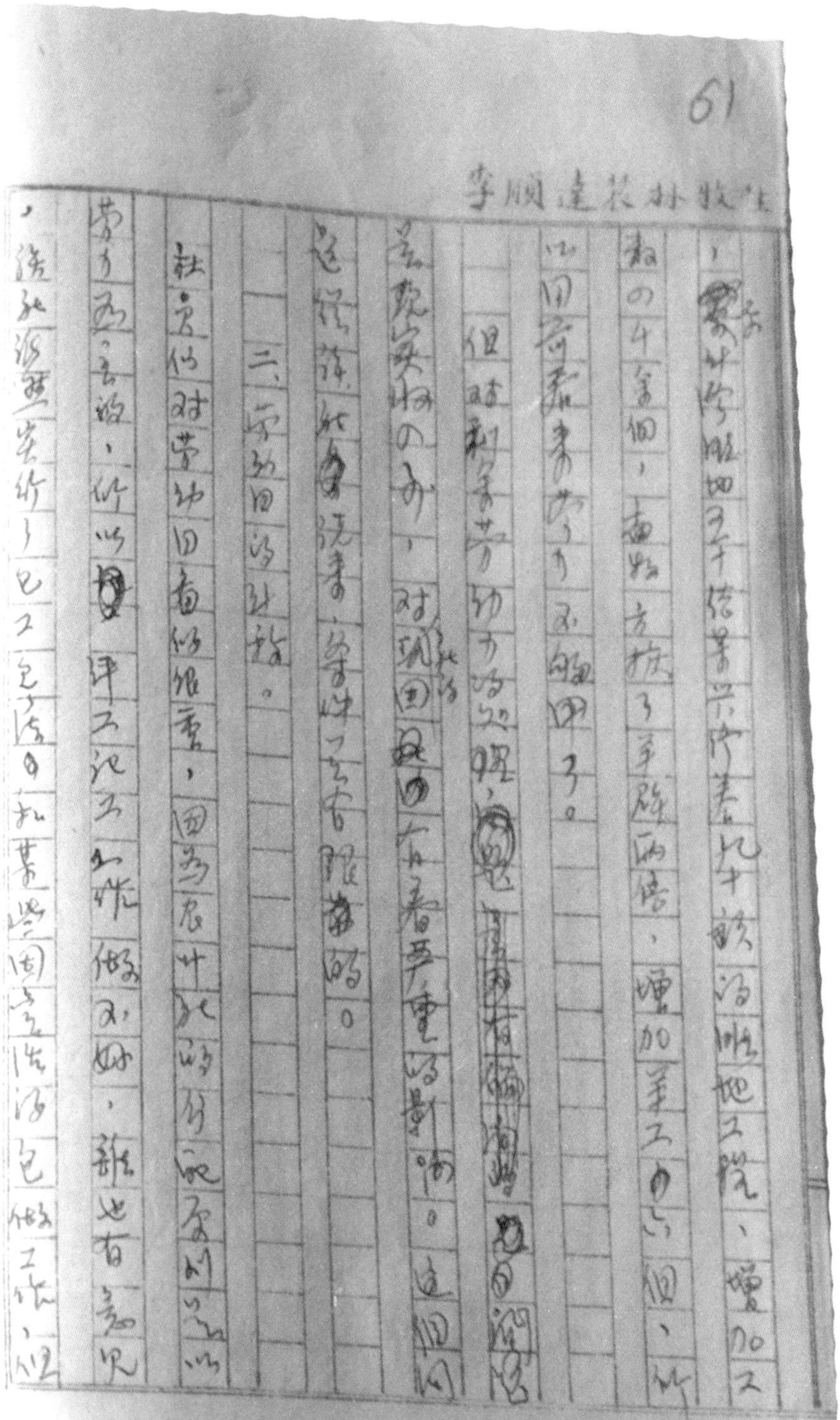

图1-1-32　关于李顺达农林牧生产合作社领导问题的调查研究第三十二页

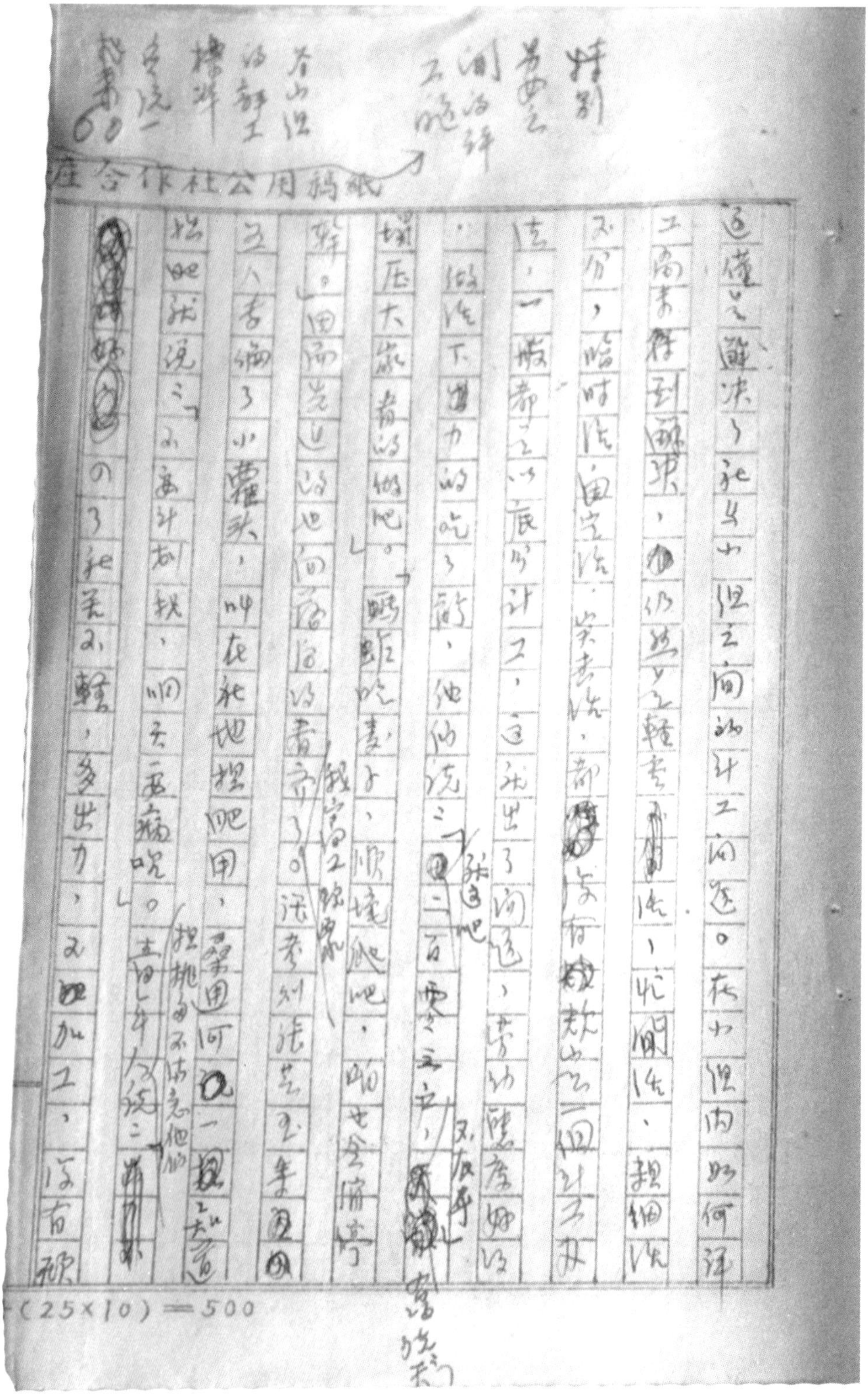

图1-1-33　关于李顺达农林牧生产合作社领导问题的调查研究第三十三页

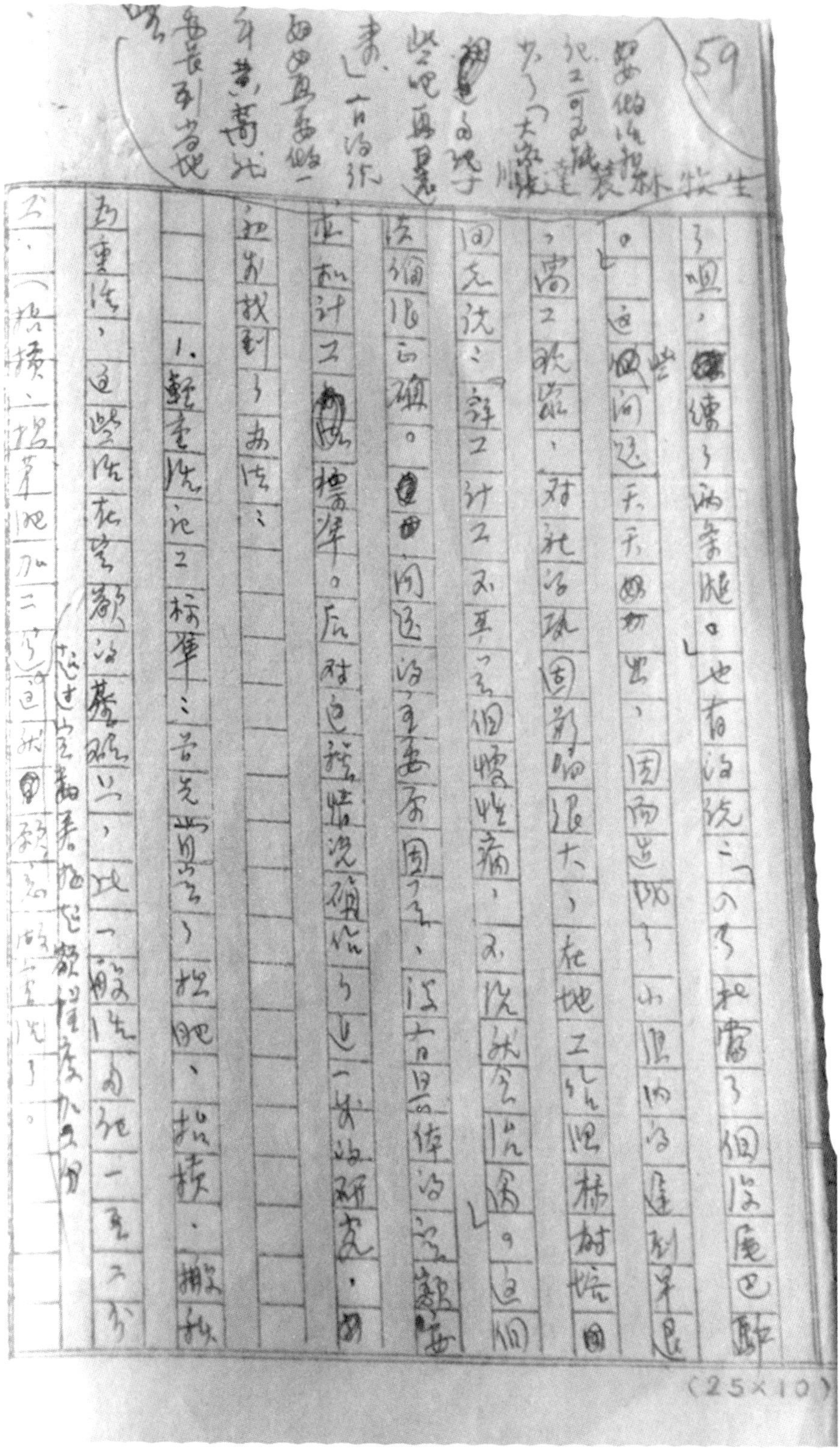

图1-1-34　关于李顺达农林牧生产合作社领导问题的调查研究第三十四页

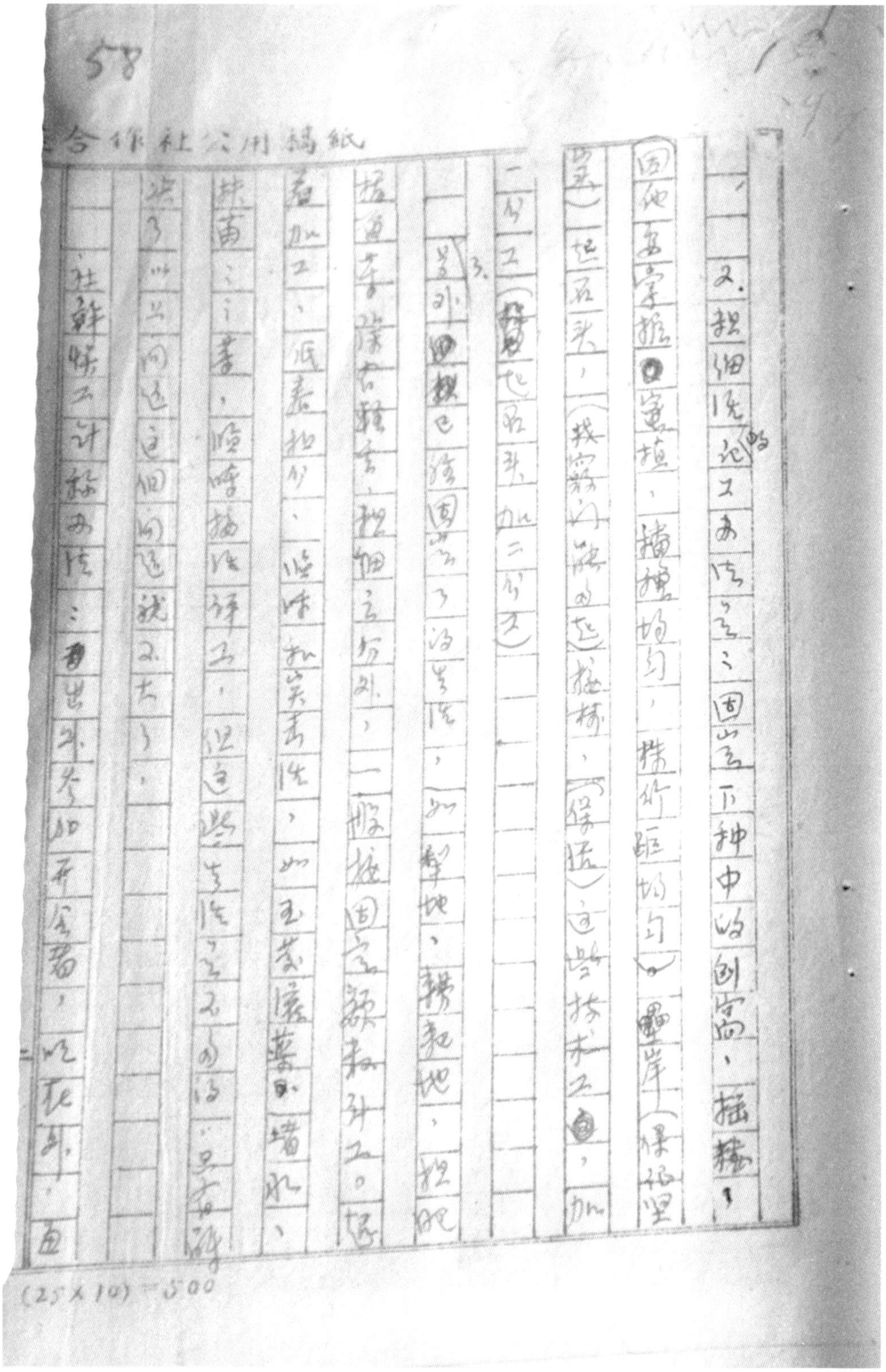

图1-1-35　关于李顺达农林牧生产合作社领导问题的调查研究第三十五页

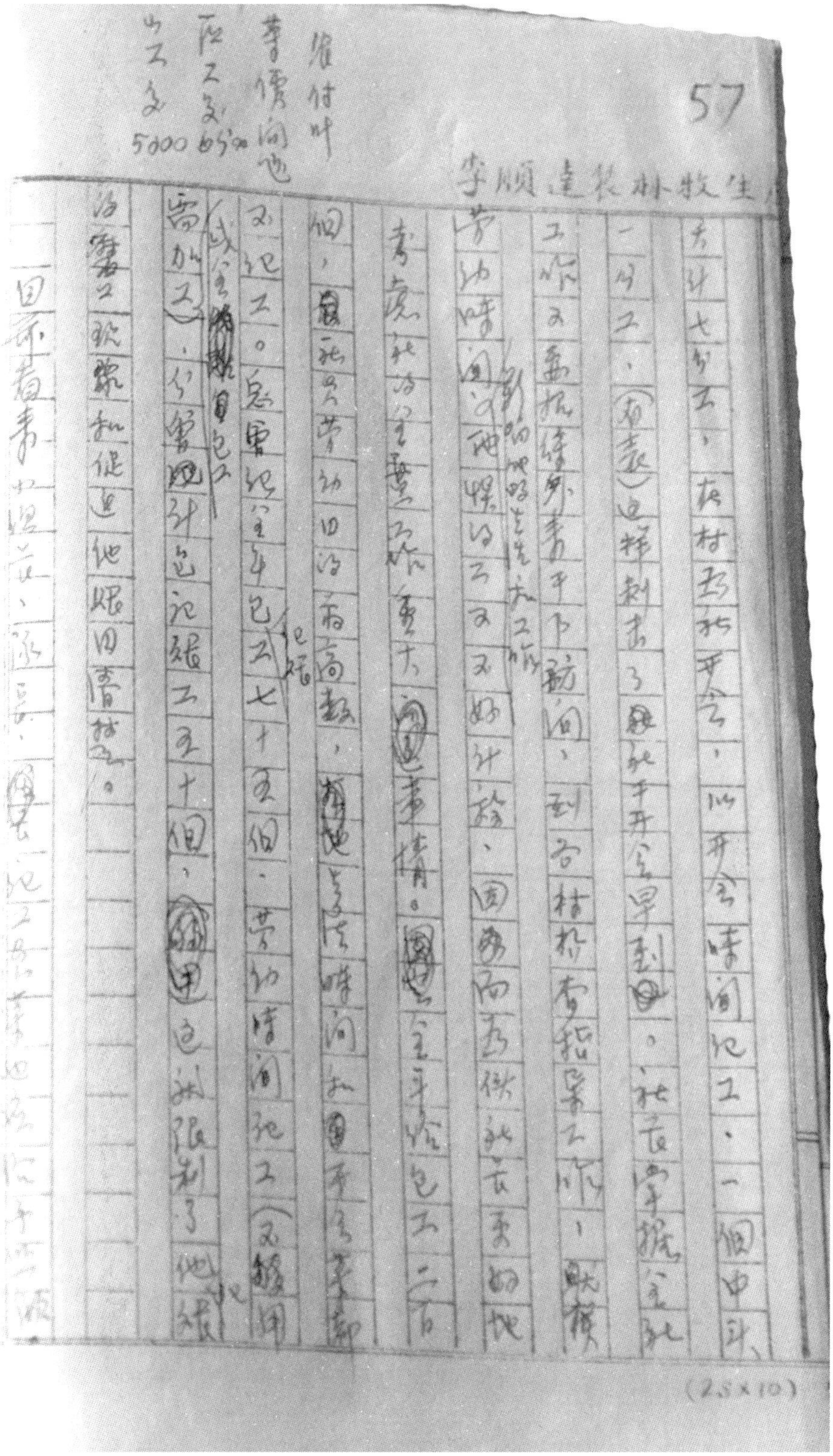

图1-1-36　关于李顺达农林牧生产合作社领导问题的调查研究第三十六页

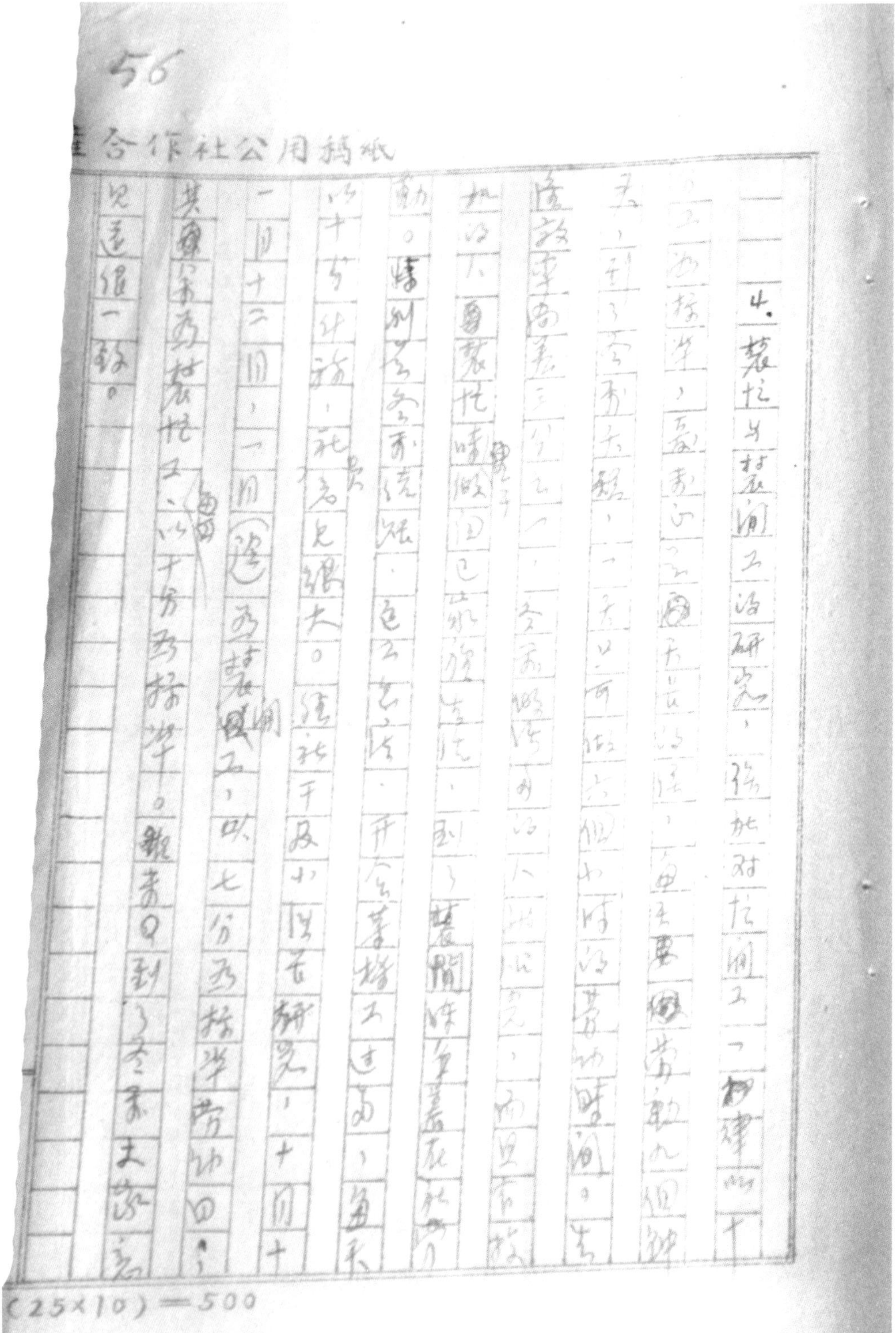
56

□合作社公用稿纸

4. 农忙与农闲工作研究，须加对忙闲工一规律的十
分工的标准，农业大忙季节的[illegible]，每年要做劳动九个钟
头，到了冬季和天短，一天只可做六个小时的劳动时间。去
年放牛的差三分之一，冬季[illegible]的人的研究，而且有故
机的人，国农忙时做四[illegible]生活，到了农闲时会来农闲的
动。特别是冬季天气短，白天去活，开会等杂工过多，每天
以十分计算，社员意见很大。经社干及小组长研究，十月十
一月十二月，一月(路)为农闲工，以七分为标准劳动日；
其余为农忙工，以十分为标准。[illegible]到了李家王家
见达很一致。

(25×10)=500

图1-1-37　关于李顺达农林牧生产合作社领导问题的调查研究第三十七页

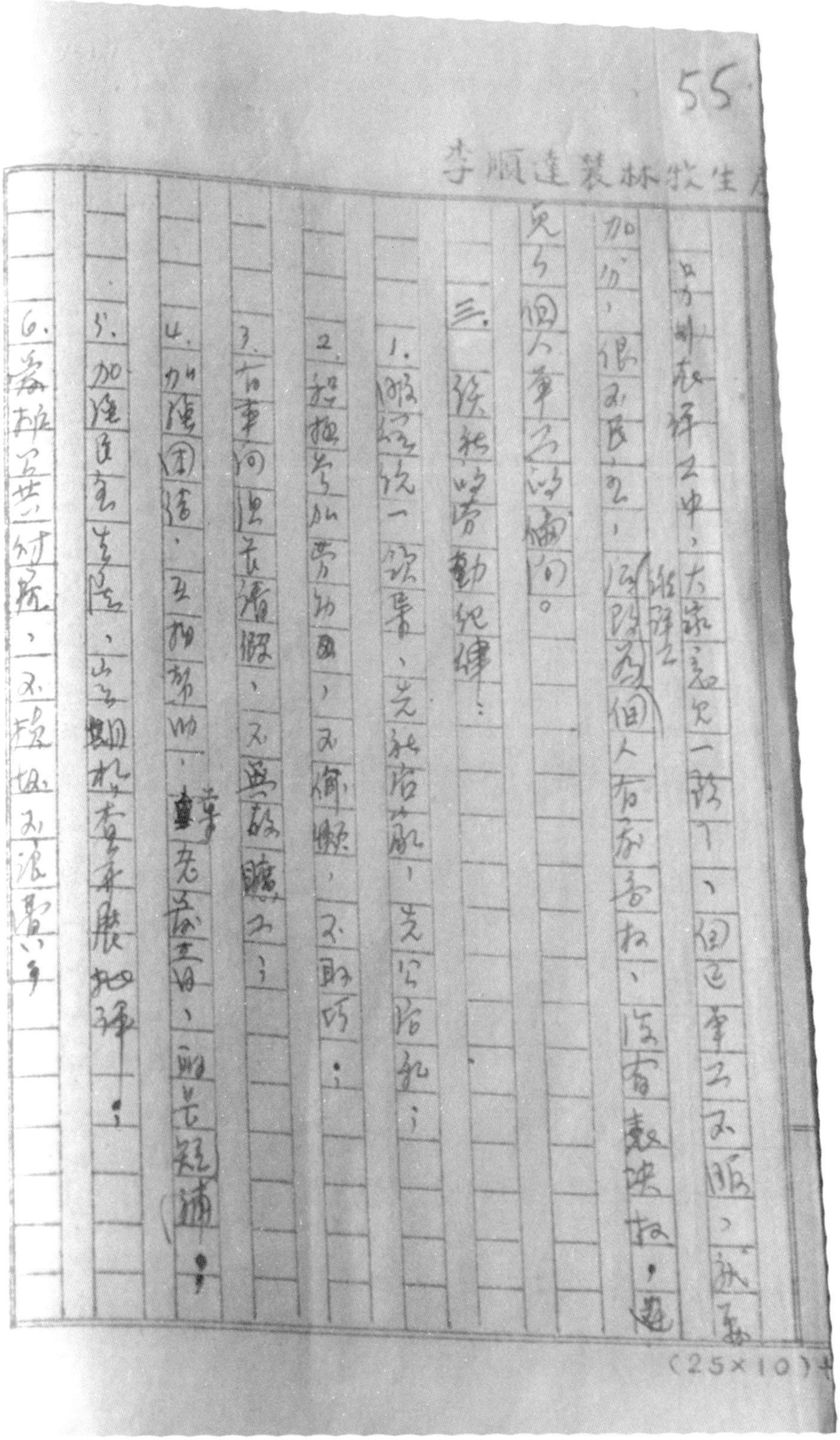

55

李顺達農林牧生產

的分别表评工中，大家認为一致了，但还拿工不服，就要加分，很不民主，個人有家務事，沒有勤快勁，還完了個人事才去的偏向。

三、統和的勞動紀律：

1. 服從統一領導、先社后家、先公后私；

2. 積極參加勞動，不偷懶，不取巧；

3. 有事向組長請假，不要放聽之；

4. 加強團結，互相帮助，尊老愛幼、取長補短；

5. 加強民主生活，以小組會來展開批評；

6. 愛護公共財產，不損壞、不浪費……

(25×10)

图1–1–38　关于李顺达农林牧生产合作社领导问题的调查研究第三十八页

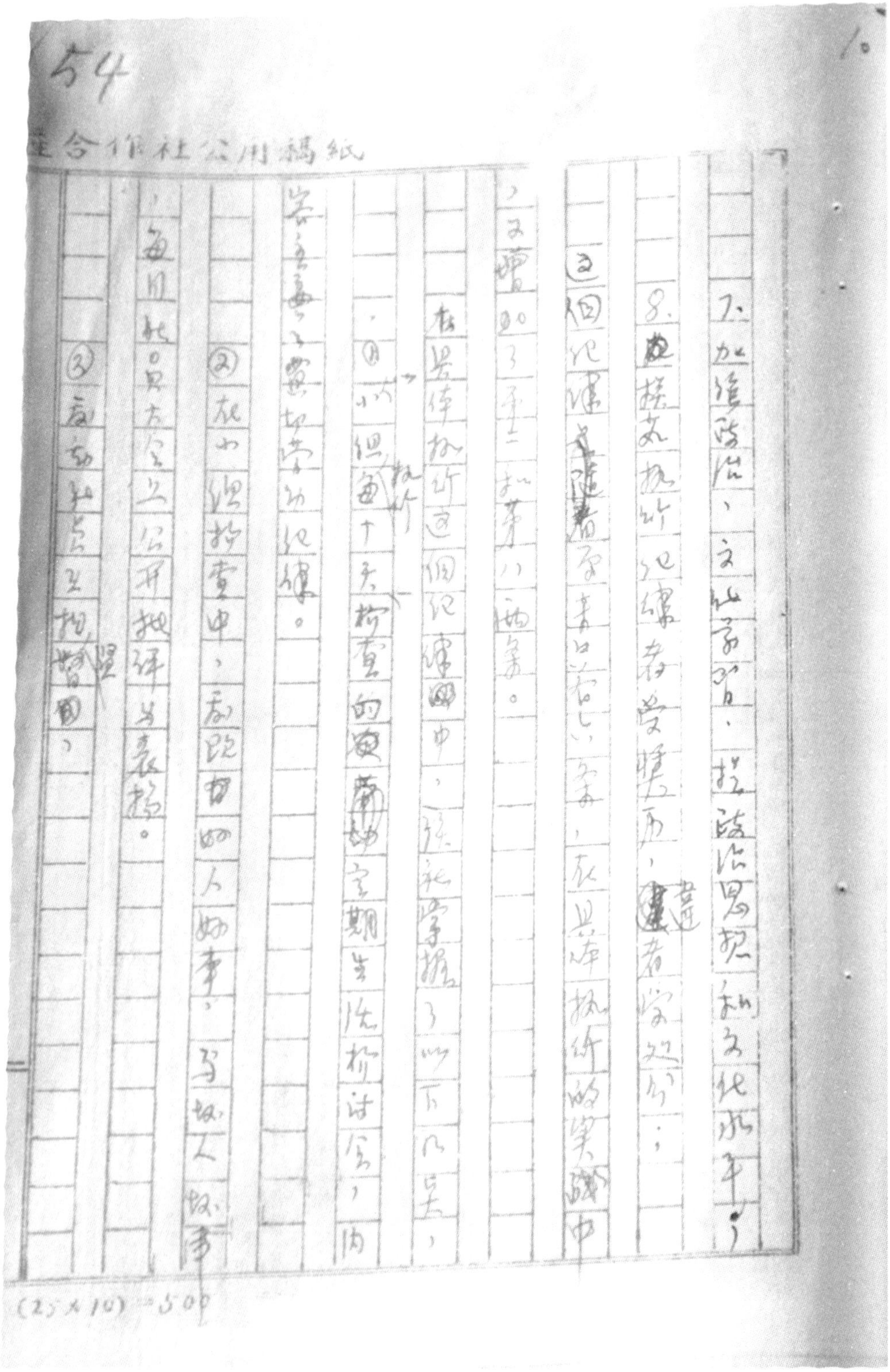
54

1.

产合作社公用稿纸

7. 加强政治、文化学习，提高政治思想和文化水平；

8. 克服执行纪律者受奖励，违者受处分；

这个纪律随着事业的发展，在具体执行的实践中又增加了第二和第八两条。

在具体执行这个纪律中，领导掌握了以下几点，

①小组每十天检查执行的实际，定期召开检讨会，内容主要是要切实学习纪律。

②在小组检查中，表扬好人好事，写好人好事，每月社员大会上公开批评与表扬。

③表现不好的，重点帮助。

(25×10)=500

图1-1-39　关于李顺达农林牧生产合作社领导问题的调查研究第三十九页

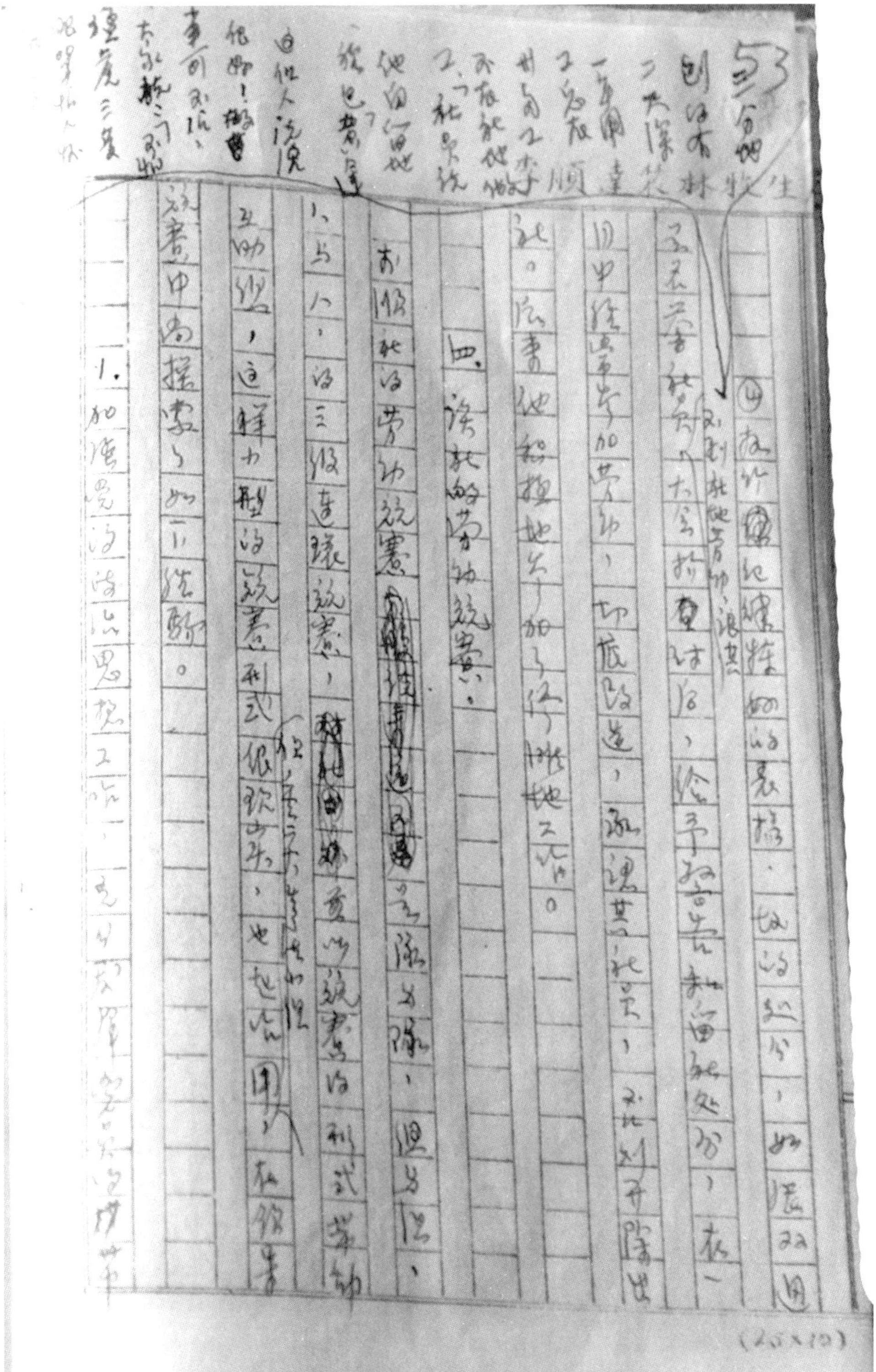

图1–1–40　关于李顺达农林牧生产合作社领导问题的调查研究第四十页

52

社合作社公用稿纸

头的作用，使党员在组中，既为群众中的组织者，带动者，

2、及时检查（记录）党员执行决议，督促帮助，带头批评和加以批评教育。

3、培养典型小组，创造经验，突破一点，推动全面。

4、采取评比会及社员大会的监督作用，建立检查责任制，创造检查报告制度。

5、结合统筹的过程，结合劳动计划的过程，所以必须有生产的生活用指，生产计划，统筹安排，及随时、随时进行统筹工作。

第二、执行管理情况：

(25×10)=500

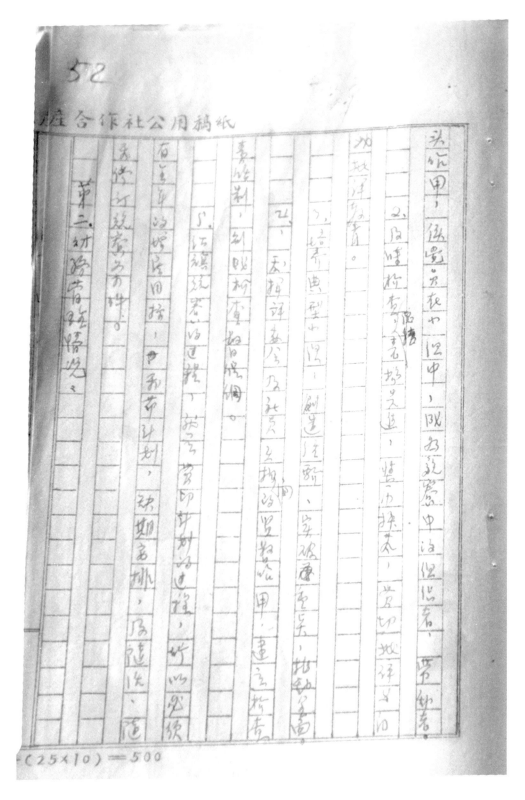

图1-1-41　关于李顺达农林牧生产合作社领导问题的调查研究第四十一页

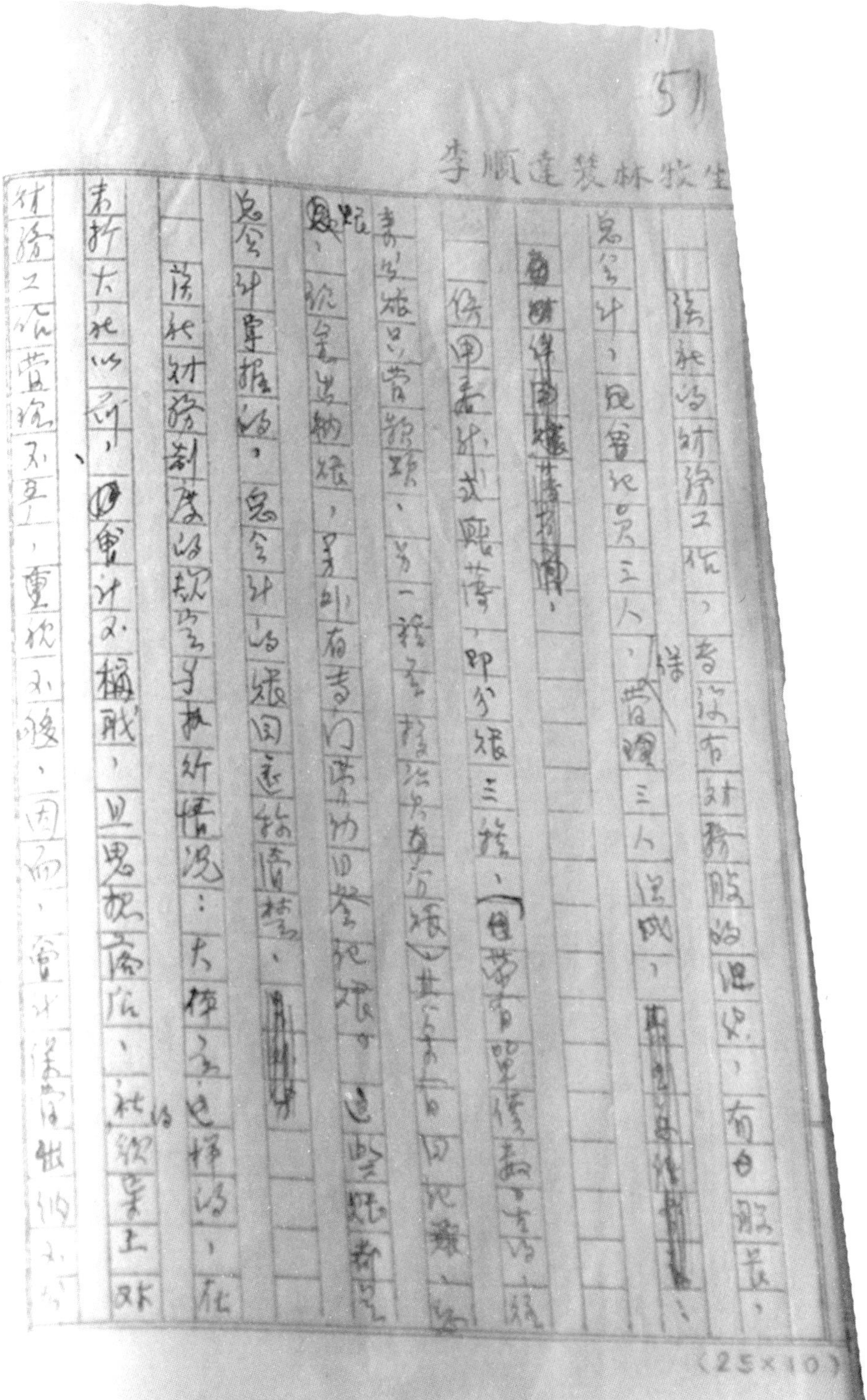

57

李顺達農林牧生

（25×10）

图1-1-42　关于李顺达农林牧生产合作社领导问题的调查研究第四十二页

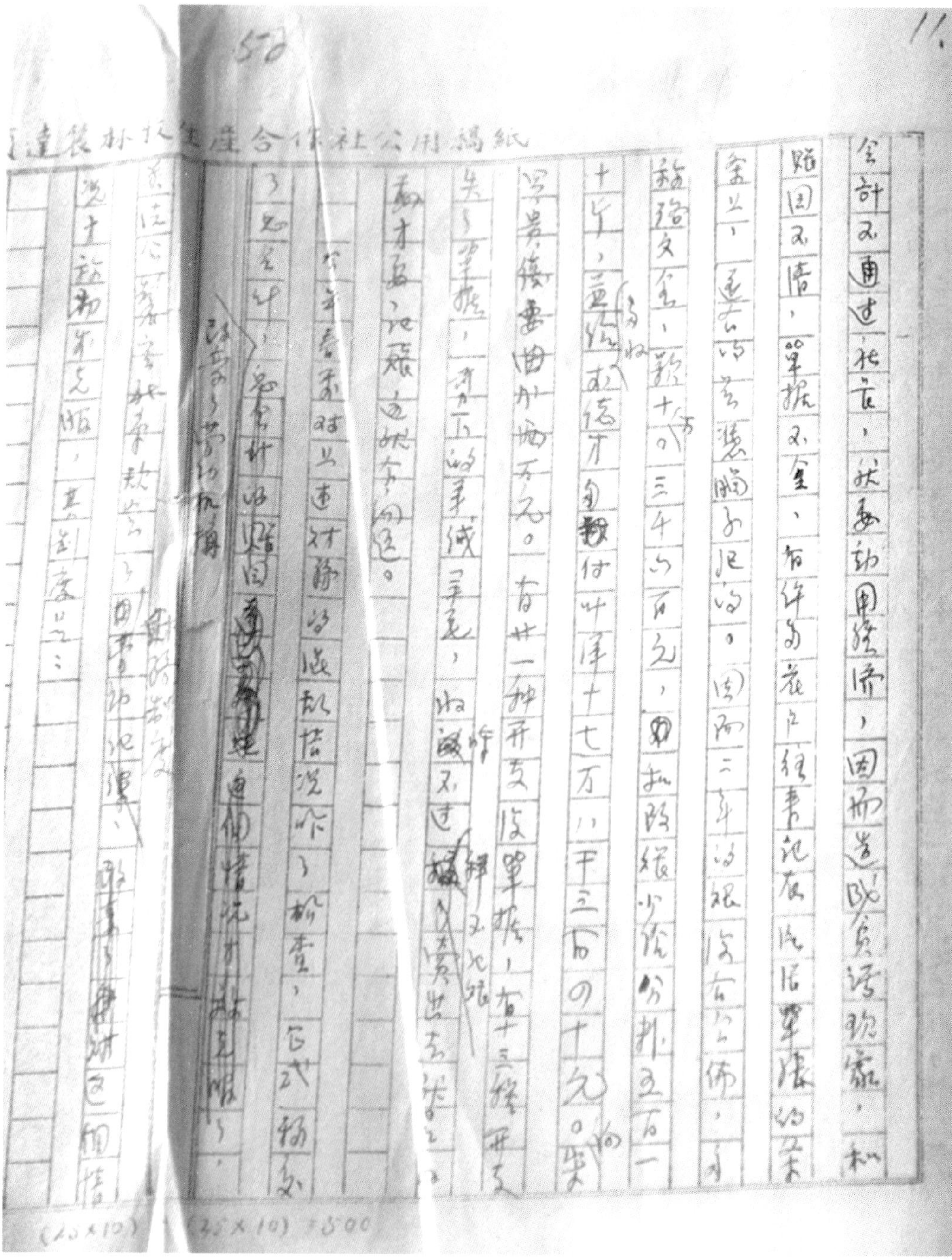

…達農林牧生産合作社公用稿紙

会计不通过社长，就要动用经济，因而造成负责贪污浪费，私……

贴因不清，单据不全，有许多花户往来记在……

全上。遗失的营业账簿了很的。因而二年的账没有公佈，……

[illegible]

(20×10)　(25×10)

图1-1-43　关于李顺达农林牧生产合作社领导问题的调查研究第四十三页

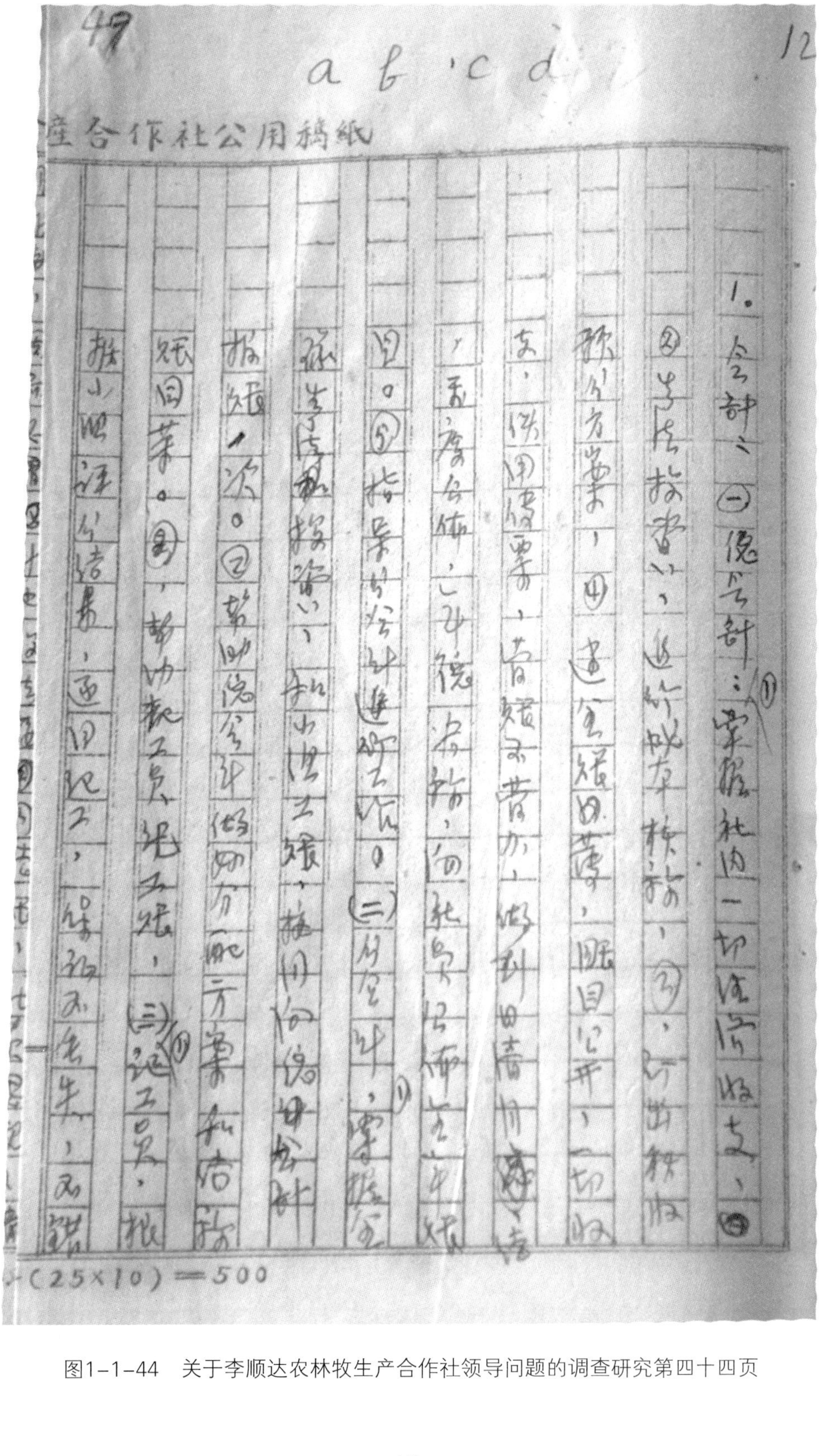

47 12

a b c d

……产合作社公用稿纸

1. 会计：㈠总会计：①掌握社内一切经济收支、②学习指示、进行比较核算、③、订出执收预算方案、④建立健全账目、账目公开、一切收支，使用传票，督促各部分、制订田间……互相合作，工作统一，领导各社员……见。⑤指导各分会计进行工作。㈡分会计：①掌握全组生产投资、和小组土地、按时向总会计报账一次。②帮助总会计做好财务分配方案和结算账目等。③帮助教育工员把工账，(三)记工员：①根据小组评分结果、进行记工，保证不丢失、不错

(25×10)=500

图1-1-44　关于李顺达农林牧生产合作社领导问题的调查研究第四十四页

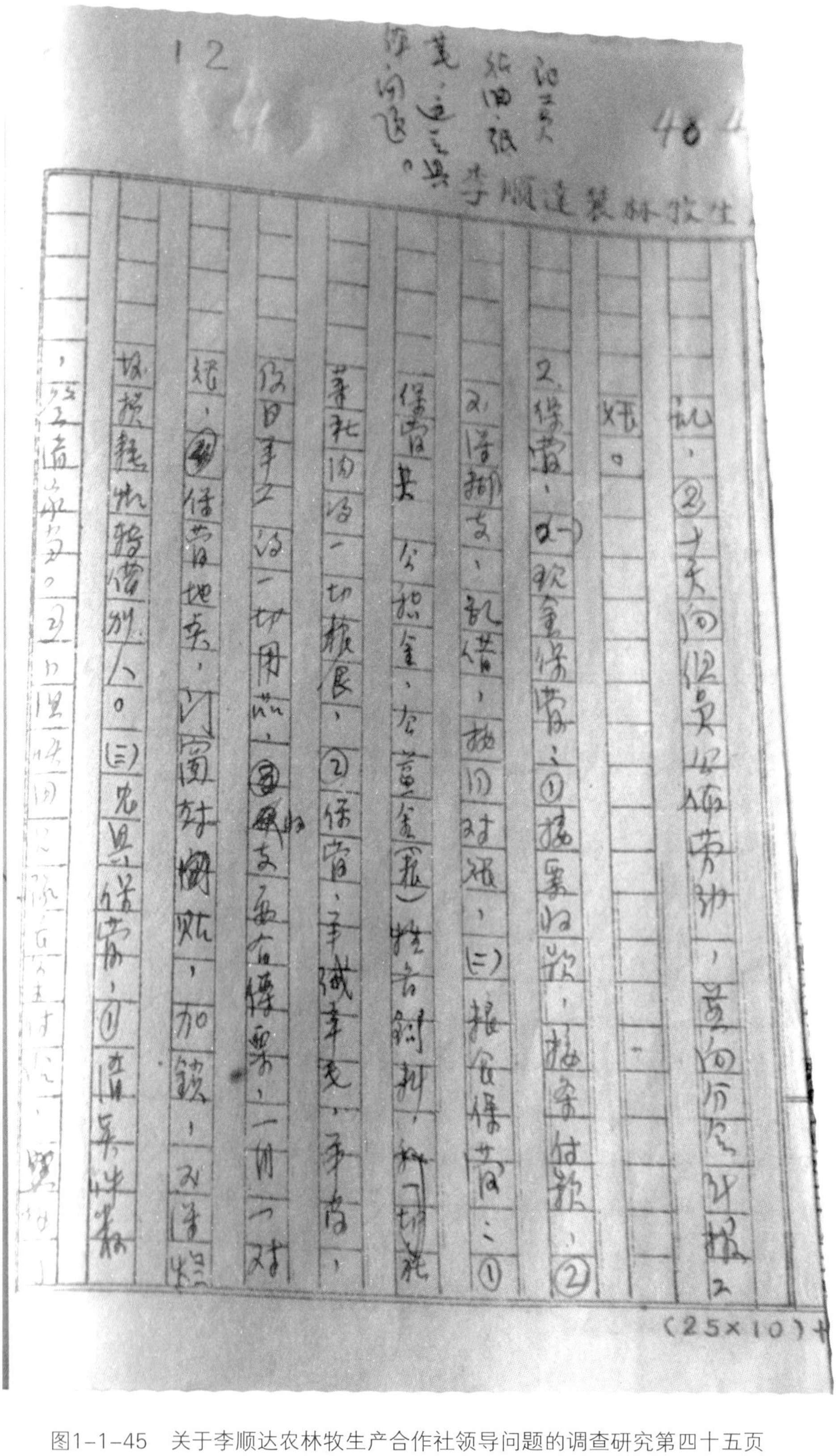

图1-1-45　关于李顺达农林牧生产合作社领导问题的调查研究第四十五页

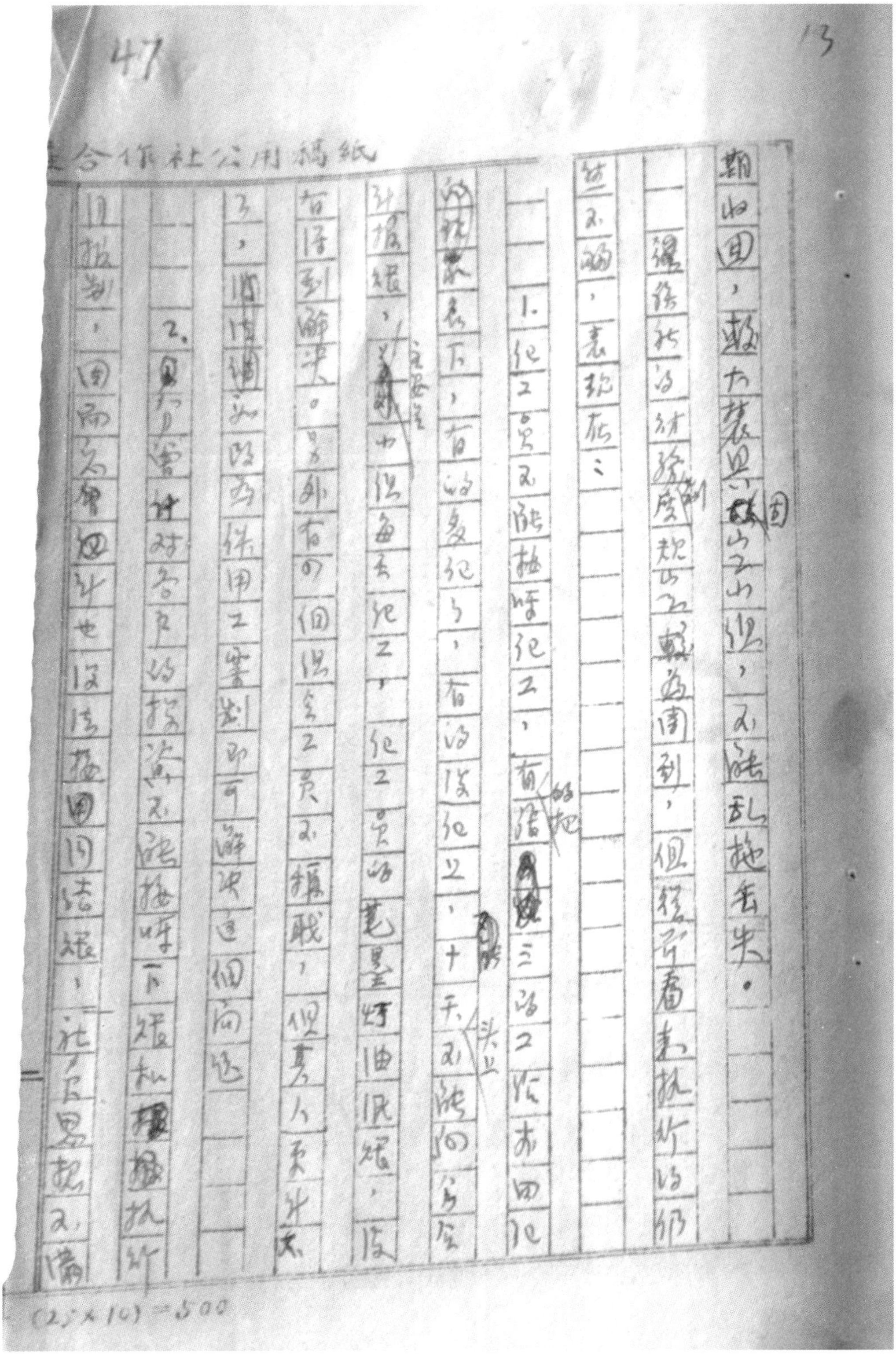

47　　13

合作社公用稿纸

翻的田，超大农具因山高山低，不能乱抛丢失。

还条社的纪律制度规定得较为周到，但经常看来执行的仍

然不够，表现在：

1. 作工员不能按时作工，有的晚三的工作未回作

的社员表示，有的多作了，有的没作工，十天不能向分会

计报帐，只知中但每天作工，作工员的笔墨纸油纸帐，没

有得到解决。另外有的个别会工员不好辩戳，但其人更有

3，问题通知路西保用工集划即可解决这个问题

2. 负责会计对各户的投资不能按时下帐和报报执行

以报到，因而各户也没法按照同法报，社员里起不满

(25×10)=500

图1-1-46　关于李顺达农林牧生产合作社领导问题的调查研究第四十六页

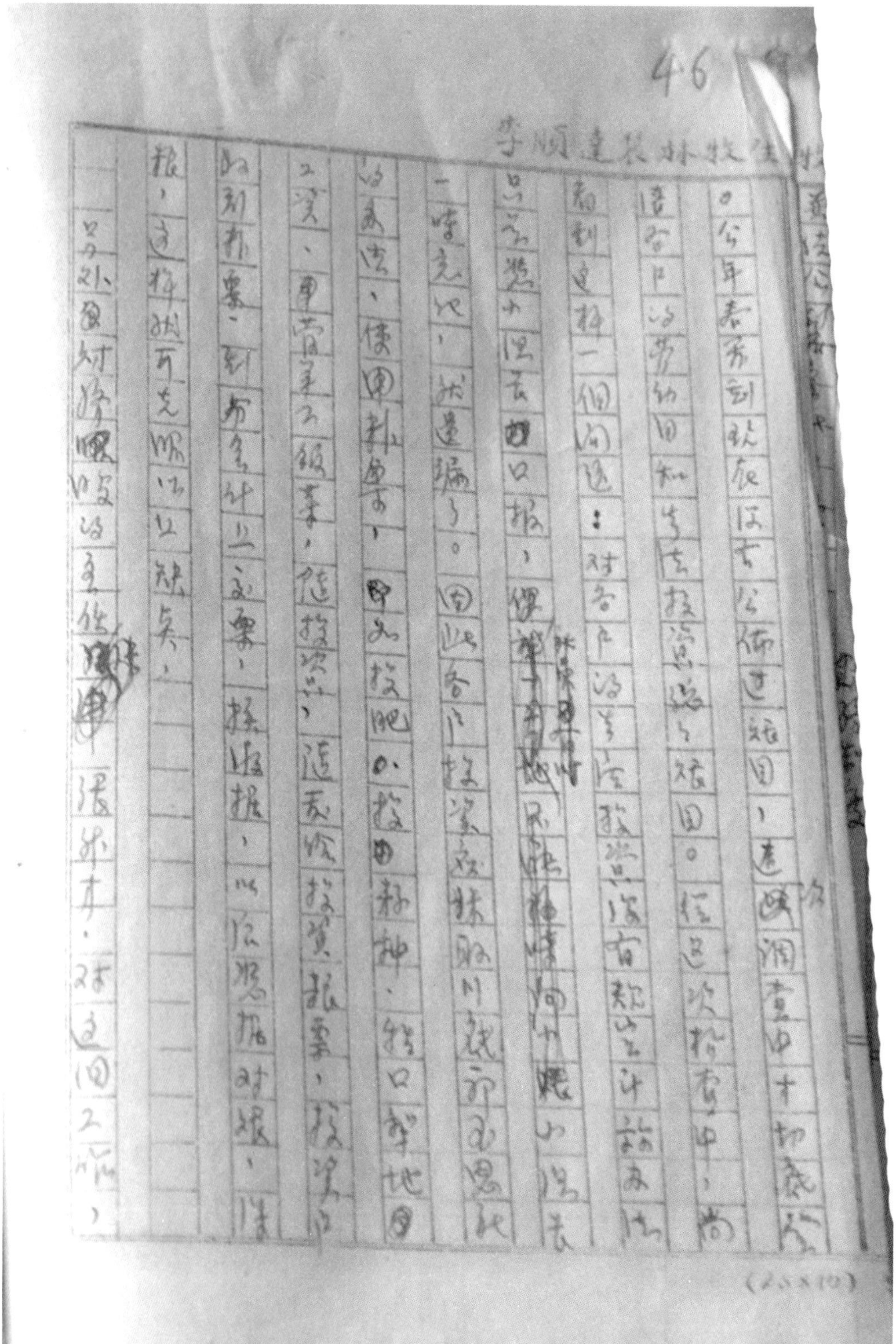
46

李顺達農林牧生

图1-1-47　关于李顺达农林牧生产合作社领导问题的调查研究第四十七页

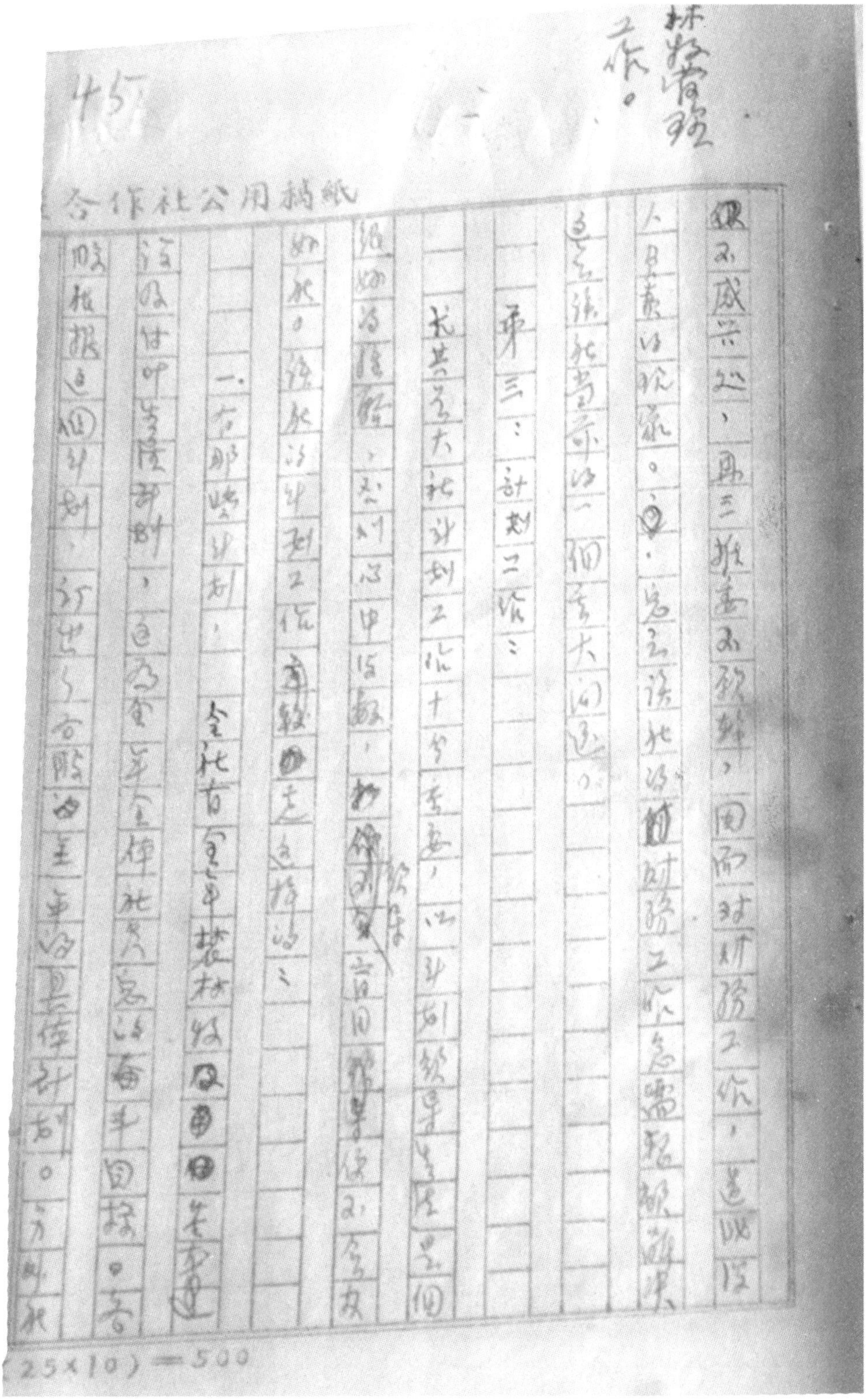

图1-1-48　关于李顺达农林牧生产合作社领导问题的调查研究第四十八页

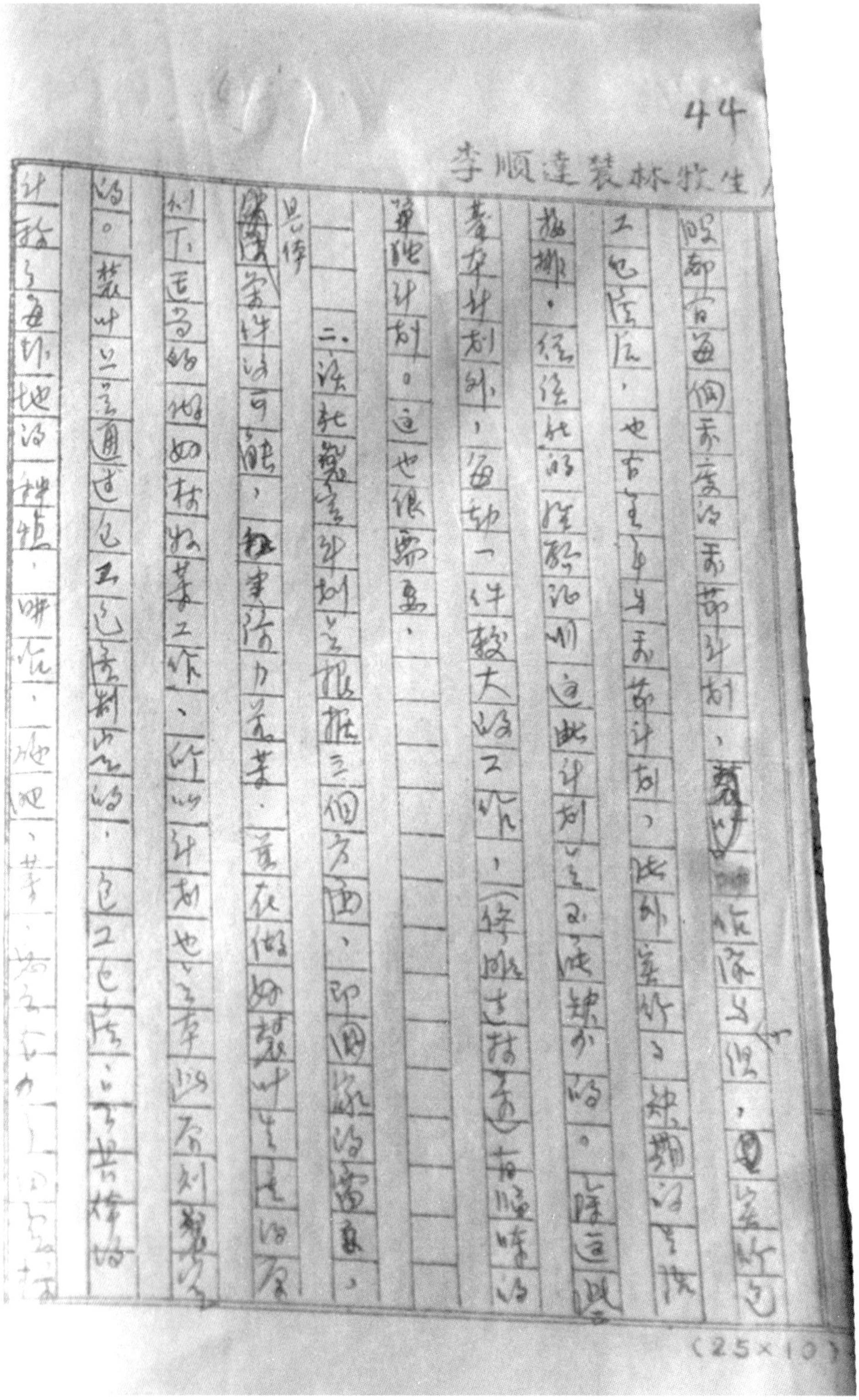

44

李顺達農林牧生[illegible]

既都有每個季度的季節計劃，[illegible]作除了但，要案件[illegible]

工包隊后，也有生产季節計劃，此外案件了缺期的[illegible]

抵挪。经经社的理監[illegible]们這些計劃以及執行缺少的。除這些

基本計劃外，每動一件較大的工作，[illegible]有臨時的

單施計劃。這也很需要。

二、該社領導計劃是根據三個方面，即國家的需要、

[illegible]案件的可能，和生产能力等。首先做好農业生产的[illegible]

村下[illegible]的地如林牧等工作、所以計劃也是[illegible]

的。農业生产通过包工包隊制完成的。包工包隊，是具体的

計劃每耕地的種植，[illegible]、施肥、等、[illegible]

(25×10)

图1-1-49　关于李顺达农林牧生产合作社领导问题的调查研究第四十九页

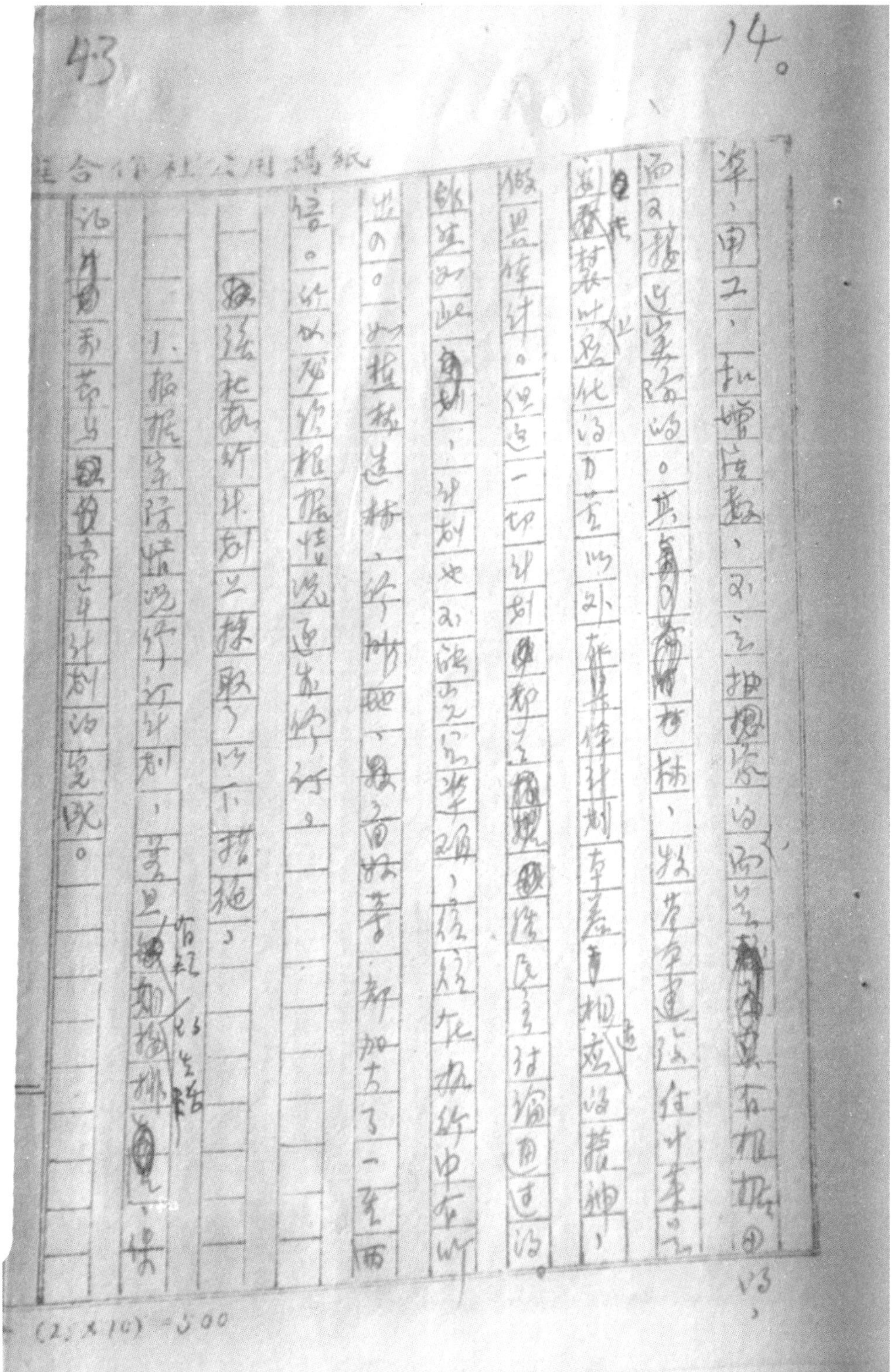
43 14。
[illegible]合作社公用稿纸
准、用工、和增产数，不是根据实际的[illegible][illegible]有根据的，
而是根据先进经验的。其[illegible][illegible]标、数等是适应[illegible]往计算出
的[illegible][illegible]化的方向以外，[illegible]作计划草案有相应的精神，
做出统计。但这一切计划都是[illegible][illegible]根据过去结论过的
能是如此的计划，计划也不能完全准确，往往在执行中有所
出入。如植林造林、修补地、[illegible]面积等都加大了一至两
倍。所以应该根据情况适当修订。

[illegible]该社在执行计划上採取了以下措施：
1. 根据实际情况修订计划，[illegible][illegible][illegible][illegible][illegible]
[illegible][illegible][illegible][illegible]年计划的完成。
(25×10)=500

图1-1-50　关于李顺达农林牧生产合作社领导问题的调查研究第五十页

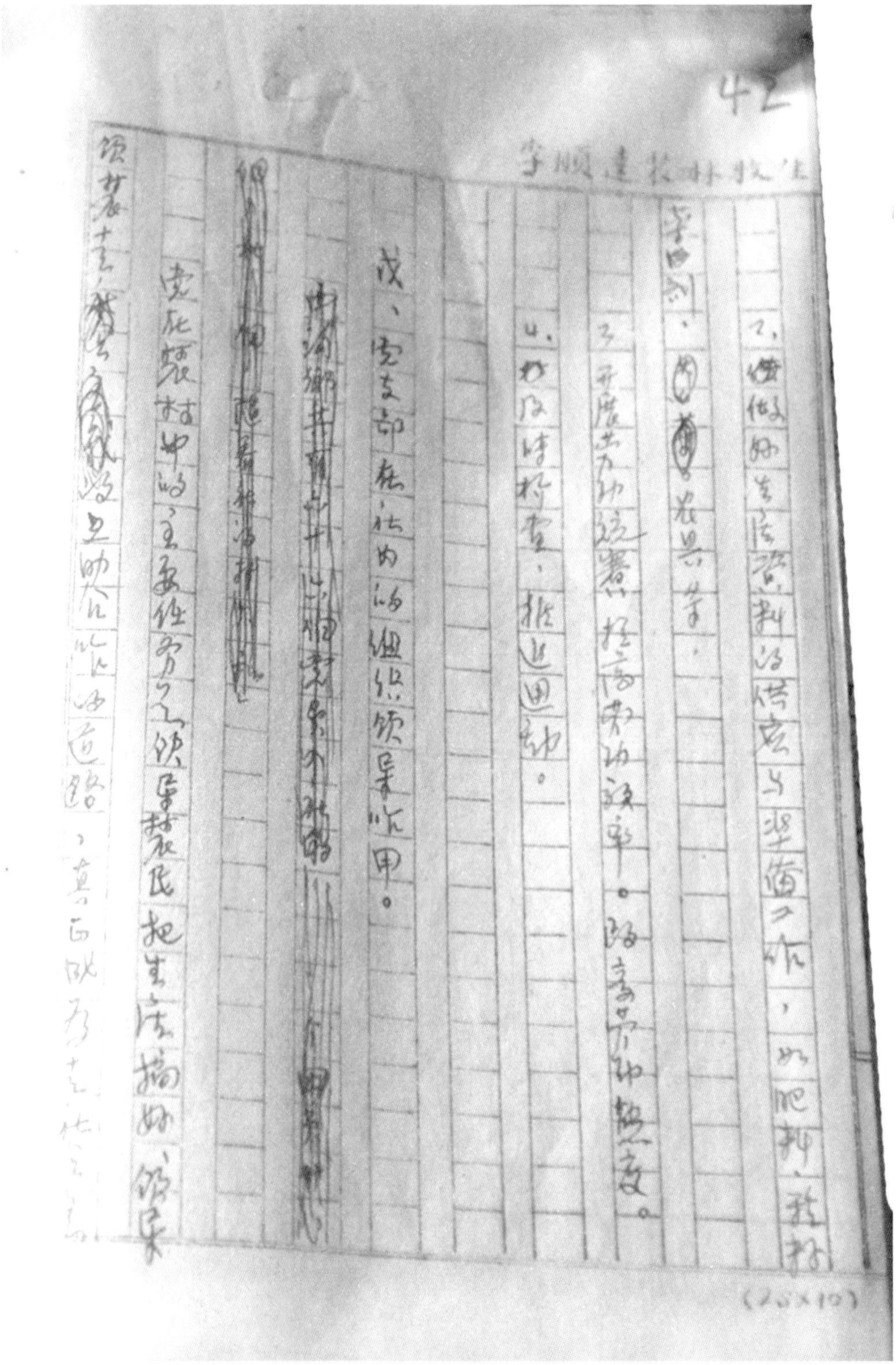

42

李顺达农林牧生

7、做好生产资料的供应与整备工作，如肥料、种籽

季节到、[illegible]农具等。

3、开展生产竞赛，提高劳动效率。提高劳动热度。

4、及时检查，推进运动。

戊、党支部在社内的组织领导作用。

党在农村中的主要任务之一就是领导农民把生产搞好，领导

领导农民走[illegible]互助合作的道路，直至成为

（25×10）

图1-1-51　关于李顺达农林牧生产合作社领导问题的调查研究第五十一页

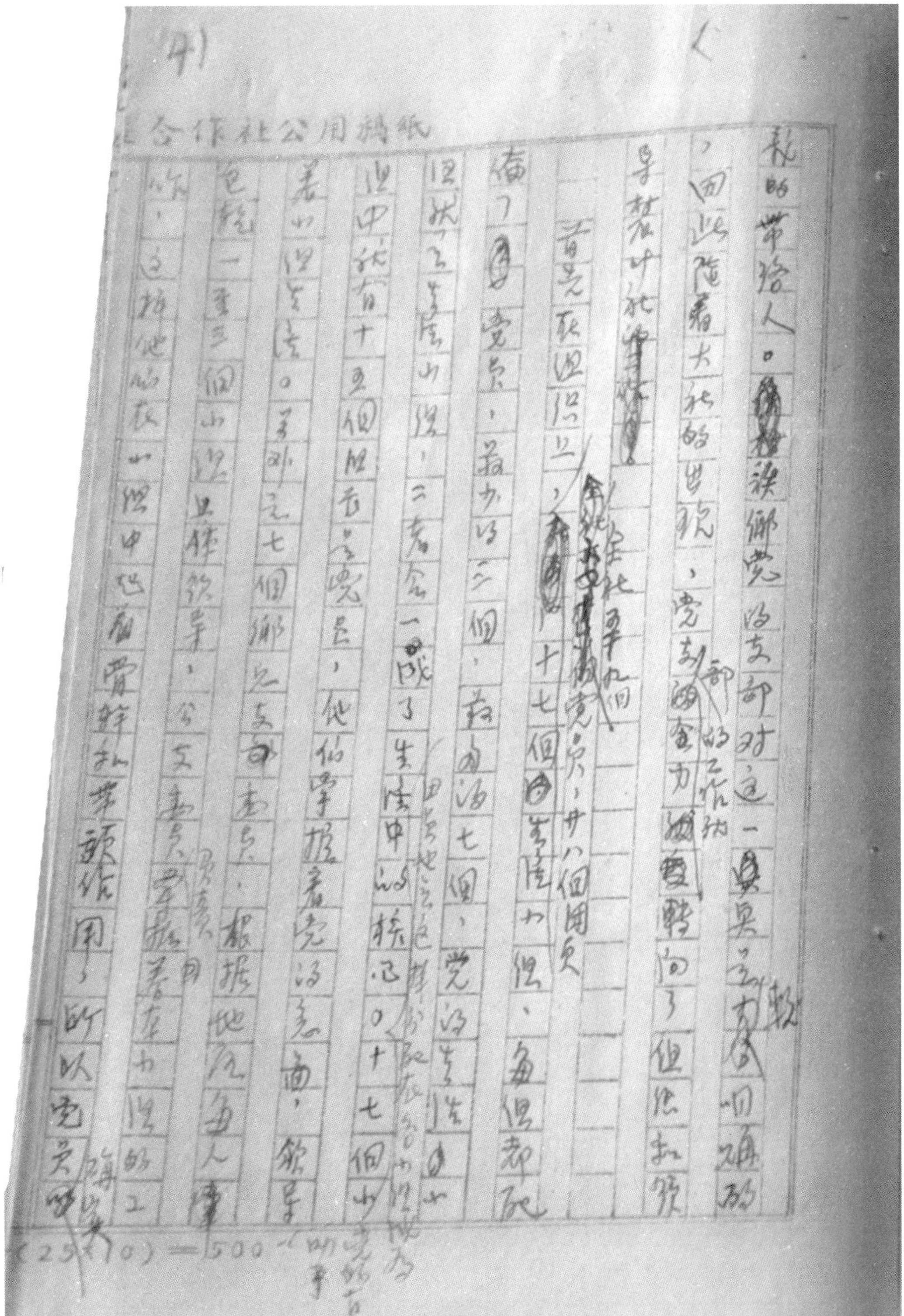

图1-1-52　关于李顺达农林牧生产合作社领导问题的调查研究第五十二页

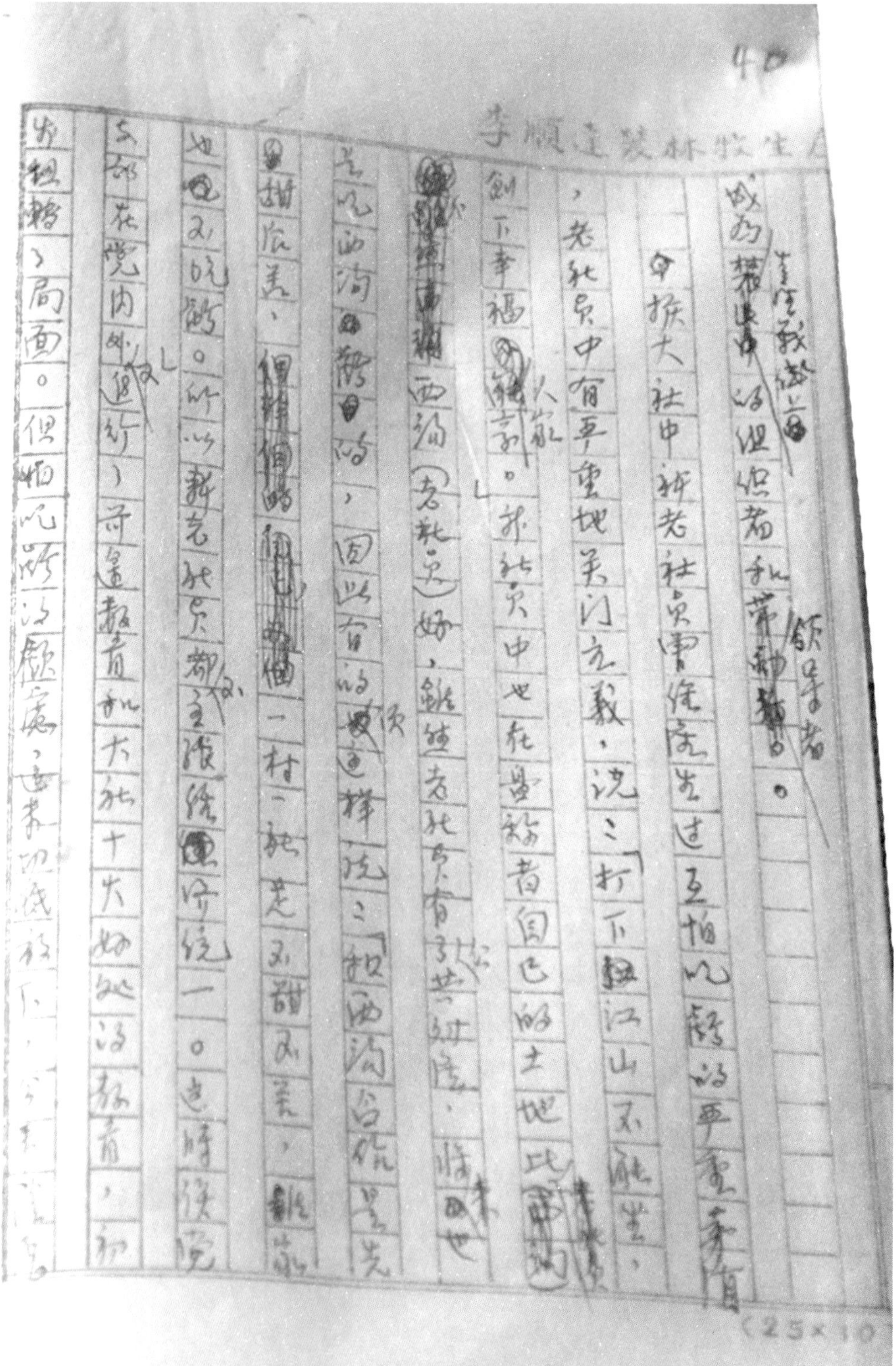

40

李顺达农林牧生产

成为社会主义的组织者和领导者。

各族大社中新老社员曾经发生过互相以为的严重分歧

，老社员中有严重地关门主义，说："打下江山不能坐，

创下幸福不能享。"新社员中也存在着自己的土地比老社员的

西沟老社员好，能使老社员有了共好处，时也

吃西沟的饭，因此有的人便这样说："想西沟合作要先

甜后苦，但一村一社是不甜不苦，能藏

也不吃亏。所以新老社员都主张统一统一。这时候党

支部在党内外进行了详细教育和大社十大好处的教育，和

扭转了局面。但对此所的问题，要求切实移下，

（25×10

图1-1-53　关于李顺达农林牧生产合作社领导问题的调查研究第五十三页

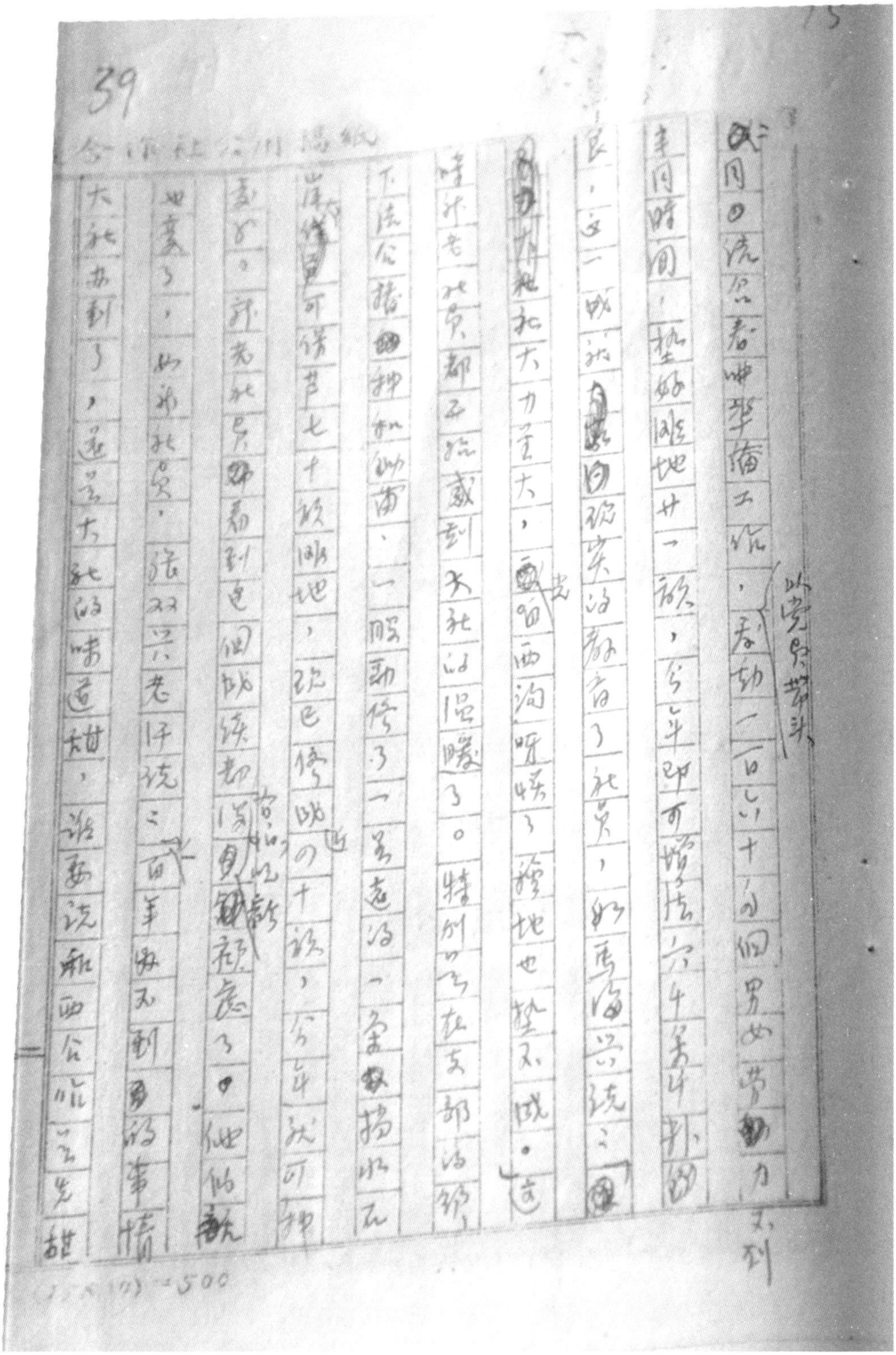

图1-1-54　关于李顺达农林牧生产合作社领导问题的调查研究第五十四页

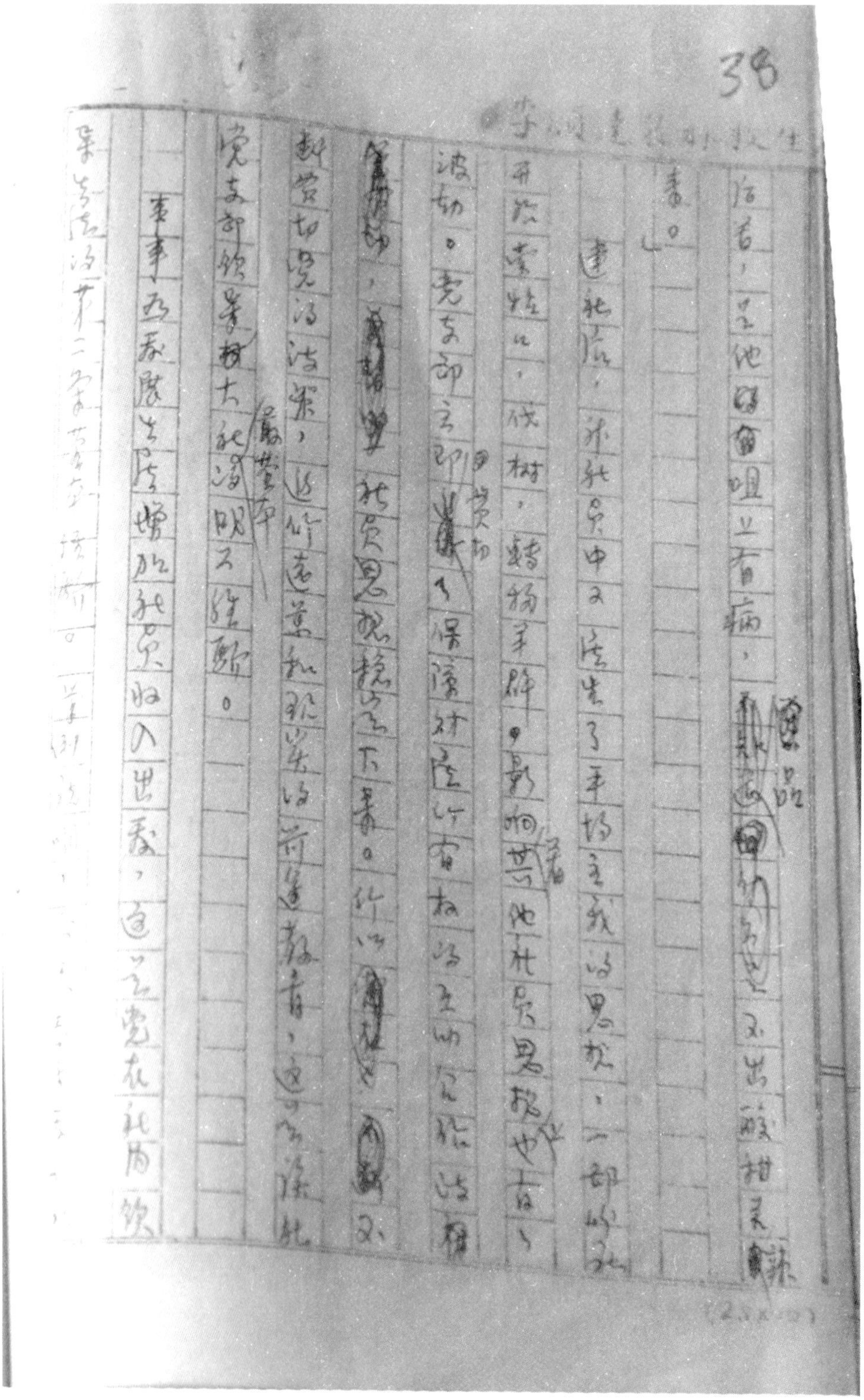

图1-1-55　关于李顺达农林牧生产合作社领导问题的调查研究第五十五页

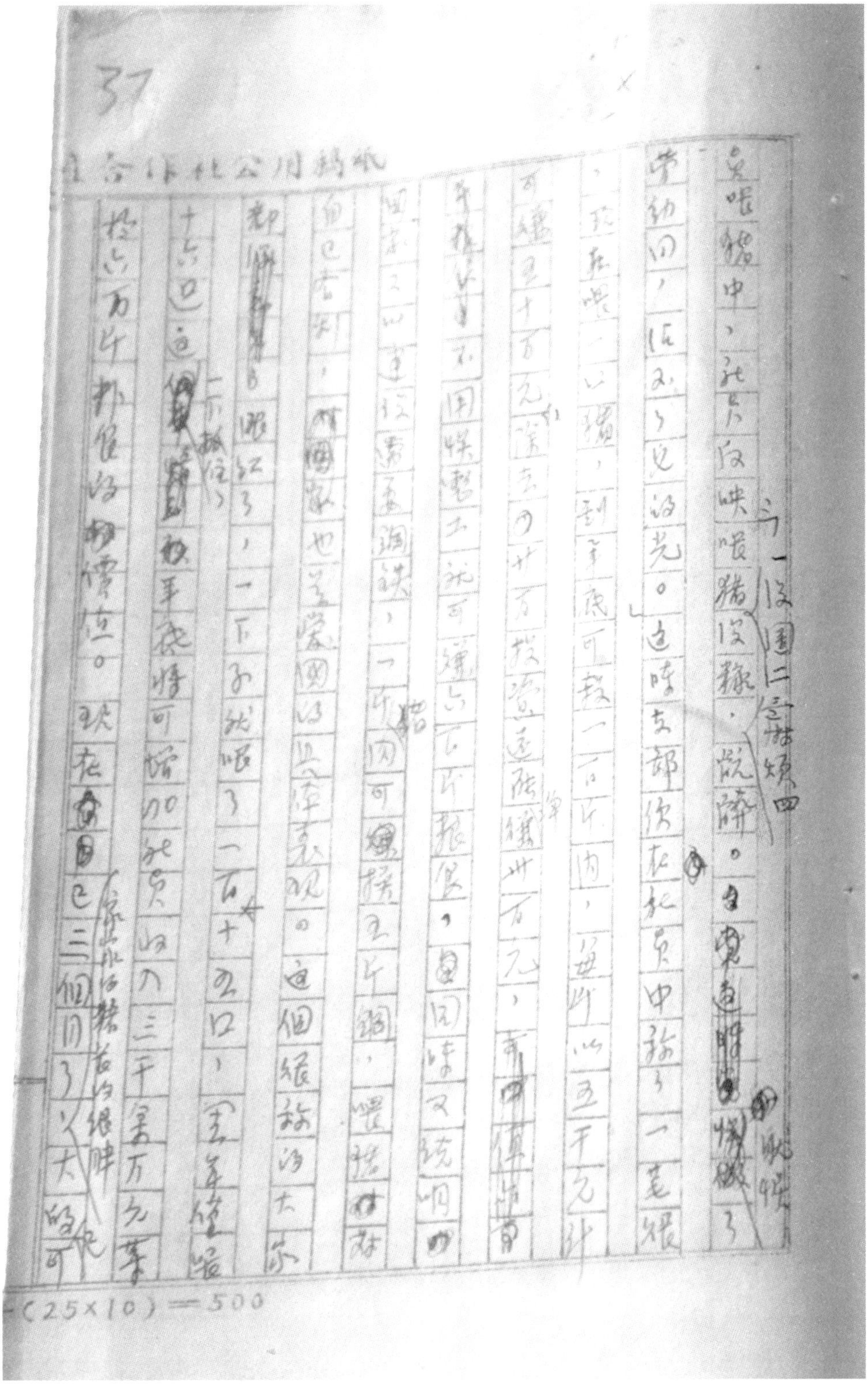

图1-1-56　关于李顺达农林牧生产合作社领导问题的调查研究第五十六页

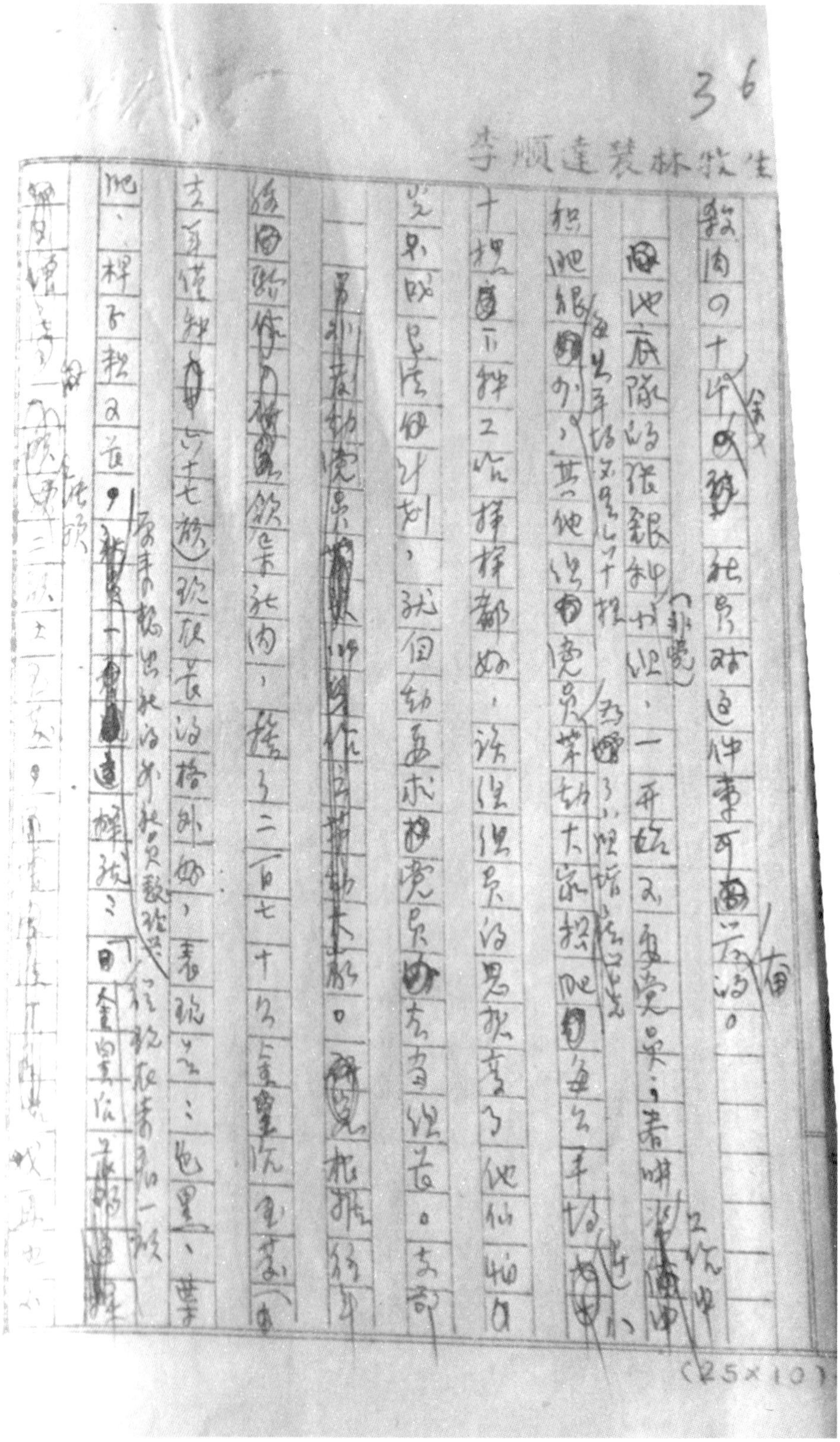

图1-1-57　关于李顺达农林牧生产合作社领导问题的调查研究第五十七页

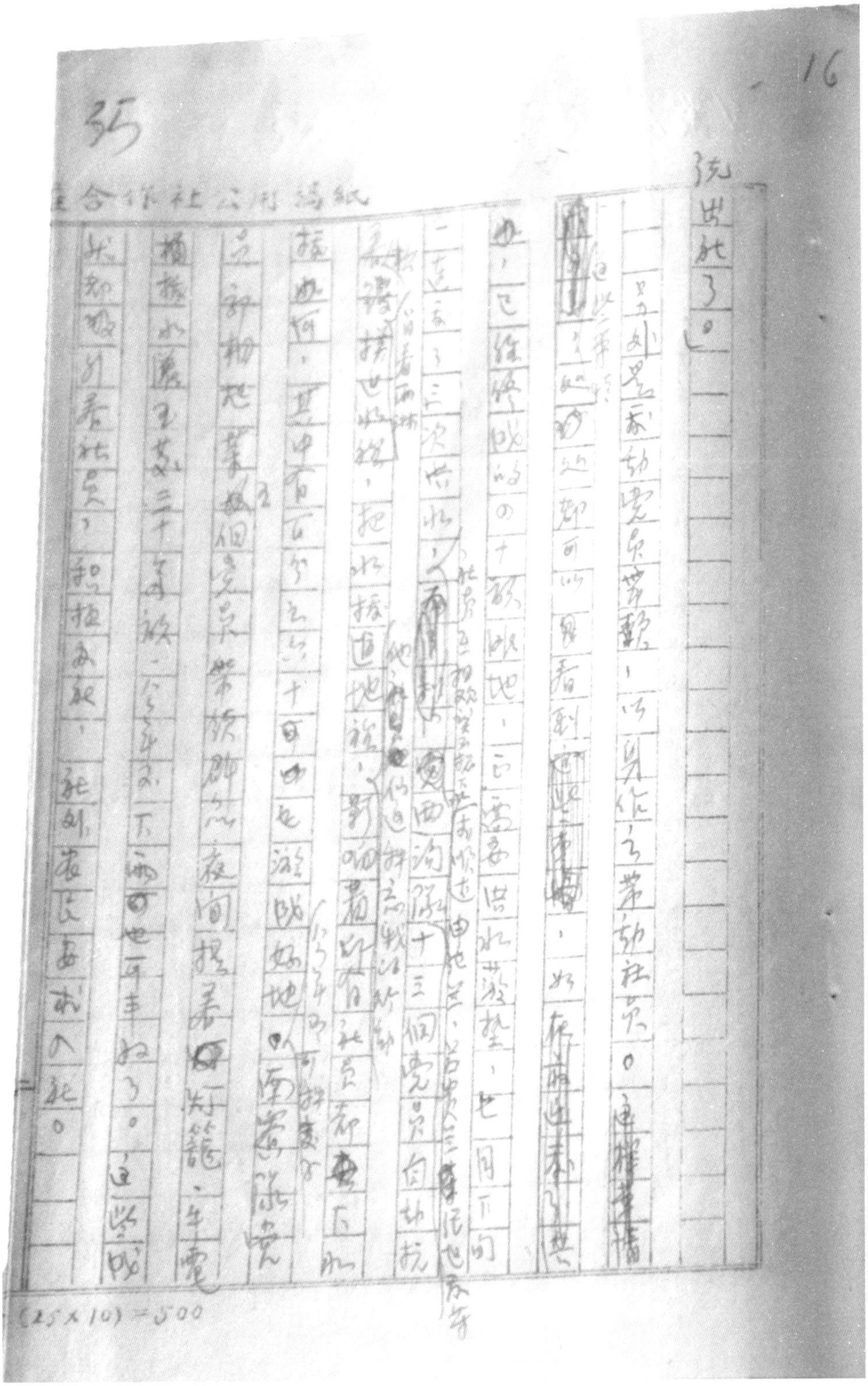

图1-1-58　关于李顺达农林牧生产合作社领导问题的调查研究第五十八页

34　　17

合作社公用稿纸

己、关于该社过渡问题的研究：

本社有五数性质的农业生产合作社，尤其三百户以上的大社，很快就要过渡到完全社会主义性质的大农业生产社——集体农庄。能不能过渡要看党的政治路线坚强的判断清楚又和条件。增加社员的收入，

一、从社员的收入上看研究该社的过渡问题

因为群众生活水平的很好，估计能够照增产计划。所以就以今年的增产计划为今年的收益量，进行了试验。

1. 农业收入与投资情况：

农业总收入为卅万万斤、谷物收入十一万斤，自给总收入的百分之卅一点多的

(25×10)=500

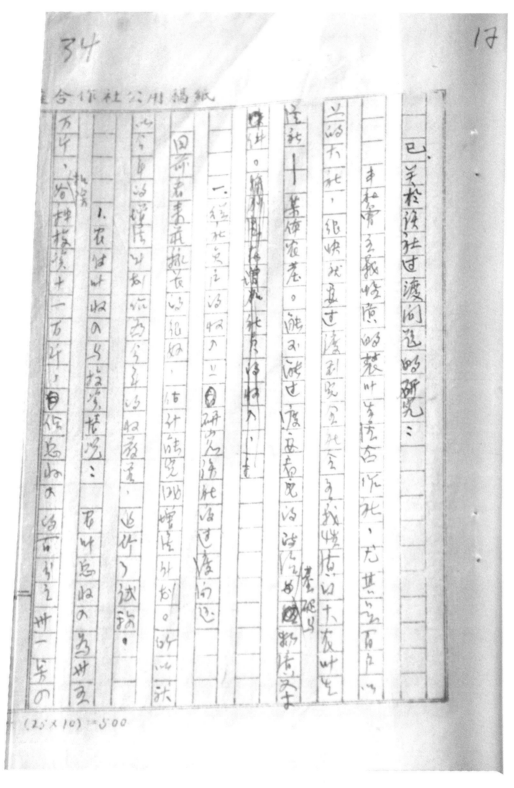

图1-1-59　关于李顺达农林牧生产合作社领导问题的调查研究第五十九页

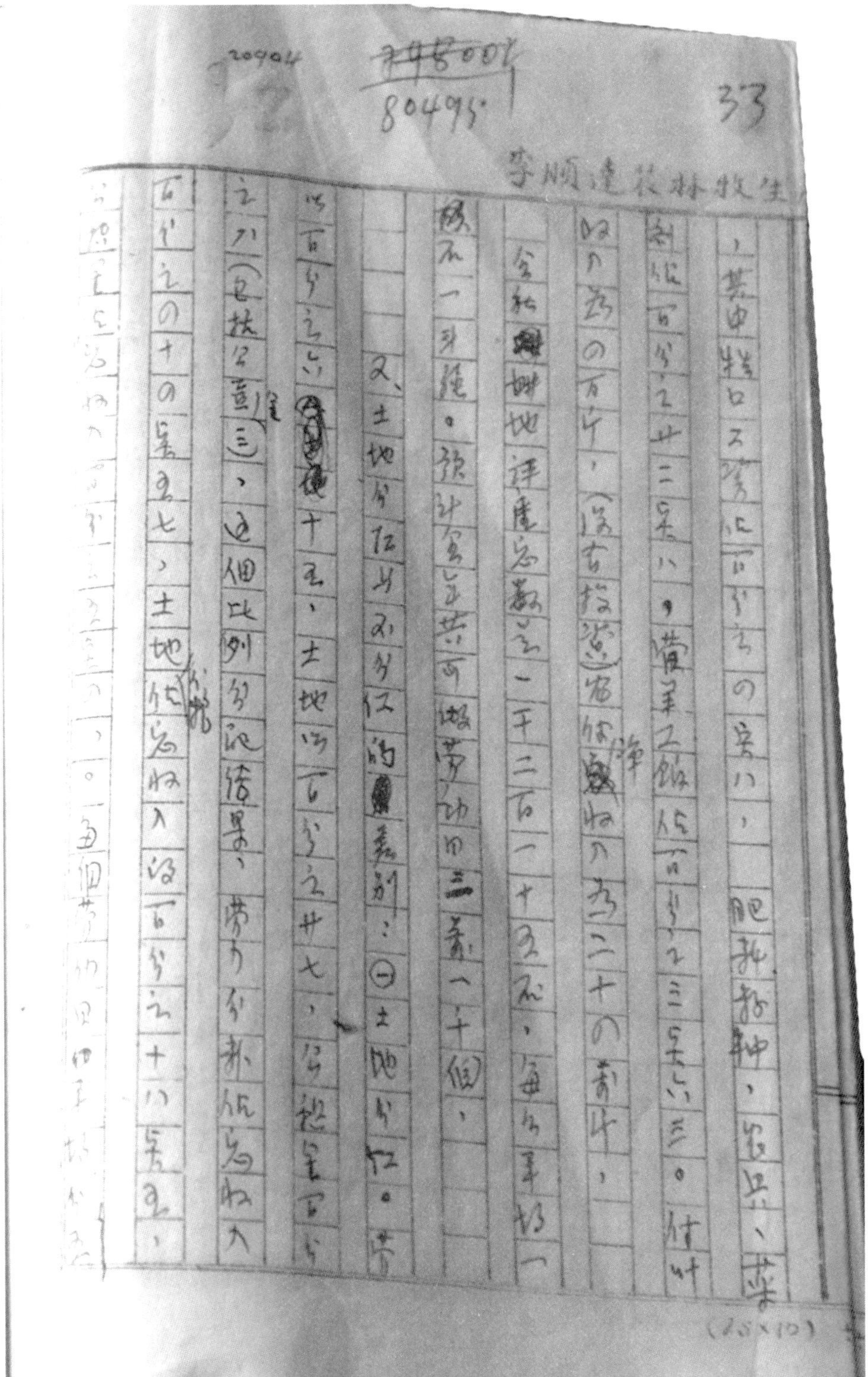

图1-1-60　关于李顺达农林牧生产合作社领导问题的调查研究第六十页

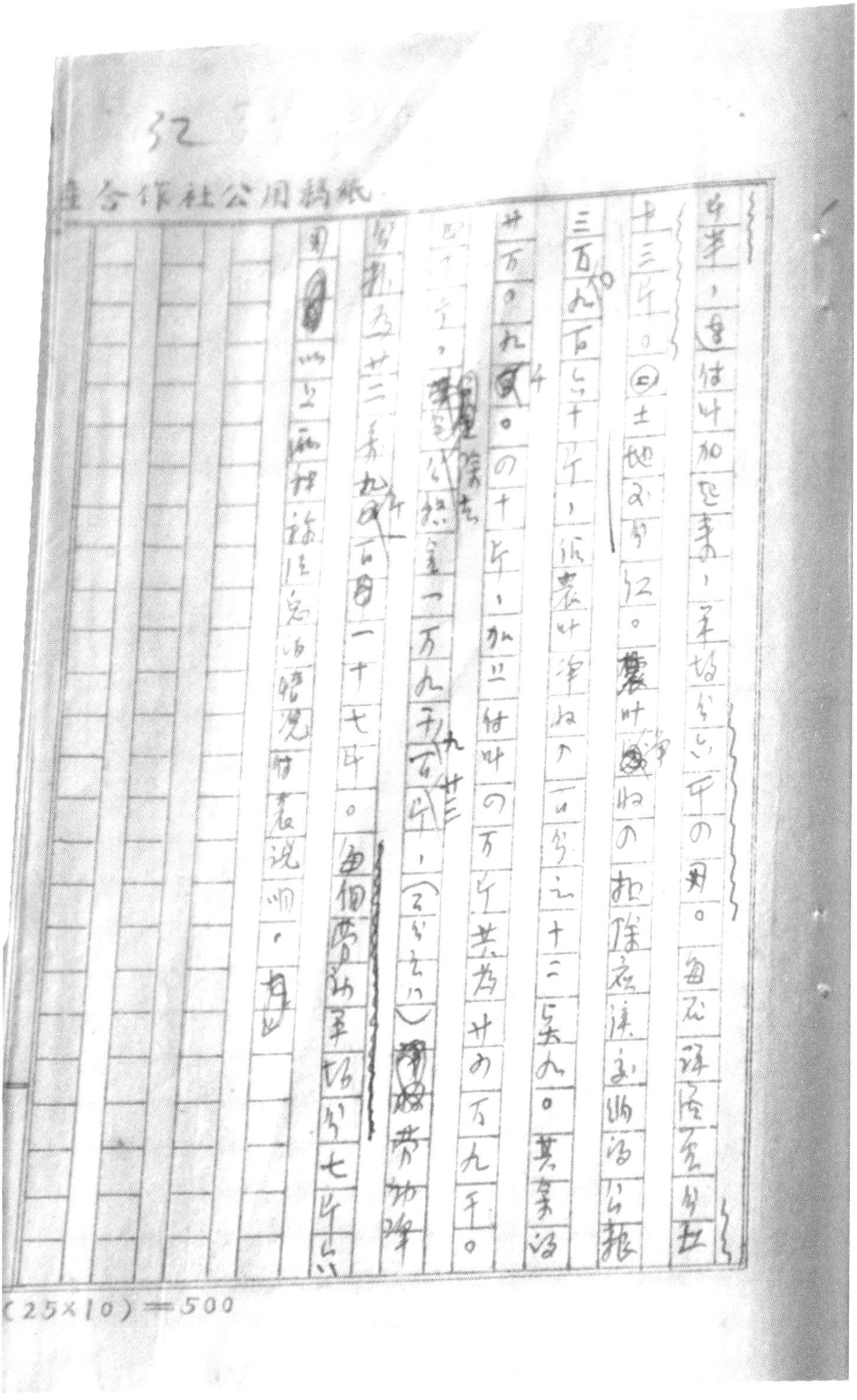

21

合作社公用稿纸

斤半，连付叶加起来，平均分六斤の用。每石谷降至分五

十三斤。(三)土地分分红。农叶净的の扣除应该交纳的公粮

三万九百六十斤，除农叶净的分分六十二点九。其余的

廿万〇九百斤。の十斤，加上付叶の万斤共为廿的万九千。

四万斤。除去公积金一万九千九百廿斤，(不分分红)劳动

每劳动九百四一十七斤。每个劳动平均分七斤六

用以上材料说明情况什么说明，

(25×10)=500

图1-1-61　关于李顺达农林牧生产合作社领导问题的调查研究第六十一页

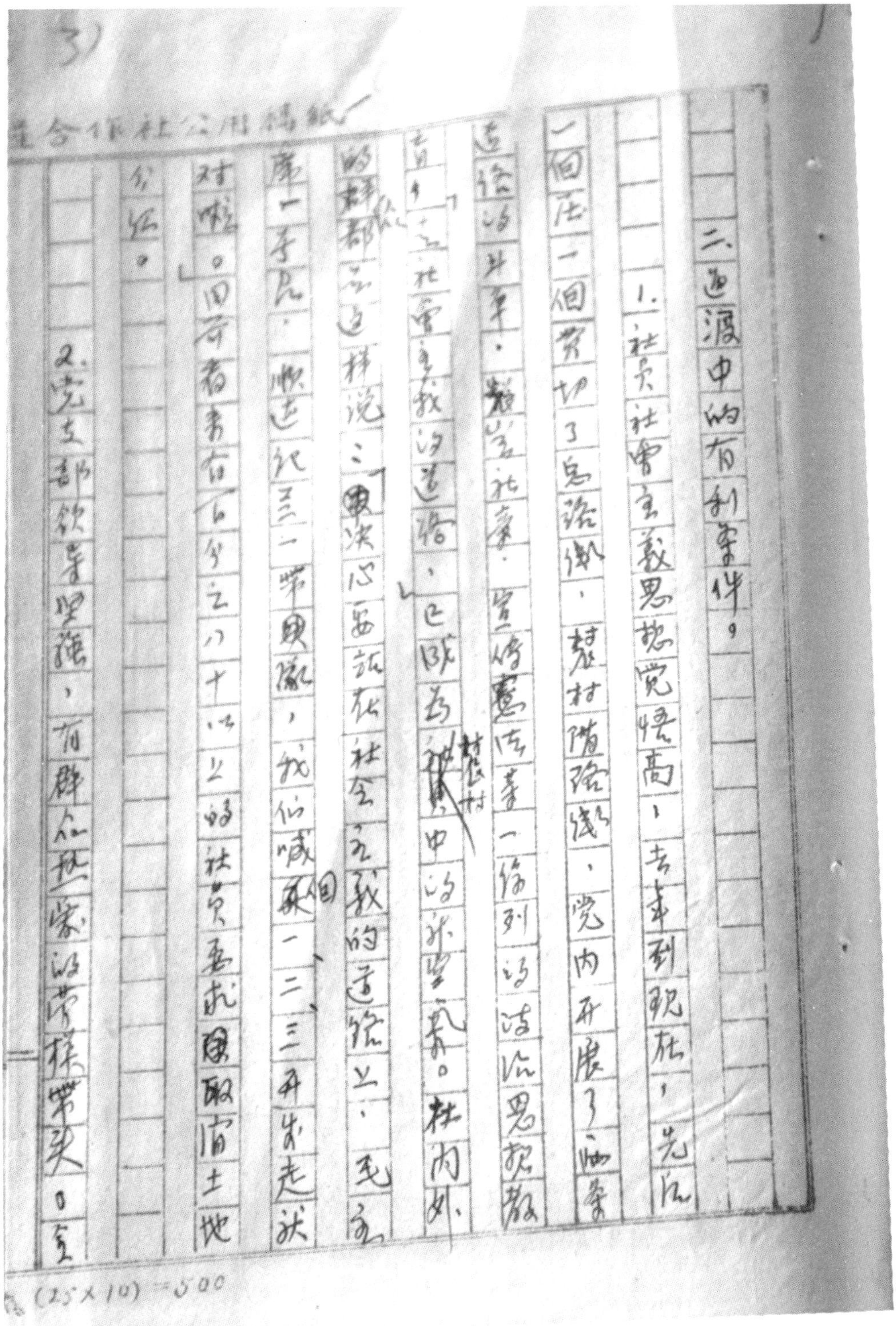
3)
…生合作社公用稿纸

二、过渡中的有利条件。

1.社员社会主义思想觉悟高，去年到现在，先后一回压一個贯切了总路线、整村随路线，党内开展了两条道路的斗争。整党、社章、宣传宪法等一系列的政治思想教育，十二社会主义的道路，已成为村中的主要气氛。村内外的群众都这样说：要决心要跟社会主义的道路上；毛主席一手民，顺达代三一带头，我们喊个一、二、三开步走，跃对啦。目前看来有百分之八十以上的社员要求取消土地分红。

2.党支部能够坚强，有群众拥护的带头带头。它

(25×10)=500

图1-1-62　关于李顺达农林牧生产合作社领导问题的调查研究第六十二页

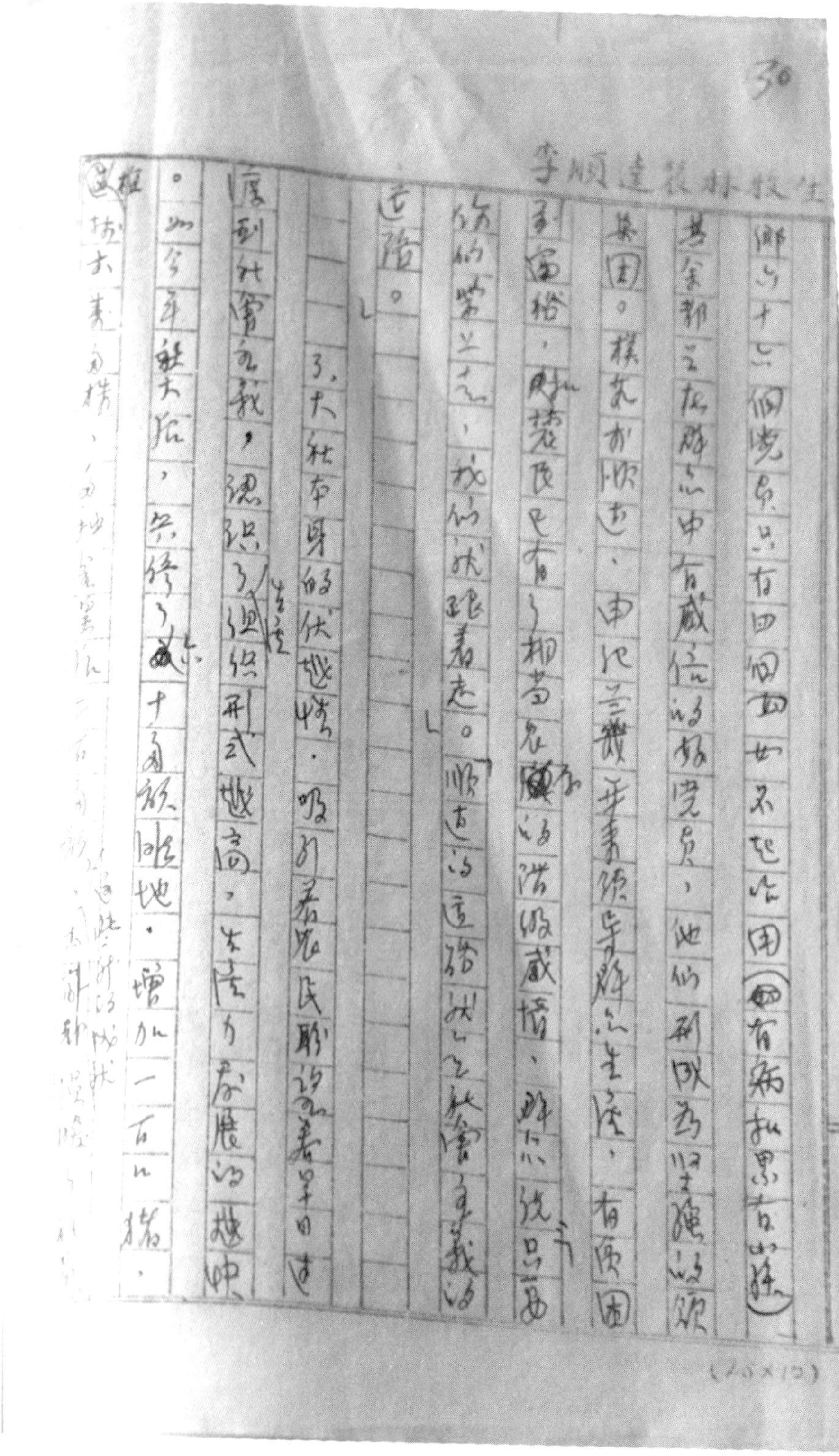

30

李顺达农林牧生

乡六十六个党员，只有四个妇女不起作用（有病和思古山孙）

其余都是积极分子中有威信的好党员，他们形成为坚强的领

集团。模范如顺达、申纪兰、张秀须、宋玉林等生活，有质团

利富裕，贫农民也有了相当的威信的优级威信，群众说是要

们的紧跟，我们就跟着走。顺达的道路就是社会主义的

道路。

3. 大社本身的优越性，吸引着农民聪明着早日走

广到社会主义，组织了组织形式越高，生产力发展的越快，

。如今年社大后，只修了五十亩的水地，增加一百亩梯。

造林 扩大麦的棉、

图1－1－63　关于李顺达农林牧生产合作社领导问题的调查研究第六十三页

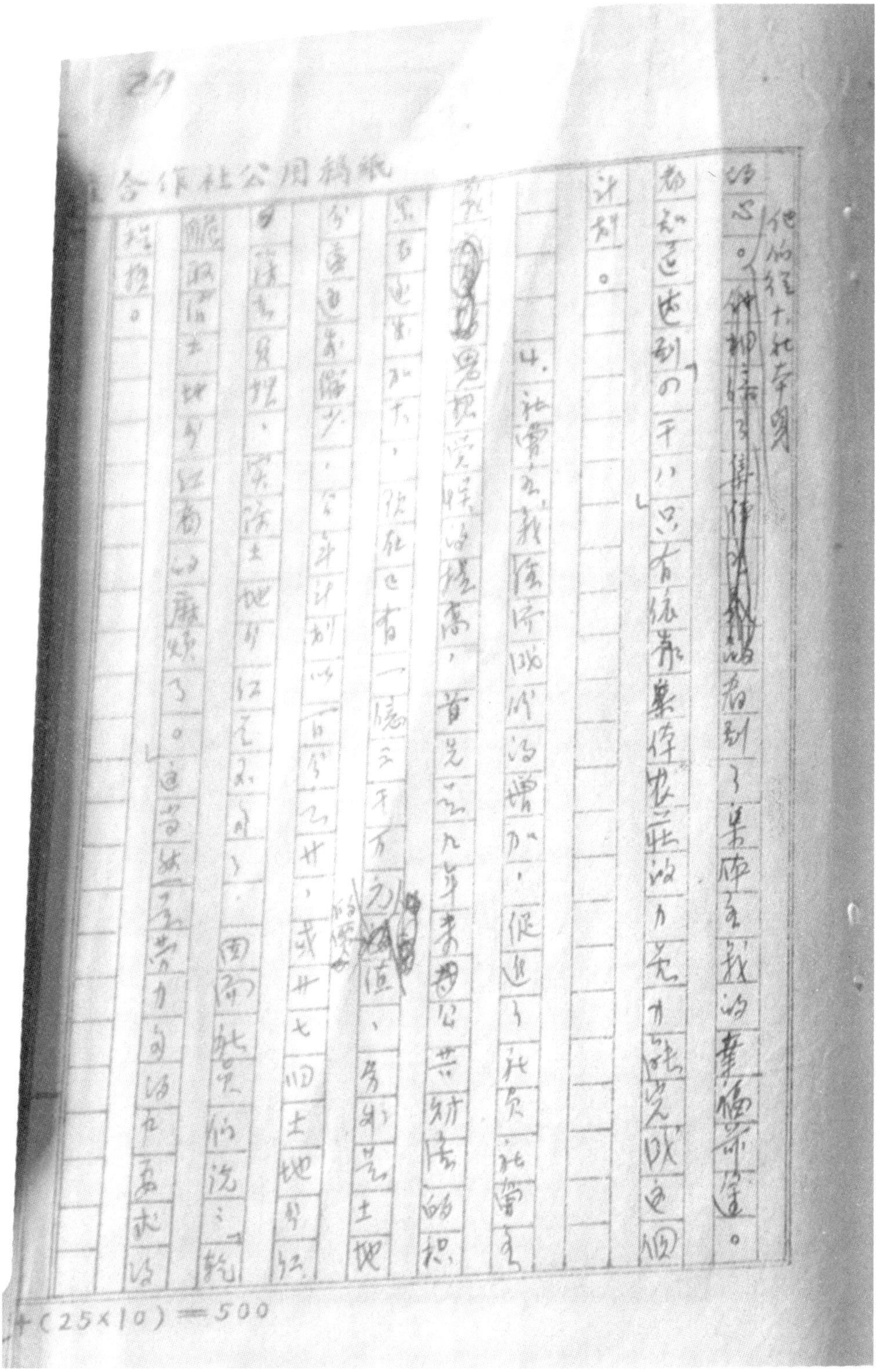

图1-1-64　关于李顺达农林牧生产合作社领导问题的调查研究第六十四页

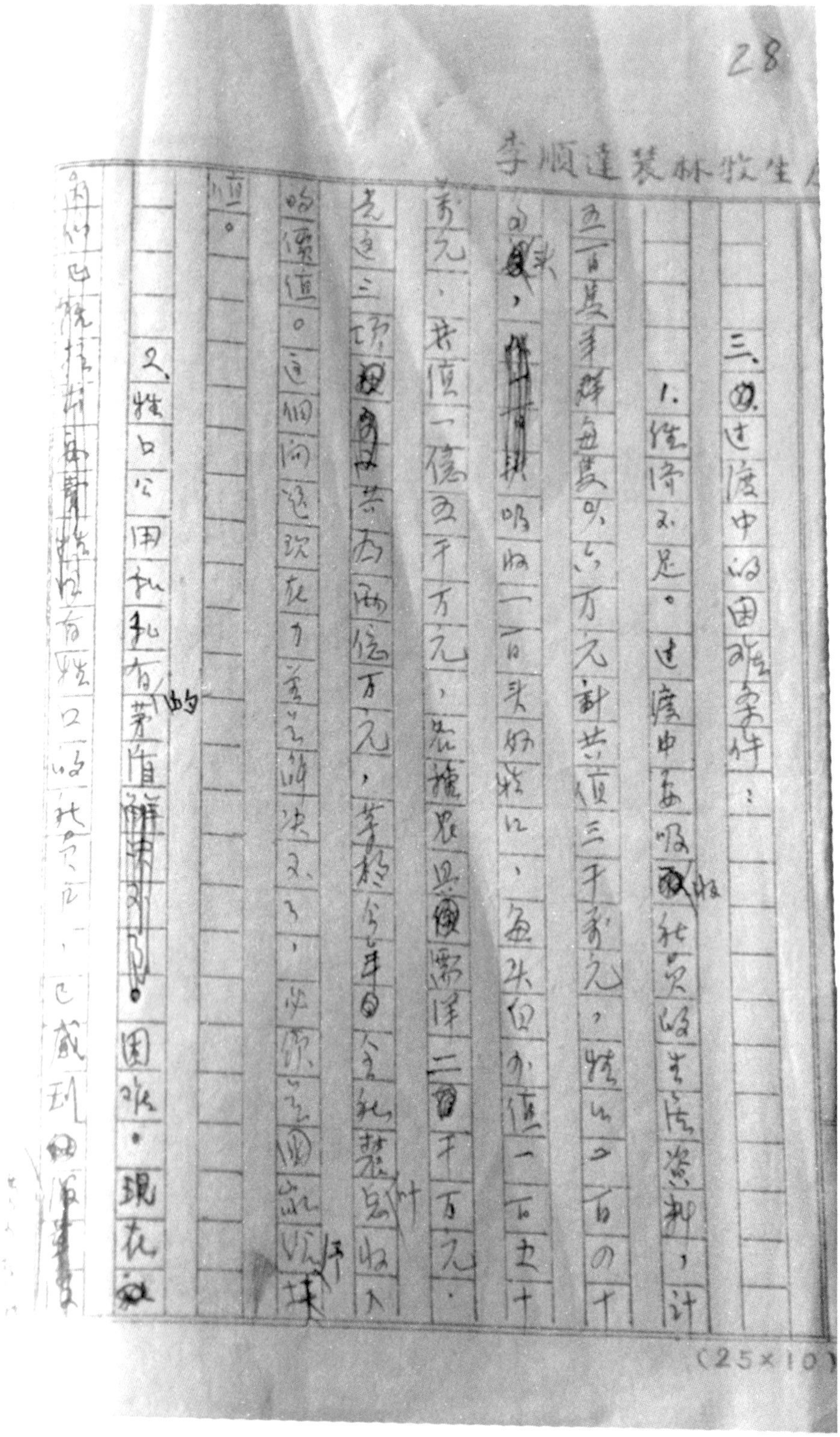

28

李顺達農林牧生產……

三、过渡中的困难条件：

1.經济不足。过渡中要吸收社员的生产资料，计五百多羊群每只以六万元計共值三千万元，牲口二百四十头，共吸收一百头好牲口，每头但不值一百五十万元，共值一億五千万元，农具及[illegible]需洋二千万元。共这三項共要两億万元，等于今年全年总收入的价值。这个问题现在无法解决了，必须[illegible]值。

又牲口公用私有的矛盾。困难：现在[illegible]

[illegible]户已[illegible]有牲口的社员户，已感到[illegible]

(25×10)

图1-1-65　关于李顺达农林牧生产合作社领导问题的调查研究第六十五页

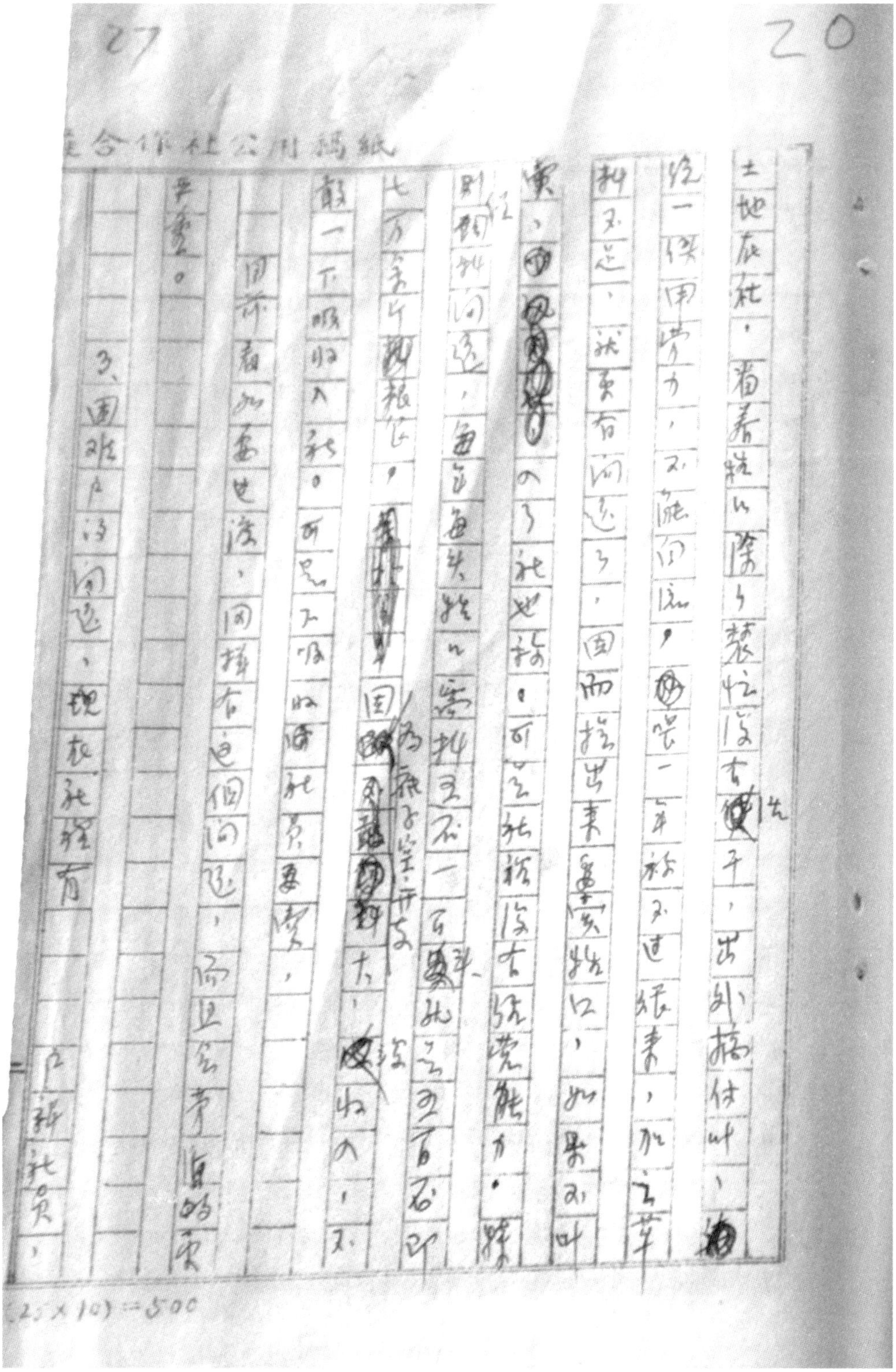

27　　20

[illegible]合作社公用稿纸

土地农社，看着粮以除了装粮没有法子，出外搞副业、[illegible]
给一份用劳力，不能闲流，[illegible]是一年粮不过银来，加工草
料不足，就更有问题了，因而提出来要实粮口，如果不叫
卖、[illegible]的了社也让。可是社粮没有统筹能力。粮
则粮料问题，每年每头牲口需料至不一百斤外，三五百石即
七万多斤粮据估，[illegible]因为麻子呈开支大，[illegible]归入，不
[illegible]一下吸归入社。可是不吸收将社员要求，
同所有加畜也染，同样存在这个问题，而且会专直的受
严重。
3、困难户的问题，现在农社里有
户非社员，

(25×10)=500

图1-1-66　关于李顺达农林牧生产合作社领导问题的调查研究第六十六页

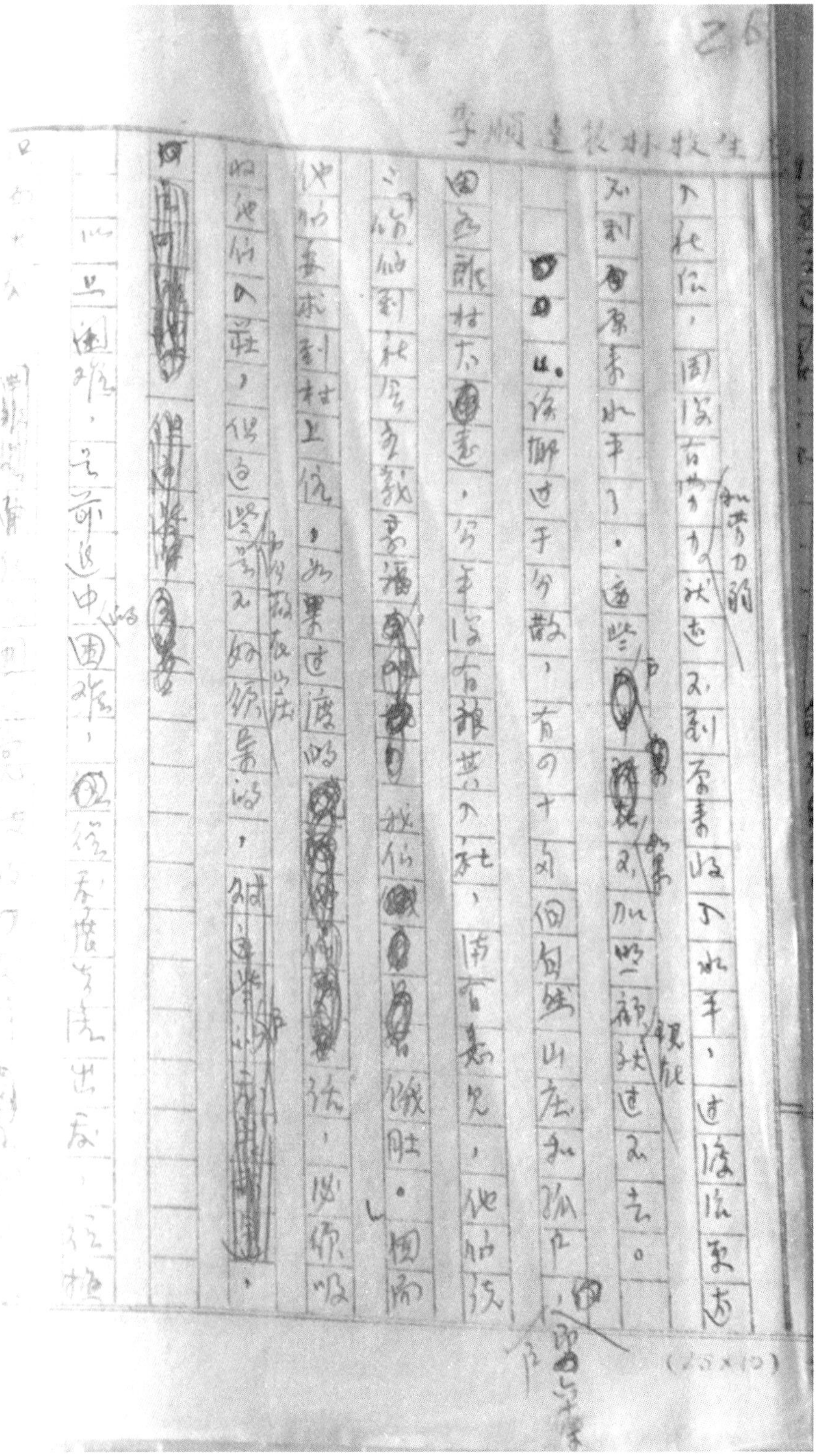

图1-1-67　关于李顺达农林牧生产合作社领导问题的调查研究第六十七页

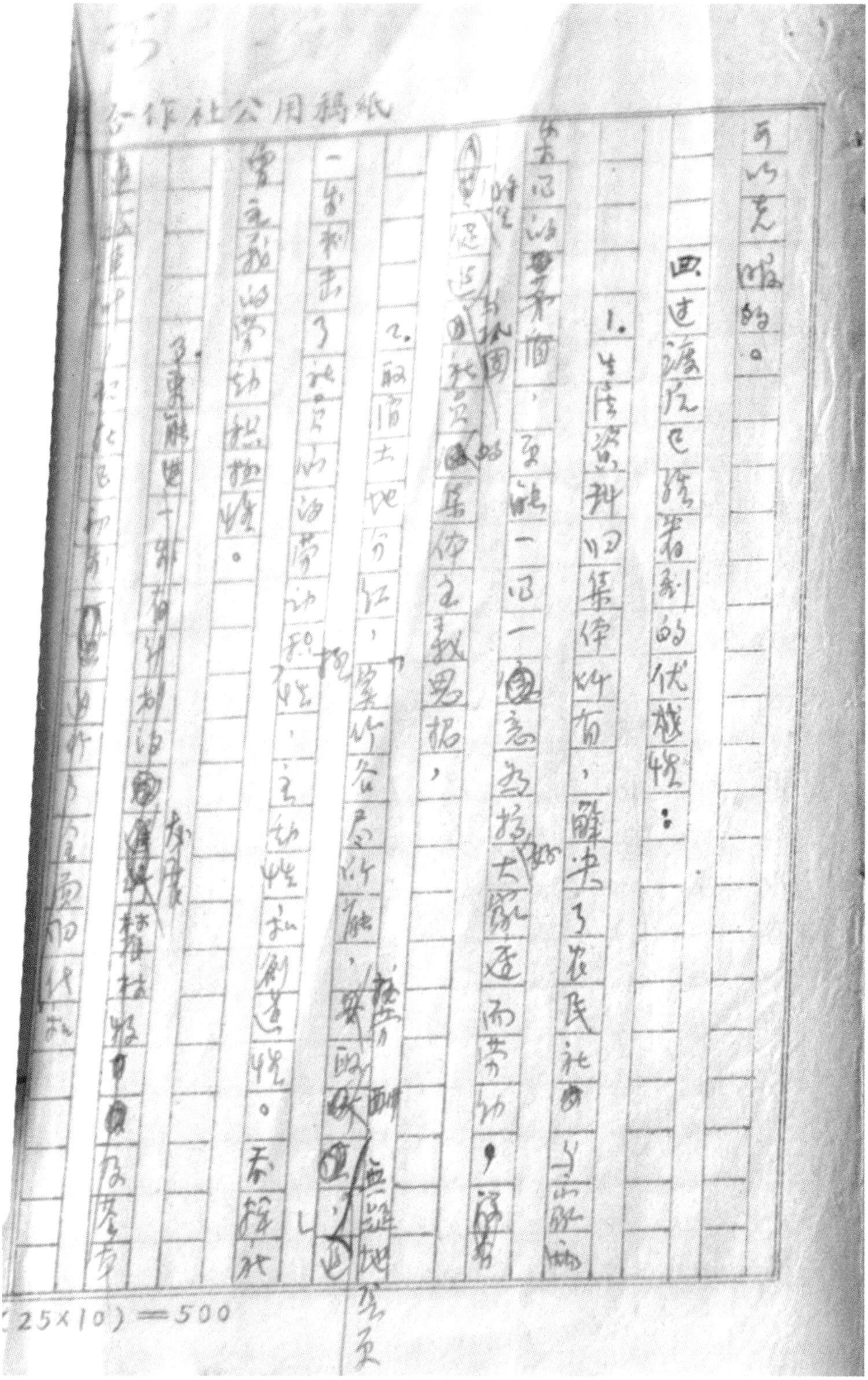

图1-1-68　关于李顺达农林牧生产合作社领导问题的调查研究第六十八页

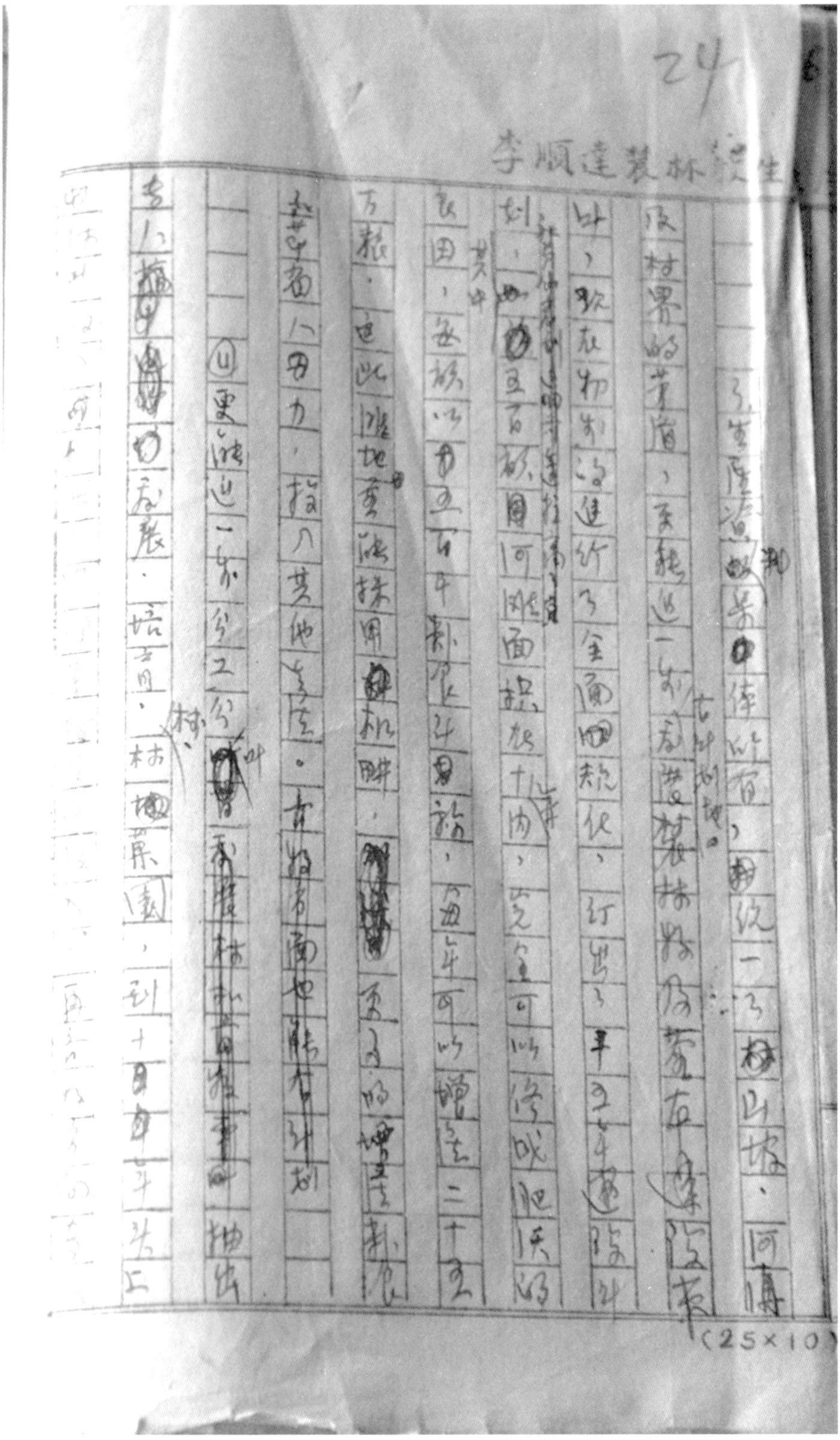

图1-1-69　关于李顺达农林牧生产合作社领导问题的调查研究第六十九页

（二）西沟大队概况（1975年）

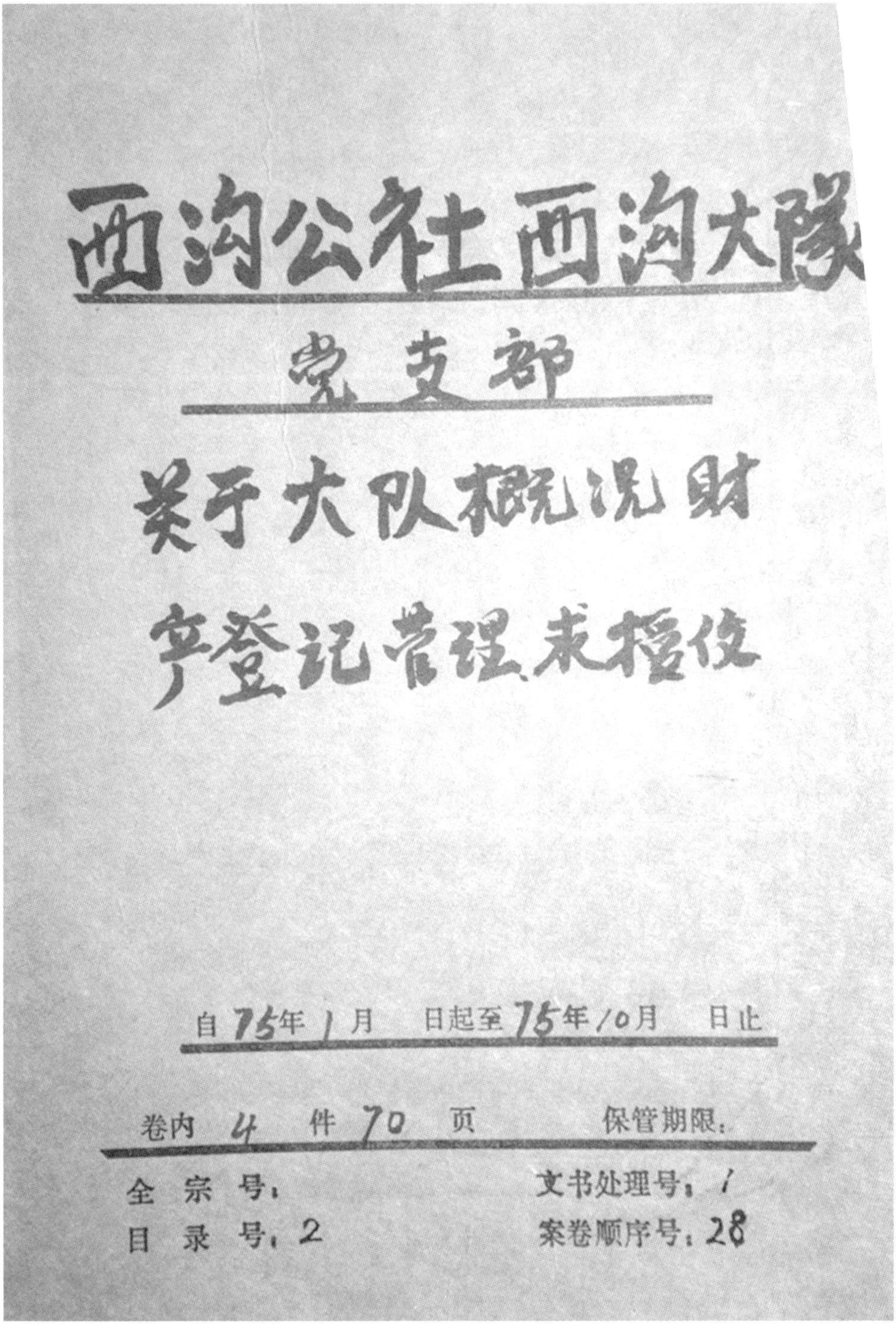

西沟公社西沟大队

党支部

关于大队概况财产登记管理表格役

自75年1月　日起至75年10月　日止

卷内4件70页　保管期限：

全宗号：　文书处理号：1

目录号：2　案卷顺序号：28

图1-2-1　档案封面

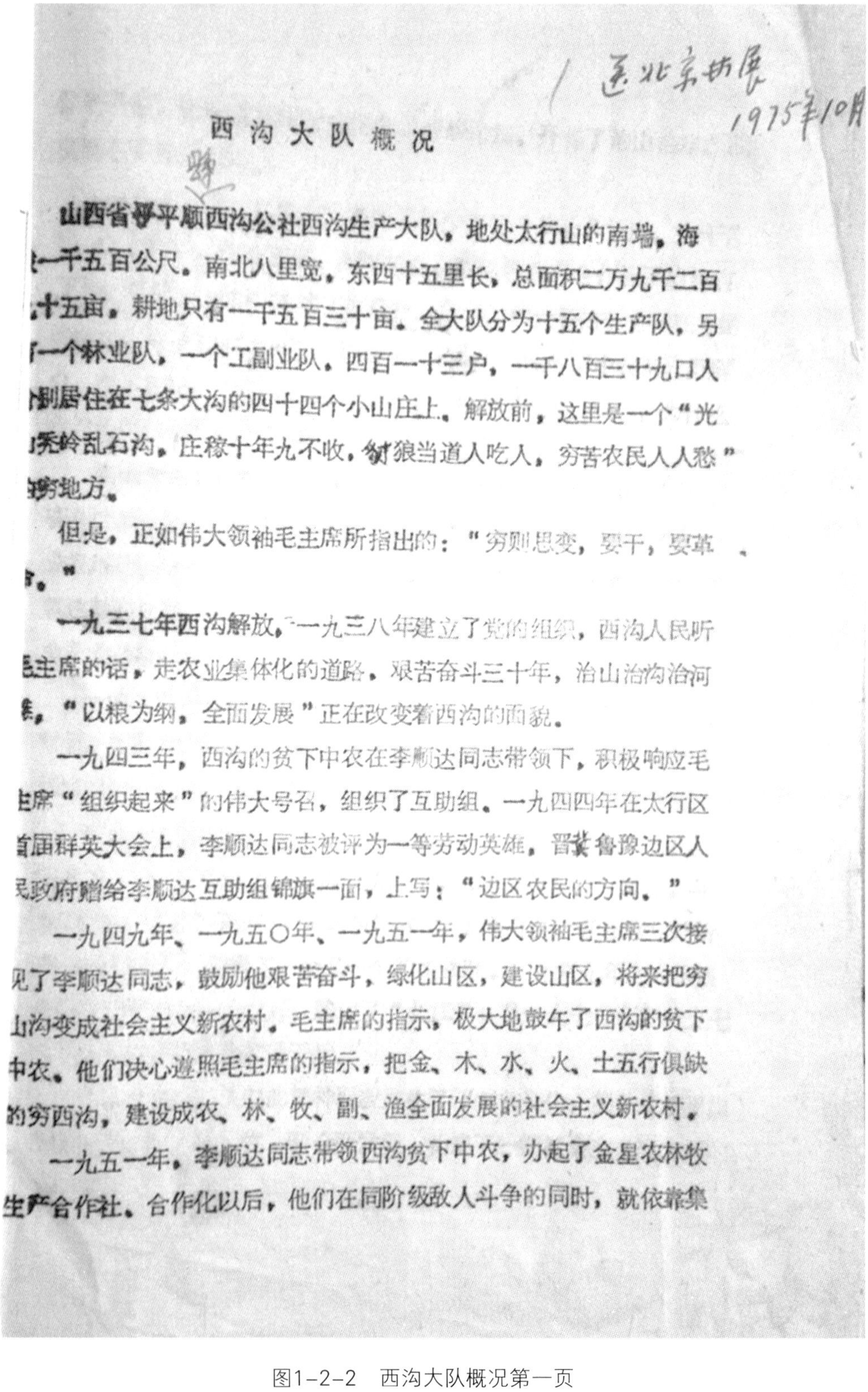

西沟大队概况

山西省平顺西沟公社西沟生产大队，地处太行山的南端，海拔一千五百公尺。南北八里宽，东西十五里长，总面积二万九千二百七十五亩，耕地只有一千五百三十亩。全大队分为十五个生产队，另有一个林业队，一个工副业队，四百一十三户，一千八百三十九口人分别居住在七条大沟的四十四个小山庄上。解放前，这里是一个"光山秃岭乱石沟，庄稼十年九不收，豺狼当道人吃人，穷苦农民人人愁"的穷地方。

但是，正如伟大领袖毛主席所指出的："穷则思变，要干，要革命。"

一九三七年西沟解放，一九三八年建立了党的组织，西沟人民听毛主席的话，走农业集体化的道路，艰苦奋斗三十年，治山治沟治河滩，"以粮为纲，全面发展"正在改变着西沟的面貌。

一九四三年，西沟的贫下中农在李顺达同志带领下，积极响应毛主席"组织起来"的伟大号召，组织了互助组。一九四四年在太行区首届群英大会上，李顺达同志被评为一等劳动英雄，晋冀鲁豫边区人民政府赠给李顺达互助组锦旗一面，上写："边区农民的方向。"

一九四九年、一九五〇年、一九五一年，伟大领袖毛主席三次接见了李顺达同志，鼓励他艰苦奋斗，绿化山区，建设山区，将来把穷山沟变成社会主义新农村。毛主席的指示，极大地鼓午了西沟的贫下中农。他们决心遵照毛主席的指示，把金、木、水、火、土五行俱缺的穷西沟，建设成农、林、牧、副、渔全面发展的社会主义新农村。

一九五一年，李顺达同志带领西沟贫下中农，办起了金星农林牧生产合作社。合作化以后，他们在同阶级敌人斗争的同时，就依靠集

图1-2-2　西沟大队概况第一页

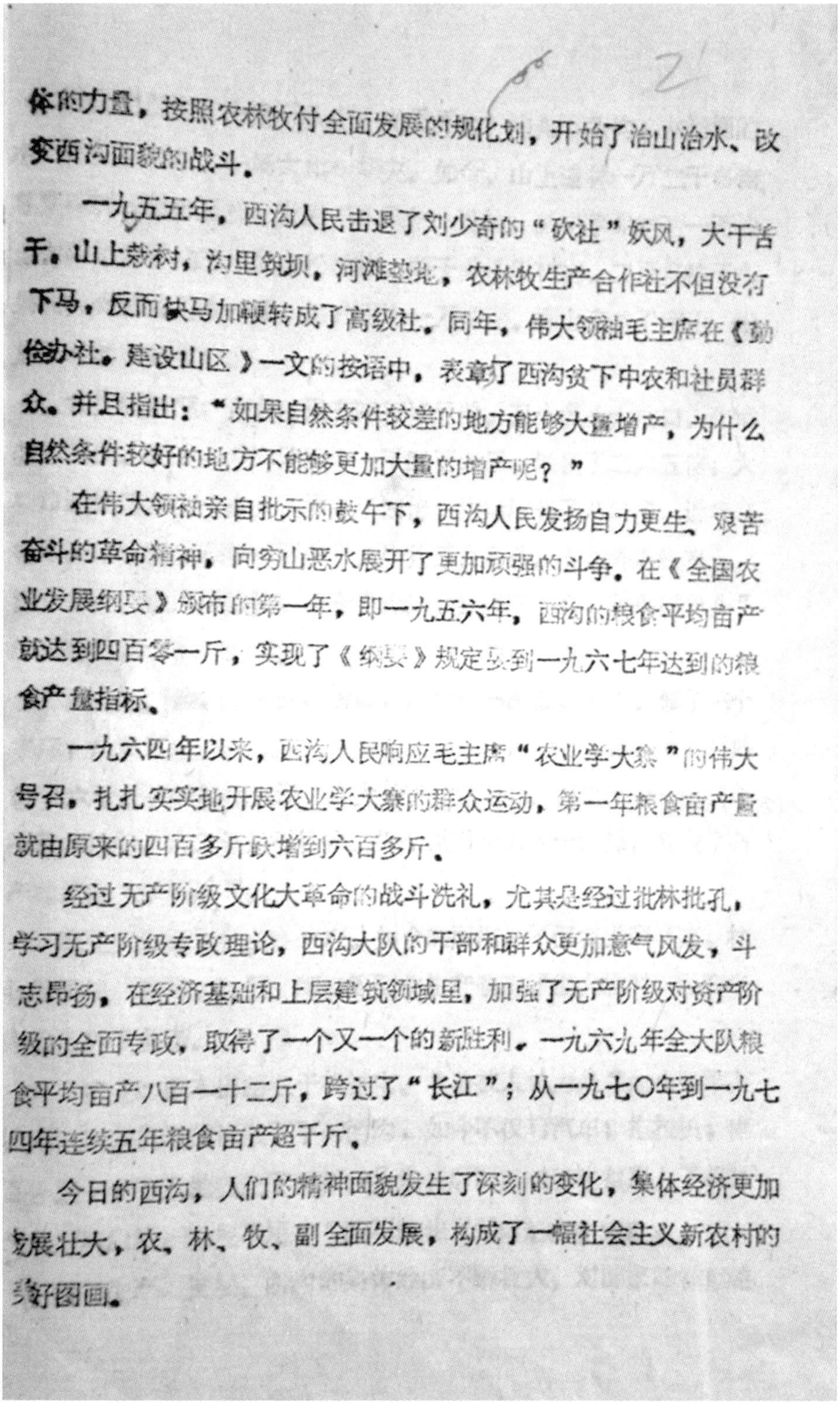
体的力量，按照农林牧付全面发展的规化划，开始了治山治水、改变西沟面貌的战斗。

一九五五年，西沟人民击退了刘少奇的“砍社”妖风，大干苦干。山上栽树，沟里筑坝，河滩垫地，农林牧生产合作社不但没有下马，反而快马加鞭转成了高级社。同年，伟大领袖毛主席在《勤俭办社，建设山区》一文的按语中，表彰了西沟贫下中农和社员群众。并且指出：“如果自然条件较差的地方能够大量增产，为什么自然条件较好的地方不能够更加大量的增产呢？”

在伟大领袖亲自批示的鼓午下，西沟人民发扬自力更生、艰苦奋斗的革命精神，向穷山恶水展开了更加顽强的斗争。在《全国农业发展纲要》颁布的第一年，即一九五六年，西沟的粮食平均亩产就达到四百零一斤，实现了《纲要》规定要到一九六七年达到的粮食产量指标。

一九六四年以来，西沟人民响应毛主席“农业学大寨”的伟大号召，扎扎实实地开展农业学大寨的群众运动，第一年粮食亩产量就由原来的四百多斤跃增到六百多斤。

经过无产阶级文化大革命的战斗洗礼，尤其是经过批林批孔，学习无产阶级专政理论，西沟大队的干部和群众更加意气风发，斗志昂扬，在经济基础和上层建筑领域里，加强了无产阶级对资产阶级的全面专政，取得了一个又一个的新胜利。一九六九年全大队粮食平均亩产八百一十二斤，跨过了“长江”；从一九七〇年到一九七四年连续五年粮食亩产超千斤。

今日的西沟，人们的精神面貌发生了深刻的变化，集体经济更加发展壮大，农、林、牧、副全面发展，构成了一幅社会主义新农村的美好图画。

图1-2-3　西沟大队概况第二页

过去的西沟，山是石头山，光秃秃的；沟是石头沟，灰溜溜的。水土流失很严重，一场大雨一场灾。如今，山上造林一万二千多亩，零星植树一百多万株，发展干水果树十万株，其中苹果树达一万株。全大队每户平均三十多亩松柏林，两千多株用材树，二百多株干水果树。光林业总值一项，每户平均一万多元。秃山变成了宝山，增加了对国家的贡献。

合作化初期，全大队只有四百多只羊，五十多头大牲口，生猪养的更少。如今，羊群发展到一千四百多只，增长了二点五倍；大牲口达到二百九十多头，增长了四倍；生猪增长了八倍多。近年来每年向国家交售菜羊一百多只，生猪三百多头，支援外地耕畜三、四十头。“山上绿油油，牛羊满山沟，走路不小心，苹果碰着头”的理想已初步变为现实。

过去的西沟，土地支离破碎，河滩乱石滚滚。如今，修了六个水库，总长二十五华里长的三条转山渠，沟里闸了五百座谷坊，河滩筑了六千米长的顺水大坝。广大贫下中农发扬“万里千担一亩田”的革命精神，人工造地五百亩。把个乱石滚滚的干河滩，变成了高产稳产的“米粮川”。

农业大发展，各业齐兴旺。如今的西沟，不仅农业产量高，林牧发展快，粉坊，砖瓦、编造等副业生产也有了很大发展，还在水库里放养了鱼苗。

“农业的根本出路在于机械化。”曾被人认为是“地小路窄山坡大，连条机器腿也放不下”的西沟，如今不仅有汽车、拖拉机，使百分之七十的土地实现了机耕，碾米、磨面、脱粒也都用上了机器“点灯不用油，耕地不用牛”的理想也已经和正在变为现实。

随着生产的发展，西沟的集体经济不断壮大，对国家的贡献越

图1-2-4　西沟大队概况第三页

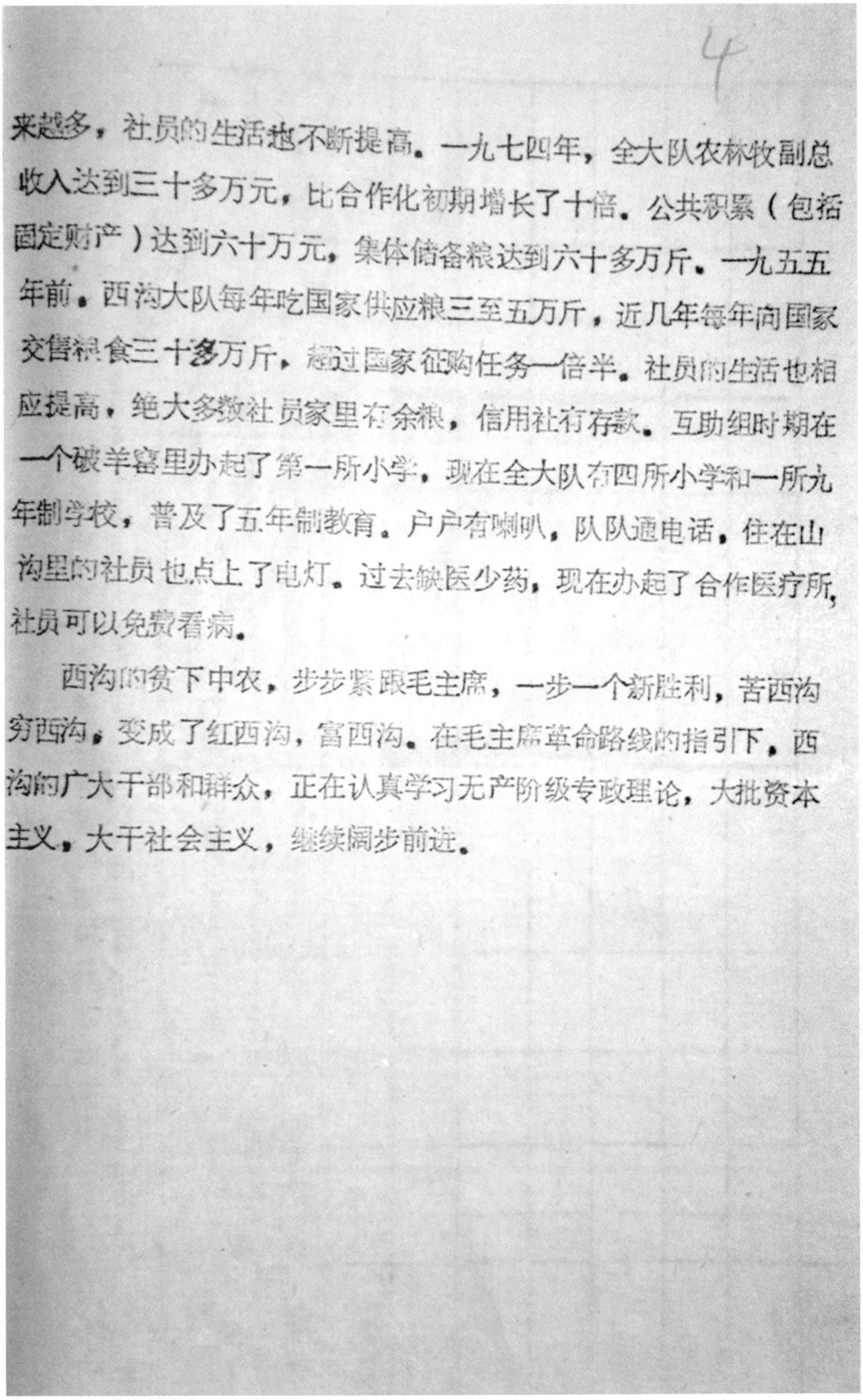

4

来越多，社员的生活也不断提高。一九七四年，全大队农林牧副总收入达到三十多万元，比合作化初期增长了十倍。公共积累（包括固定财产）达到六十万元，集体储备粮达到六十多万斤。一九五五年前，西沟大队每年吃国家供应粮三至五万斤，近几年每年向国家交售粮食三十多万斤，超过国家征购任务一倍半。社员的生活也相应提高，绝大多数社员家里有余粮，信用社有存款。互助组时期在一个破羊窑里办起了第一所小学，现在全大队有四所小学和一所九年制学校，普及了五年制教育。户户有喇叭，队队通电话，住在山沟里的社员也点上了电灯。过去缺医少药，现在办起了合作医疗所，社员可以免费看病。

西沟的贫下中农，步步紧跟毛主席，一步一个新胜利，苦西沟穷西沟，变成了红西沟，富西沟。在毛主席革命路线的指引下，西沟的广大干部和群众，正在认真学习无产阶级专政理论，大批资本主义，大干社会主义，继续阔步前进。

图1-2-5　西沟大队概况第四页

二、经济

（一）农业

1.西沟管理区推行圪涝田种植方法每亩粮田平均产量五百八十一斤

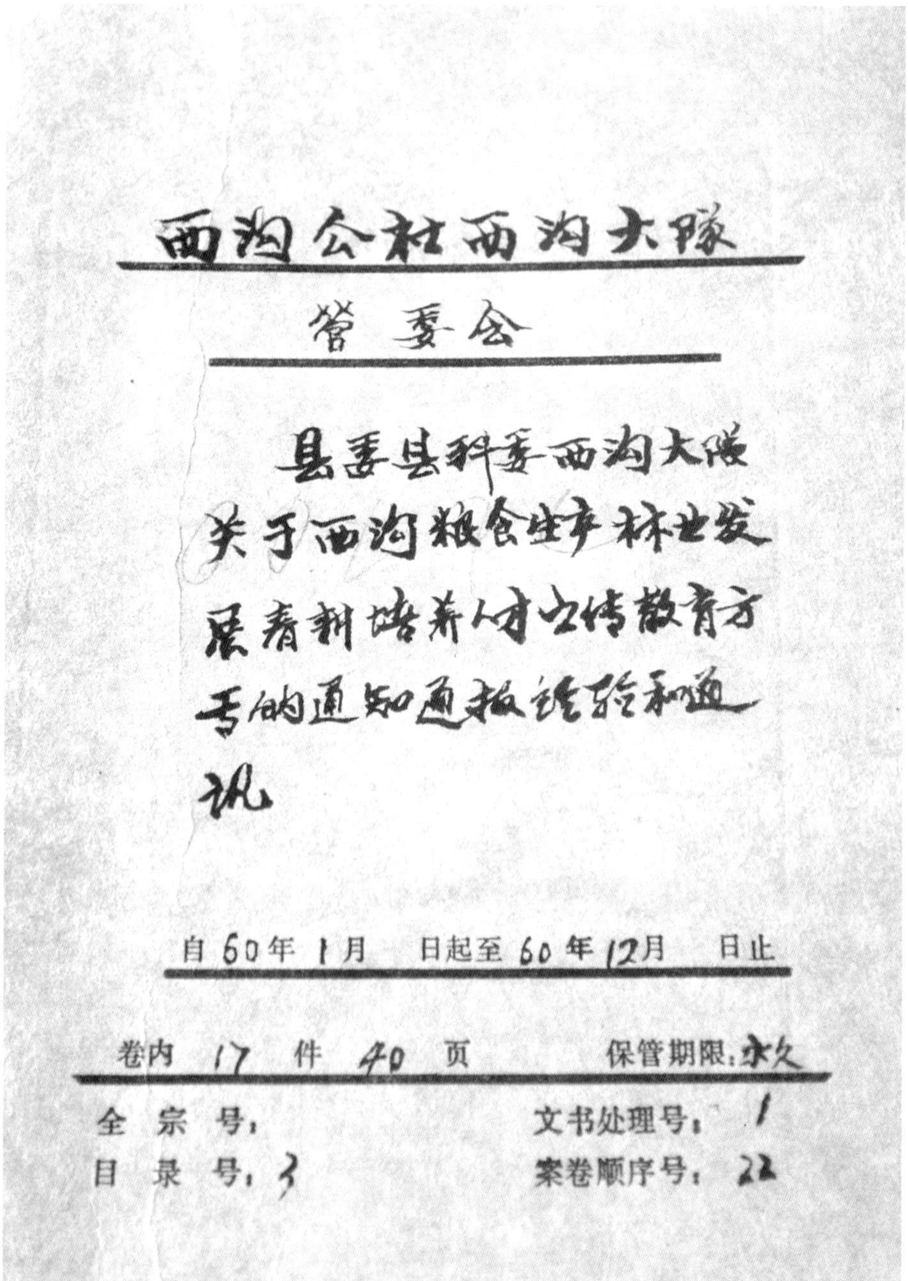

西沟公社西沟大队

管委会

县委县科委西沟大队关于西沟粮食生产林业发展青耕培养人才宣传教育方面的通知通报总结和通讯

自60年1月 日起至60年12月 日止

卷内17件40页 保管期限：永久

全宗号：

文书处理号：1

目录号：3

案卷顺序号：22

图2–1–1–1　档案封面

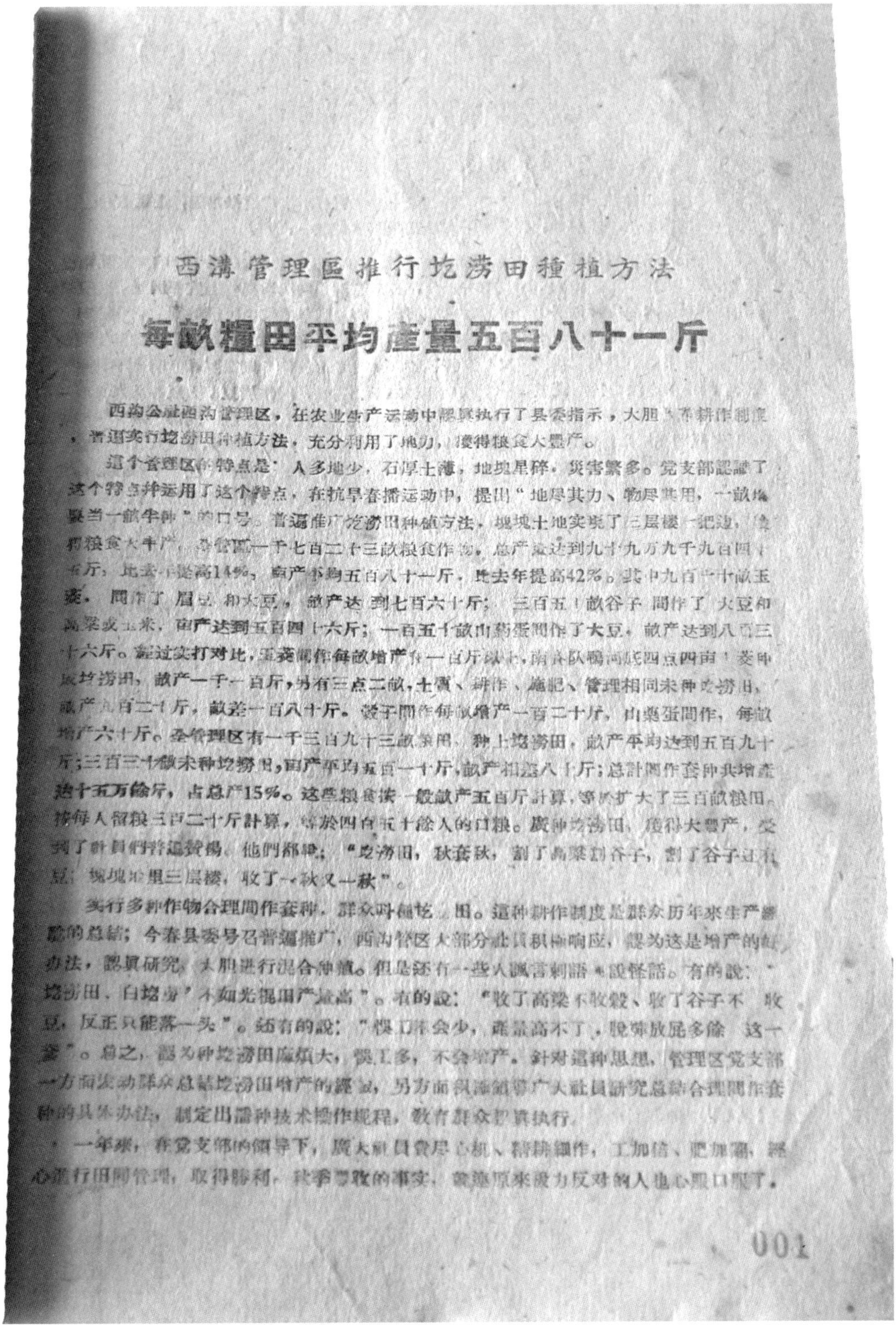

西溝管理區推行圪塄田種植方法

每畝糧田平均產量五百八十一斤

西沟公社西沟管理区，在农业生产运动中認真执行了县委指示，大胆改革耕作制度，普遍实行圪塄田种植方法，充分利用了地力，獲得粮食大豐产。

這个管理区的特点是：人多地少，石厚土薄，地塊星碎，災害繁多。党支部認識了这个特点并运用了这个特点，在抗旱春播运动中，提出"地尽其力、物尽其用，一畝地顶当一畝半种"的口号，普遍推广圪塄田种植方法，塊塊土地实现了三层楼一把边，獲得粮食大丰产。全管區一千七百二十三畝粮食作物，总产量达到九十九万九千九百四十五斤，比去年提高14%，畝产平均五百八十一斤，比去年提高42%。其中九百三十畝玉茭，間作了眉豆和大豆，畝产达到七百六十斤；三百五十畝谷子間作了大豆和高粱或玉茭，畝产达到五百四十六斤；一百五十畝山药蛋間作了大豆，畝产达到八百三十六斤。經过实打对比，玉茭間作每畝增产在一百斤以上，南赛队鴨河底四点四畝玉茭种成圪塄田，畝产一千一百斤，另有三点二畝，土質、耕作、施肥、管理相同未种圪塄田，畝产九百二十斤，畝差一百八十斤。谷子間作每畝增产一百二十斤，山药蛋間作，每畝增产六十斤。全管理区有一千三百九十三畝粮田，种上圪塄田，畝产平均达到五百九十斤；三百三十畝未种圪塄田，畝产平均五百一十斤，畝产相差八十斤；总計間作套种共增產达十五万餘斤，占总产15%。这些粮食按一般畝产五百斤計算，等於扩大了三百畝粮田。按每人留粮三百二十斤計算，等於四百五十餘人的口粮。腐种圪塄田，獲得大豐产，受到了社員們普遍贊揚。他們都說："圪塄田，秋套秋，割了高粱割谷子，割了谷子过行豆；塊塊地里三层楼，收了一秋又一秋"。

实行多种作物合理間作套种，群众叫做圪塄田。這种耕作制度是群众历年来生产經驗的总結；今春县委号召普遍推广，西沟管区大部分社員积極响应，認为这是增产的好办法，認真研究，大胆进行混合种植。但是还有一些人諷言刺語，說怪話。有的說："圪塄田，白圪塄，不如光棍田产量高"。有的說："收了高粱不收穀、收了谷子不收豆，反正只能落一头"。还有的說："慢工怪会少，產量高不了，脫褲放屁多餘这一套"。总之，認为种圪塄田麻煩大，误工多，不会增产。針对這种思想，管理区党支部一方面发动群众总結圪塄田增产的經验，另方面积極領導广大社員研究总結合理間作套种的具体办法，制定出諸种技术操作规程，教育群众認真执行。

一年來，在党支部的領导下，廣大社員費尽心机、精耕細作，工加倍、肥加番，經心進行田間管理，取得勝利。秋季豐收的事实，使過原来竭力反对的人也心服口服了。

001

图2-1-1-2　西沟管理区推行圪塄田种植方法每亩粮田平均产量五百八十一斤

2.西沟大队发展农业生产十年规划〈草案〉（1963年）

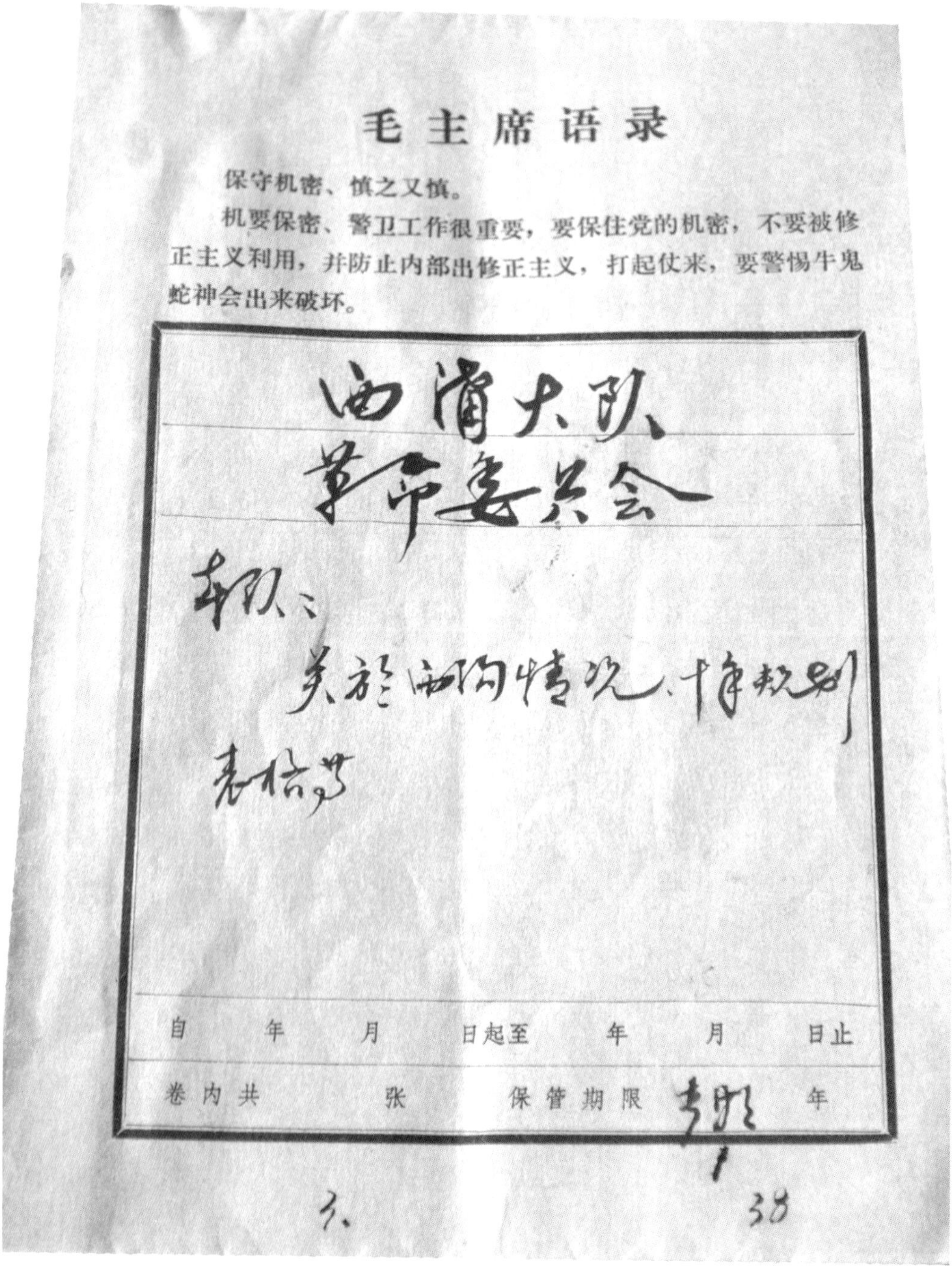
毛主席语录

保守机密、慎之又慎。

机要保密、警卫工作很重要，要保住党的机密，不要被修正主义利用，并防止内部出修正主义，打起仗来，要警惕牛鬼蛇神会出来破坏。

西沟大队

革命委员会

本队：

关于西沟情况、十年规划

表格等

自　　年　　月　　日起至　　年　　月　　日止

卷内共　　张　　保管期限　长期　年

1

六　　38

图2-1-2-1　档案封面

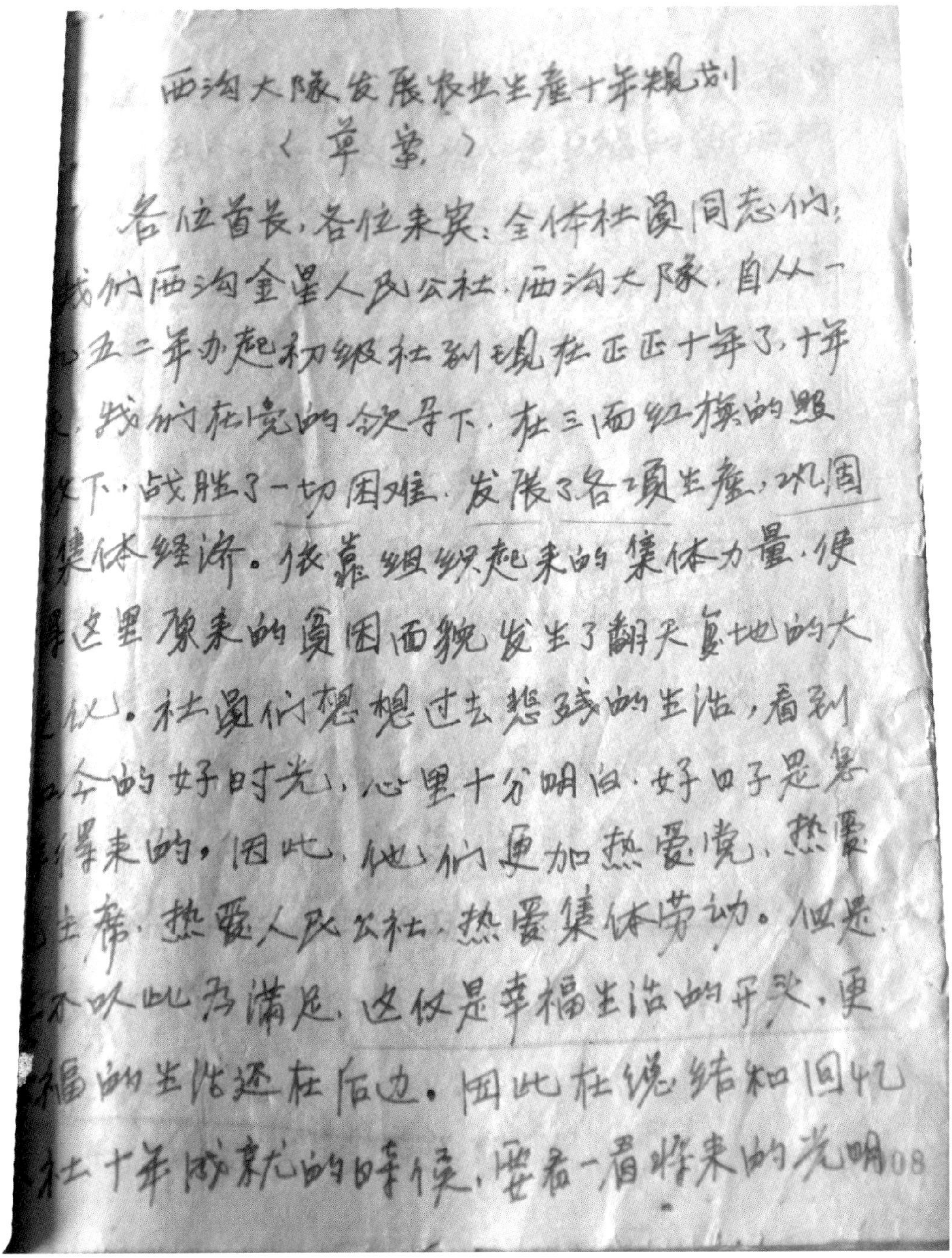
西沟大队发展农业生产十年规划
（草案）
各位首长，各位来宾，全体社员同志们：
我们西沟金星人民公社西沟大队，自从一九五二年办起初级社到现在正正十年了。十年来，我们在党的领导下，在三面红旗的照耀下，战胜了一切困难，发展了各项生产，巩固了集体经济。依靠组织起来的集体力量，使这里原来的贫困面貌发生了翻天复地的大变化。社员们想想过去悲残的生活，看到今天的好时光，心里十分明白，好日子是怎么得来的，因此，他们更加热爱党，热爱毛主席，热爱人民公社，热爱集体劳动。但是，不以此为满足，这仅是幸福生活的开头，更幸福的生活还在后边。因此在总结和回忆社十年成就的时候，要看一看将来的光明

图2-1-2-2　西沟大队发展农业生产十年规划〈草案〉第一页

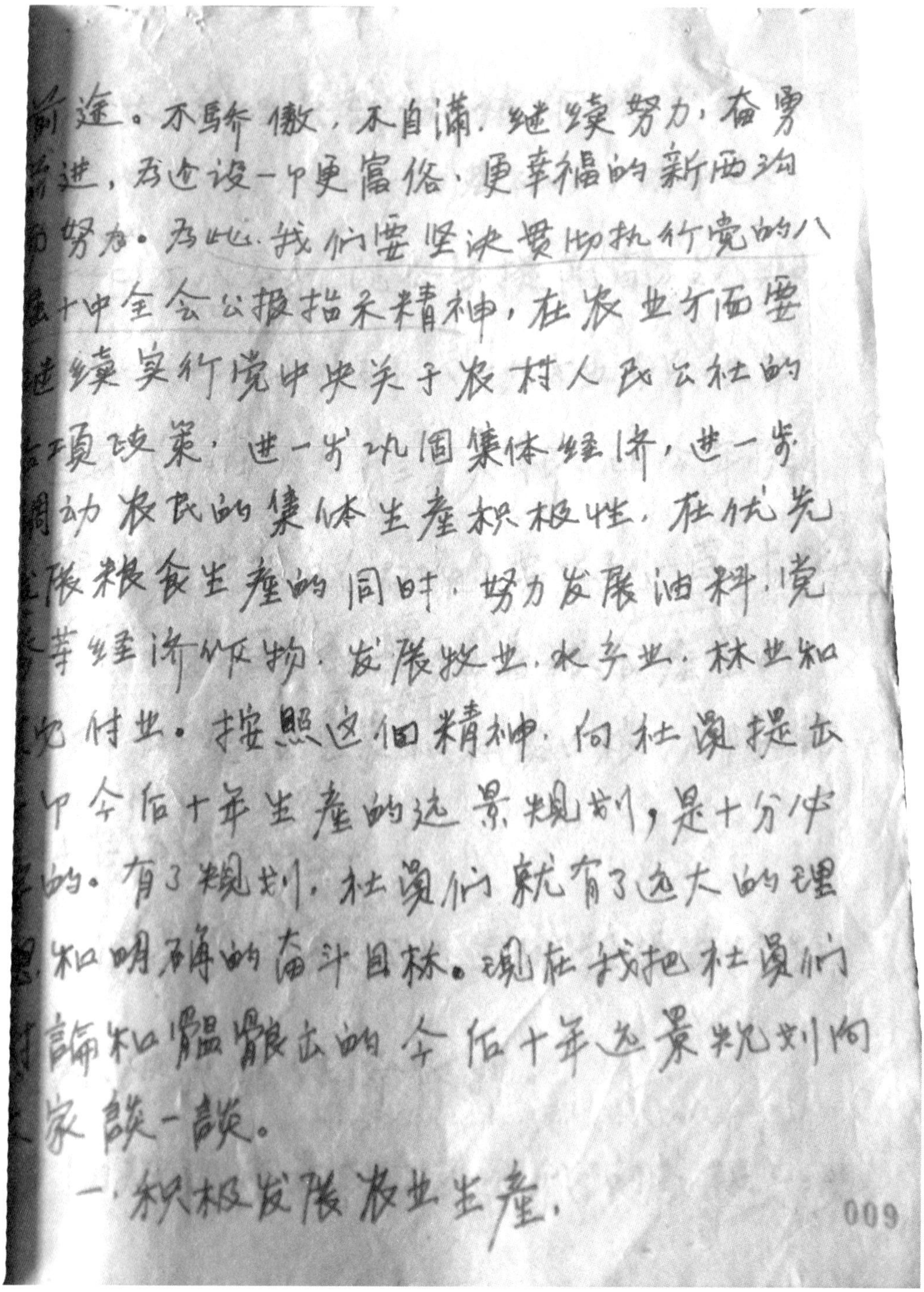

前途。不骄傲，不自满，继续努力，奋勇
前进，为建设一个更富裕、更幸福的新西沟
而努力。为此，我们要坚决贯彻执行党的八
届十中全会公报指示精神，在农业方面要
继续实行党中央关于农村人民公社的
各项政策，进一步巩固集体经济，进一步
调动农民的集体生产积极性，在优先
发展粮食生产的同时，努力发展油料、党
参等经济作物，发展牧业、水产业、林业和
其他付业。按照这个精神，向社员提出
一个今后十年生产的远景规划，是十分必
要的。有了规划，社员们就有了远大的理
想和明确的奋斗目标。现在我把社员们
讨论和酝酿出的今后十年远景规划向
大家谈一谈。
一、积极发展农业生产。

009

图2-1-2-3　西沟大队发展农业生产十年规划（草案）第二页

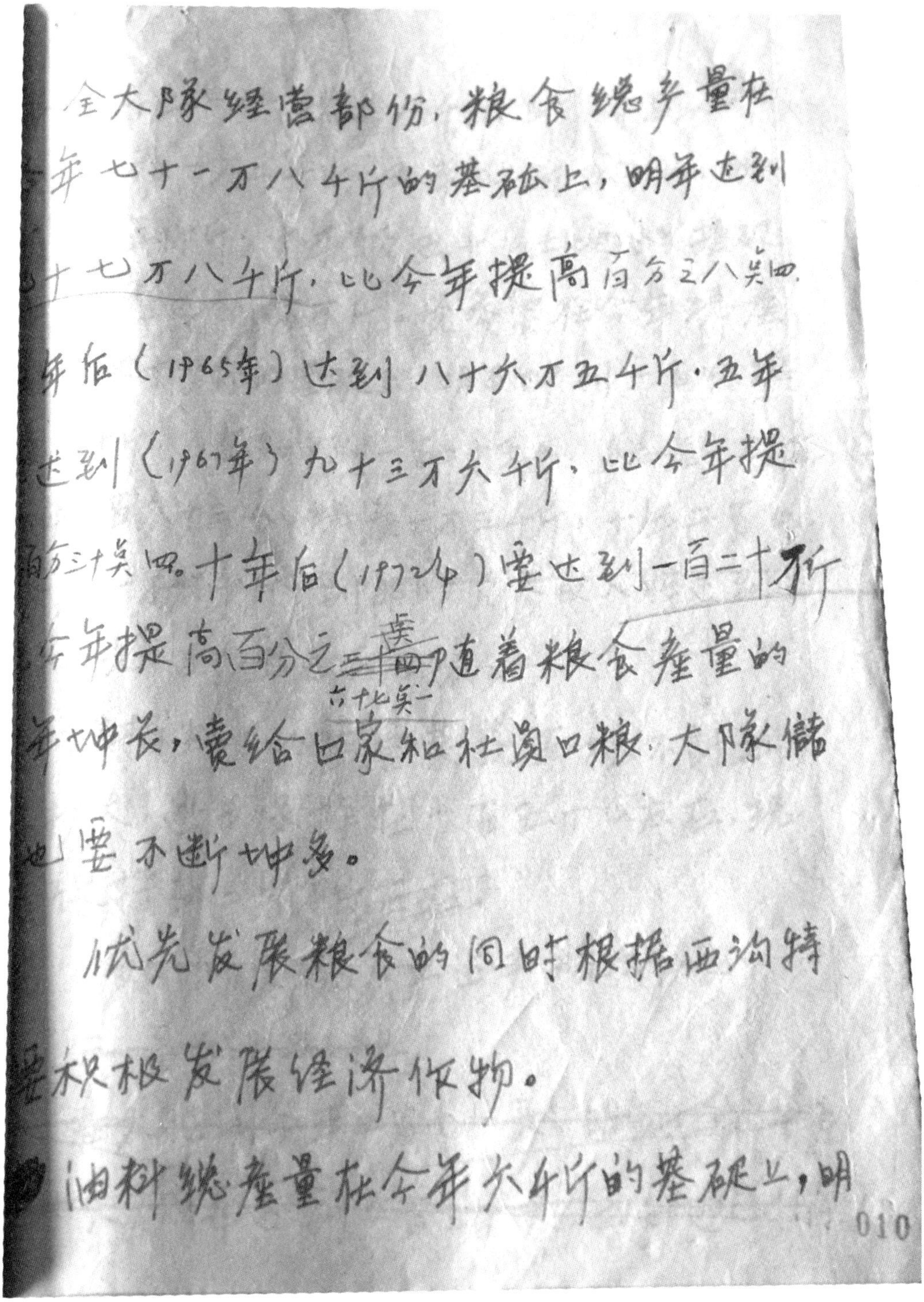
全大队经营部份，粮食总产量在
年七十一万八千斤的基础上，明年达到
十七万八千斤，比今年提高百分之八点四
年后（1965年）达到八十六万五千斤，五年
达到（1967年）九十三万六千斤，比今年提
百分三十点四。十年后（1972年）要达到一百二十万斤
今年提高百分之六十七点一随着粮食产量的
年增长，卖给国家和社员口粮，大队储
也要不断增多。
优先发展粮食的同时根据西沟特
要积极发展经济作物。
油料总产量在今年六千斤的基础上，明
010

图2-1-2-4　西沟大队发展农业生产十年规划（草案）第三页

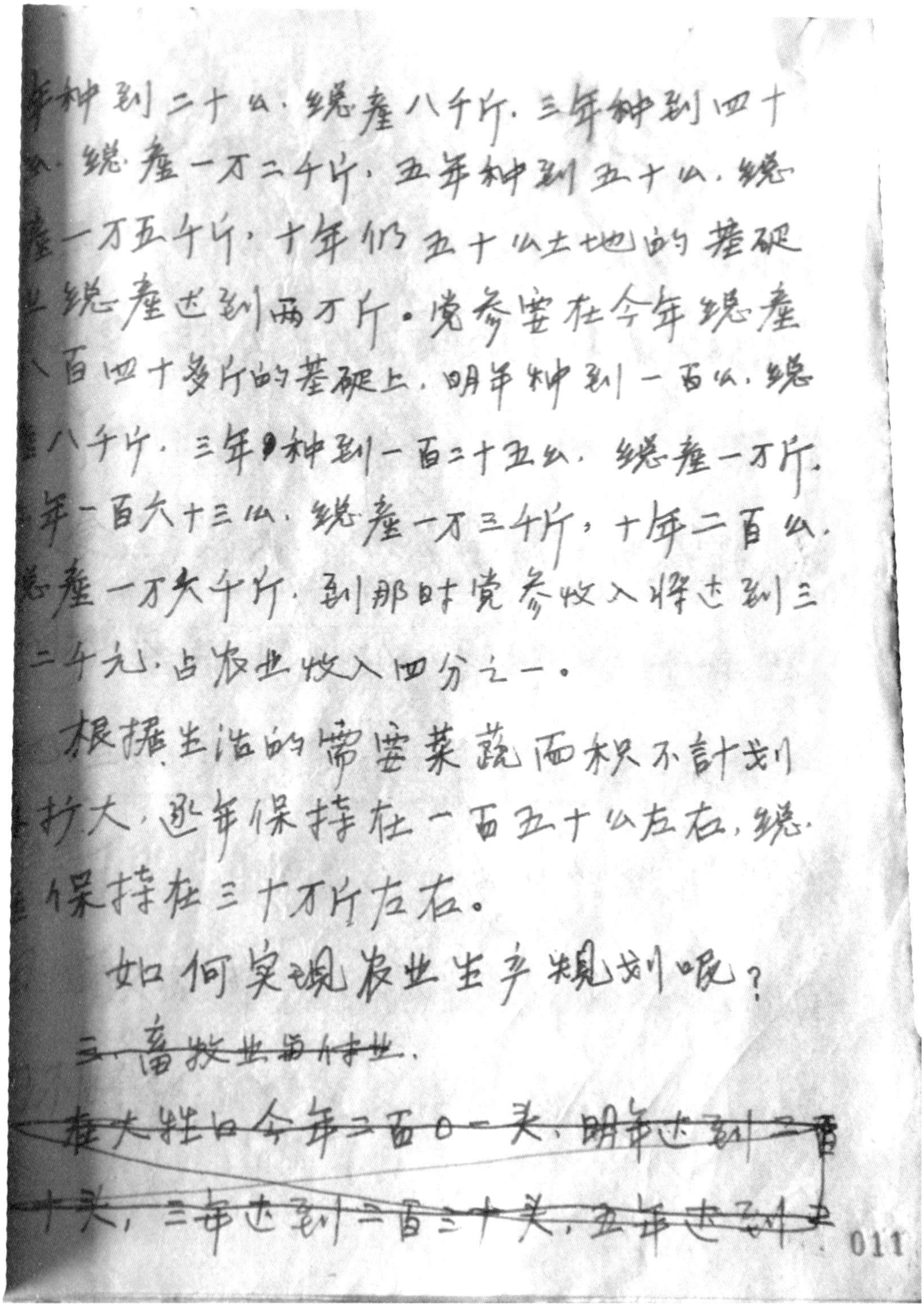
种到二十亩，总产八千斤，三年种到四十
亩，总产一万二千斤，五年种到五十亩，总
产一万五千斤，十年仍五十亩土地的基础
上总产达到两万斤。党参要在今年总产
八百四十多斤的基础上，明年种到一百亩，总
产八千斤，三年种到一百二十五亩，总产一万斤，
五年一百六十三亩，总产一万三千斤，十年二百亩，
总产一万六千斤，到那时党参收入将达到三
二千元，占农业收入四分之一。
根据生活的需要菜蔬面积不计划
扩大，逐年保持在一百五十亩左右，总
产保持在三十万斤左右。
如何实现农业生产规划呢？
~~三、畜牧业副业~~
~~大牲口今年二百0一头，明年达到二百~~
~~十头，三年达到二百三十头，五年达到二~~
011

图2-1-2-5　西沟大队发展农业生产十年规划（草案）第四页

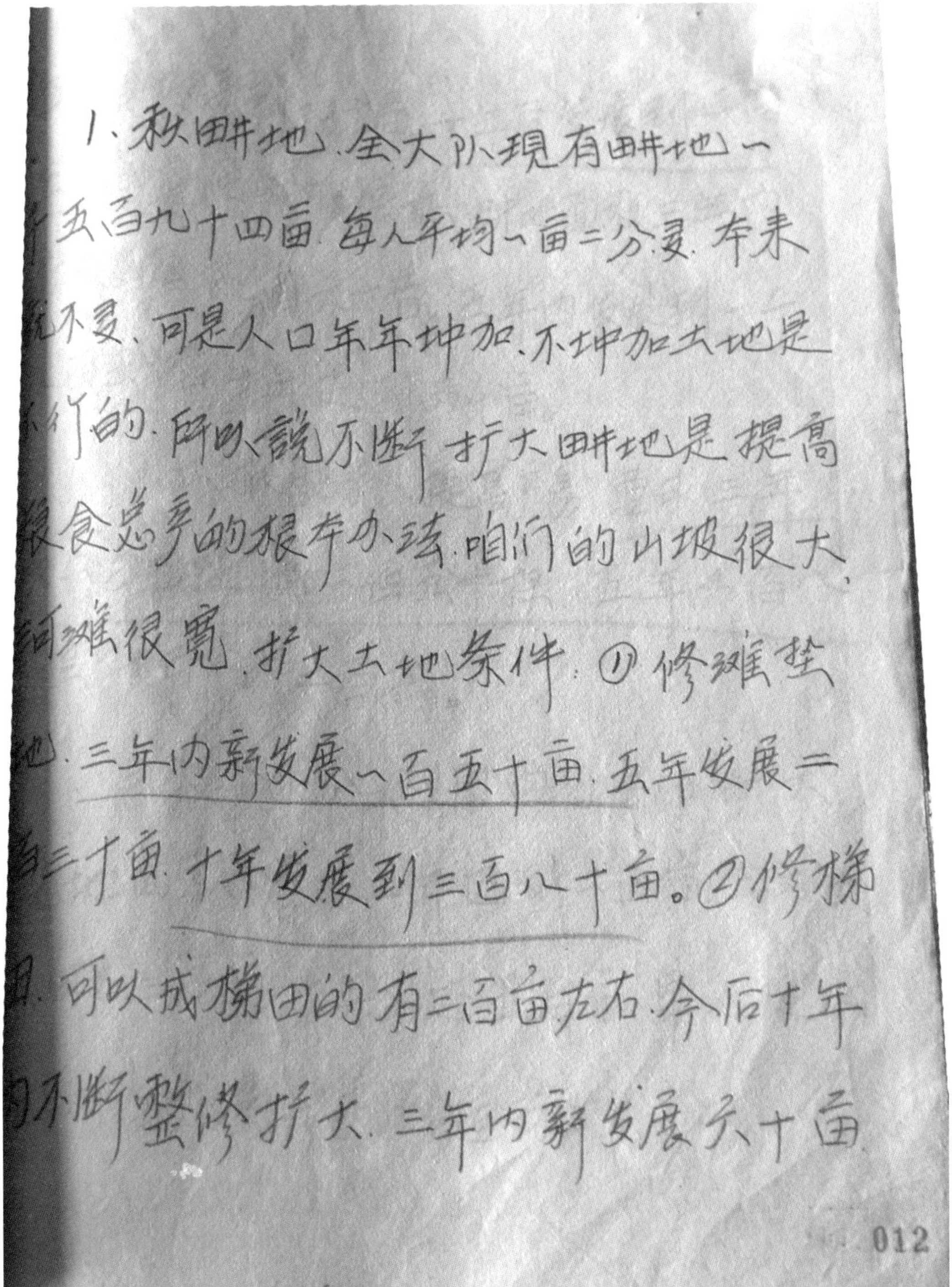

1、秋畊地。全大队現有畊地一千五百九十四亩。每人平均一亩二分多。本来說不多、可是人口年年增加、不增加土地是不行的。所以說不断扩大畊地是提高粮食总产的根本办法。咱们的山坡很大，河滩很宽。扩大土地条件：①修滩垫地。三年内新发展一百五十亩。五年发展二百三十亩。十年发展到三百八十亩。②修梯田。可以成梯田的有二百亩左右。今后十年内不断整修扩大。三年内新发展六十亩

012

图2-1-2-6 西沟大队发展农业生产十年规划（草案）第五页

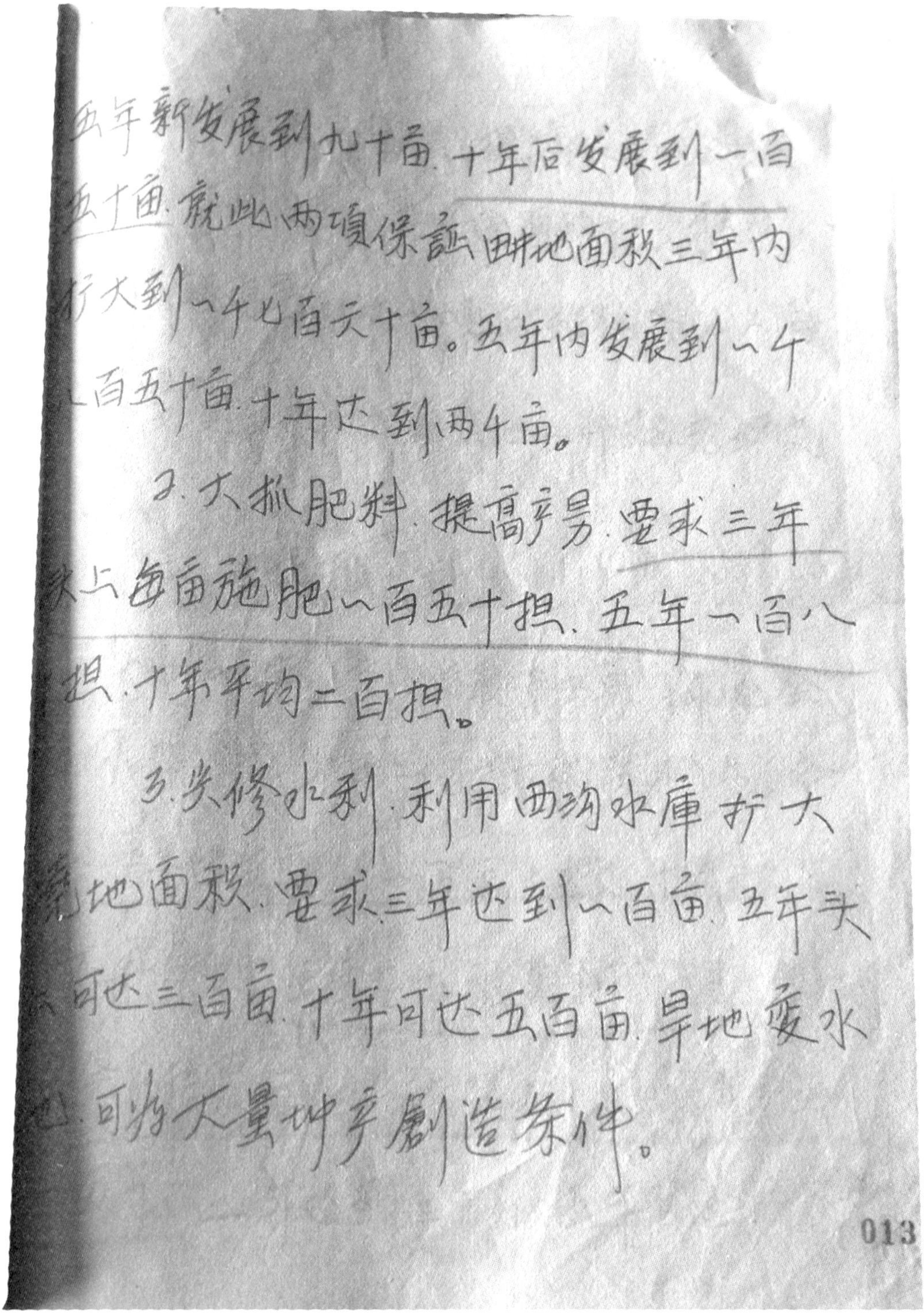

五年新发展到九十亩．十年后发展到一百五十亩．就此两项保証畊地面积三年内扩大到一千七百六十亩。五年内发展到一千八百五十亩．十年达到两千亩。

2．大抓肥料．提高产量．要求三年以上每亩施肥一百五十担．五年一百八十担．十年平均二百担。

3．大修水利．利用西沟水庫扩大水地面积．要求三年达到一百亩．五年头可达三百亩．十年可达五百亩．旱地变水地．可为大量增产創造条件。

013

图2-1-2-7　西沟大队发展农业生产十年规划（草案）第六页

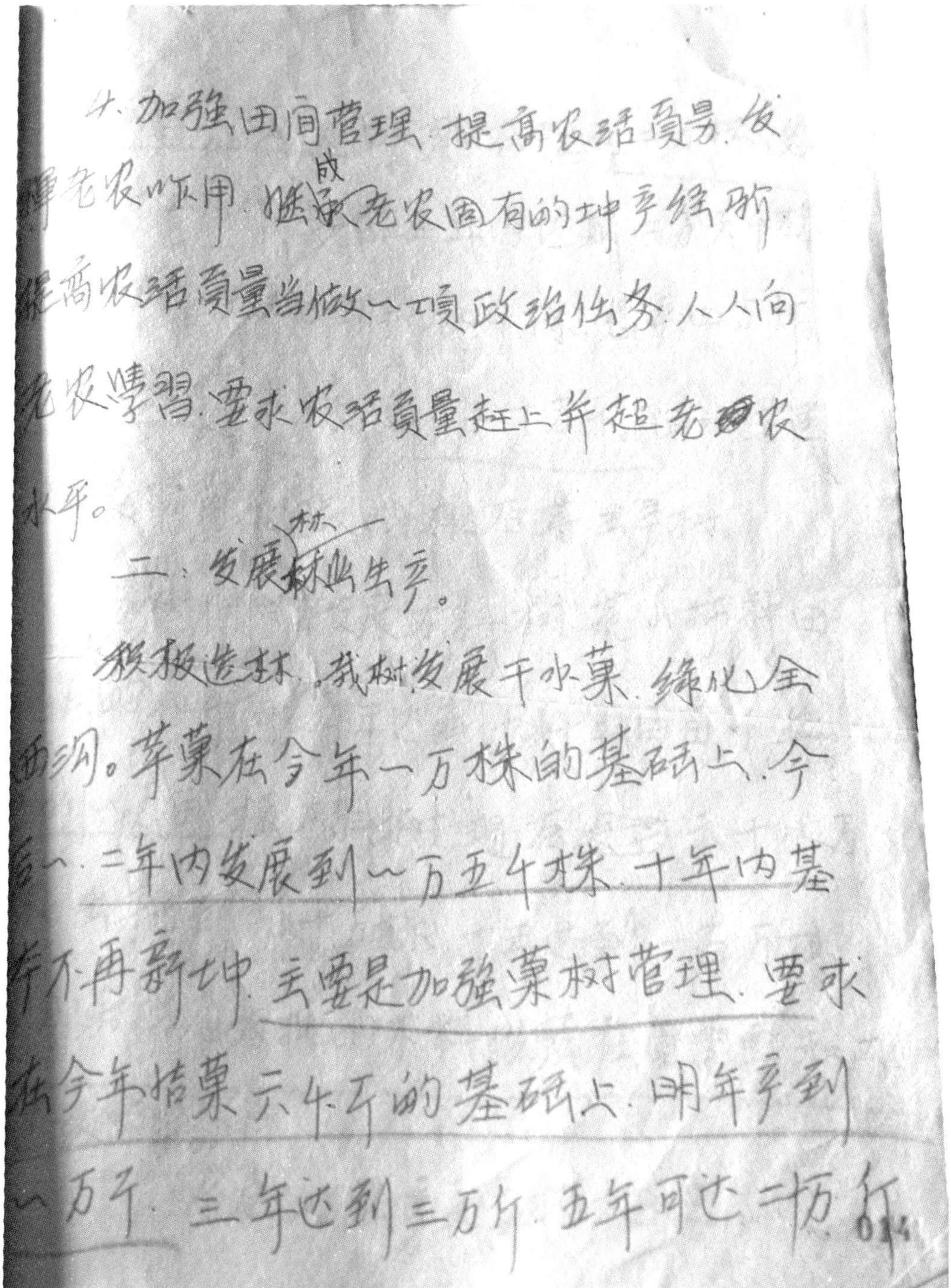

六、加强田间管理，提高农活质量，发挥老农作用，继成老农固有的生产经验，提高农活质量当做一项政治任务，人人向老农学习，要求农活质量赶上并超老农水平。

二、发展林业生产。

积极造林，栽树发展干水果，绿化全西沟。苹果在今年一万株的基础上，今后一、二年内发展到一万五千株，十年内基本不再新种，主要是加强果树管理，要求在今年结果六千斤的基础上，明年产到一万斤，三年达到三万斤，五年可达二十万斤

044

图2-1-2-8　西沟大队发展农业生产十年规划（草案）第七页

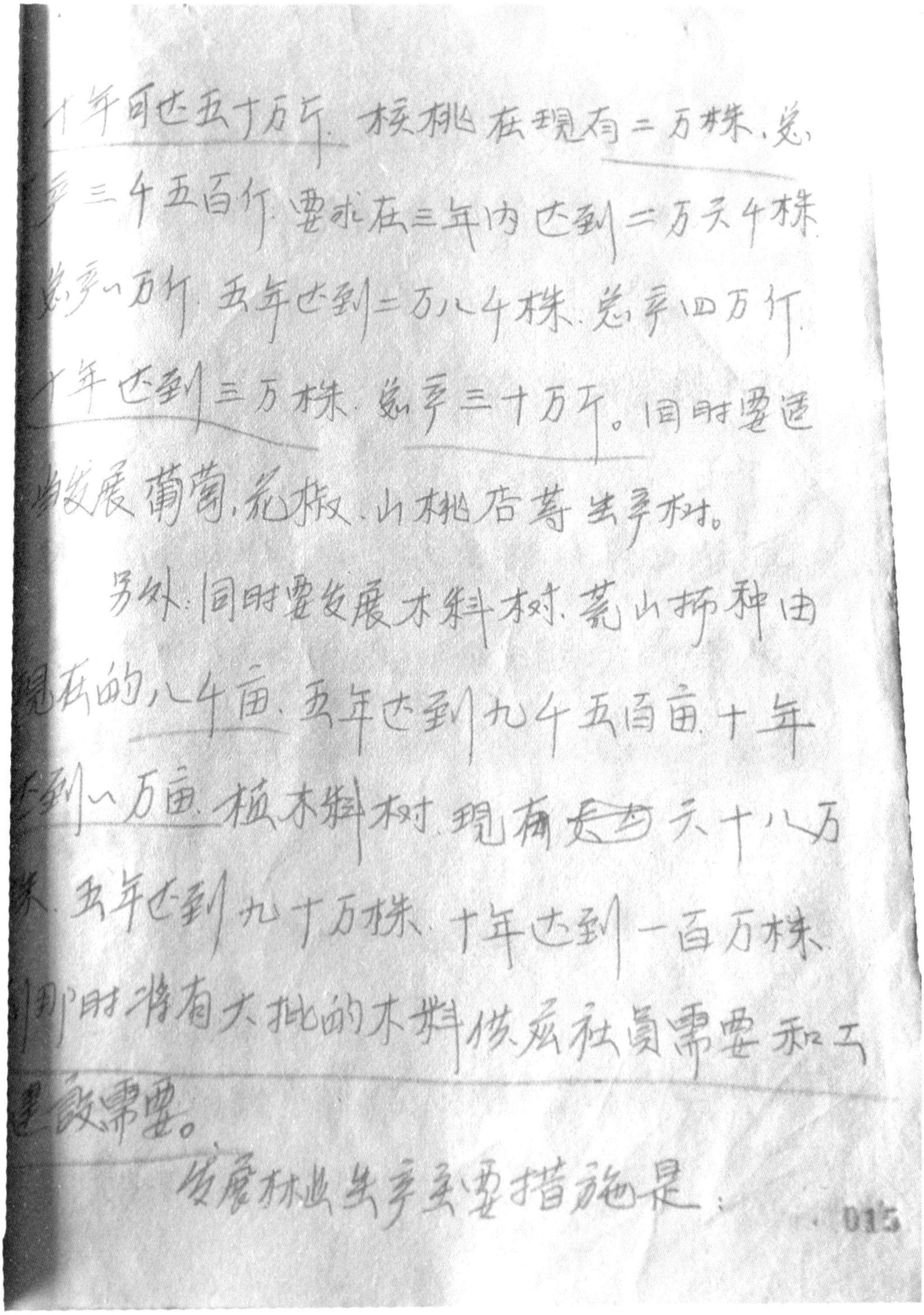

十年可达五十万斤。核桃在现有二万株，总产三千五百斤。要求在三年内达到二万六千株，总产八万斤。五年达到二万八千株，总产四万斤。十年达到三万株，总产三十万斤。同时要适当发展葡萄、花椒、山桃杏等生产树。

另外：同时要发展木料树，荒山播种由现在的八千亩，五年达到九千五百亩，十年达到八万亩。植木料树，现有六十八万株，五年达到九十万株，十年达到一百万株，到那时将有大批的木料供应社员需要和工程建设需要。

发展林业生产主要措施是：

015

图2-1-2-9　西沟大队发展农业生产十年规划（草案）第八页

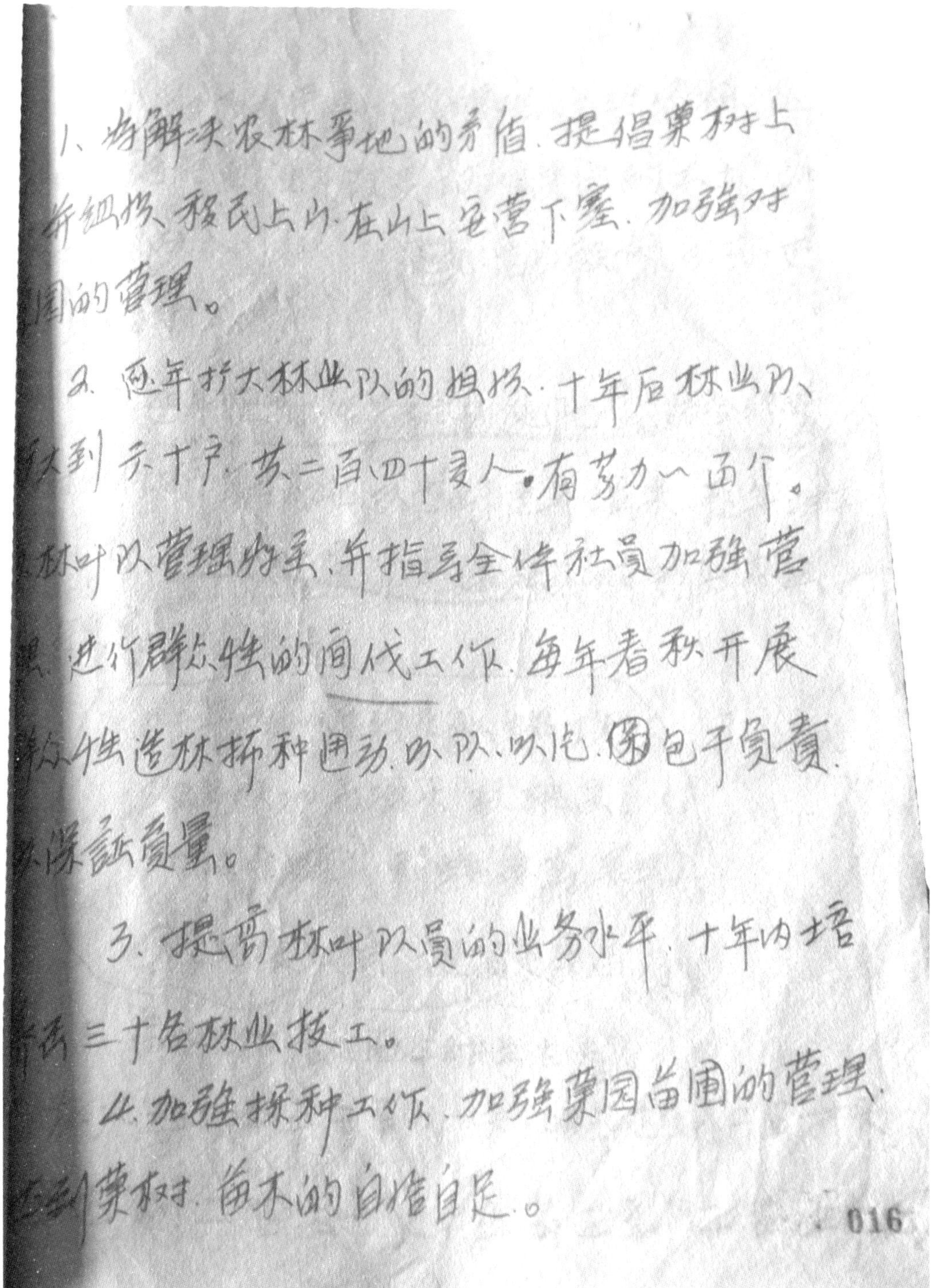

1、为解决农林争地的矛盾，提倡果树上山，组织移民上山，在山上安营下寨，加强对果园的管理。

2、逐年扩大林业队的组织，十年后林业队达到六十户，共二百四十口人，有劳力一百个。林业队管理好全，并指导全体社员加强管理，进行群众性的育苗工作，每年春秋开展群众性造林播种运动，以队、以伙、保包干负责，保证质量。

3、提高林业队员的业务水平，十年内培养三十名林业技工。

4、加强采种工作，加强果园苗圃的管理，达到果树、苗木的自给自足。

016

图2-1-2-10　西沟大队发展农业生产十年规划（草案）第九页

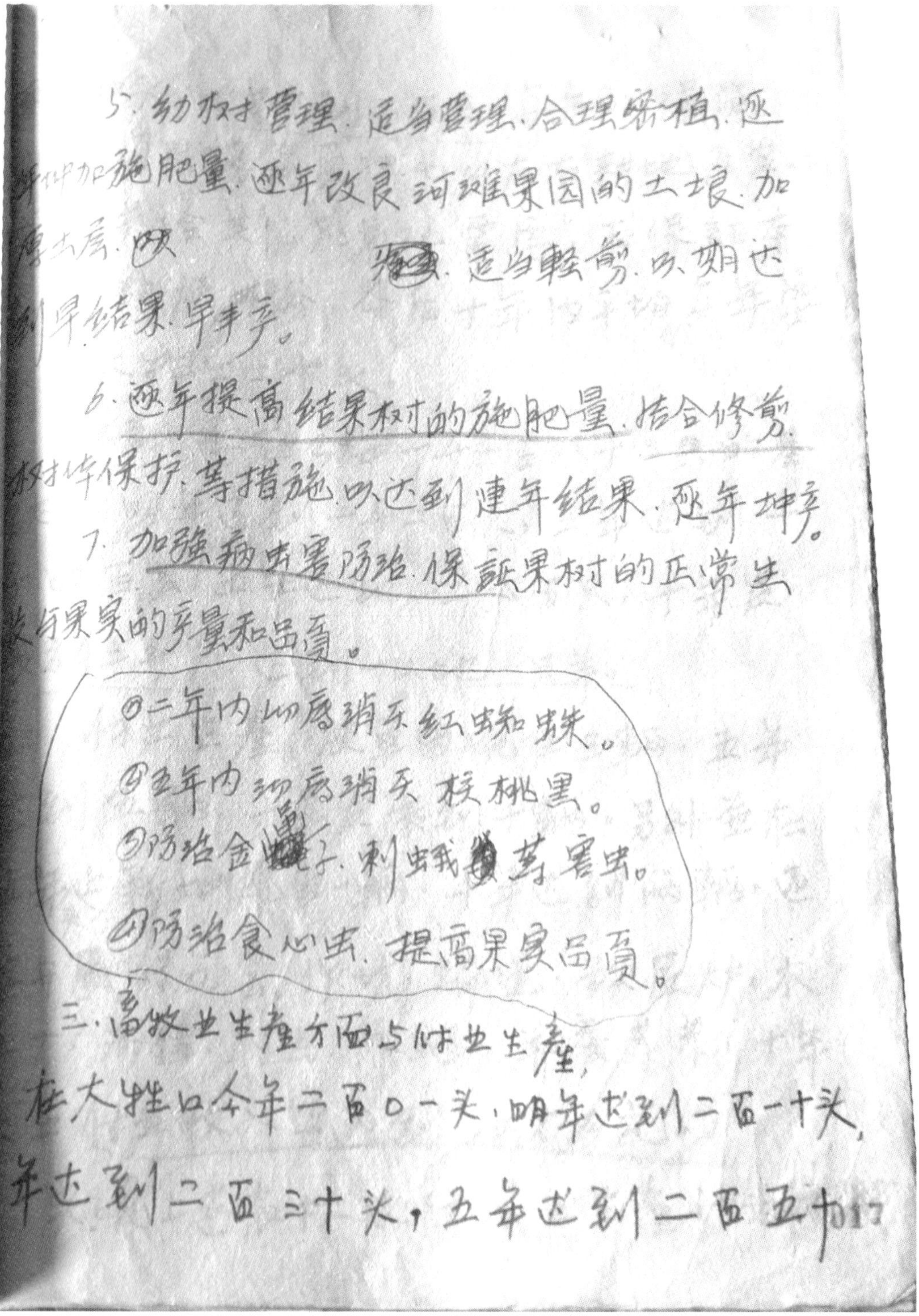
5. 幼树管理。适当管理，合理密植，逐年加施肥量，逐年改良河滩果园的土壤，加厚土层，以……适当轻剪，以期达到早结果，早丰产。

6. 逐年提高结果树的施肥量，结合修剪，树体保护，等措施，以达到连年结果，逐年增产。

7. 加强病虫害防治，保证果树的正常生长与果实的产量和品质。

①二年内消灭红蜘蛛。

②五年内消灭核桃黑。

③防治金龟子，刺蛾等害虫。

④防治食心虫，提高果实品质。

三、畜牧业生产方面与副业生产，

大牲口今年二百〇一头，明年达到二百一十头，年达到二百三十头，五年达到二百五十

图2-1-2-11　西沟大队发展农业生产十年规划（草案）第十页

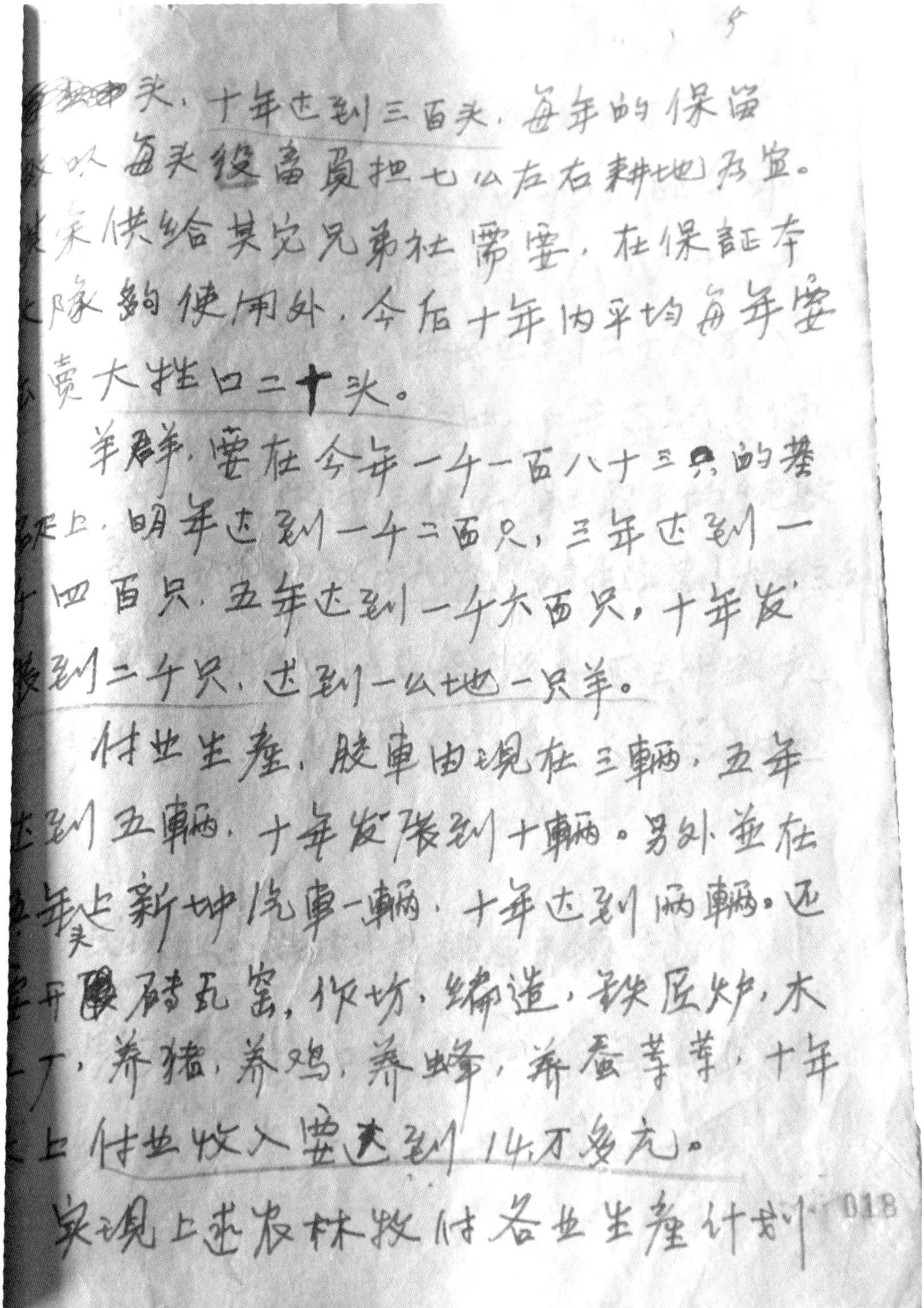

头，十年达到三百头，每年的保留

数以每头役畜负担七亩左右耕地为宜。

采供给其它兄弟社需要，在保証本

队够使用外，今后十年内平均每年要

卖大牲口二十头。

羊群，要在今年一千一百八十三只的基

础上，明年达到一千二百只，三年达到一

千四百只，五年达到一千六百只，十年发

展到二千只，达到一亩地一只羊。

付业生产，胶車由现在三輛，五年

达到五輛，十年发展到十輛。另外并在

五年头上新增汽車一輛，十年达到两輛。还

要开办砖瓦窑，粉坊，编造，铁匠炉，木

工厂，养猪，养鸡，养蜂，养蚕等等，十年

头上付业收入要达到14万多元。

实现上述农林牧付各业生产计划

图2-1-2-12　西沟大队发展农业生产十年规划（草案）第十一页

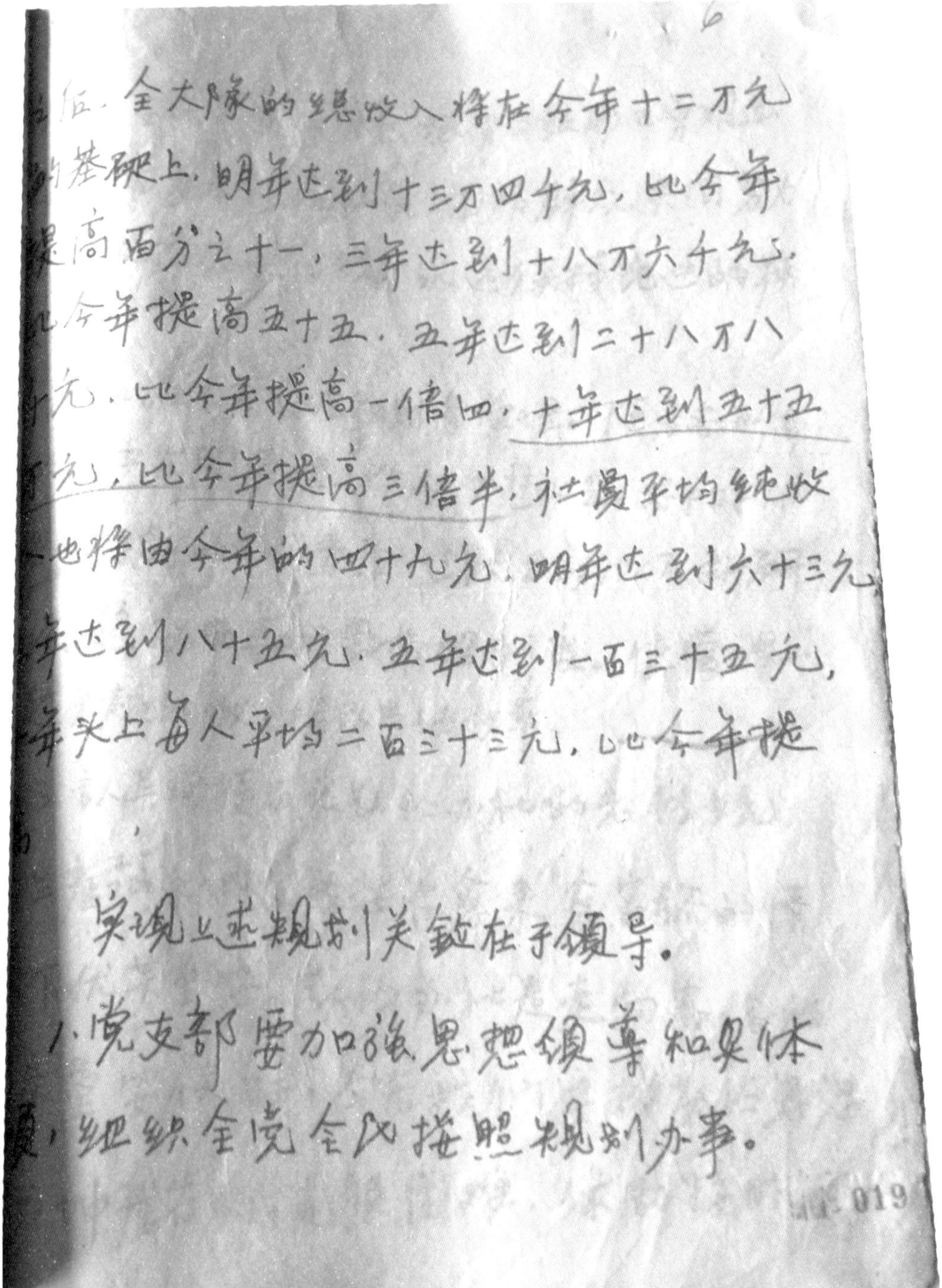

位．全大队的总收入将在今年十二万元
的基础上，明年达到十三万四千元，比今年
提高百分之十一，三年达到十八万六千元，
比今年提高五十五，五年达到二十八万八
千元，比今年提高一倍四，十年达到五十五
万元，比今年提高三倍半，社员平均纯收
入也将由今年的四十九元，明年达到六十三元，
年达到八十五元，五年达到一百三十五元，
年头上每人平均二百三十三元，比今年提

实现上述规划关键在于领导。

1、党支部要加强思想领导和具体
领，组织全党全民按照规划办事。

019

图2-1-2-13　西沟大队发展农业生产十年规划（草案）第十二页

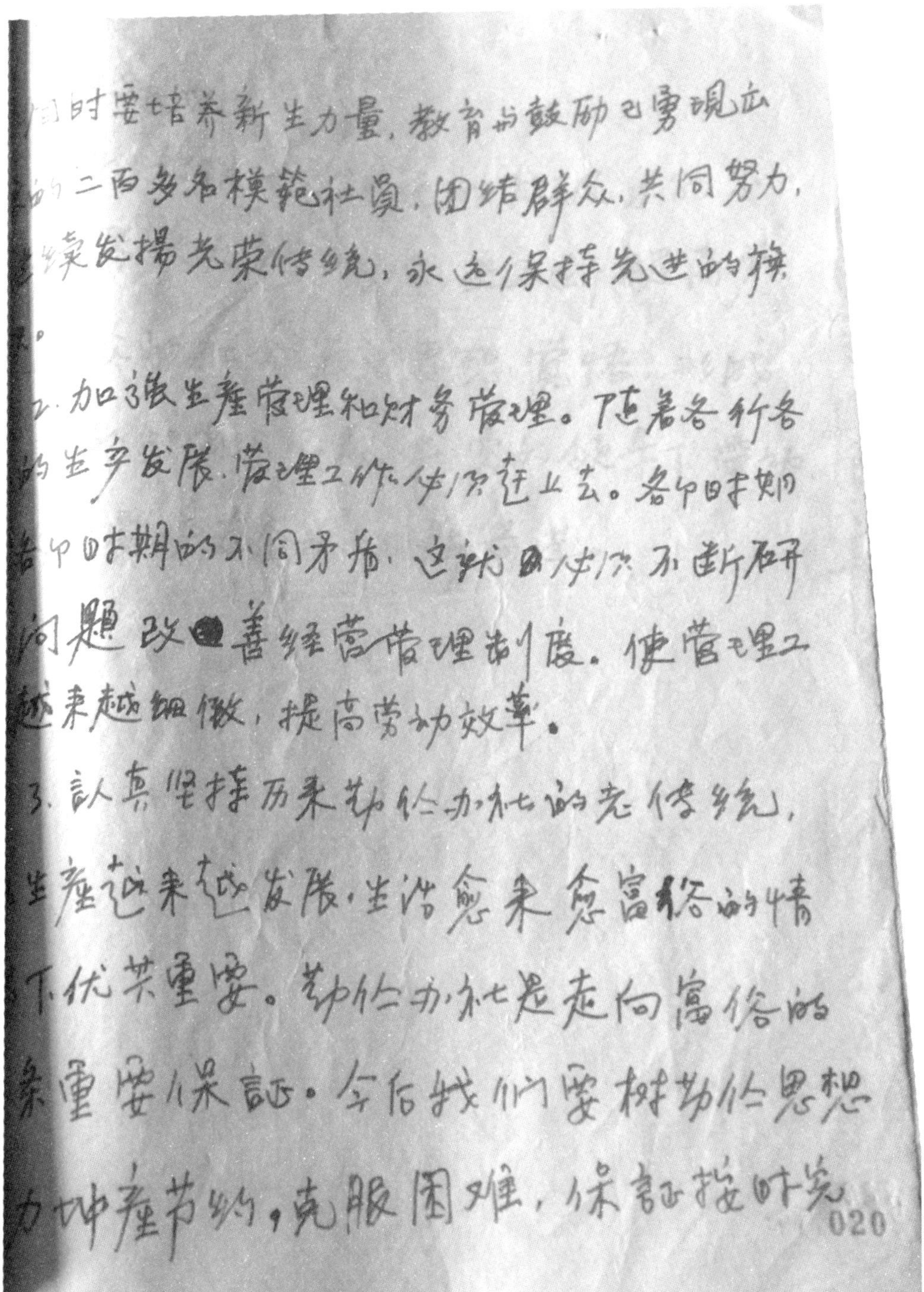

同时要培养新生力量，教育和鼓励已涌现出的二百多名模范社员，团结群众，共同努力，继续发扬光荣传统，永远保持先进的旗帜。

2. 加强生产管理和财务管理。随着各行各业的生产发展，管理工作必须赶上去。各个时期各个时期的不同矛盾，这就必须不断研究问题，改善经营管理制度，使管理工作越来越细微，提高劳动效率。

3. 认真坚持历来勤俭办社的光荣传统，生产越来越发展，生活愈来愈富裕的情况下尤其重要。勤俭办社是走向富裕的一条重要保证。今后我们要树勤俭思想力增产节约，克服困难，保证按时完

020

图2-1-2-14　西沟大队发展农业生产十年规划（草案）第十三页

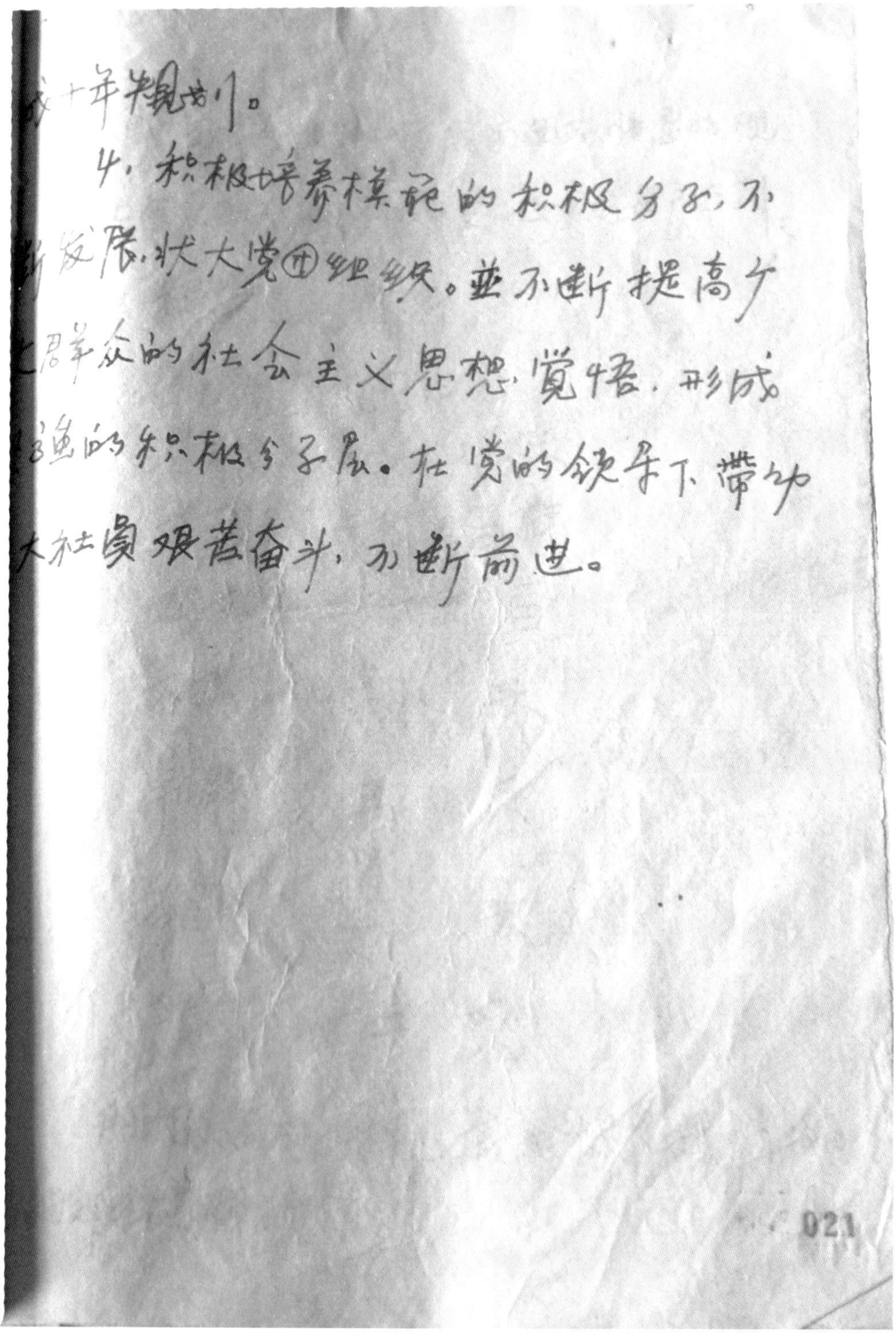

成十年规划。

4. 积极培养模范的积极分子，不断发展、壮大党团组织。并不断提高广大群众的社会主义思想觉悟，形成坚强的积极分子层。在党的领导下带动广大社员艰苦奋斗，不断前进。

021

图2-1-2-15　西沟大队发展农业生产十年规划（草案）第十四页

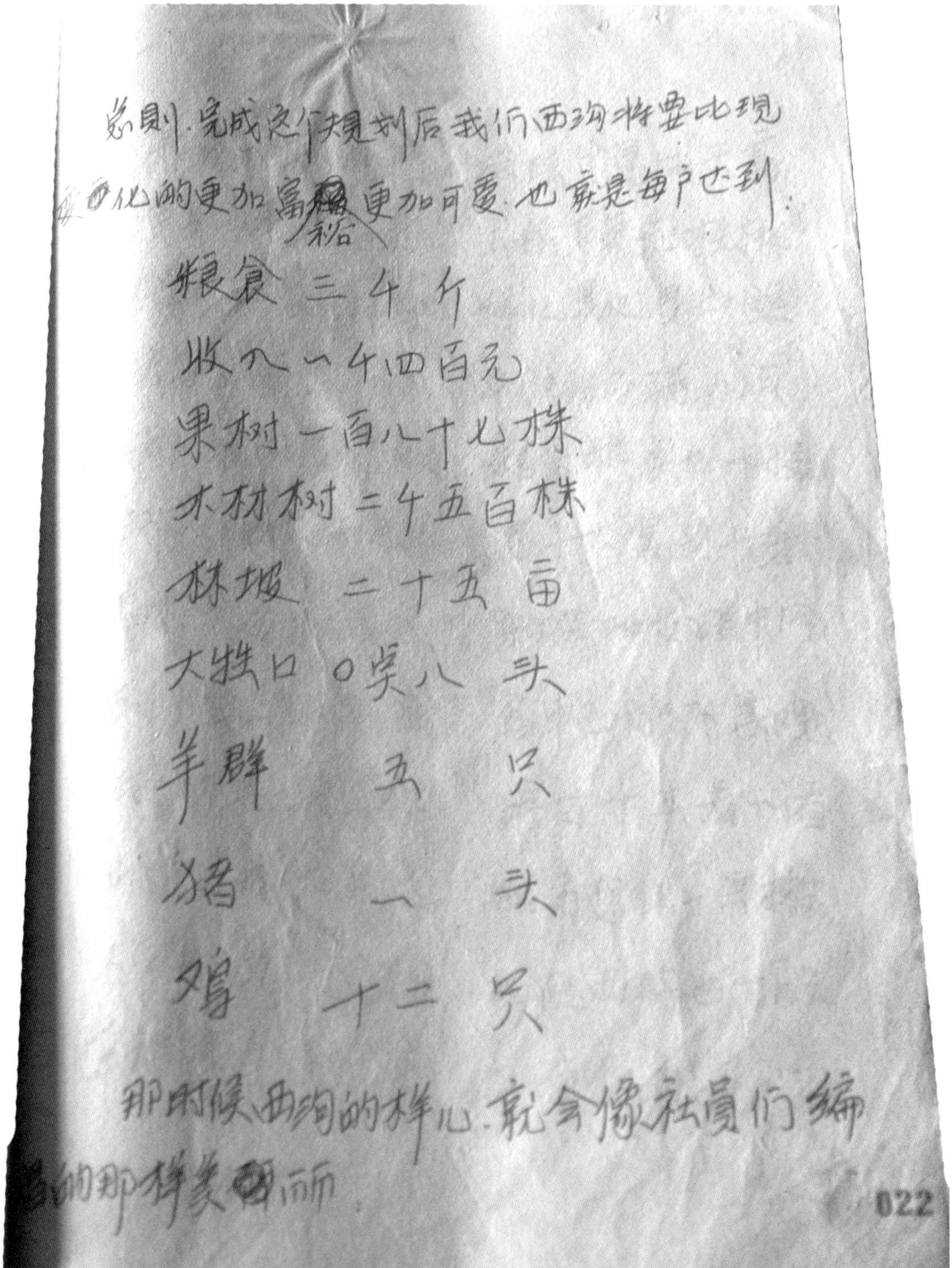

总则：完成这个规划后我们西沟将要比现

在化的更加富裕、更加可爱，也就是每户达到：

粮食 三千斤

收入 一千四百元

果树 一百八十七株

木材树 二千五百株

林坡 二十五亩

大牲口 0点八 头

羊群 五 只

猪 一 头

鸡 十二 只

那时候西沟的样儿，就会像社员们编的那样美丽而

022

图2-1-2-16　西沟大队发展农业生产十年规划（草案）第十五页

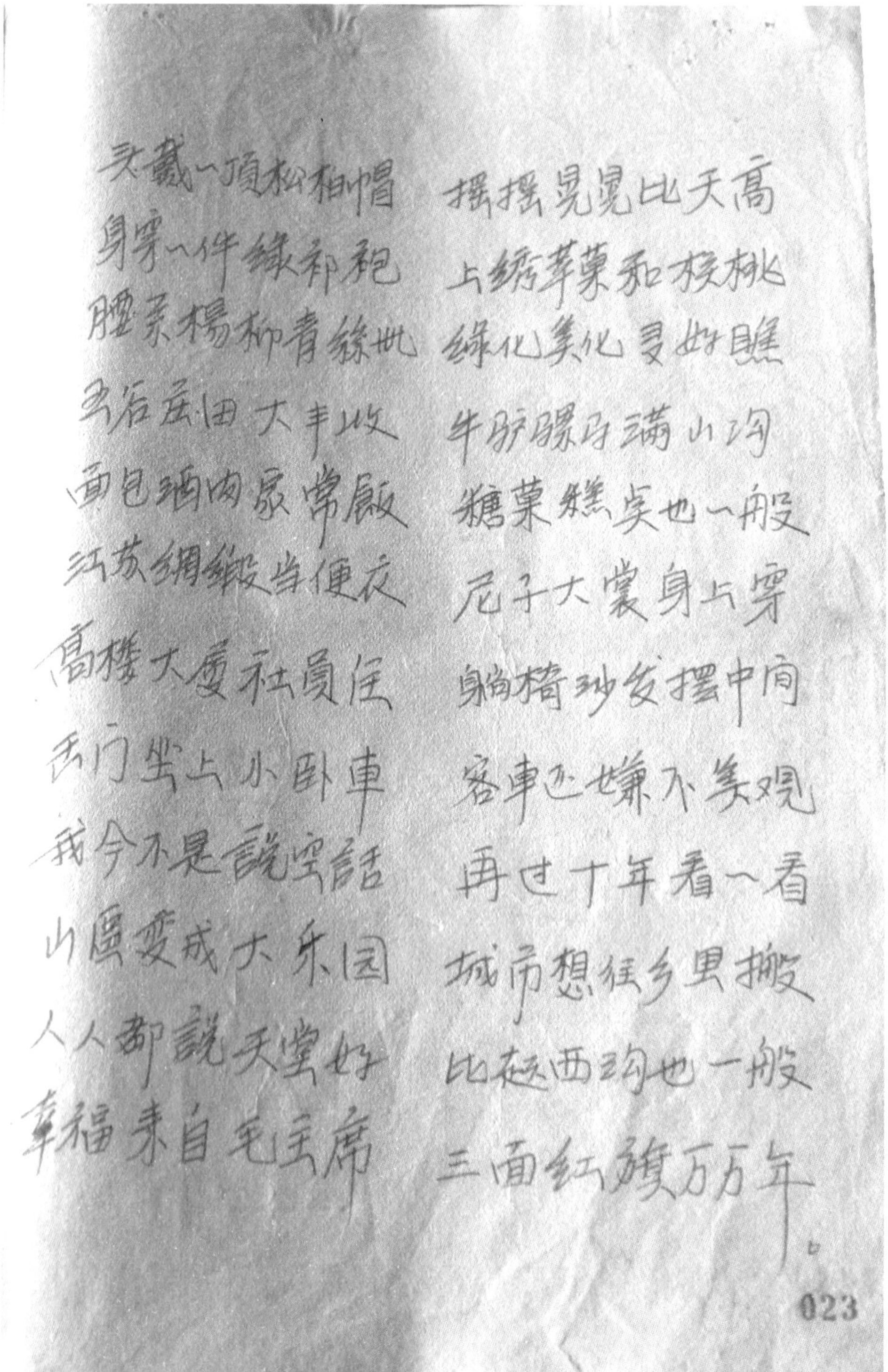

头戴一顶松柏帽　摇摇晃晃比天高
身穿一件绿衣袍　上绣苹果和核桃
腰系杨柳青丝带　绿化美化多好瞧
五谷庄田大丰收　牛驴骡子满山沟
面包酒肉家常饭　糖菓糕点也一般
江苏绸缎当便衣　尼子大氅身上穿
高楼大厦社员住　躺椅沙发摆中间
出门坐上小卧车　客车还嫌不美观
我今不是说空话　再过十年看一看
山区变成大乐园　城市想往乡里搬
人人都说天堂好　比起西沟也一般
幸福来自毛主席　三面红旗万万年。

023

图2-1-2-17　西沟大队发展农业生产十年规划（草案）第十六页

3.西沟生产大队六三年农业包产表（1963年5月18号）

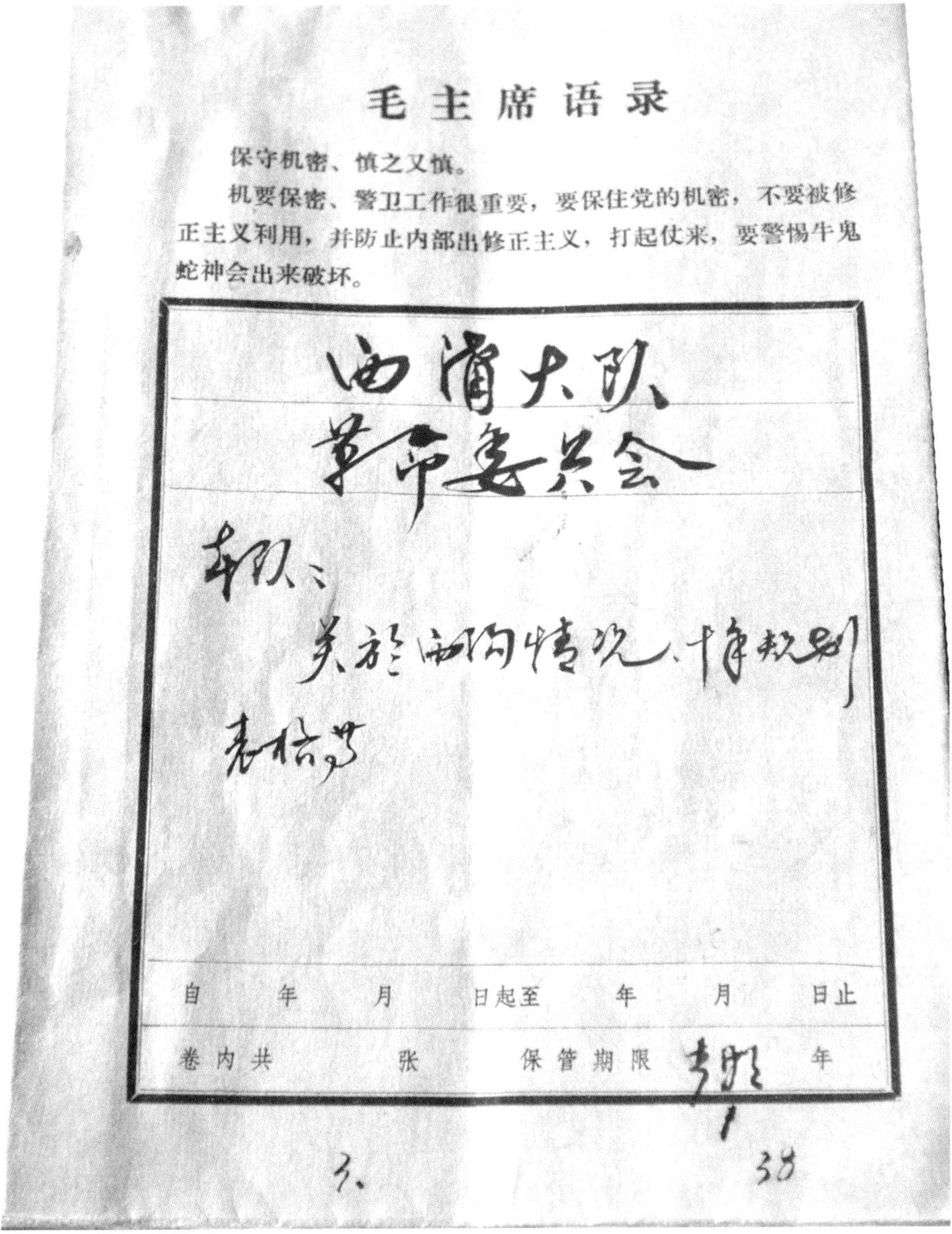

毛主席语录

保守机密、慎之又慎。

机要保密、警卫工作很重要，要保住党的机密，不要被修正主义利用，并防止内部出修正主义，打起仗来，要警惕牛鬼蛇神会出来破坏。

西沟大队
革命委员会

本队：
关于西沟情况、十年规划
表格等

自　年　月　日起至　年　月　日止

卷内共　张　保管期限　长期　年

图2-1-3-1　档案封面

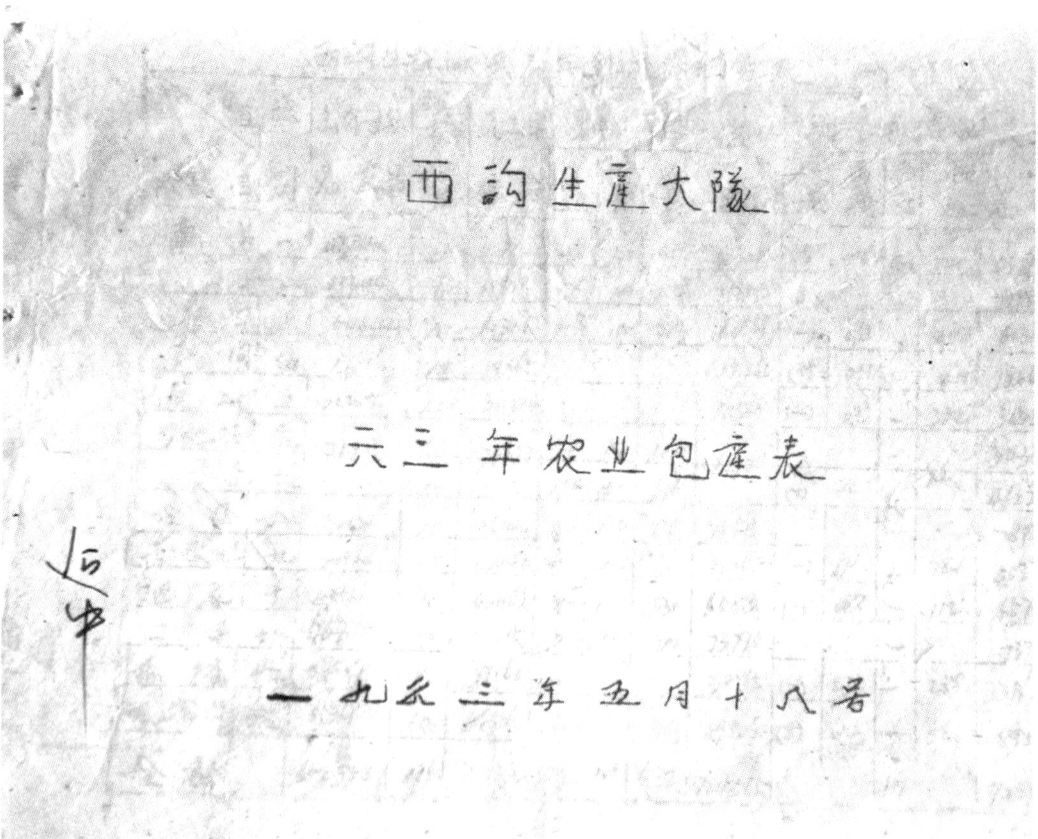
西沟生産大隊

六三年农业包産表

一九六三年五月十八号

图2-1-3-2　西沟生产大队六三年农业包产表封面

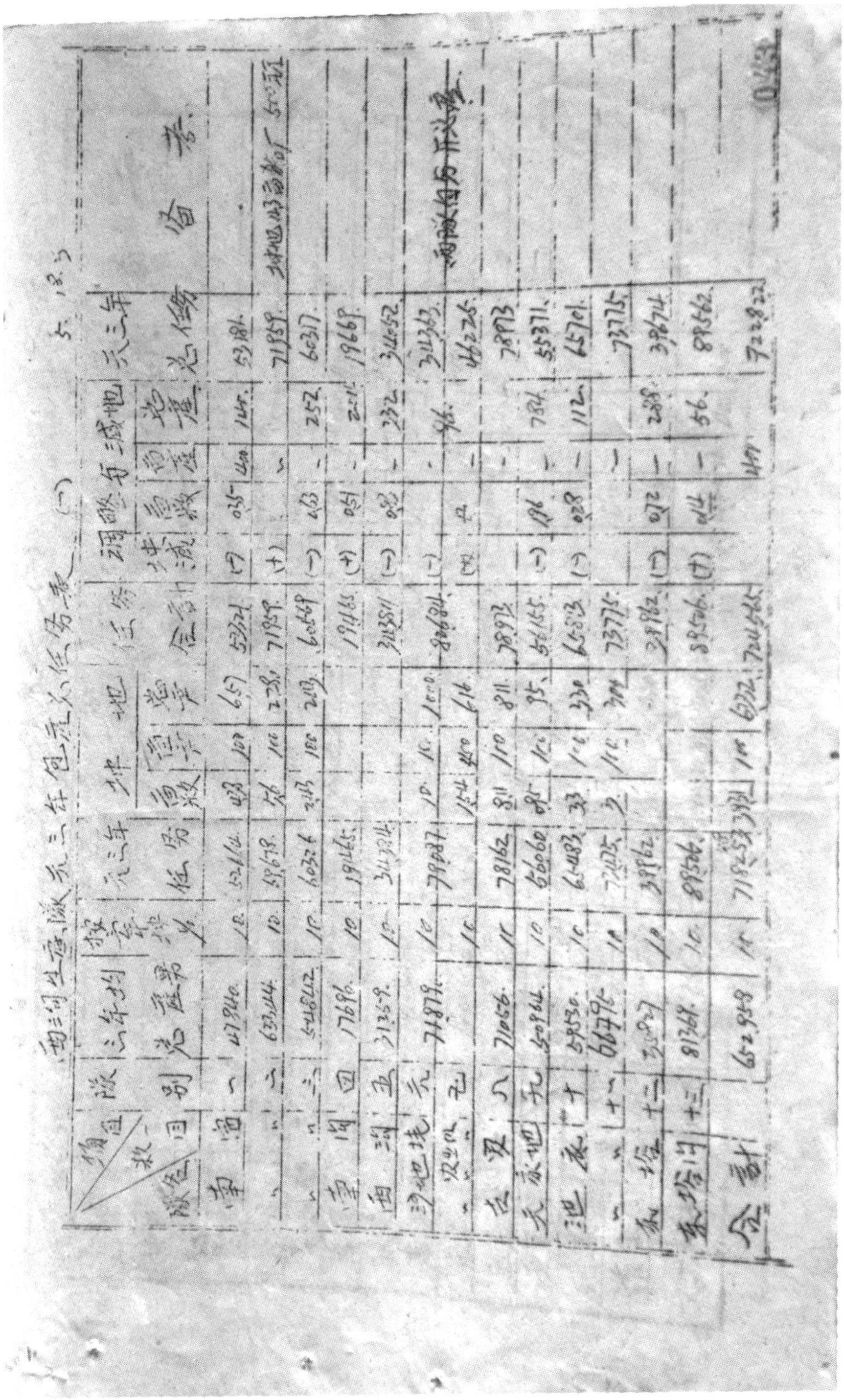

图2-1-3-3　西沟生产队六三年包产总任务表（一）

注：统计内容包括队名、队别、三年均总产量、按年增长百分比、六三年任务、增地、任务合计、调整与减地、六三年总任务、备考，按照队统计。

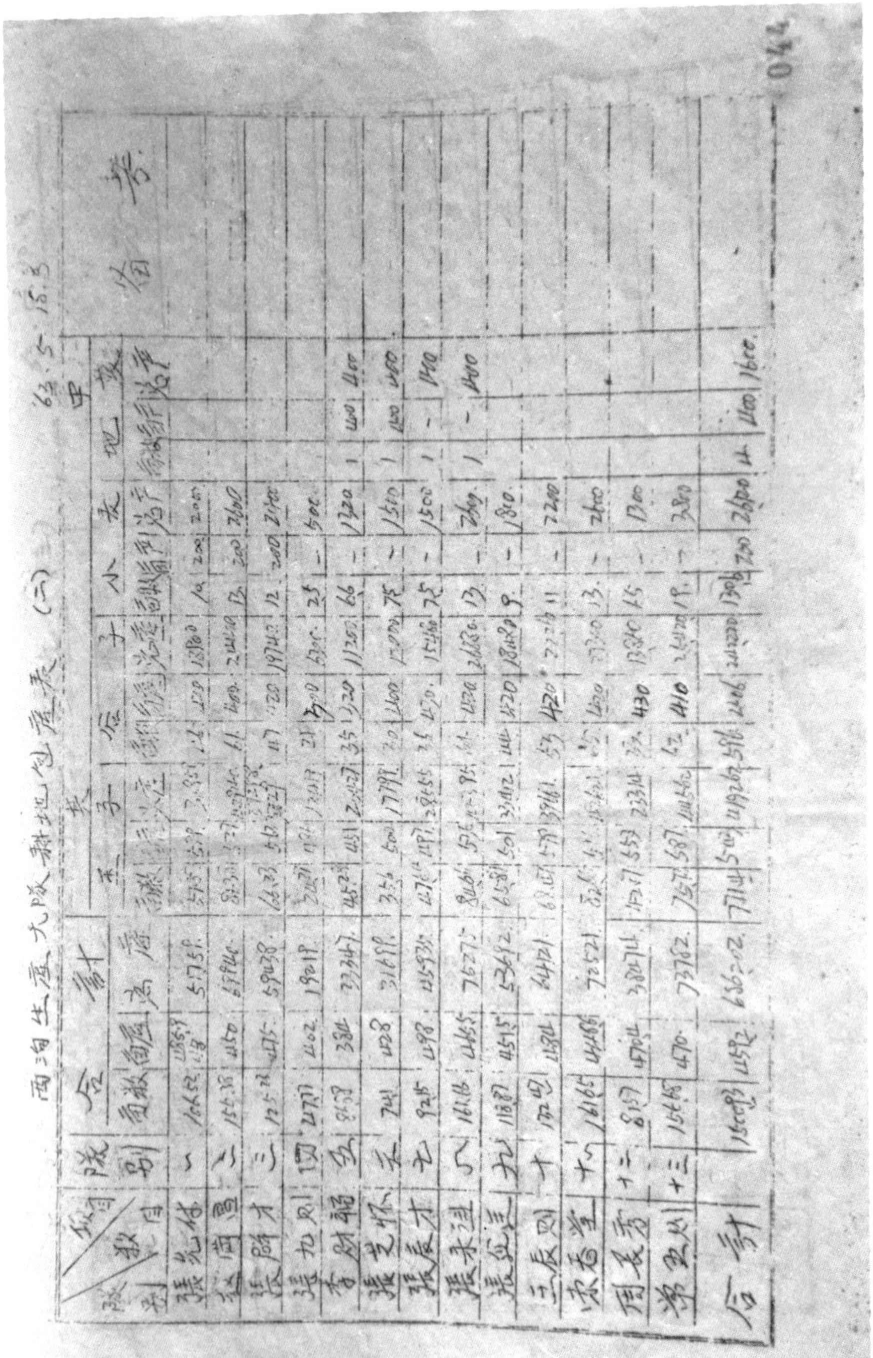

西沟生产大队耕地包产表（二）

图2-1-3-4　西沟生产大队耕地包产表（二）

注：统计内容包括姓名、队别、合计（亩数、亩产、总产）、其中（玉子、谷子、小麦、地蔓［注:土豆］的亩数、亩产、总产）、备考，按照个人统计。

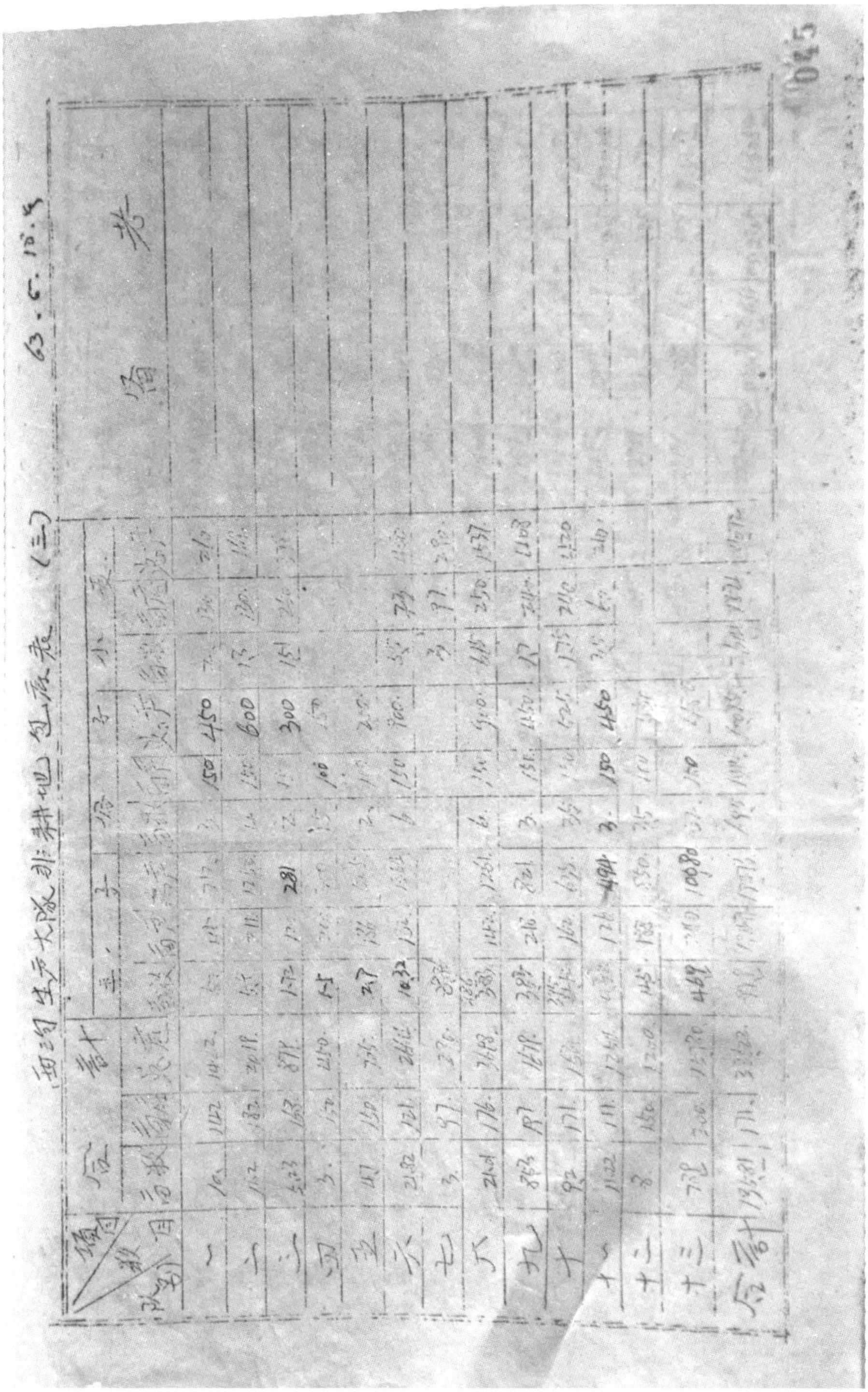

图2-1-3-5　西沟生产大队非耕地包产表（三）

注：统计内容包括队别、合计（亩数、亩产、总产）、其中（玉子、谷子、小麦的亩数、亩产、总产）、备考，按照队别统计。

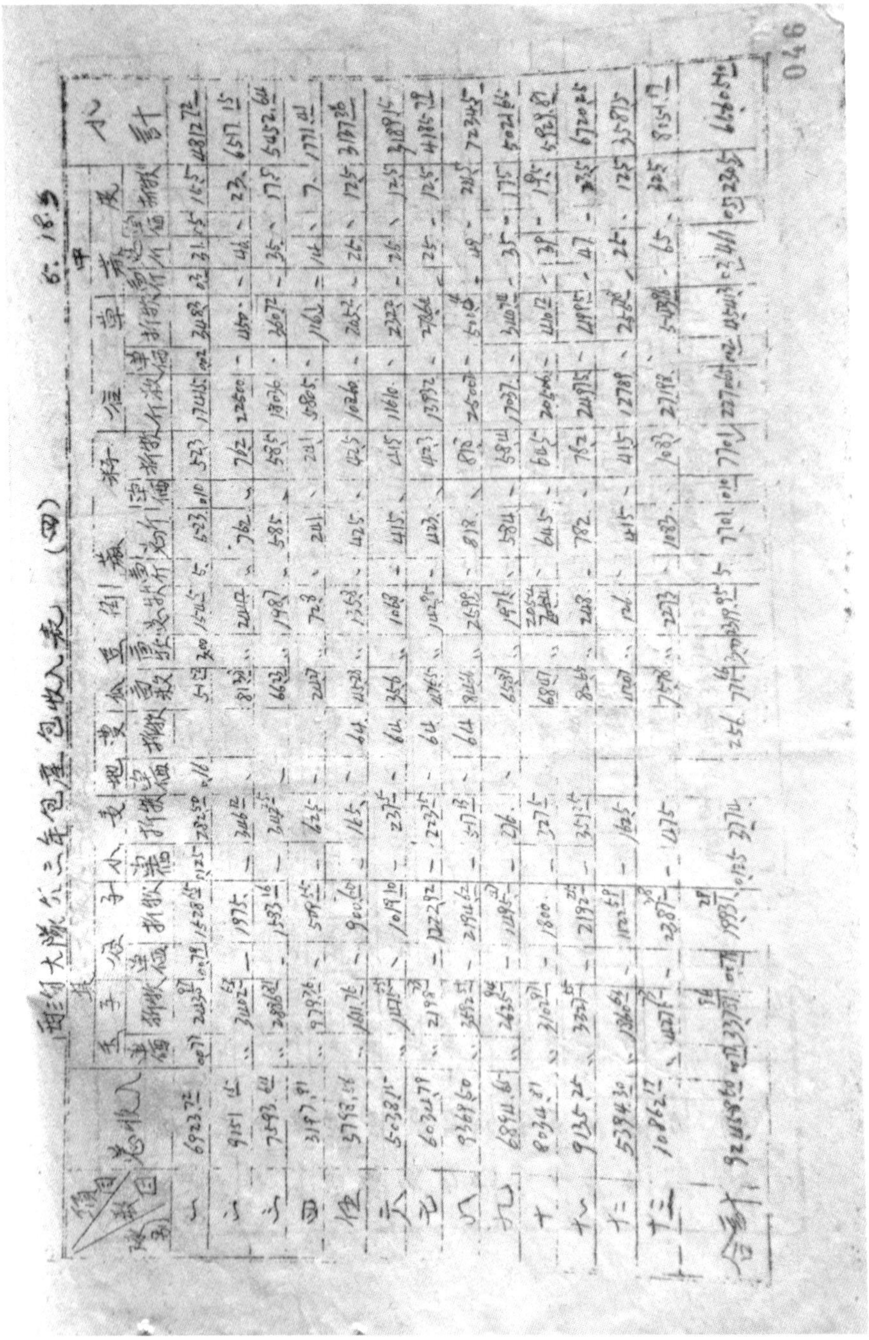

西沟大队六三年包产包收入表（四）

040

图2-1-3-6　西沟大队六三年包产包收入表（四）

注：统计内容包括队别、总收入、玉子（单价、折款）、谷子（单价、折款）、小麦（单价、折款）、地蔓［注:土豆］（单价、折款）、瓜豆角（亩数、亩款、总款）、蔴籽（亩斤、总斤、单价、折款）、谷草（斤数、单价、折款）、蔴皮（亩斤、总斤、单价、折款），按照队别统计。

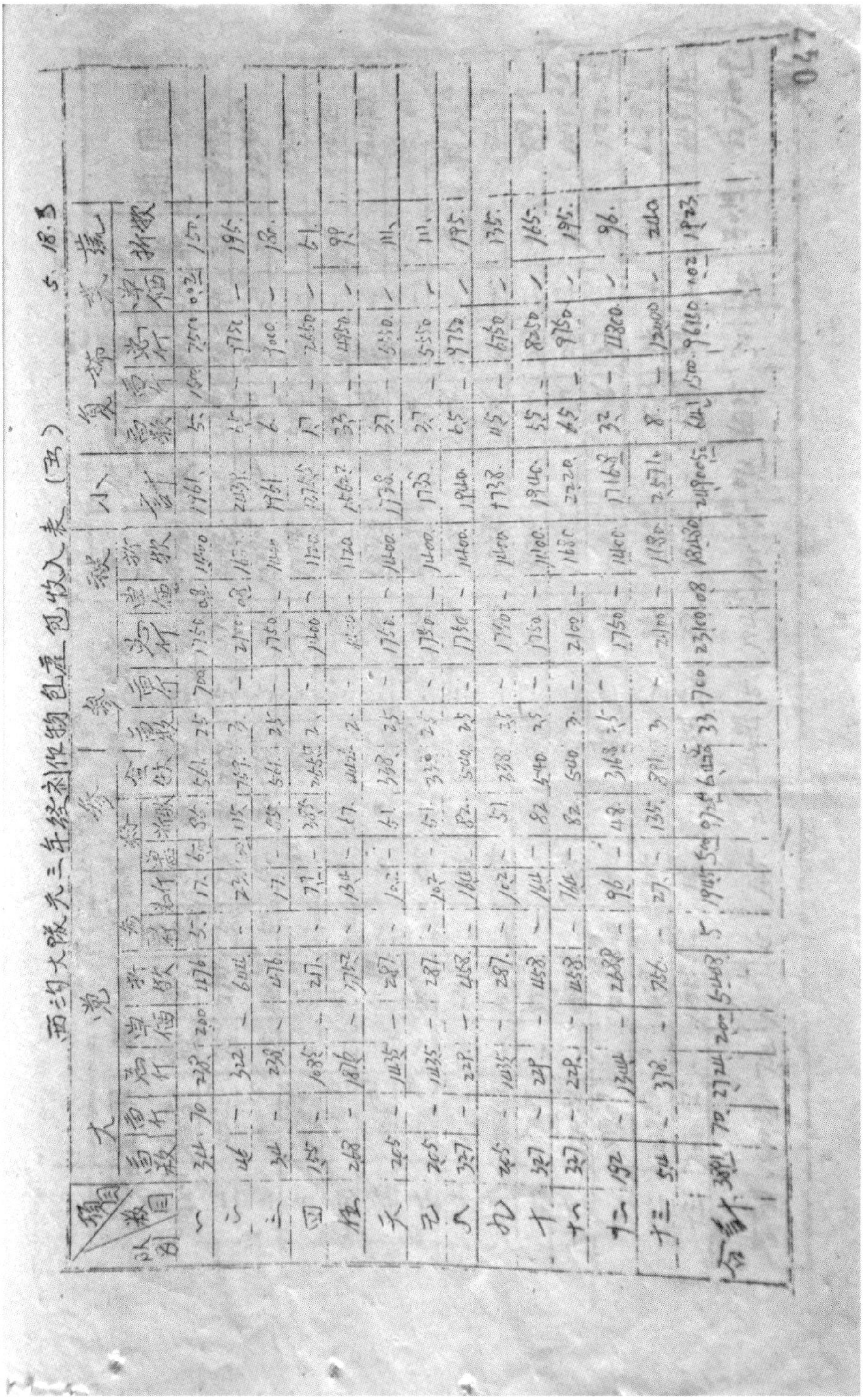

西沟大队六三年经济作物包产包收入表（五）　5.18.3

队别	大党参亩数	亩产	总产	单价	折款	参苗亩数	总产	单价	折款	合款	参秧亩数	亩产	总产	单价	折款	小计	复播菜蔬亩数	亩产	总产	单价	折款
一	34	70	238	200	476	5	17	6	85	561	25	700	1750	0.8	1400	1961	5	1500	7500	0.02	150
二	46	-	322	-	644	-	23	-	115	759	3	-	2100	0.8	1680	2439	6.5	-	9750	-	195
三	34	-	238	-	476	-	17	-	85	561	25	-	1750	-	1400	1961	6	-	9000	-	180
四	155	-	1085	-	217	-	77	-	385	2555	2	-	1400	-	1120	12755	17	-	2550	-	51
伍	268	-	1876	-	3752	-	134	-	67	4422	2	-	[illegible]	-	1120	5542	33	-	4950	-	99
六	205	-	1435	-	287	-	102	-	51	338	25	-	1750	-	1400	1738	37	-	5550	-	111
七	205	-	1435	-	287	-	102	-	51	338	25	-	1750	-	1400	1738	37	-	5550	-	111
八	327	-	229	-	458	-	164	-	82	540	25	-	1750	-	1400	1940	6.5	-	9750	-	195
九	205	-	1435	-	287	-	102	-	51	338	25	-	1750	-	1400	1738	4.5	-	6750	-	135
十	327	-	229	-	458	-	164	-	82	540	25	-	1750	-	1400	1940	5.5	-	8250	-	165
十一	327	-	229	-	458	-	164	-	82	540	3	-	2100	-	1680	2220	6.5	-	9750	-	195
十二	192	-	1344	-	2688	-	96	-	48	3168	25	-	1750	-	1400	1716.8	32	-	11800	-	96
十三	54	-	378	-	756	-	27	-	135	891	3	-	2100	-	1180	2571	8	-	12000	-	240
合计	3881	70	27244	200	54488	5	1944	5.0	972	6443	33	700	23100	0.8	18480	24900.5	64.1	1500	96150	0.02	1923

047

图2-1-3-7　西沟大队六三年经济作物包产包收入表（五）

注：统计内容包括队别、大党参、参秧、复播菜蔬，按照队别统计。

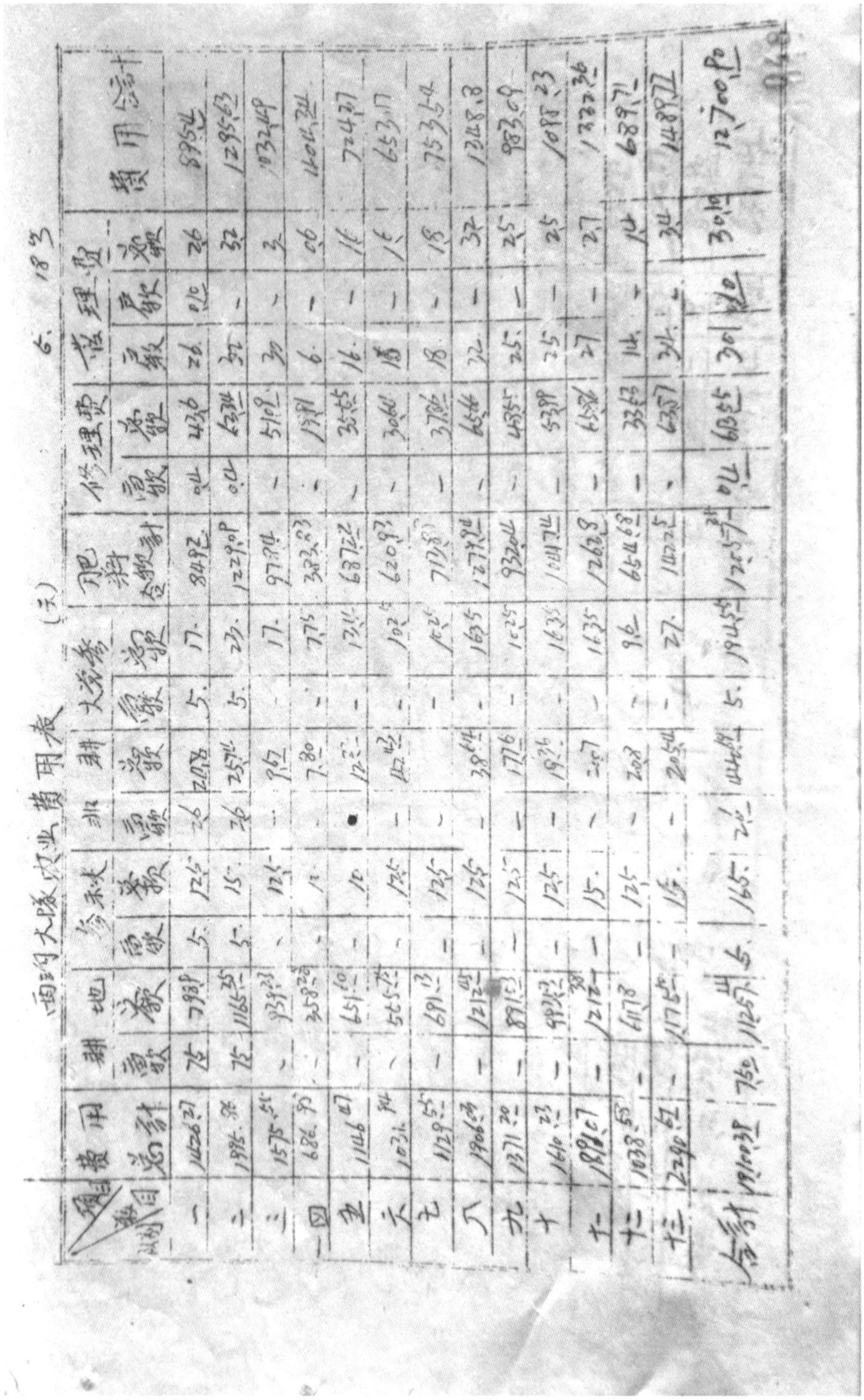

西沟大队农业费用表（六）　6.18

队别	费用总计	耕地 亩数	耕地 款数	参秧 亩数	参秧 款数	非耕 亩数	非耕 款数	大党参 亩数	大党参 款数	肥料合款计	修理费 亩数	修理费 款数	管理费 户数	管理费 户款	管理费 款数	费用合计
一	1426.27	75	793.8	5.	12.5	26	20.78	5.	17.	849.2	0.4	43.6	26.	0.10	26	895.4
二	1995.86	75	1165.35	5.	15.	26	25.74	5.	23.	1229.09	0.4	63.34	32	–	32	1295.63
三	1575.55	–	933.33	–	12.5	–	9.67		17.	973.4	–	51.09	30	–	3	1032.49
四	686.93	–	358.28	–	12	–	7.80	–	7.75	383.83	–	13.81	6.	–	06	400.34
五	1146.47	–	651.10	–	10		12.22		13.1	687.22	–	35.65	16.	–	16	724.27
六	1031.94	–	565.75	–	12.5	–	12.42	–	10.25	620.93	–	30.60	18	–	16	653.17
七	1129.55	–	691.13	–	12.5			–	10.25	713.8	–	37.86	18	–	18	753.54
八	1906.03	–	1212.45	–	12.5		38.64	–	16.35	1277.94	–	65.64	32	–	32	1348.8
九	1371.20	–	891.53	–	12.5	–	17.76	–	10.25	932.04	–	43.55	25.	–	25	983.09
十	1610.23	–	993.72	–	12.5	–	19.36	–	16.35	1041.74	–	53.99	25	–	25	1088.23
十一	1881.07	–	1212.38	–	15.	–	20.7	–	16.35	1262.8	–	65.36	27	–	27	1332.36
十二	1038.58	–	611.78	–	12.5	–	20.8	–	9.6	654.68	–	33.63	14.	–	14	689.71
十三	2290.61	–	1175.45	–	15.	–	20.54	–	27.	1402.5	.	63.57	34	.	34	1488.72
合计	19100.38	75.0	11257.41	5.	165.	26	144.84	5.	194.55	12057.31	0.4	613.55	301	0.20	301.0	12700.80

图2-1-3-8　西沟大队农业费用表（六）

注：统计内容包括队别、耕地、参秧、非耕（地）、大党参、肥料款、修理费、管理费，按照队别统计。

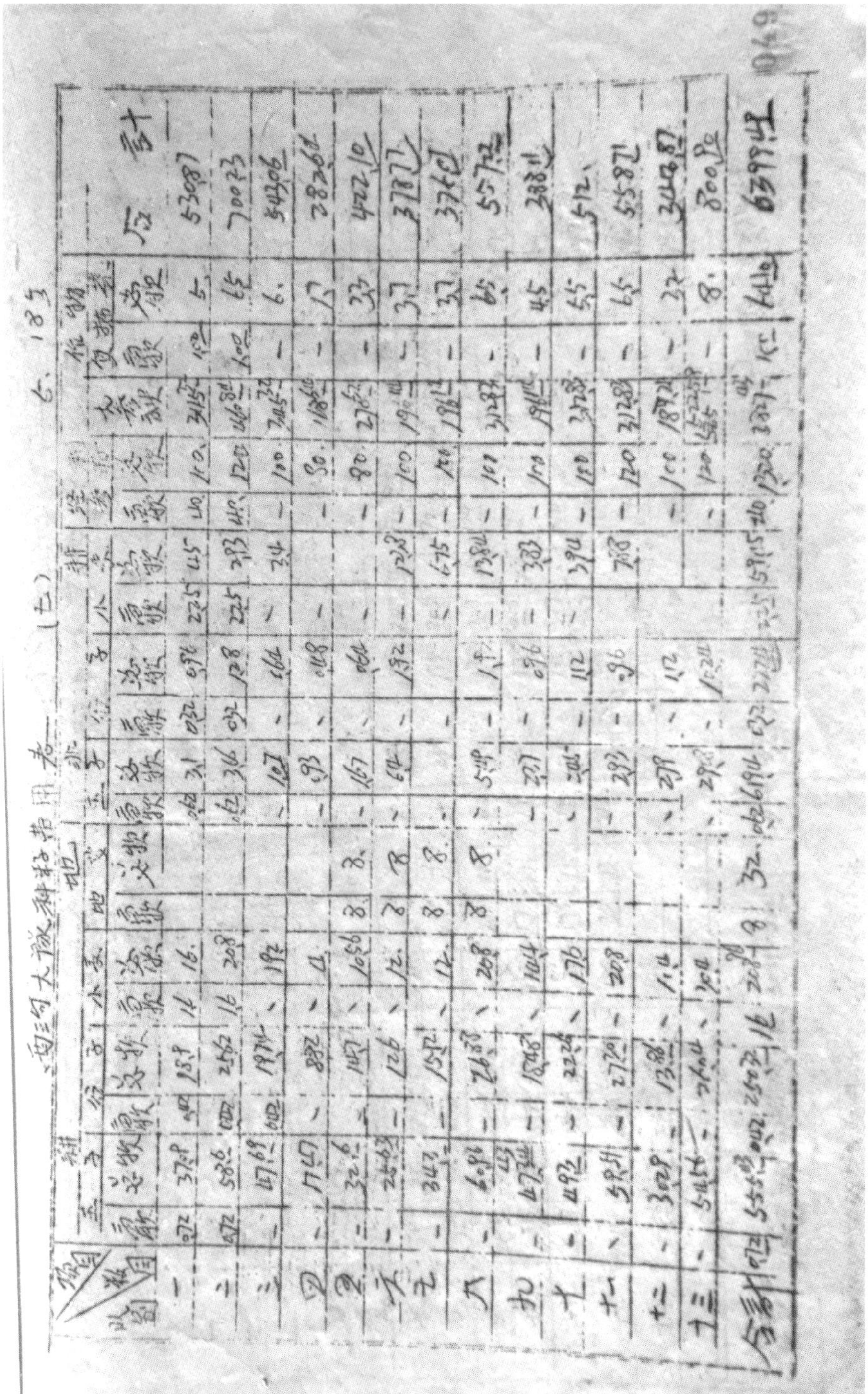

图2-1-3-9　西沟大队种籽费用表（七）

注：统计内容包括队别、耕地、非耕（地）、级别、作物，按照队别统计。

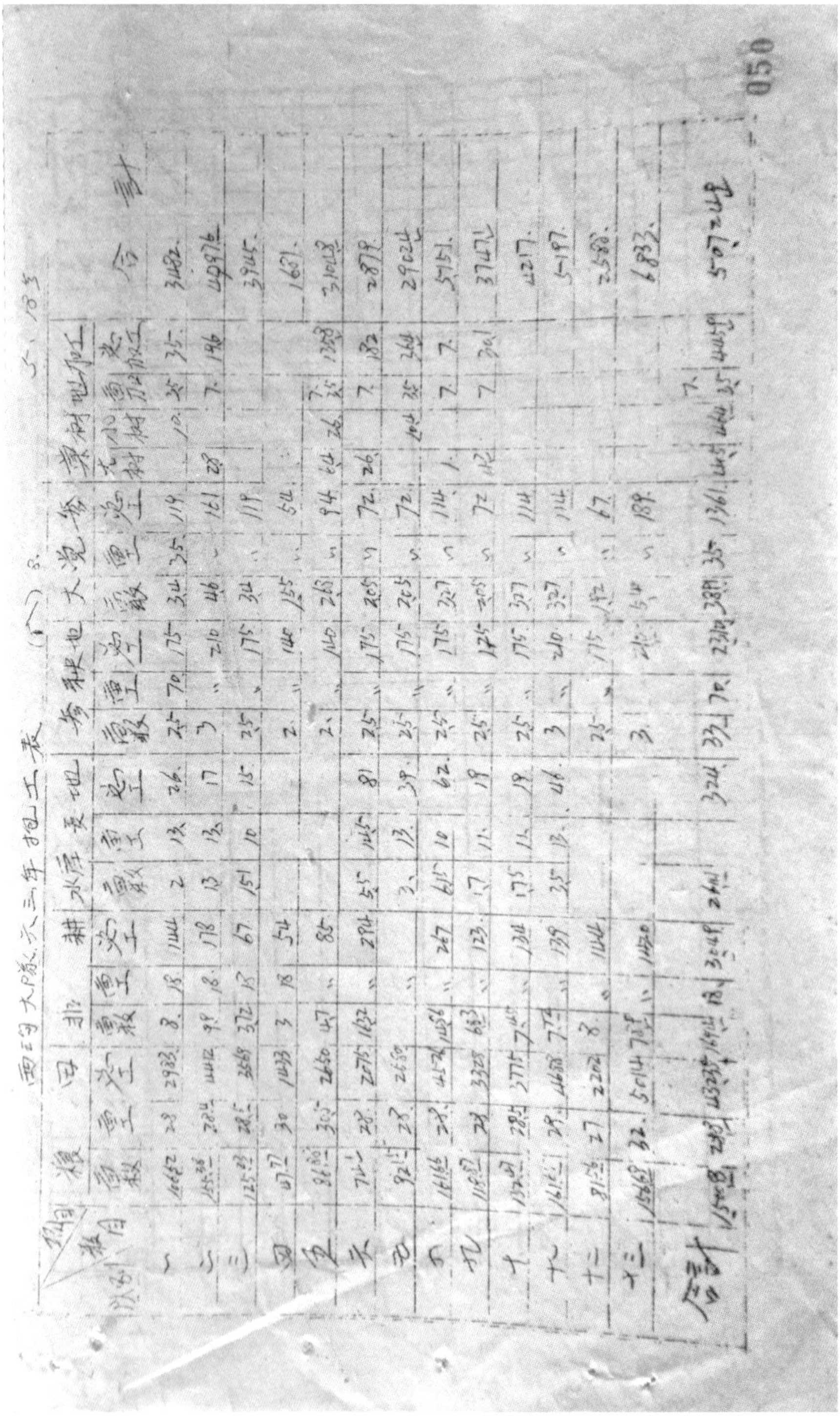

图2-1-3-10　西沟大队六三年抱（包）工表（八）

注：统计内容包括队别、粮田、非耕（地）、水库麦地、参秧地、大党参、果树地加工，按照队别统计。

（二）林业

1.西沟大队六八年林木作价表（1968年）

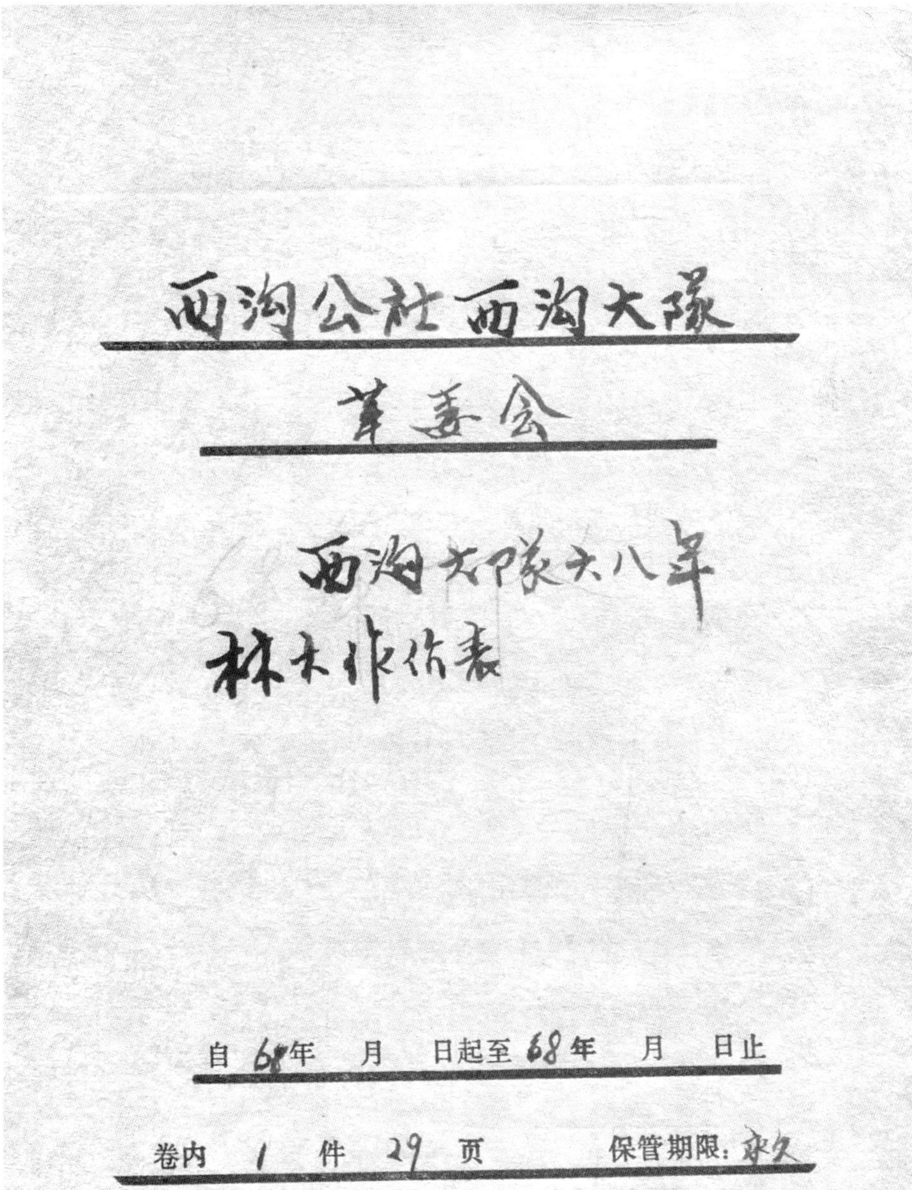

西沟公社西沟大队

革委会

西沟大队六八年

林木作价表

自 68年 月 日起至 68 年 月 日止

卷内 1 件 29 页 保管期限：永久

全 宗 号： 文书处理号：1

目 录 号：3 案卷顺序号：50

图2-2-1-1 档案封面

卷内目录

（199　　年）

顺序号	文件作者	文件标题	文件日期	文件原编字号	文件所在页数	备考
		西沟大队六八年社员林木作价表	68		1-24	

H8.1.329

图2-2-1-2　卷内目录

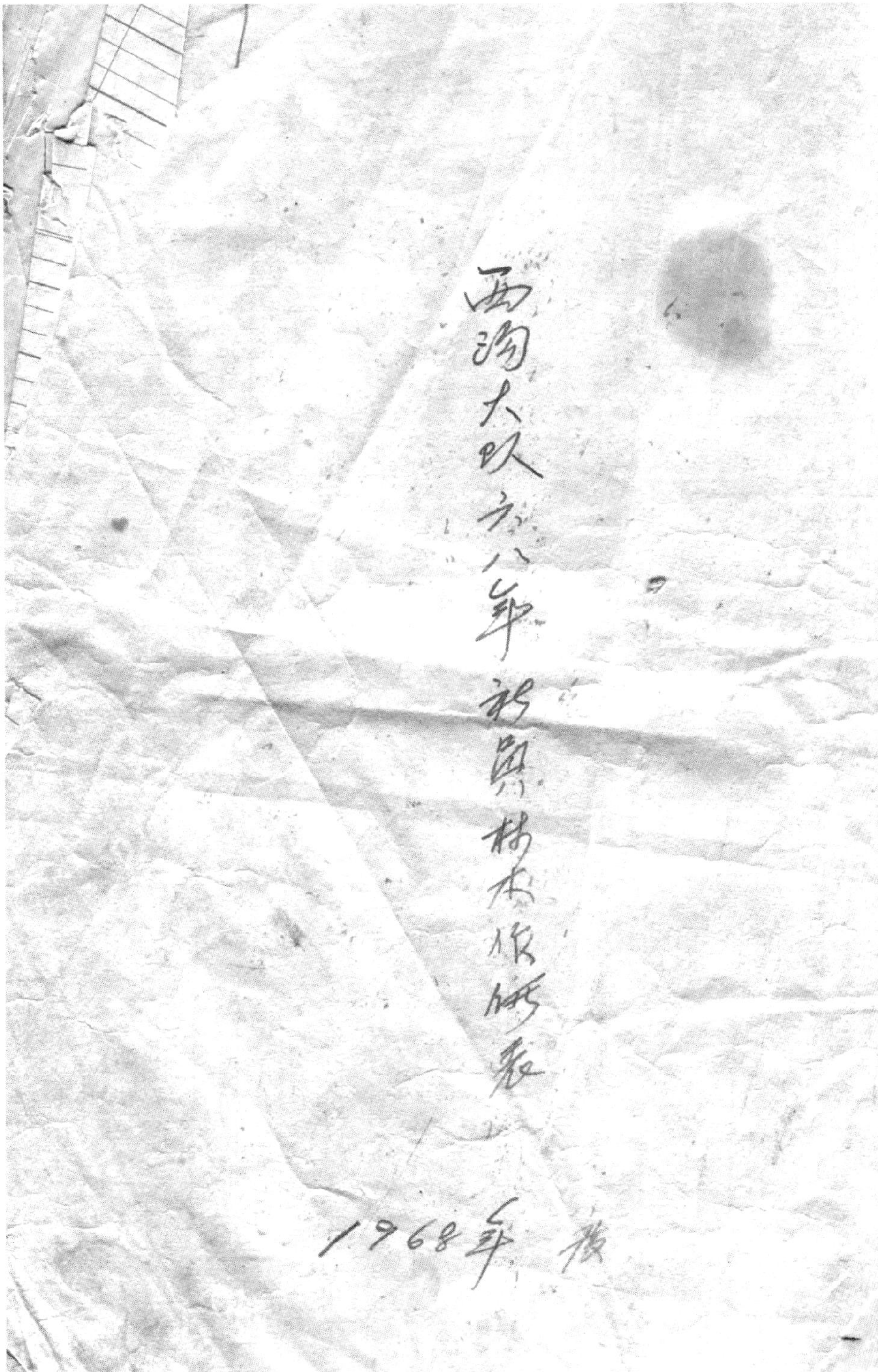

图2-2-1-3　西沟大队六八年社员林木作价表（1968年）封面

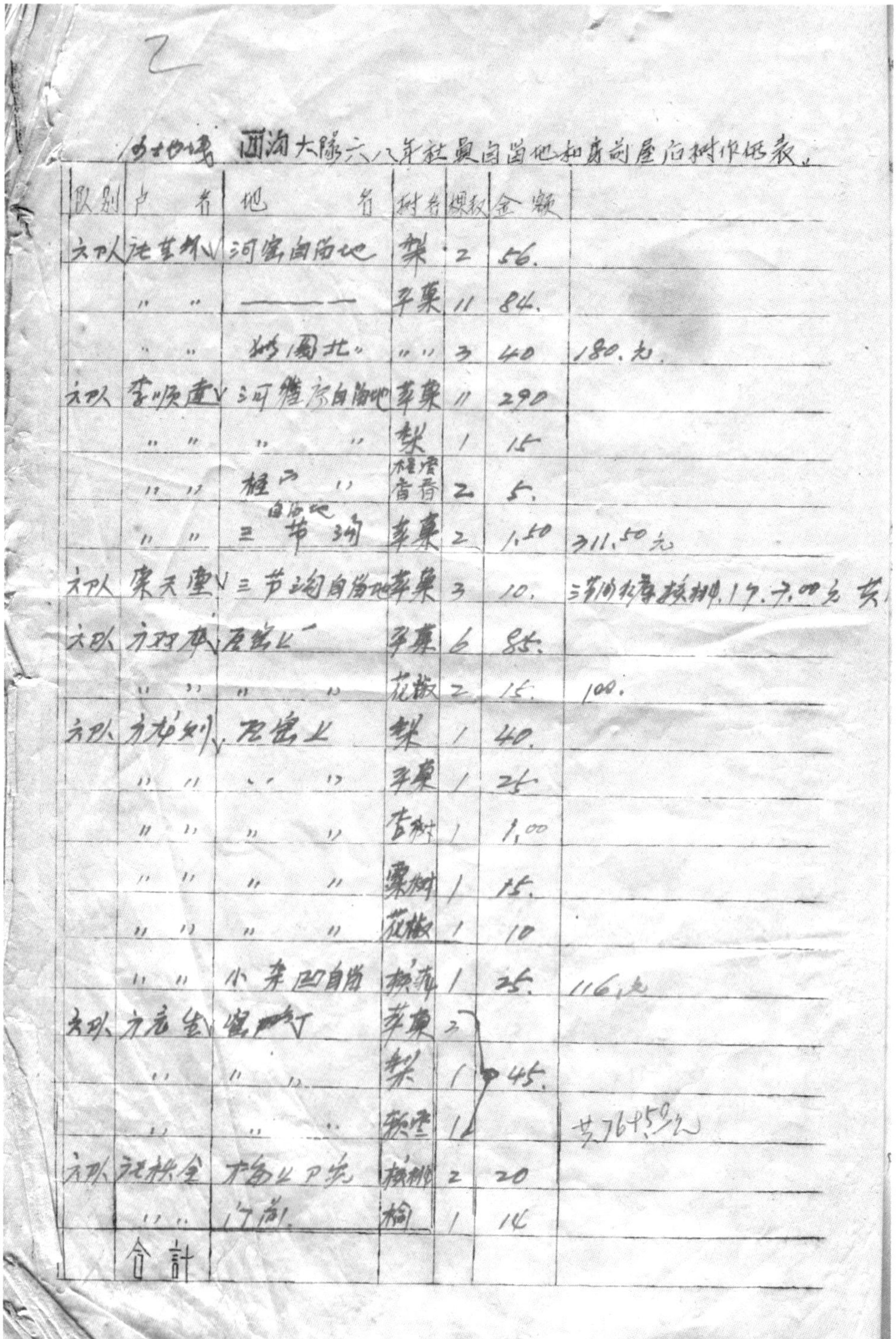

乙

西沟大队六八年社员自留地和房前屋后树作价表。

队别	户名	地名	树名	棵数	金额	
六队	[illegible]	河窑自留地	梨	2	56.	
	" "	——	苹果	11	84.	
	" "	[illegible]园北	" "	3	40	180.元
六队	李顺建	河窑房自留地	苹果	11	290	
	" "	" "	梨	1	15	
	" "	桂户 "	桂香	2	5.	
	" "	三节沟（自留地）	苹果	2	1.50	311.50元
六队	[illegible]	三节沟自留地	苹果	3	10.	三节沟杏核桃17.7.00元 [illegible]
六队	[illegible]	房窑上	苹果	6	85.	
	" "	" "	花椒	2	15.	100.
六队	[illegible]	房窑上	梨	1	40.	
	" "	" "	苹果	1	25.	
	" "	" "	杏树	1	1.00	
	" "	" "	栗树	1	15.	
	" "	" "	花椒	1	10	
	" "	小[illegible]四自留	核桃	1	25.	116.元
六队	[illegible]	窑[illegible]	苹果	2		
	" "	" "	梨	1	45.	
	" "	" "	[illegible]	1		共[illegible]元
六队	[illegible]	[illegible]	核桃	2	20	
	" "	门前	榆	1	14	
	合計					

图2-2-1-4　西沟大队六八年社员自留地和房前屋后树作价表一

注：统计内容包括队别、户名、地名、树名、棵数、金额，按照户统计，下同。

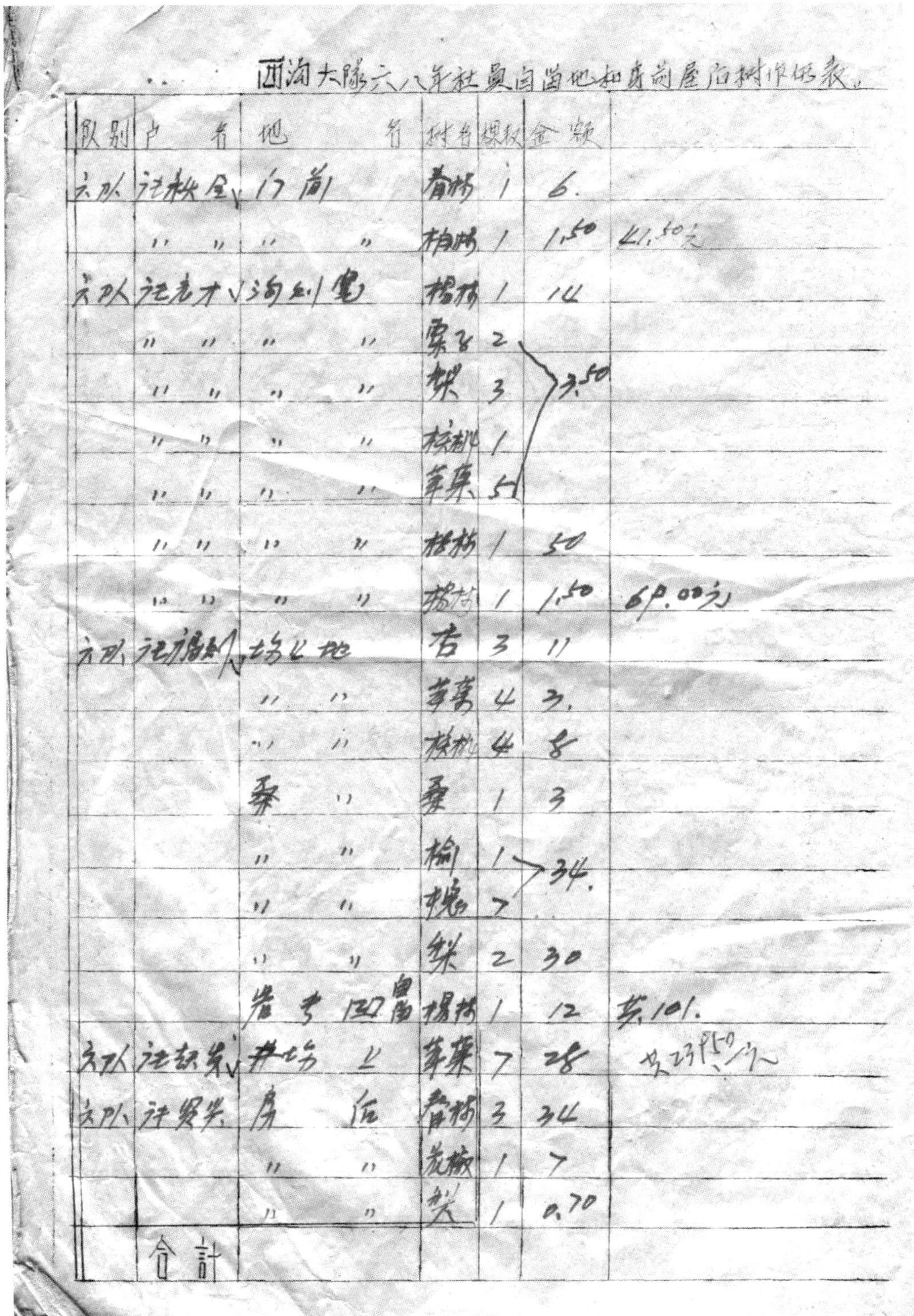

西沟大队六八年社员自留地和房前屋后树作价表。

队别	户名	地名	树名	棵数	金额	
六队	杜秋全	门前	香椿	1	6.	
	〃 〃	〃 〃	柏树	1	1.50	41.50元
六队	杜老才	沟纠窑	杨树	1	14	
	〃 〃	〃 〃	枣子	2	3.50	
	〃 〃	〃 〃	梨	3		
	〃 〃	〃 〃	核桃	1		
	〃 〃	〃 〃	苹果	5		
	〃 〃	〃 〃	杨树	1	50	
	〃 〃	〃 〃	杨树	1	1.50	69.00元
六队	杜福	场子地	杏	3	11	
		〃 〃	苹果	4	3.	
		〃 〃	核桃	4	8	
		桑 〃	桑	1	3	
		〃 〃	榆	1	34.	
		〃 〃	槐	7		
		〃 〃	梨	2	30	
		岩子口自留	杨树	1	12	共101.
六队	杜叙荣	井场 〃	苹果	7	28	共28元
六队	杜贤兴	房后	香椿	3	34	
		〃 〃	花椒	1	7	
		〃 〃	梨	1	0.70	
	合計					

图2-2-1-5　西沟大队六八年社员自留地和房前屋后树作价表二

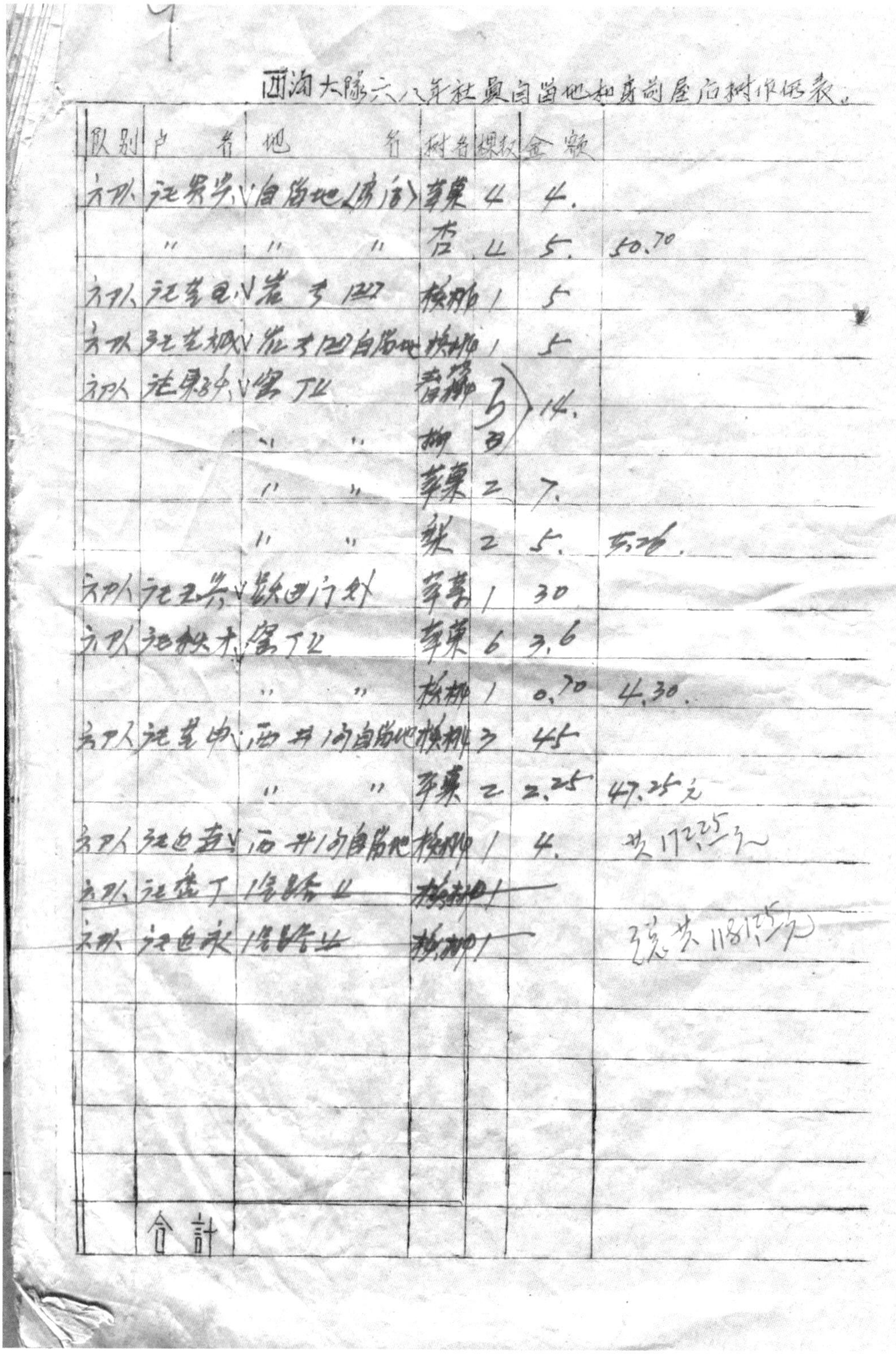

西沟大队六八年社员自留地和房前屋后树作价表。

队别	户名	地名	树名	棵数	金额	
六队	社员[illegible]	自留地(房后)	苹果	4	4.	
	〃	〃 〃	杏	4	5.	50.70
六队	社[illegible]	[illegible]	核桃	1	5	
六队	社[illegible]	[illegible]自留地	核桃	1	5	
六队	社[illegible]	窑[illegible]	杏、核桃	5	14.	
		〃 〃	柳	3		
		〃 〃	苹果	2	7.	
		〃 〃	梨	2	5.	[illegible]
六队	社[illegible]	[illegible]门外	苹果	1	30	
六队	社[illegible]	窑[illegible]	苹果	6	3.6	
		〃 〃	核桃	1	0.70	4.30.
六队	社[illegible]	西井沟自留地	核桃	3	45	
		〃 〃	苹果	2	2.25	47.25元
六队	社[illegible]	西井沟自留地	核桃	1	4.	共172.25元
~~六队~~	~~社[illegible]~~	~~[illegible]~~	~~核桃~~	~~1~~		
~~六队~~	~~社[illegible]~~	~~[illegible]~~	~~核桃~~	~~1~~		[illegible]共118.25元
	合計					

图2-2-1-6　西沟大队六八年社员自留地和房前屋后树作价表三

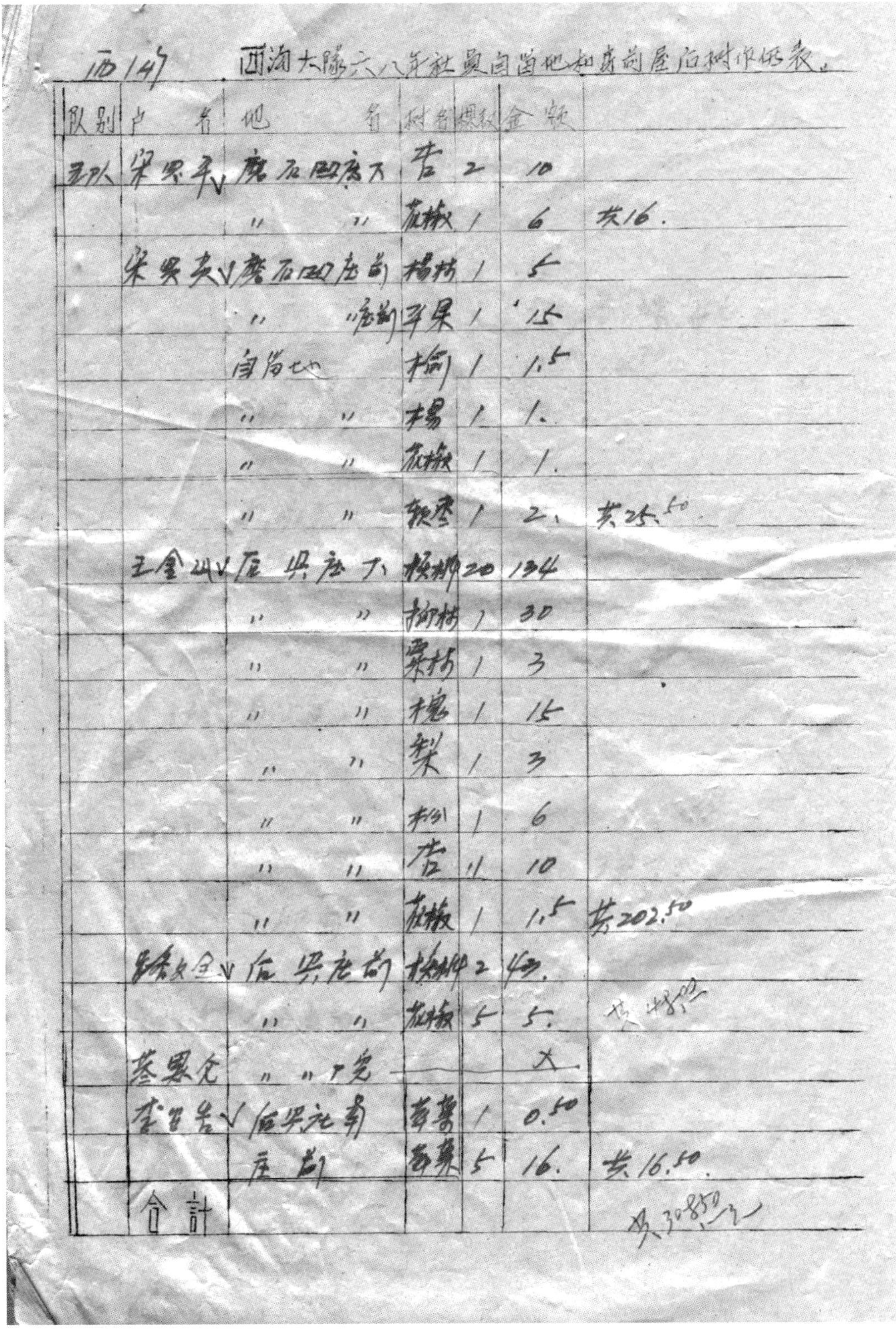
西147　西沟大队六八年社员自留地和房前屋后树作价表。

队别	户名	地名	树名	棵数	金额	
五队	宋[illegible]✓	磨石凹房下	杏	2	10	
		〃　〃	花椒	1	6	共16.
	宋[illegible]✓	磨石凹房前	杨树	1	5	
		〃　院前	苹果	1	15	
		自留地	榆	1	1.5	
		〃　〃	杨	1	1.	
		〃　〃	花椒	1	1.	
		〃　〃	软枣	1	2.	共25.50
	王金山✓	后[illegible]房下	核桃	20	134	
		〃　〃	柳树	1	30	
		〃　〃	桑树	1	3	
		〃　〃	槐	1	15	
		〃　〃	梨	1	3	
		〃　〃	榆	1	6	
		〃　〃	杏	11	10	
		〃　〃	花椒	1	1.5	共202.50
	路[illegible]全✓	后[illegible]房前	核桃	2	40.	
		〃　〃	花椒	5	5.	共[illegible]
	蔡[illegible]	〃　〃　房免			大	
	李[illegible]✓	后[illegible]社前	葡萄	1	0.50	
		房前	葡萄	5	16.	共16.50
	合計					共308.50元

图2-2-1-7　西沟大队六八年社员自留地和房前屋后树作价表四

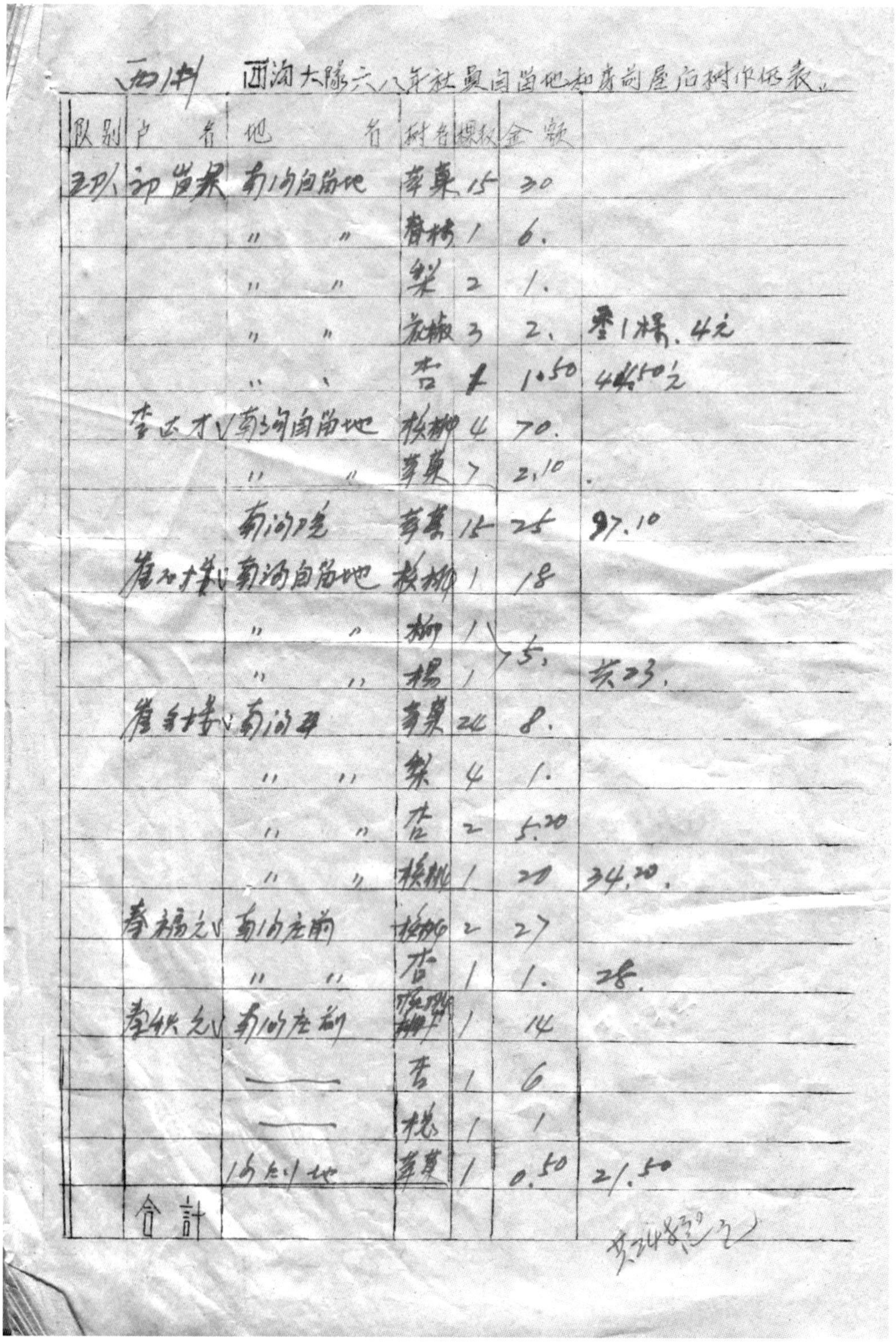

西沟大队六八年社员自留地和房前屋后树作价表。

队别	户名	地名	树名	棵数	金额	
三队	邱[illegible]	南沟自留地	苹果	15	30	
		〃 〃	香椿	1	6.	
		〃 〃	梨	2	1.	
		〃 〃	花椒	3	2.	枣1棵，4元
		〃 〃	杏	1	1.50	44.50元
	李[illegible]才	南沟自留地	核桃	4	70.	
		〃 〃	苹果	7	2.10	
		南沟[illegible]	苹果	15	25	97.10
	崔[illegible]	南沟自留地	核桃	1	18	
		〃 〃	柳	1	5.	
		〃 〃	杨	1		共23.
	崔[illegible]	南沟[illegible]	苹果	24	8.	
		〃 〃	梨	4	1.	
		〃 〃	杏	2	5.20	
		〃 〃	核桃	1	20	34.20.
	秦福元	南沟庄前	核桃	2	27	
		〃 〃	杏	1	1.	28.
	秦[illegible]元	南沟庄前	[illegible]	1	14	
		——	杏	1	6	
		——	桃	1	1	
		沟[illegible]地	苹果	1	0.50	21.50
	合計					

图2-2-1-8　西沟大队六八年社员自留地和房前屋后树作价表五

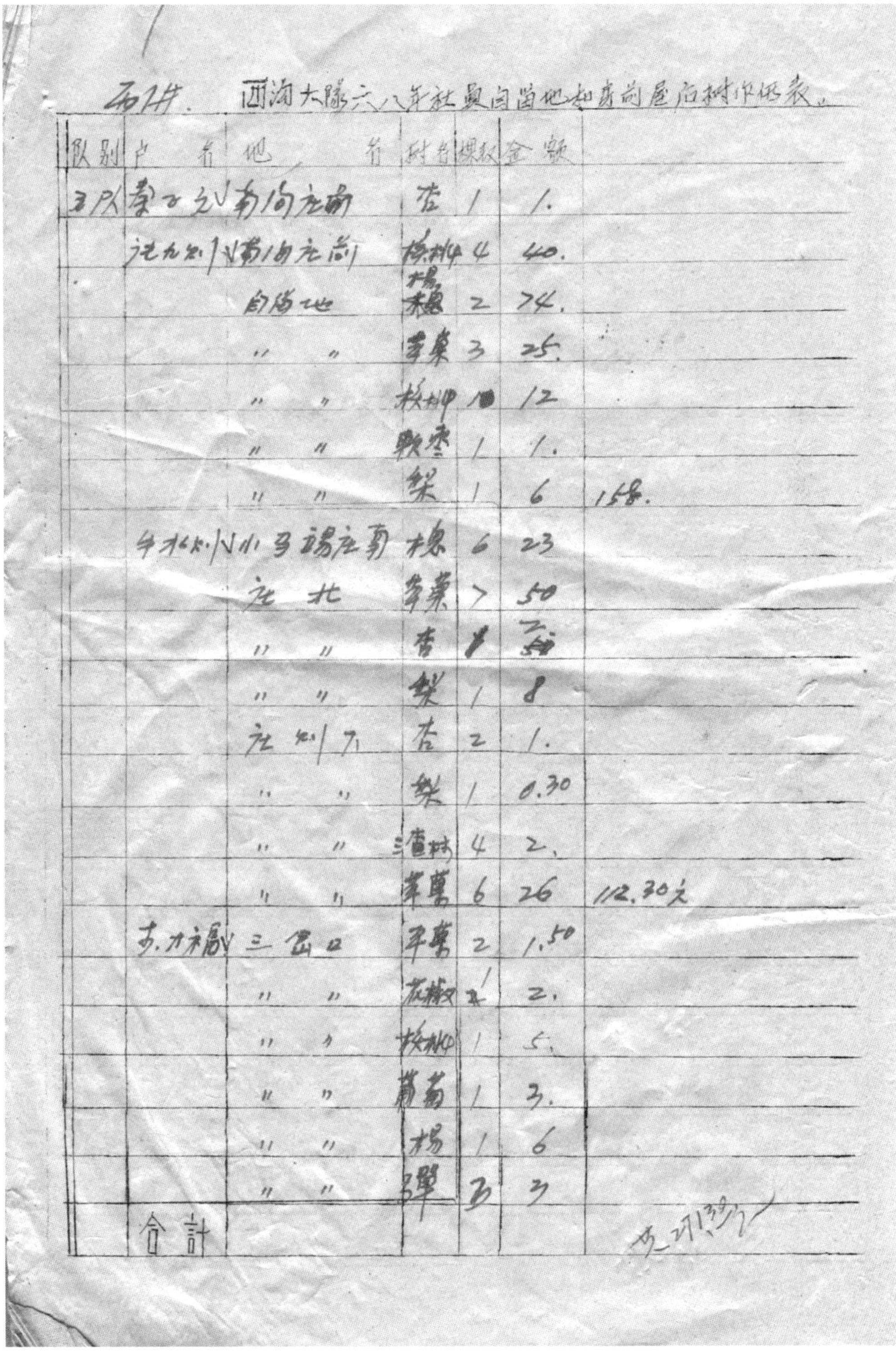

西7升. 西沟大隊六八年社員自留地和房前屋后树作價表。

队别	户名	地名	树名	棵数	金额	
3队	秦文元	南向庄前	杏	1	1.	
	张九如	南向庄前	核桃	4	40.	
		自留地	杨槐	2	74.	
		〃 〃	苹果	3	25.	
		〃 〃	核桃	10	12	
		〃 〃	软枣	1	1.	
		〃 〃	梨	1	6	158.
	申水如	小马场庄前	槐	6	23	
		庄北	苹果	7	50	
		〃 〃	杏	1	2.50	
		〃 〃	梨	1	8	
		庄外	杏	2	1.	
		〃 〃	梨	1	0.30	
		〃 〃	渣树	4	2.	
		〃 〃	苹果	6	26	112.30元
	申方福	三岔口	苹果	2	1.50	
		〃 〃	花椒	1	2.	
		〃 〃	核桃	1	5.	
		〃 〃	葡萄	1	3.	
		〃 〃	杨	1	6	
		〃 〃	[illegible]	3	3	
	合計					

图2-2-1-9 西沟大队六八年社员自留地和房前屋后树作价表六

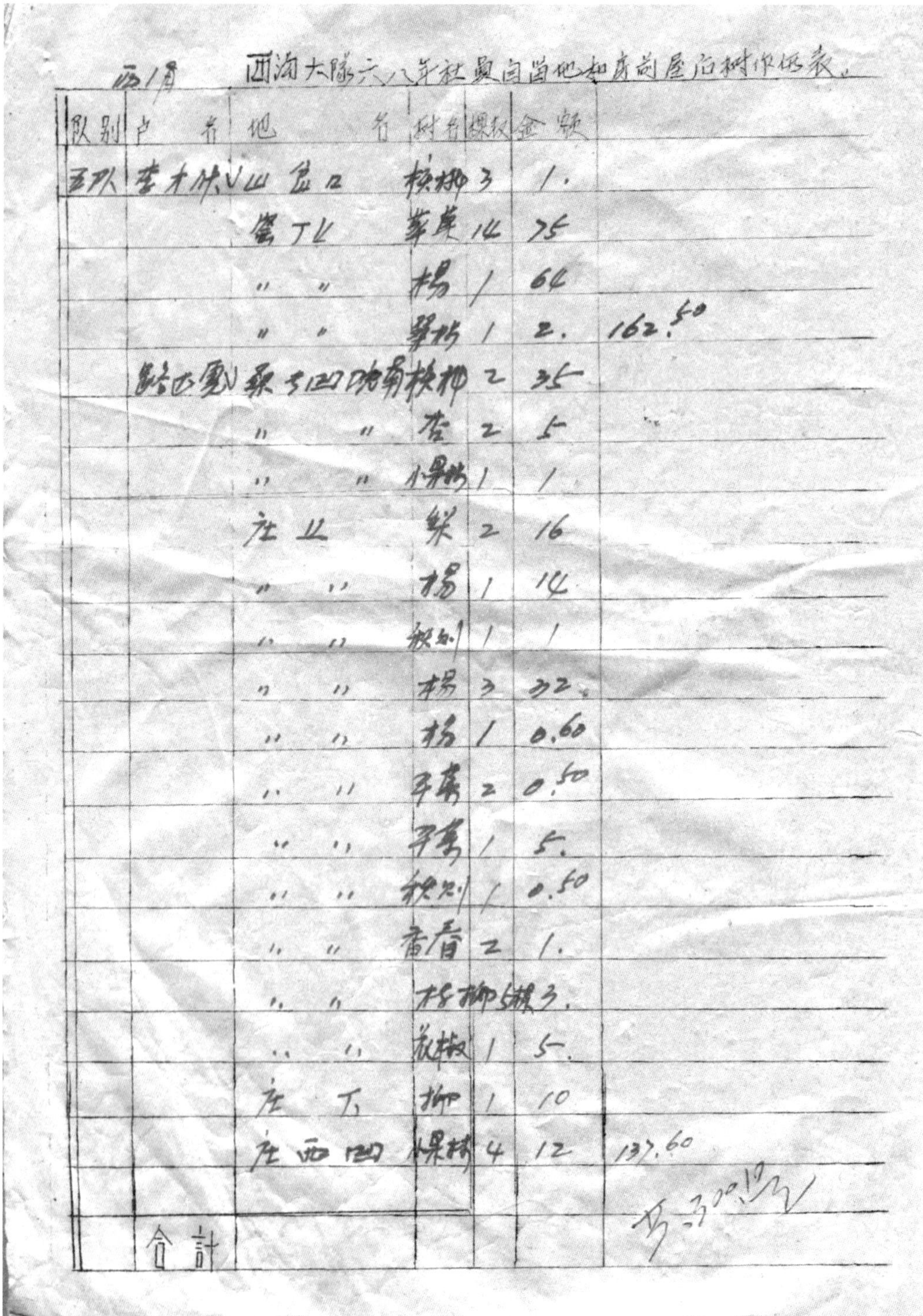

西1[illegible]　西沟大队六八年社员自留地和房前屋后树作价表。

队别	户名	地名	树名	棵数	金额	
五队	李木林	山盆口	核桃	3	1.	
		窑[illegible]坡	苹果	14	75	
		〃 〃	杨	1	64	
		〃 〃	[illegible]	1	2.	162.50
	[illegible]	[illegible]	核桃	2	35	
		〃 〃	杏	2	5	
		〃 〃	[illegible]	1	1	
		庄上	梨	2	16	
		〃 〃	杨	1	14	
		〃 〃	秋梨	1	1	
		〃 〃	杨	3	32.	
		〃 〃	杨	1	0.60	
		〃 〃	[illegible]	2	0.50	
		〃 〃	[illegible]	1	5.	
		〃 〃	秋梨	1	0.50	
		〃 〃	香椿	2	1.	
		〃 〃	杨柳5棵		3.	
		〃 〃	花椒	1	5.	
		庄下	柳	1	10	
		庄西凹	[illegible]	4	12	137.60
						[illegible]
	合計					

图2-2-1-10　西沟大队六八年社员自留地和房前屋后树作价表七

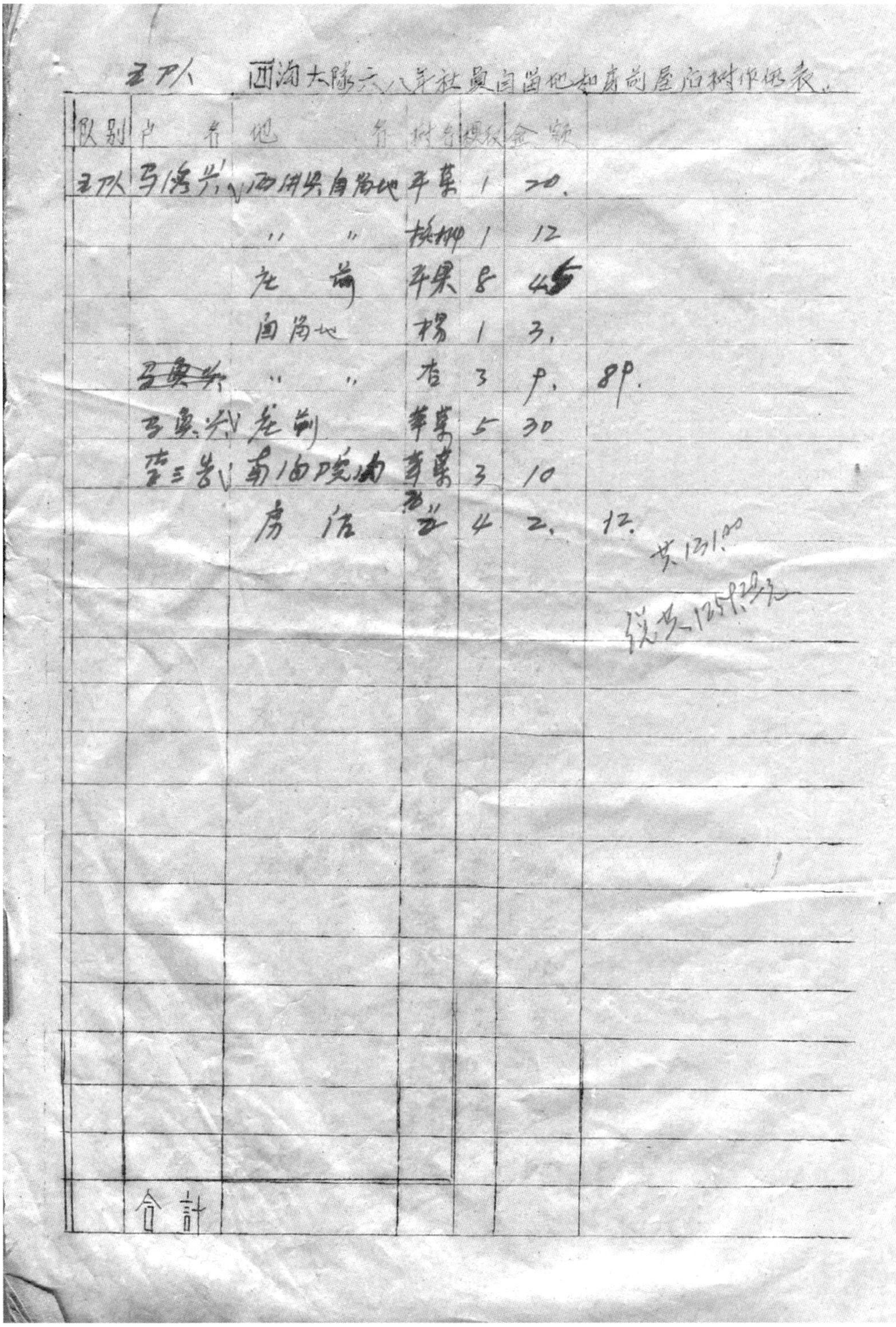

三队　西沟大队六八年社员自留地和房前屋后树作价表

队别	户名	地名	树名	棵数	金额	
三队	马海兴	西洼头自留地	苹果	1	20.	
		〃 〃	核桃	1	12	
		庄前	苹果	8	45	
		自留地	杨	1	3.	
	~~马奂兴~~	〃 〃	杏	3	9.	89.
	马奂兴	庄前	苹果	5	30	
	李三孝	南面院内	苹果	3	10	
		房后	〃	4	2.	12.
	合計					

共131.00

找共125.50元

图2-2-1-11　西沟大队六八年社员自留地和房前屋后树作价表八

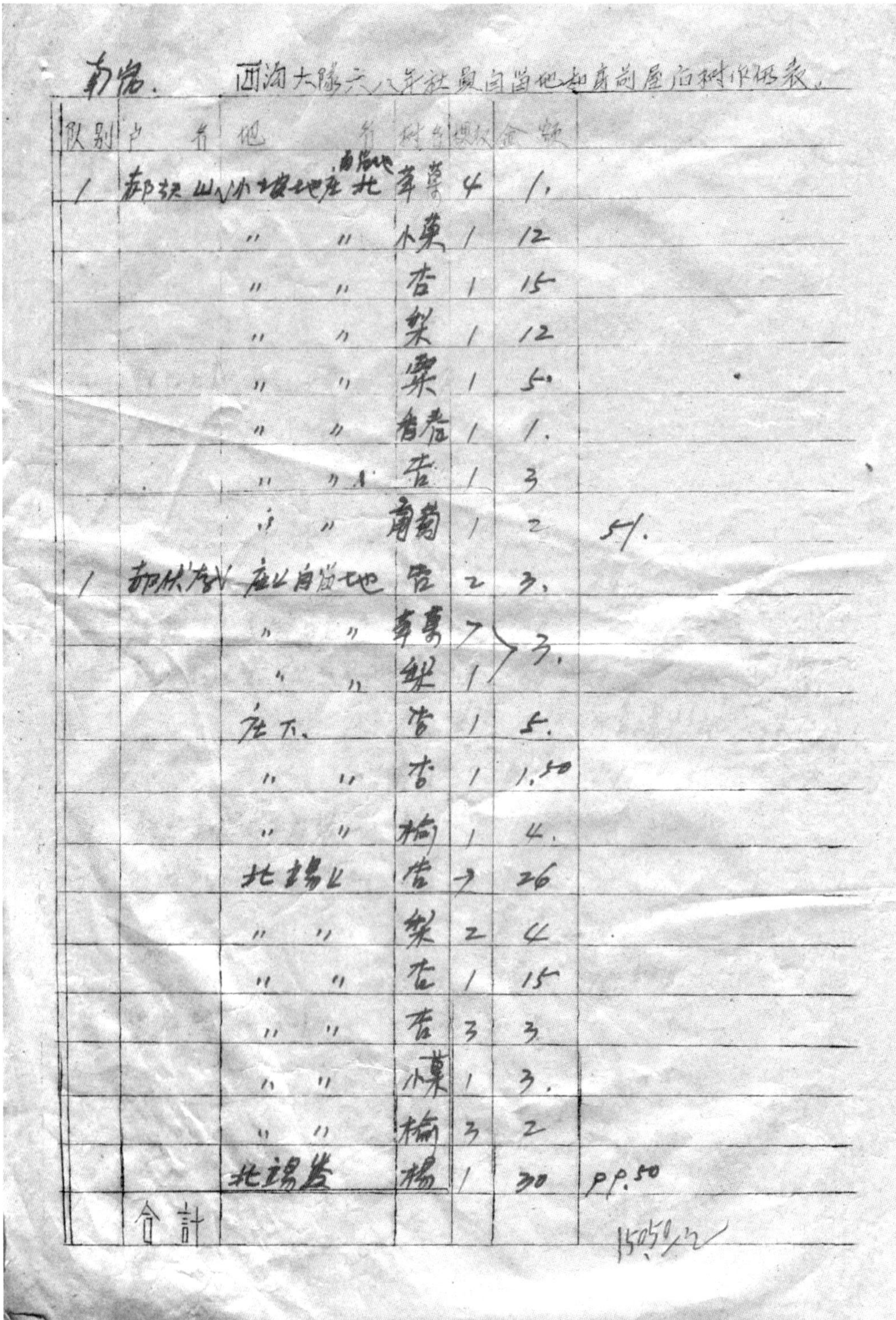

南岭.　西沟大队六八年社员自留地和房前屋后树作价表。

队别	户名	地名	树名	棵数	金额	
1	郝[illegible]山	小坡地庄北（自留地）	苹果	4	1.	
		〃　〃	小枣	1	12	
		〃　〃	杏	1	15	
		〃　〃	梨	1	12	
		〃　〃	栗	1	5.	
		〃　〃	香椿	1	1.	
		〃　〃	杏	1	3	
		〃　〃	葡萄	1	2	51.
1	郝伏[illegible]	庄上自留地	杏	2	3.	
		〃　〃	苹果	7	3.	
		〃　〃	梨	1		
		庄下	杏	1	5.	
		〃　〃	杏	1	1.50	
		〃　〃	榆	1	4.	
		北場上	杏	7	26	
		〃　〃	梨	2	4	
		〃　〃	杏	1	15	
		〃　〃	杏	3	3	
		〃　〃	小枣	1	3.	
		〃　〃	榆	3	2	
		北場崖	楊	1	30	99.50
	合計					15050/2

图2-2-1-12　西沟大队六八年社员自留地和房前屋后树作价表九

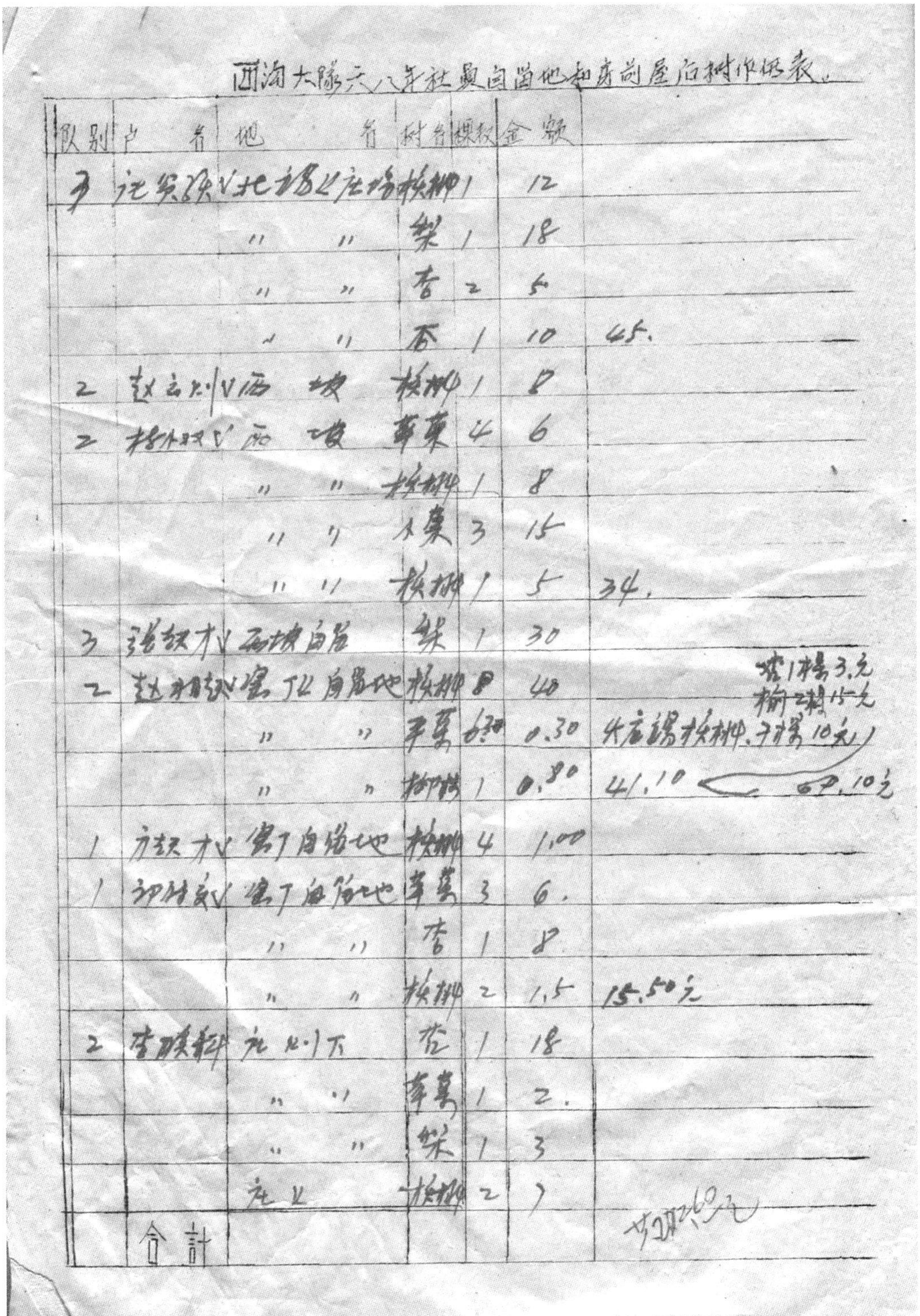

西沟大队六八年社员自留地和房前屋后树作价表。

队别	户名	地名	树名	棵数	金额	
3	江贵孩	北湾庄场	核桃	1	12	
		〃 〃	梨	1	18	
		〃 〃	杏	2	5	
		〃 〃	杏	1	10	45.
2	赵云则	西坡	核桃	1	8	
2	杨林双	西坡	苹果	4	6	
		〃 〃	核桃	1	8	
		〃 〃	大枣	3	15	
		〃 〃	核桃	1	5	34.
3	张缺才	西坡自留	梨	1	30	
2	赵孙银	窑丁自留地	核桃	8	40	杏1棵3元 榆2棵15元
		〃 〃	苹果	6	0.30	北庄场核桃、3棵10元
		〃 〃	柳树	1	0.80	41.10 69.10元
1	方缺才	窑丁自留地	核桃	4	1.00	
1	郭林交	窑丁自留地	苹果	3	6.	
		〃 〃	杏	1	8	
		〃 〃	核桃	2	1.5	15.50元
2	李旗柳	庄则下	杏	1	18	
		〃 〃	苹果	1	2.	
		〃 〃	梨	1	3	
		庄上	核桃	2	7	
	合計					[illegible]

图2-2-1-13　西沟大队六八年社员自留地和房前屋后树作价表十

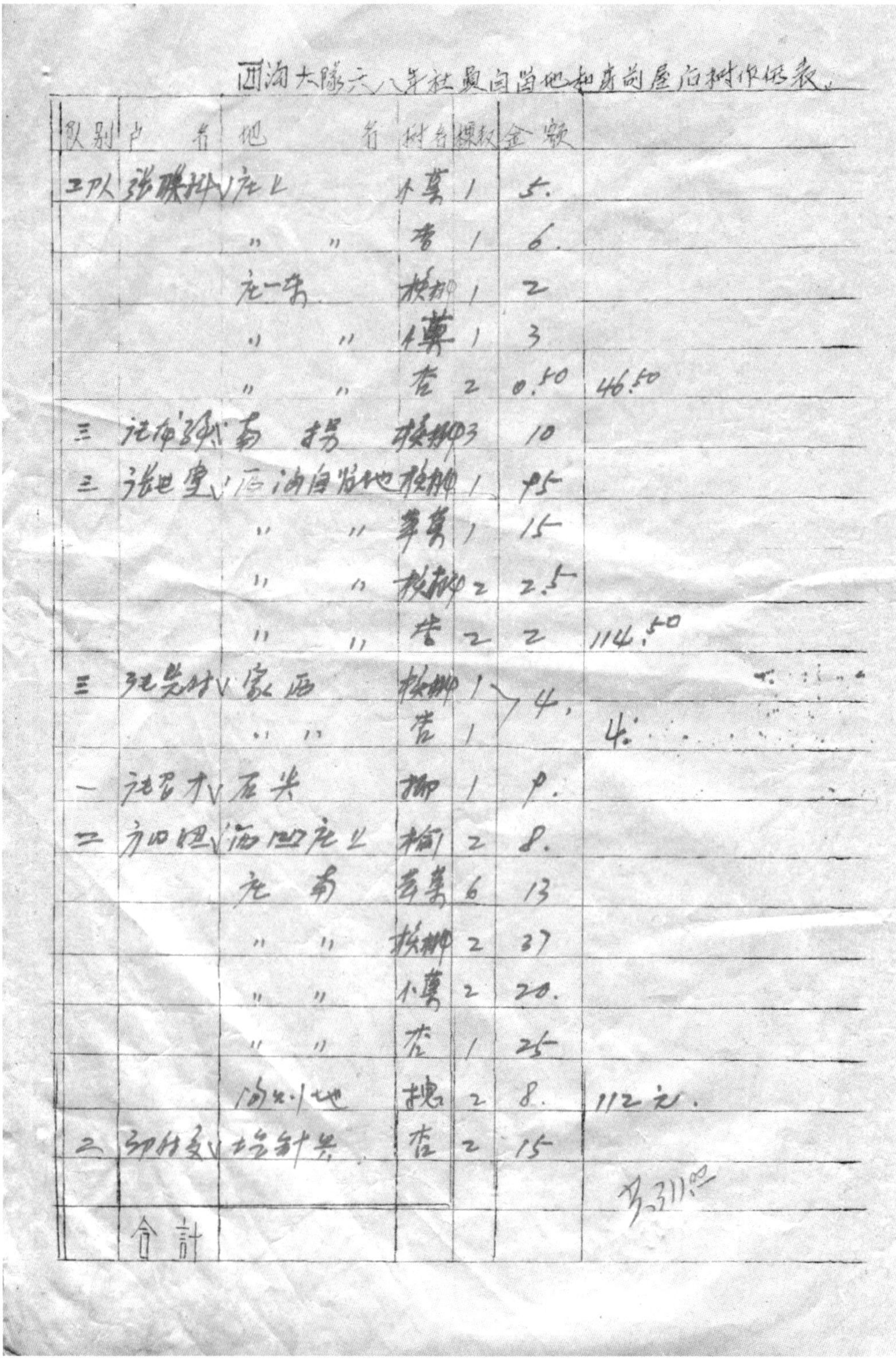

西沟大队六八年社员自留地和房前屋后树作价表

队别	户名	地名	树名	棵数	金额	
二队	张晚科	庄上	小黄	1	5.	
		〃 〃	杏	1	6.	
		庄一带	核桃	1	2	
		〃 〃	小黄	1	3	
		〃 〃	杏	2	0.50	46.50
三	张福顺	南 [illegible]	核桃	3	10	
三	张世[illegible]	后沟自留地	核桃	1	75	
		〃 〃	苹果	1	15	
		〃 〃	核桃	2	25	
		〃 〃	杏	2	2	114.50
三	张先财	家西	核桃	1	4.	
		〃 〃	杏	1		4.
一	张习才	庄头	柳	1	7.	
二	方四旺	西凹庄上	榆	2	8.	
		庄南	苹果	6	13	
		〃 〃	核桃	2	37	
		〃 〃	小黄	2	20.	
		〃 〃	杏	1	25	
		沟头地	槐	2	8.	112元.
二	[illegible]	[illegible]	杏	2	15	
						马311.00
	合計					

图2-2-1-14　西沟大队六八年社员自留地和房前屋后树作价表十一

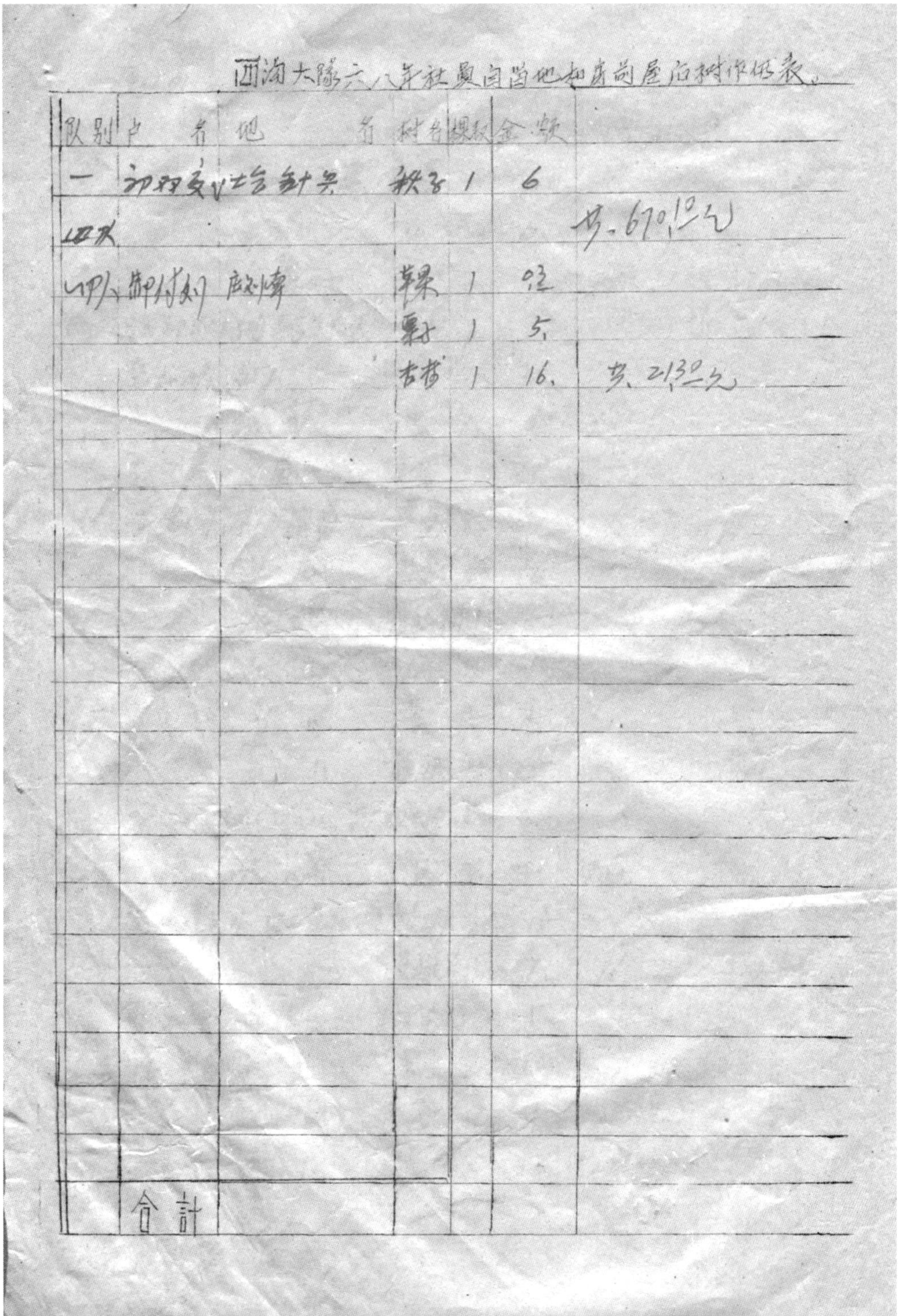

西沟大队六八年社员自留地和房前屋后树作价表

队别	户名	地名	树名	棵数	金额	
一	郭双文	池台针头	楸子	1	6	
						共.670.10元
四队	郝付科	庞家峰	苹果	1	32	
			栗子	1	5	
			杏树	1	16	共.21.30元
	合計					

图2-2-1-15　西沟大队六八年社员自留地和房前屋后树作价表十二

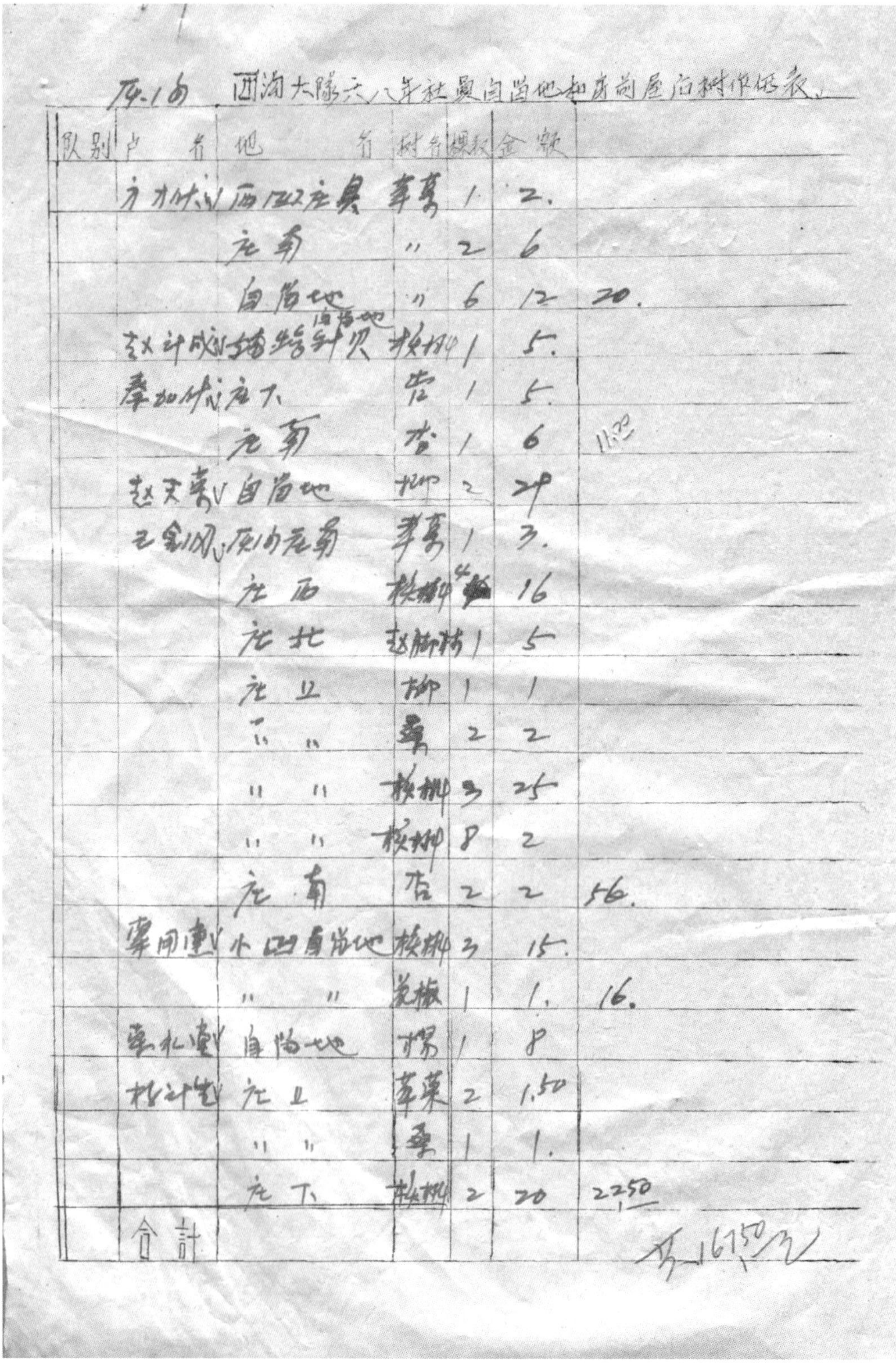

表-16　西沟大队六八年社员自留地和房前屋后树作价表。

队别	户名	地名	树名	棵数	金数	
	[illegible]	西[illegible]庄[illegible]	苹果	1	2.	
		庄南	〃	2	6	
		自留地	〃	6	12	20.
	赵计成	[illegible]（自留地）	核桃	1	5.	
	秦加代	庄大	杏	1	5.	
		庄南	杏	1	6	11.00
	赵天喜	自留地	柳	2	24	
	王金[illegible]	[illegible]庄南	苹果	1	3.	
		庄西	核桃	4	16	
		庄北	[illegible]	1	5	
		庄上	柳	1	1	
		〃 〃	桑	2	2	
		〃 〃	核桃	3	25	
		〃 〃	核桃	8	2	
		庄南	杏	2	2	56.
	[illegible]	小[illegible]自留地	核桃	3	15.	
		〃 〃	花椒	1	1.	16.
	[illegible]	自留地	[illegible]	1	8	
	林计生	庄上	苹果	2	1.50	
		〃 〃	桑	1	1.	
		庄下	核桃	2	20	22.50
	合計					共167.50元

图2-2-1-16　西沟大队六八年社员自留地和房前屋后树作价表十三

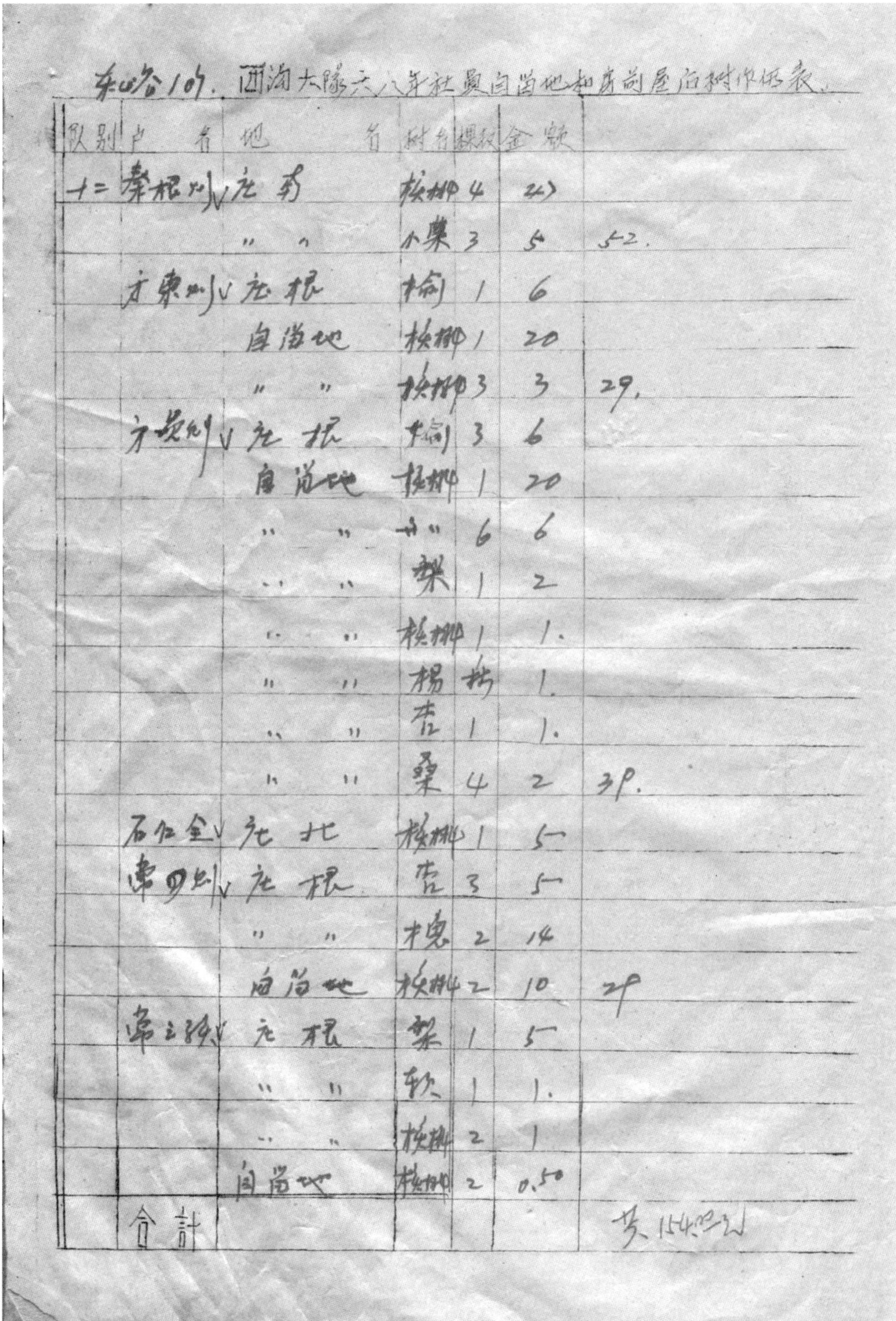

东岭合107. 西沟大隊六八年社員自留地和房前屋后树作価表.

队别	户名	地名	树名	棵数	金额	
十二	秦根则	庄前	核桃	4	47	
		〃 〃	小枣	3	5	52.
	方東则	庄根	榆	1	6	
		自留地	核桃	1	20	
		〃 〃	核桃	3	3	29.
	方英则	庄根	榆	3	6	
		自留地	核桃	1	20	
		〃 〃	〃	6	6	
		〃 〃	梨	1	2	
		〃 〃	核桃	1	1.	
		〃 〃	杨柳		1.	
		〃 〃	杏	1	1.	
		〃 〃	桑	4	2	39.
	石仁全	庄北	核桃	1	5	
	常四则	庄根	杏	3	5	
		〃 〃	槐	2	14	
		自留地	核桃	2	10	29
	常三孩	庄根	梨	1	5	
		〃 〃	软	1	1.	
		〃 〃	核桃	2	1	
		自留地	核桃	2	0.50	
	合計					共154.50元

图2-2-1-17　西沟大队六八年社员自留地和房前屋后树作价表十四

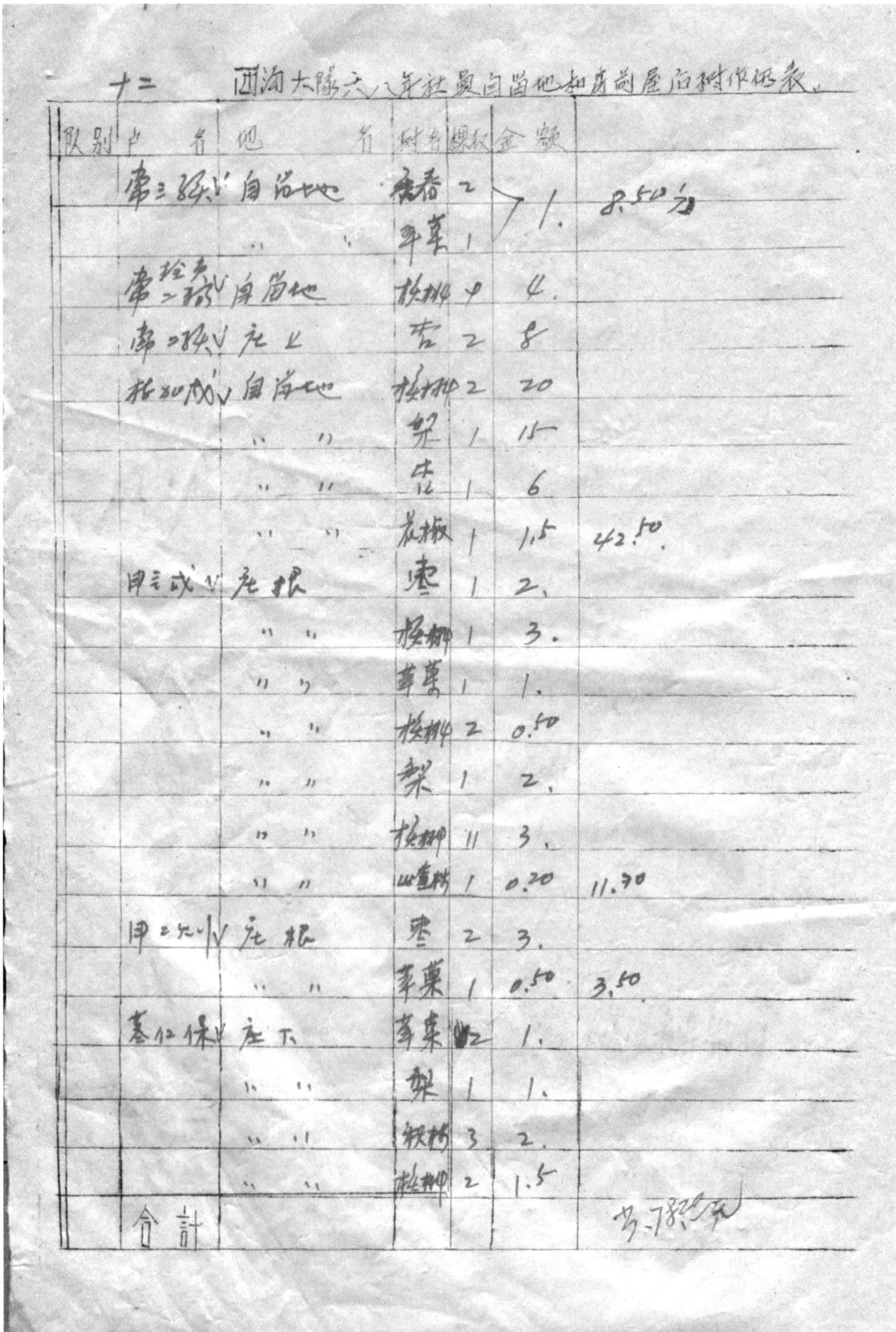
十二　西沟大队六八年社员自留地和房前屋后树作价表

队别	户名	地名	树名	棵数	金额	
	常三孩	自留地	香椿	2	1.	8.50元
		〃 〃	苹果	1		
	常拴孩	自留地	核桃	4	4.	
	常二孩	庄上	杏	2	8	
	梁如成	自留地	核桃	2	20	
		〃 〃	梨	1	15	
		〃 〃	杏	1	6.	
		〃 〃	花椒	1	1.5	42.50
	甲三成	庄根	枣	1	2.	
		〃 〃	核桃	1	3.	
		〃 〃	苹果	1	1.	
		〃 〃	核桃	2	0.50	
		〃 〃	梨	1	2.	
		〃 〃	核桃	11	3.	
		〃 〃	山查树	1	0.20	11.70
	甲二小	庄根	枣	2	3.	
		〃 〃	苹果	1	0.50	3.50
	秦仁保	庄下	苹果	2	1.	
		〃 〃	梨	1	1.	
		〃 〃	核桃	3	2.	
		〃 〃	核桃	2	1.5	
	合計					[illegible]

图2-2-1-18　西沟大队六八年社员自留地和房前屋后树作价表十五

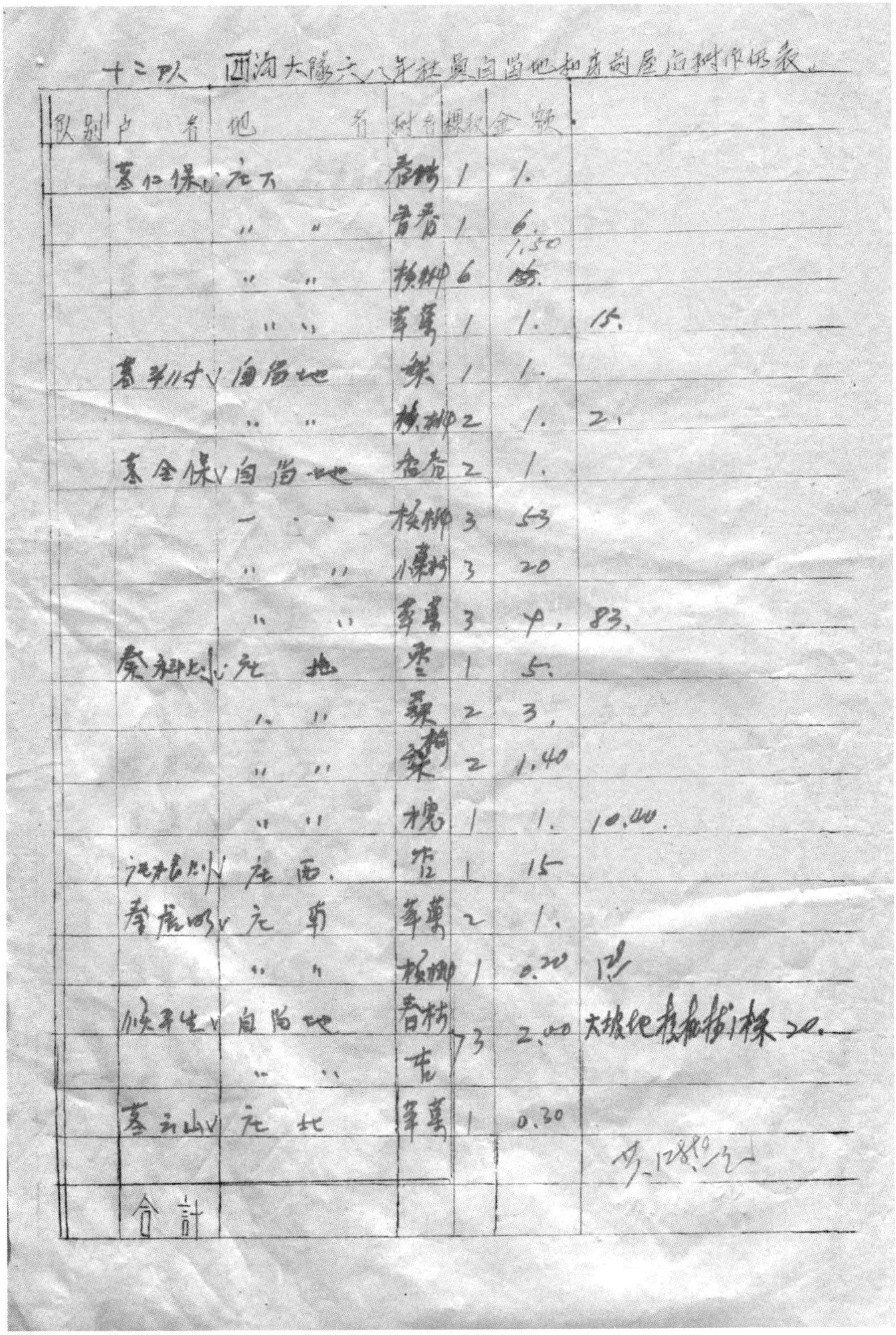

十二队　西沟大队六八年社员自留地和房前屋后树作价表

队别	户名	地名	树名	棵数	金额	
	秦仁保	庄下	香椿	1	1.	
		〃 〃	香椿	1	6.	
		〃 〃	核桃	6	1.50	
		〃 〃	苹果	1	1.	15.
	秦半川	自留地	桑	1	1.	
		〃 〃	核桃	2	1.	2.
	秦全保	自留地	香椿	2	1.	
		〃 〃	核桃	3	53	
		〃 〃	漆树	3	20	
		〃 〃	苹果	3	4,	83.
	秦神财	庄地	枣	1	5.	
		〃 〃	桑	2	3.	
		〃 〃	梨树	2	1.40	
		〃 〃	槐	1	1.	10.40.
	沈林财	庄西	杏	1	15	
	秦虎明	庄前	苹果	2	1.	
		〃 〃	核桃	1	0.20	1.20
	侯平生	自留地	香椿	3	2.00	大坡地核桃树1棵20.
		〃 〃	杏			
	秦云山	庄北	苹果	1	0.30	
						共128.50元
	合計					

图2-2-1-19　西沟大队六八年社员自留地和房前屋后树作价表十六

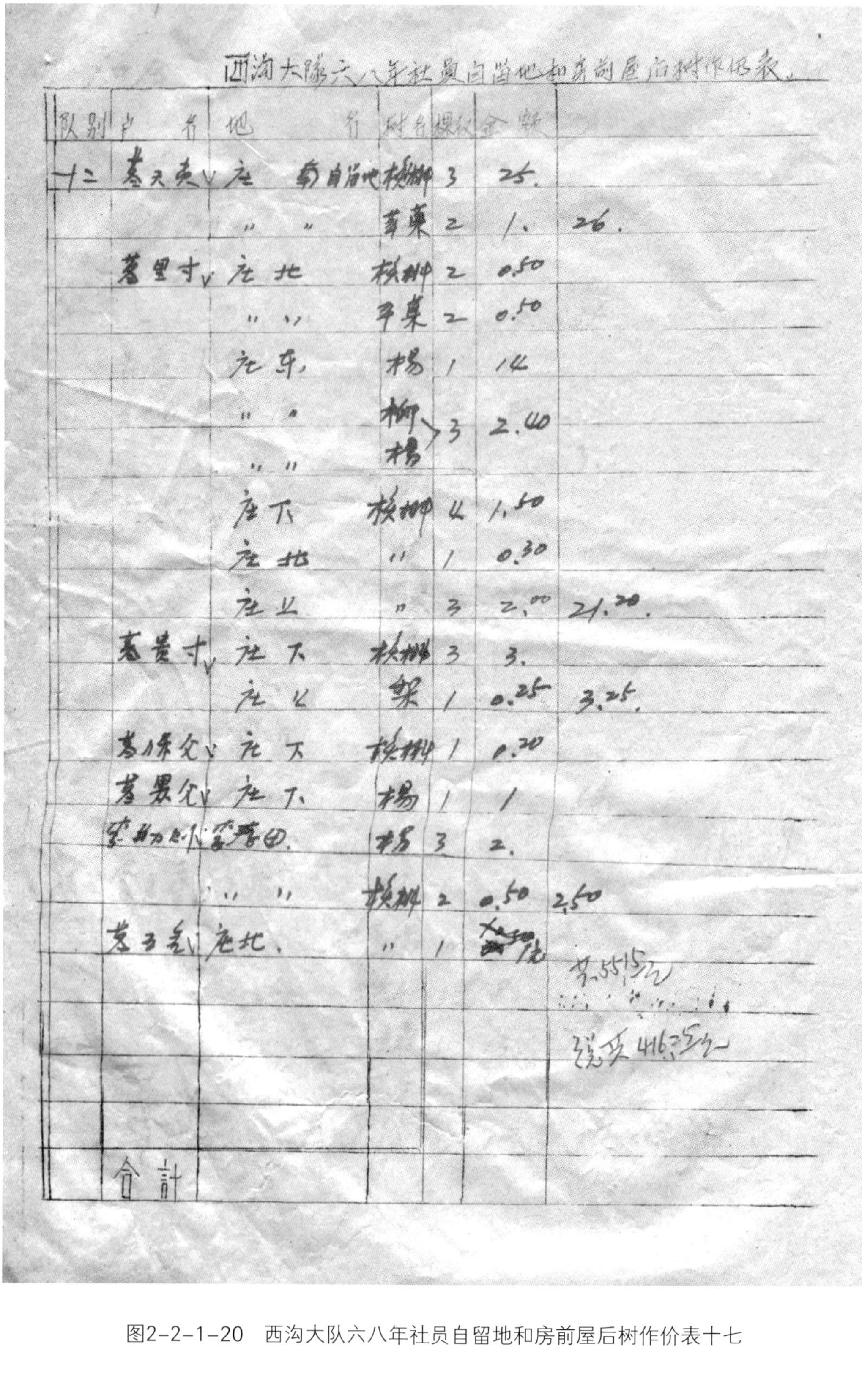

西沟大队六八年社员自留地和房前屋后树作价表

队别	户名	地名	树名	棵数	金额	
十二	秦天贵	庄 南自留地	核桃	3	25.	
		〃 〃	苹果	2	1.	26.
	秦里寸	庄北	核桃	2	0.50	
		〃 〃	苹果	2	0.50	
		庄东	杨	1	14	
		〃 〃	柳、杨	3	2.40	
		〃 〃				
		庄下	核桃	4	1.50	
		庄北	〃	1	0.30	
		庄上	〃	3	2.00	21.20
	秦贵寸	庄下	核桃	3	3.	
		庄上	梨	1	0.25	3.25
	秦保文	庄下	核桃	1	0.20	
	秦mark文	庄下	杨	1	1	
	[illegible]		杨	3	2.	
		〃 〃	核桃	2	0.50	2.50
	秦[illegible]	庄北	〃	1	[illegible]元	
						[illegible]55.15元
						[illegible] 416.25元
	合計					

图2-2-1-20　西沟大队六八年社员自留地和房前屋后树作价表十七

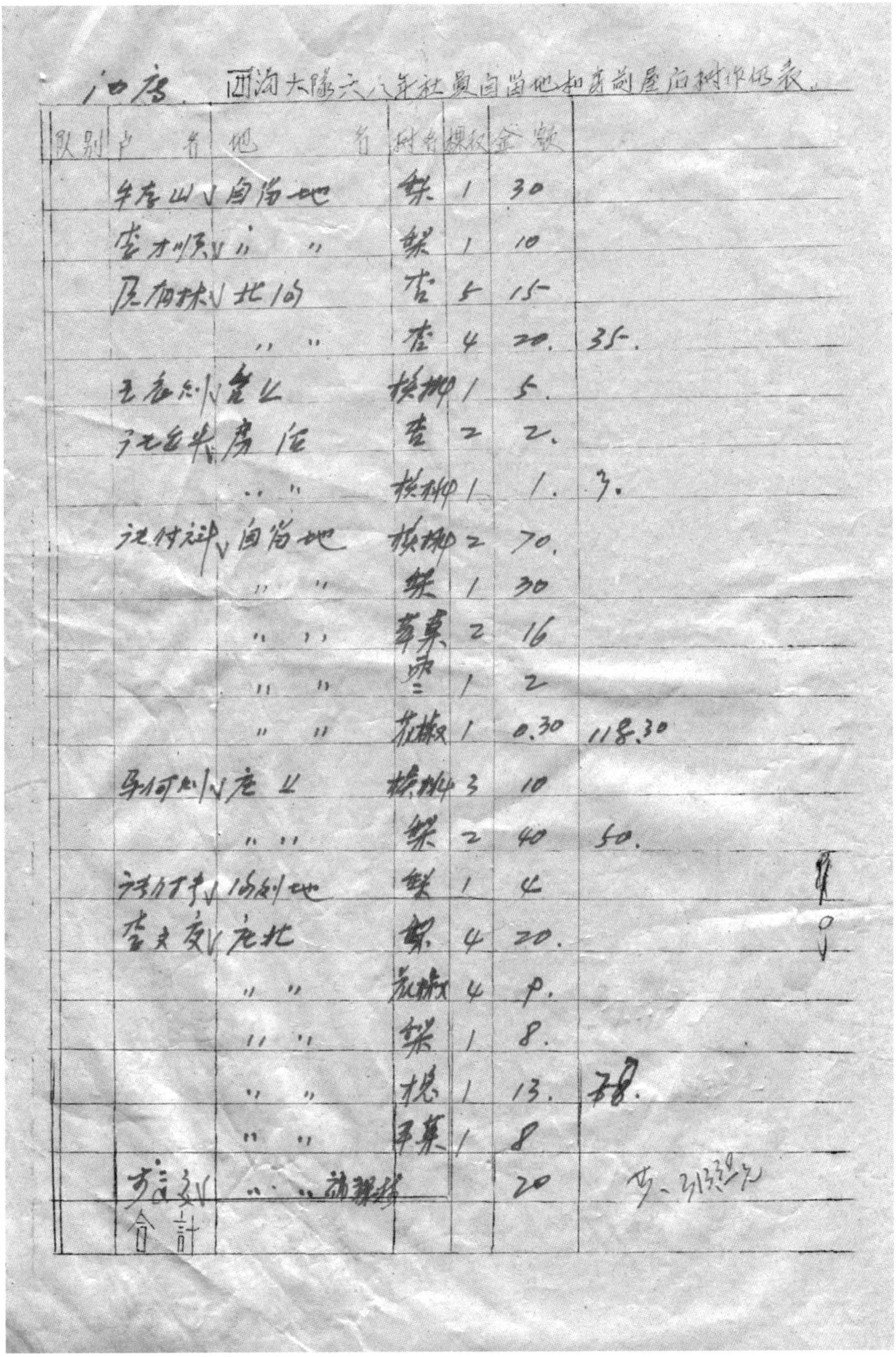

油房　西沟大队六八年社员自留地和房前屋后树作价表

队别	户名	地名	树名	棵数	金额	
	牛存山	自留地	梨	1	30	
	李才顺	〃 〃	梨	1	10	
	历有林	北沟	杏	5	15	
		〃 〃	杏	4	20.	35.
	王存则	崖以	核桃	1	5.	
	张松花	房后	杏	2	2.	
		〃 〃	核桃	1	1.	3.
	张付祥	自留地	核桃	2	70.	
		〃 〃	梨	1	30	
		〃 〃	苹果	2	16	
		〃 〃	枣	1	2	
		〃 〃	花椒	1	0.30	118.30
	马何则	庄以	核桃	3	10	
		〃 〃	梨	2	40	50.
	张小才	沟则地	梨	1	4	
	李大交	庄北	梨	4	20.	
		〃 〃	花椒	4	8.	
		〃 〃	梨	1	8.	
		〃 〃	桃	1	13.	78.
		〃 〃	苹果	1	8	
	方文	〃 〃 [illegible]			20	共 [illegible]
	合計					

图2-2-1-21　西沟大队六八年社员自留地和房前屋后树作价表十八

西沟大队六八年社员自留地和房前屋后树作价表。

队别	户名	地名	树名	棵数	金额	
1	周仁英√	1内久1地	柳	1	8.	
	侯三元√	自留地	〃	2	1.50	
	李保元√	庄下	〃	1	2.40	
		〃 〃	槐	2		
	李书way√	庄下	梨	1	6.	
		〃 〃	榛	4	17	23.
	秦书云√	庄下	榛	2	12	
		〃 〃	栗	1	5.	17
	张长云√	南场地	榆	3	24	
		〃 〃	核桃	2	12	36
	李玉生√	南场地	榆	1	30	
		〃 〃	槐	2	7.	
		〃 〃	核桃	2	7.	
		〃 〃	苹果	1	1.	45
	张金堂√	南场地	梨	1	0.50	
		〃 〃	核桃	2	5.	
		〃 〃	[illegible]	1	2.	7.50.
	张保堂√	南场	花椒	1	3.	
		〃 〃	杨	1	6.	
		〃 〃	核桃	2	16	
		〃 〃	苹果	2	12	
合計		〃 〃	柴	1	0.30	37.30. 共177.70元

图2-2-1-22　西沟大队六八年社员自留地和房前屋后树作价表十九

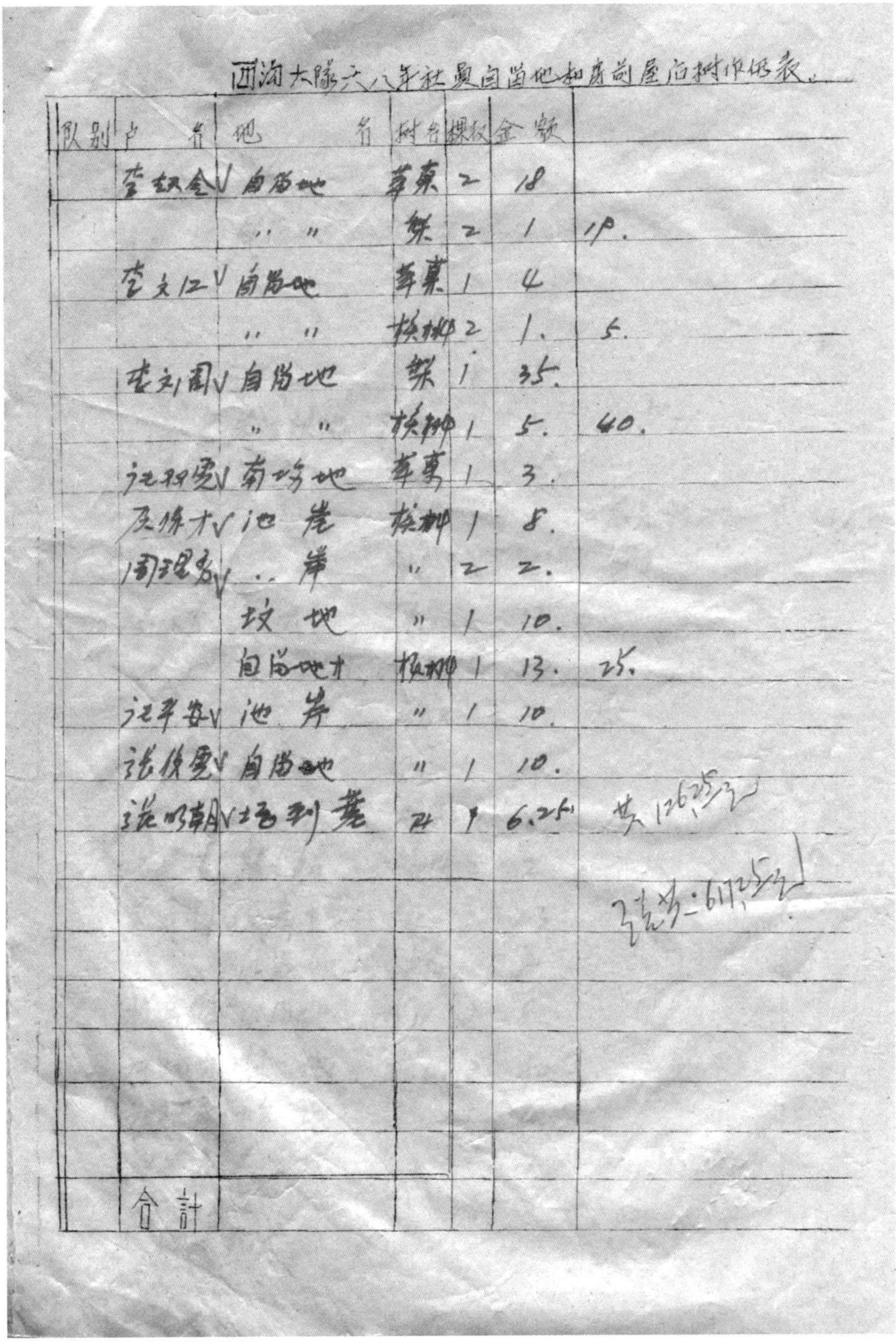

西沟大队六八年社员自留地和房前屋后树作价表。

队别	户名	地名	树名	棵数	金额	
	李钦全	自留地	苹果	2	18	
		〃 〃	梨	2	1	19.
	李文江	自留地	苹果	1	4	
		〃 〃	核桃	2	1.	5.
	李文周	自留地	梨	1	35.	
		〃 〃	核桃	1	5.	40.
	江秋爱	南场地	苹果	1	3.	
	张修才	池崖	核桃	1	8.	
	周狗多	〃 崖	〃	2	2.	
		坟地	〃	1	10.	
		自留地	核桃	1	13.	25.
	江平安	池崖	〃	1	10.	
	张候爱	自留地	〃	1	10.	
	张明朝	培刹崖	[illegible]	1	6.25	共126.25元
						张安：61.25元
	合計					

图2-2-1-23　西沟大队六八年社员自留地和房前屋后树作价表二十

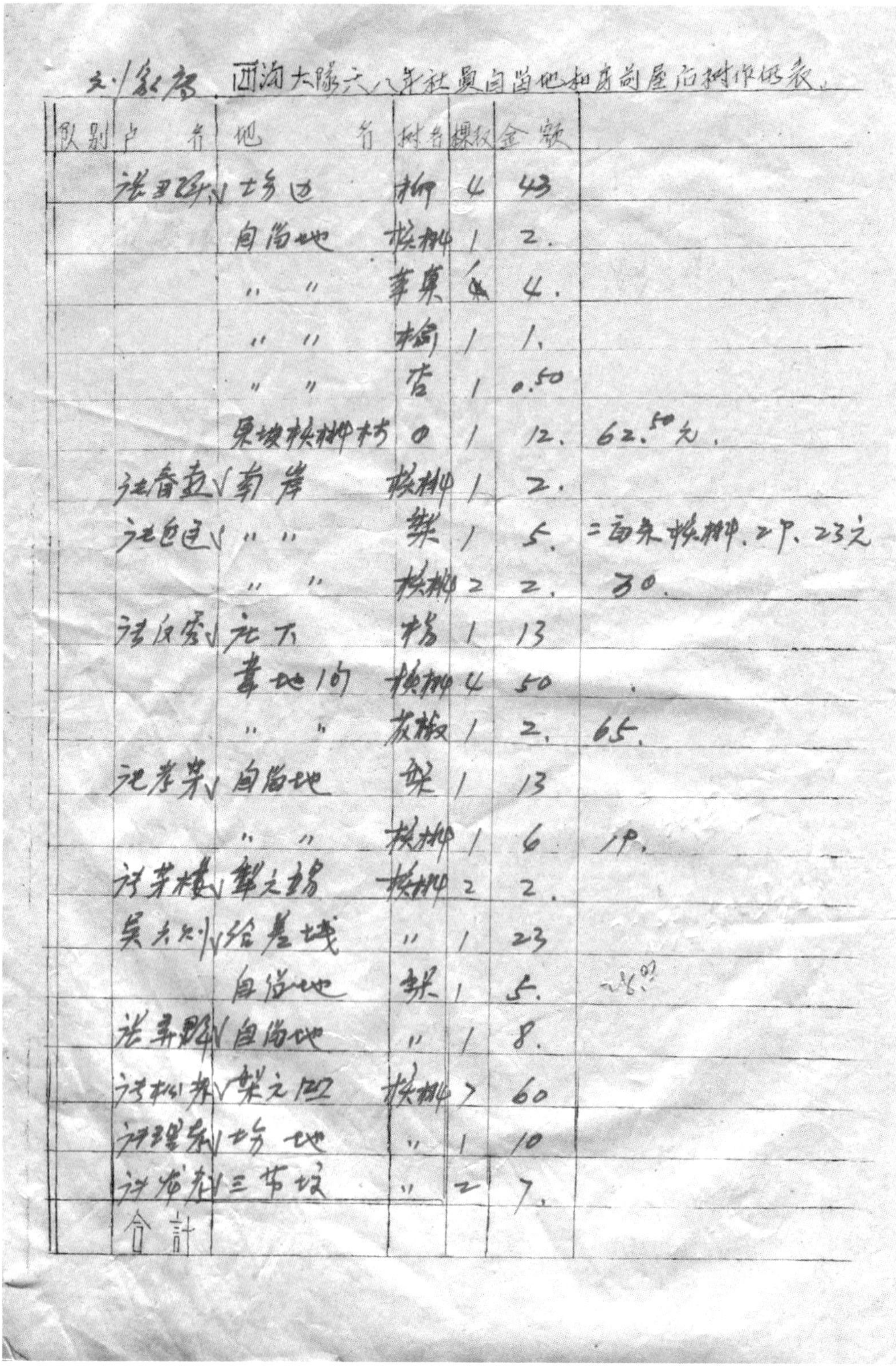

六·1分房　西沟大队六八年社员自留地和房前屋后树作价表。

队别	户名	地名	树名	棵数	金额	
	张[illegible]√	坟边	柳	4	43	
		自留地	核桃	1	2.	
		〃 〃	苹果	[illegible]	4.	
		〃 〃	榆	1	1.	
		〃 〃	杏	1	0.50	
		果坡核桃树	0	1	12.	62.50元.
	张[illegible]√	南岸	核桃	1	2.	
	张[illegible]√	〃 〃	梨	1	5.	二亩头核桃.2P.23元
		〃 〃	核桃	2	2.	30.
	张[illegible]√	庄下	柿	1	13	
		菜地内	核桃	4	50	
		〃 〃	花椒	1	2.	65.
	张[illegible]√	自留地	梨	1	13	
		〃 〃	核桃	1	6.	19.
	张[illegible]√	梨元坊	核桃	2	2.	
	吴[illegible]√	经营线	〃	1	23	
		自留地	梨	1	5.	[illegible]
	张[illegible]√	自留地	〃	1	8.	
	张[illegible]√	梨元凹	核桃	7	60	
	张[illegible]√	坟地	〃	1	10	
	张[illegible]√	三节坡	〃	2	7.	
	合計					

图2-2-1-24　西沟大队六八年社员自留地和房前屋后树作价表二十一

西沟大队六八年社员自留地和房前屋后树作价表

队别	户名	地名	树名	棵数	金额	
	许布太	郭元塲	核桃	4	3.	10.
	张买楼	北头的	柴	1	15.	
						张买 311.50元
	合計					

图2-2-1-25 西沟大队六八年社员自留地和房前屋后树作价表二十二

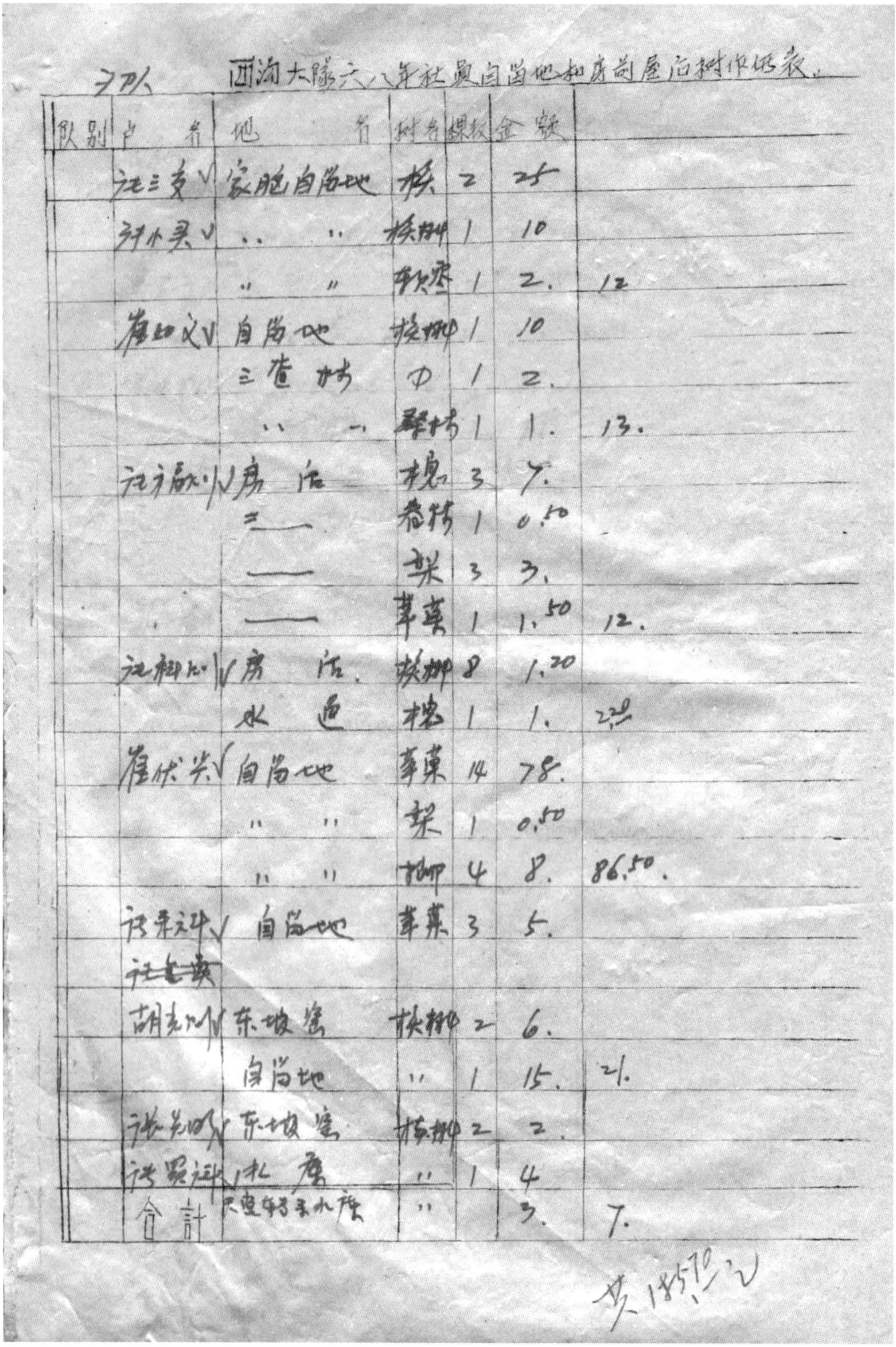

二队 西沟大队六八年社员自留地和房前屋后树作价表

队别	户名	地名	树名	棵数	金额	
	汪三贵√	家脑自留地	核	2	25	
	[illegible]√	" "	核桃	1	10	
		" "	软枣	1	2.	12
	崔如义√	自留地	核桃	1	10	
		三道坊	[illegible]	1	2.	
		" "	[illegible]	1	1.	13.
	[illegible]√	房后	槐	3	7.	
		—	[illegible]	1	0.50	
		—	梨	3	3.	
		—	苹果	1	1.50	12.
	[illegible]√	房后	核桃	8	1.20	
		水道	槐	1	1.	[illegible]
	[illegible]√	自留地	苹果	14	78.	
		" "	梨	1	0.50	
		" "	柳	4	8.	86.50.
	[illegible]√	自留地	苹果	3	5.	
	[illegible]					
	[illegible]√	东坡[illegible]	核桃	2	6.	
		自留地	"	1	15.	21.
	[illegible]√	东坡[illegible]	核桃	2	2.	
	[illegible]	[illegible]	"	1	4	
	合計	[illegible]	"		3.	7.

[illegible]

图2-2-1-26 西沟大队六八年社员自留地和房前屋后树作价表二十三

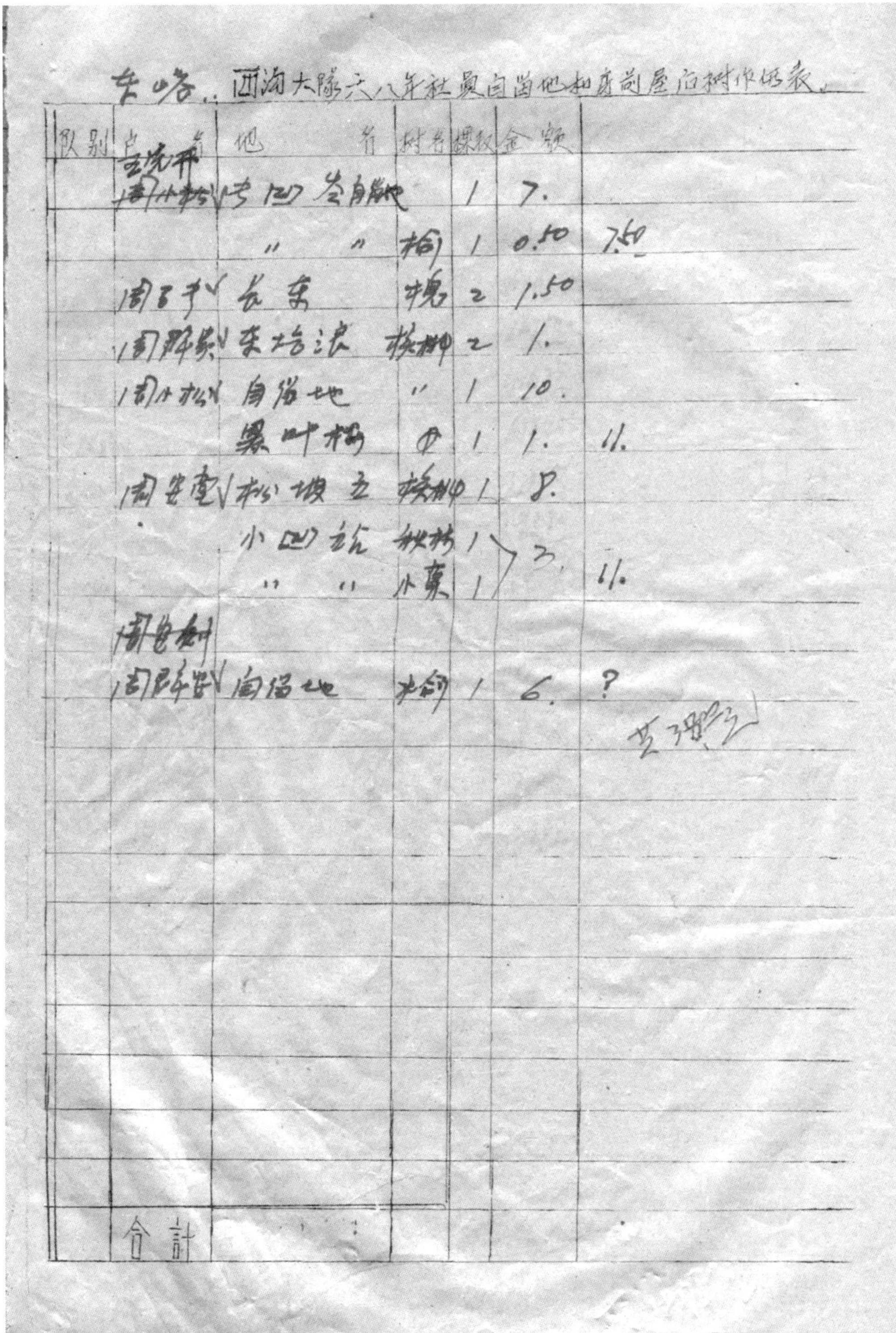

东峪．西沟大队六八年社员自留地和房前屋后树作价表。

队别	户名	地名	树名	棵数	金额	
	~~[illegible]~~ 周小松√	下凹 老自留地		1	7.	
		〃 〃	榆	1	0.50	7.50
	周马才√	长安	槐	2	1.50	
	周群英√	东垴沟	核桃	2	1.	
	周小松√	自留地	〃	1	10.	
		黑叶榆	①	1	1.	11.
	周安堂√	松坡立	核桃	1	8.	
		小凹沟	秋梢	1	3.	11.
		〃 〃	小枣	1		
	~~[illegible]~~					
	周群英√	自留地	杨	1	6.	?
						[illegible]
	合計					

图2-2-1-27　西沟大队六八年社员自留地和房前屋后树作价表二十四

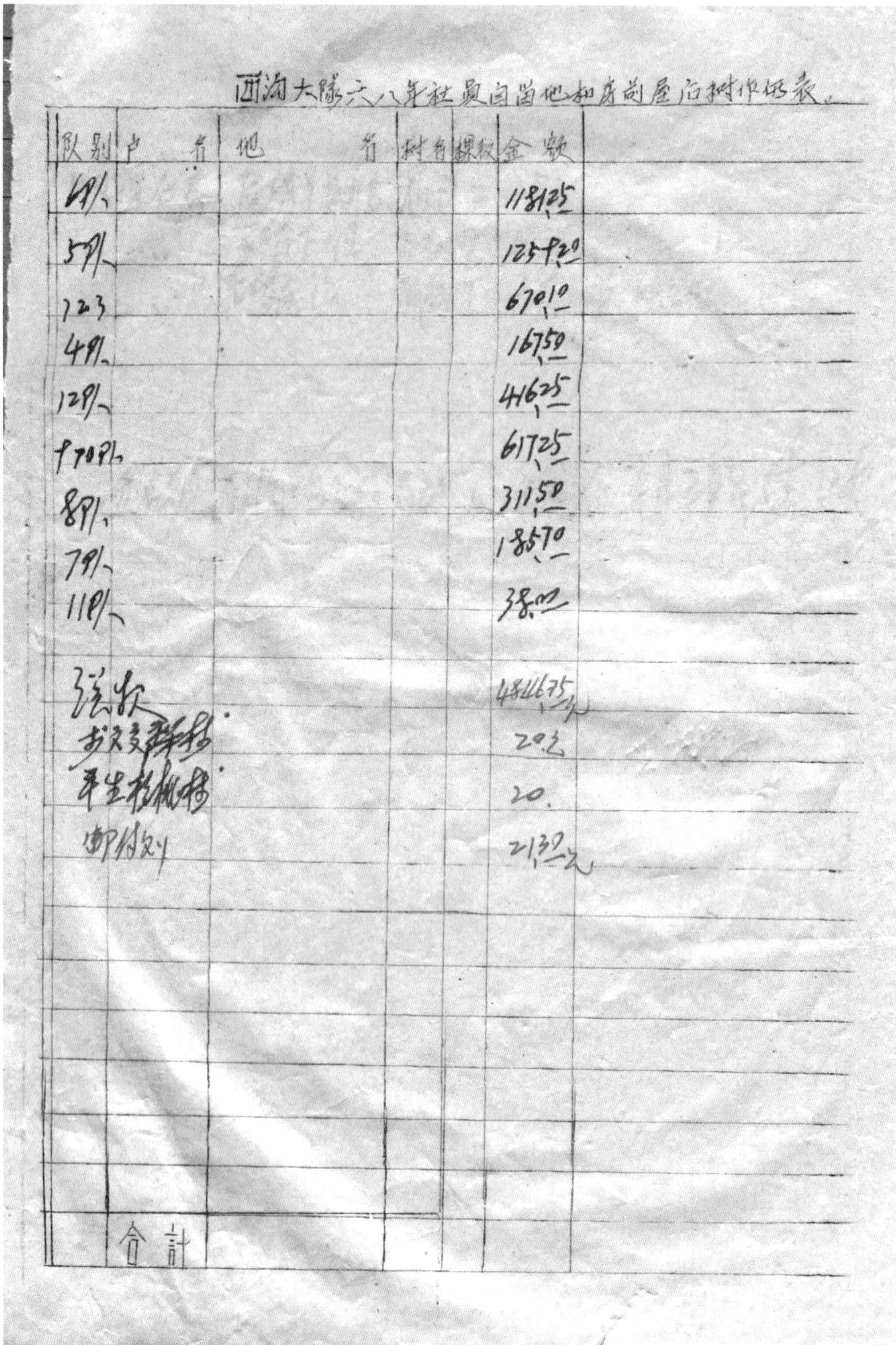

西沟大队六八年社员自留地和房前屋后树作价表

队别	户名	地名	树名	棵数	金额
6队					118125
5队					125420
1.2.3					67010
4队					16750
12队					41625
9.10队					61725
8队					31150
7队					18570
11队					3800
[illegible]					484675元
	[illegible]				20元
	[illegible]				20.
	[illegible]				21132元
	合計				

图2-2-1-28　西沟大队六八年社员自留地和房前屋后树作价表二十五

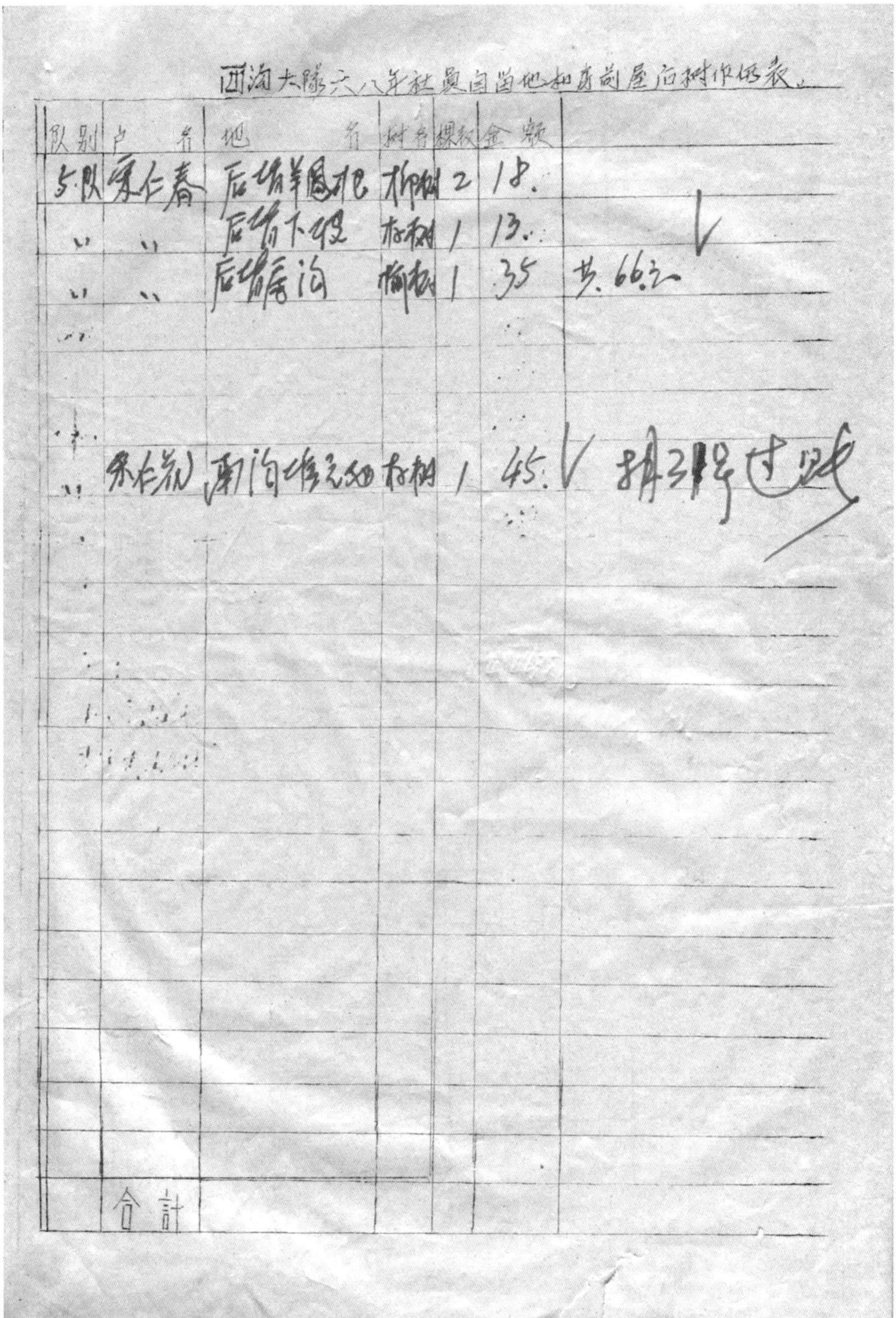

西沟大队六八年社员自留地和房前屋后树作价表

队别	户名	地名	树名	棵数	金额	
5.队	宋仁春	后沟羊圈根	柳树	2	18.	
〃	〃	后沟下段	杨树	1	13.	
〃	〃	后沟房沟	榆树	1	35	共.66元
〃	宋仁花	南沟[illegible]	杨树	1	45.	[illegible]
	合計					

图2-2-1-29　西沟大队六八年社员自留地和房前屋后树作价表二十六

（三）收入分配、基本情况统计表

1.第一生产队各月工分月报表（1958年12月30号）

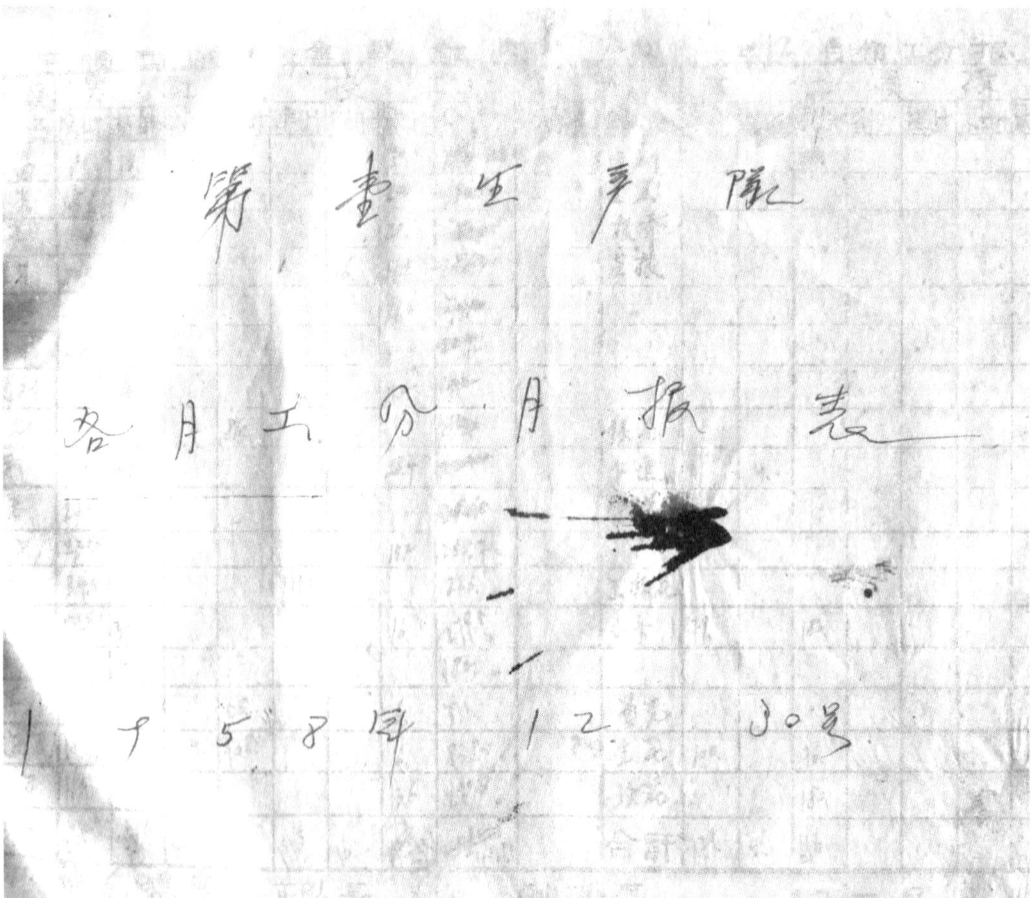

第壹生产隊

各月工分月报表

1958年12 30号

图2-3-1-1　第一生产队各月工分月报表封面

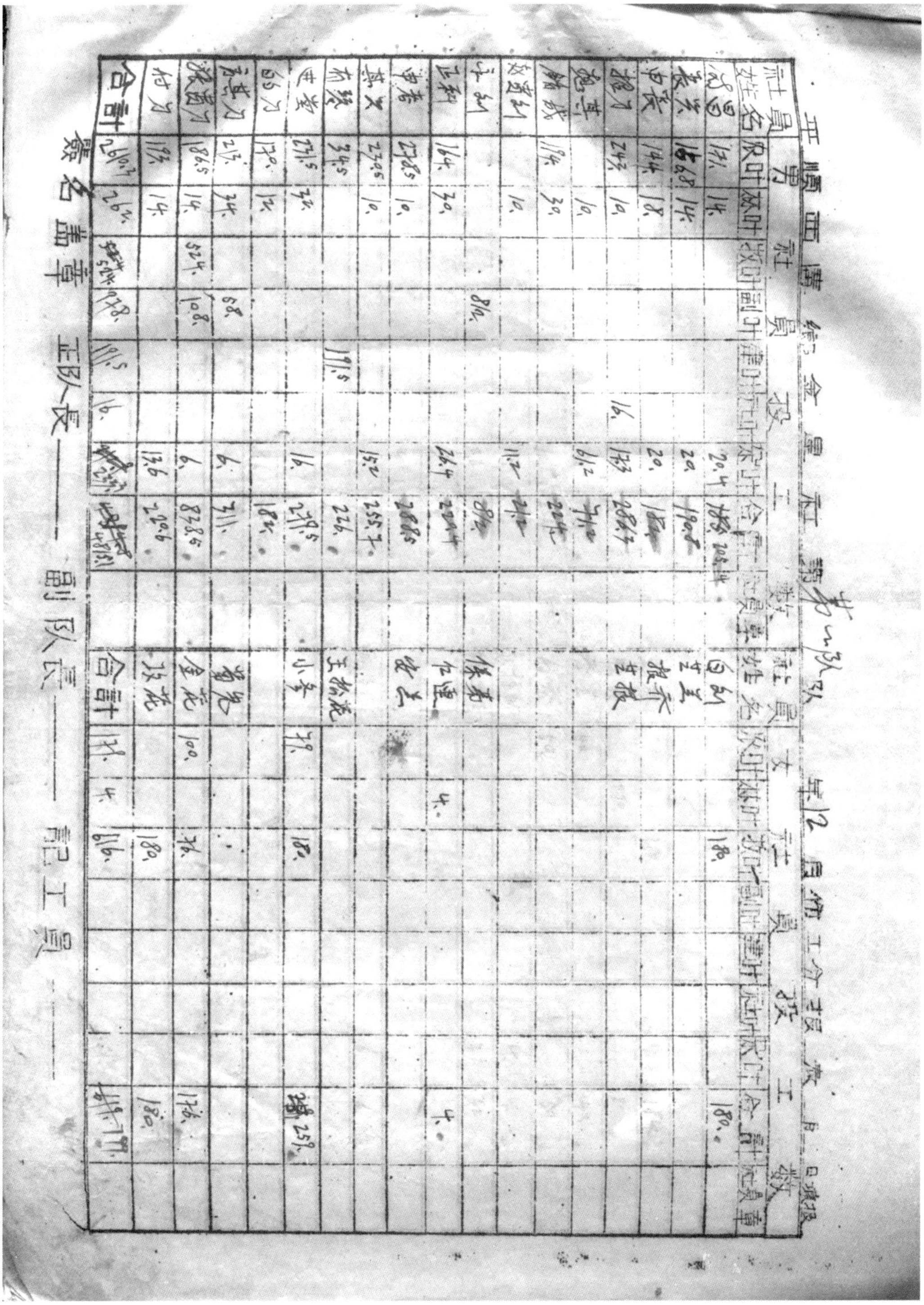

图2-3-1-2　平顺西沟乡金星社第一队（1957）年12月份工分报表一

注：统计内容包括姓名、男社员投工数、女社员投工数，按照个人统计，下同。

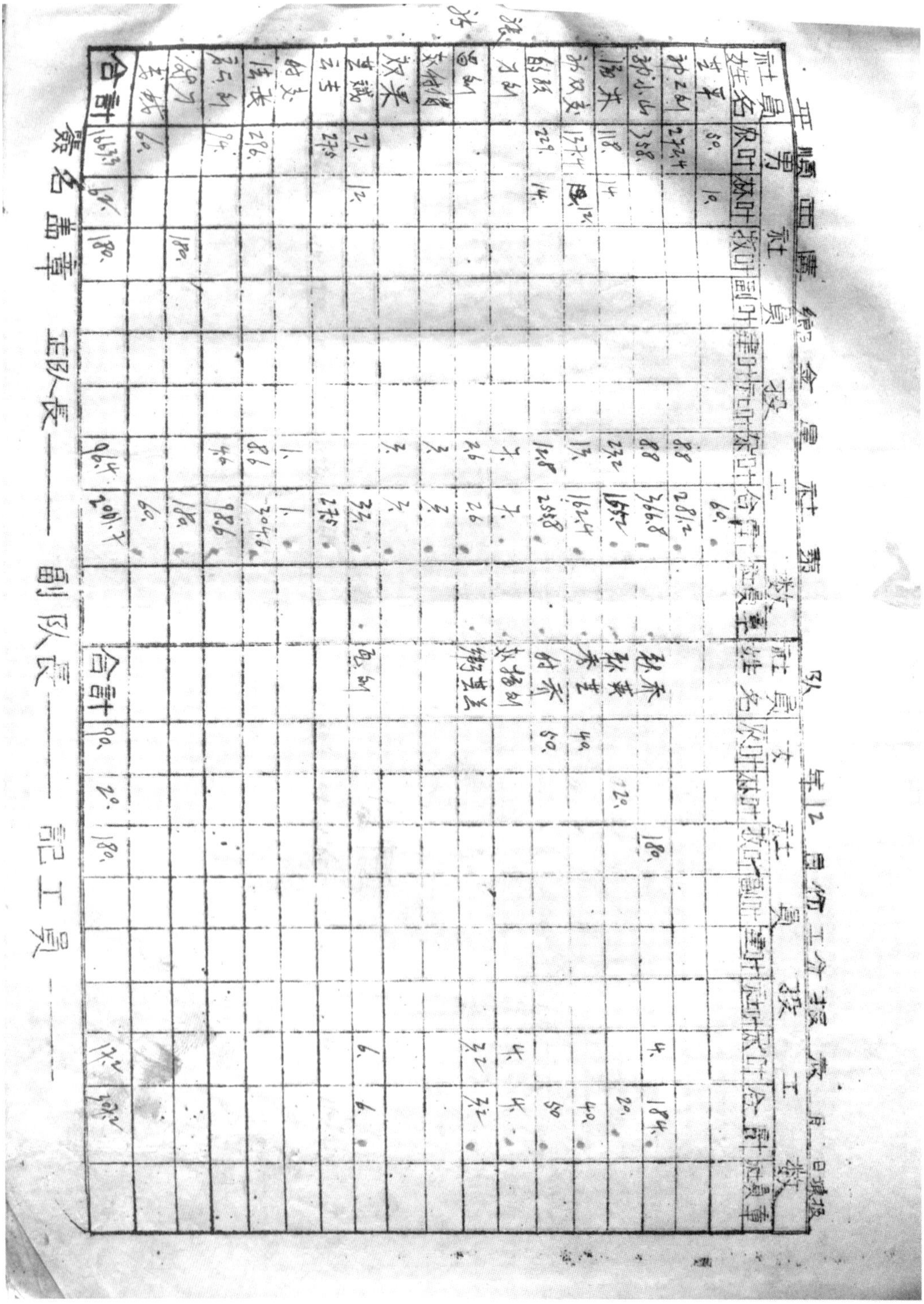

图2-3-1-3　平顺西沟乡金星社第一队（1957）年12月份工分报表二

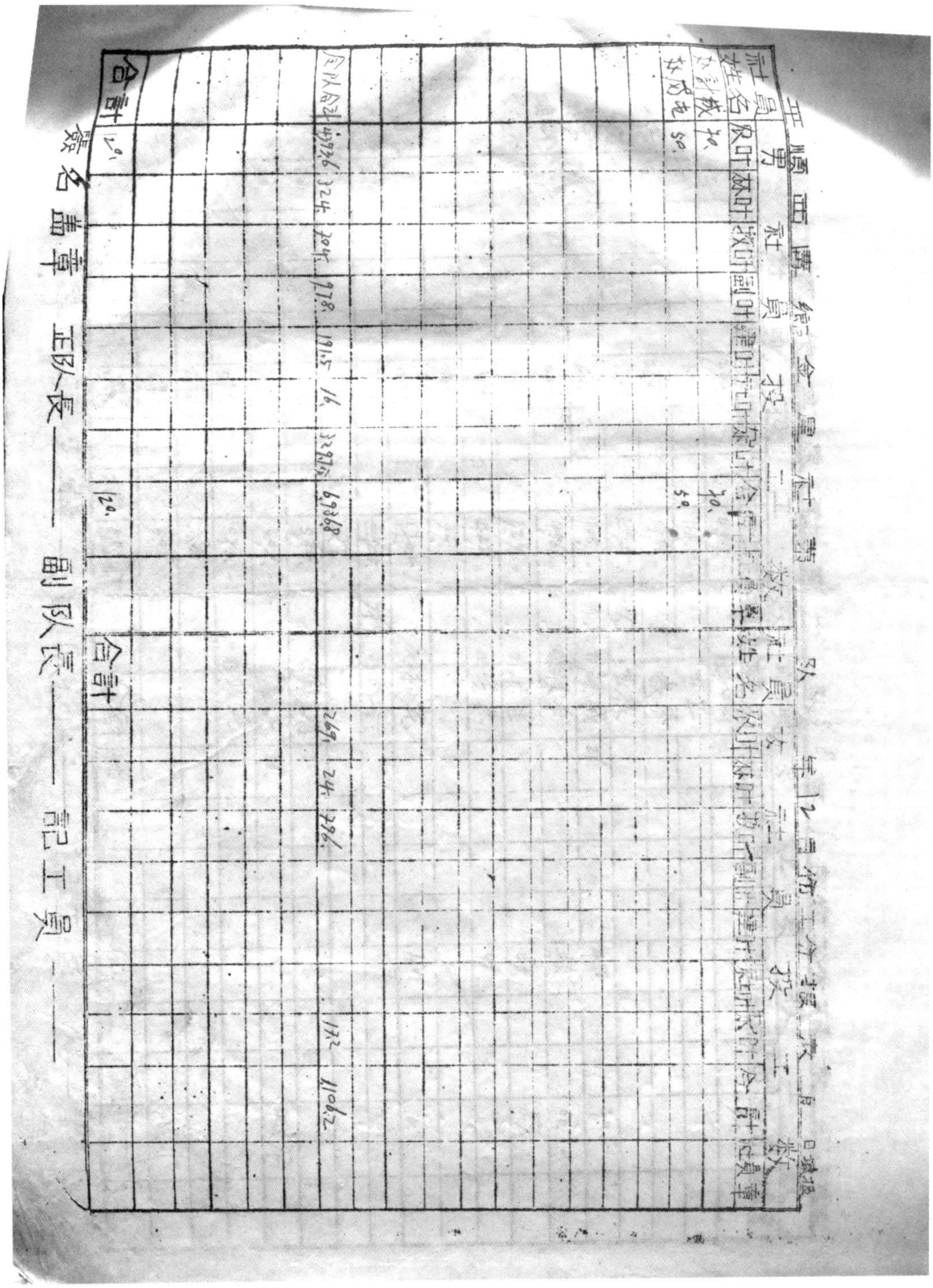

图2-3-1-4　平顺西沟乡金星社第一队（1957）年12月份工分报表三

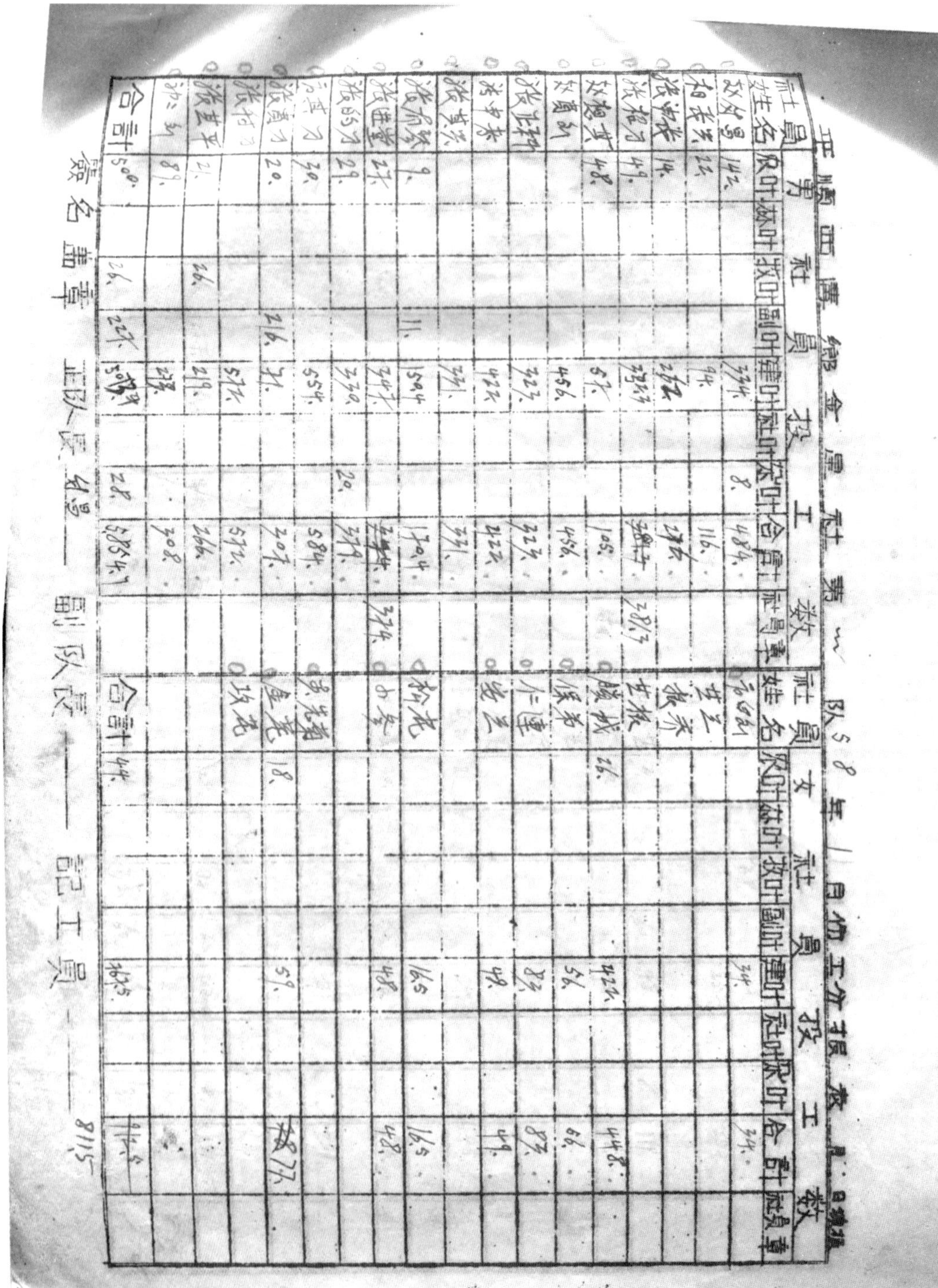
平順西溝鄉金星社第一隊58年1月份工分報表

图2-3-1-5　平顺西沟乡金星社第一队（19）58年1月份工分报表一

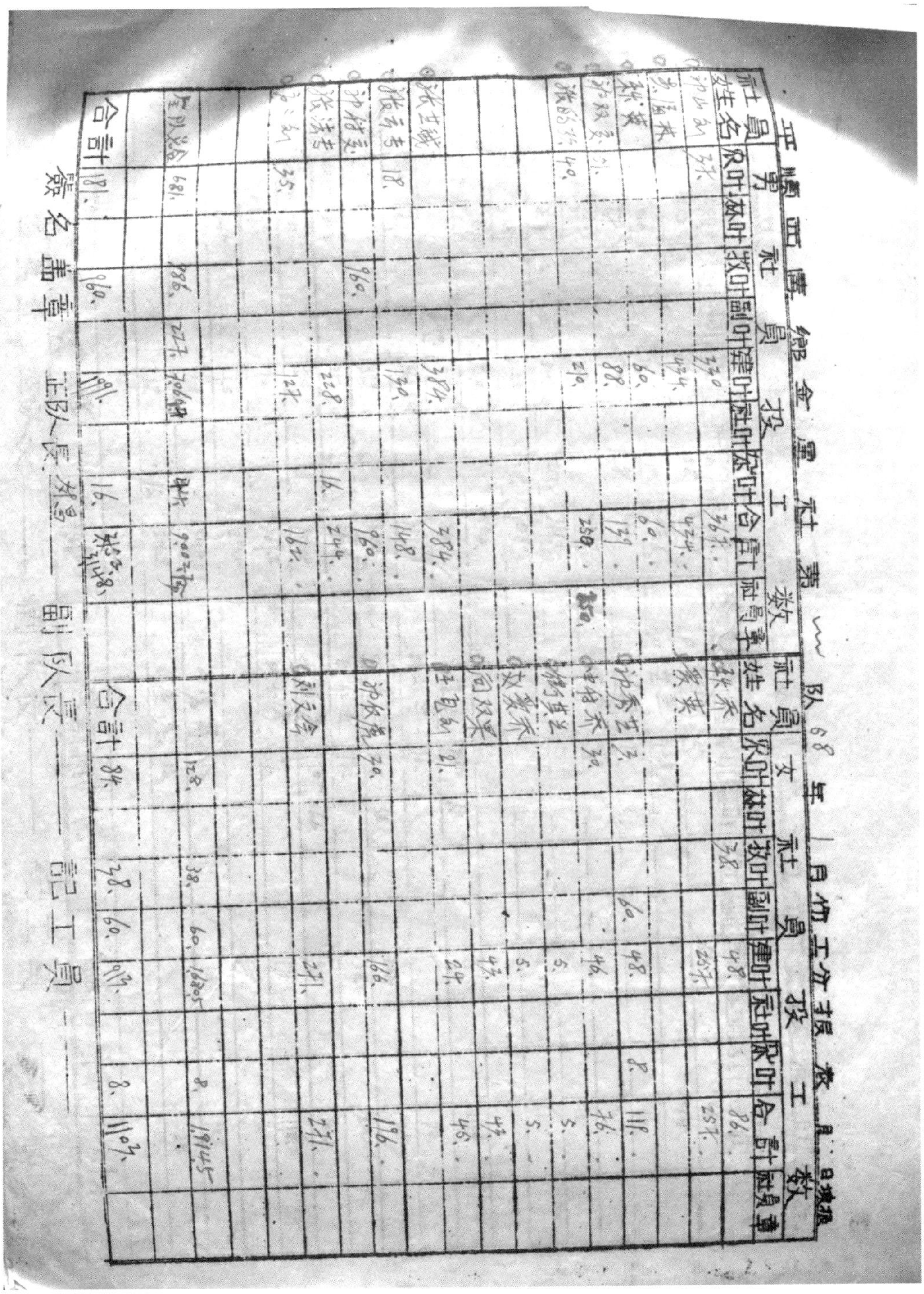

图2-3-1-6　平顺西沟乡金星社第一队（19）58年1月份工分报表二

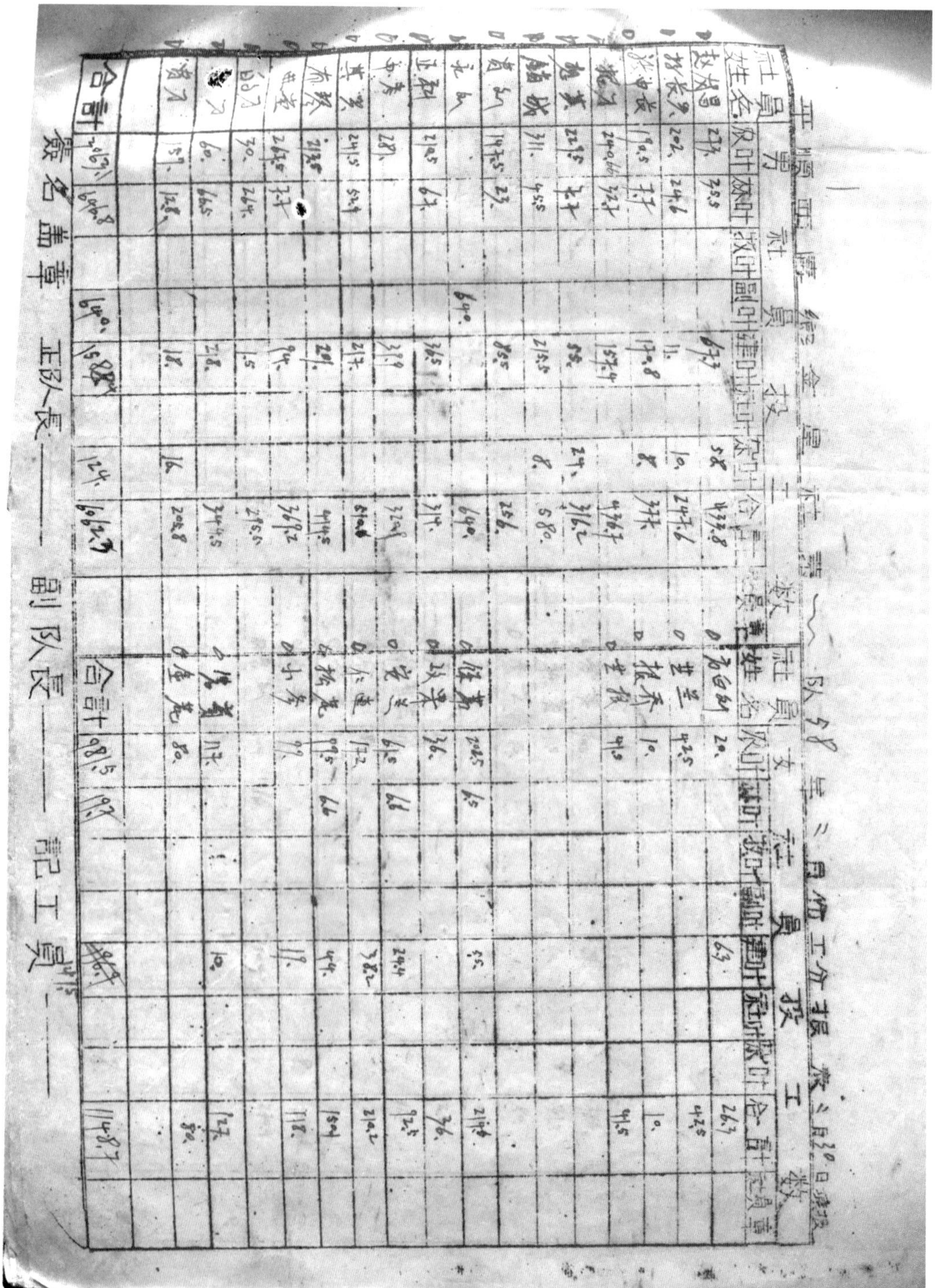

图2-3-1-7　平顺西沟乡金星社第一队（19）58年2月份工分报表一

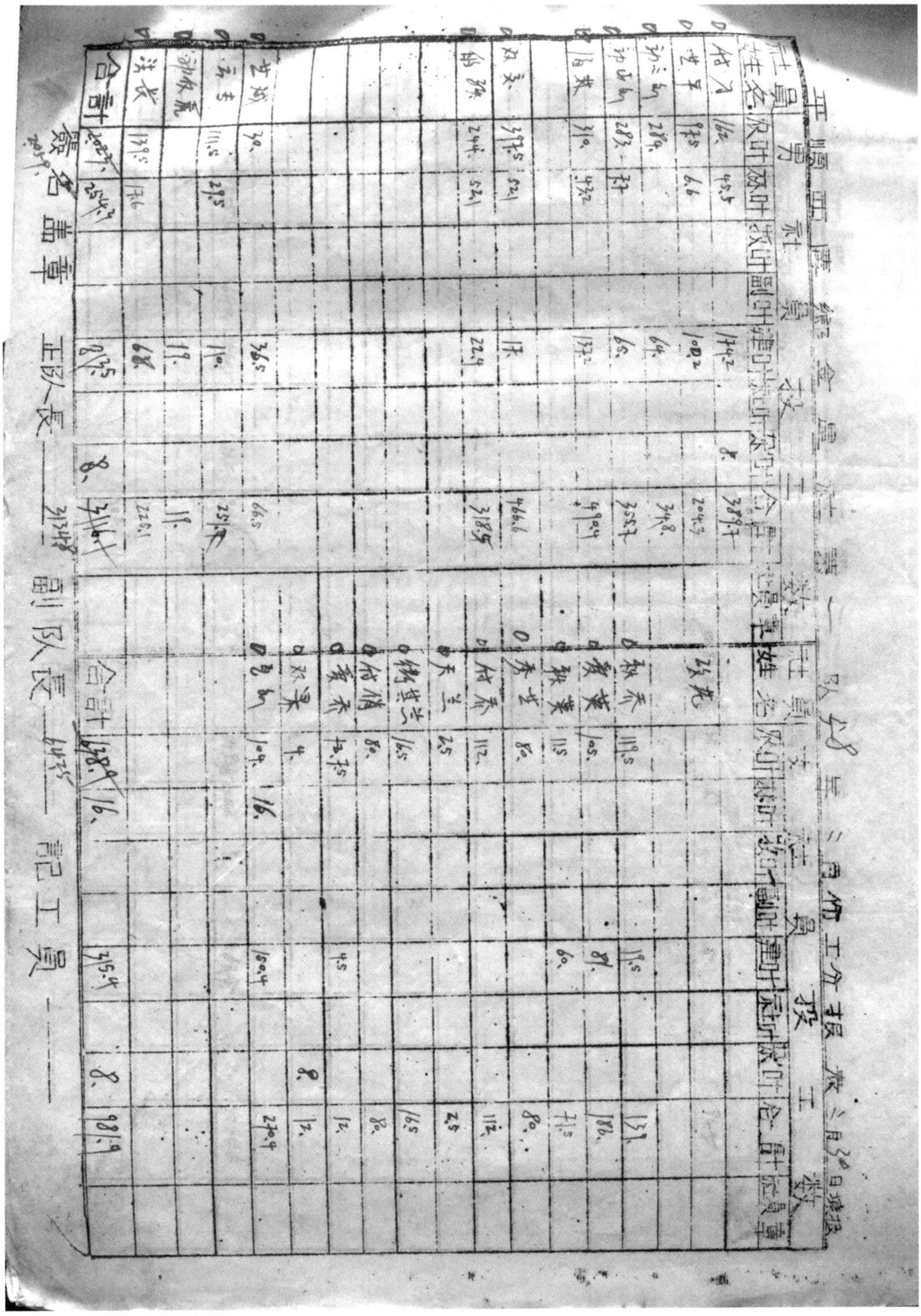

图2-3-1-8　平顺西沟乡金星社第一队（19）58年2月份工分报表二

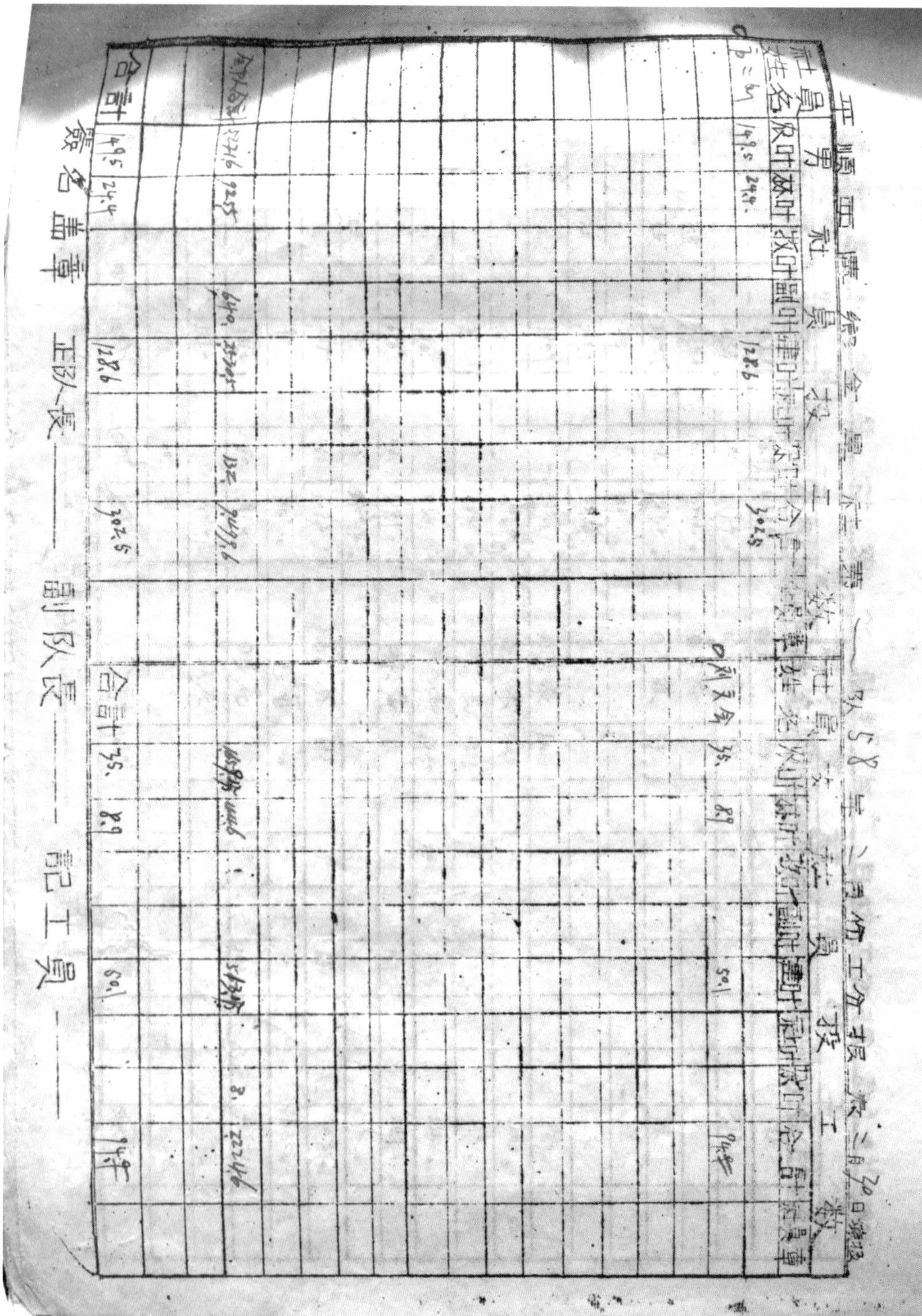

平顺西沟乡金星社第一队58年二月份工分报表 二月30日填报

社员姓名	男社员投工数：农叶	林叶	牧叶	副叶	建叶	运叶	杂叶	合计	社员盖章	社员姓名	女社员投工数：农叶	林叶	牧叶	副叶	建叶	运叶	杂叶	合计	社员盖章
方二和	149.5	24.4			128.6			302.5		刘文会	35.	8.9			50.1			94[illegible]	
全队合计	5271.6	92.55		640.	2530.5		132.	9499.6			1659.5	444.6			513.5		8.	2224.6	
合計	149.5	24.4			128.6			302.5		合計	35.	8.9			50.1			94[illegible]	

簽名盖章　正队長——　副队長——　記工員——

图2-3-1-9　平顺西沟乡金星社第一队（19）58年2月份工分报表三

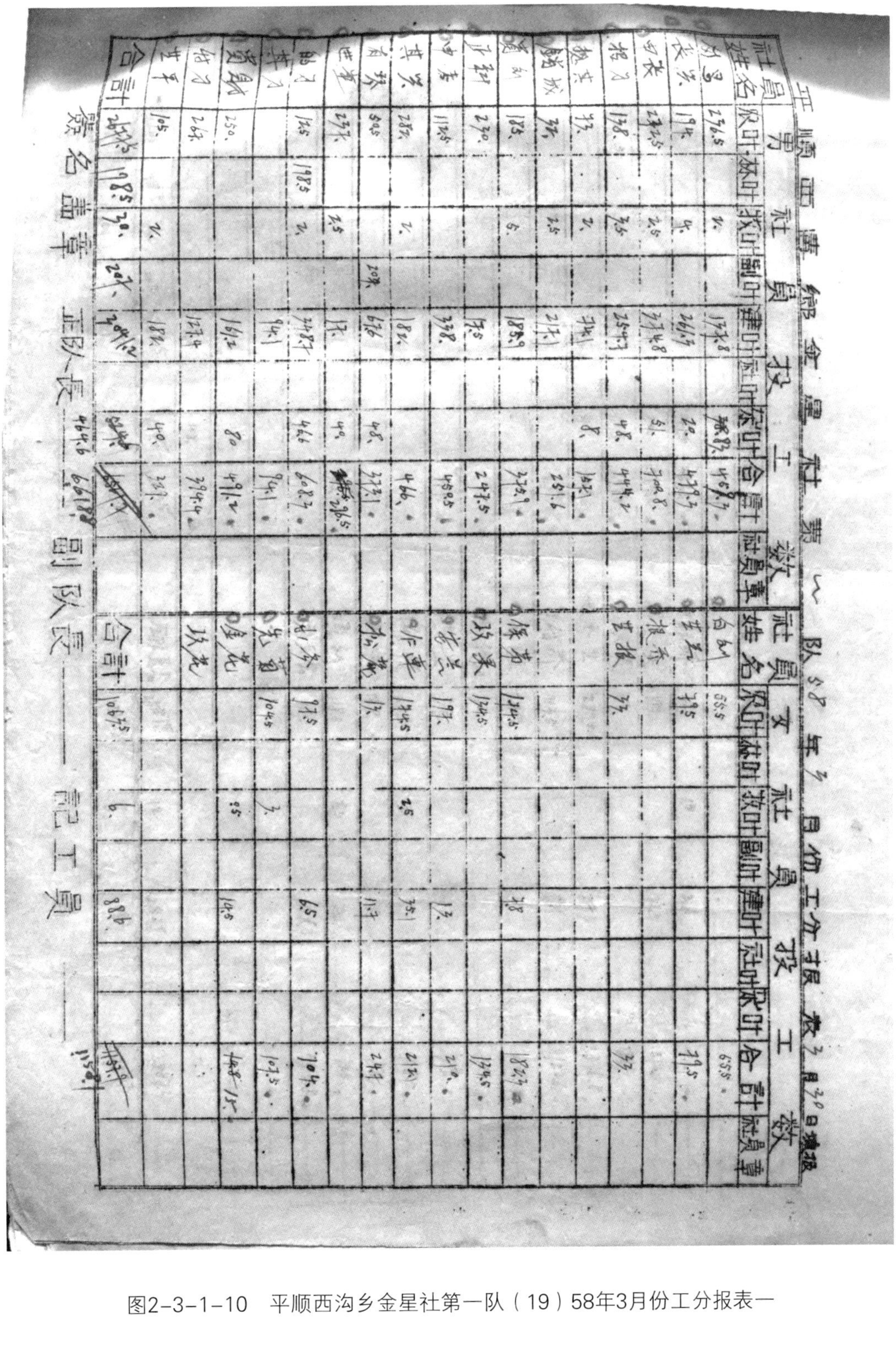

图2-3-1-10　平顺西沟乡金星社第一队（19）58年3月份工分报表一

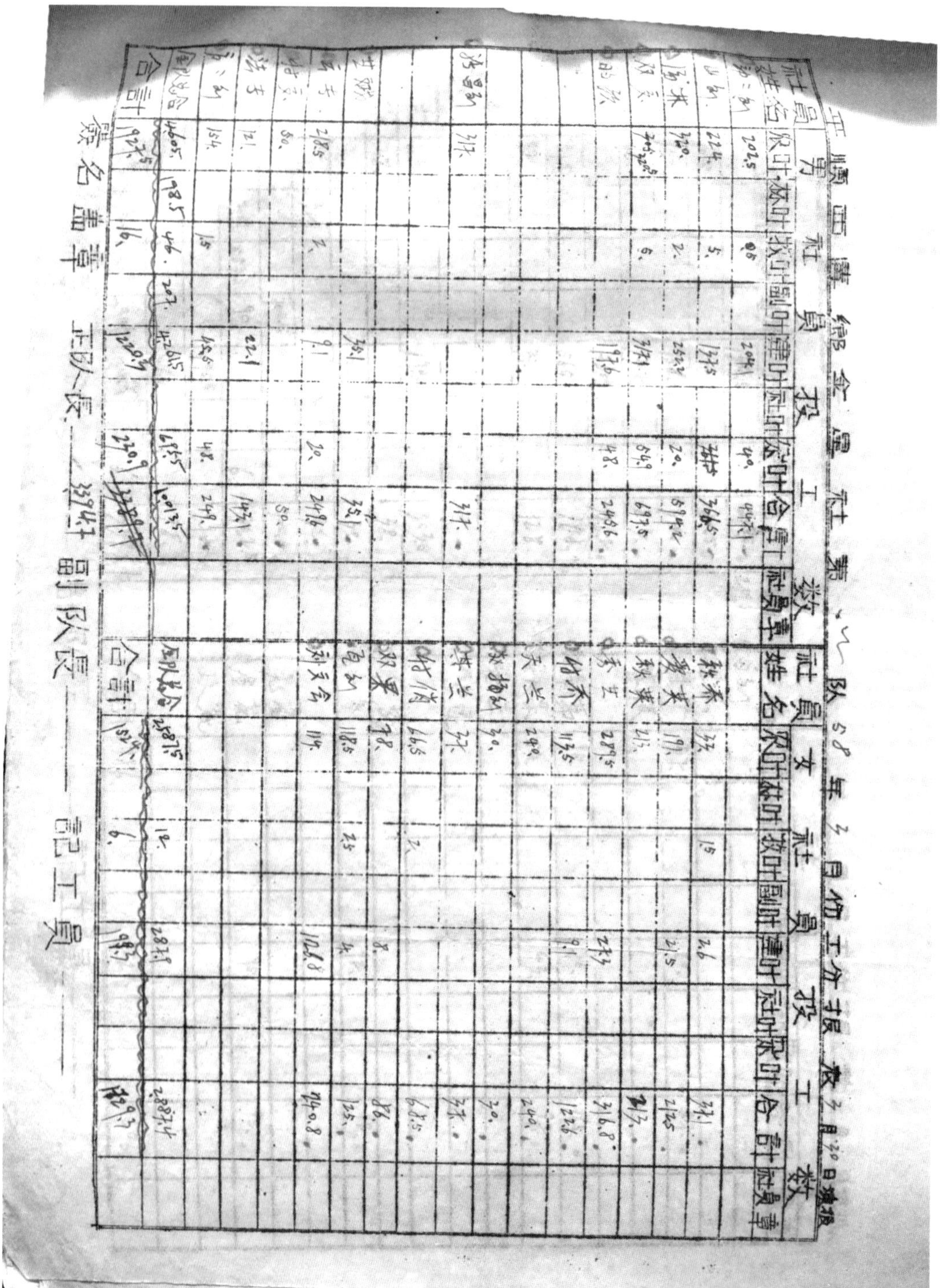

图2-3-1-11　平顺西沟乡金星社第一队（19）58年3月份工分报表二

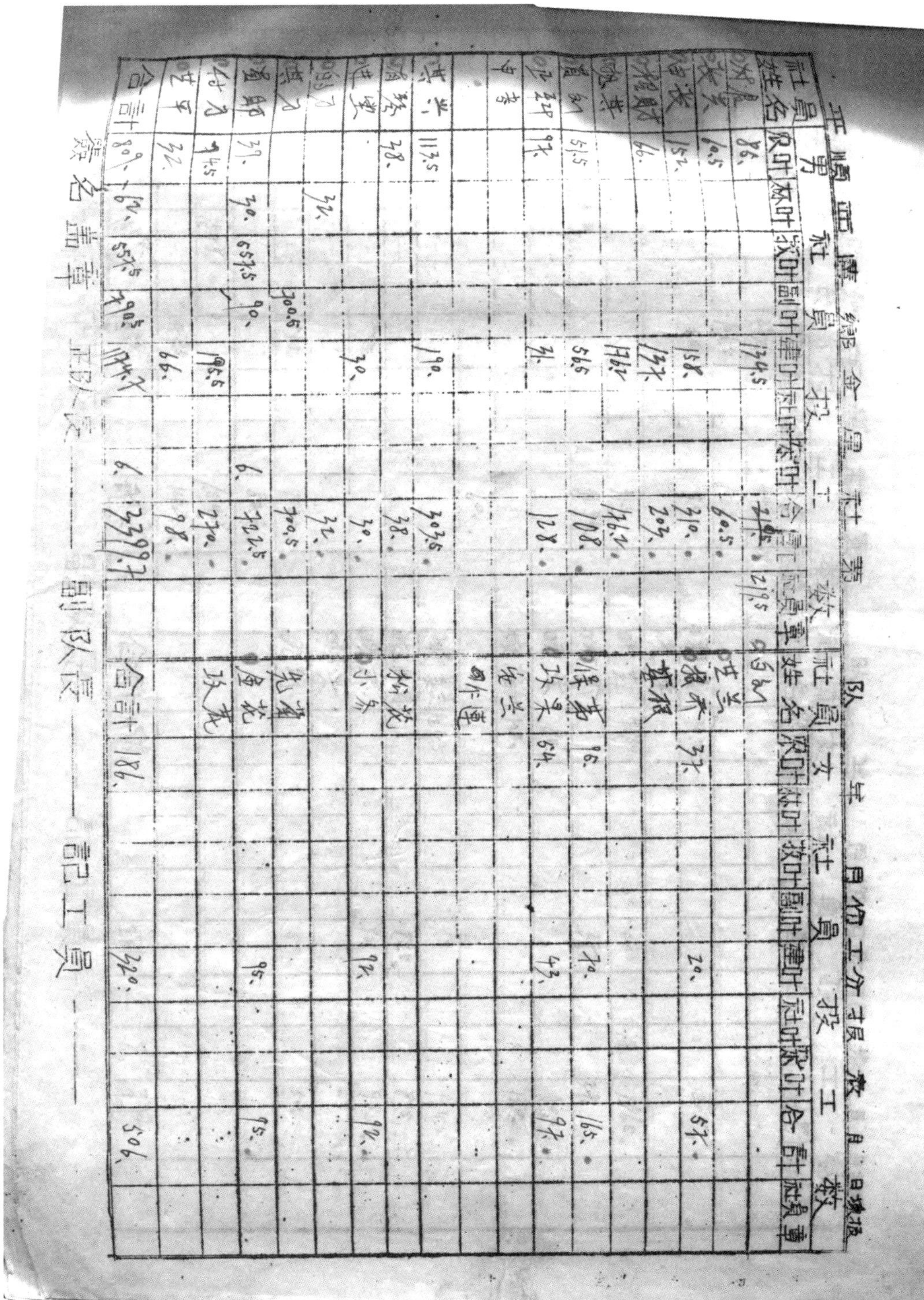

平順西溝鄉金星社第　队　年　月份工分报表　月　日填报

社員姓名	男社員投工数 农叶	林叶	牧叶	副叶	建叶	社叶	□叶	合計	社員章
树良	86.				134.5			219.5	219.5
长兴	60.5							60.5	
油保	152.				158.			310.	
程財	66.				137.			203.	
九其					176.2			176.2	
貴	51.5				56.5			108.	
玉	97.				31.			128.	
申孝									
其兴	113.5				190.			303.5	
有琴	38.							38.	
进					30.			30.	
明		32.						32.	
其才				300.5				300.5	
貴	37.	30.	557.5	90.			6.	722.5	
付才	94.5				195.5			270.	
芝平	32.				66.			98.	
合計	809.	62.	557.5	390.5	1144.7		6.	2399.7	

社員姓名	女社員投工数 农叶	林叶	牧叶	副叶	建叶	社叶	□叶	合計	社員章
白									
芝兰									
振乔	37.				20.			57.	
其根									
保第	96.				70.			165.	
玫果	64.				43.			97.	
爱兰									
昨運									
松花									
小秀					92.			92.	
先蘭									
金花					95.			95.	
玫花									
合計	186.				320.			506.	

簽名盖章　正队長——　副队長——　記工員——

图2-3-1-12　平顺西沟乡金星社第一队（19）58年（3）月份工分报表三

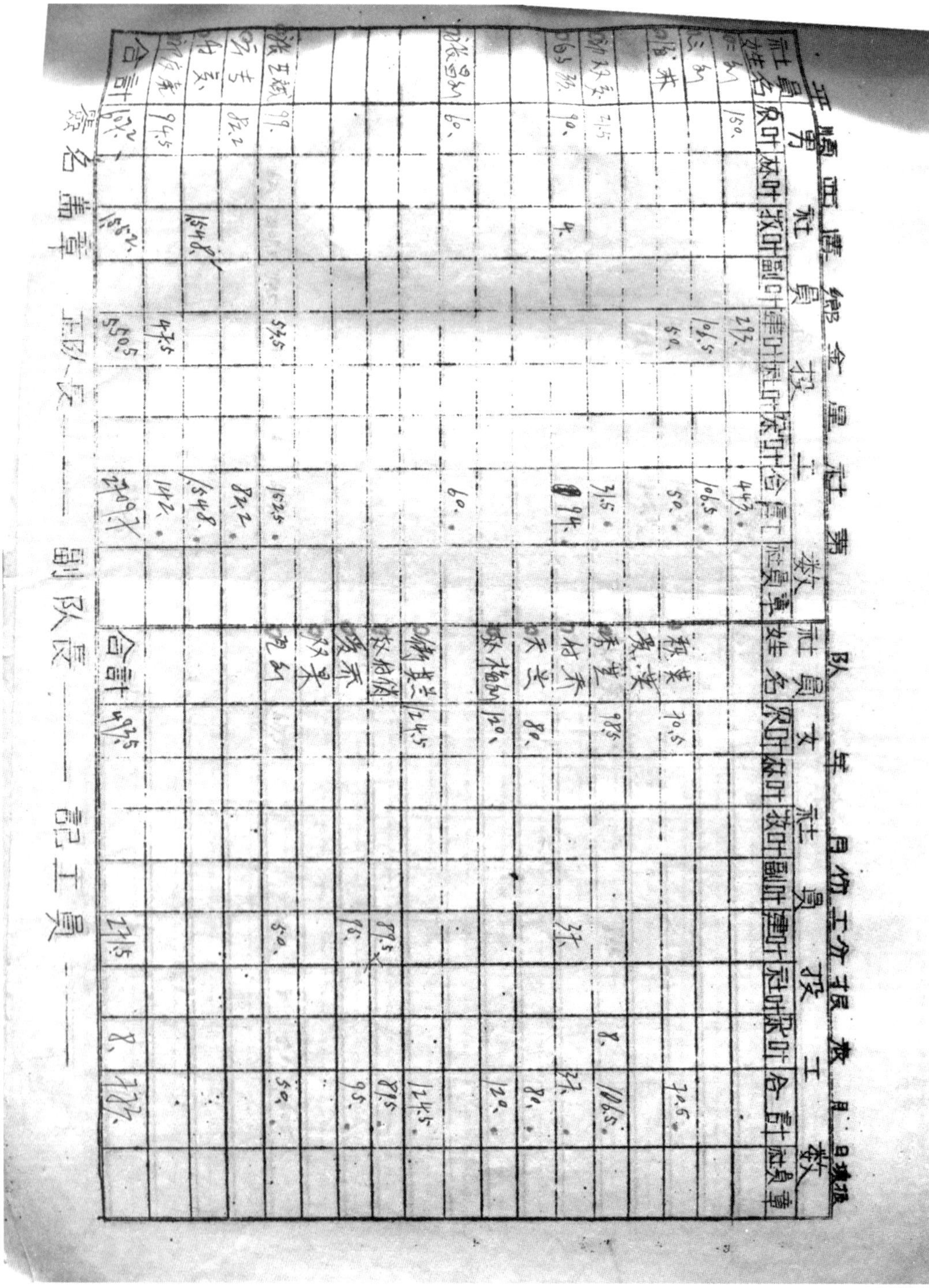

平顺西沟乡金星社第　队　年　月份工分报表　月　日填报

男社员投工数

社员姓名	农叶	林叶	牧叶	副叶	建叶	社叶	保叶	合计	社员章
二红	150.				293.			443.	
三红					106.5			106.5	
俊林					50.			50.	
孙双交	31.5							31.5	
白玉孩	90.		4.					94.	
张昌红	60.							60.	
张五斌	99.				53.5			152.5	
云专	82.2							82.2	
什交			154.8					154.8	
孙及亮	94.5				47.5			142.	
合计	[illegible]		158.2		550.5			2709.7	

女社员投工数

社员姓名	农叶	林叶	牧叶	副叶	建叶	社叶	保叶	合计	社员章
秋英	70.5							70.5	
爱英									
秀芝	98.5						8.	106.5	
付乔					35.			35.	
天兰	80.							80.	
林梅红	120.							120.	
卫其兰	124.5							124.5	
赵付俏					89.5			89.5	
爱乔					95.			95.	
双果									
丸红					50.			50.	
合计	493.5				271.5		8.	[illegible]	

签名盖章　正队长——　副队长——　记工员——

图2–3–1–13　平顺西沟乡金星社第一队（19）58年（3）月份工分报表四

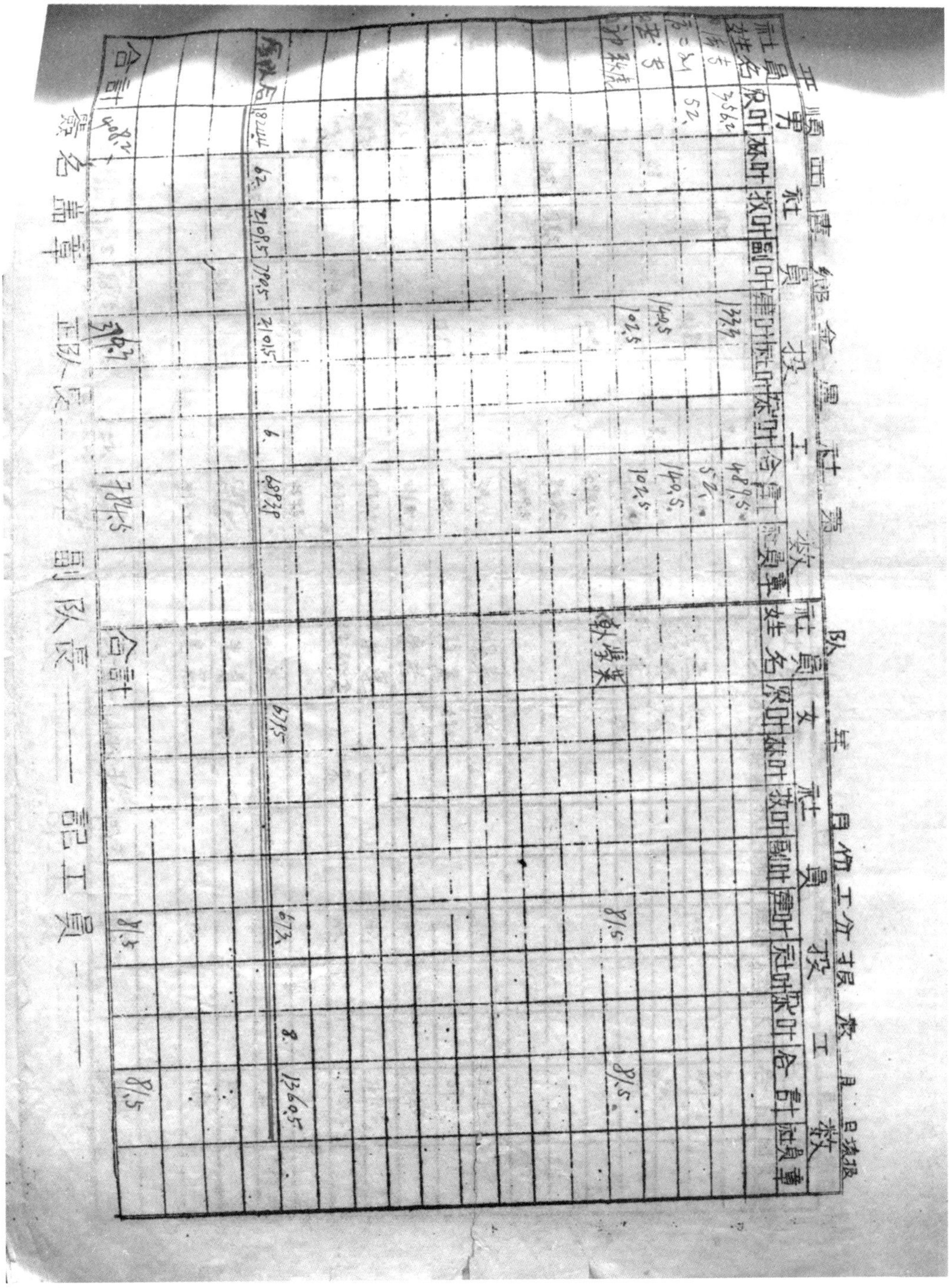

图2-3-1-14　平顺西沟乡金星社第一队（19）58年（3）月份工分报表五

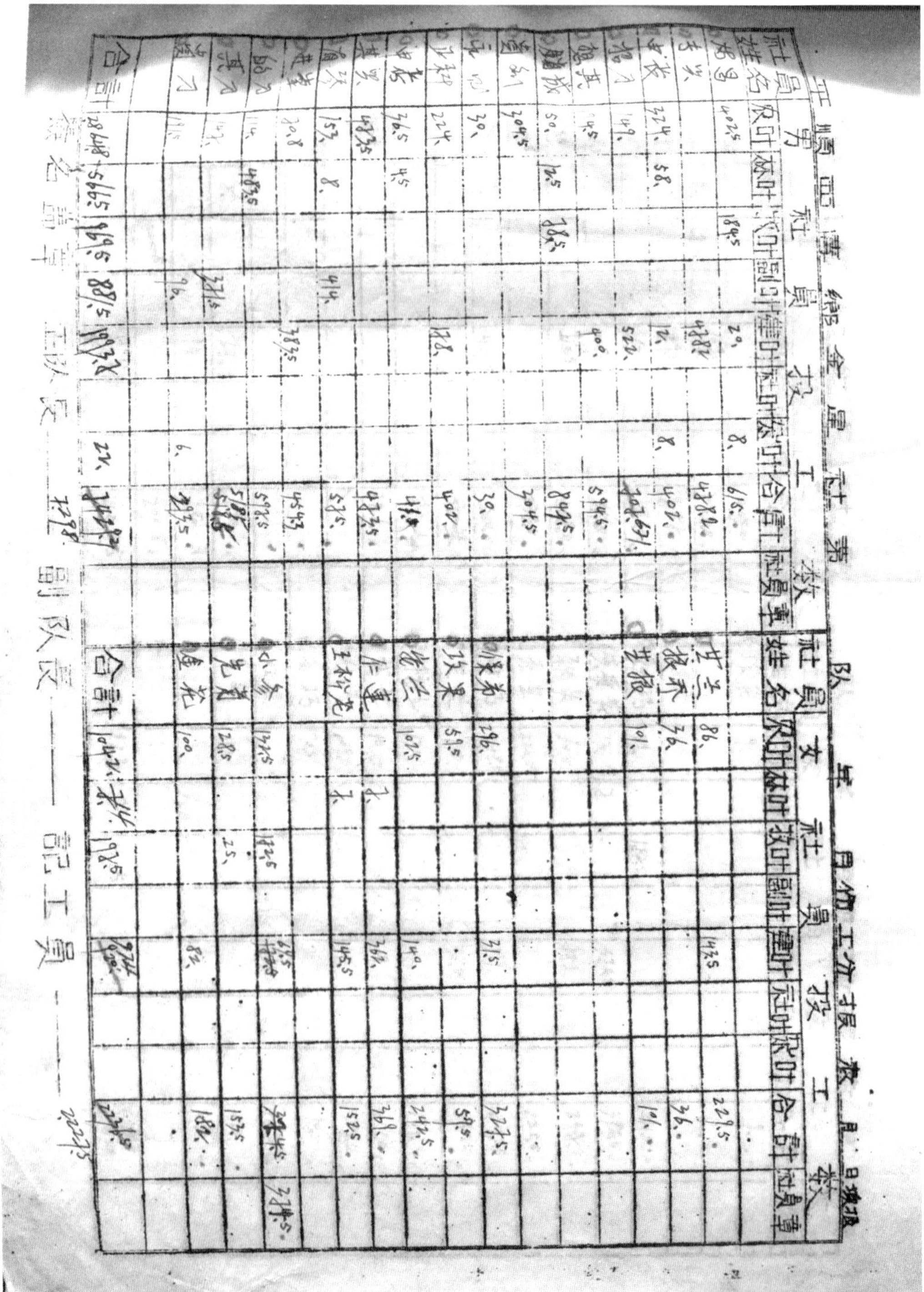

平順西溝鄉金星社第　队　年　月份工分报表　月　日填报

社員姓名	男社員投工数 農叶	林叶	牧叶	副叶	建叶	社叶	公叶	合計	社員章	社員姓名	女社員投工数 農叶	林叶	牧叶	副叶	建叶	社叶	公叶	合計	社員章
根昌	402.5		184.5		20.		8.	615.											
寺兴					478.2			478.2		艾兰	86.				143.5			229.5	
申长	324.	58.			12.		8.	402.		振乔	36.							36.	
招刀	149.				522.			671.		艾振	101.							101.	
想其	4.5				400.			594.5											
贈成	50.	12.5	78.5					847.5											
道钊	304.5							304.5											
云比	30.							30.		保弟	296.				31.5			327.5	
正科	224.				178.			402.		玖果	59.5							59.5	
申春	36.5	4.5						41.		宪兰	102.5				140.			242.5	
其兴	483.5							483.5		仁莲		1.			362.			369.	
有莲	153.	8.		414.				575.		王松花		1.			145.5			152.5	
进堂	70.8				383.5			454.3											
的刀	114.	483.5						597.5		小冬	132.5		182.5		68.5			378.5	378.5
其刀	147.			371.5				518.5		先莉	128.5		25.					153.5	
道刀	115.			96.			6.	293.5		金花	100.				82.			182.	
合計	2864.8	566.5	969.5	881.5	1993.8		22.	7429.7		合計	1042.	3.	198.5		974.			2236.5	

簽名蓋章　正队長　副队長——　記工員——

图2-3-1-15　平顺西沟乡金星社第一队（19）58年（3）月份工分报表六

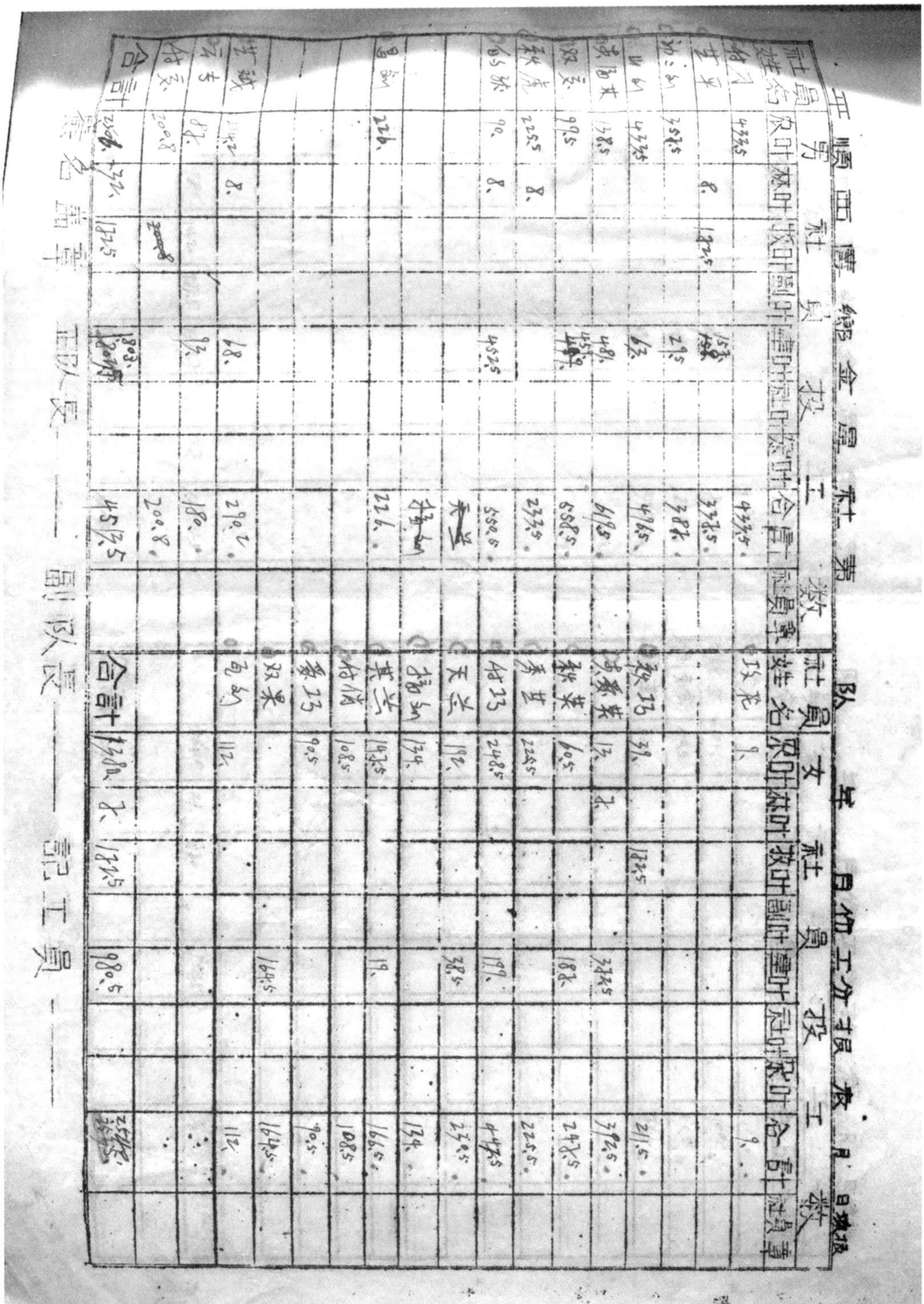

平順西溝鄉金星社第　队　年　月份工分报表　月　日填报

社員姓名	农叶	林叶	牧叶	副叶	建叶	社叶	积叶	合計	社員章	社員姓名	农叶	林叶	牧叶	副叶	建叶	社叶	积叶	合計	社員章
付刀	433.5							433.5		玖花	9.							9.	
芒平		8.	182.5		148.			338.5											
功三刘	358.5				29.5			388.											
山刘	433.5				63.			496.5		秋巧	39.		182.5					211.5	
贵周林	138.5				481.			619.5		贵爱英	13.	8.			374.5			392.5	
双亥	99.5				459.			558.5		秋英	60.5				188.			248.5	
秋虎	225.5	8.						233.5		秀芒	225.5							225.5	
何孩	90.	8.			452.5			550.5		付巧	248.5				199.			447.5	
								~~天芒~~		天芒	192.				38.5			230.5	
								~~掐刘~~		掐刘	134.							134.	
吕刘	226.							226.		其芒	147.5				19.			166.5	
										付俏	108.5							108.5	
										爱巧	90.5							90.5	
										双果					164.5			164.5	
芒斌	214.2	8.			68.			290.2		瓦刘	112.							112.	
云古	87.				93.			180.											
付亥	200.8		~~200.8~~					200.8											
合計	2508.	32.	182.5		1801.5			4513.5		合計	1380.	8.	182.5		980.5			2541.5	

簽名蓋章　正队長——　副队長——　記工員——

图2-3-1-16　平顺西沟乡金星社第一队（19）58年（3）月份工分报表七

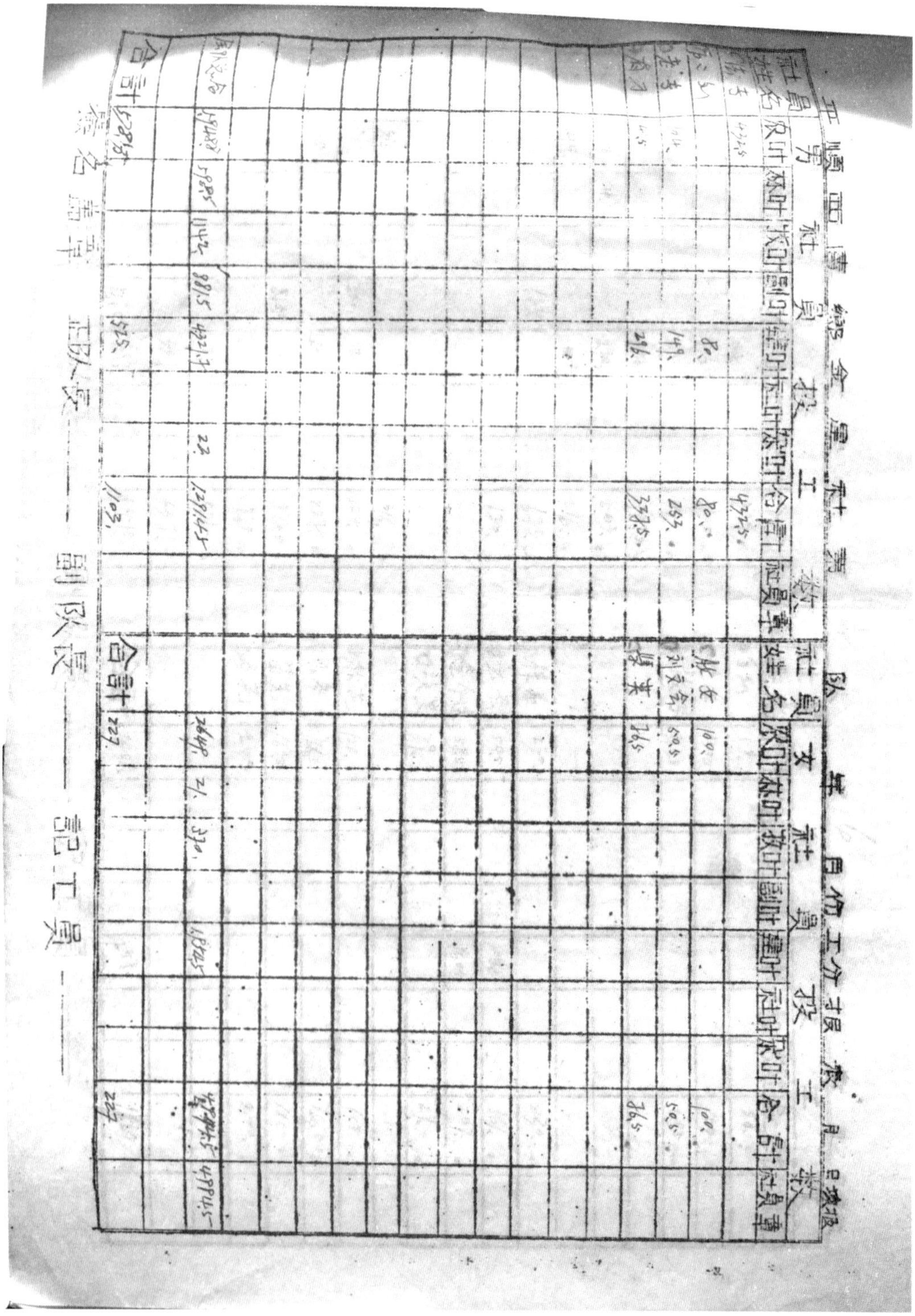

图2-3-1-17　平顺西沟乡金星社第一队（19）58年（3）月份工分报表八

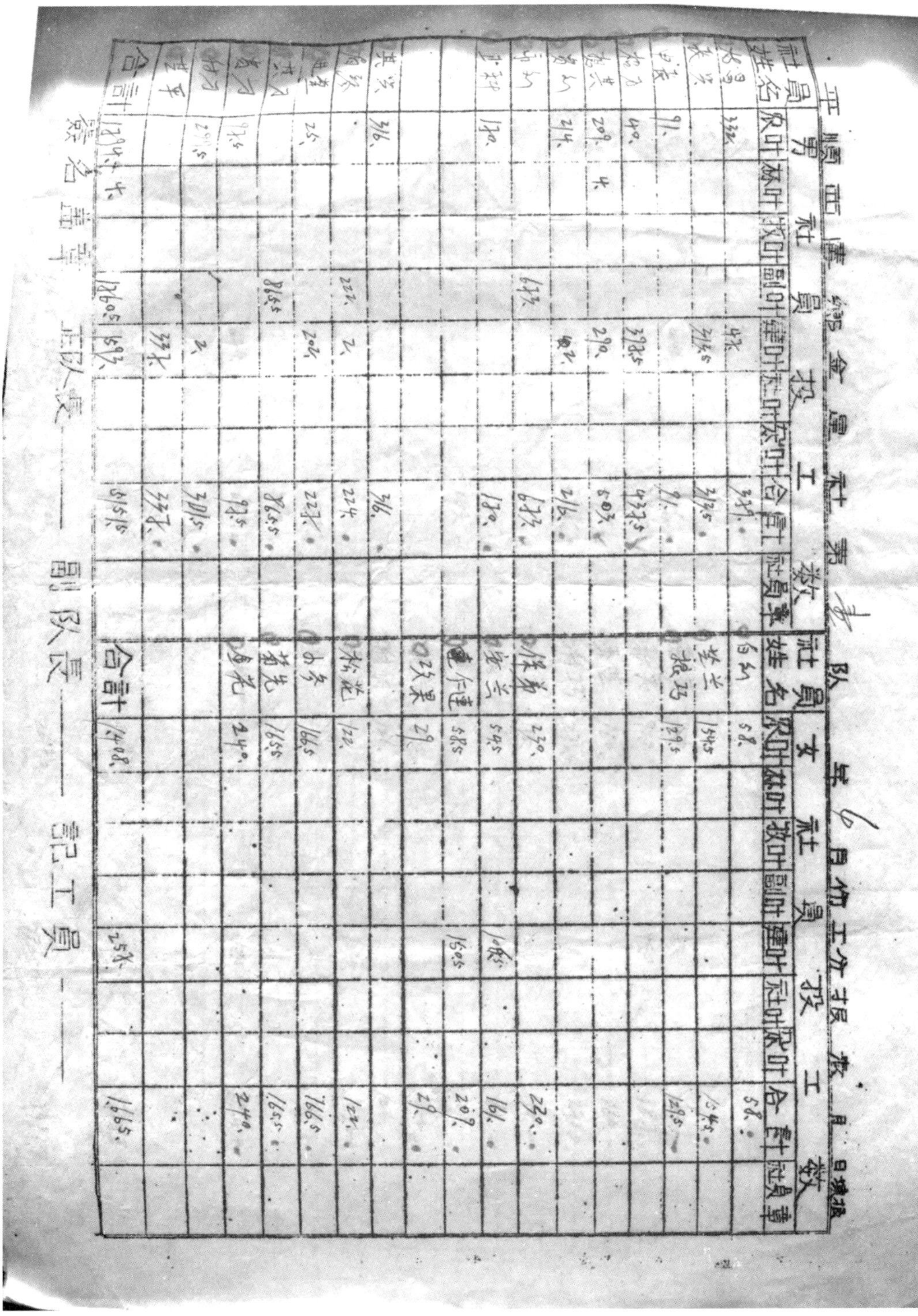

图2-3-1-18　平顺西沟乡金星社第一队（19）58年4月份工分报表一

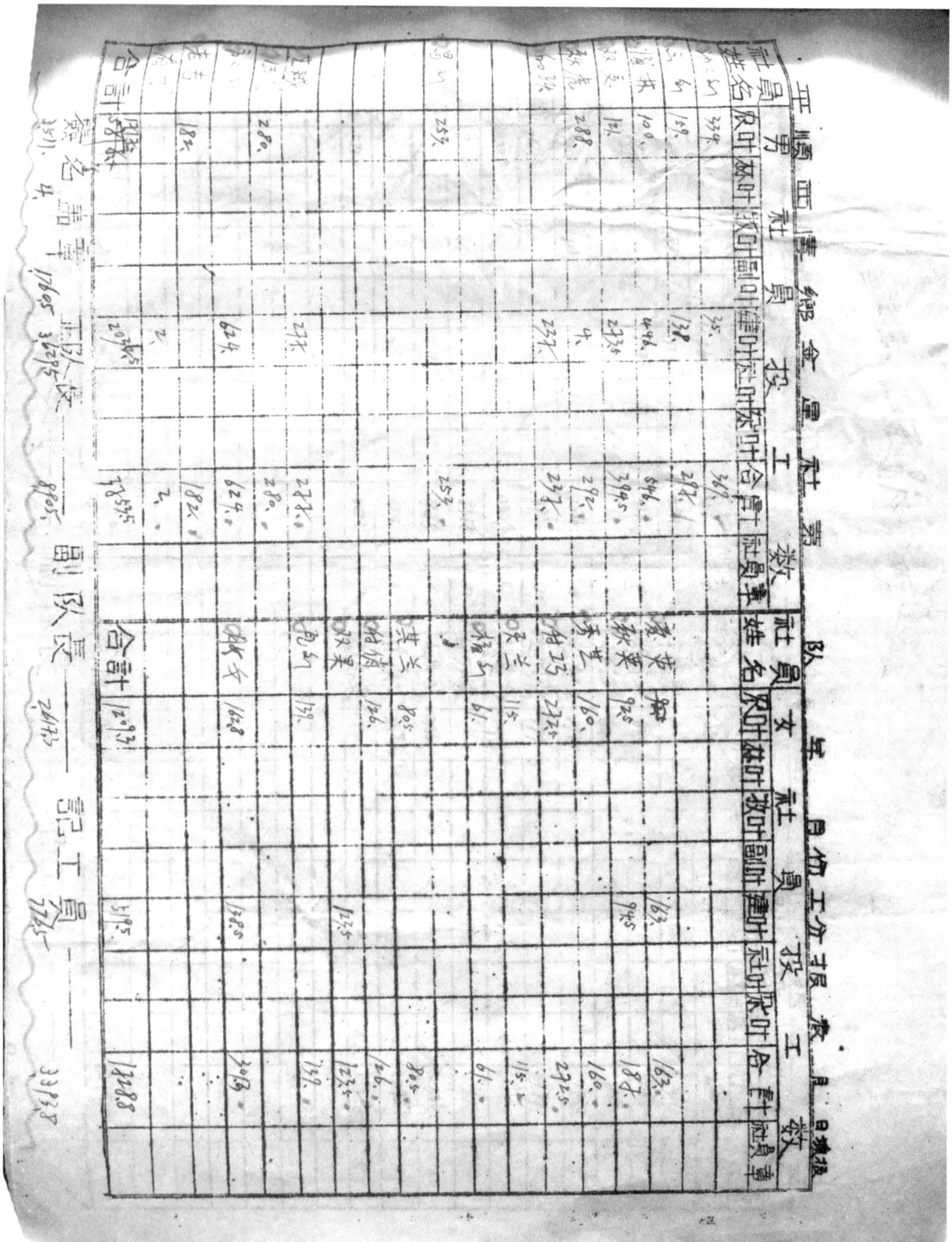

图2-3-1-19　平顺西沟乡金星社第一队（19）58年（4）月份工分报表二

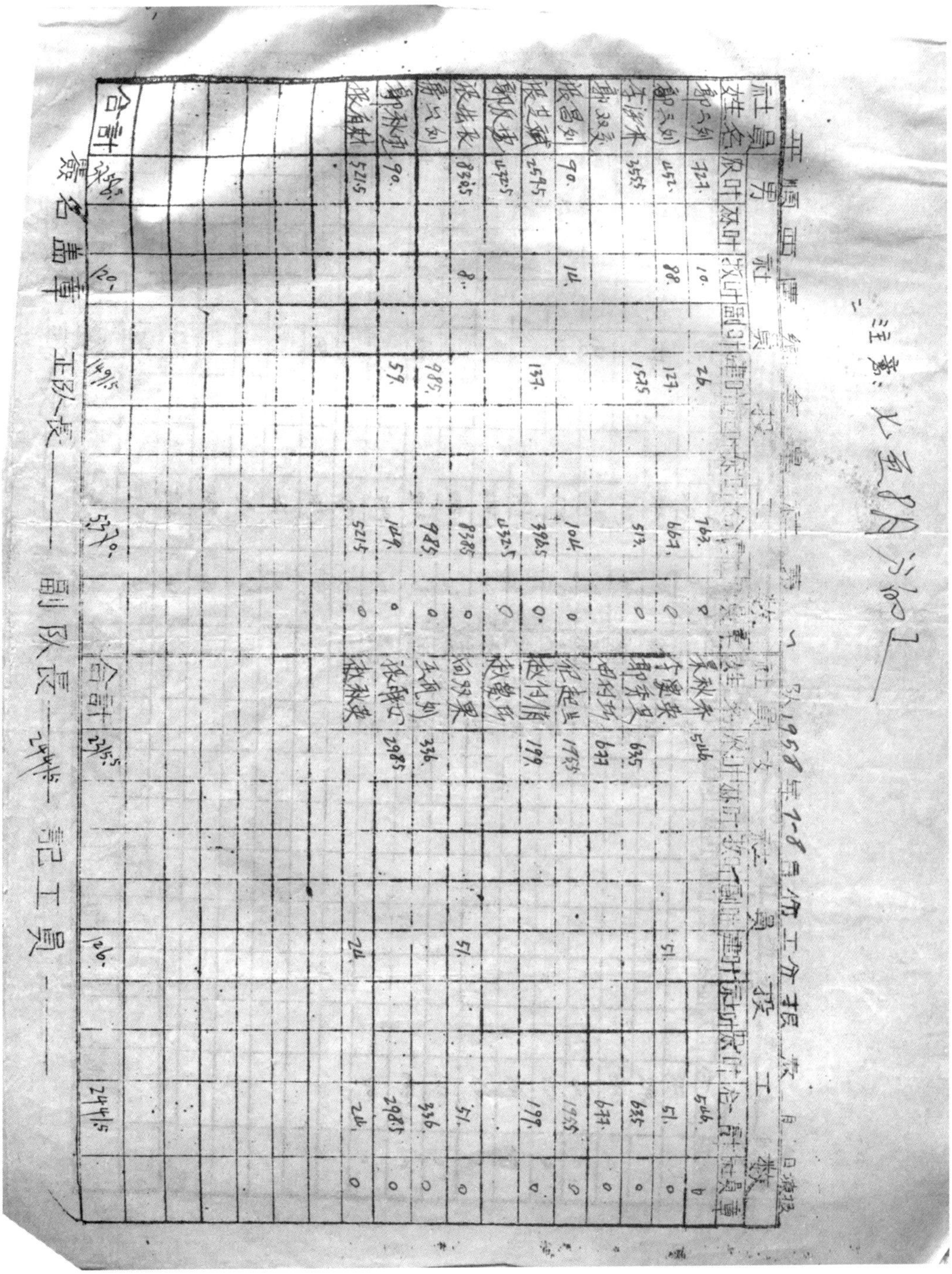

注意：七至8月分的工

平順西溝乡金星社第一队1958年7-8月份工分报表 月 日填报

社員姓名（男）	农叶	林叶	牧叶	副叶	建叶	[illegible]	[illegible]	合計	社員章	社員姓名（女）	农叶	林叶	牧叶	副叶	建叶	[illegible]	[illegible]	合計	社員章
郭二则	727.		10.		26.			763.	0	果秋乔	546.							546.	0
郭三则	452.		88.		127.			667.	0	李爱英					51.			51.	0
李泮林	355.5				157.5			513.	0	郭秀英	635							635	0
郭双交										田利芳	677							677.	0
张昌则	90.		14.					104.	0	纪起兰	195.5							195.5	0
张廷斌	259.5				137.			398.5	0.	赵付俏	199.							199.	0
郭反雪	432.5							432.5	0	赵爱芳									
张法良	830.5		8.					838.5	0	向双果					51.			51.	0
房二则					985.			985.	0	王瓦则	336.							336.	0
郭秋通	90.				59.			149.	0	张月公	298.5							298.5	0
张有财	521.5							521.5	0	赵秋英					24.			24.	0
合計	[illegible]		120.		1491.5			5370.		合計	2315.5				126.			2441.5	

簽名盖章 正队長—— 副队長——2441.5—— 記工員——

图2-3-1-20 平顺西沟乡金星社第一队（19）58年7-8月份工分报表一

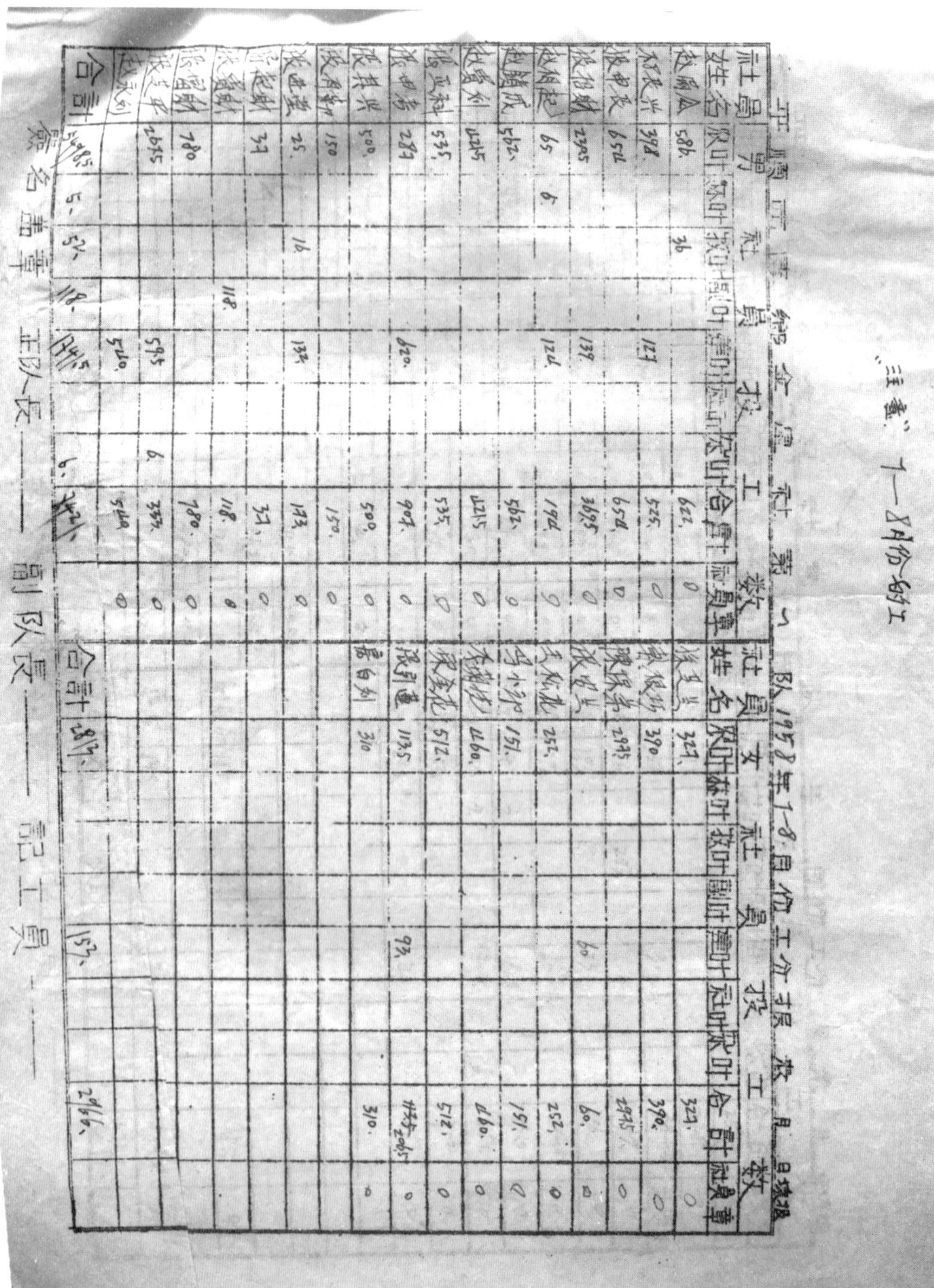

"注意" 7—8月份的工

平順西溝鄉金星社第一队1958年7-8月份工分报表 月 日填报

社員姓名	男社員投工数 农叶	林叶	牧叶	副叶	運叶	社叶	农叶	合計	社員章	社員姓名	女社員投工数 农叶	林叶	牧叶	副叶	運叶	社叶	农叶	合計	社員章
赵麻么	586.		36					622.	0	孫某兰	327.							327.	0
郝長兴	398.				127			525.	0	秦根巧	390							390.	0
張申長	654							654.	0	陳保弟	2975							2975	0
張祖財	2305				139.			3695	0	張安兰					60			60.	0
赵相起	65	6.			124.			194.	0	王秋花	252.							252.	0
赵鎖成	562.							562.	0	马小池	151.							151.	0
赵贵刘	4215							4215	0	李瑞英	460.							460.	0
張乒科	535.							535.	0	宋金花	512.							512.	0
張申秀	287				620.			907.	0	張引蓮	1135				93.			1135 2065	0
張其兴	500.							500.	0	高白刘	310							310.	0
張有新	150							150.	0										
張进堂	25.		16.		132.			173.	0										
張起財	37							37.	0										
張貴財				118.				118.	0										
張留財	780							780.	0										
張芝平	2675				595		6.	337.	0										
赵永刘					540.			540.	0										
合計	54985	5.	52.	118.	13415		6.	7421.		合計	2817.				153.			2966.	

签名盖章 正队長—— 副队長—— 記工員——

图2-3-1-21　平顺西沟乡金星社第一队（19）58年7-8月份工分报表二

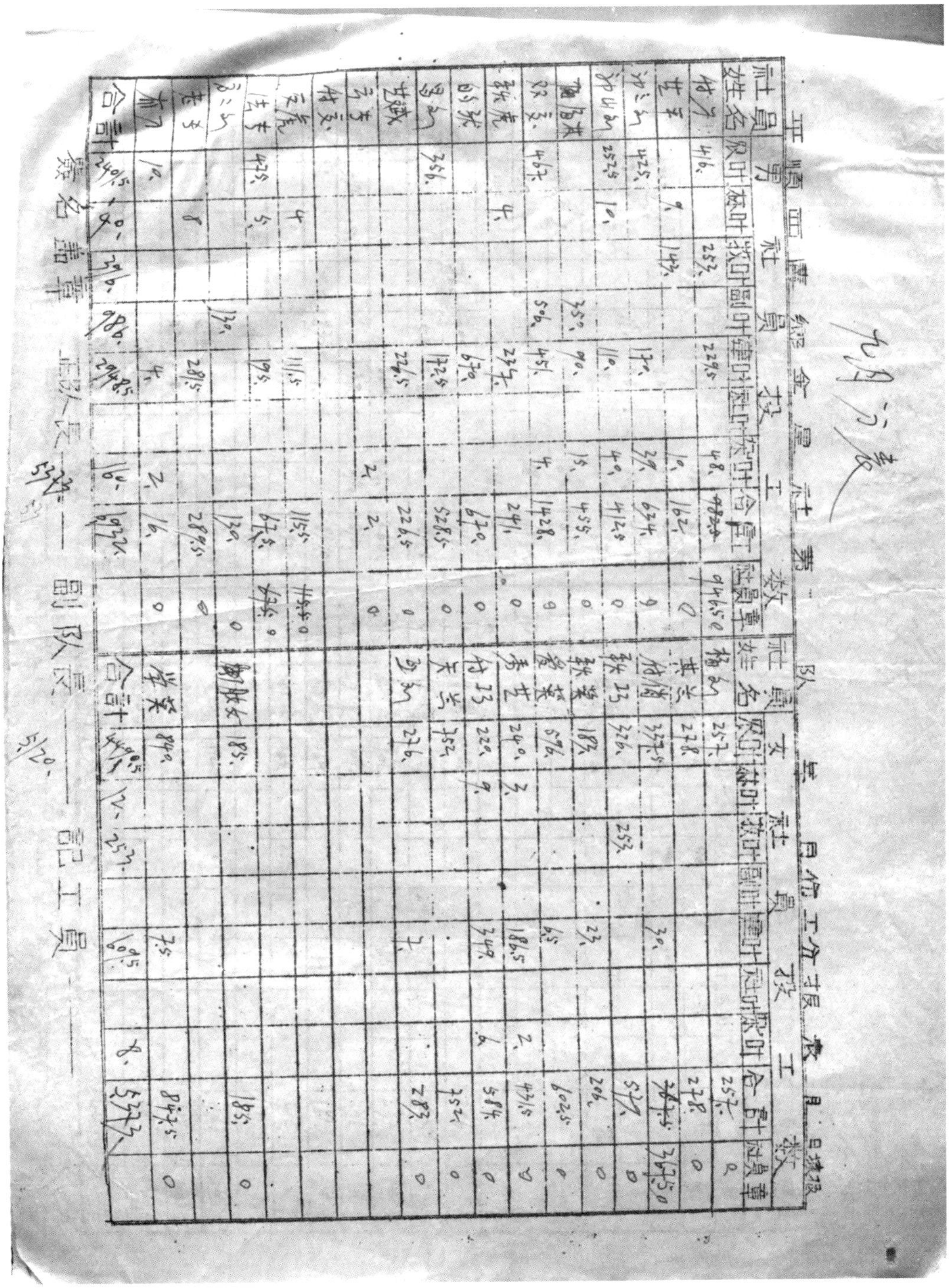

平顺西沟乡金星社第一队 社员投工数 月份工分报表

社员姓名 | 男社员投工数 | 女社员投工数

会计 签名盖章 正队长 副队长 记工员

图2-3-1-22　平顺西沟乡金星社第一队（19）58年9月份工分报表一

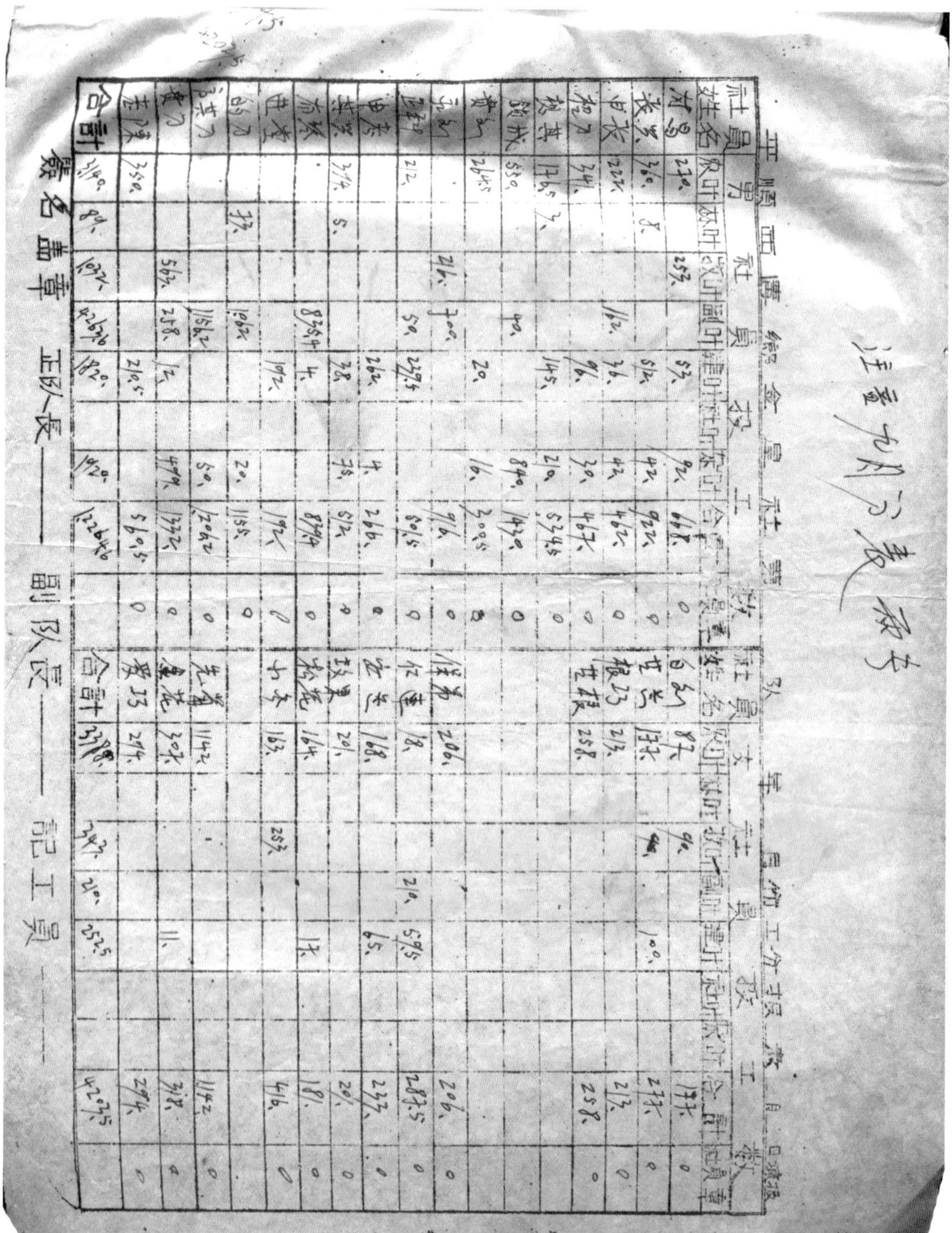

平順西溝鄉金星社第一隊 年 月份工分報表

隊名蓋章 正隊長—— 副隊長—— 記工員——

图2-3-1-23　平顺西沟乡金星社第一队（19）58年9月份工分报表二

2.西沟生产大队基本情况表（1962年1月）注：张买兴提供

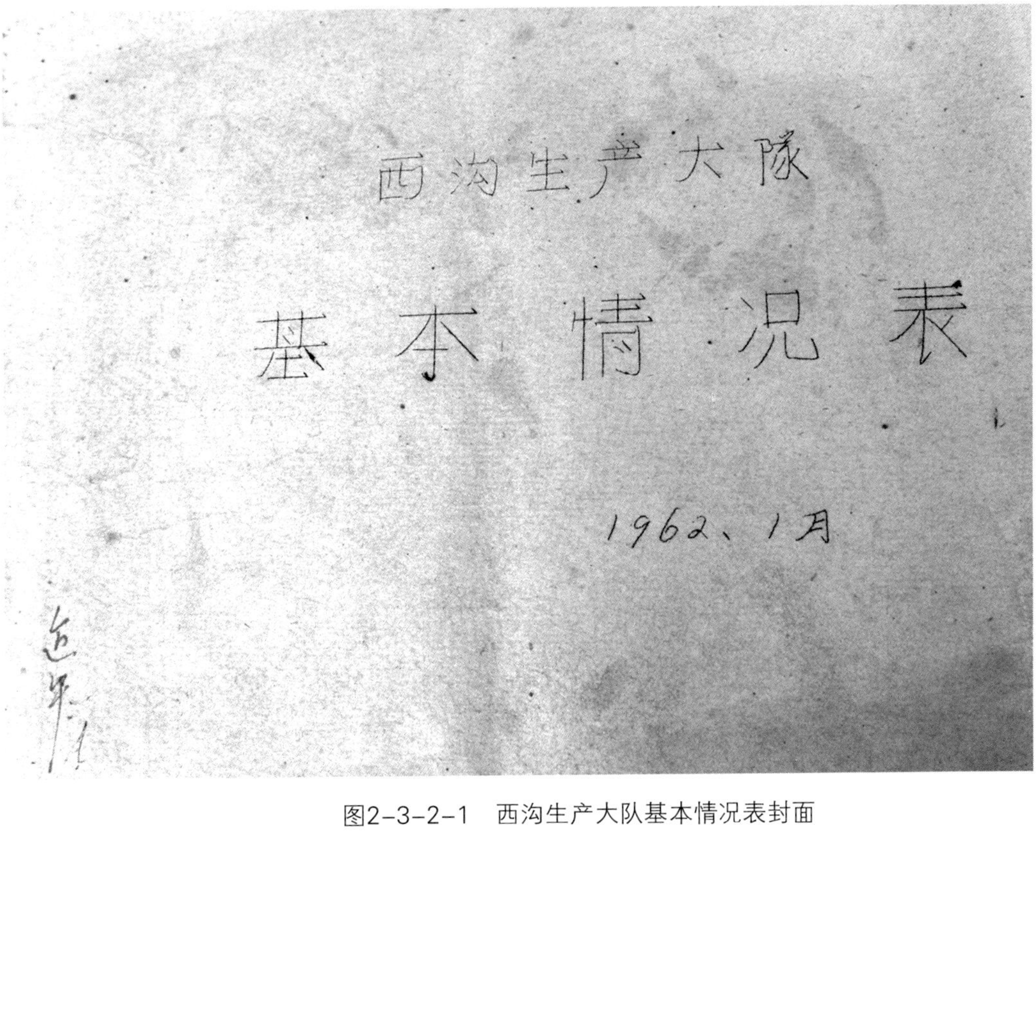

图2-3-2-1　西沟生产大队基本情况表封面

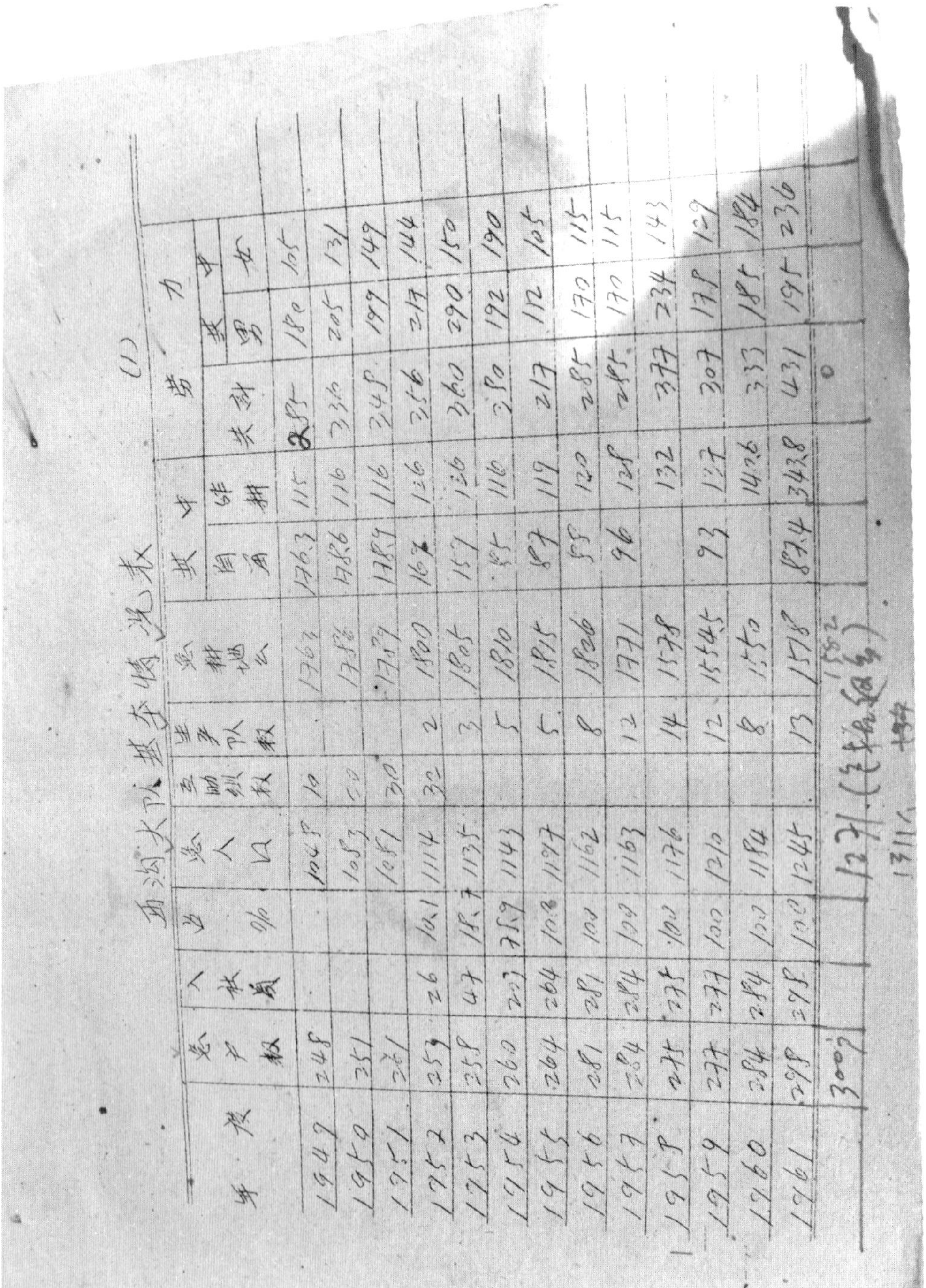

西沟大队基本情况表 （1）

年度	总户数	入社员	占%	总人口	互助组数	生产队数	总耕地么	共中 自留	共中 非耕	劳力 共计	劳力 共中 男	劳力 共中 女
1949	248			1048	10		1763	176.3	115	285	180	105
1950	251			1083	20		1786	178.6	116	336	205	131
1951	251			1081	30		1789	178.9	116	348	199	149
1952	253	26	10.1	1114	32	2	1800	167	126	356	217	144
1953	258	47	18.7	1135		3	1805	157	126	360	290	150
1954	260	203	75.9	1143		5	1810	85	116	380	192	190
1955	264	264	100	1197		5	1815	87	119	217	112	105
1956	281	281	100	1162		8	1826	55	120	285	170	115
1957	284	284	100	1163		12	1771	96	128	285	170	115
1958	275	275	100	1176		14	1578		132	377	234	143
1959	277	277	100	1210		12	1554.5	93	127	307	178	129
1960	284	284	100	1184		8	1550		142.6	333	185	184
1961	298	278	100	1245		13	1578	87.4	343.8	431	195	236
	300户			1271（[illegible]） 1311人			1582			0		

图2-3-2-2　西沟生产大队基本情况表一

注：统计内容包括年度、总户数、入社员、占％（百分比）、总人口、互助组数、生产队数、总耕地么（亩）、自留地、非耕地、劳力，按照年度统计。

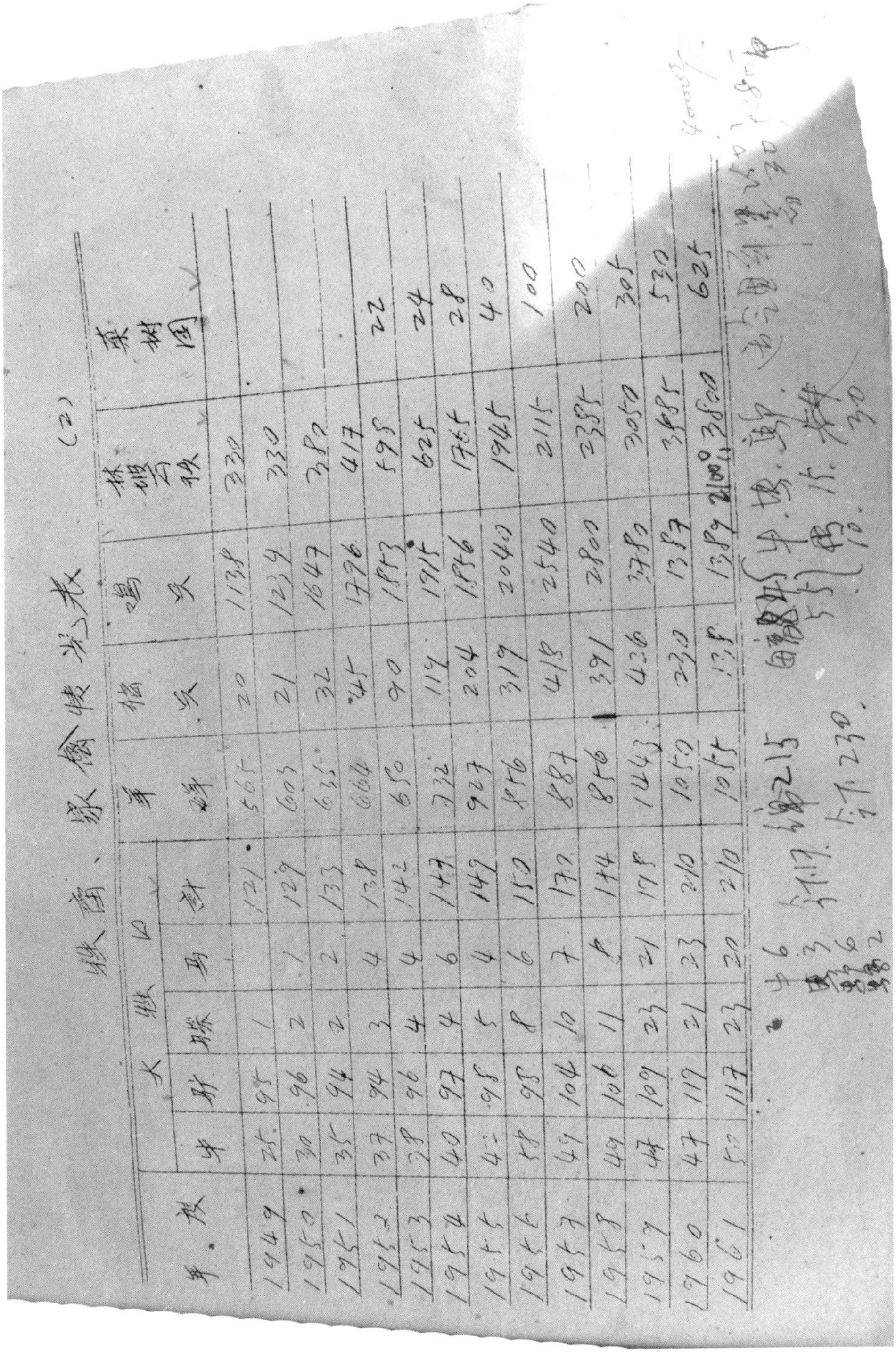

牲畜、家禽情况表 (2)

年度	大牲口 牛	驴	骡	马	计	羊群	猪只	鸡只	林坡面积	菓树园
1949	25	95	1		121	565	20	1138	330	
1950	30	96	2	1	129	603	21	1239	330	
1951	35	94	2	2	133	635	32	1647	382	
1952	37	94	3	4	138	664	45	1736	417	22
1953	38	96	4	4	142	650	90	1843	595	24
1954	40	97	4	6	147	732	114	1915	625	28
1955	42	98	5	4	149	927	204	1846	1765	40
1956	48	98	8	6	150	846	319	2040	1945	100
1957	49	104	10	7	170	887	418	2540	2115	200
1958	49	108	11	8	174	846	391	2800	2385	305
1959	47	109	23	21	198	1443	436	3780	3050	530
1960	47	119	21	23	210	1050	320	1387	3685	625
1961	50	117	23	20	210	1015	138	1389	3800	

图2-3-2-3　牲畜、家禽情况表二

注：统计内容包括年度、大牲口（包括牛、驴、骡、马）、羊群、猪只、鸡只、林坡面积、菓（果）树园，按照年度统计。

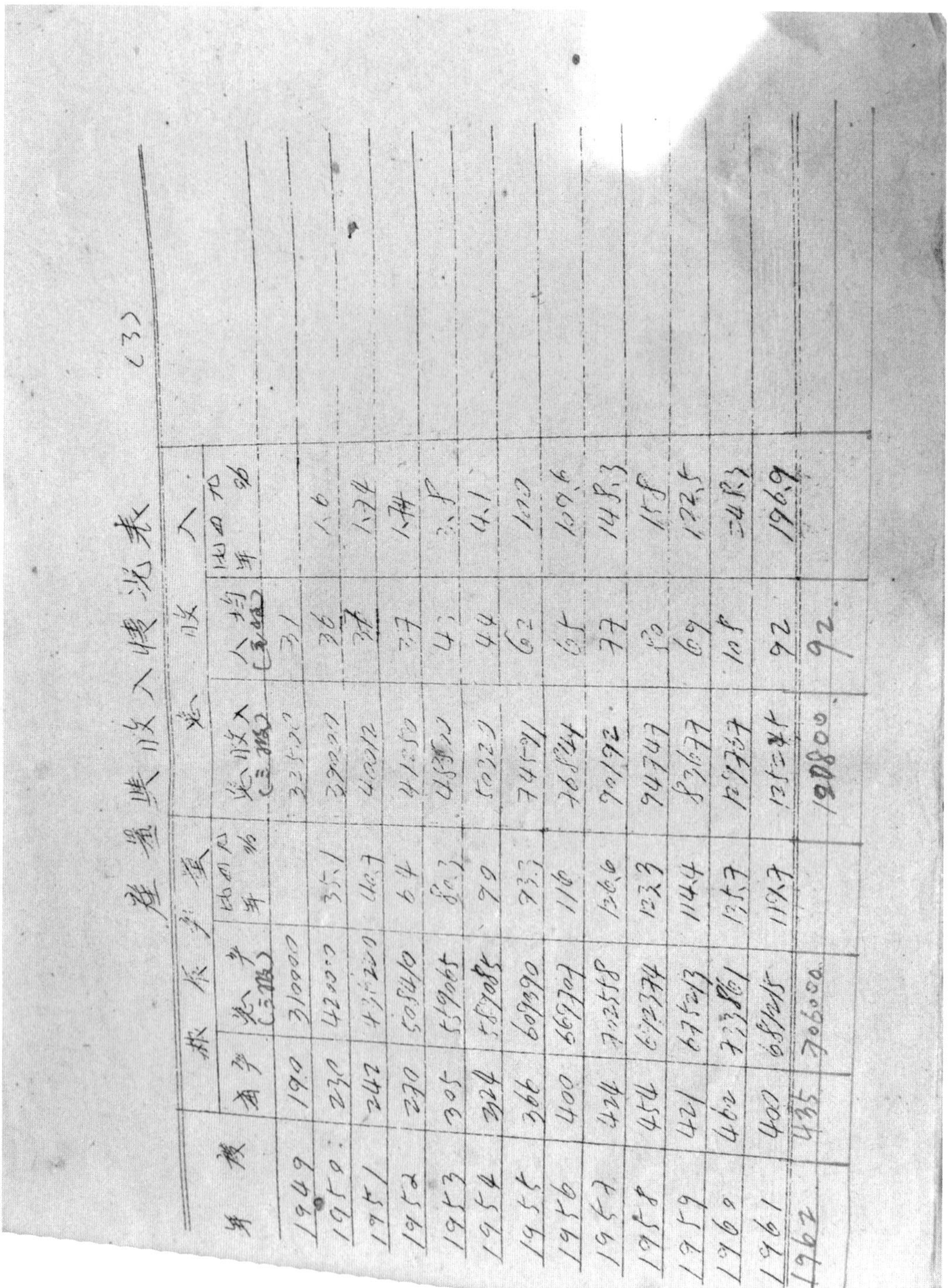

产量与收入情况表 （3）

年度	粮食产量			总收入		
	亩产	总产	比四九年%	总收入	人均	比四九年%
1949	190	310000		[illegible]	31	
1950	230	420000	35.1	[illegible]	36	1.6
1951	242	[illegible]	40.7	40012	[illegible]	[illegible]
1952	230	508410	6.4	41650	37	[illegible]
1953	305	559065	80.3	[illegible]	[illegible]	3.8
1954	324	587085	90	50322	44	4.1
1955	366	609390	93.3	74591	62	100
1956	400	669707	116	76844	65	109.6
1957	424	702558	126.6	90192	77	148.3
1958	454	692374	123.3	94747	80	158
1959	421	675213	114.4	83677	69	122.5
1960	462	723861	135.7	[illegible]	105	[illegible]
1961	400	681215	119.7	[illegible]	92	196.9
1962	435	706000		120800	92	

图2-3-2-4　产量与收入情况表三

注：统计内容包括年度、粮食产量、总收入，按照年度统计。

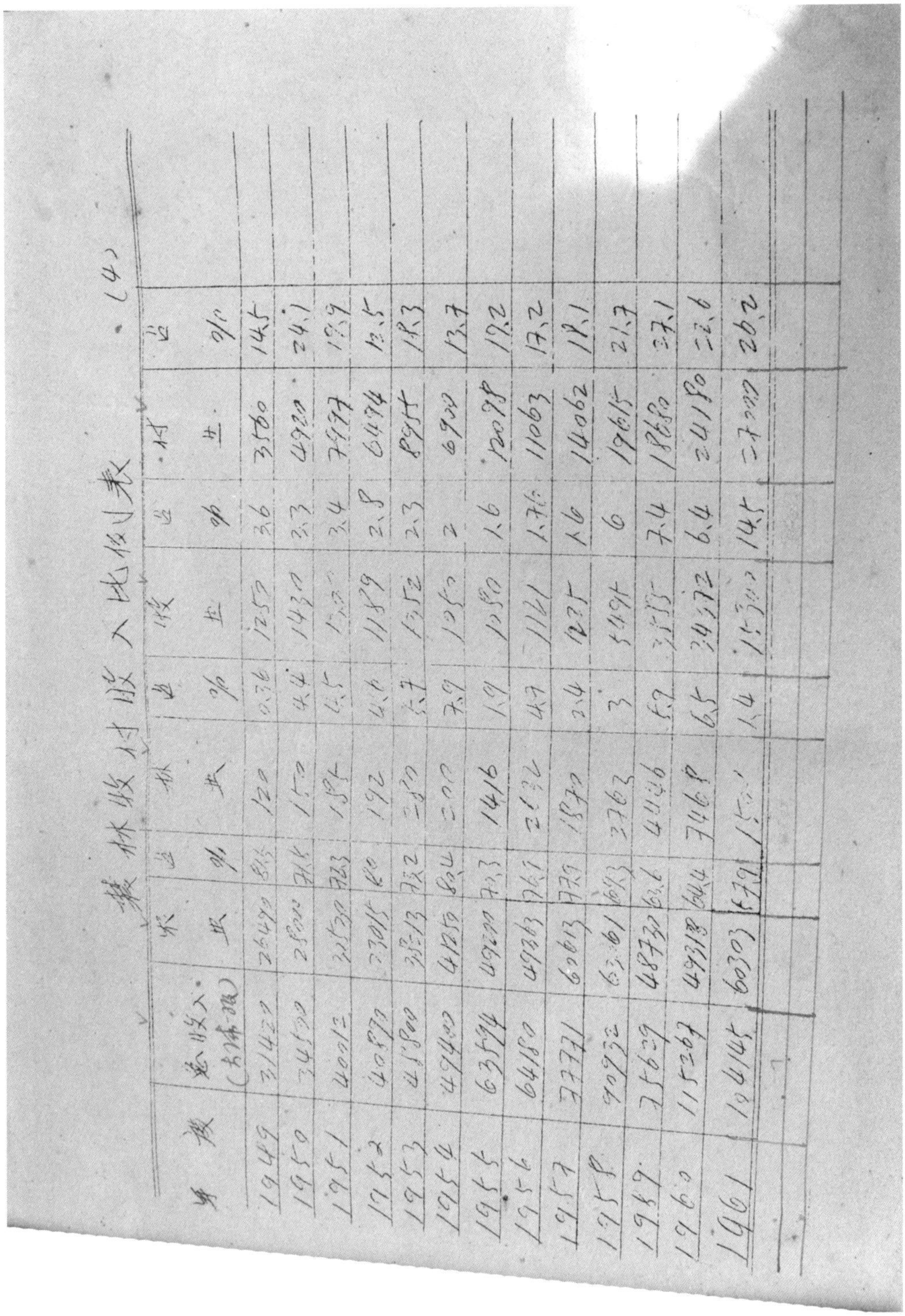

农林牧付收入比例表 (4)

年度	总收入(按[illegible])	农业	占%	林业	占%	牧业	占%	付业	占%
1949	31420	26490	84.5	120	0.36	1257	3.6	3580	14.5
1950	34500	25000	74.5	150	4.4	1430	3.3	4920	24.1
1951	40012	32530	78.3	184	4.5	1500	3.4	7997	19.9
1952	40870	33015	80	192	4.6	1189	2.8	6494	13.5
1953	45800	35313	73.2	280	5.7	1352	2.3	8955	18.3
1954	49400	41250	80.4	200	7.9	1050	2	6900	13.7
1955	63594	49200	77.3	1416	1.9	1050	1.6	12098	17.2
1956	64180	49363	76.7	2132	4.7	1161	1.76	11063	17.2
1957	77771	60613	77.9	1870	2.4	1275	1.6	14062	18.1
1958	90932	63061	69.3	2763	3	5491	6	19615	21.7
1959	75629	48730	63.6	4446	5.7	3555	7.4	18680	27.1
1960	115267	49318	64.4	7468	6.5	24372	6.4	24180	22.6
1961	104145	60303	57.9	1500	1.4	15300	14.5	27000	26.2

图2-3-2-5　农林牧副比例表四

注：统计内容包括年度、总收入、农业、林业、牧业、付（副）业及各业所占%（百分比），按照年度统计。

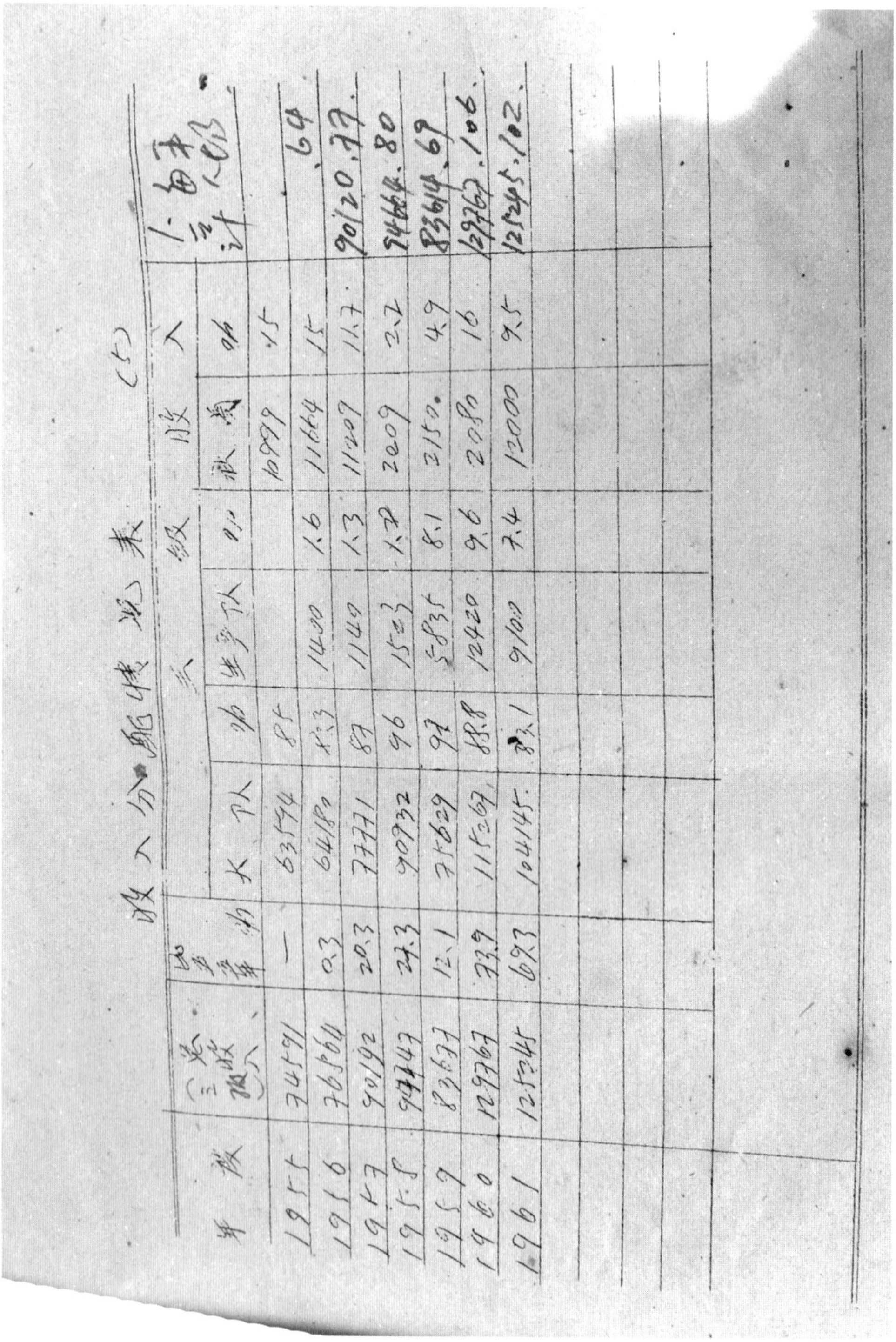

收入分配情况表（5）

年度	（三级）总收入	比五五年%	三级收入 大队	%	生产队	%	社员	%	人平计 每人[illegible]
1955	74591	—	63594	85			10997	15	
1956	76564	0.3	64180	83.3	1400	1.6	11664	15	.64
1957	90192	20.3	77771	87	1140	1.3	11209	11.7	90120.77
1958	94443	27.3	90932	96	1503	1.7	2009	2.2	94664.80
1959	83637	12.1	75629	92	5835	8.1	2150	4.9	83614.69
1960	129767	73.9	115267	88.8	12420	9.6	2080	16	129767.106
1961	125345	69.3	104145	83.1	9100	7.4	12000	9.5	125245.102

图2-3-2-6　收入分配情况表五

注：统计内容包括年度、总收入、比五五年（增加）%（百分比）、三级收入（大队、生产队、社员），按照年度统计。

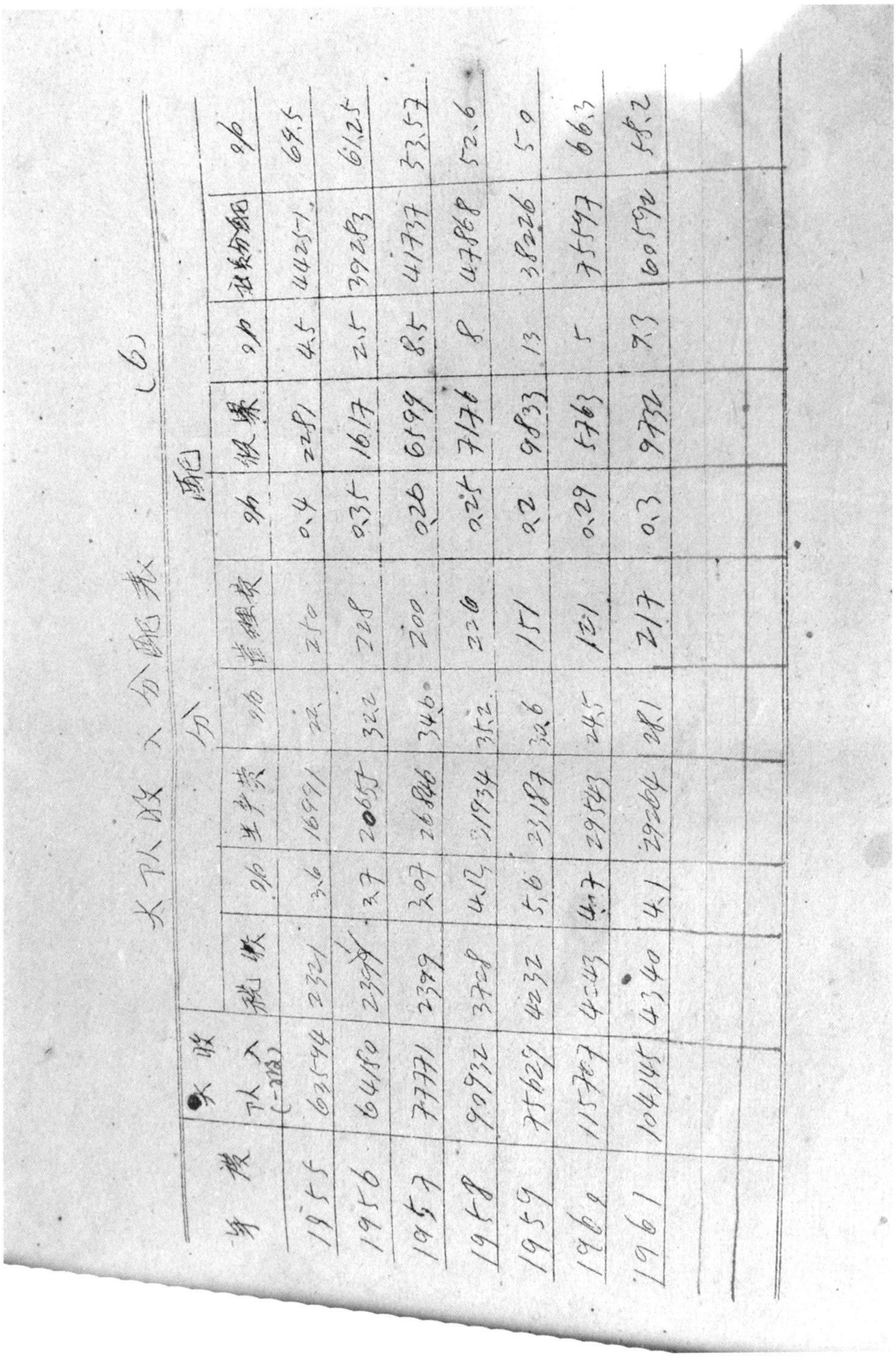

大队收入分配表 (6)

年度	大队收入（一至八）	税收	%	生产费	%	管理费	%	积累	%	社员分配	%
1955	63594	2321	3.6	16991	27.	250	0.4	2281	4.5	44251	69.5
1956	64180	2399	3.7	20657	32.2	228	0.35	1617	2.5	39283	61.25
1957	77771	2399	3.07	26846	34.6	200	0.26	6599	8.5	41737	53.57
1958	90932	3728	4.12	31934	35.2	220	0.24	7176	8	47868	52.6
1959	75629	4232	5.6	23187	30.6	151	0.2	9833	13	38226	50.
1960	115787	4543	4.7	29543	24.5	131	0.29	5763	5	75597	66.3
1961	104145	4340	4.1	29264	28.1	217	0.3	9732	7.3	60592	58.2

图2-3-2-7　大队收入分配表六

注：统计内容包括年度、大队收入、税收、生产费、管理费、积累、社员分配及各项分配所占％（百分比），按照年度统计。

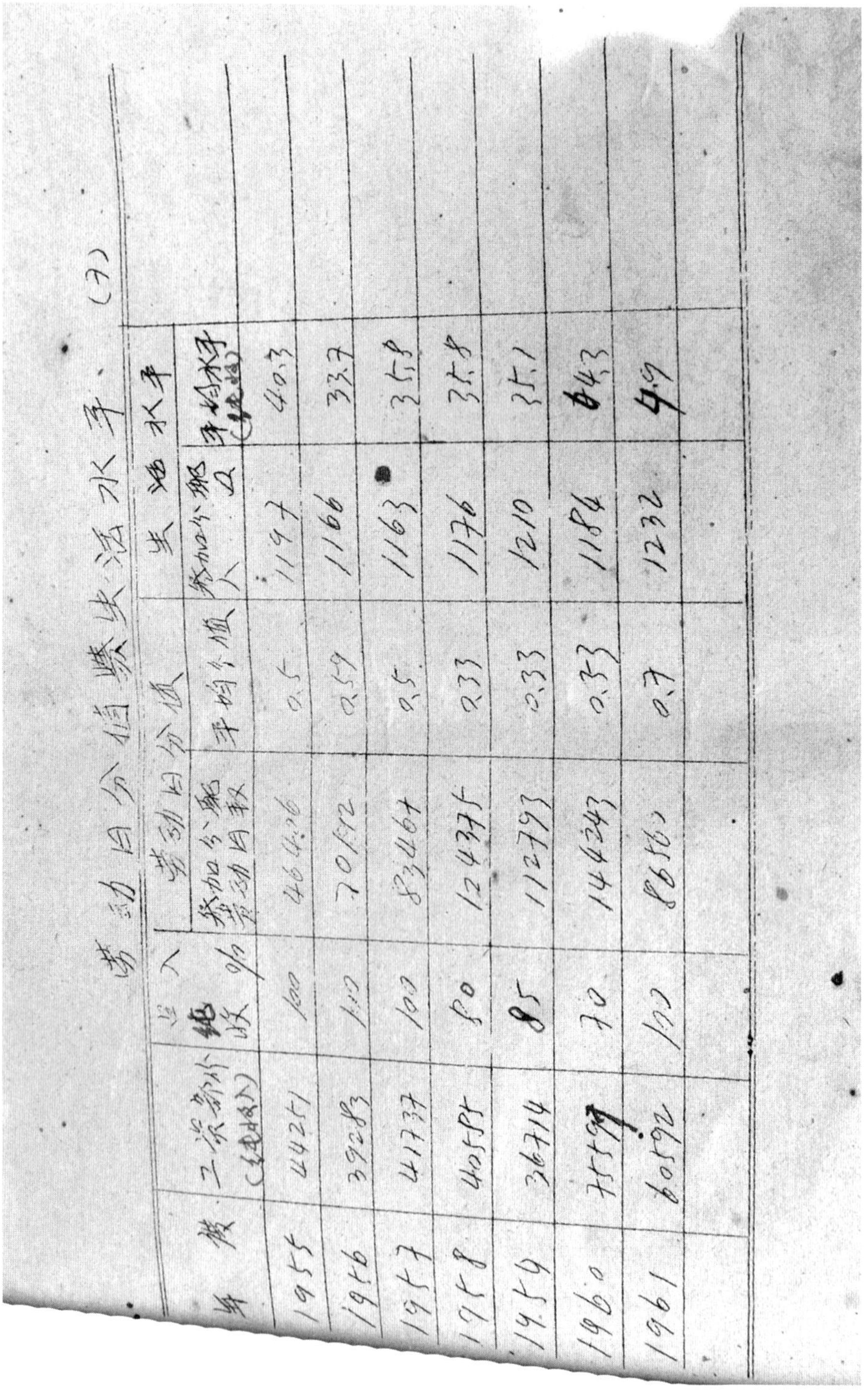

劳动日分值与生活水平（七）

年度	工资部分（纯收入）	占纯收入%	参加分配劳动日数	平均分值	参加分配人口	平均水平（纯收入）
1955	44251	100	46406	0.5	1197	40.3
1956	39283	100	70512	0.59	1166	33.7
1957	41737	100	83467	0.5	1163	35.8
1958	40581	80	124375	0.33	1176	35.8
1959	36714	85	112793	0.33	1210	35.1
1960	75597	70	144343	0.33	1184	64.3
1961	60592	100	86560	0.7	1232	49.9

图2-3-2-8　劳动日分值与生活水平七

注：统计内容包括年度、工资部分、占纯收入%（百分比）、劳动日分值、生活水平，按照年度统计。

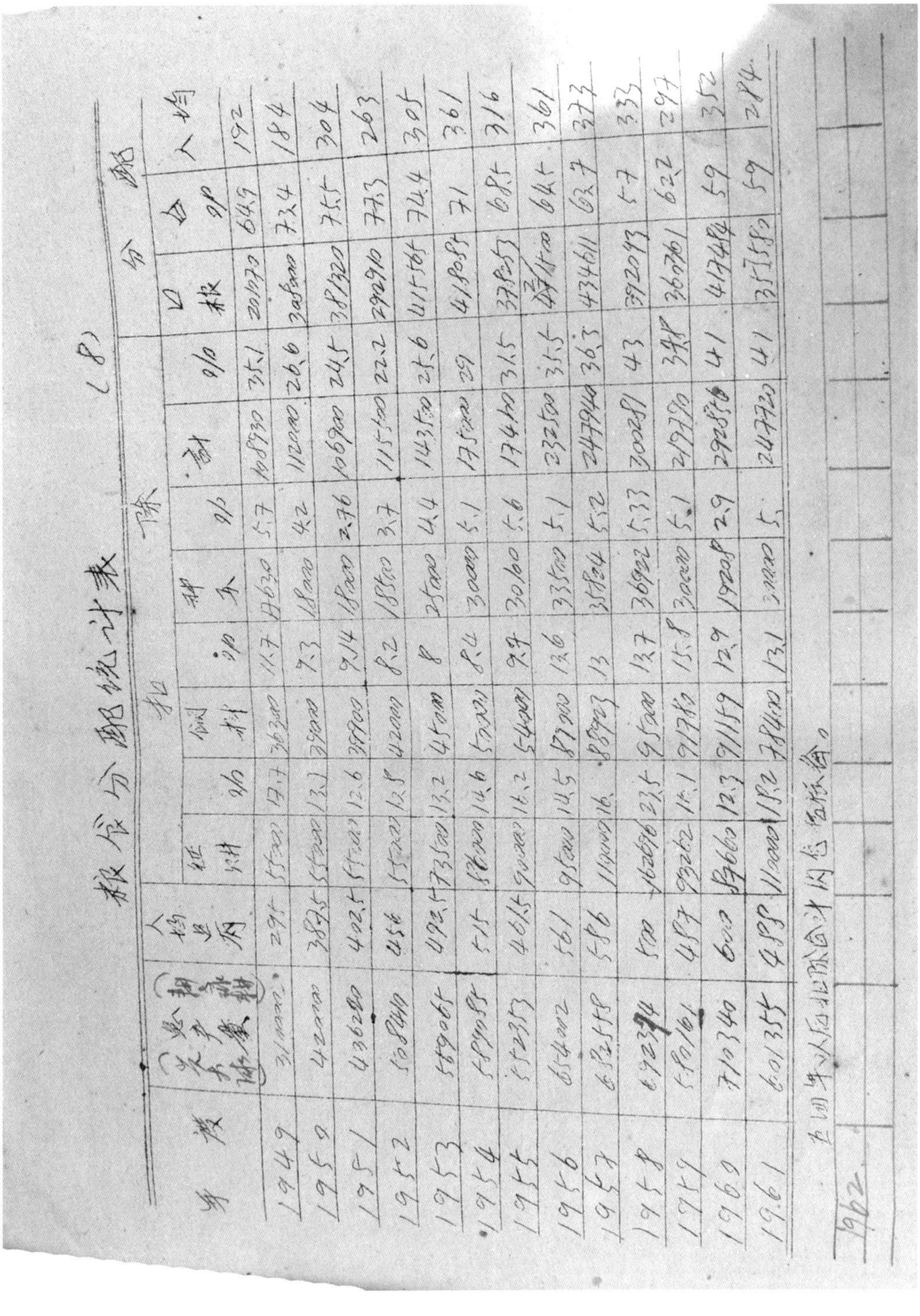

粮食分配统计表（8）

年度	总产量（精、原粮）（斤）	人均占有	扣除：征购	%	饲料	%	种子	%	合计	%	分配：口粮	占%	人均
1949	310000	295	55000	17.7	36300	11.7	17630	5.7	108930	35.1	201070	64.9	192
1950	420000	387.5	55000	13.1	39000	9.3	18000	4.2	112000	26.6	308000	73.4	184
1951	436220	402.5	55000	12.6	39900	9.14	18000	2.76	106900	24.5	381320	75.5	304
1952	508410	456	55000	12.8	42000	8.2	18500	3.7	115500	22.2	292910	77.3	263
1953	559065	492.5	73500	13.2	45000	8	25000	4.4	143500	25.6	415565	74.4	305
1954	589035	515	86000	14.6	50000	8.4	30000	5.1	175000	29	418035	71	361
1955	552353	461.5	90000	16.2	54000	9.7	30100	5.6	174100	31.5	378253	68.5	316
1956	654002	561	95000	14.5	87000	13.6	33500	5.1	232500	35.5	421500	64.5	361
1957	682558	586	110000	16.	88923	13	35824	5.2	247940	36.3	434611	63.7	373
1958	692374	500	162696	23.5	95000	13.7	36922	5.33	300281	43	392093	57	333
1959	580161	487	93262	16.1	91780	15.8	30000	5.1	219770	37.8	360761	62.2	297
1960	710340	600	87660	12.3	91159	12.9	19208	2.9	292856	41	417484	59	352
1961	601355	483	110000	18.2	78400	13.1	30000	5.	247720	41	351580	59	284
1962													

五四年以后扣除合计内包括储备。

图2-3-2-9　粮食分配统计表八

注：统计内容包括年度、总产量、人均占有、扣除（征购、饲料、种子）、分配（粮），按照年度统计。

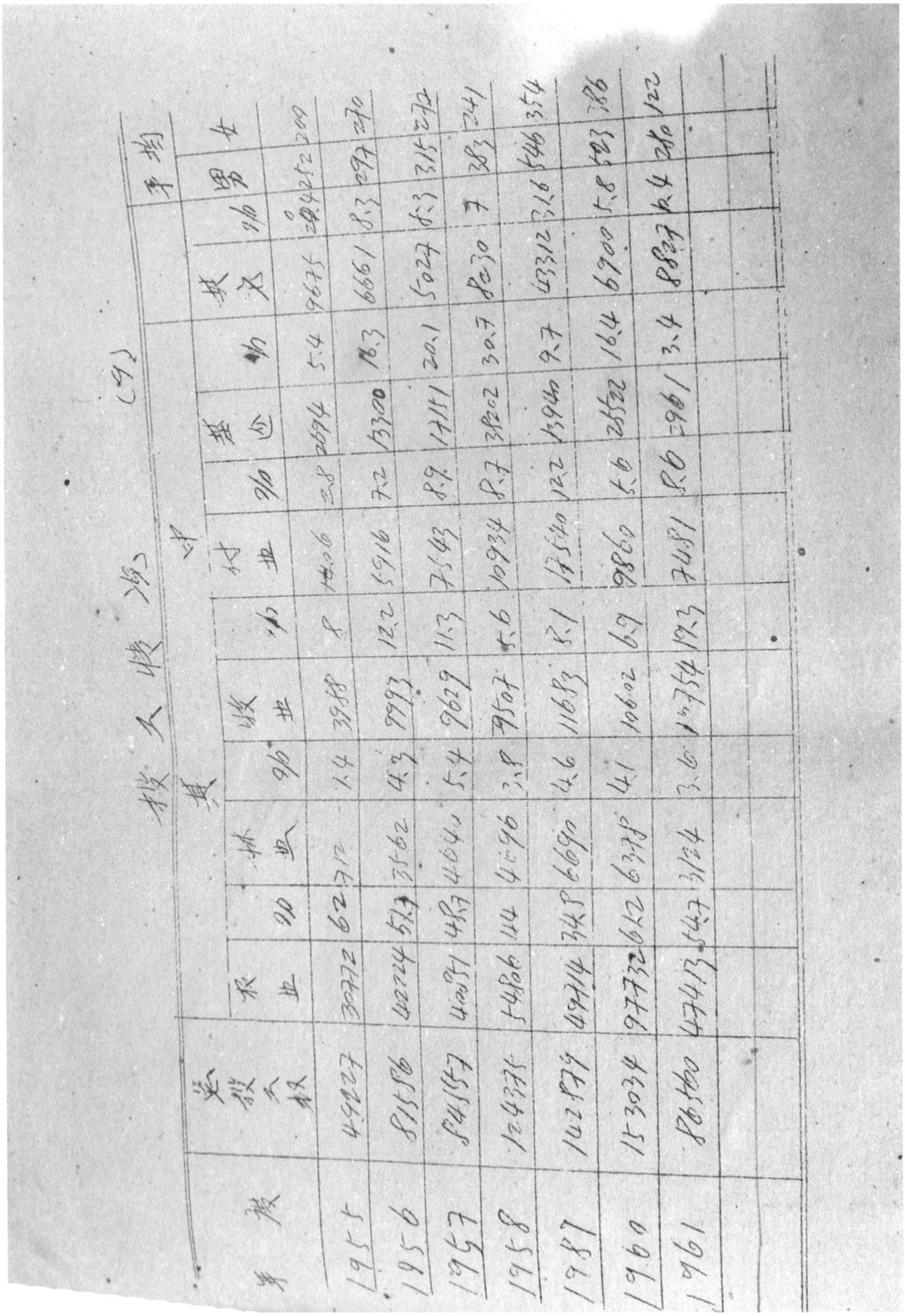

投工情况（9）

年度	总投工数	其中												平均	
		农业	%	林业	%	牧业	%	付业	%	基建	%	其它	%	男	女
1955	49227	30772	62	712	1.4	3988	8	1406	2.8	2694	5.4	9675	20.4	252	209
1956	81586	42224	51.7	3562	4.3	7993	12.2	5916	7.2	13300	16.3	6661	8.3	297	270
1957	84157	40051	48.7	4041	5.4	9629	11.3	7543	8.9	17151	20.1	5027	8.3	315	272
1958	124375	54806	44	4096	3.8	9507	5.6	10934	8.7	38202	30.7	8030	7	383	241
1959	142979	49714	34.8	6690	4.6	11683	8.1	17540	12.2	13940	9.7	43312	31.6	546	354
1960	153034	97732	64.2	6375	4.1	10602	6.9	9860	5.6	25522	16.4	6900	5.8	523	386
1961	86560	47413	54.7	3124	3.6	14754	17.3	7481	8.6	2961	3.4	8827	10.4	280	122

图2-3-2-10　投工情况九

注：统计内容包括年度、总投工数、农业、林业、牧业、付（副）业、基建、其他，按照年度统计。

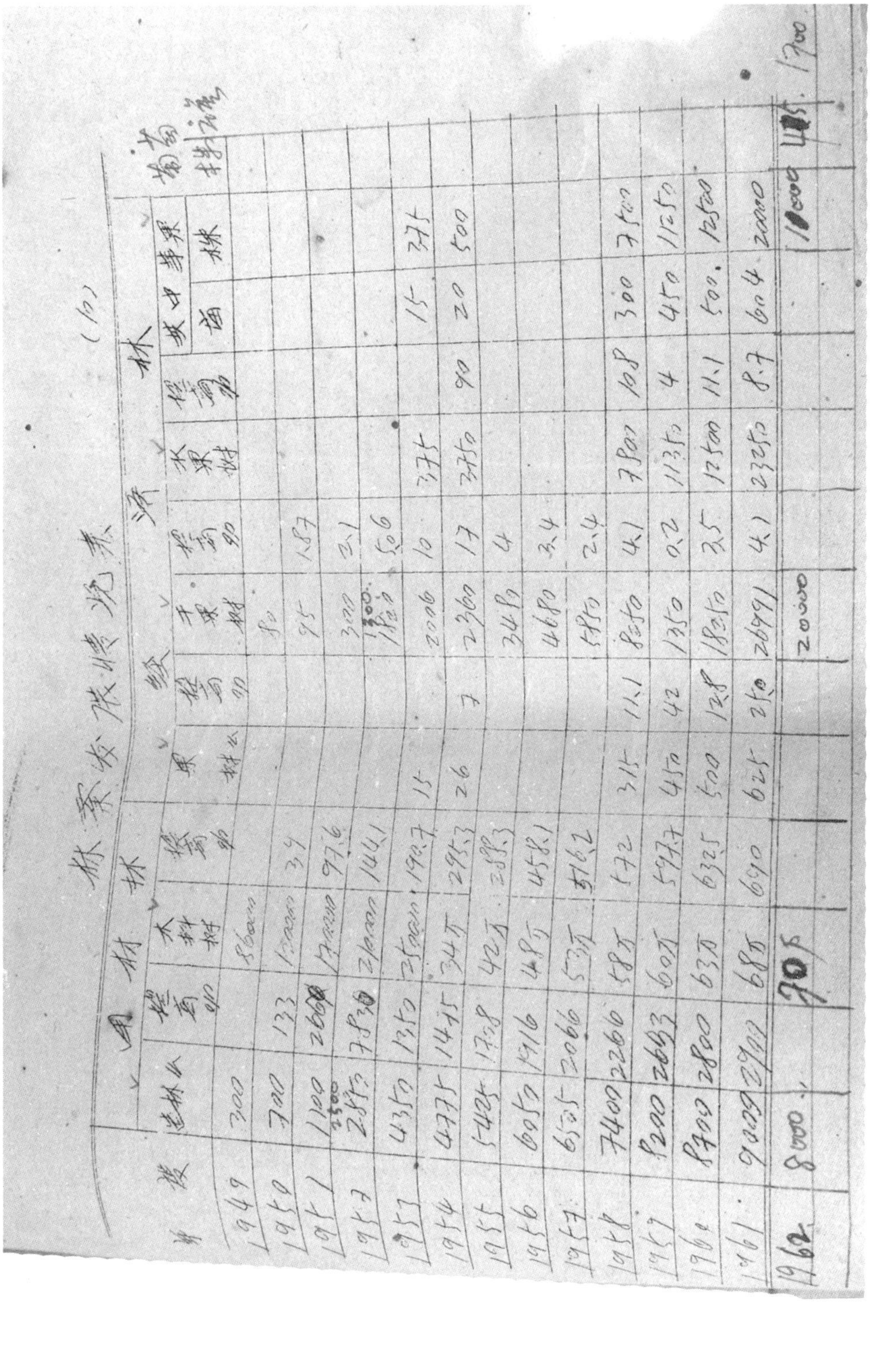

林業發展情况表 （10）

年度	用材林				经济林								葡萄株数
	造林亩	投资元	木材树	投资元	果树亩	投资元	干果树	投资元	水果树	投资元	其中苹果		
											亩	株	
1949	300		86000										
1950	700	133	130000	3.4			80						
1951	1100 2500	2660	170000	97.6			95	1.87					
1952	2850	7830	210000	144.1			300 1300 1820	3.1 5.06					
1953	4350	1350	250000	190.7	15		2006	10	375		15	375	
1954	4775	1415	34万	295.3	26	7	2360	17	3750	90	20	500	
1955	5425	1708	42万	288.3			3480	4					
1956	6050	1916	48万	458.1			4680	3.4					
1957	6505	2066	53万	516.2			5850	2.4					
1958	7400	2266	58万	172	315	11.1	8050	4.1	7800	10.8	300	7500	
1959	8200	2653	60万	597.7	450	42	1350	0.2	11350	4	450	11250	
1960	8700	2800	63万	632.5	500	12.8	18050	3.5	12500	11.1	500.	12500	
1961	9009	2900	68万	690	625	25.0	26991	4.1	23250	8.7	604	20000	
1962	8000.		70万				20000					10000	[illegible] 1700

图2-3-2-11　林业发展情况表十

注：统计内容包括年度、用材林、经济林，按照年度统计。

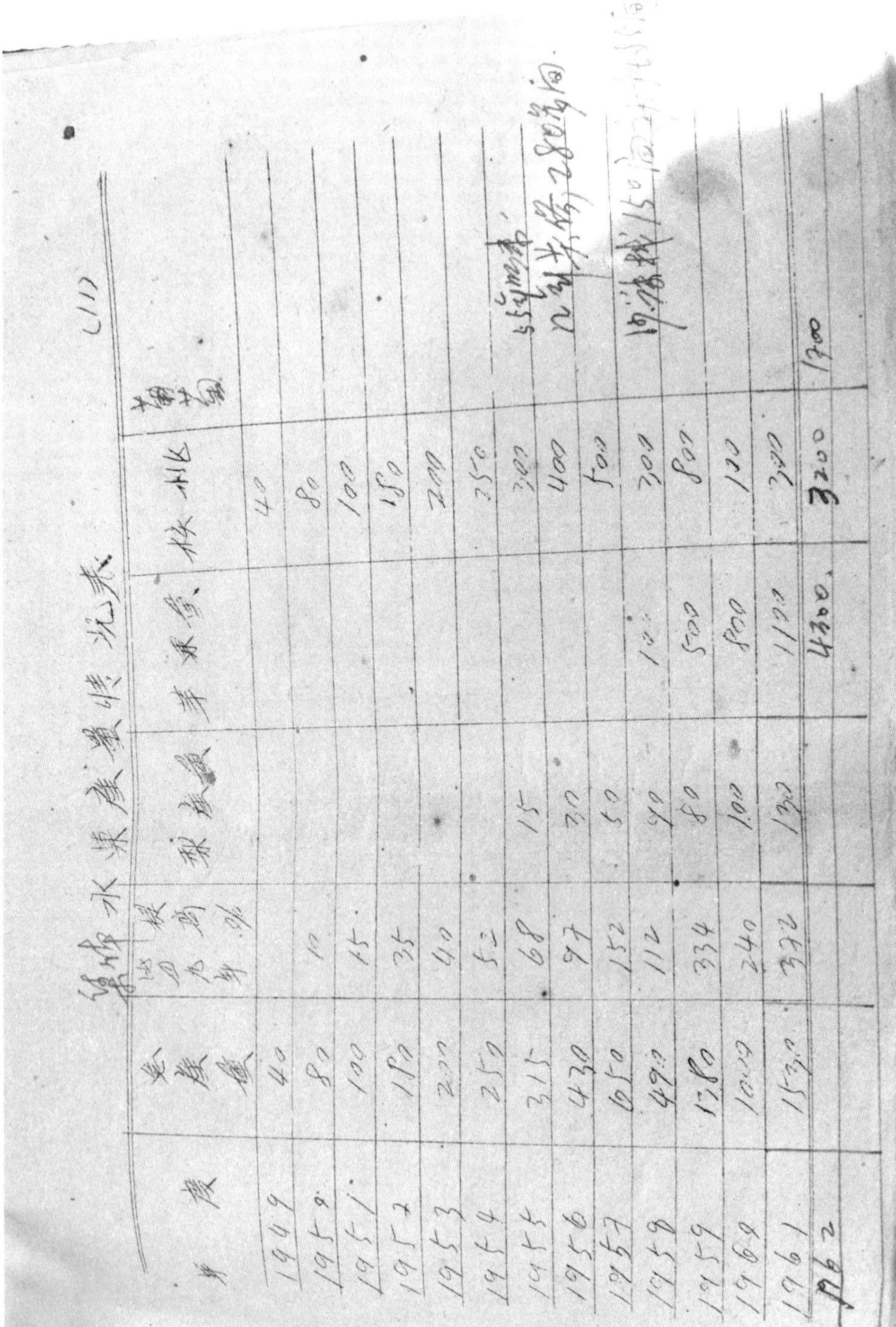

集体水果产量情况表（11）

年度	总产量	比四九年提高%	梨产量	苹果量	核桃	葡萄
1949	40				40	
1950	80	10			80	
1951	100	15			100	
1952	150	35			150	
1953	200	40			200	
1954	250	52			250	
1955	315	68	15		300	[illegible]
1956	430	97	20		400	[illegible]
1957	650	152	50		500	
1958	490	112	90	100	300	[illegible]
1959	1380	334	80	500	800	
1960	1000	240	100	800	100	
1961	1530	372	130	1100	300	
1962				4300	3200	1700

图2-3-2-12　集体水果产量情况表十一

注：统计内容包括年度、总产量、比四九年提高%（百分比）、梨产量、苹果量、核桃、葡萄，按照年度统计。

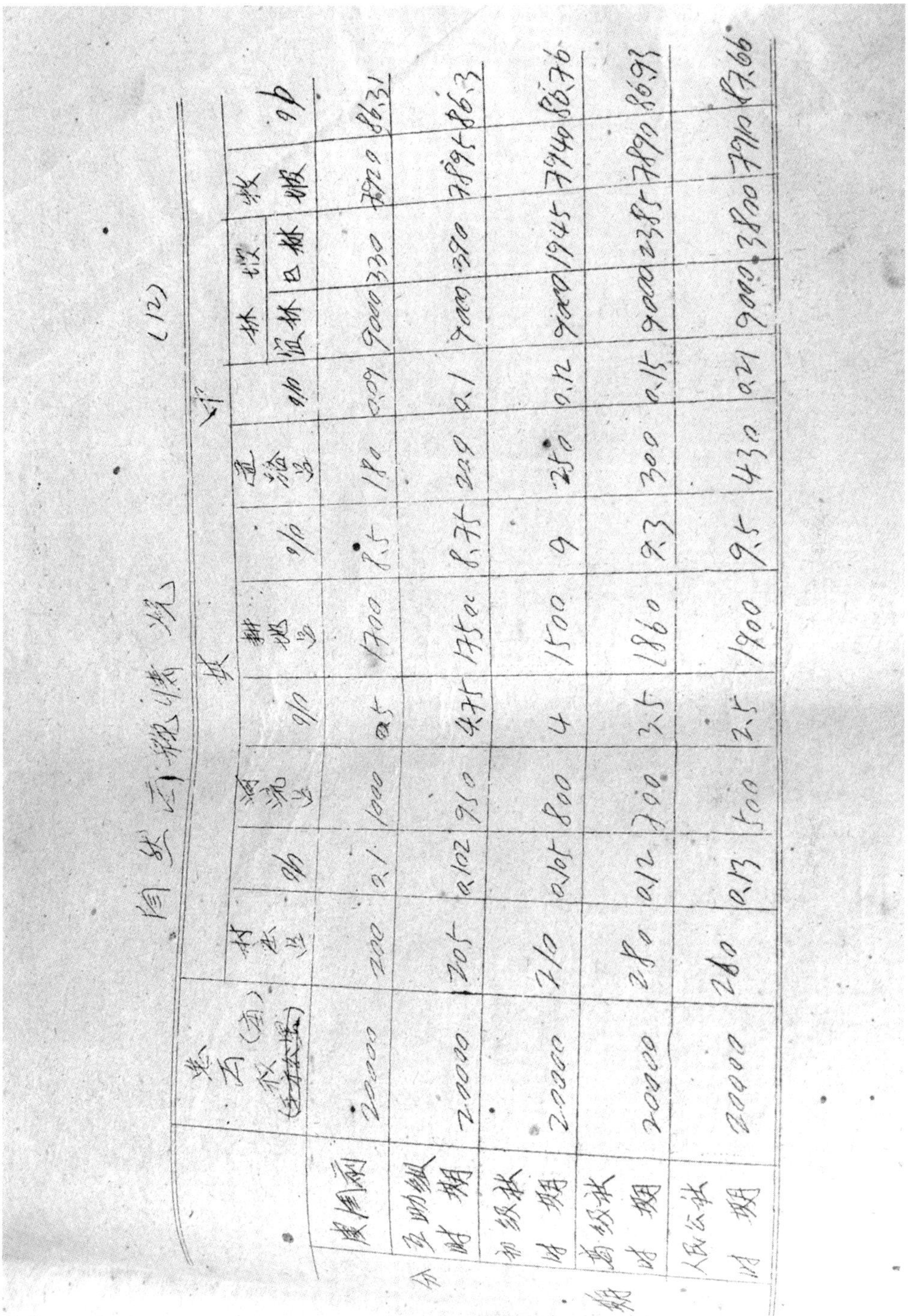

自然面貌情况（12）

分期	总面积（亩）	村庄（亩）	%	河流（亩）	%	耕地（亩）	%	道路（亩）	%	林坡 宜林	林坡 已林	牧坡	%
解放前	20000	200	0.1	1000	0.5	1700	8.5	180	0.09	9000	330	7920	86.31
互助组时期	20000	205	0.102	950	4.75	1750	8.75	220	0.1	9000	370	7895	86.3
初级社时期	20000	210	0.105	800	4	1500	9	250	0.12	9000	1945	7940	85.76
高级社时期	20000	280	0.12	700	3.5	1860	9.3	300	0.15	9000	2385	7890	86.93
人民公社时期	20000	280	0.13	500	2.5	1900	9.5	430	0.21	9000	3800	7910	87.66

图2-3-2-13　自然面貌情况十二

注：统计内容包括分期、总面积、村庄、河流、耕地、道路、林坡、牧坡，按照分期统计。

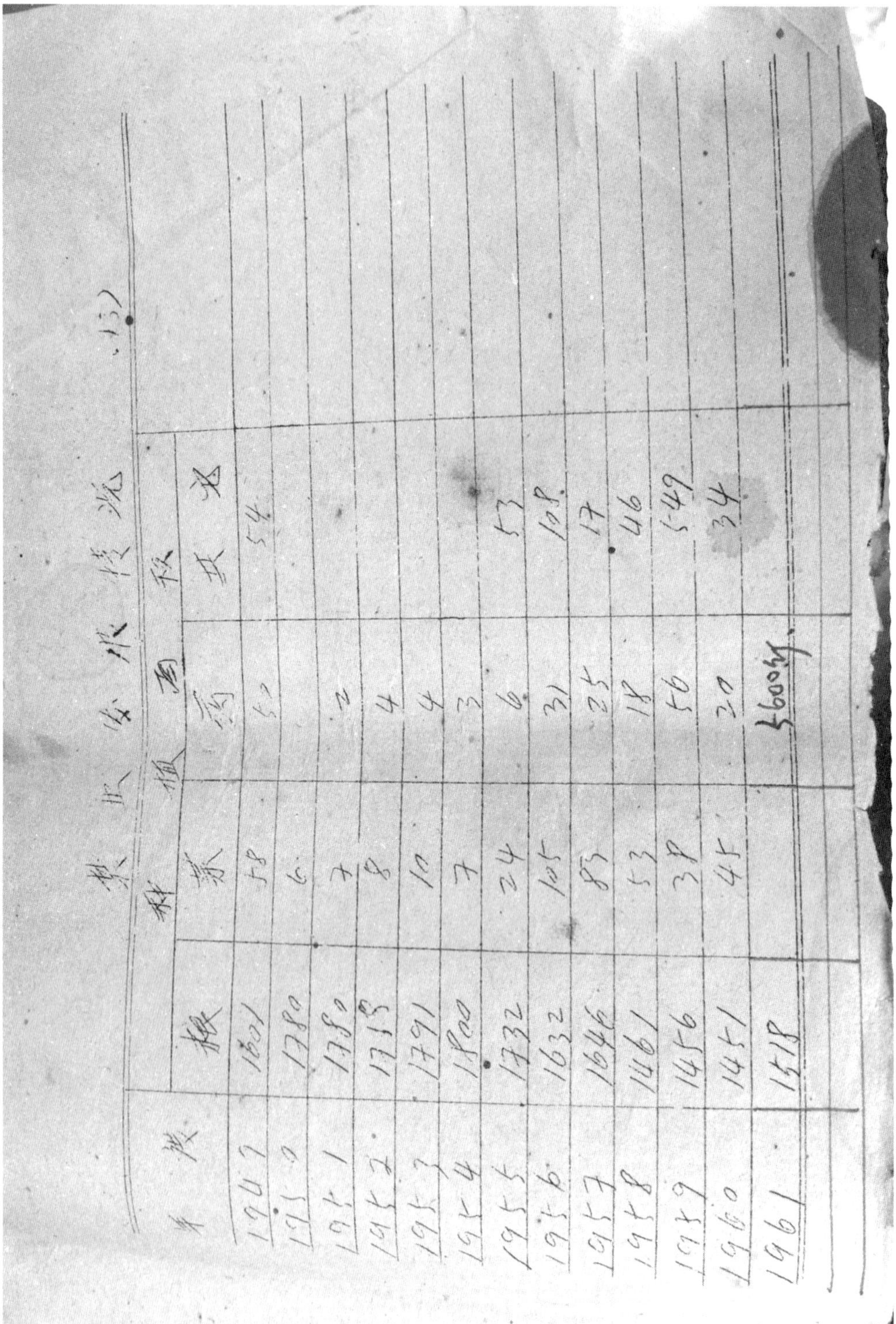

农业发展情况（13）

年度	种植面积			
	粮	茶	药	其它
1949	1801	58	52	54
1950	1780	6		
1951	1780	7	2	
1952	1718	8	4	
1953	1791	10	4	
1954	1800	7	3	
1955	1732	24	6	53
1956	1632	105	31	108
1957	1646	83	25	17
1958	1461	53	18	46
1959	1456	38	56	549
1960	1451	45	20	34
1961	1518		5600斤	

图2-3-2-14　农业发展情况十三

注：统计内容包括年度、种植作物，按照年度统计。

（四）其他

1.金星公社西沟生产大队生产发展情况

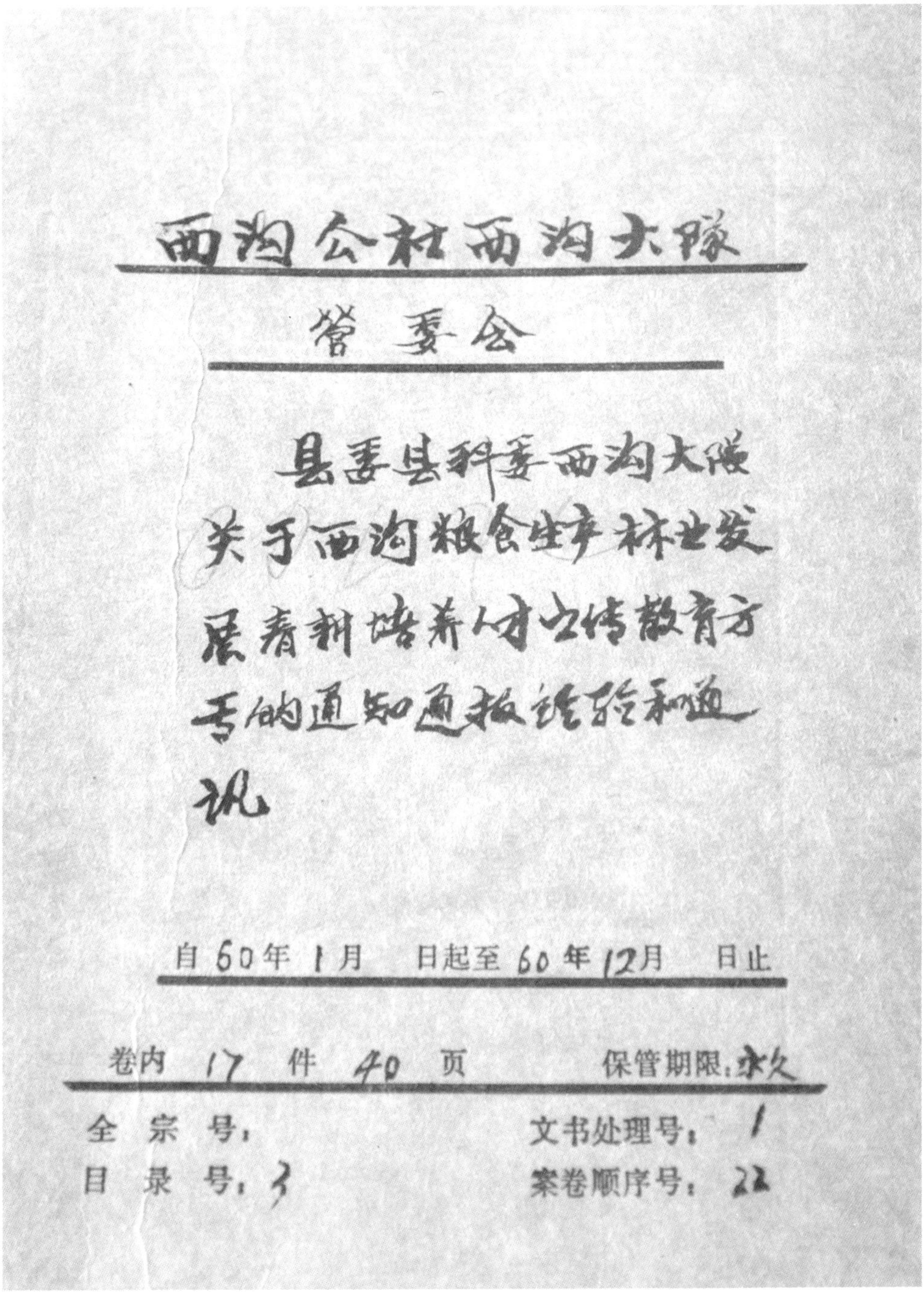

西沟公社西沟大队

管委会

县委县科委西沟大队关于西沟粮食生产林业发展春耕培养人才宣传教育方面的通知通报经验和通讯

自60年1月 日起至60年12月 日止

卷内 17 件 40 页 保管期限：永久

全宗号： 文书处理号： 1

目录号： 3 案卷顺序号： 22

图2-4-1-1　档案封面

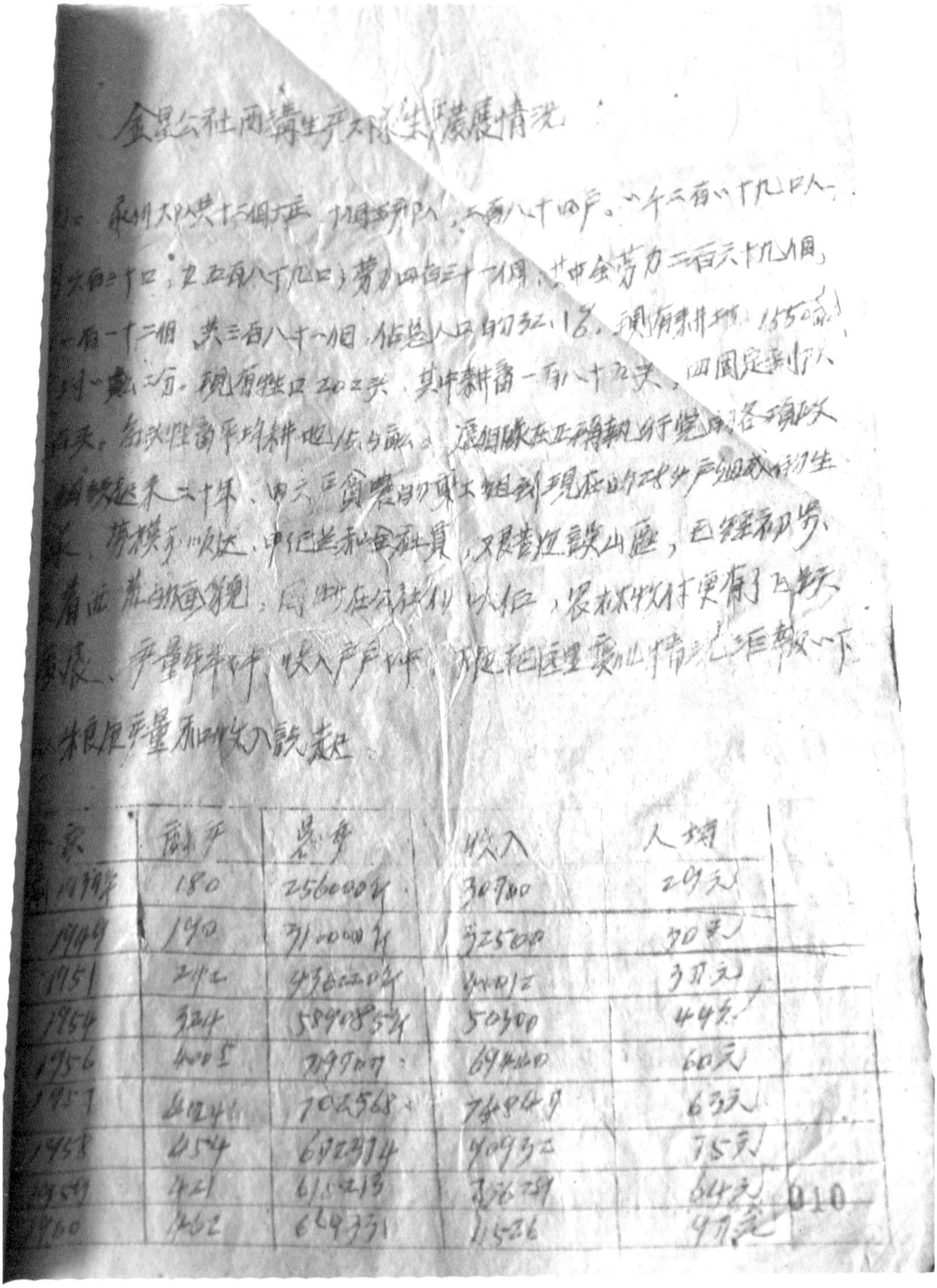

金星公社西沟生产大队生产发展情况

年度	亩产	总产	收入	人均
[illegible]	180	2560000斤	30700	29元
1949	190	3120000斤	32500	30元
1951	242	436200斤	40012	37元
1954	324	5890855斤	50300	44元
1956	405	799707	69440	60元
1957	424	702568	74849	63元
1958	454	692314	40932	75元
1959	421	615213	36759	64元
1960	462	649331	11526	47元

图2-4-1-2　金星公社西沟生产大队生产发展情况一

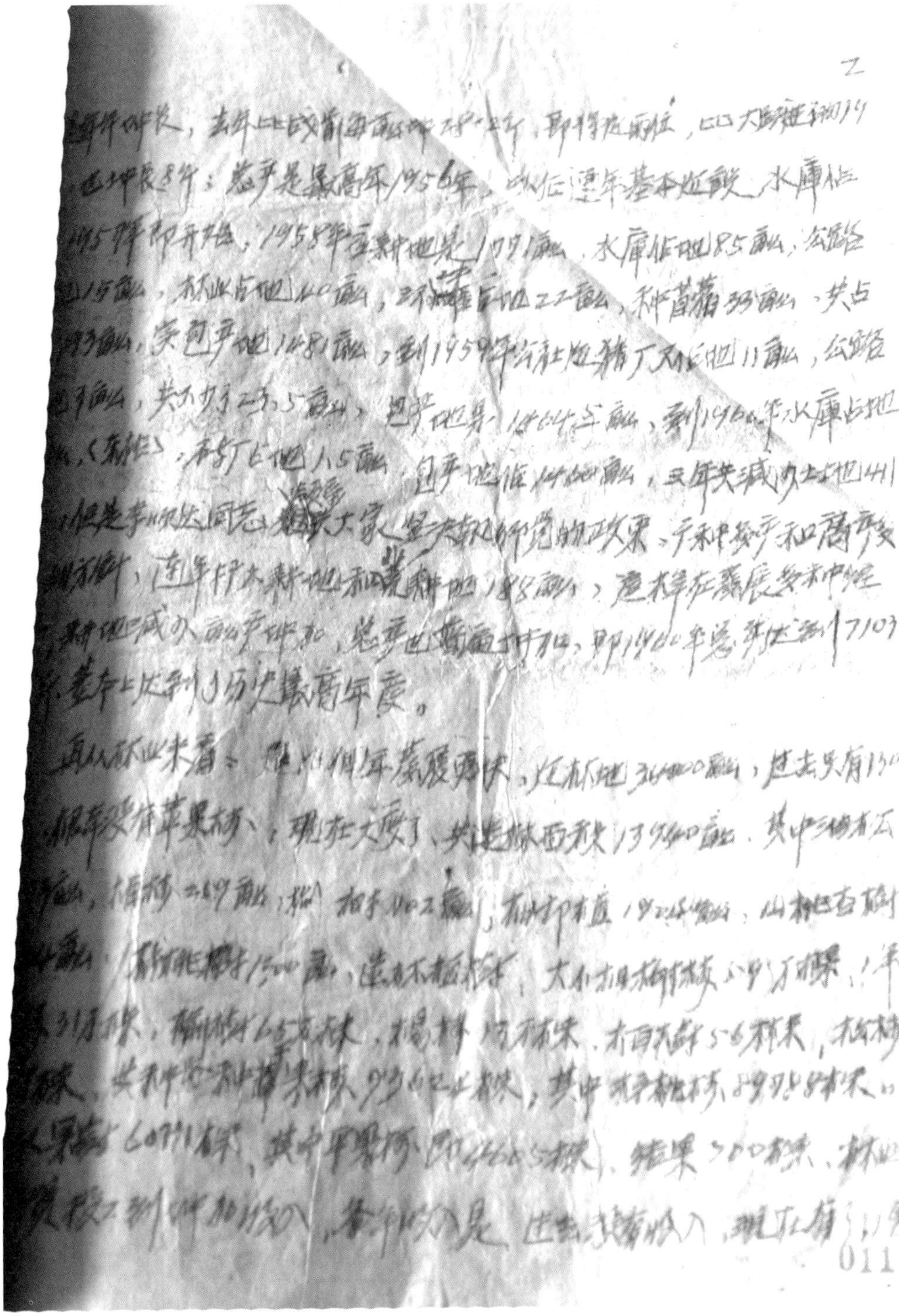

图2-4-1-3　金星公社西沟生产大队生产发展情况二

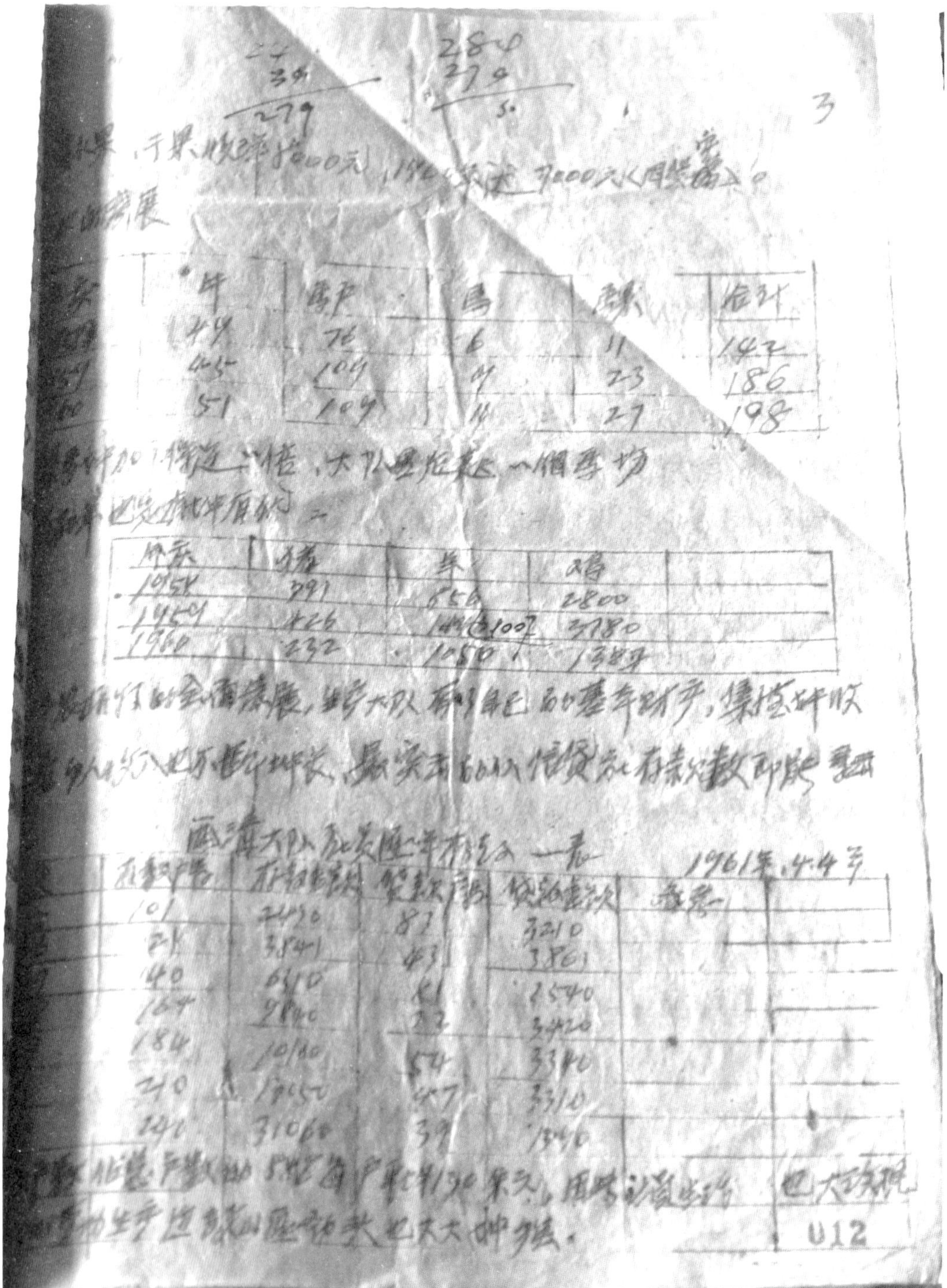

图2-4-1-4　金星公社西沟生产大队生产发展情况三

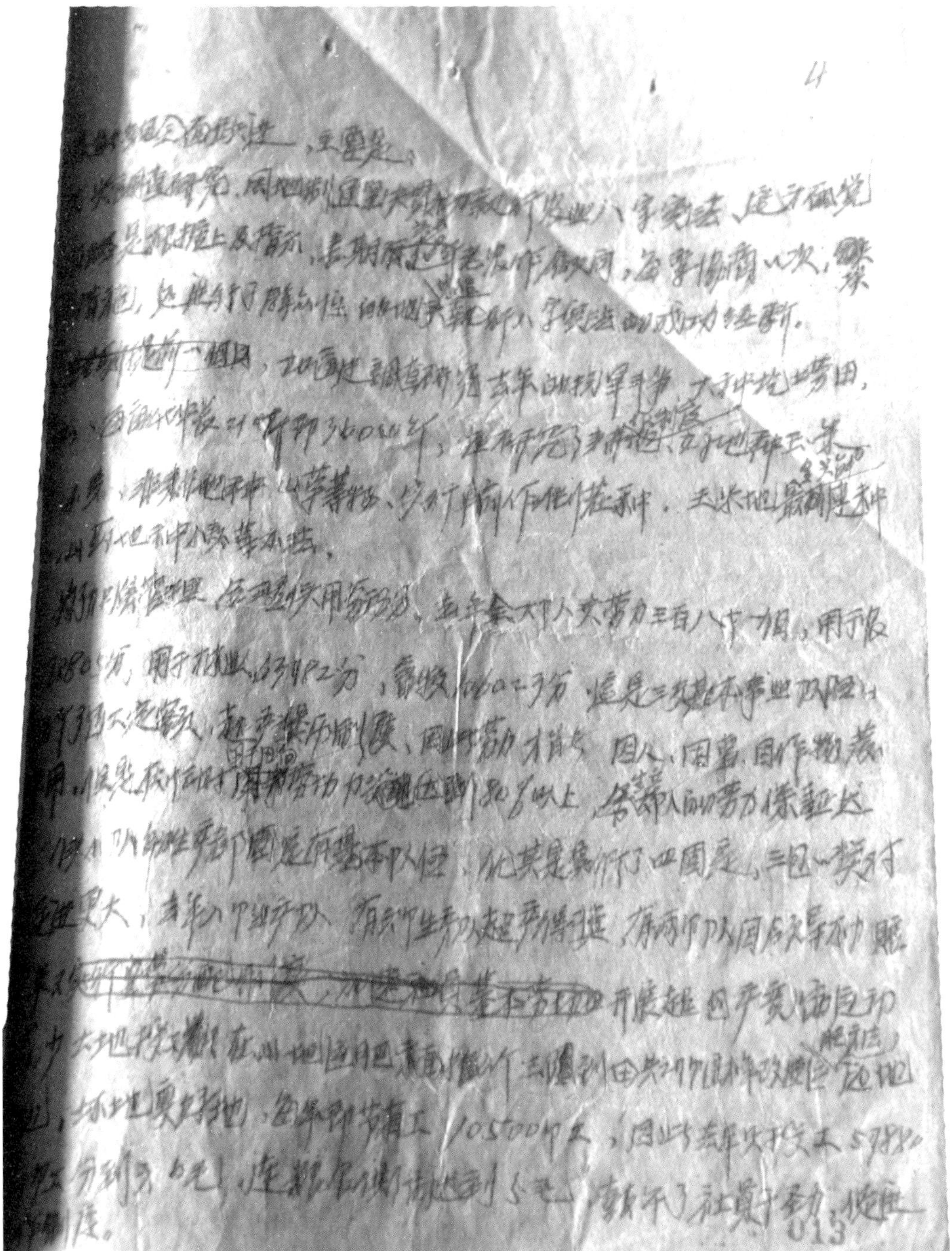

图2-4-1-5　金星公社西沟生产大队生产发展情况四

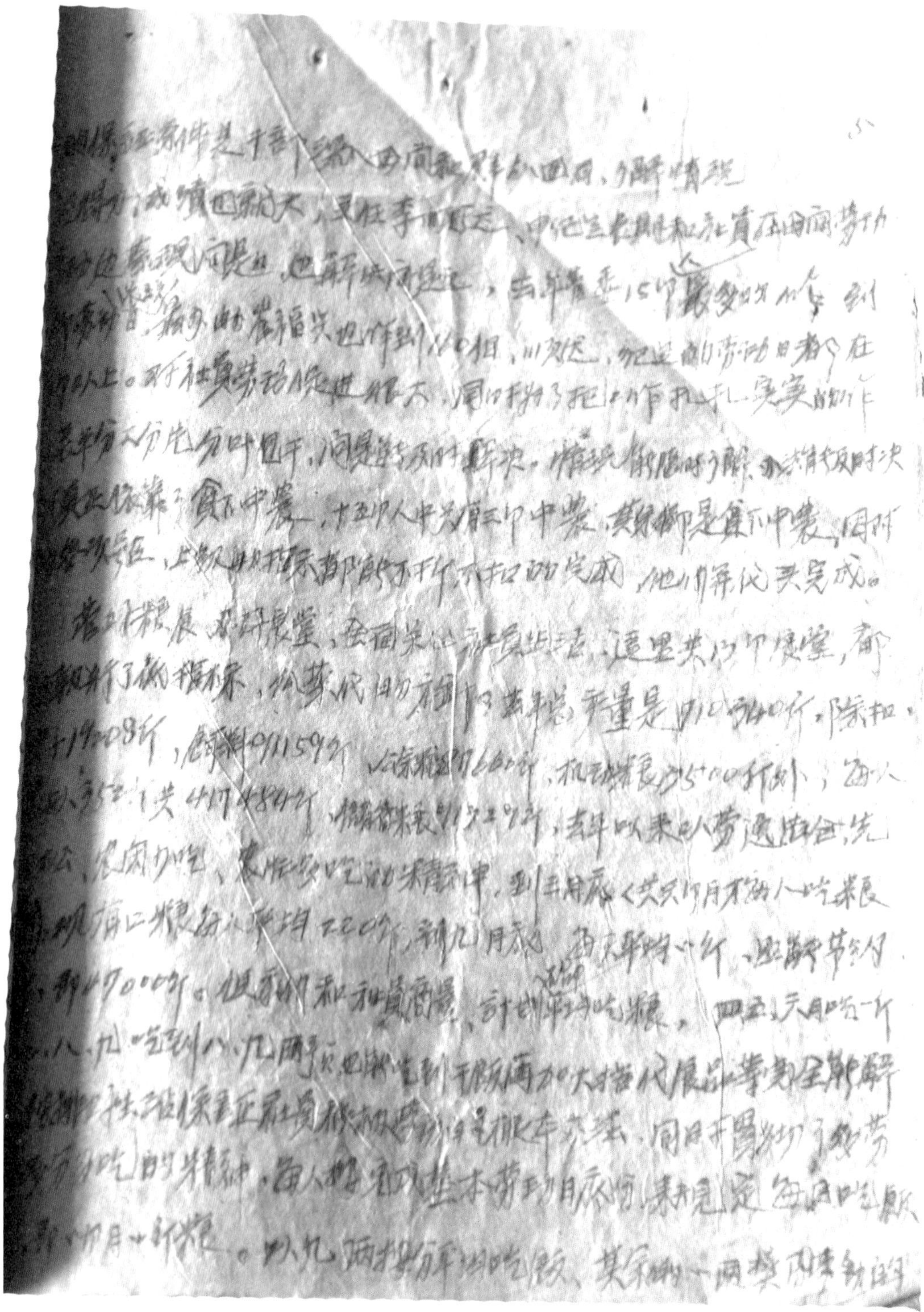

图2-4-1-6　金星公社西沟生产大队生产发展情况五

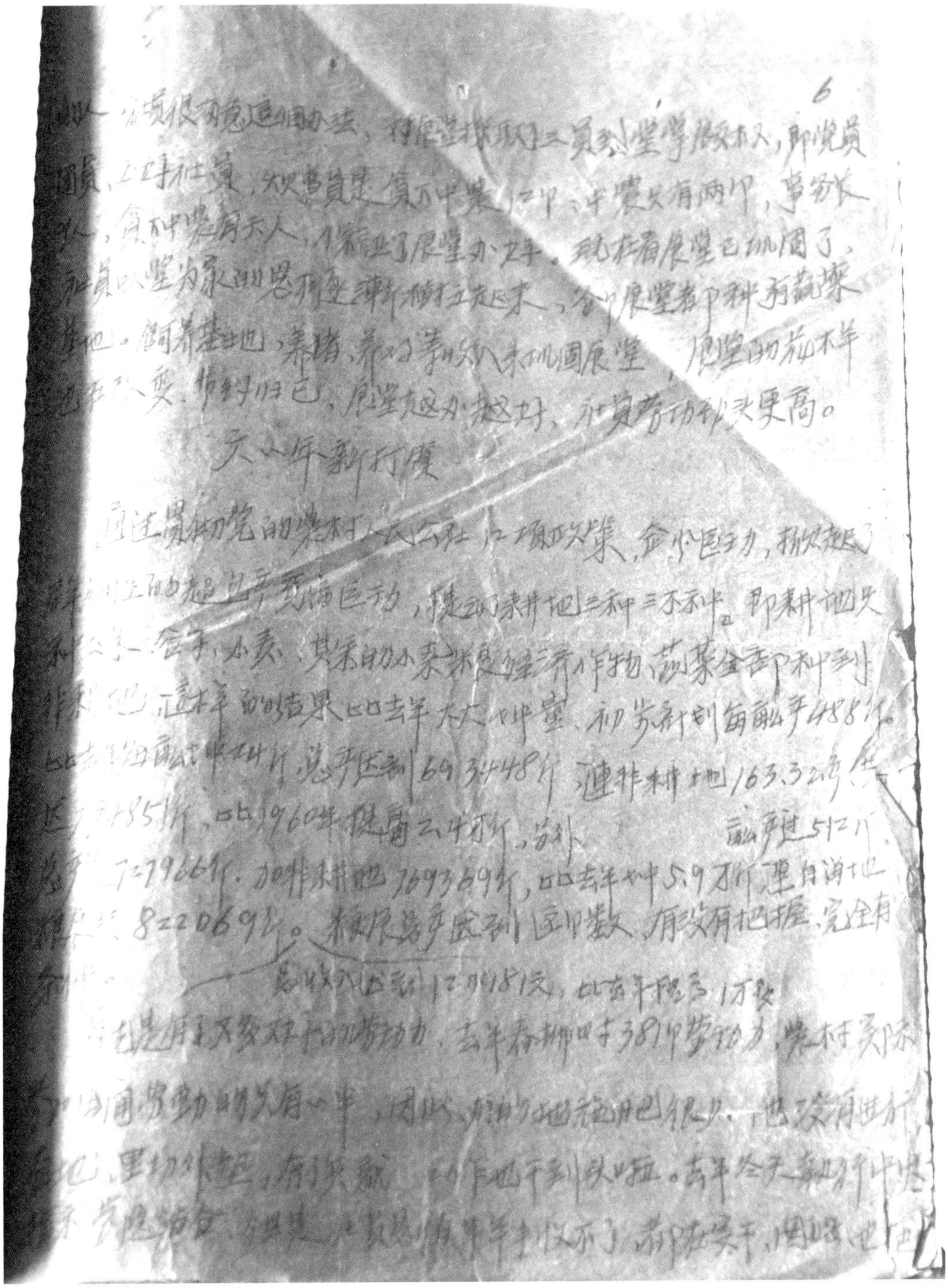
6

[illegible]……即党员……[illegible]

……现在看食堂已巩固了，社员以堂为家……[illegible]……全部食堂都种有蔬菜基地。饲养基地，养猪、养鸡……[illegible]……食堂越办越好，社员劳动积极性更高。

六二年新打算

通过贯彻党的农村人民公社十二项政策……[illegible]……耕地三种三不种。即耕地只……[illegible]……这样的结果比去年大大增产，初步计划每亩产488斤。比去年每亩……[illegible]……总产达到693448斤……[illegible]……耕地163.3亩……[illegible]……比1960年……[illegible]……亩产达512斤。总产727966斤……[illegible]……比去年增5.9万斤……[illegible]……822069斤。……[illegible]……完全有把握……[illegible]

总收入……[illegible]……元，比去年……[illegible]……1万余

[illegible]

图2-4-1-7 金星公社西沟生产大队生产发展情况六

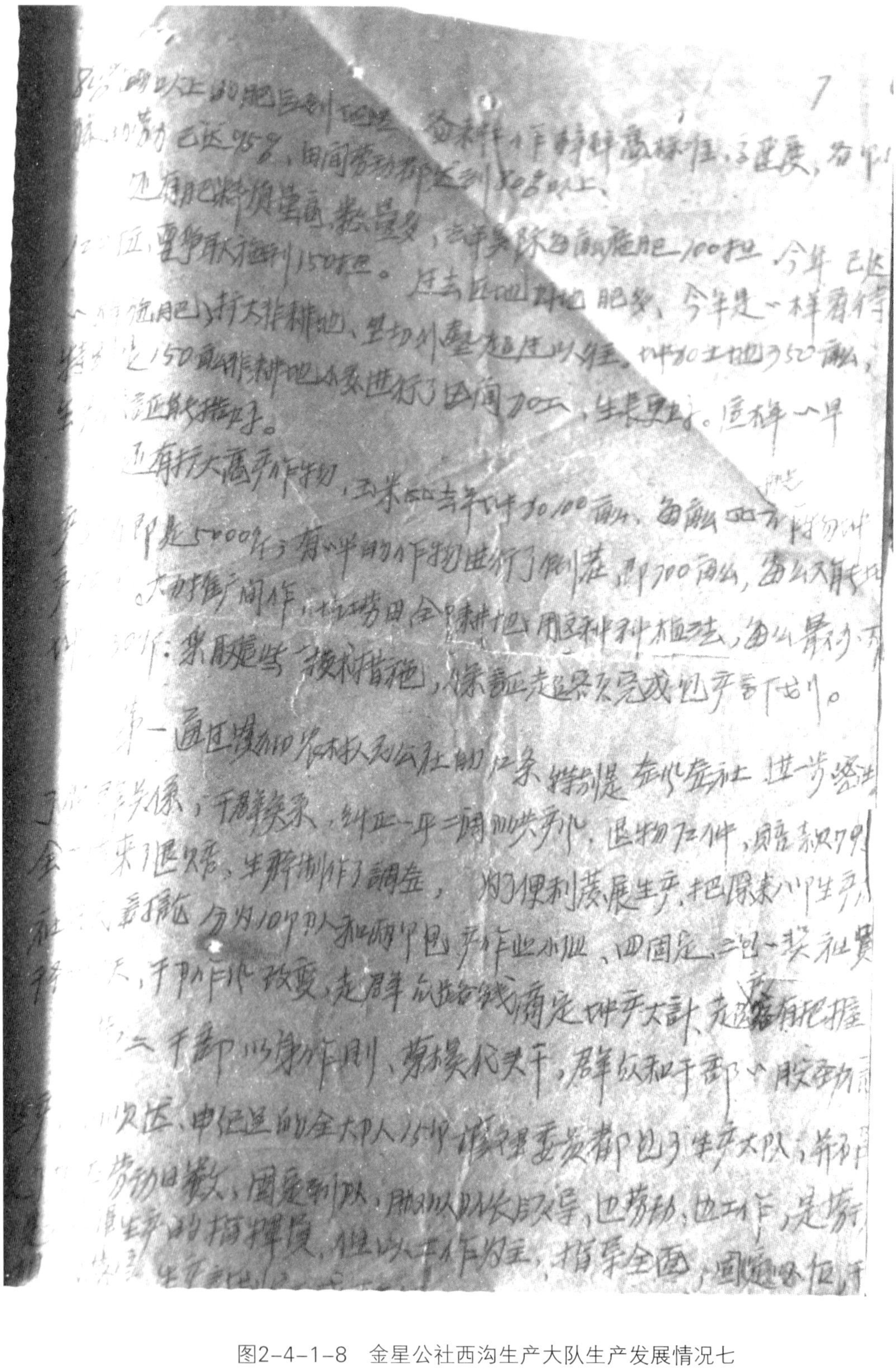

图2-4-1-8　金星公社西沟生产大队生产发展情况七

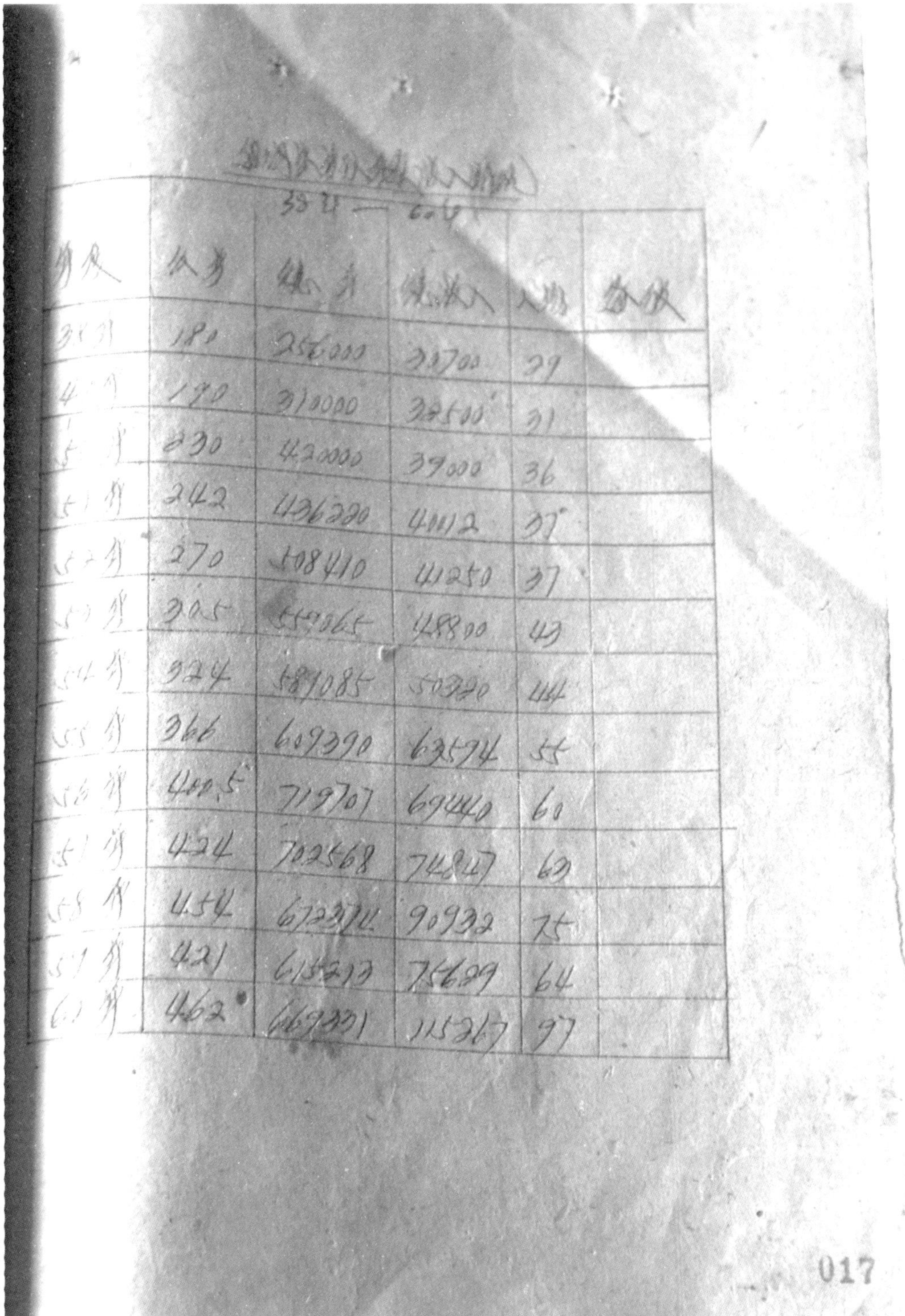

[illegible]

48年—60年

年度	户数	总产	总收入	人均	备考
48年	180	256000	22700	29	
49年	190	310000	32500	31	
50年	230	420000	39000	36	
51年	242	436280	40112	37	
52年	270	508410	41250	37	
53年	305	550065	48800	43	
54年	324	581085	50320	44	
55年	366	609390	63574	55	
56年	400.5	719707	69440	60	
57年	424	702568	74847	69	
58年	454	[illegible]	90932	75	
59年	421	615213	75629	64	
60年	462	669321	115267	97	

017

图2-4-1-9　金星公社西沟生产大队生产发展情况八

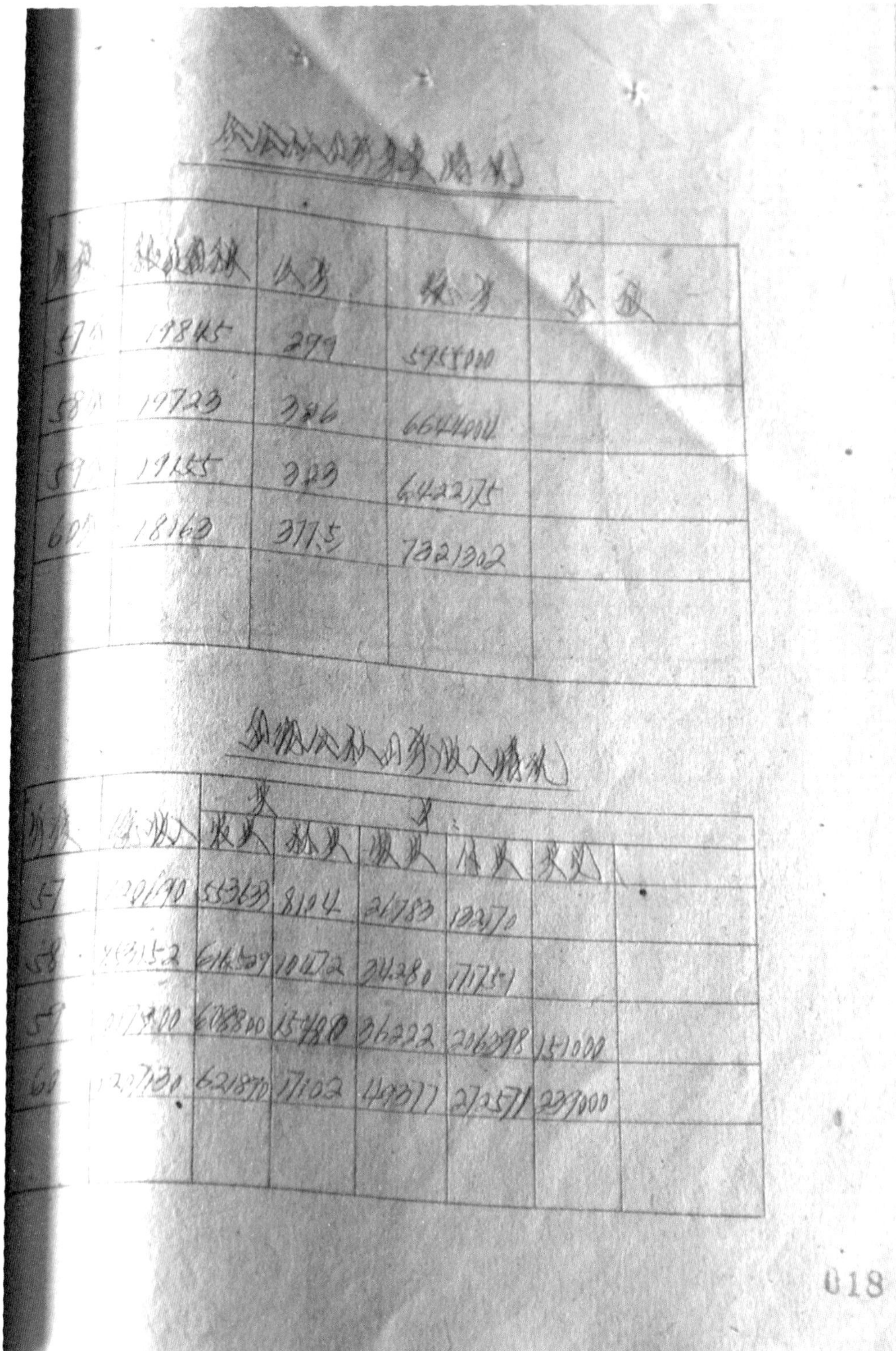

[illegible]

[illegible]	[illegible]	[illegible]	[illegible]	[illegible]
57[illegible]	19845	279	5955000	
58[illegible]	19723	286	6644000	
59[illegible]	19555	323	642275	
60[illegible]	18163	317.5	7321302	

[illegible]

[illegible]	[illegible]收入	[illegible]	[illegible]	[illegible]	[illegible]	[illegible]	
57	120190	553633	8124	21783	122170		
58	283152	616509	10072	24280	171751		
59	[illegible]17800	608800	154880	26222	206298	151000	
60	[illegible]27130	621870	17102	49077	272571	237000	

018

图2-4-1-10　金星公社西沟生产大队生产发展情况九

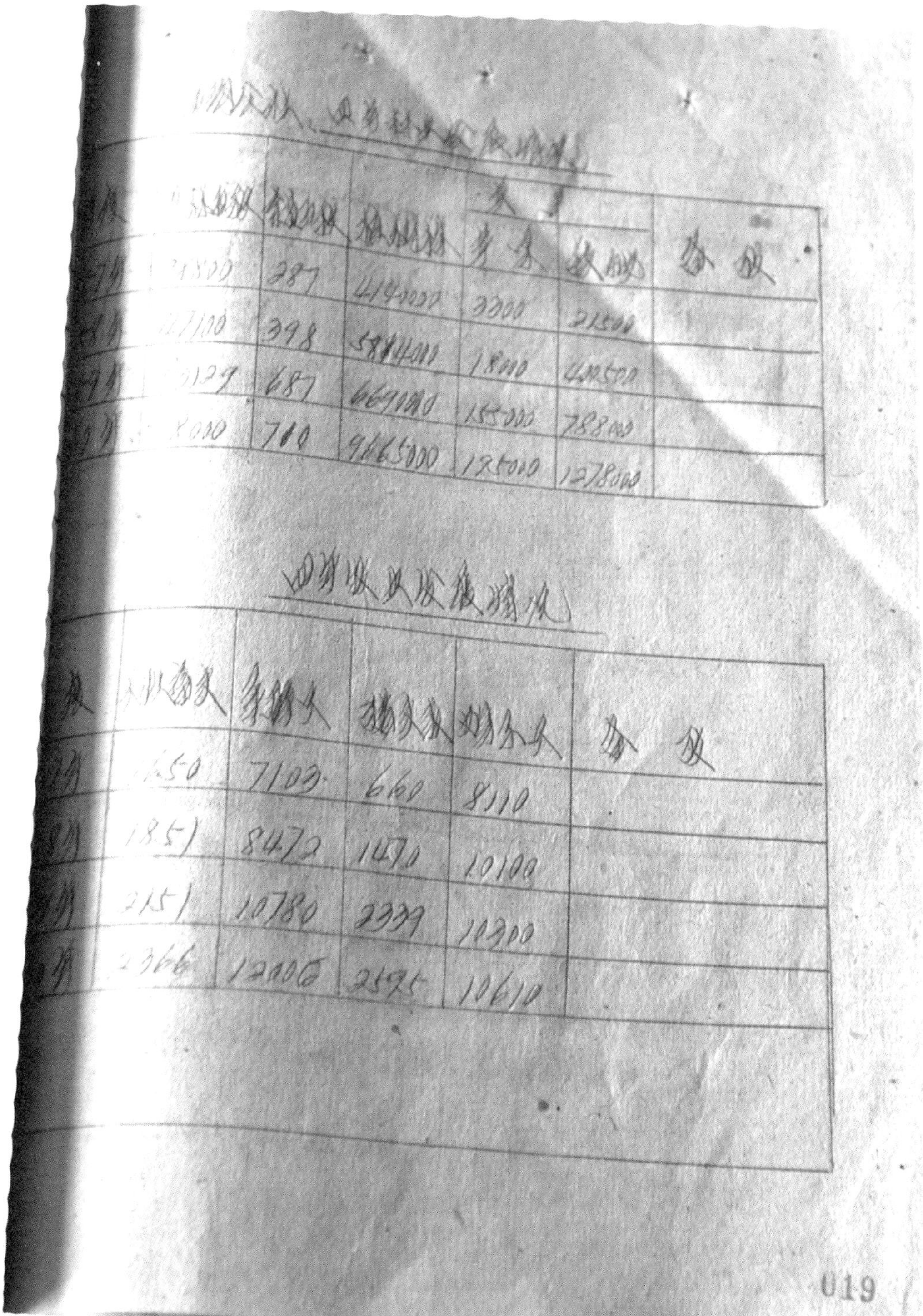

[illegible]

[illegible]	[illegible]	[illegible]	[illegible]	支出		备注
				劳务	投资	
[illegible]	[illegible]1800	287	4140000	2000	21500	
[illegible]	[illegible]7100	398	5844000	1800	420500	
[illegible]	[illegible]129	687	6690000	155000	788000	
[illegible]	[illegible]8000	710	9665000	195000	1278000	

[illegible]

[illegible]	[illegible]	[illegible]	[illegible]	[illegible]	备注
[illegible]	[illegible]650	7103	660	8110	
[illegible]	1851	8472	1470	10100	
[illegible]	2151	10780	2339	10300	
[illegible]	2366	12006	2575	10610	

019

图2-4-1-11　金星公社西沟生产大队生产发展情况十

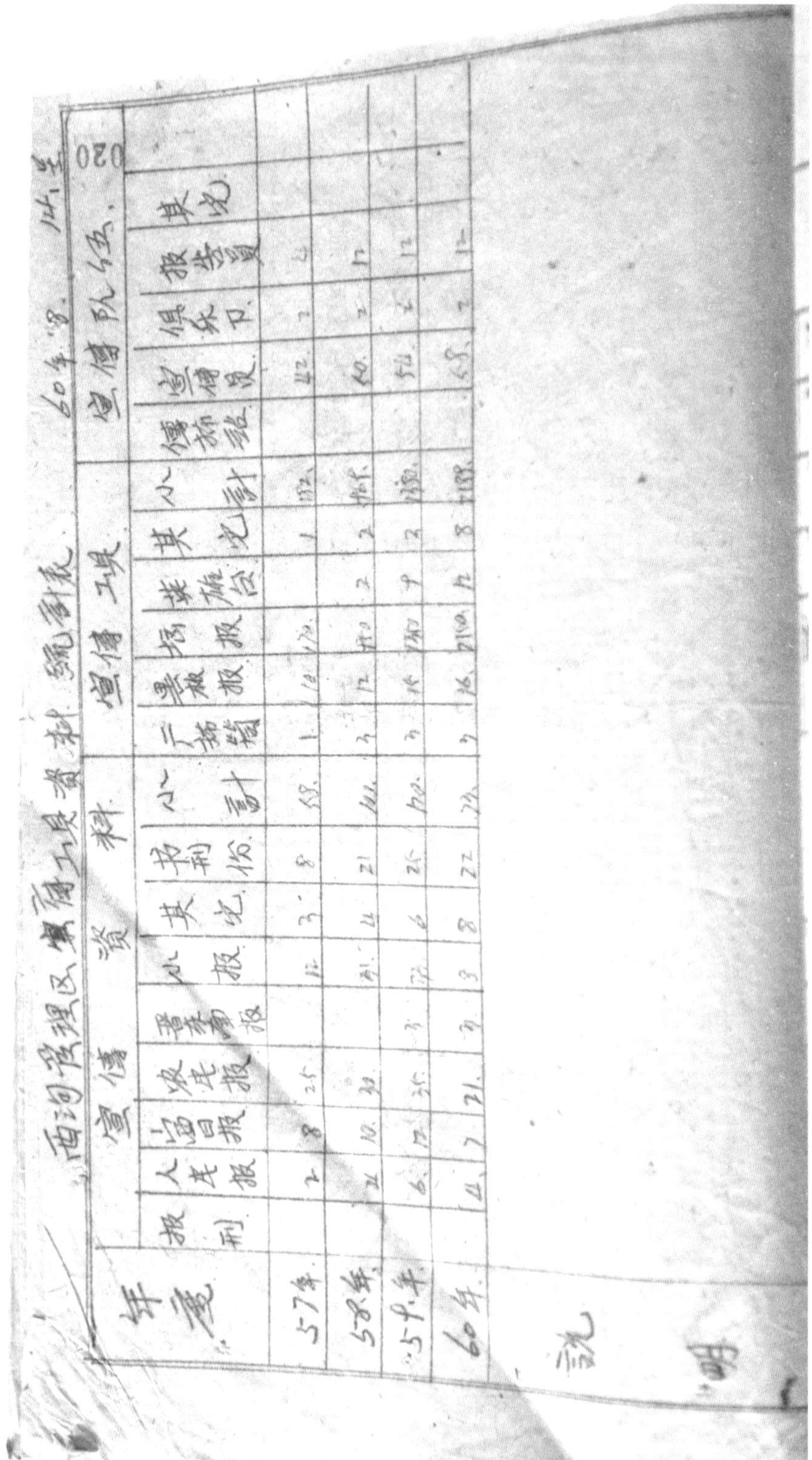

西沟管理区宣传工具资料统计表　60年8.14日　020

年度	宣传资料									宣传工具						宣传队伍				
	报刊	人民报	山西日报	农民报	晋东南报	小报	其它	书刊份	小计	广播筒	黑板报	墙报	荣旗台	其它	小计	传播站	宣传员	俱乐部	报告员	其它
57年		2	8	25		12	3	8	58	1	10	170		1	182		42	3	4	
58年		21	10	30		31	4	21	121	3	12	150	2	2	169		60	2	12	
59年		6	12	35	3	72	6	25	170	3	15	1350	9	3	1380		54	2	12	
60年		4	7	21	3	3	8	22	73	3	16	2150	12	8	2188		68	2	12	

说明

图2-4-1-12　金星公社西沟生产大队生产发展情况十一

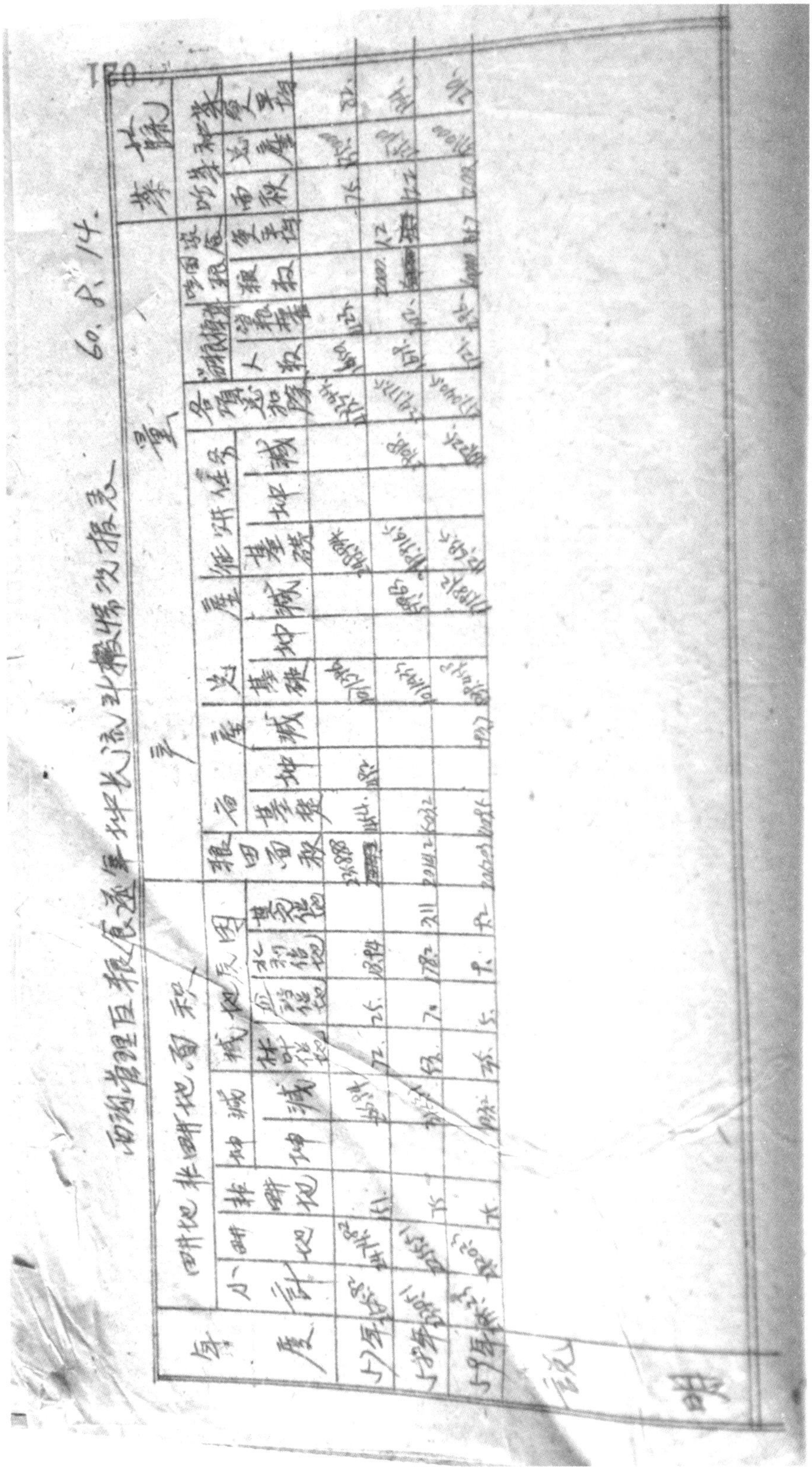

图2-4-1-13　金星公社西沟生产大队生产发展情况十二

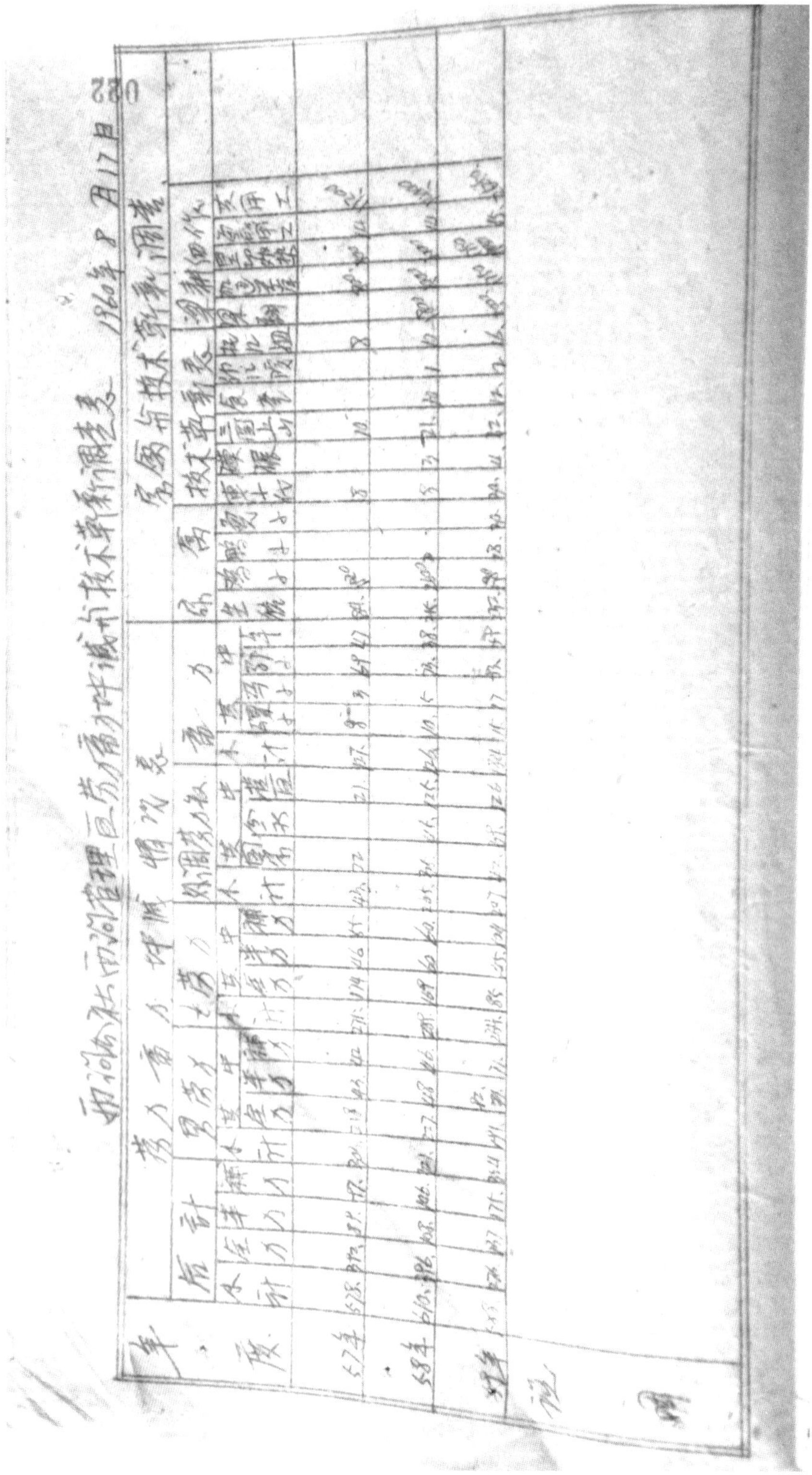

图2-4-1-14　金星公社西沟生产大队生产发展情况十三

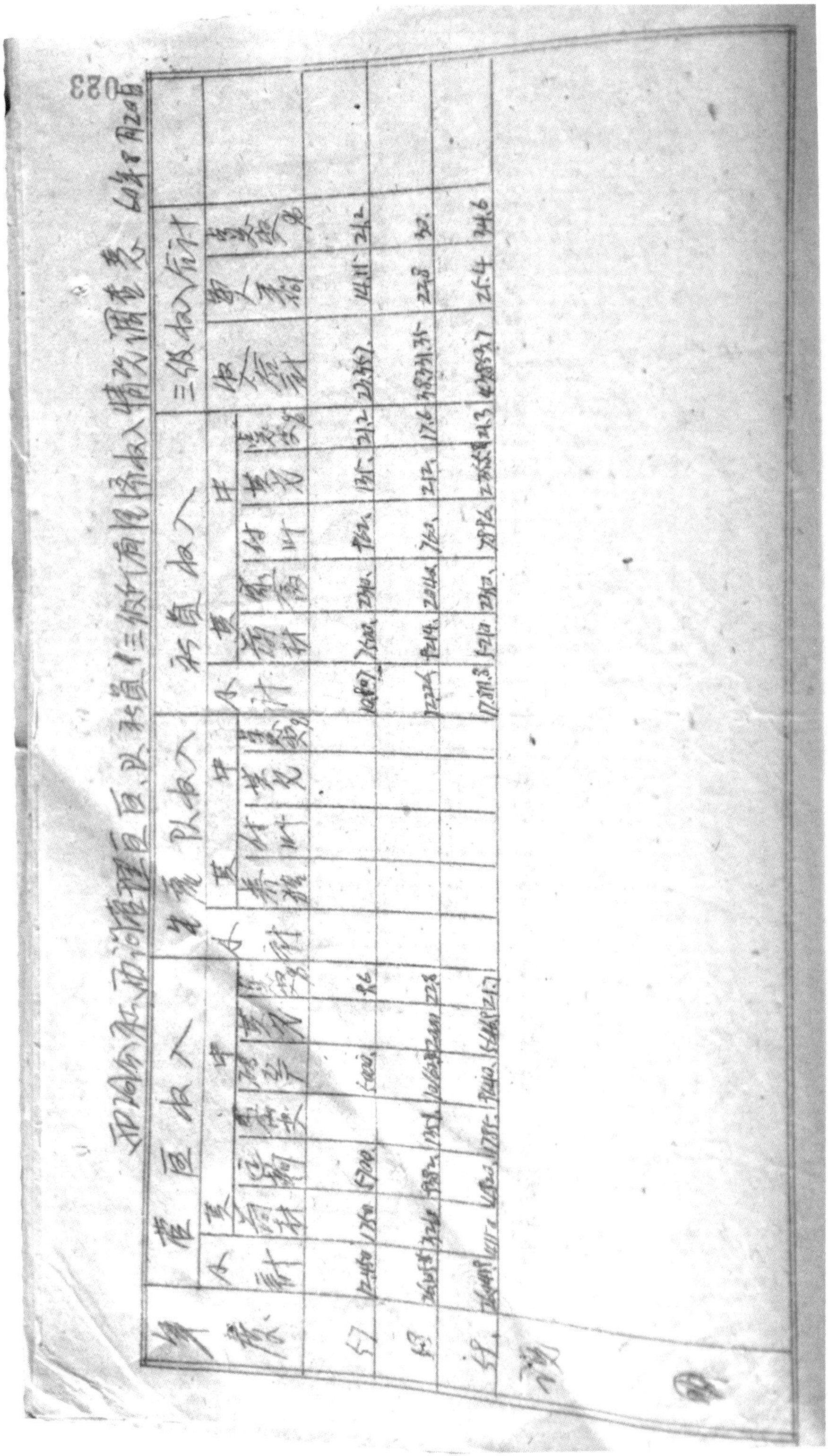

图2-4-1-15　金星公社西沟生产大队生产发展情况十四

2.西沟公社西沟大队十年规划表（1963年5月31号）

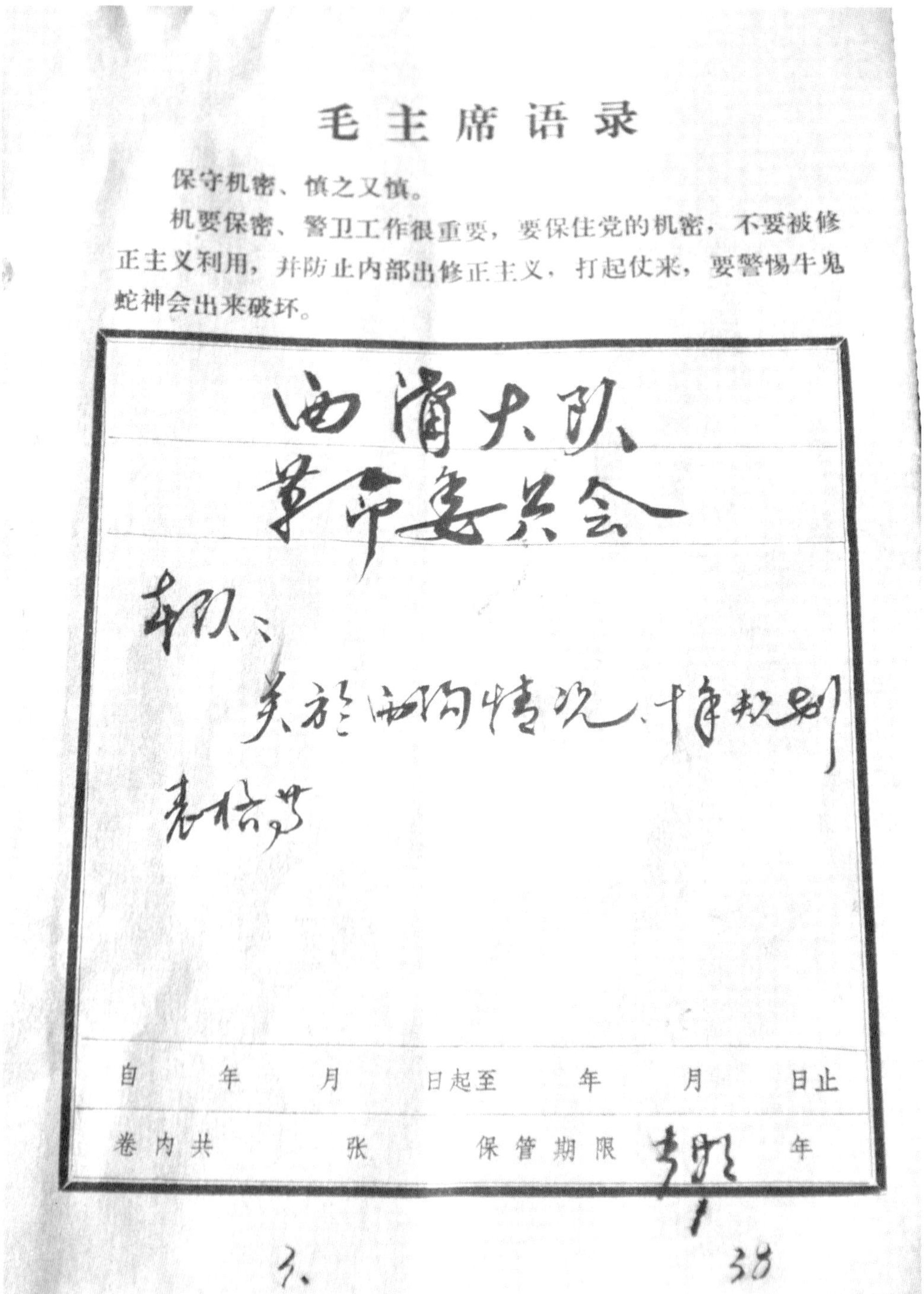

毛主席语录

保守机密、慎之又慎。

机要保密、警卫工作很重要，要保住党的机密，不要被修正主义利用，并防止内部出修正主义，打起仗来，要警惕牛鬼蛇神会出来破坏。

西沟大队
革命委员会

本队：

关于西沟情况、十年规划
表格等

自　年　月　日起至　年　月　日止

卷内共　张　保管期限　　年

图2-4-2-1　档案封面

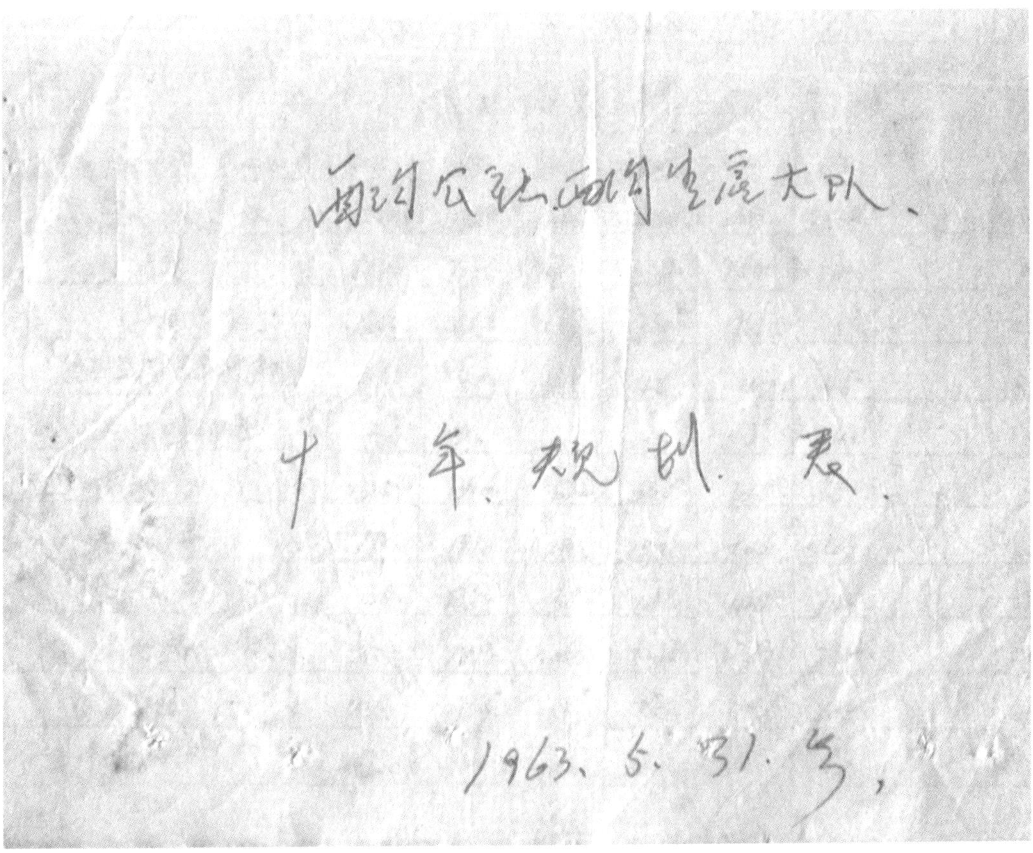

图2-4-2-2　西沟公社西沟生产大队十年规划表封面

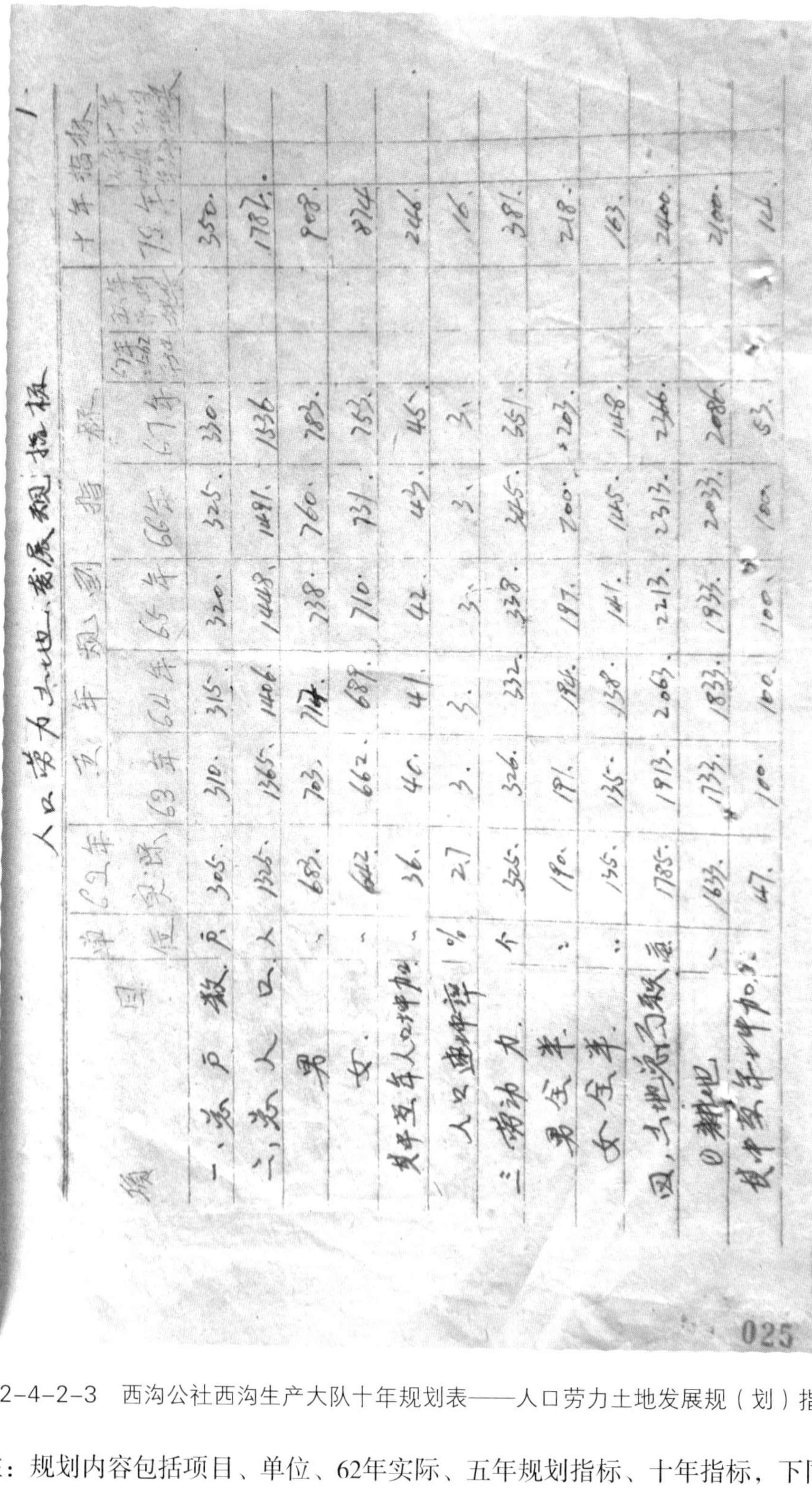

1.

人口劳力土地发展规划指标

项目	单位	62年实际	五年规划指标 63年	64年	65年	66年	67年	67年比62年增减	十年指标 75年	75年比67年增减
一、总户数	户	305.	310.	315.	320.	325.	330.		350.	
二、总人口	人	1326.	1365.	1406.	1448.	1491.	1536.		1782.	
男	〃	683.	703.	714.	738.	760.	783.		908.	
女	〃	642.	662.	689.	710.	731.	753.		874.	
其中每年人口净增加	〃	36.	40.	41.	42.	43.	45.		246.	
人口增长率	%	2.7	3.	3.	3.	3.	3.		16.	
三、劳动力	个	325.	326.	332.	338.	345.	351.		381.	
男全半	〃	190.	191.	194.	197.	200.	203.		218.	
女全半	〃	135.	135.	138.	141.	145.	148.		163.	
四、土地总面积	亩	1785.	1913.	2063.	2213.	2313.	2266.		2400.	
〇耕地	〃	1633.	1733.	1833.	1933.	2033.	2086.		2100.	
其中每年增加	〃	47.	100.	100.	100.	100.	53.		166.	

025

图2-4-2-3　西沟公社西沟生产大队十年规划表——人口劳力土地发展规（划）指标

注：规划内容包括项目、单位、62年实际、五年规划指标、十年指标，下同。

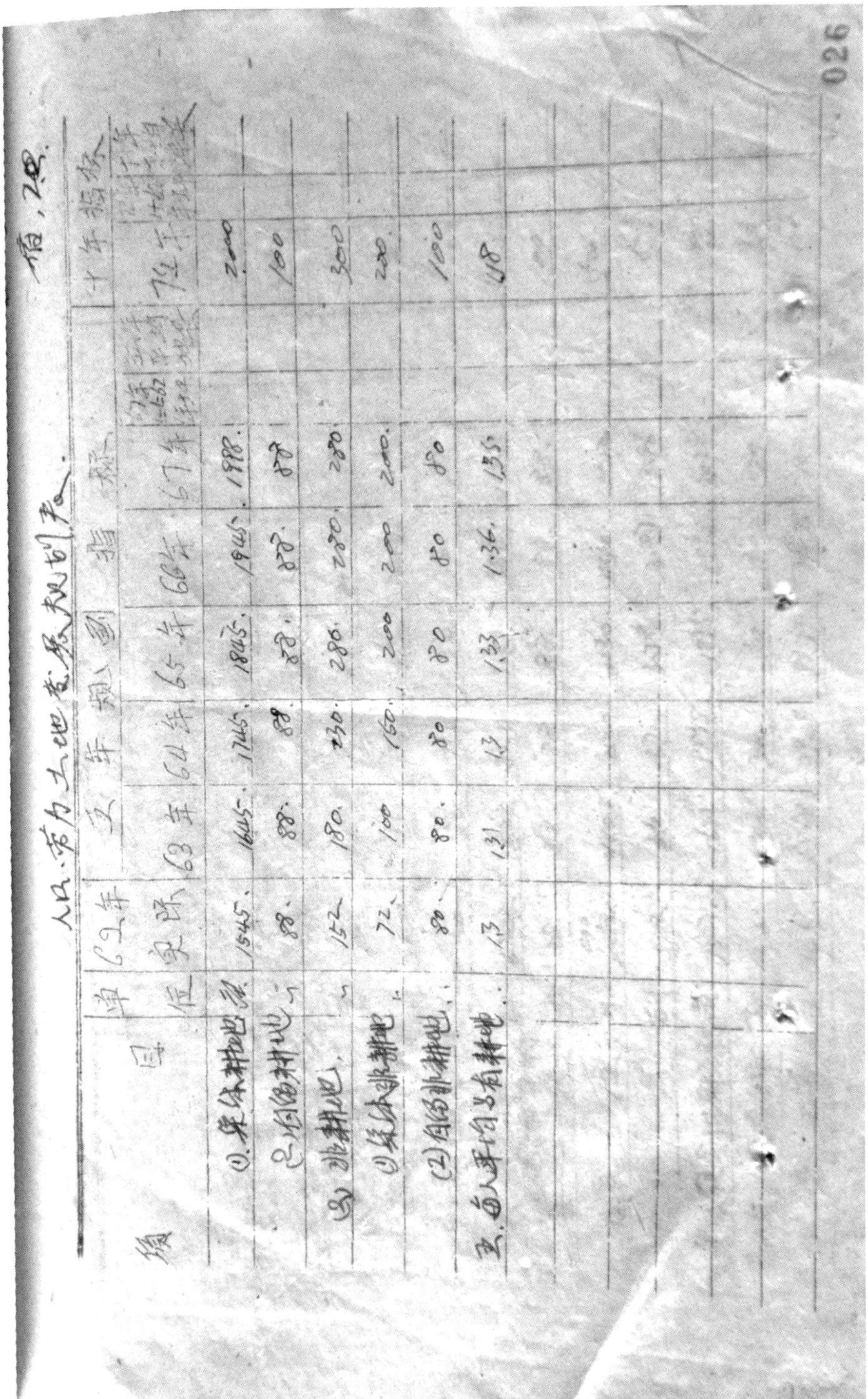

人口、劳力土地发展规划表

项目	单位	62年实际	五年规划指标 63年	64年	65年	66年	67年	[illegible]	[illegible]	十年指标 72年	[illegible]	[illegible]
(1).集体耕地	亩	1545.	1645.	1745.	1845.	1945.	1988.			2000		
2.自留耕地	〃	88.	88.	88.	88.	88.	88.			100		
(3).非耕地	〃	152	180.	230.	280.	280.	280.			300.		
(1)集体非耕地	〃	72.	100	150.	200	200	200.			200.		
(2)自留非耕地	〃	80.	80.	80	80	80	80			100		
五.每人平均占有耕地	〃	1.3	1.31	1.2	1.33	1.36.	1.35.			1.18		

图2-4-2-4　西沟公社西沟生产大队十年规划表——人口劳力土地发展规划表

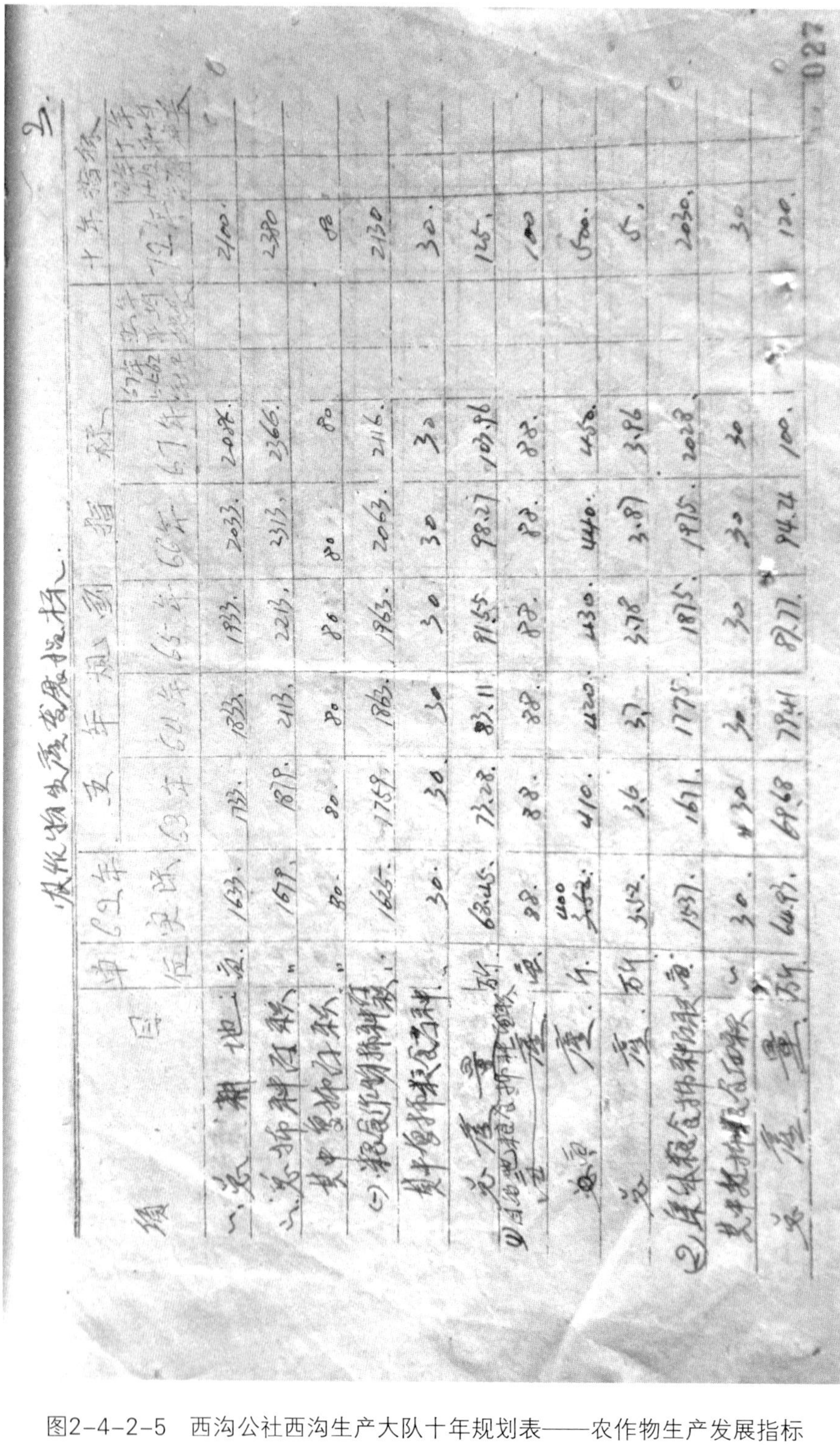

农作物生产发展指标　2.

项目	单位	62年实际	63年	64年	65年	66年	67年	67年比62年增长	五年平均增长	72年	72年比67年增长	十年平均增长
一、总耕地	亩	1633.	1733.	1833.	1933.	2033.	2088.			2100.		
二、总播种面积	〃	1679.	1879.	2113.	2213.	2313.	2366.			2380		
其中复播面积	〃	80.	80.	80	80	80	80			80		
(一)粮食作物播种面积	〃	1625.	1759.	1863.	1963.	2063.	2116.			2130		
其中复播粮食面积	〃	30.	30.	30	30	30	30			30.		
总产量	万斤	63.45.	73.28.	83.11	91.55	98.27	103.96			125.		
①自留地粮食播种面积	亩	88.	88.	88.	88.	88.	88.			100		
亩产	斤	~~352~~ 400	410.	420.	430.	440.	450.			500.		
总产	万斤	3.52.	3.6	3.7	3.78	3.87	3.96			5.		
②集体粮食播种面积	亩	1537.	1671.	1775.	1875.	1975.	2028.			2030.		
其中复播粮食面积	〃	30.	30	30.	30	30	30			30		
总产量	万斤	64.93.	69.68	79.41	87.77.	94.24	100.			120.		

027

图2-4-2-5　西沟公社西沟生产大队十年规划表——农作物生产发展指标

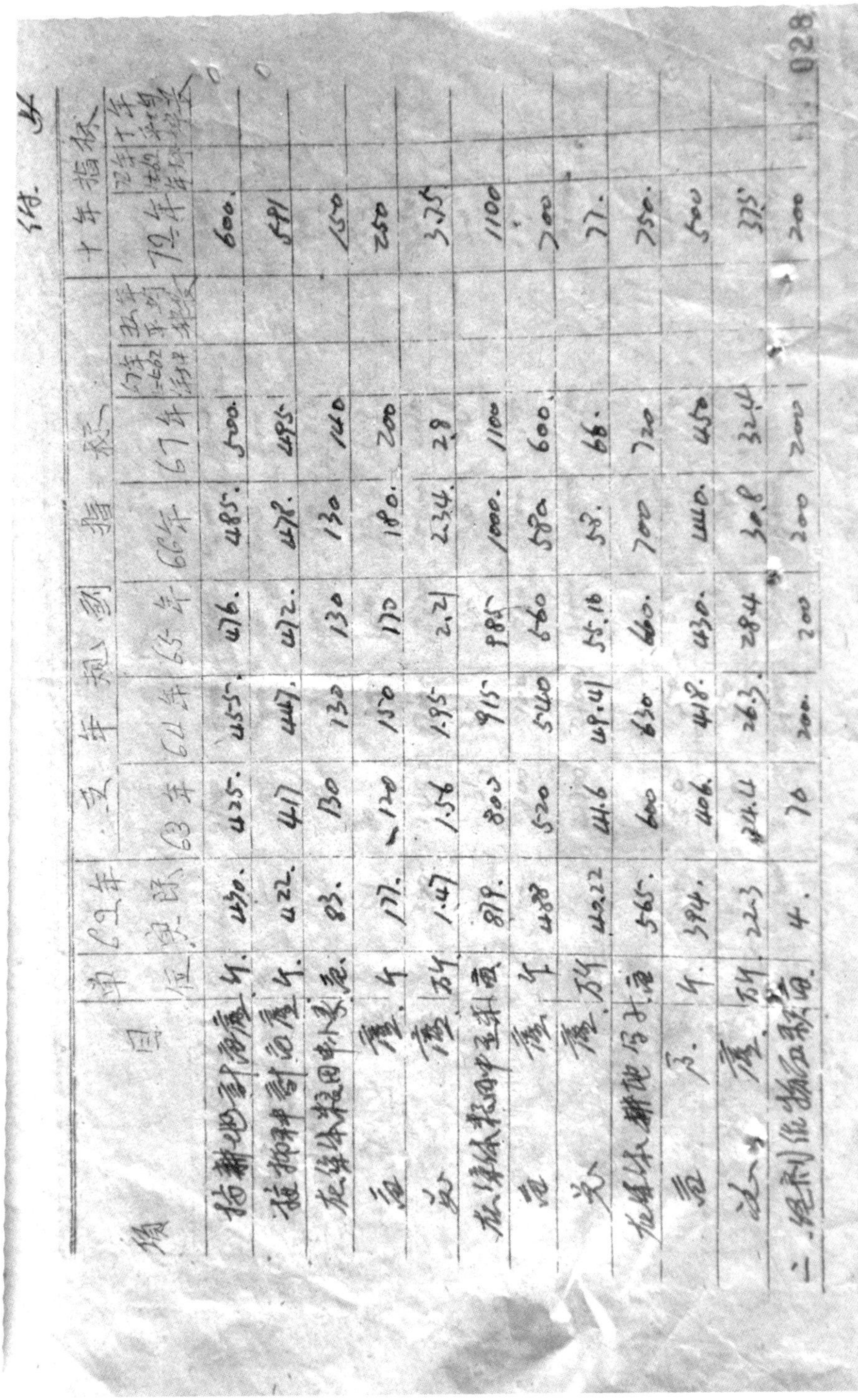

项目	单位	62年实际	63年	64年	65年	66年	67年	67年比62年增长%	五年平均增长%	72年	72年比67年增长%	十年平均增长%
按耕地亩产	斤	430.	425.	455.	476.	485.	500.			600.		
按播种面积亩产	斤	422.	417	447.	472.	478.	485.			591		
农业总产值	元	83.	130	130	130	130	140			150		
亩产	斤	177.	120	150	170	180.	200			250		
总产	万斤	1.47	1.56	1.95	2.21	2.34.	2.8			3.75		
农作物播种面积	亩	819.	800	915	985	1000.	1100			1100		
亩产	斤	488	520	540	560	580	600.			700		
总产	万斤	40.22	44.6	49.41	55.18	58.	66.			77.		
农业耕地面积	亩	565.	600	630	660.	700	720			750.		
亩产	斤	394.	406.	418.	430.	440.	450			500		
总产	万斤	22.3	24.4	26.3	28.4	30.8	32.4			375		
二.经济作物面积	亩	4.	70	200.	200	200	200			200		

图2-4-2-6　西沟公社西沟生产大队十年规划表

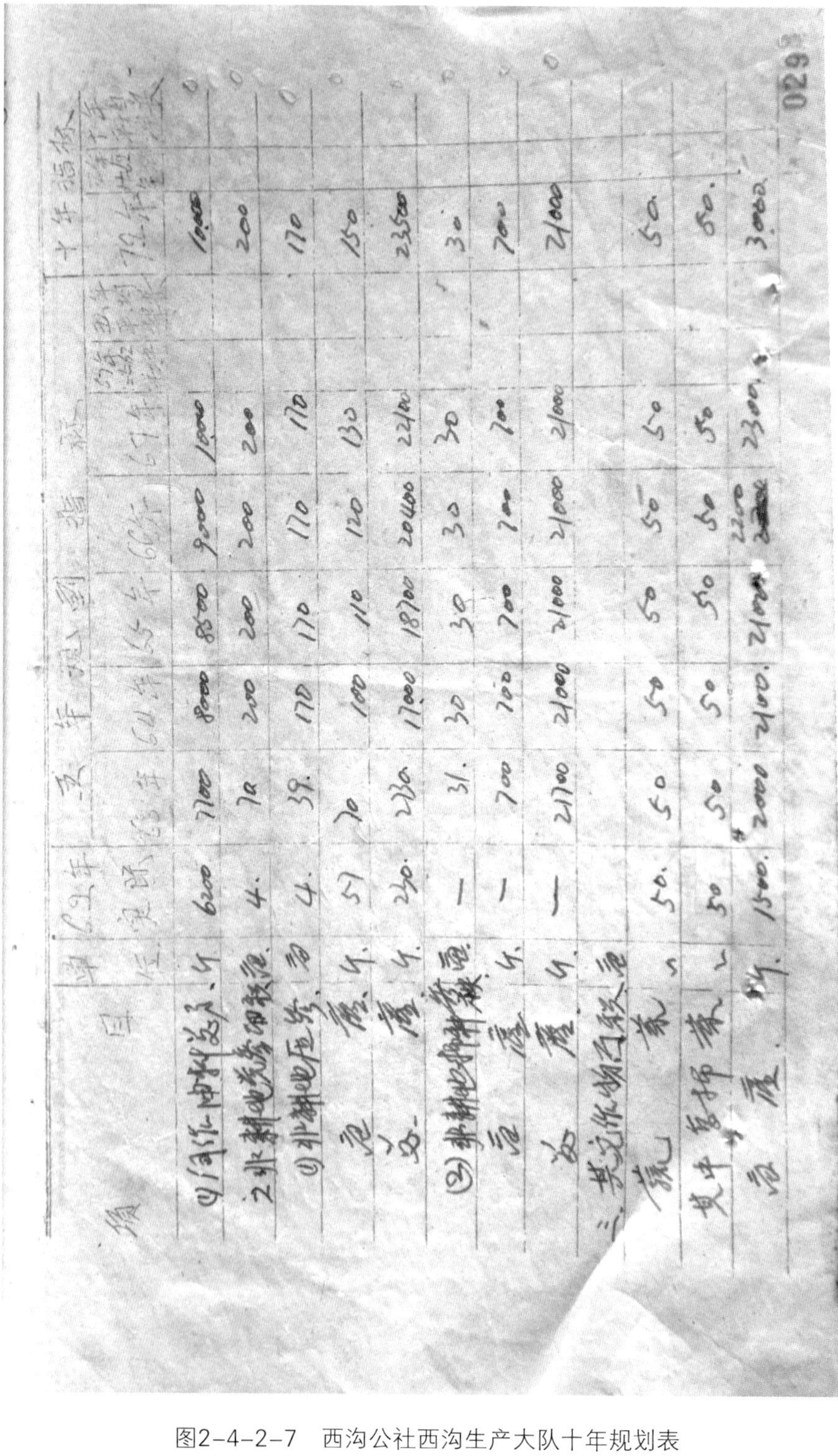

项目	单位	62年实际	63年	64年	65年	66年	67年	67年比62年增长	五年平均增长	72年	比67年增长	十年平均增长
(1)间作油料总产	斤	6200	7700	8000	8500	9000	10000			10000		
2.非耕地花参油料面积		4.	70	200	200	200	200			200		
(1)非耕地花参	亩	4.	39.	170	170	170	170			170		
亩产	斤	57	70	100	110	120	130			150		
总产	斤	230.	2330	17000	18700	20400	22100			23500		
(2)非耕地[illegible]	亩	—	31.	30	30	30	30			30		
亩产	斤	—	700	700	700	700	700			700		
总产	斤	—	21700	21000	21000	21000	21000			21000		
三、其它作物面积	亩											
蔬菜	〃	50.	50	50	50	50	50			50.		
其中：复播菜	〃	50	50	50	50	50	50			50.		
总产	斤	1500.	2000	2100.	2100	2200	2300.			3000.		

0293

图2-4-2-7　西沟公社西沟生产大队十年规划表

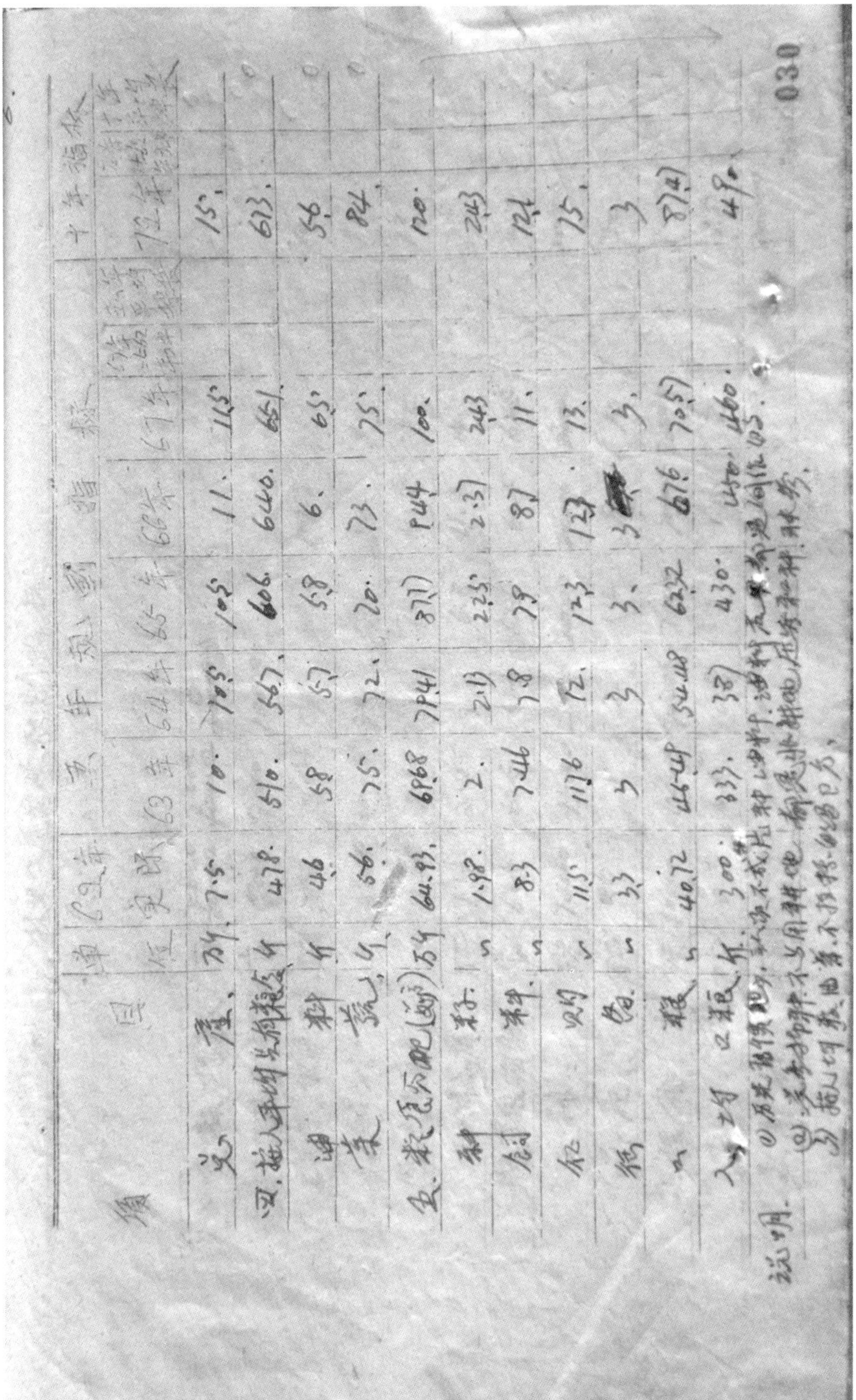

图2-4-2-8　西沟公社西沟生产大队十年规划表

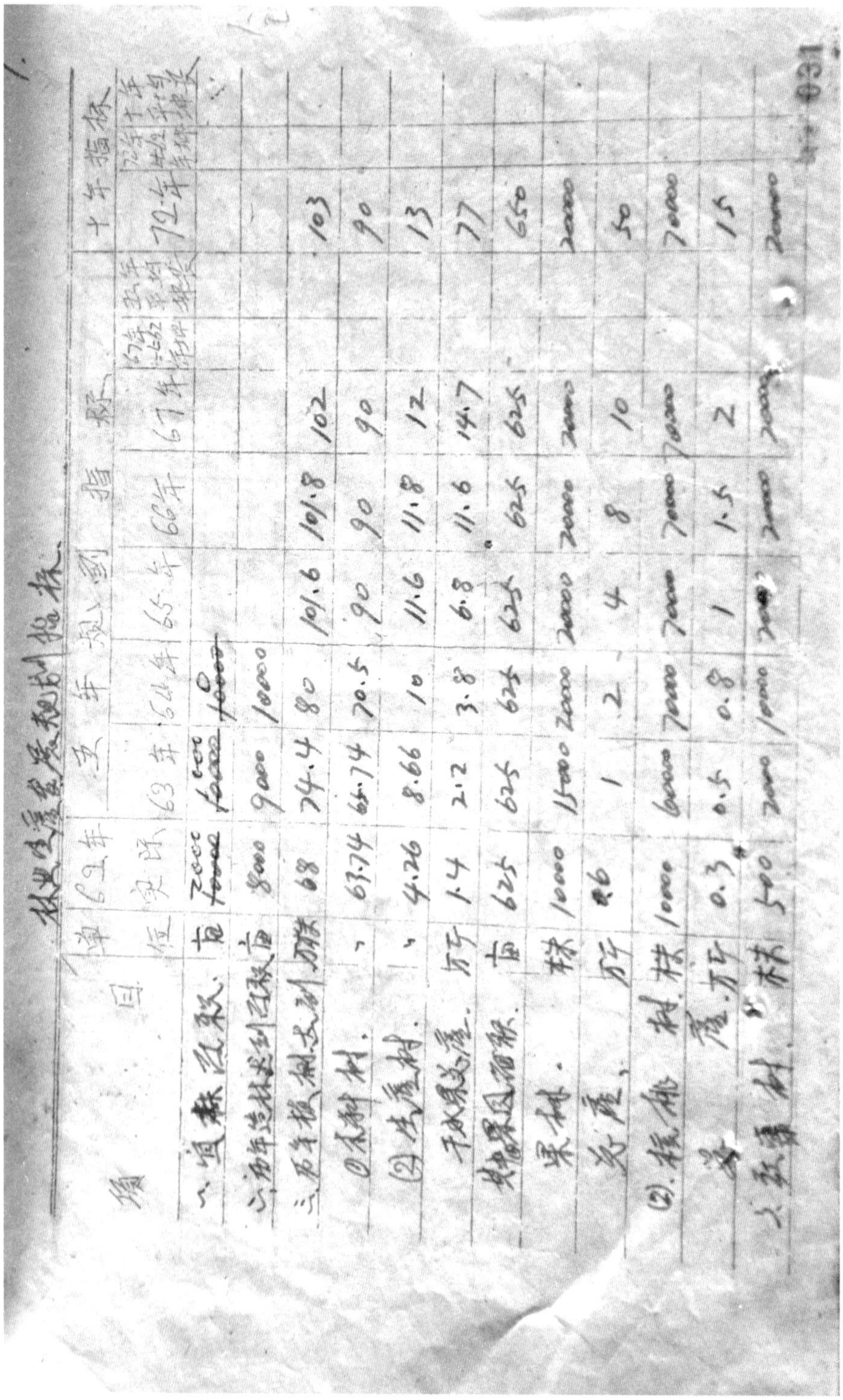

林业生产发展规划指标

项目	单位	62年实际	63年	64年	65年	66年	67年	67年比62年增长	五年平均增长	72年	72年比62年增长	十年平均增长
一、宜林面积	亩	2000 ~~10000~~	1000 ~~10000~~	0 ~~10000~~								
二、历年造林达到面积	亩	8000	9000	10000						—		
三、历年植树达到	万株	68	74.4	80	101.6	101.8	102			103		
①木料材	〃	63.74	65.74	70.5	90	90	90			90		
②生产材	〃	4.26	8.66	10	11.6	11.8	12			13		
干水果总产	万斤	1.4	2.2	3.8	6.8	11.6	14.7			77		
其中果园面积	亩	625	625	625	625	625	625			650		
果树	株	10000	15000	20000	20000	20000	20000			20000		
总产	万斤	.6	1	2	4	8	10			50		
②核桃树	株	10000	60000	70000	70000	70000	70000			70000		
总产	万斤	0.3	0.5	0.8	1	1.5	2			15		
六、桑树	株	500	2000	10000	20000	20000	20000			20000		

图2-4-2-9　西沟公社西沟生产大队十年规划表——林业生产发展规划指标

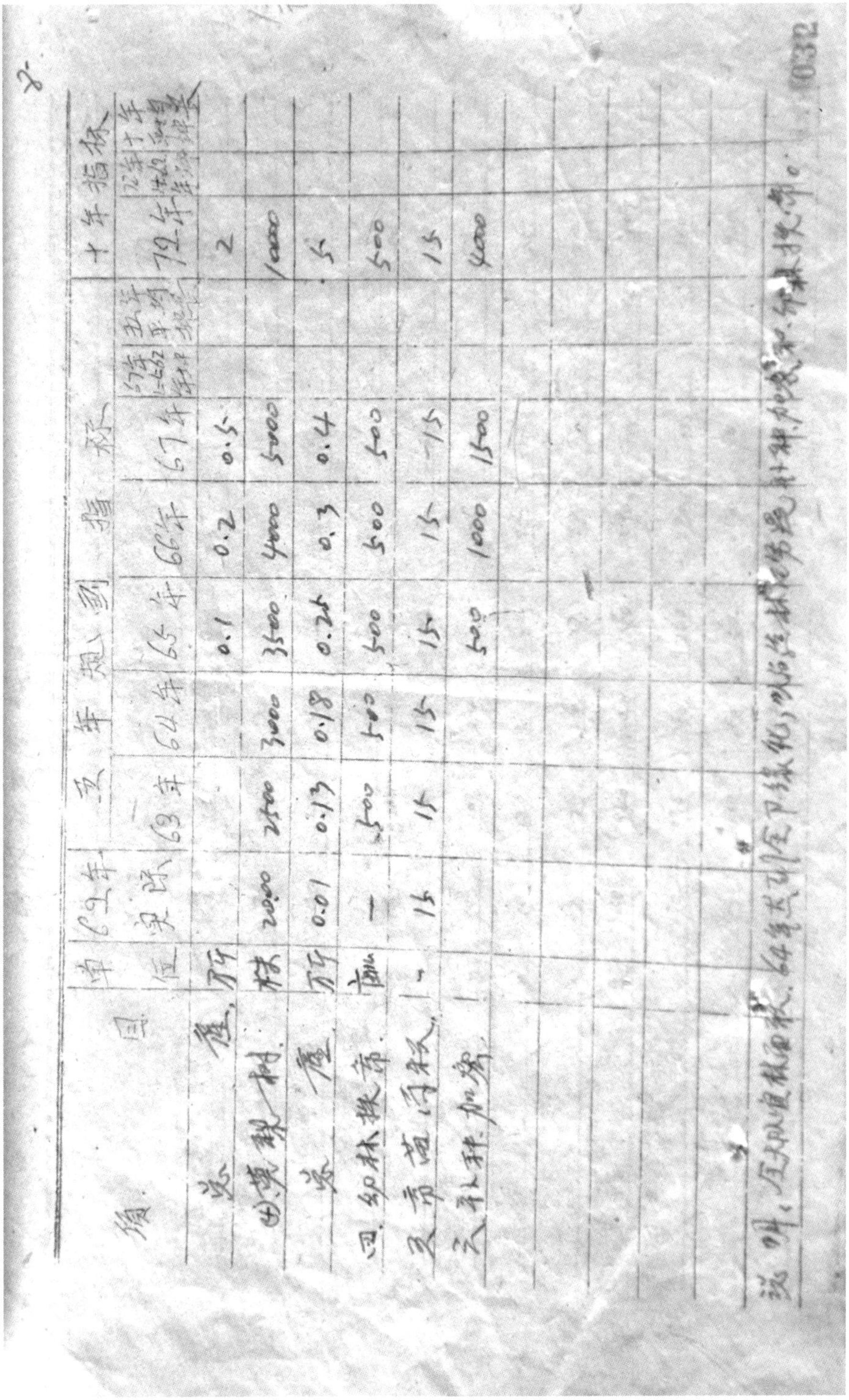

项目	单位	62年实际	五年规划指标							十年指标		
			63年	64年	65年	66年	67年	[illegible]	[illegible]	72年	[illegible]	[illegible]
总产	万斤				0.1	0.2	0.5			2		
(四)苹果树	株	2000	2500	3000	3500	4000	5000			10000		
总产	万斤	0.01	0.13	0.18	0.25	0.3	0.4			5		
(四)幼林抚育	亩	—	500	500	500	500	500			500		
(五)育苗面积	亩	15	15	15	15	15	15			15		
(六)补种加密	亩				500	1000	1500			4000		

说明：全大队宜林面积，64年基本全部绿化，以后主要是补种加密和幼林抚育。

图2-4-2-10　西沟公社西沟生产大队十年规划表

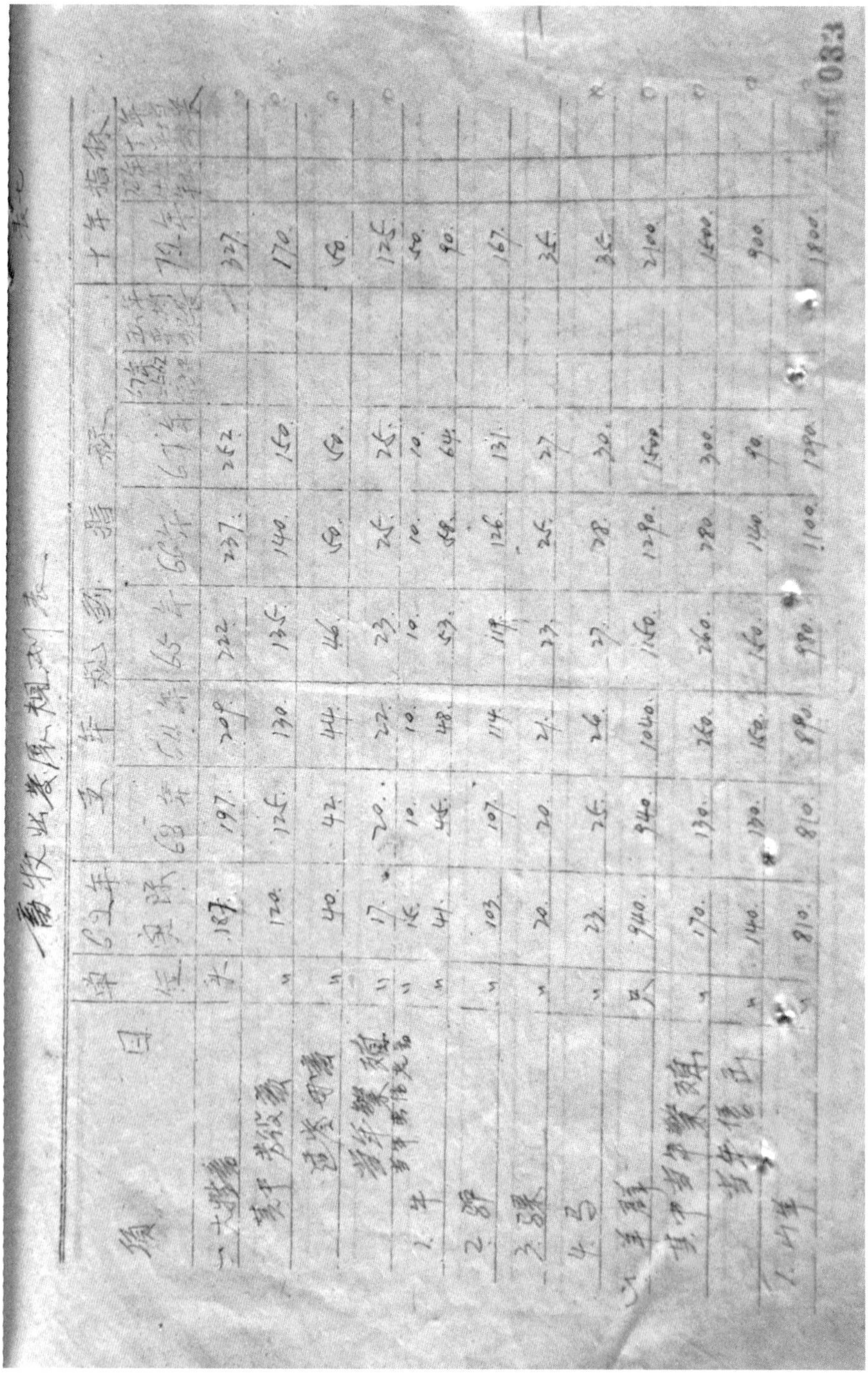

畜牧业发展规划表

项目	单位	62年实际	五年规划指标 63年	64年	65年	66年	67年	67年比62年增	五年平均增长	十年指标 72年	72年比62年增	十年平均增长
一、大牲畜	头	187	197	209	222	237	252			327		
其中 半役畜	〃	120	125	130	135	140	150			170		
适龄母畜	〃	40	42	44	46	50	50			50		
当年繁殖	〃	17	20	22	23	25	25			125		
当年出售先畜	〃	15	10	10	10	10	10			50		
1. 牛	〃	41	45	48	53	58	64			90		
2. 驴	〃	103	107	114	119	126	131			167		
3. 骡	〃	20	20	21	23	25	27			35		
4. 马	〃	23	25	26	27	28	30			35		
二、羊群	只	940	940	1040	1160	1290	1500			2100		
其中当年繁殖	〃	170	130	260	260	280	300			1500		
当年出售	〃	140	130	160	160	140	90			900		
1. 山羊	〃	810	810	890	980	1100	1290			1800		

图2-4-2-11　西沟公社西沟生产大队十年规划表——畜牧业发展规划表

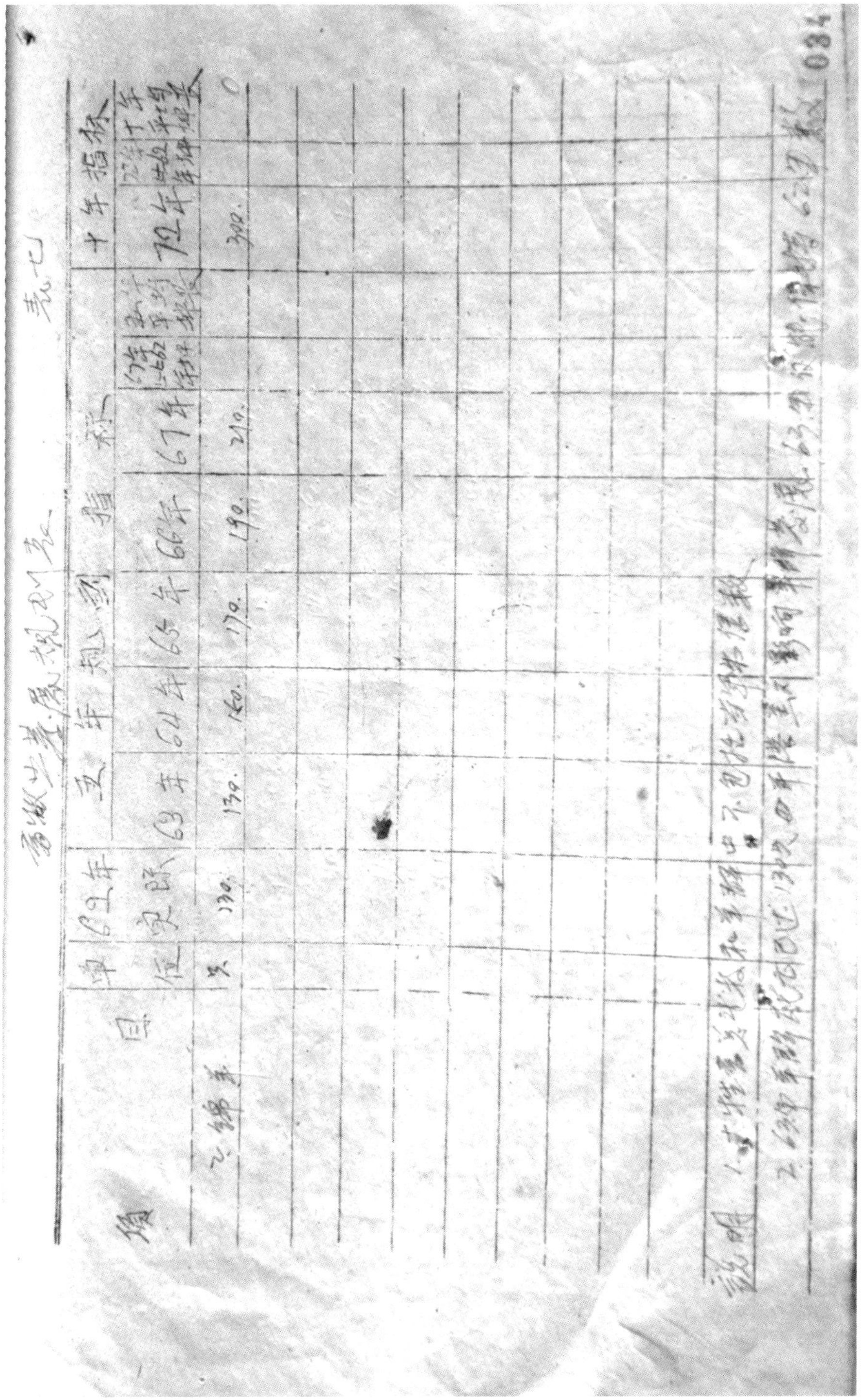

畜牧业发展规划表　表七

项目	单位	62年实际	五年规划指标							十年指标		
			63年	64年	65年	66年	67年	67年比62年增长%	五年平均每年增长%	72年	72年比62年增长%	十年平均每年增长%
[illegible]	头	130.	130.	160.	170.	190.	210.			300.		

说明 [illegible]

图2-4-2-12　西沟公社西沟生产大队十年规划表——畜牧业发展规划表

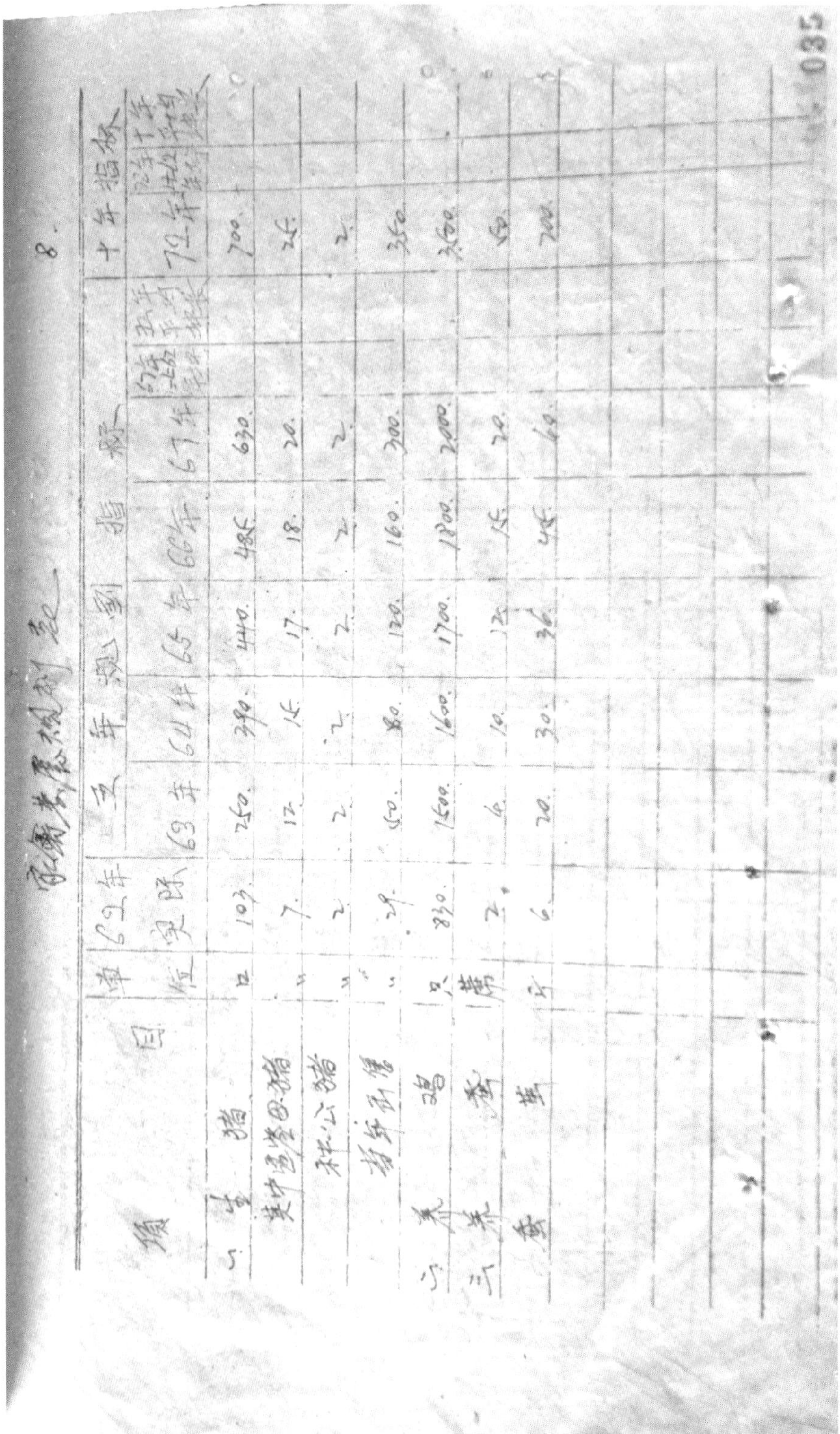

家禽发展规划表　　8.

项目	单位	62年实际	五年规划指标							十年指标		
			63年	64年	65年	66年	67年	67年比62年增%	五年平均增长	72年	72年比62年增%	十年平均增长
一、生猪	口	103.	250.	390.	440.	485.	630.			700.		
其中：适龄母猪	〃	7.	12.	15.	17.	18.	20.			25.		
种公猪	〃	2.	2.	2.	2.	2.	2.			2.		
当年出售	〃	29.	50.	80.	120.	160.	300.			350.		
二、养鸡	只	830.	1500.	1600.	1700.	1800.	2000.			3600.		
三、养蚕	张	2.	6.	10.	12.	15.	20.			50.		
蚕茧	斤	6.	20.	30.	36.	45.	60.			200.		

035

图2-4-2-13　西沟公社西沟生产大队十年规划表——家禽发展规划表

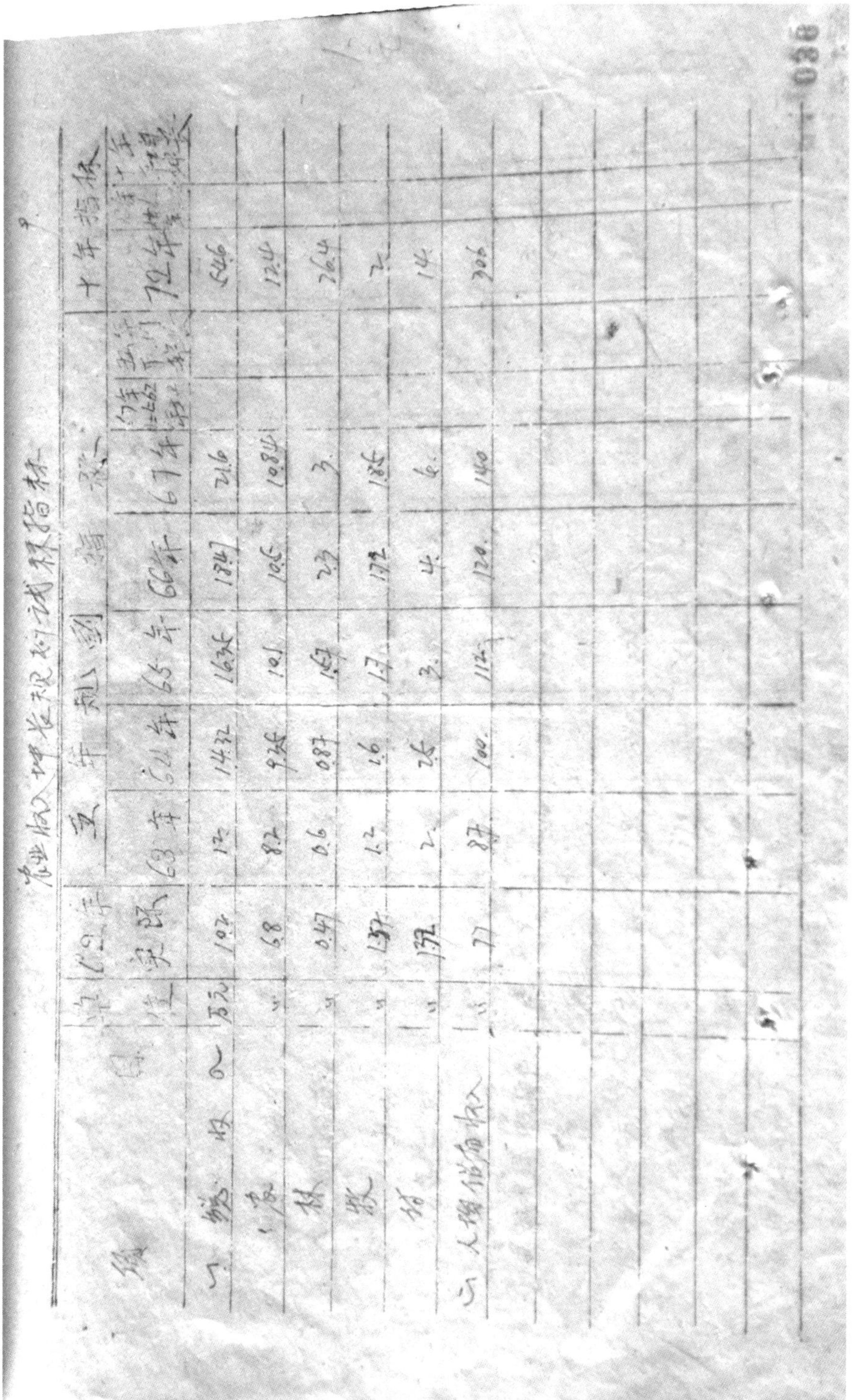

农业收入增长规划试算指标

项目	单位	62年实际	五年规划指标 63年	64年	65年	66年	67年	67年比62年增%	五年平均递增%	十年指标 72年	72年比62年增%	十年平均递增%
一、总收入	万元	10.2	12	14.32	16.35	18.41	21.6			54.6		
1.农	〃	6.8	8.2	9.25	10.1	10.6	10.84			12.4		
林	〃	0.47	0.6	0.87	1.59	2.3	3.			26.4		
牧	〃	1.57	1.2	1.6	1.7	1.72	1.85			2.		
副	〃	1.52	2.	2.5	3.	4.	6.			14.		
二、人均纯收入	〃	77	87	100.	112	120.	140			306		

图2-4-2-14　西沟公社西沟生产大队十年规划表——农业收入增长规划试算指标

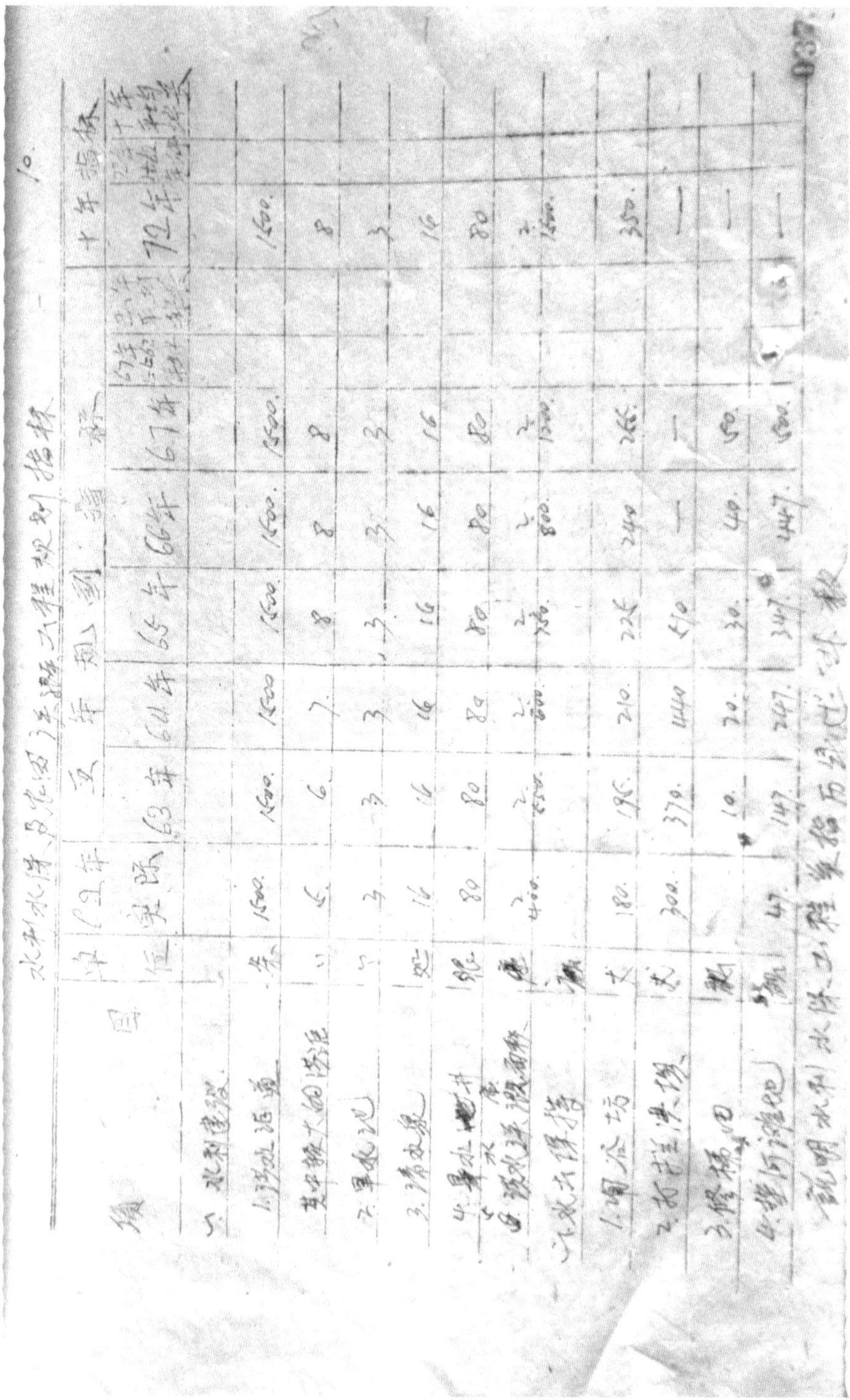

水利水保及农田灌溉工程规划指标　　10.

项目	单位	62年实际	63年	64年	65年	66年	67年	67年比62年增减	五年平均增长	72年	72年比62年增减	十年平均增长
一、水利建设												
1.防洪渠道	条	1500.	1500.	1500	1500.	1500.	1500.			1500.		
其中较大的渠道	〃	6	6	7	8	8	8			8		
2.旱水池	个	3	3	3	3	3	3			3		
3.清水泉	处	16	16	16	16	16	16			16		
4.旱水井	眼	80	80	80	80	80	80			80		
5.浇水保灌面积	亩	2/400.	2/650.	2/600.	2/750.	2/800.	2/1200.			2/1500.		
二、水土保持	亩											
1.闸谷坊	丈	180.	195.	210.	225	240	265.			350.		
2.打拦洪坝	丈	300.	370.	440	510	—	—			—		
3.修梯田	亩		10.	20.	30.	40.	50.			—		
4.整河滩地	亩	47.	147.	247.	347.	447.	500.			—		

说明：水利水保工程系指历年达到数

037

图2-4-2-15　西沟公社西沟生产大队十年规划表——水利水保及农田灌溉工程规划指标

农具使用及推广表　　11.

项目	单位	62年实际	五年规划指标 63年	64年	65年	66年	67年	67年比62年增加	五年平均增长	十年指标 72年	72年比62年增加	十年平均增长
1.农用汽车	辆		1.		1.		2.			3.		
2.胶轮马车	〃	3.	3.	3.	3.	3.	3.			3.		
3.胶轮手车	〃	7.	20.	26.	36.	40.	40.			60.		
4.铁轮车	〃	5.	5.	5.	5.	5.	5.			5.		
5.山地木型插秧机	台				1.	1.	1.			1.		
6.脱粒机	台				1.	3.	5.			13.		
7.铡草机	部			1.	2.	3.	3.			5.		
8.喷雾器	架	7	7	9	11	12	13			13		
9.喷粉器	架	2	2	2	2	3	4			5		
10.双轮双铧犁	部	2	2	2	2	2	2			2		
11.山地犁	部	1	1	1	1	1	1			1.		
12.步犁	部	50.										

038

图2-4-2-16　西沟公社西沟生产大队十年规划表——农俱（具）使用及推广表

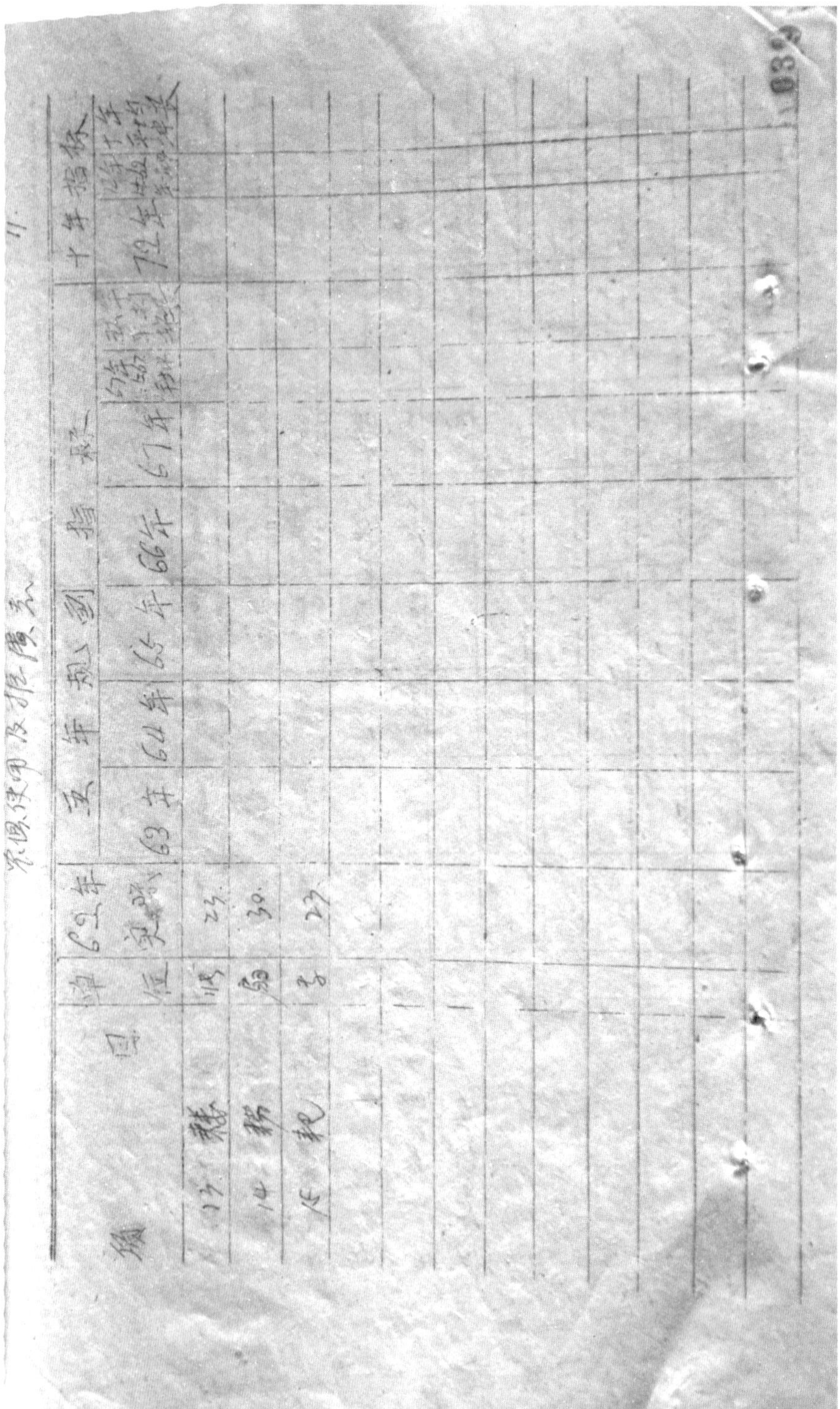

11.

农具使用及推广表

项目	单位	62年实际	五年规划到指标 63年	64年	65年	66年	67年	67年比62年增长	十年指标 72年	72年比67年增长
17. 耧	[illegible]	23								
18. [illegible]	[illegible]	30								
19. 耙	[illegible]	27								

图2-4-2-17　西沟公社西沟生产大队十年规划表——农俱（具）使用及推广表

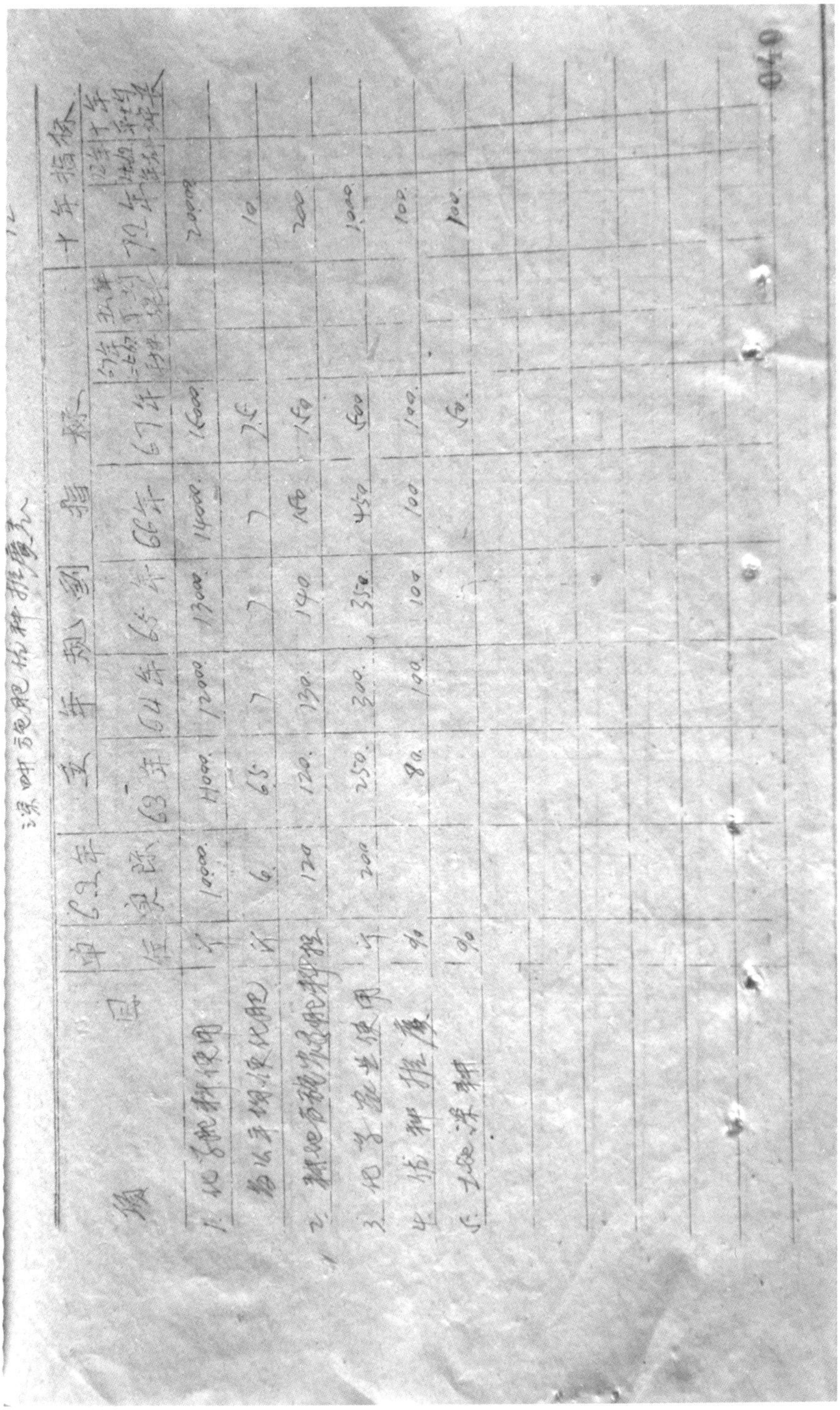

深耕施肥优种推广表　12

项目	单位	62年实际	五年规划指标							十年指标		
			63年	64年	65年	66年	67年	67年比62年增长	五年平均增长	72年	72年比62年增长	十年平均增长
1. 化学肥料使用	斤	10000.	11000.	12000.	13000.	14000.	16000			20000		
每公亩平均使化肥	斤	6.	6.5	7	7	7	7.5			10		
2. 耕地普施农家肥料	担	120	120.	130.	140	150	150			200		
3. 化学农药使用	斤	200	250.	300.	350.	450	500			1000.		
4. 优种推广	%		80.	100.	100	100	100.			100.		
5. 土地深耕	%						50.			100.		

040

图2-4-2-18　西沟公社西沟生产大队十年规划表——深耕施肥优种推广表

3.平顺县西沟公社西沟大队机械财产登记表（1975年1月11日）

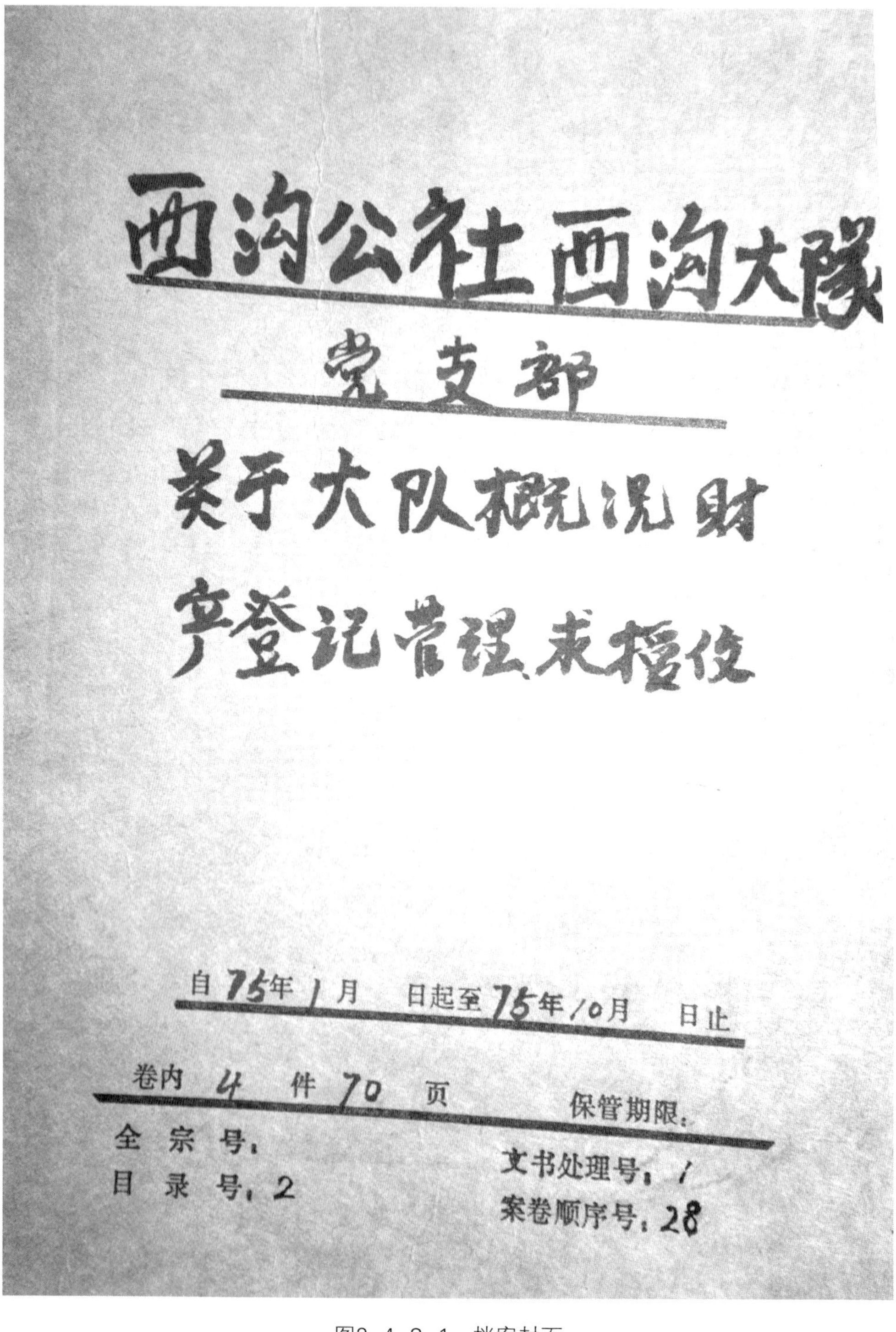

西沟公社西沟大队

党支部

关于大队概况财

产登记管理、表格[illegible]

自75年1月　日起至75年10月　日止

卷内4件70页　　保管期限：

全宗号：

目录号：2

文书处理号：1

案卷顺序号：28

图2-4-3-1　档案封面

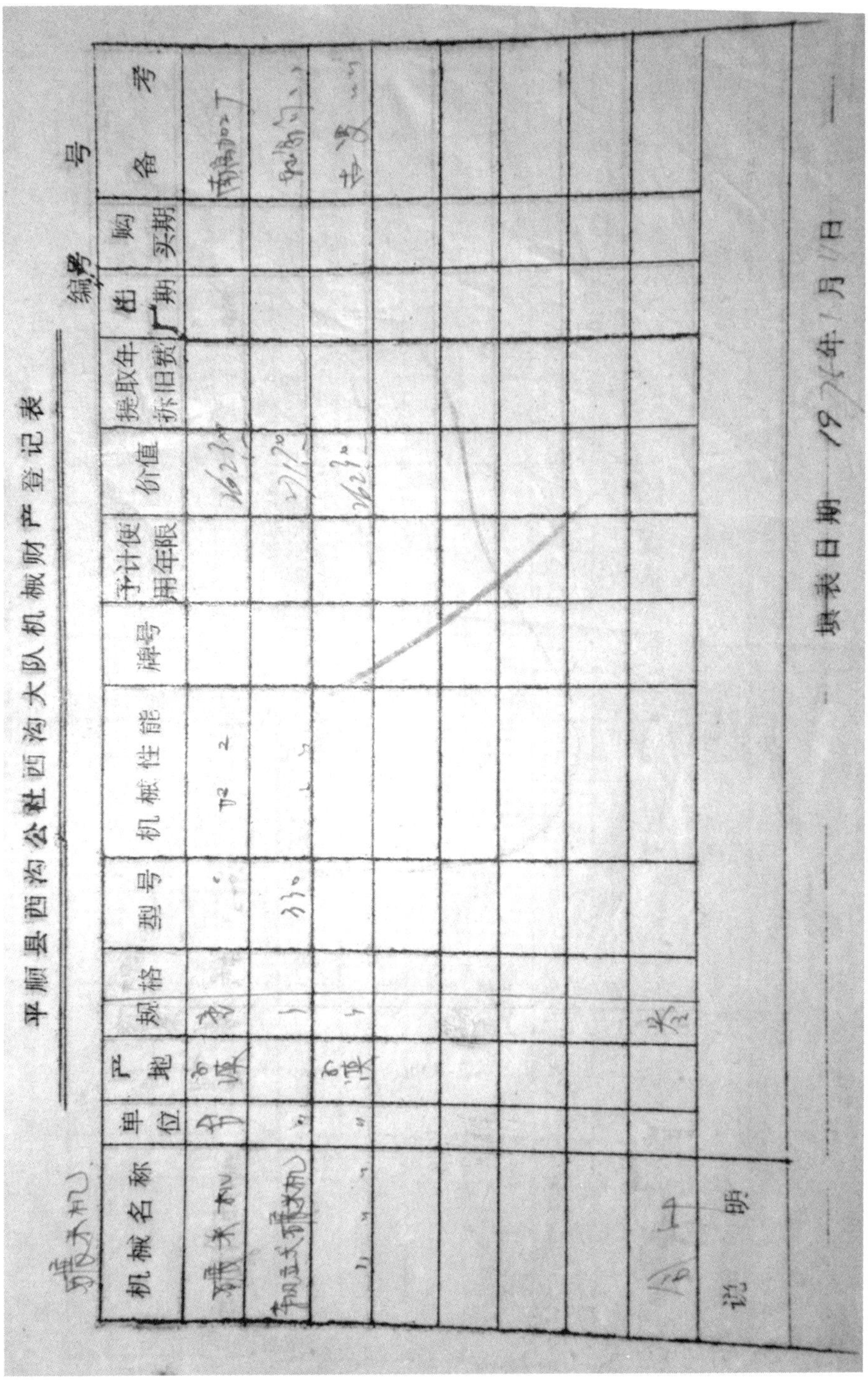

平顺县西沟公社西沟大队机械财产登记表

编号　　号

机械名称	单位	产地	规格	型号	机械性能	牌号	予计使用年限	价值	提取年拆旧费	出厂期	购买期	备考

说明

填表日期　19　年1月11日

图2-4-3-2　平顺县西沟公社西沟大队机械财产登记表一

注：统计内容包括机械名称、单位、产地、规格、型号、机械性能、牌号、予（预）计使用年限、价值、提取年拆（折）旧费、出厂期、购买期、备考，按照机械名称统计，下同。

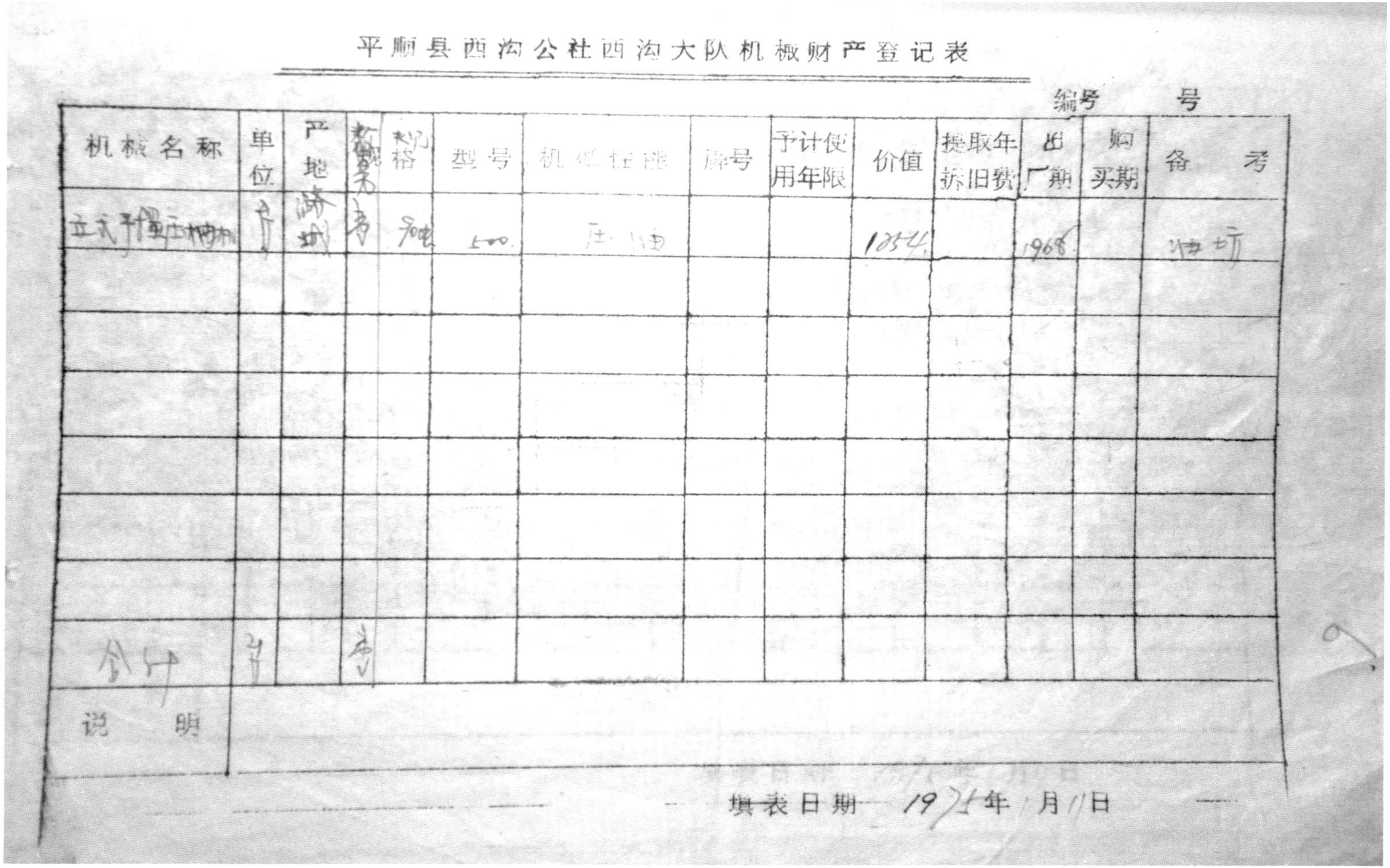

平顺县西沟公社西沟大队机械财产登记表

编号　　号

机械名称	单位	产地	数量	规格	型号	机械性能	牌号	予计使用年限	价值	提取年拆旧费	出厂期	购买期	备考
立式手摇压油机	台	济城	[illegible]	[illegible]	500.	压油			1354.		1968.		油坊
合计	台		[illegible]										
说明													

填表日期 197[illegible]年 月11日

图2-4-3-3　平顺县西沟公社西沟大队机械财产登记表二

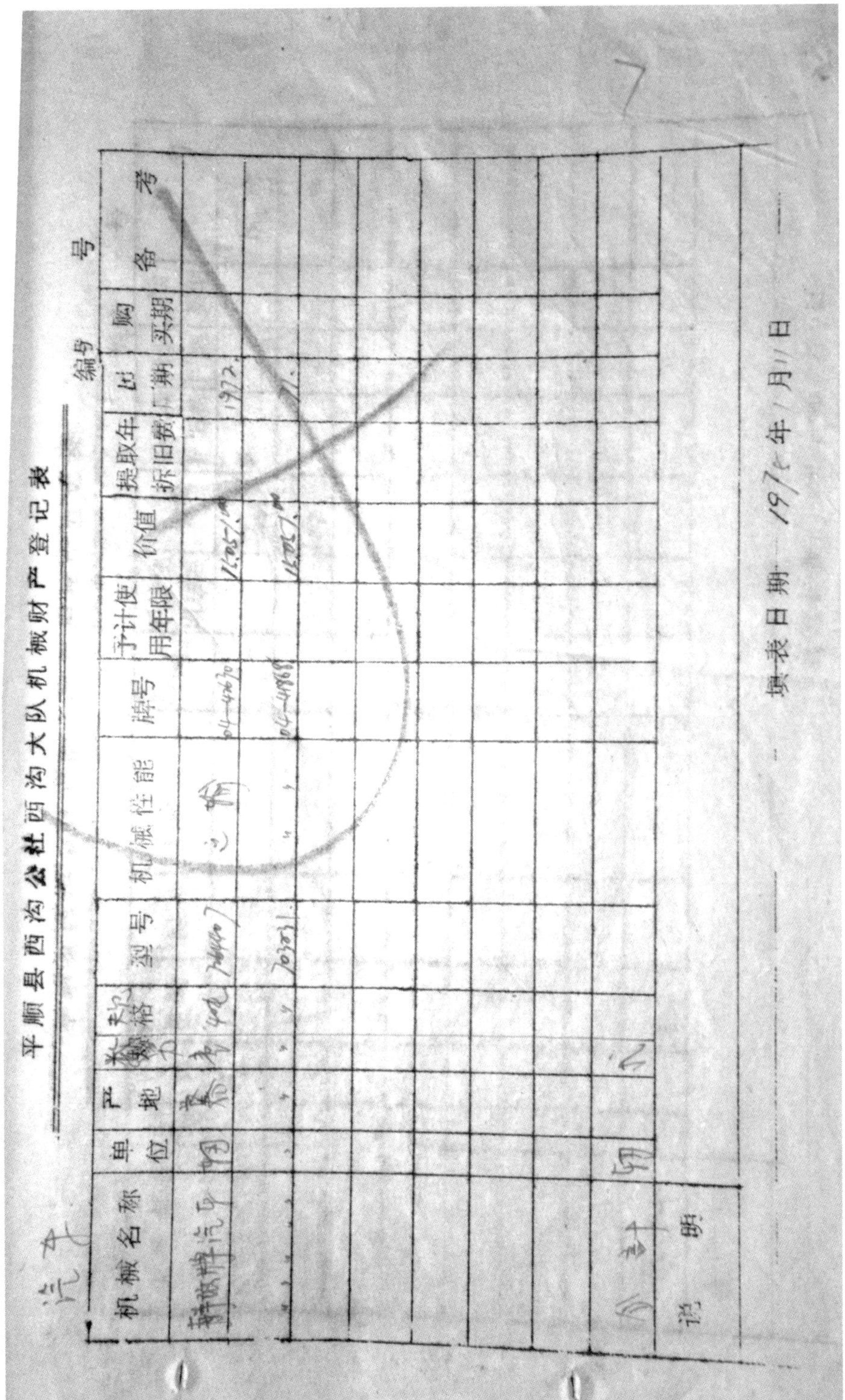

平顺县西沟公社西沟大队机械财产登记表

编号　　号

机械名称	单位	产地	规格	型号	机械性能	牌号	预计使用年限	价值	提取年折旧费	出厂日期	购买日期	备考
解放牌汽车	辆	长春	4吨	[illegible]	一辆	04-40670		12051.00		1972.		
	〃	〃	〃	70301	〃 〃	04-40868		15051.00		71.		
说明	合計	2辆										

填表日期 197[illegible]年1月11日

图2-4-3-4　平顺县西沟公社西沟大队机械财产登记表三

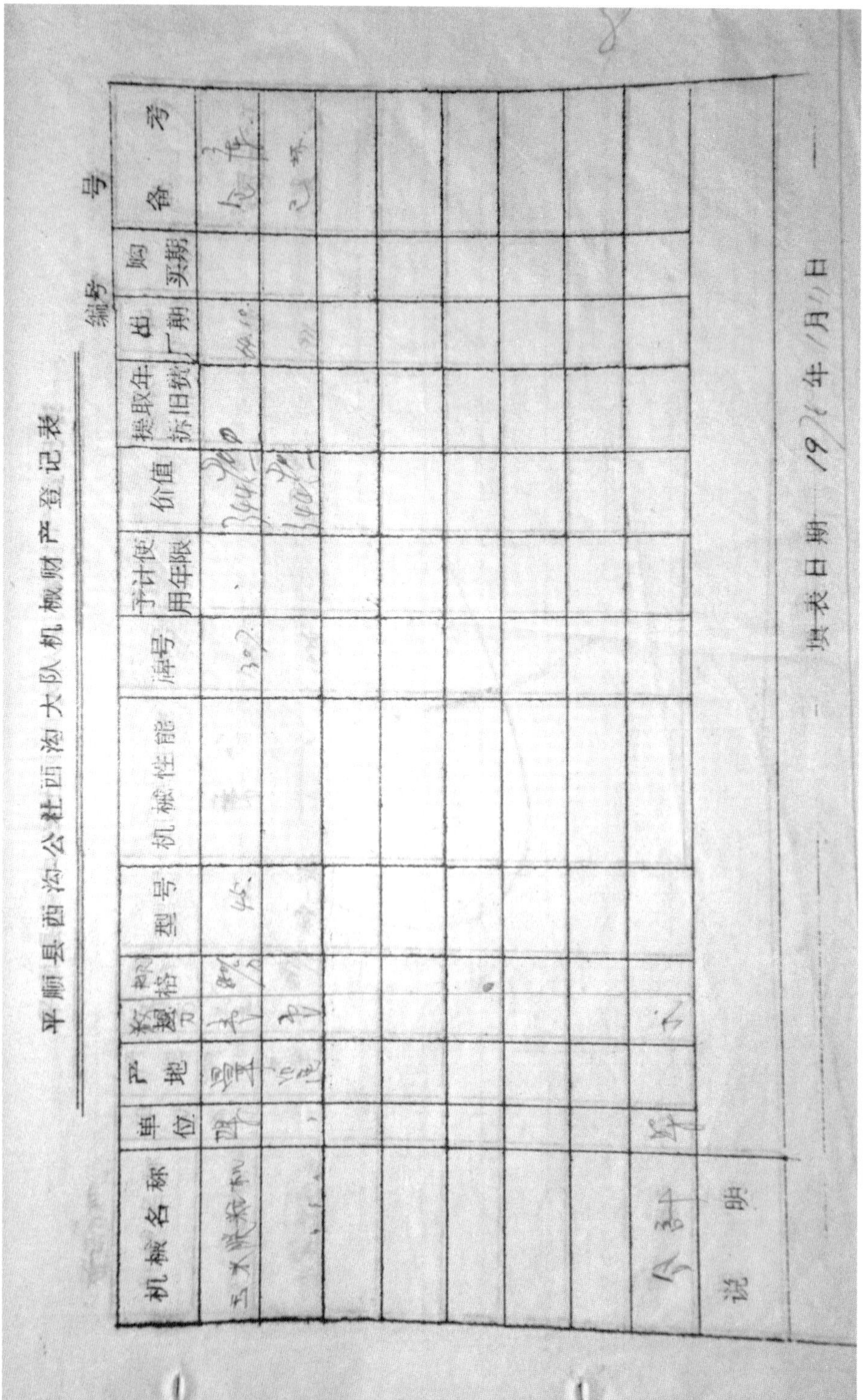

平顺县西沟公社西沟大队机械财产登记表

编号　　号

机械名称	单位	产地	数量	规格	型号	机械性能	厂号	预计使用年限	价值	提取年折旧数	出厂日期	购买日期	备考
合计													
说明													

填表日期　19　年　月　日

图2-4-3-5　平顺县西沟公社西沟大队机械财产登记表四

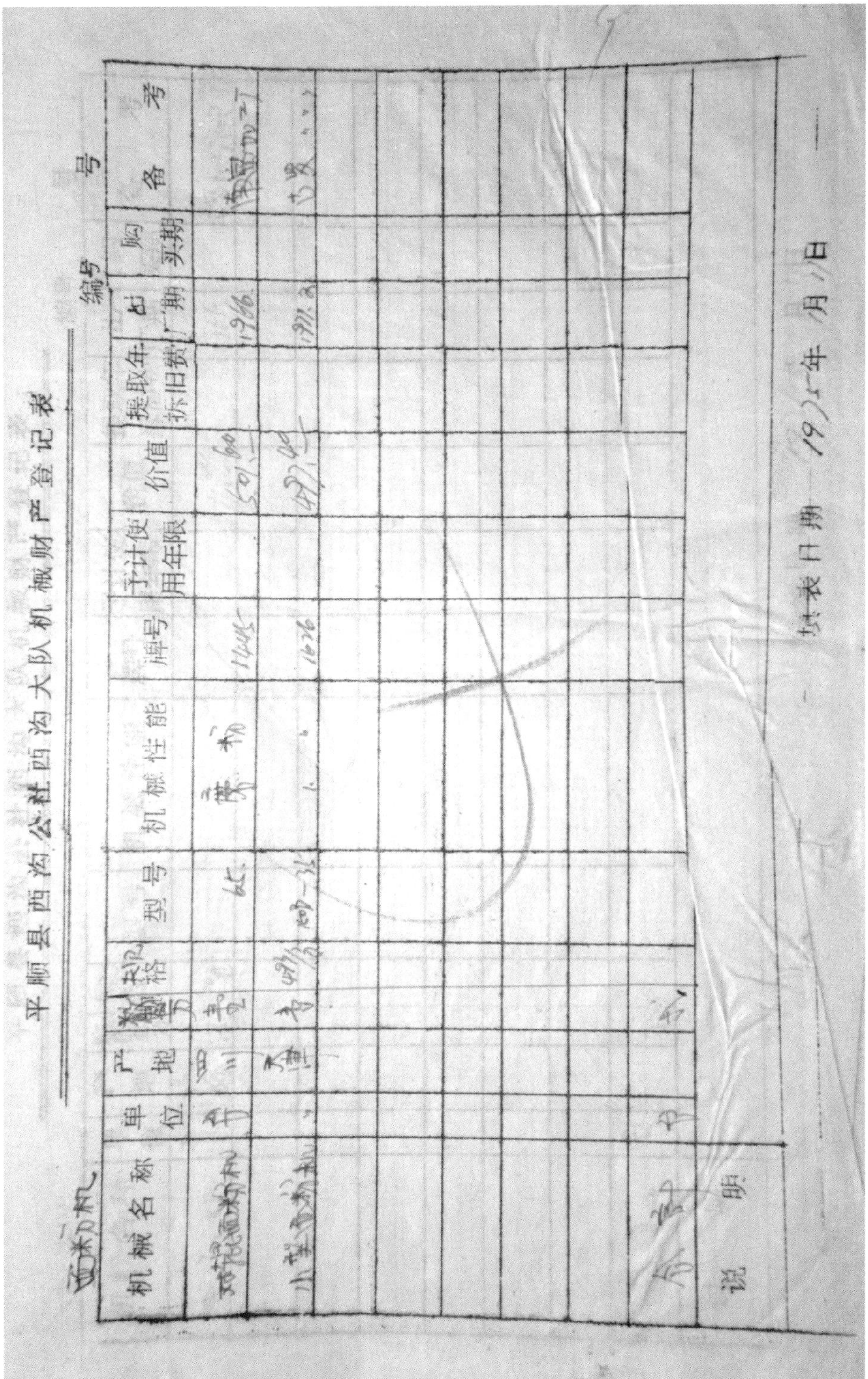

平顺县西沟公社西沟大队机械财产登记表

面粉机　　　　编号　　号

机械名称	单位	产地	数量	规格	型号	机械性能	牌号	予计使用年限	价值	提取年拆旧费	出厂期	购买期	备考
对辊面粉机	台	四川	壹		65	[illegible]	1445		501.60		1966		[illegible]
小型面粉机	〃	天津	壹	497/分	65-35	〃 〃	1626		497.00		1971.2		[illegible]
合计	台		贰										
说明													

填表日期 1975年 月1日

图2-4-3-6　平顺县西沟公社西沟大队机械财产登记表五

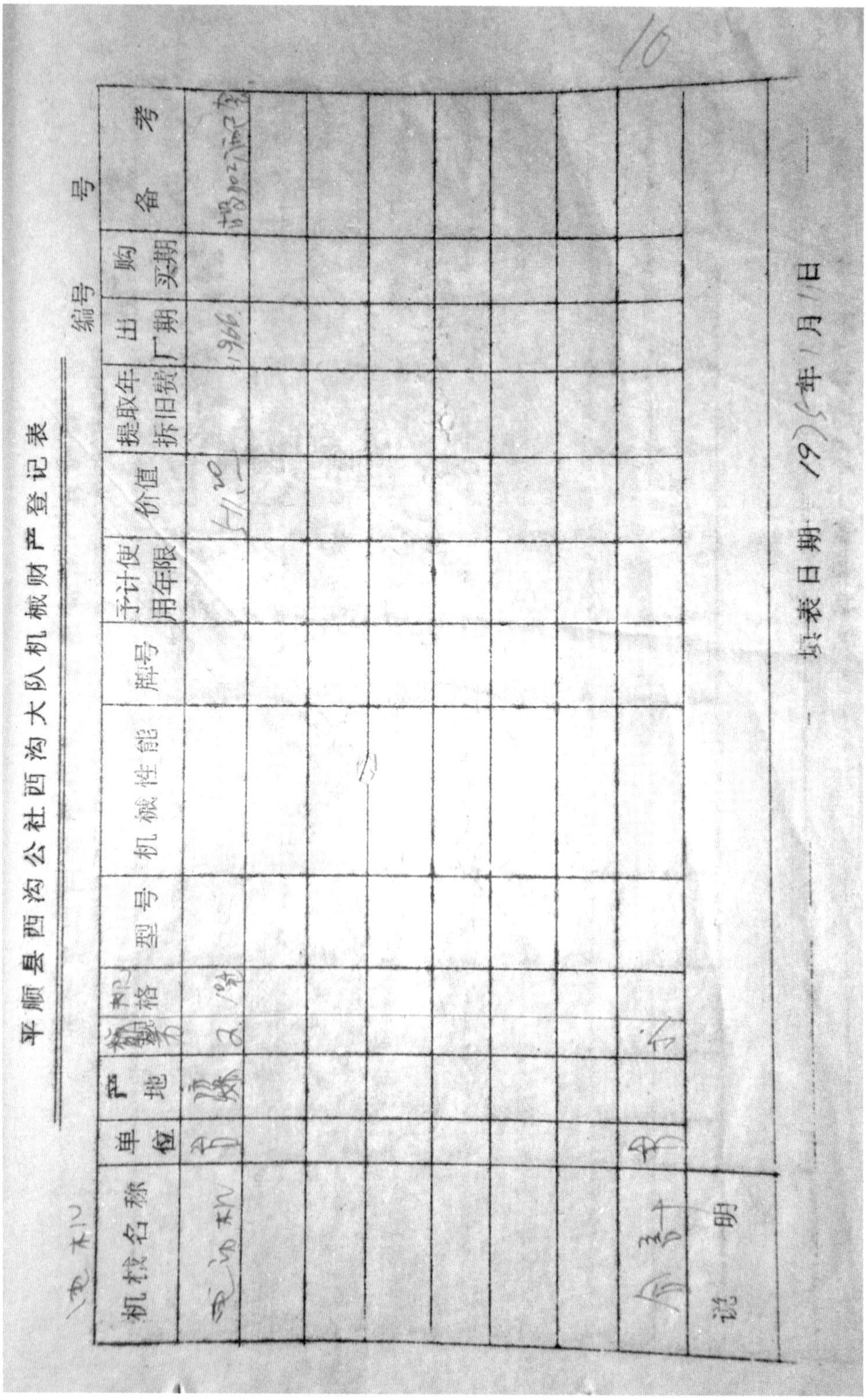

平顺县西沟公社西沟大队机械财产登记表

电机　　　　编号　　号

机械名称	单位	产地	[illegible]	规格	型号	机械性能	牌号	予计使用年限	价值	提取年拆旧费	出厂期	购买期	备考
电动机	台	[illegible]	[illegible]	[illegible]					5 1.20		1966		[illegible]
合计	台		[illegible]										
说明													

填表日期　19[illegible]5年1月1日

10

图2-4-3-7　平顺县西沟公社西沟大队机械财产登记表六

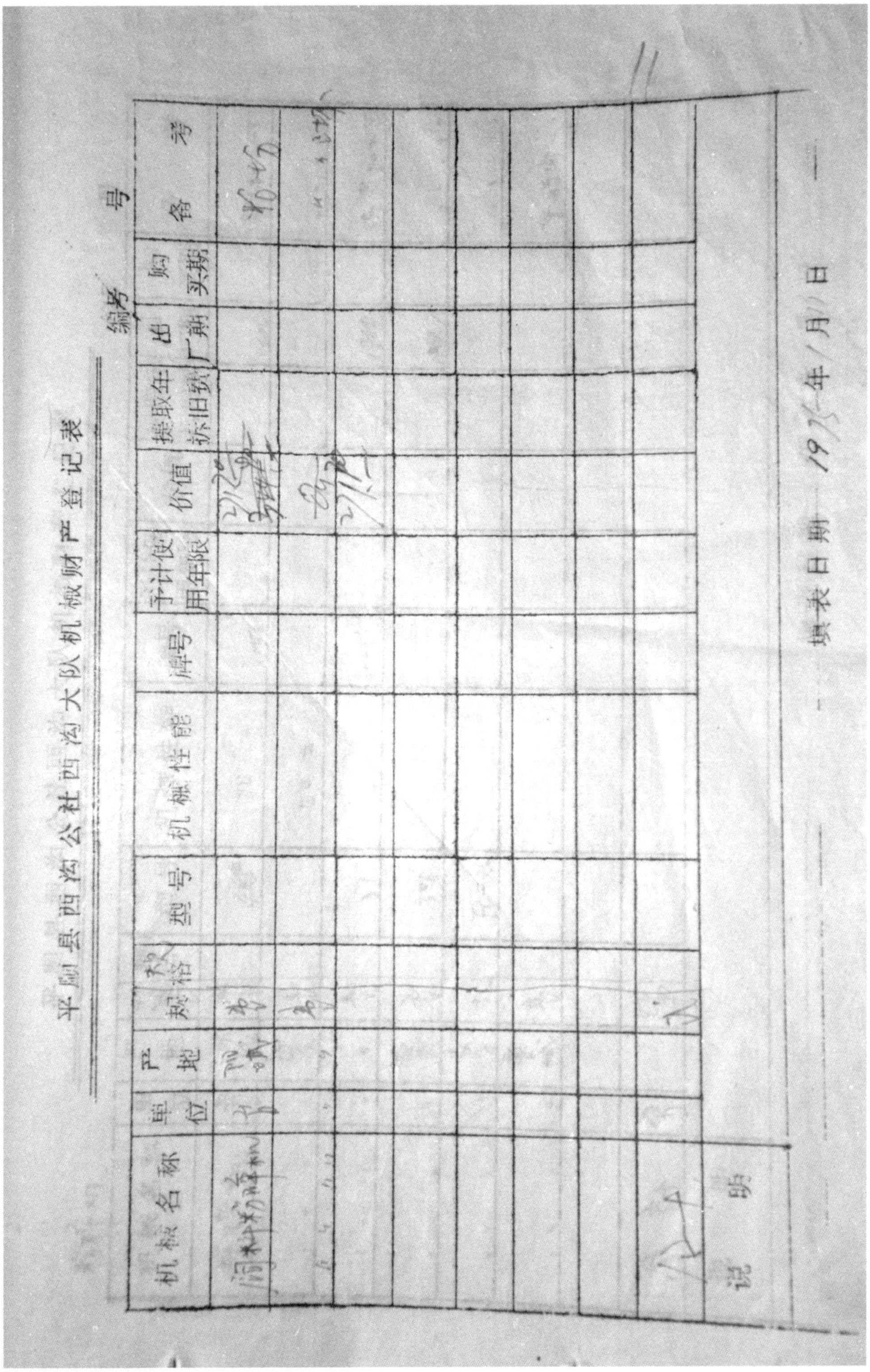

平顺县西沟公社西沟大队机械财产登记表

编号　　号

机械名称	单位	产地	规格	型号	机械性能	厂牌号	预计使用年限	价值	提取折旧费	出厂日期	购买日期	备考
[illegible]	[illegible]	[illegible]	[illegible]					[illegible]				[illegible]
说明												

填表日期　19[illegible]年　月　日

图2-4-3-8　平顺县西沟公社西沟大队机械财产登记表七

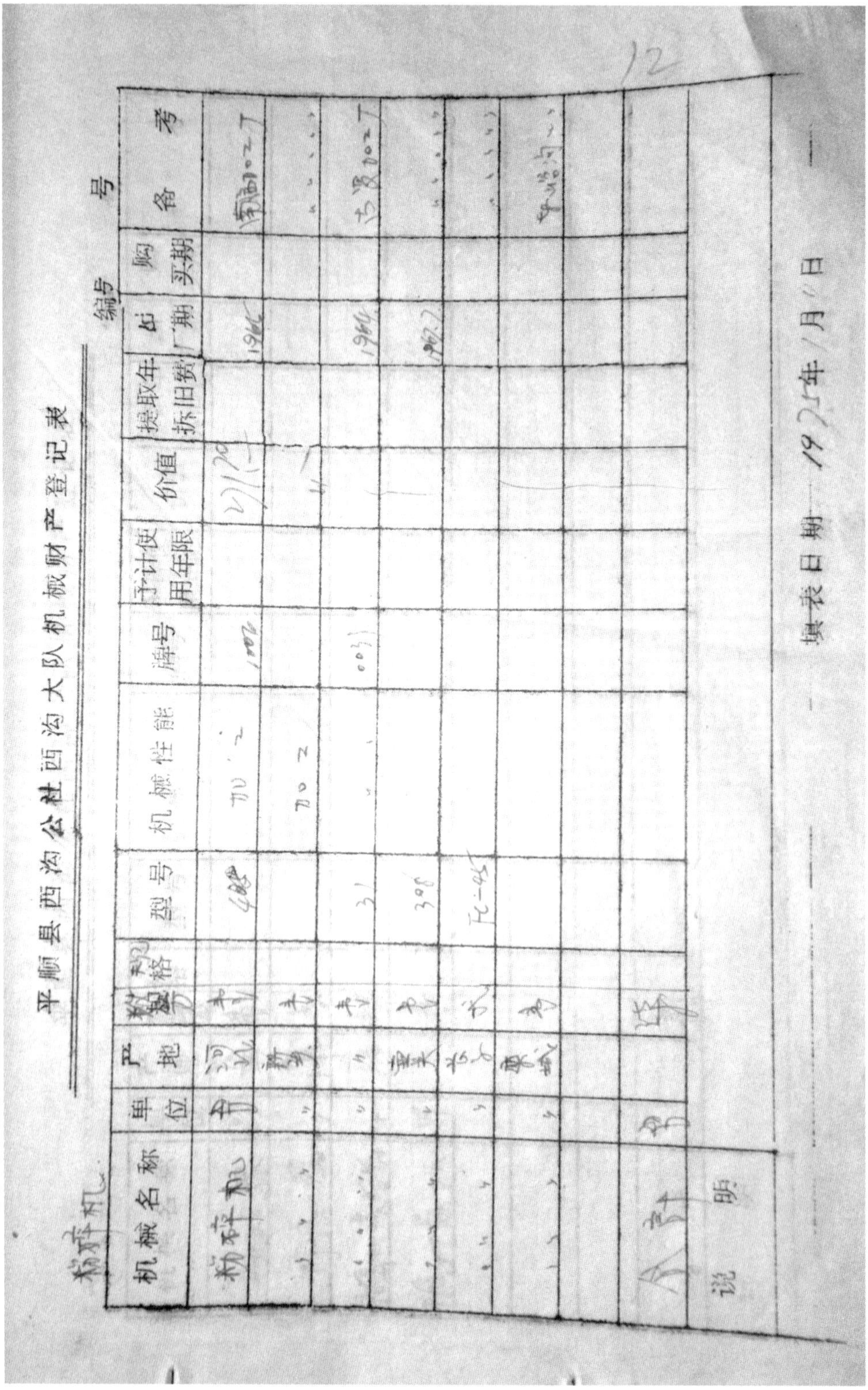

平顺县西沟公社西沟大队机械财产登记表

编号　　号

机械名称	单位	产地	数量规格	型号	机械性能	牌号	预计使用年限	价值	提取年折旧费	出厂日期	购买日期	备考
粉碎机	台	河北	1	[illegible]	加工	1002		2120		1966		[illegible]加工
〃	〃	[illegible]	1		〃			〃				〃
〃	〃	〃	1	31	加工	0031				1964		[illegible]加工
〃	〃	[illegible]	1	308				[illegible]		1967		〃
〃	〃	[illegible]	1	FC-45								〃
〃	〃	[illegible]	1									[illegible]
合计	台		6									

说明

填表日期　1975年1月1日

图2-4-3-9　平顺县西沟公社西沟大队机械财产登记表八

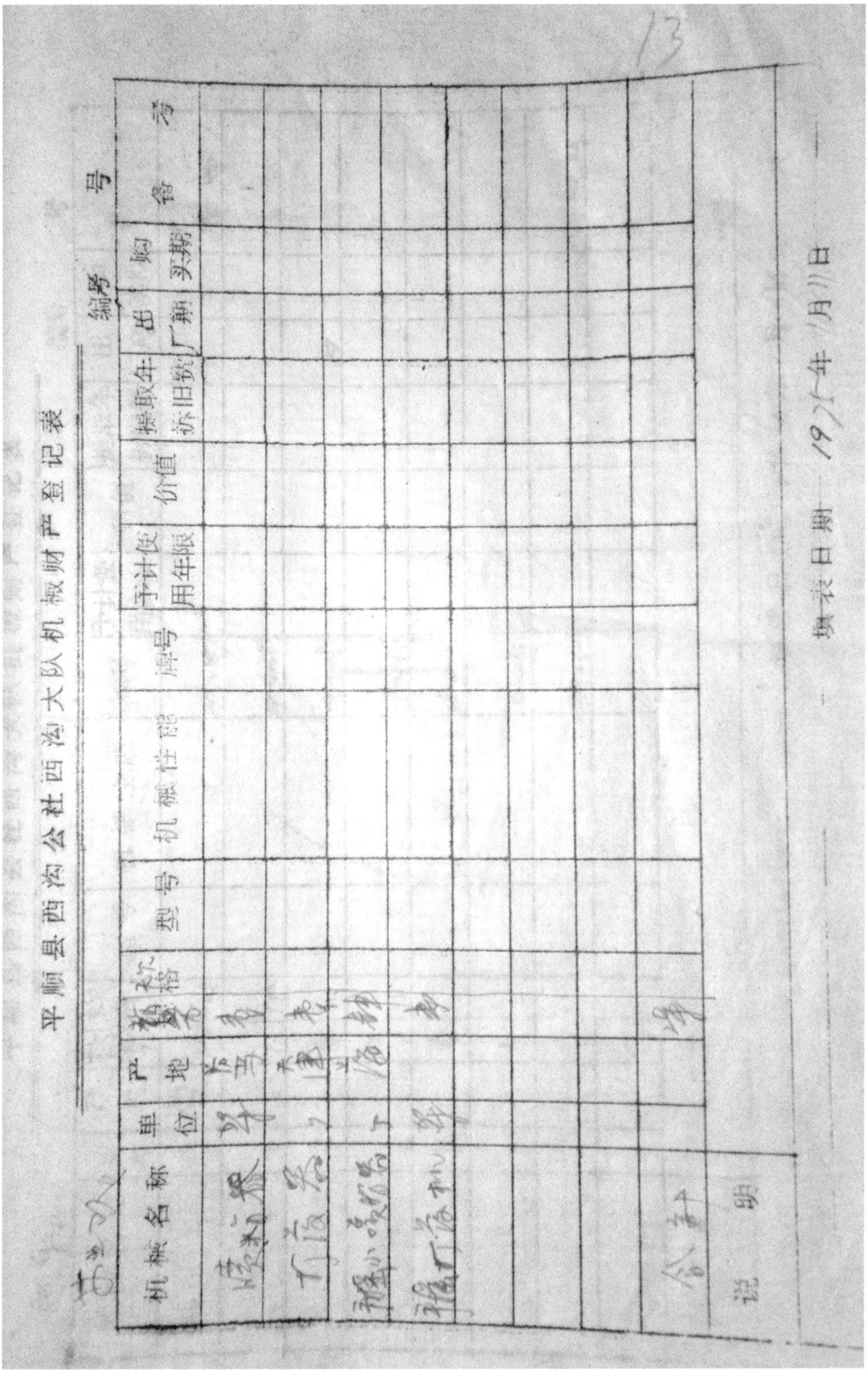

平顺县西沟公社西沟大队机械财产登记表

编号　　号

机械名称	单位	产地	数量	规格	型号	机械性能	牌号	预计使用年限	价值	按取年折旧额	出厂日期	购买日期	备考
[illegible]	[illegible]	[illegible]	[illegible]										
[illegible]	[illegible]	[illegible]	[illegible]										
[illegible]	[illegible]	[illegible]	[illegible]										
[illegible]	[illegible]		[illegible]										
合计			[illegible]										
说明													

填表日期　197[illegible]年　[illegible]月　[illegible]日

图2-4-3-10　平顺县西沟公社西沟大队机械财产登记表九

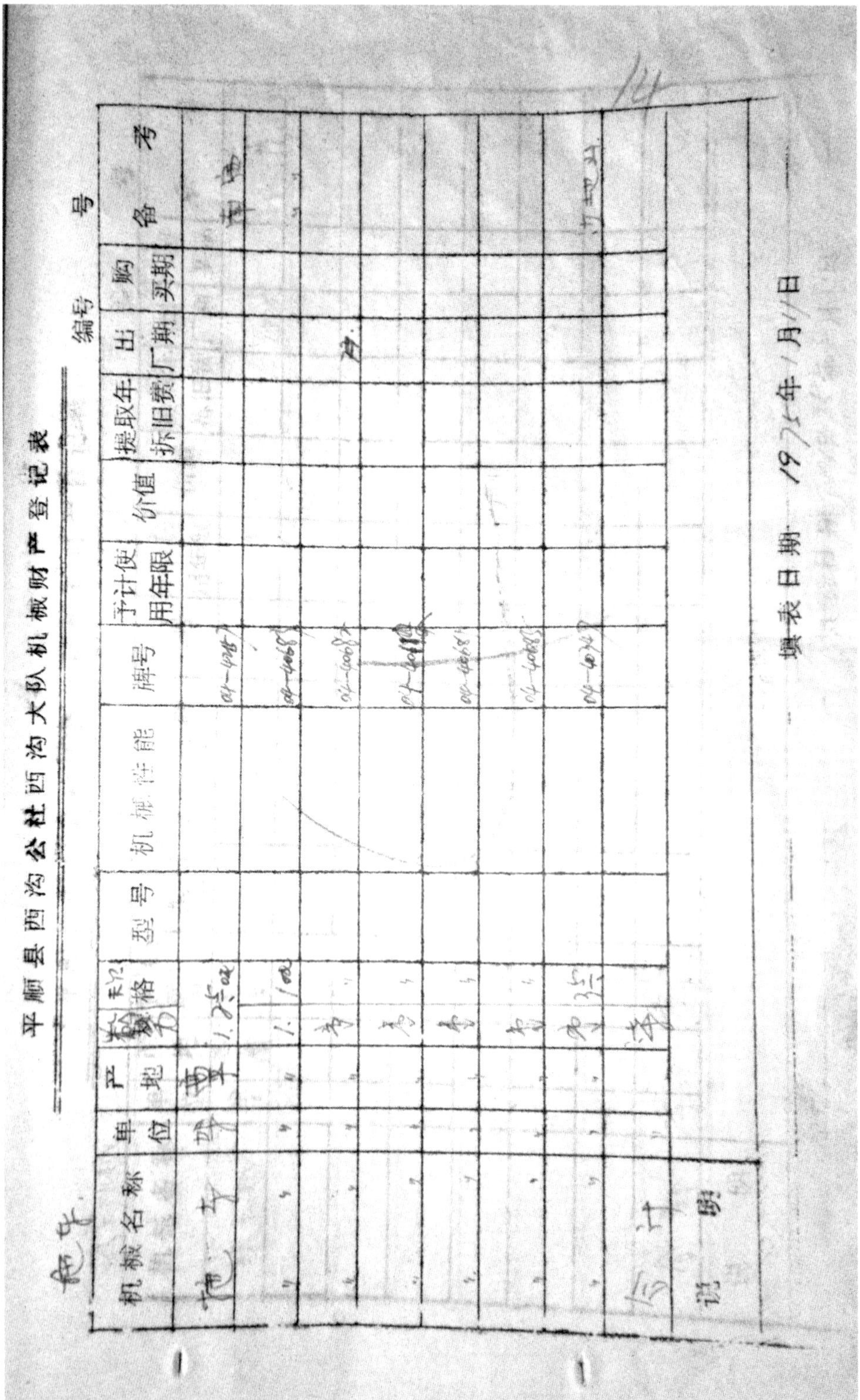

平顺县西沟公社西沟大队机械财产登记表

编号　　号

机械名称	单位	产地	规格	型号	机械性能	牌号	予计使用年限	价值	提取年折旧费	出厂日期	购买日期	备考
[illegible]	[illegible]	[illegible]	[illegible]			[illegible]						[illegible]
[illegible]	[illegible]	[illegible]	[illegible]			[illegible]						
[illegible]	[illegible]	[illegible]	[illegible]			[illegible]				[illegible]		
[illegible]	[illegible]	[illegible]	[illegible]			[illegible]						
[illegible]	[illegible]	[illegible]	[illegible]			[illegible]						
[illegible]	[illegible]	[illegible]	[illegible]			[illegible]						
[illegible]	[illegible]	[illegible]	[illegible]			[illegible]						[illegible]
合计			[illegible]									
说明												

填表日期　[illegible]年1月11日

图2-4-3-11　平顺县西沟公社西沟大队机械财产登记表十

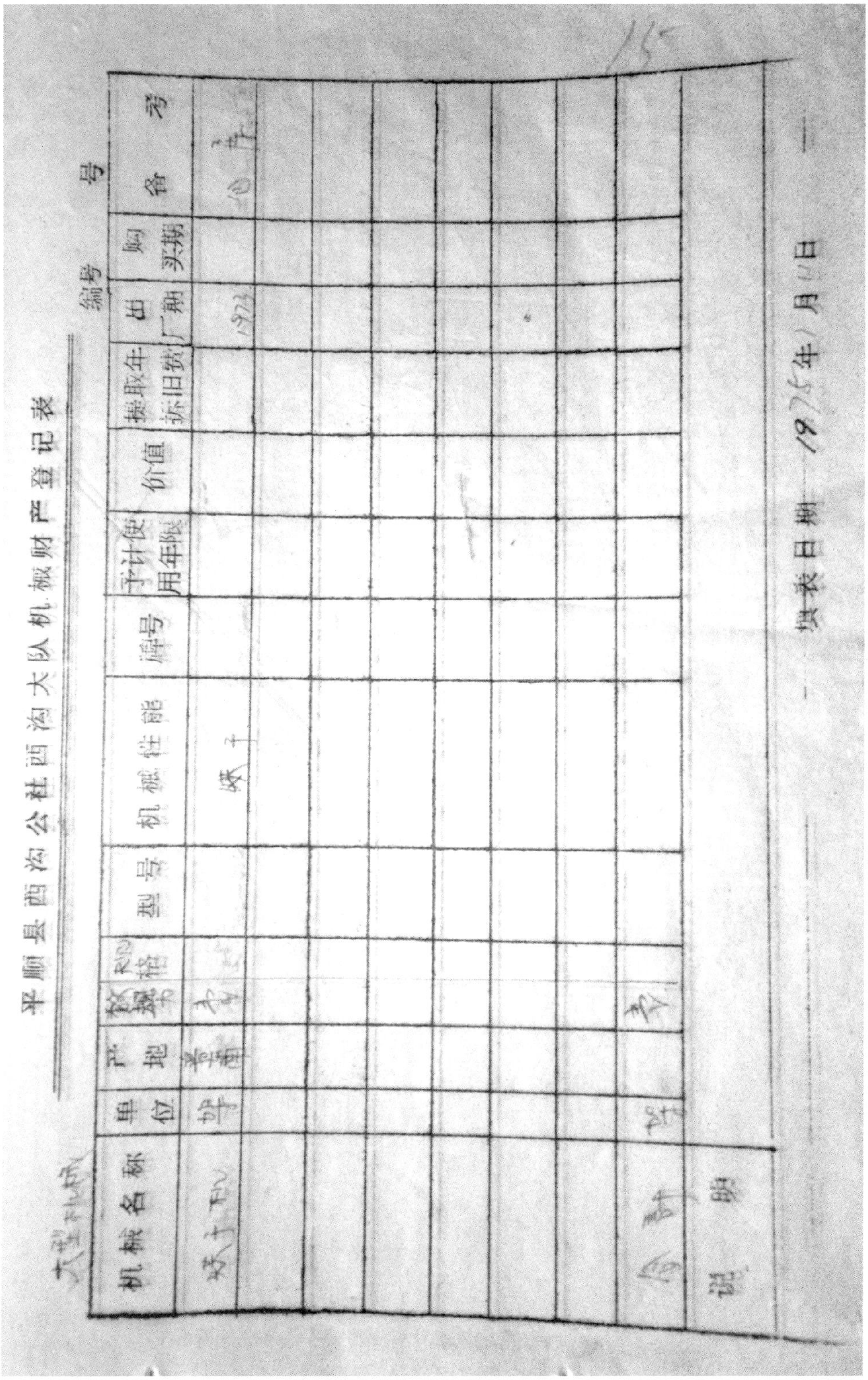

15

大型机械

平顺县西沟公社西沟大队机械财产登记表

编号 号

机械名称	单位	产地	数量	规格	型号	机械性能	牌号	预计使用年限	价值	提取年折旧数	出厂日期	购买日期	备考
碾子机	[illegible]	[illegible]	[illegible]	[illegible]		碾子					1973		自产
合计	[illegible]		[illegible]										
说明													

填表日期 1975年1月11日

图2-4-3-12　平顺县西沟公社西沟大队机械财产登记表十一

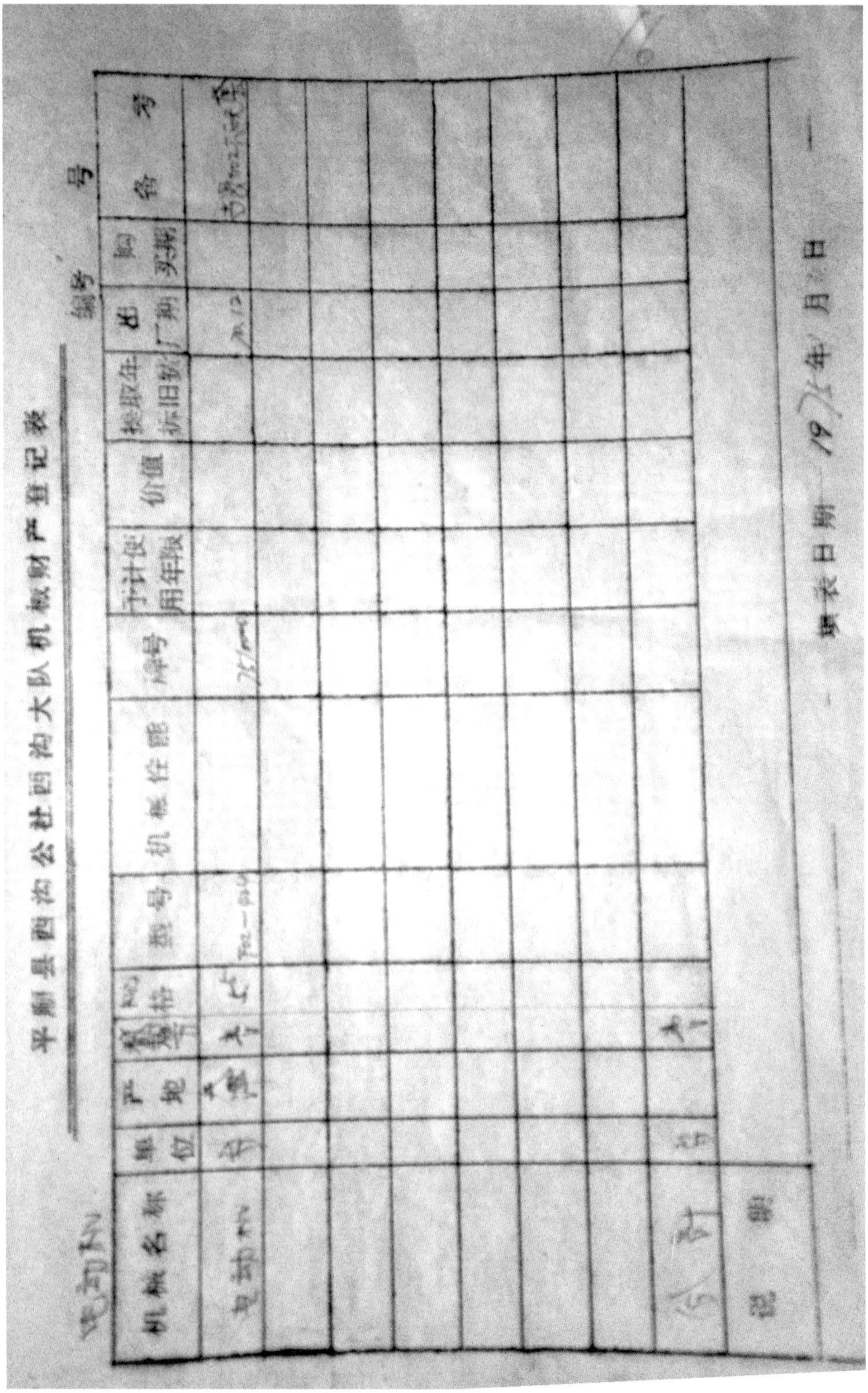

平顺县西沟公社西沟大队机械财产登记表

编号　　号

机械名称	单位	产地	数量	规格	型号	机械性能	牌号	预计使用年限	价值	按取年折旧额	出厂日期	购买日期	备考
电动机	台												
合计	台												
说明													

填表日期　19　年　月　日

图2-4-3-13　平顺县西沟公社西沟大队机械财产登记表十二

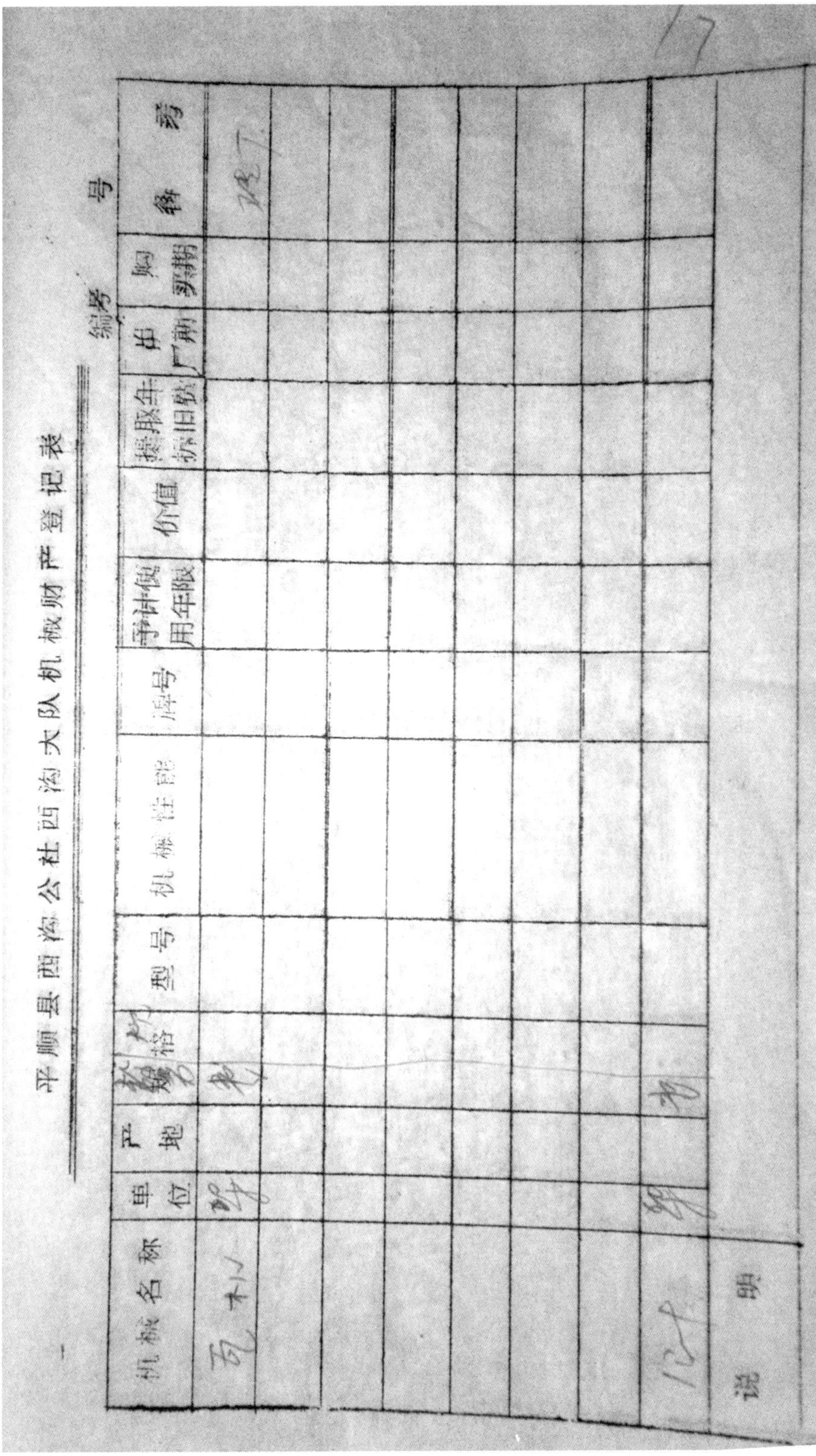

平顺县西沟公社西沟大队机械财产登记表

编号　　号

机械名称	单位	产地	规格	型号	机械性能	牌号	予计使用年限	价值	提取年折旧费	出厂期	购买期	备考
[illegible]	[illegible]		[illegible]									[illegible]
[illegible]	[illegible]		[illegible]									
说明												

图2-4-3-14　平顺县西沟公社西沟大队机械财产登记表十三

平顺县西沟公社西沟大队机械财产登记表

编号　　号

机械名称	单位	产地	规格	型号	机械性能	牌号	予计使用年限	价值	提取年折旧费	出厂期	购买期	备考
[illegible]	[illegible]	[illegible]	[illegible]									[illegible]
合计			[illegible]									
说明												

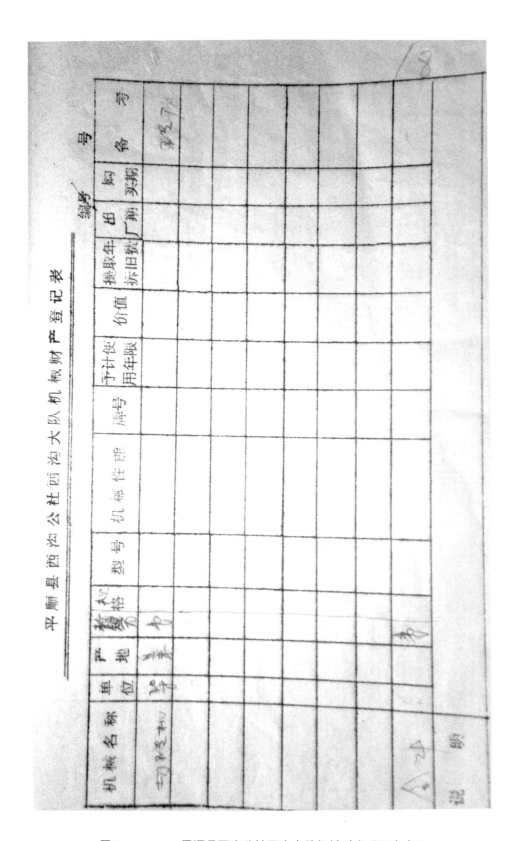

图2-4-3-15　平顺县西沟公社西沟大队机械财产登记表十四

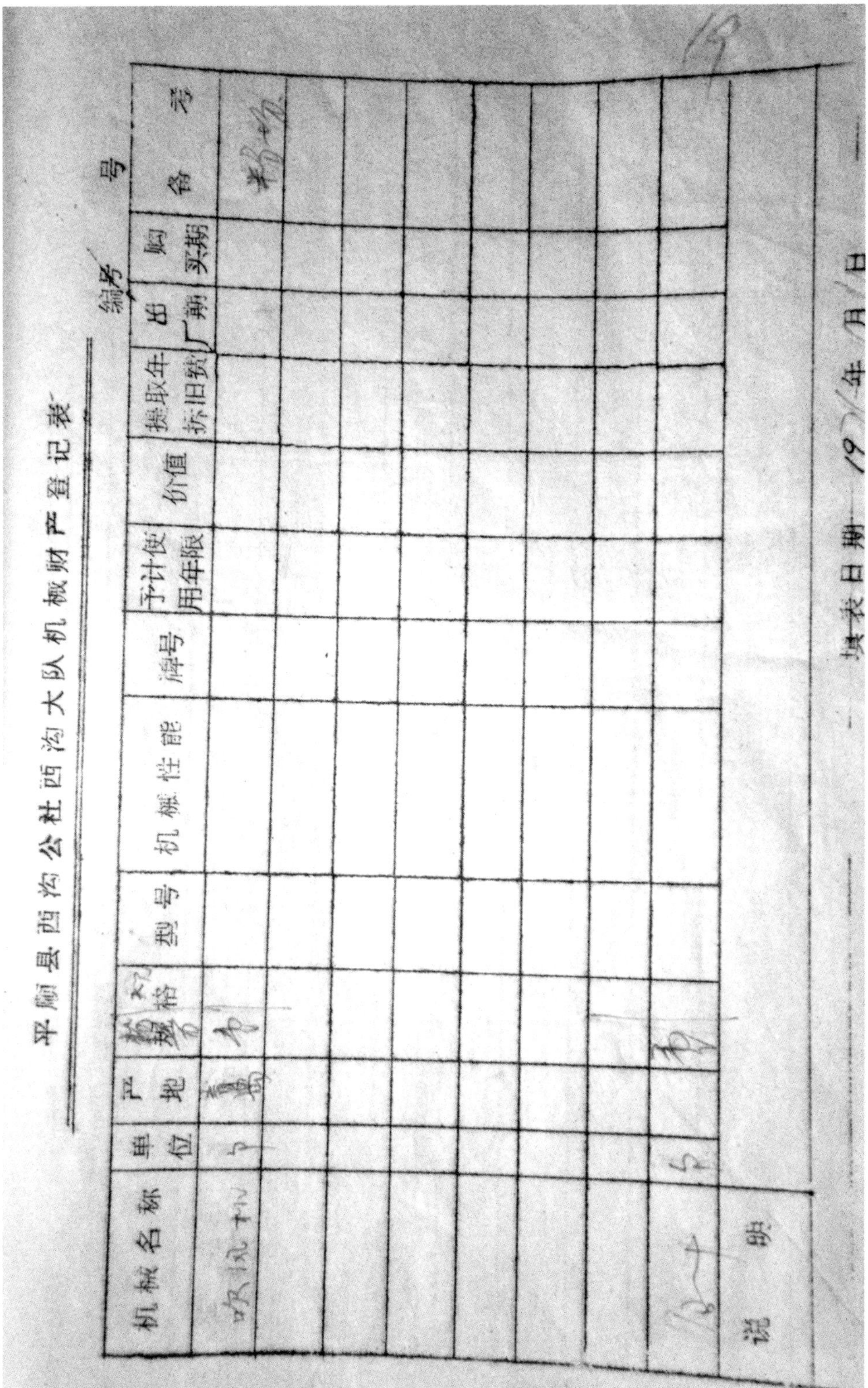

平顺县西沟公社西沟大队机械财产登记表

编号　　　号

机械名称	单位	产地	规格	型号	机械性能	牌号	预计使用年限	价值	提取年折旧费	出厂日期	购买日期	备考
吹风机	台	[illegible]	[illegible]									[illegible]
[illegible]	台		[illegible]									
说明												

填表日期　19　年　月　日

图2-4-3-16　平顺县西沟公社西沟大队机械财产登记表十五

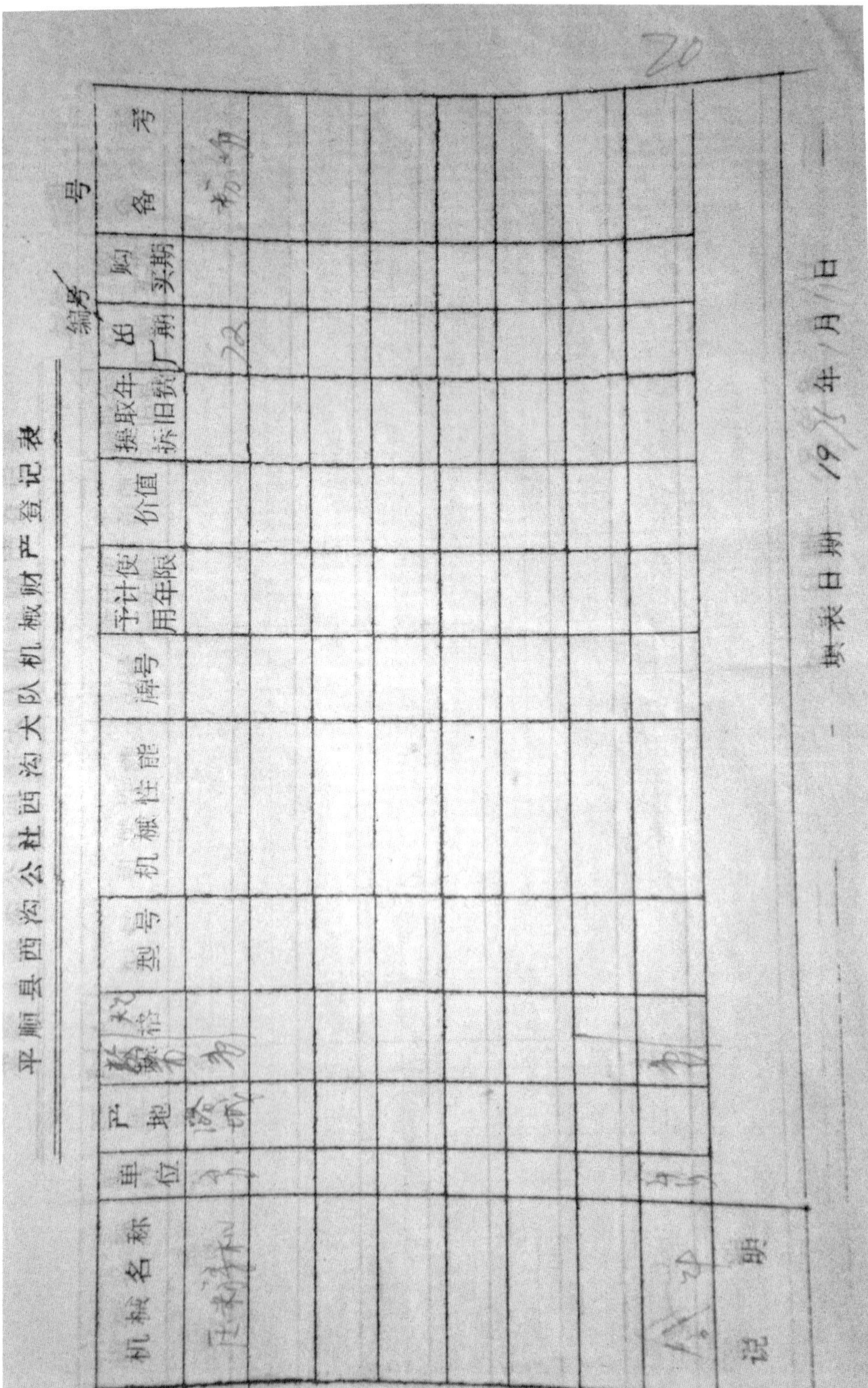

平顺县西沟公社西沟大队机械财产登记表

编号　　号

机械名称	单位	产地	数量	型号	机械性能	编号	预计使用年限	价值	提取年折旧费	出厂期	购买期	备考

说明

填表日期　19　年　月　日

图2-4-3-17　平顺县西沟公社西沟大队机械财产登记表十六

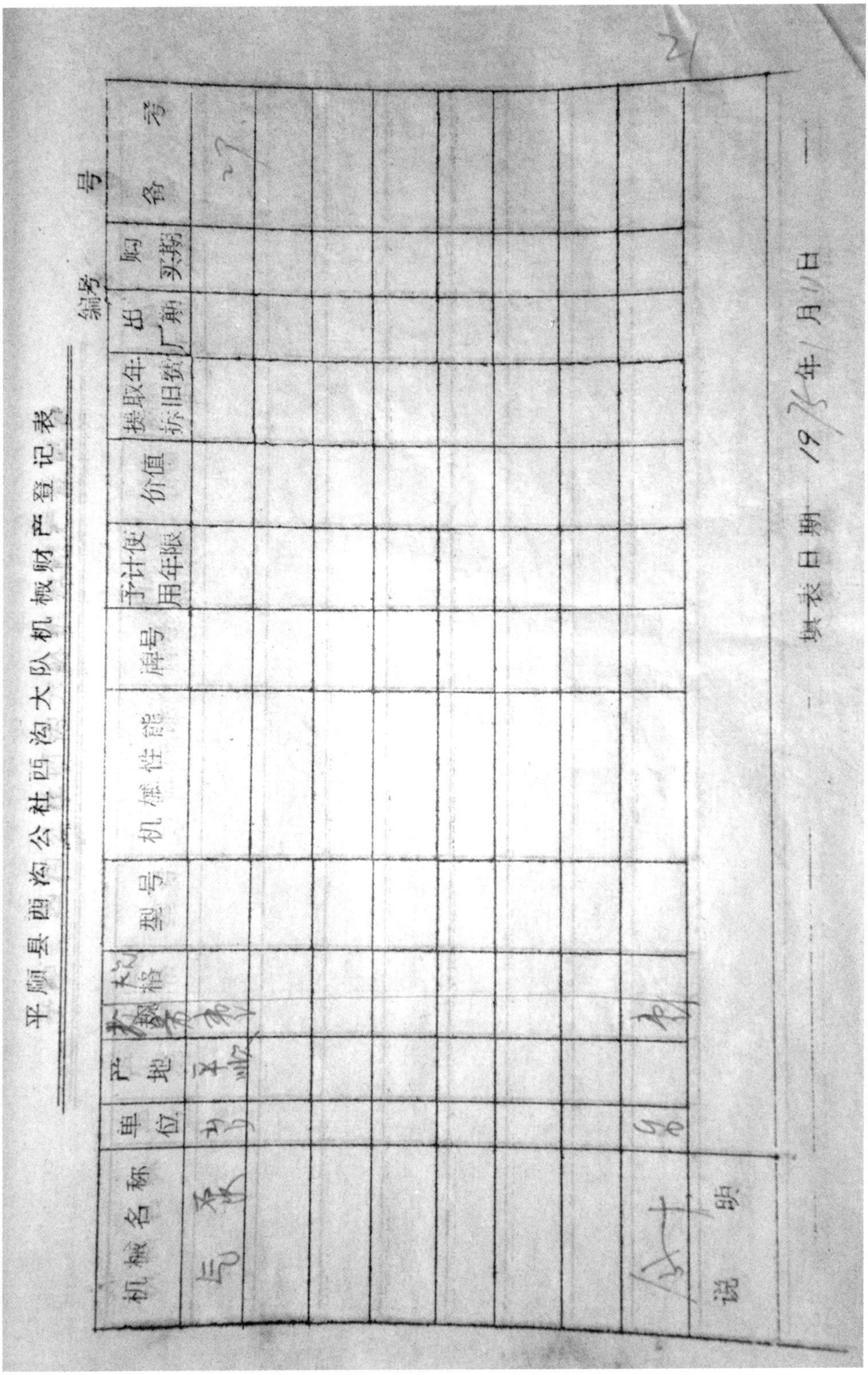

平顺县西沟公社西沟大队机械财产登记表

编号　　号

机械名称	单位	产地	规格	型号	机械性能	牌号	预计使用年限	价值	提取折旧年限	出厂日期	购买日期	备考
[illegible]	[illegible]	[illegible]	[illegible]									[illegible]
合计	[illegible]		[illegible]									
说明												

填表日期 1975年1月11日

图2-4-3-18　平顺县西沟公社西沟大队机械财产登记表十七

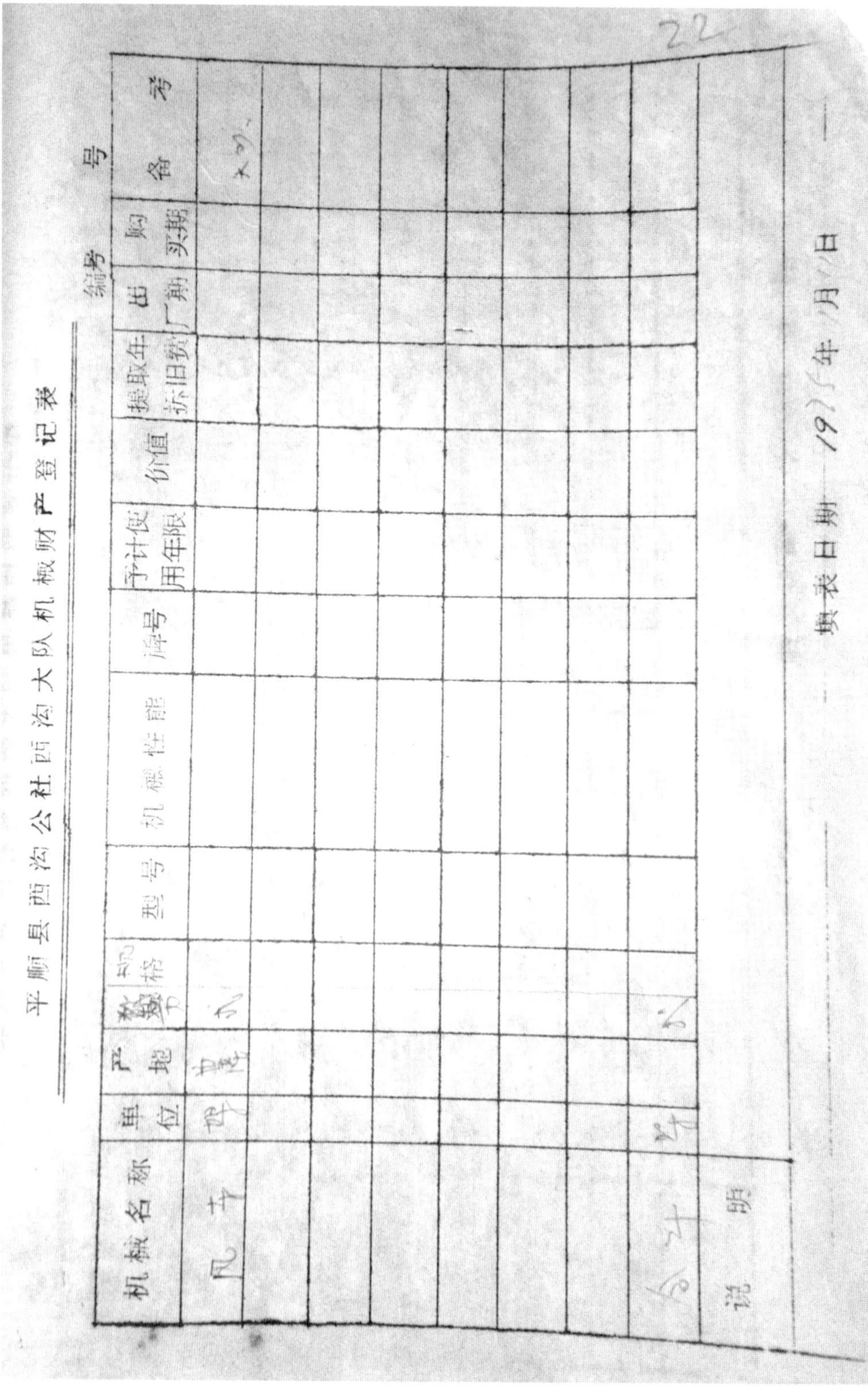

平顺县西沟公社西沟大队机械财产登记表

编号　　号

机械名称	单位	产地	数量	规格	型号	机械性能	牌号	预计使用年限	价值	提取年折旧费	出厂期	购买期	备考
风车	[illegible]	[illegible]	[illegible]										[illegible]
合计	[illegible]		[illegible]										
说明													

填表日期　19[illegible]年[illegible]月[illegible]日

图2-4-3-19　平顺县西沟公社西沟大队机械财产登记表十八

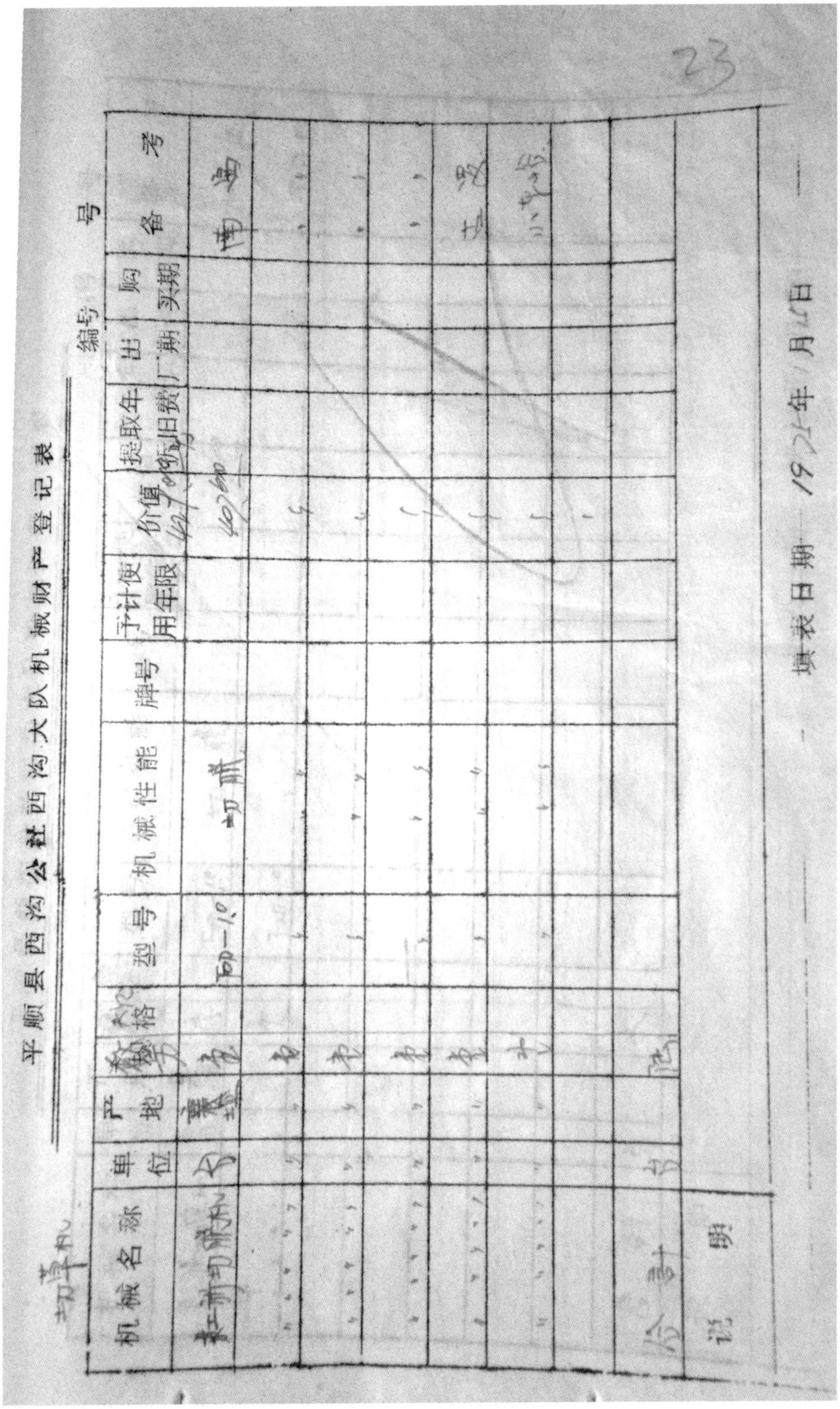

平顺县西沟公社西沟大队机械财产登记表

切草机

编号　　号

机械名称	单位	产地	数量	规格	型号	机械性能	牌号	予计使用年限	价值	提取年折旧费	出厂期	购买期	备考
[illegible]切碎机	台	襄垣	壹		FD-10	切碎			407.00				[illegible]
			壹										
			壹										
			壹										
			壹										[illegible]
			壹										[illegible]
合计	台		陆										
说明													

填表日期　19[illegible]年1月[illegible]日

图2-4-3-20　平顺县西沟公社西沟大队机械财产登记表十九

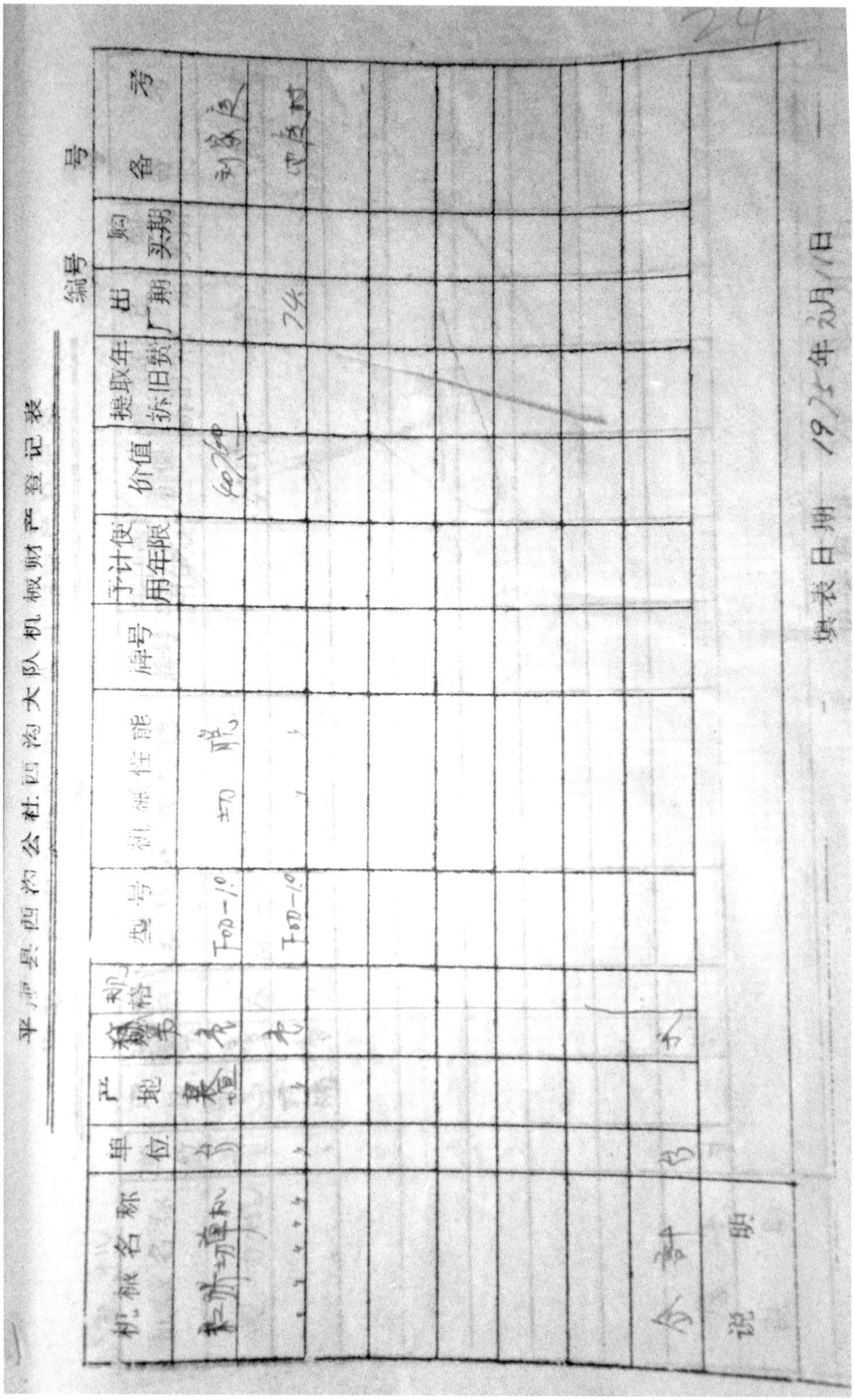

平顺县西沟公社西沟大队机械财产登记表

编号　　号

机械名称	单位	产地	数量	规格	型号	机械性能	牌号	予计使用年限	价值	提取年折旧费	出厂日期	购买日期	备考
[illegible]切草机	台	襄垣	壹		FOD-10	切[illegible]			60.00				[illegible]
〃〃〃〃	〃	〃	壹		FOD-10	〃					74		[illegible]
合计	台												
说明													

填表日期　1975年3月1日

图2-4-3-21　平顺县西沟公社西沟大队机械财产登记表二十

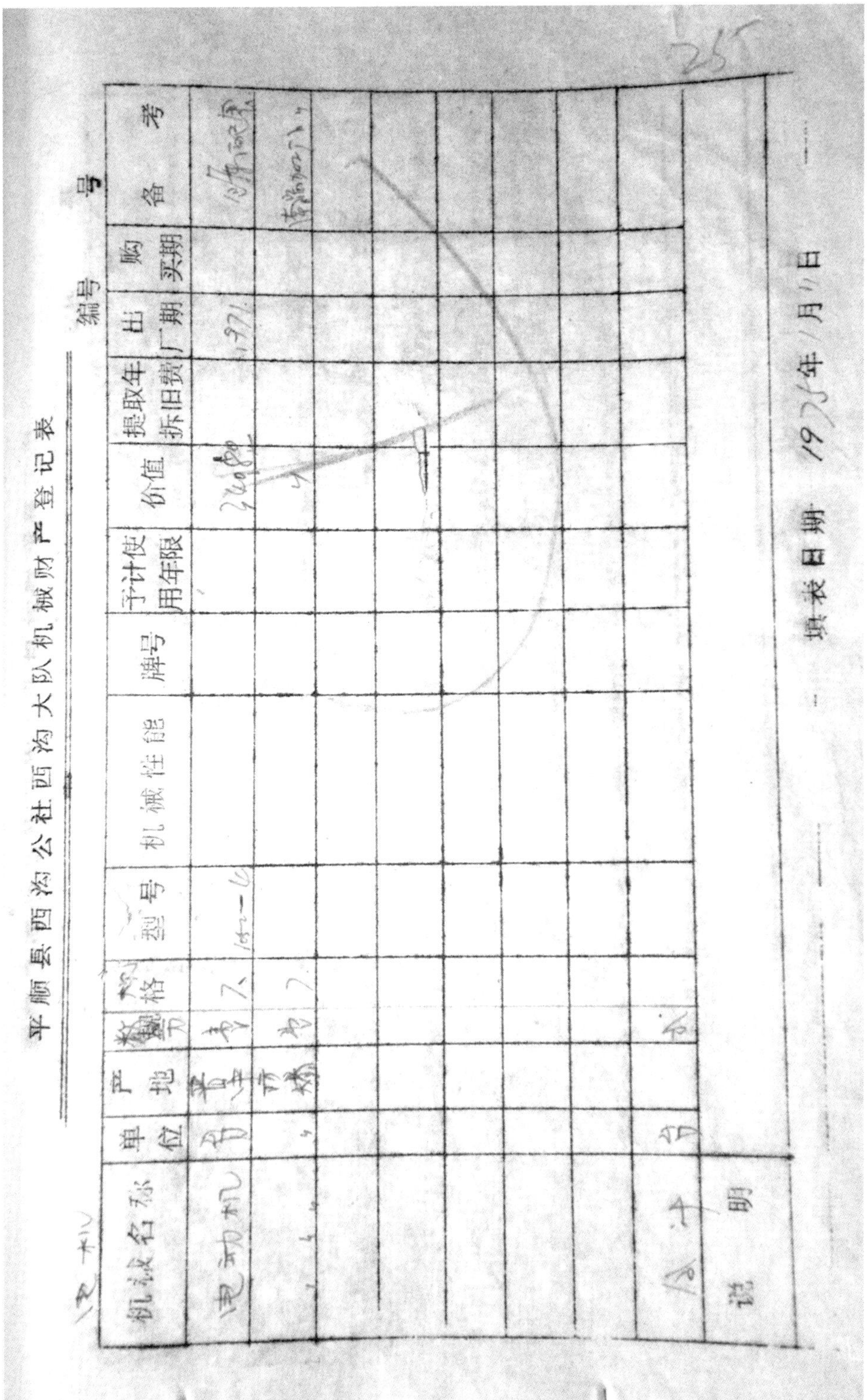

平顺县西沟公社西沟大队机械财产登记表

电机

编号　　号

机械名称	单位	产地	数量	规格	型号	机械性能	牌号	予计使用年限	价值	提取年拆旧费	出厂期	购买期	备考
电动机	台	[illegible]	[illegible]	[illegible]	[illegible]				[illegible]		1971		[illegible]
〃	〃	[illegible]	[illegible]	[illegible]					〃				[illegible]
合计	台		[illegible]										
说明													

填表日期　197[illegible]年1月[illegible]日

图2-4-3-22　平顺县西沟公社西沟大队机械财产登记表二十一

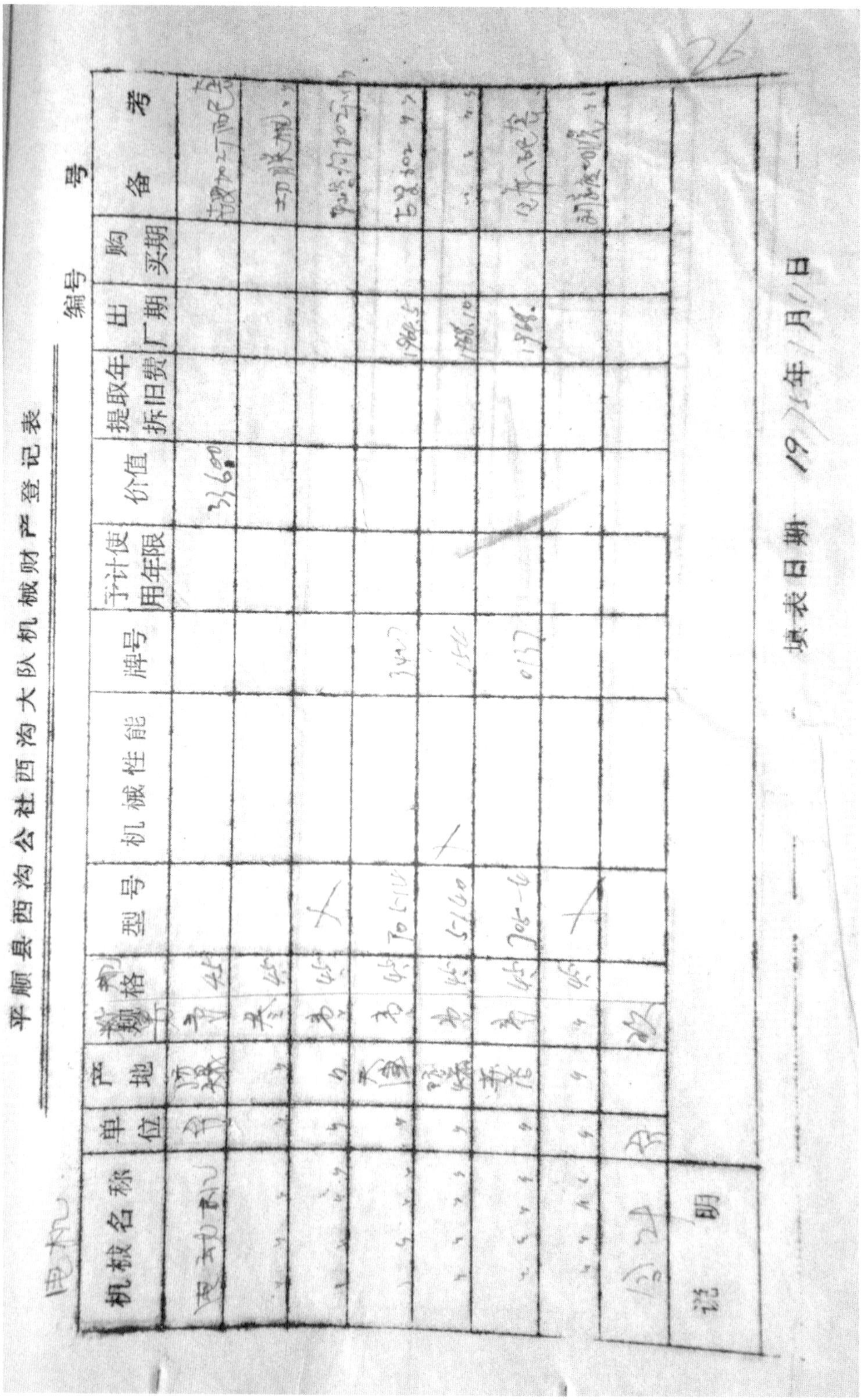

平顺县西沟公社西沟大队机械财产登记表

编号　　号

机械名称	单位	产地	规格	型号	机械性能	牌号	预计使用年限	价值	提取年折旧费	出厂期	购买期	备考
								3600				
										1968.5		
										1968.10		
										1968.		
合计												

说明

填表日期　19　年　月　日

图2-4-3-23　平顺县西沟公社西沟大队机械财产登记表二十二

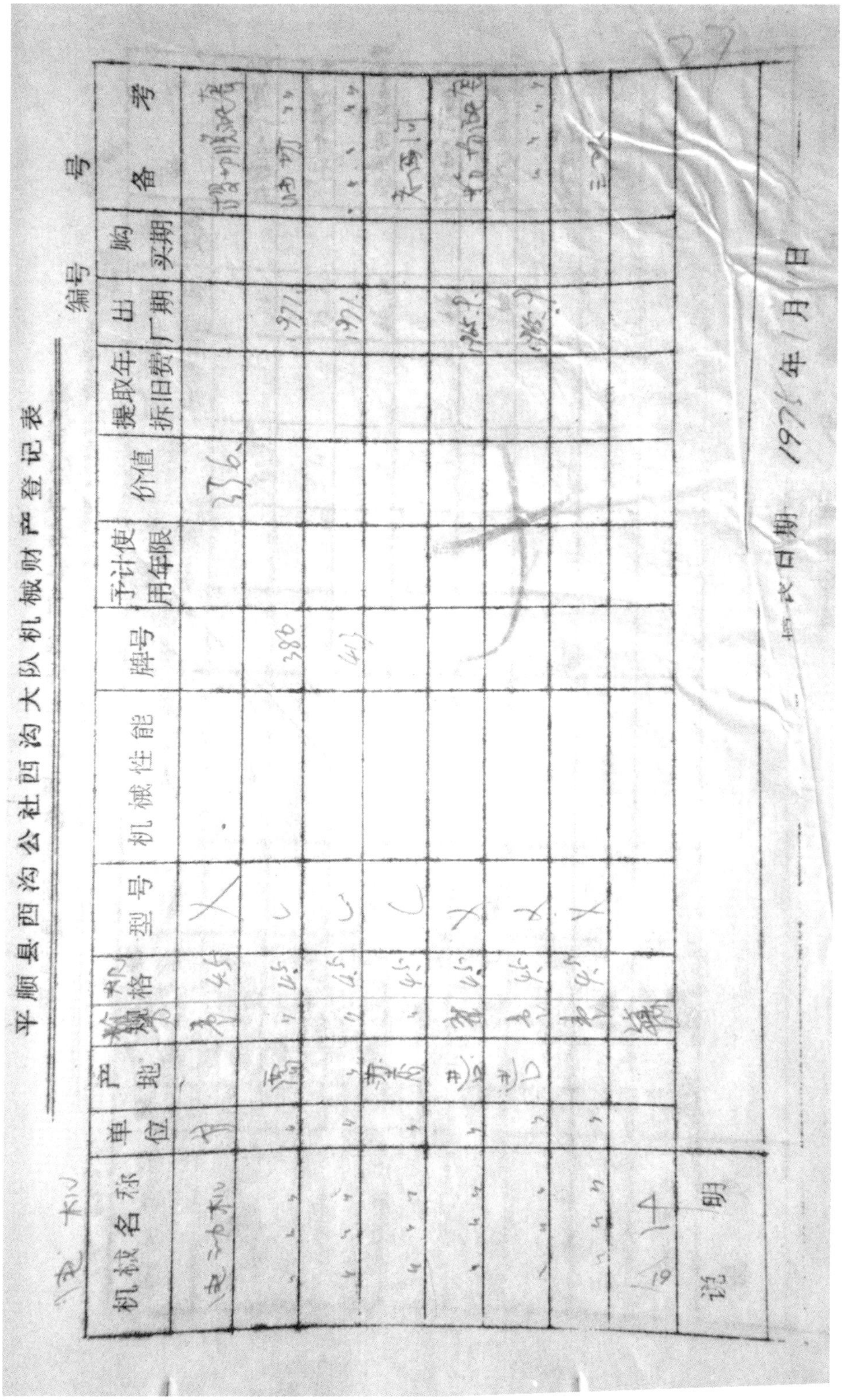

平顺县西沟公社西沟大队机械财产登记表

编号　　号

机械名称	单位	产地	规格	型号	机械性能	牌号	预计使用年限	价值	提取年折旧费	出厂期	购买期	备考
说明												

填表日期　1975年1月1日

图2-4-3-24　平顺县西沟公社西沟大队机械财产登记表二十三

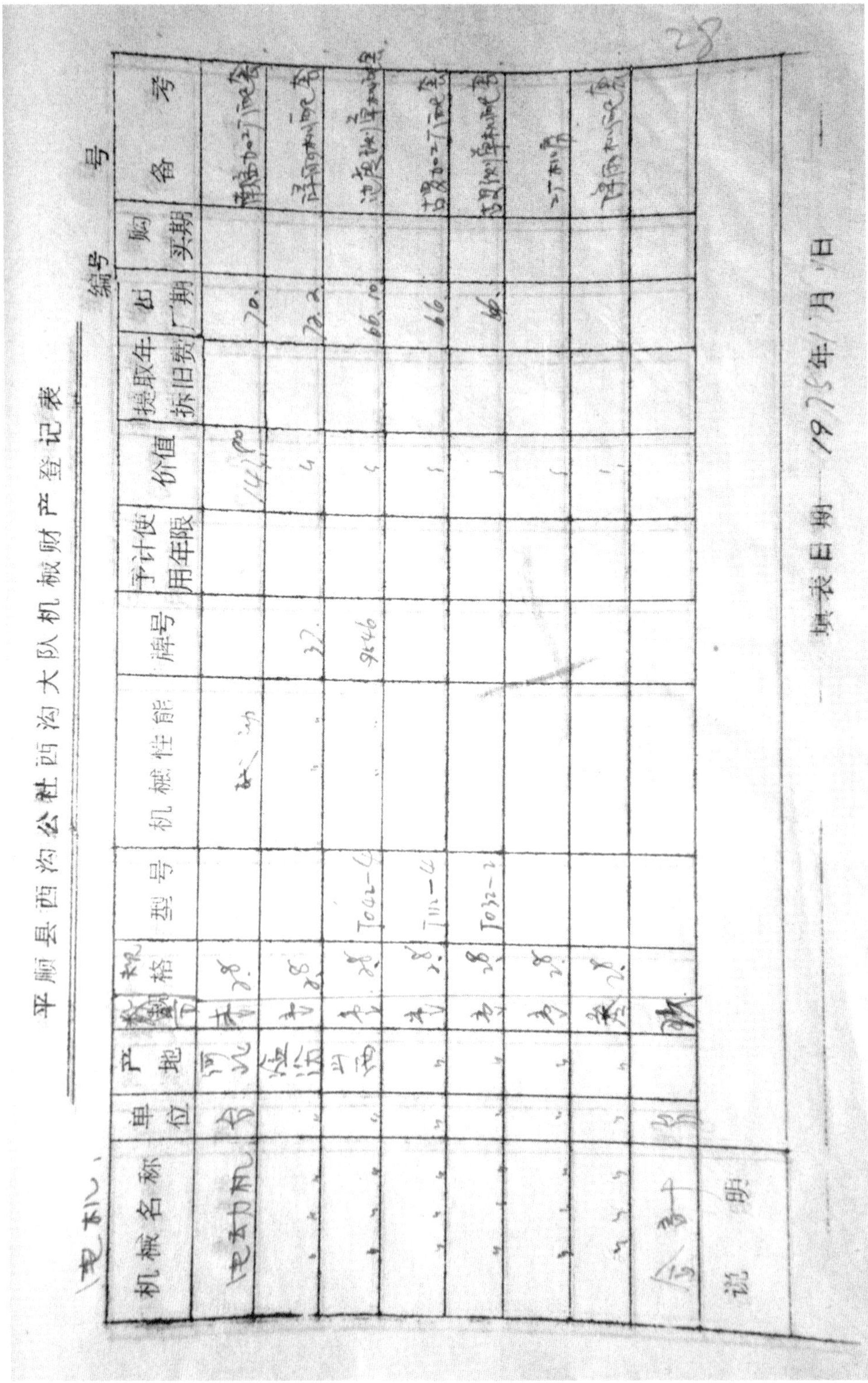

平顺县西沟公社西沟大队机械财产登记表

电机、

编号　　号

机械名称	单位	产地	数量	规格	型号	机械性能	牌号	予计使用年限	价值	提取年拆旧费	出厂期	购买期	备考
电动机	台	河北	本	28		[illegible]			1430		70.		南庄加工厂配套
〃	〃	益阳	本	28		〃	32.		〃		72.2		[illegible]
〃	〃	山西	本	28	J042-4	〃	9546		〃		66.10		[illegible]
〃	〃	〃	本	28	J111-4				〃		66.		[illegible]加工厂配套
〃	〃	〃	本	28	J032-2				〃		66.		[illegible]
〃	〃	〃	本	28					〃				二厂机房
〃	〃	〃	叁	28					〃				[illegible]配套
合计	台		玖										
说明													

填表日期 1975年1月1日

图2-4-3-25　平顺县西沟公社西沟大队机械财产登记表二十四

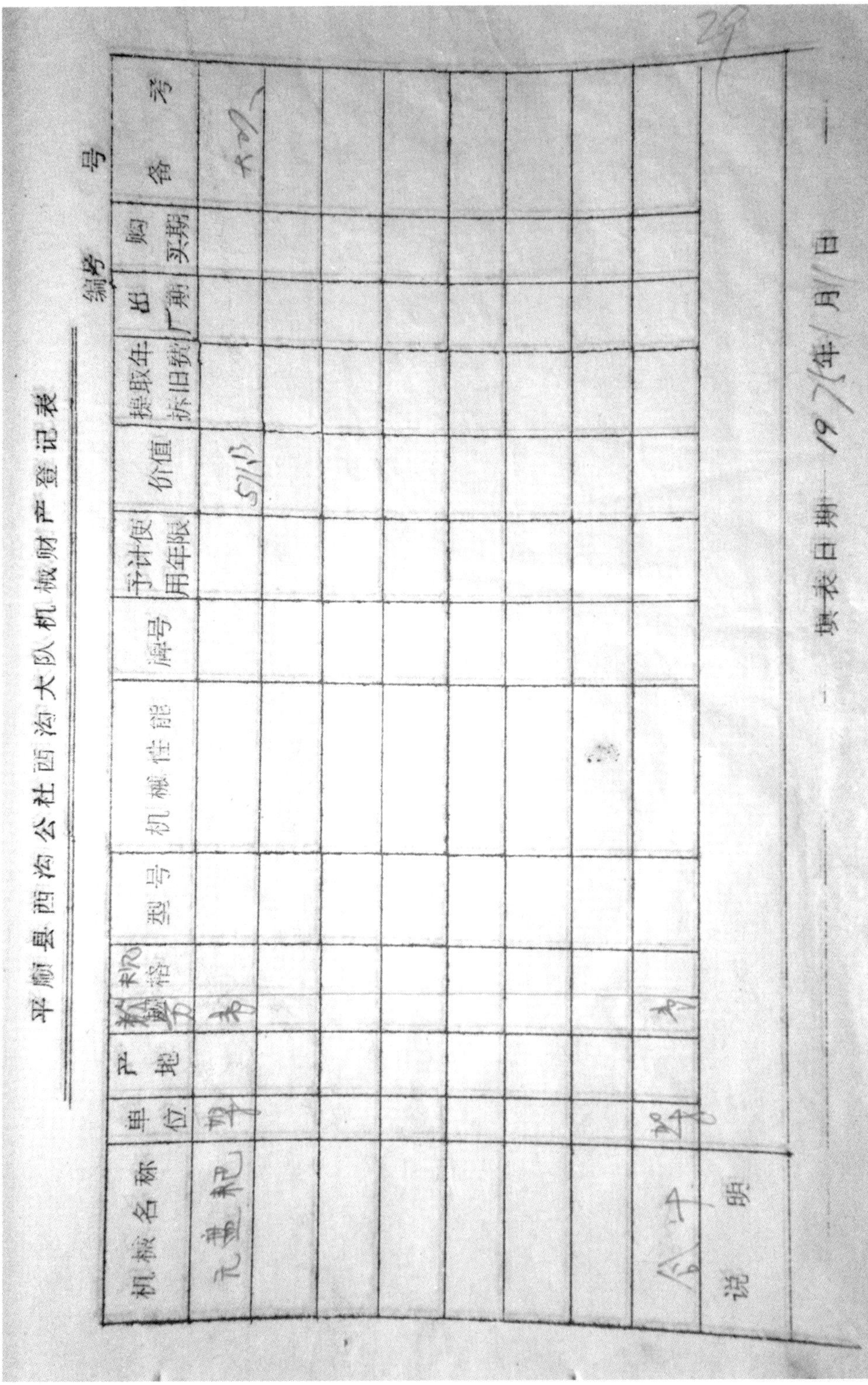

平顺县西沟公社西沟大队机械财产登记表

编号　　号

机械名称	单位	产地	数量	规格	型号	机械性能	牌号	予计使用年限	价值	提取年折旧费	出厂期	购买期	备考
元盘耙	部		[illegible]						571.13				大队
合计	部		[illegible]										
说明													

填表日期 197[illegible]年1月1日

图2-4-3-26　平顺县西沟公社西沟大队机械财产登记表二十五

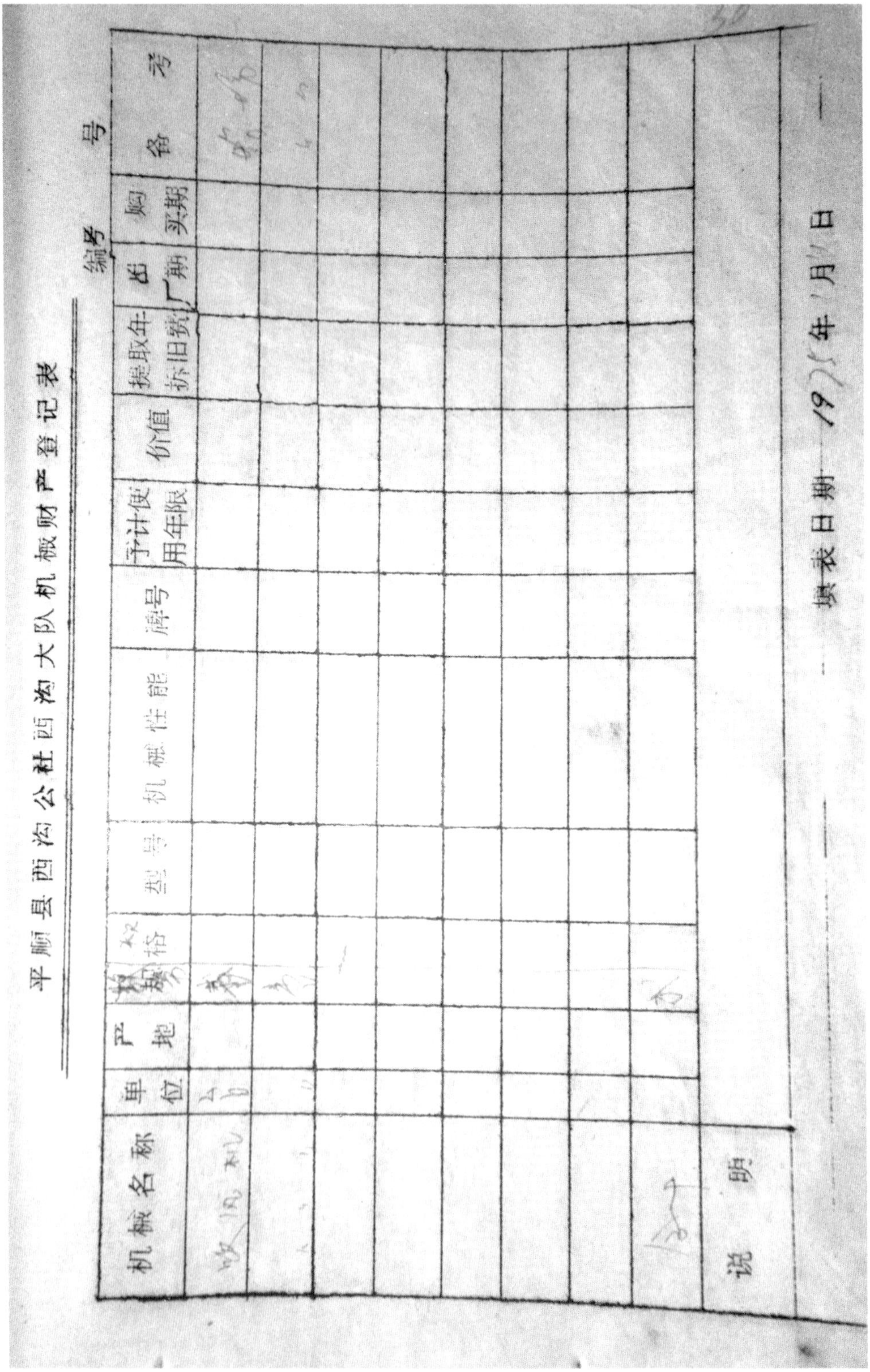

平顺县西沟公社西沟大队机械财产登记表

编号　　号

机械名称	单位	产地	数量	规格	型号	机械性能	厂牌	予计使用年限	价值	提取年折旧数	出厂期	购买期	备考
吹风机	[illegible]		[illegible]										[illegible]
[illegible]			[illegible]										

说明

填表日期 19[illegible]年[illegible]月[illegible]日

图2-4-3-27　平顺县西沟公社西沟大队机械财产登记表二十六

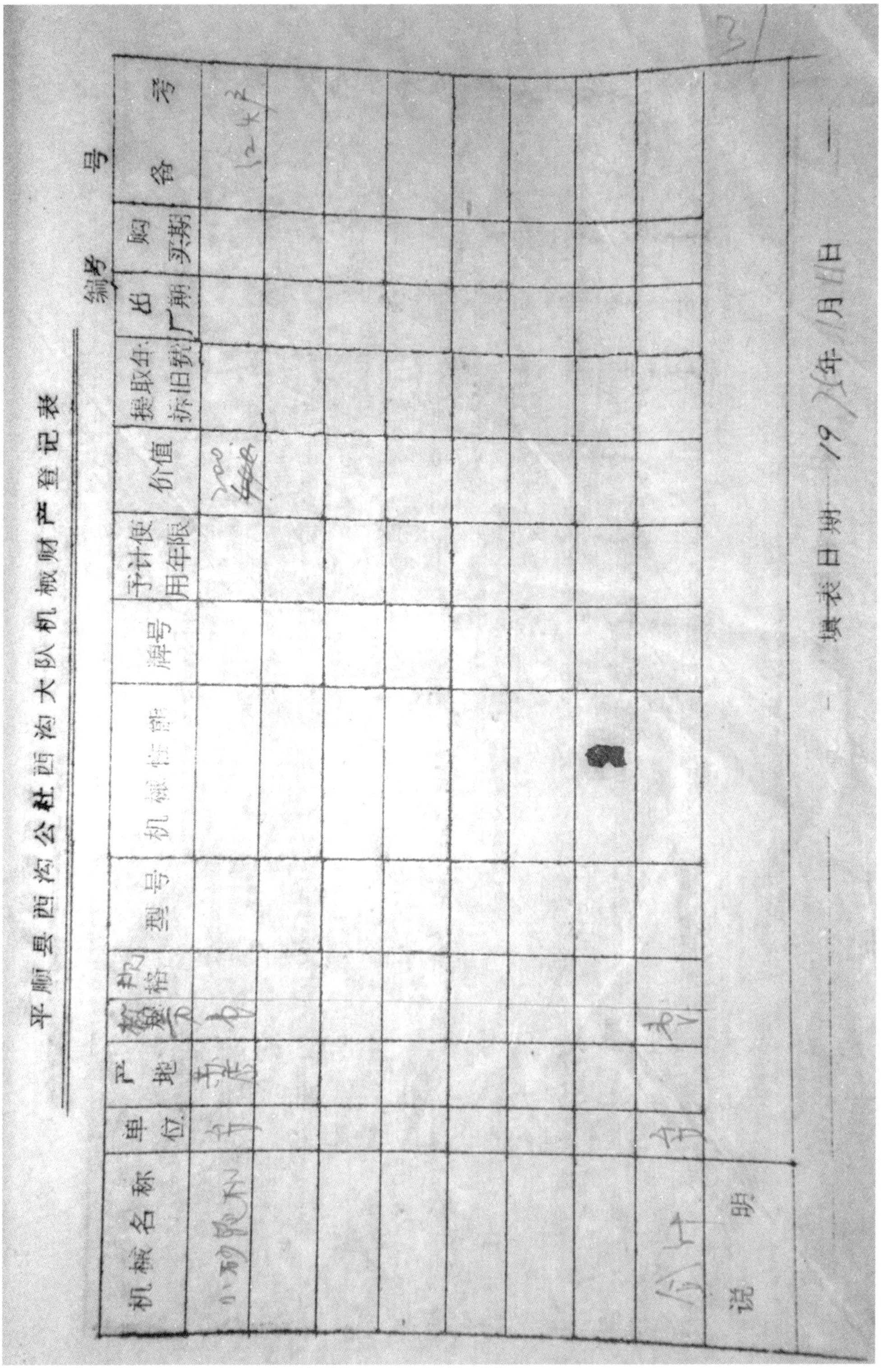

平顺县西沟公社西沟大队机械财产登记表

编号　　号

机械名称	单位	产地	数量	规格	型号	机械性能	牌号	予计使用年限	价值	提取折旧费	出厂日期	购买日期	备考
小砂轮机	台	长治	1						200				[illegible]
合计	台		1										
说明													

填表日期　19 [illegible]年1月1日

图2-4-3-28　平顺县西沟公社西沟大队机械财产登记表二十七

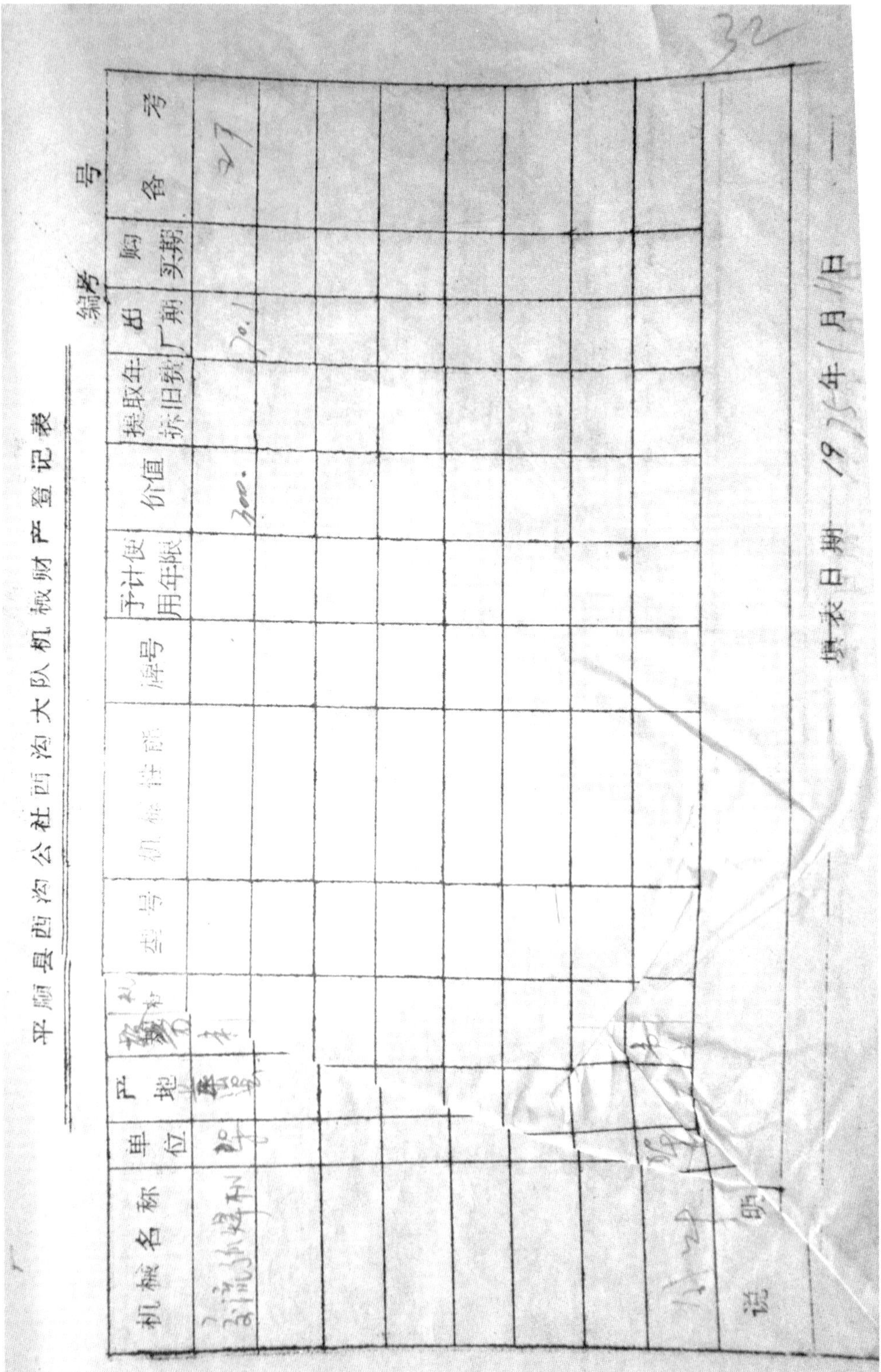

平顺县西沟公社西沟大队机械财产登记表

编号 32 号

机械名称	单位	产地	机械	型号	机械件数	牌号	予计使用年限	价值	提取折旧年限	出厂日期	购买日期	备考
[illegible]	[illegible]	[illegible]						300.		70.1		27

说明

填表日期 1975年1月1日

图2-4-3-29　平顺县西沟公社西沟大队机械财产登记表二十八

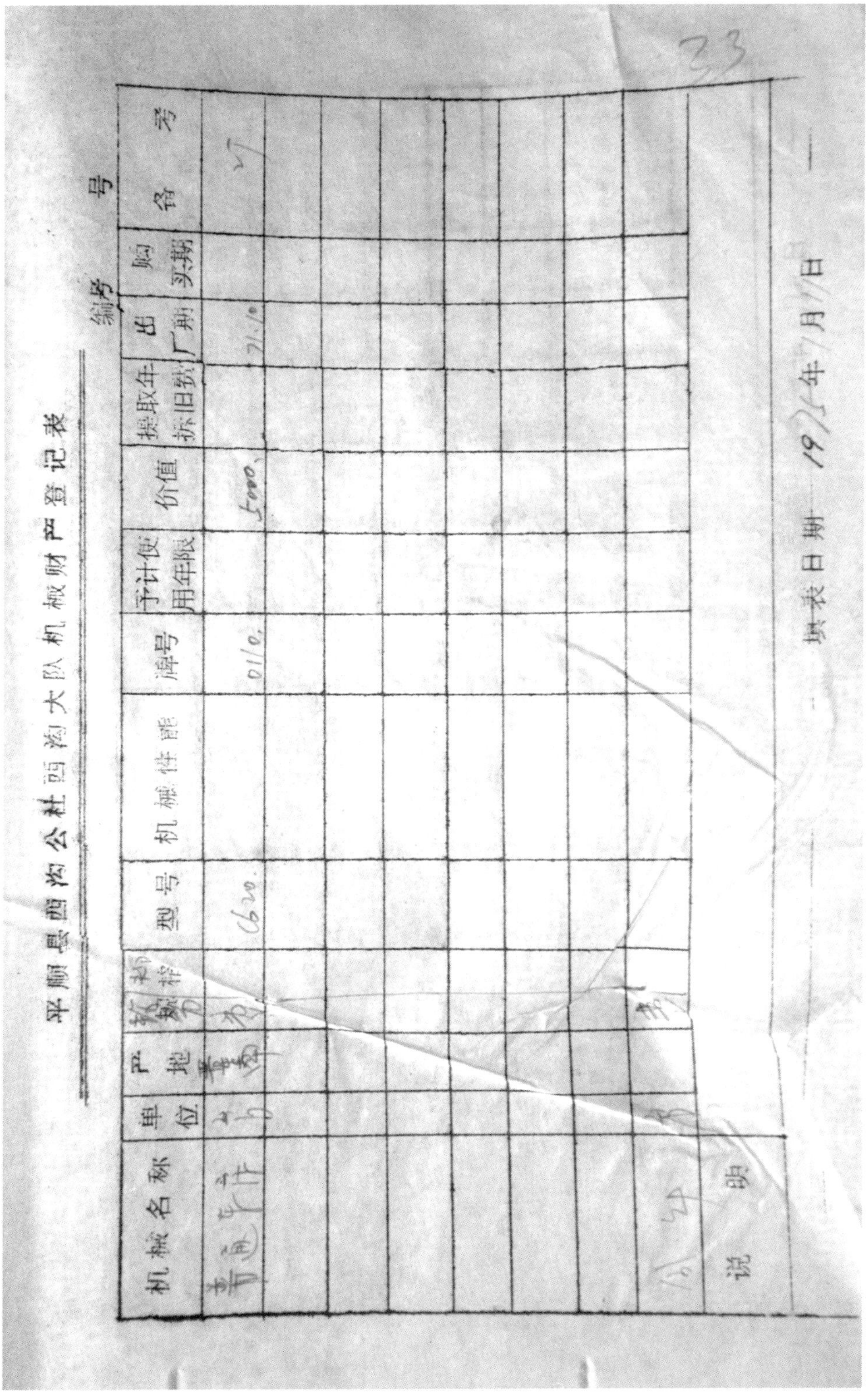

平顺县西沟公社西沟大队机械财产登记表

编号　　号

机械名称	单位	产地	[illegible]	型号	机械性能	牌号	予计使用年限	价值	提取折旧年数	出厂期	购买期	备考
[illegible]	[illegible]	[illegible]	[illegible]	620.		0110.		5000.		71.10		[illegible]
[illegible]	[illegible]											

说明

填表日期　197[illegible]年[illegible]月[illegible]日

图2-4-3-30　平顺县西沟公社西沟大队机械财产登记表二十九

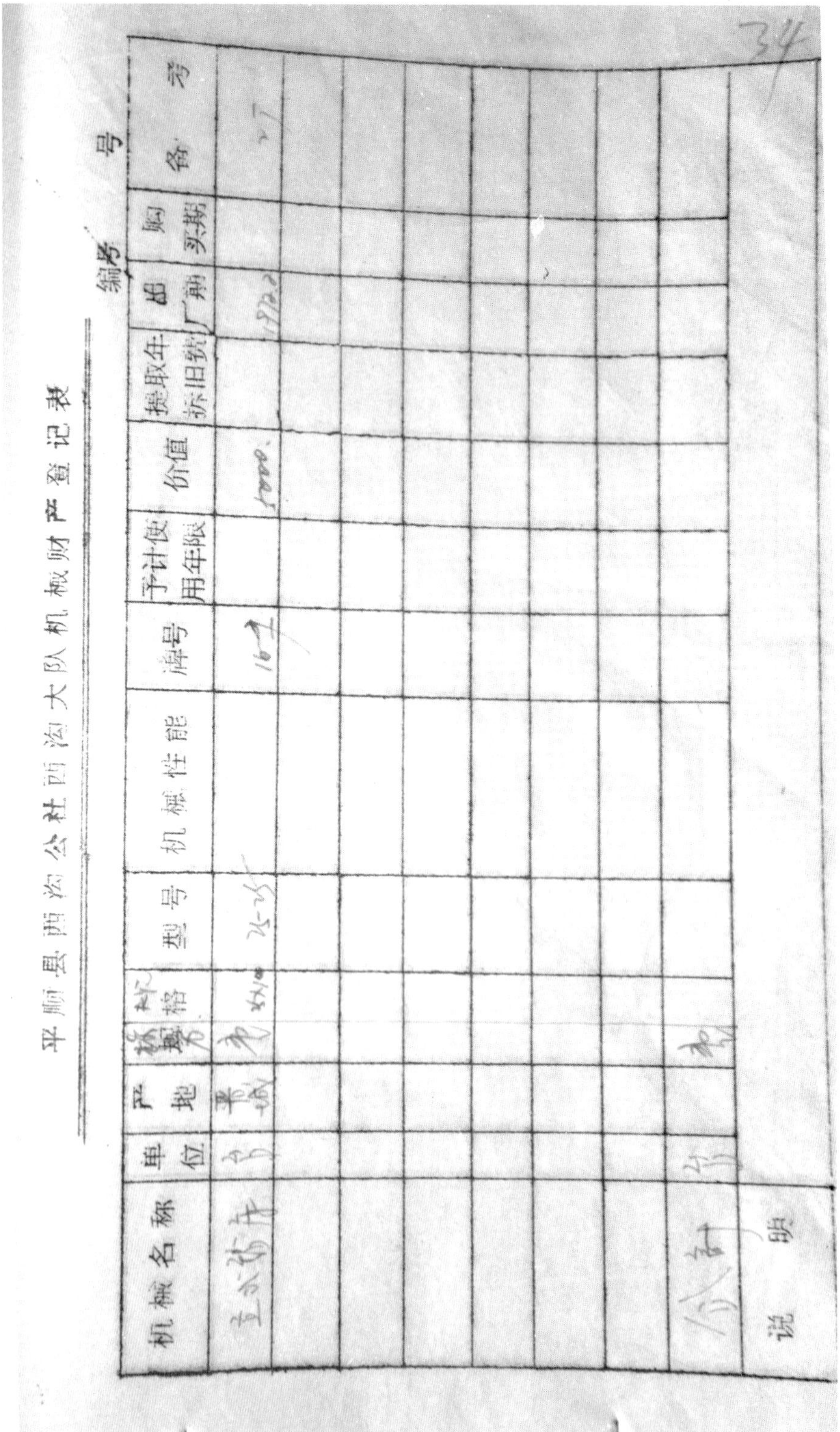

平顺县西沟公社西沟大队机械财产登记表

编号　　号

机械名称	单位	产地	厂家	规格	型号	机械性能	牌号	预计使用年限	价值	提取折旧年数	出厂日期	购买日期	备考
[illegible]	[illegible]	[illegible]	[illegible]	[illegible]	[illegible]		16		5000.		1972		[illegible]
合计	[illegible]		[illegible]										
说明													

图2-4-3-31　平顺县西沟公社西沟大队机械财产登记表三十

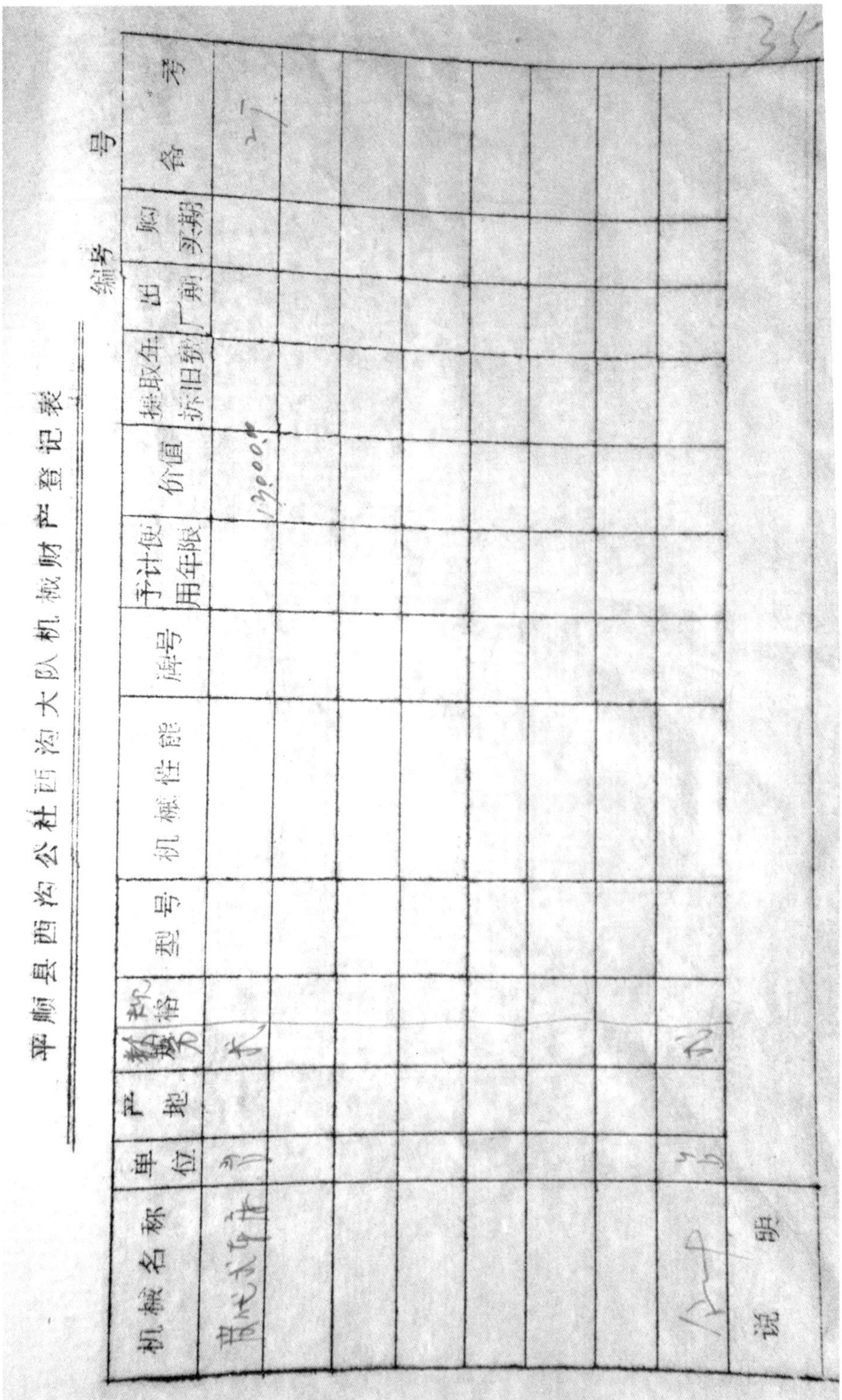

平顺县西沟公社西沟大队机械财产登记表

编号　　号

机械名称	单位	产地	数量	规格	型号	机械性能	厰号	予计使用年限	价值	提取年折旧数	出厂日期	购买日期	备考
[illegible]	[illegible]		[illegible]						13000.0				[illegible]

说明

图2-4-3-32　平顺县西沟公社西沟大队机械财产登记表三十一

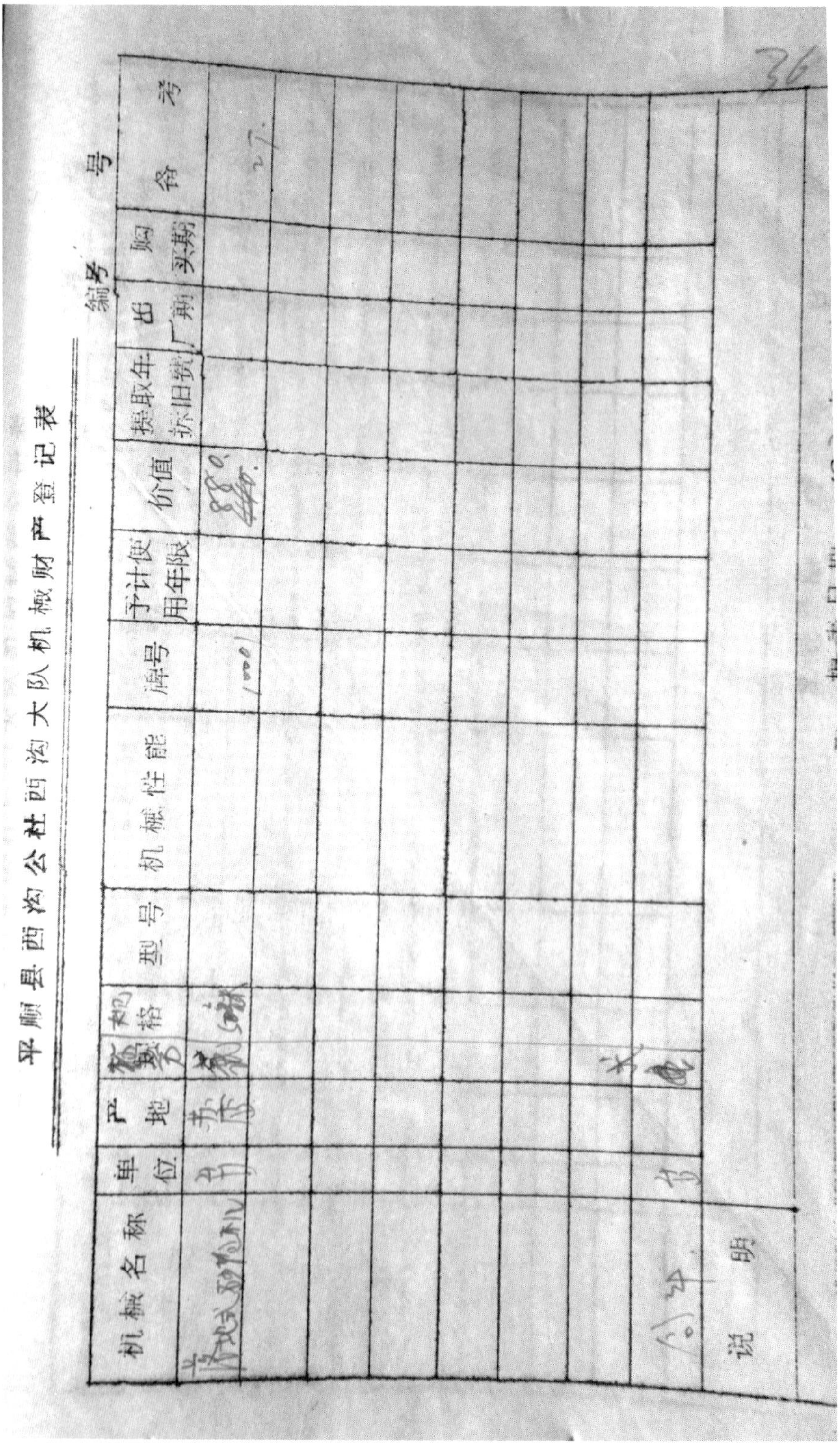

平顺县西沟公社西沟大队机械财产登记表

编号　　号

机械名称	单位	产地	容量	规格	型号	机械性能	牌号	预计使用年限	价值	提取年折旧费	出厂日期	购买日期	备考
[illegible]	[illegible]	[illegible]	[illegible]	[illegible]			[illegible]		[illegible]				[illegible]
合计	[illegible]		[illegible]										
说明													

图2-4-3-33　平顺县西沟公社西沟大队机械财产登记表三十二

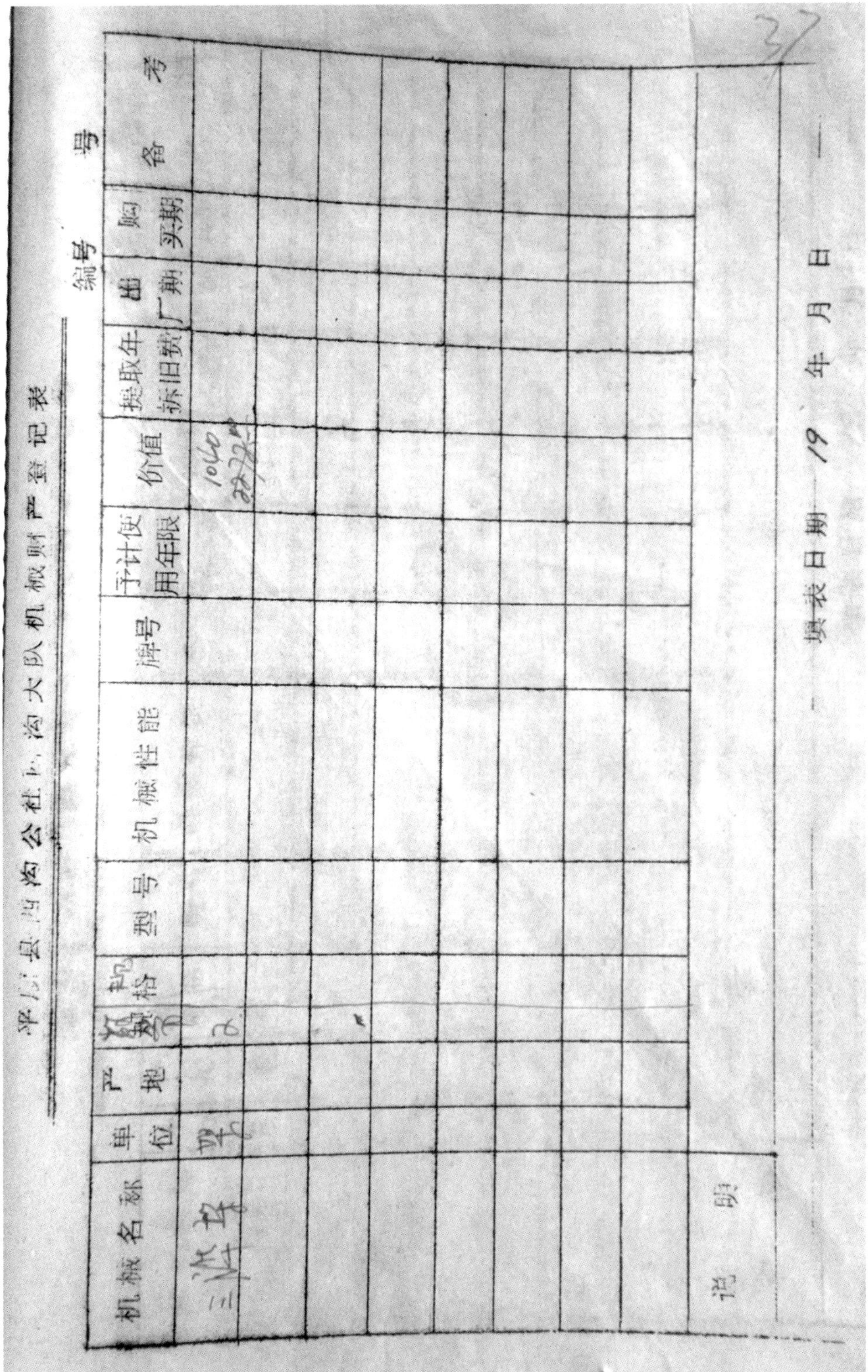

平顺县西沟公社西沟大队机械财产登记表

编号　　号

机械名称	单位	产地	数量	规格	型号	机械性能	牌号	予计使用年限	价值	提取年拆旧费	出厂期	购买期	备考
三铧犁	架		2						1040 2272				
说明													

填表日期 19 年 月 日

37

图2-4-3-34　平顺县西沟公社西沟大队机械财产登记表三十三

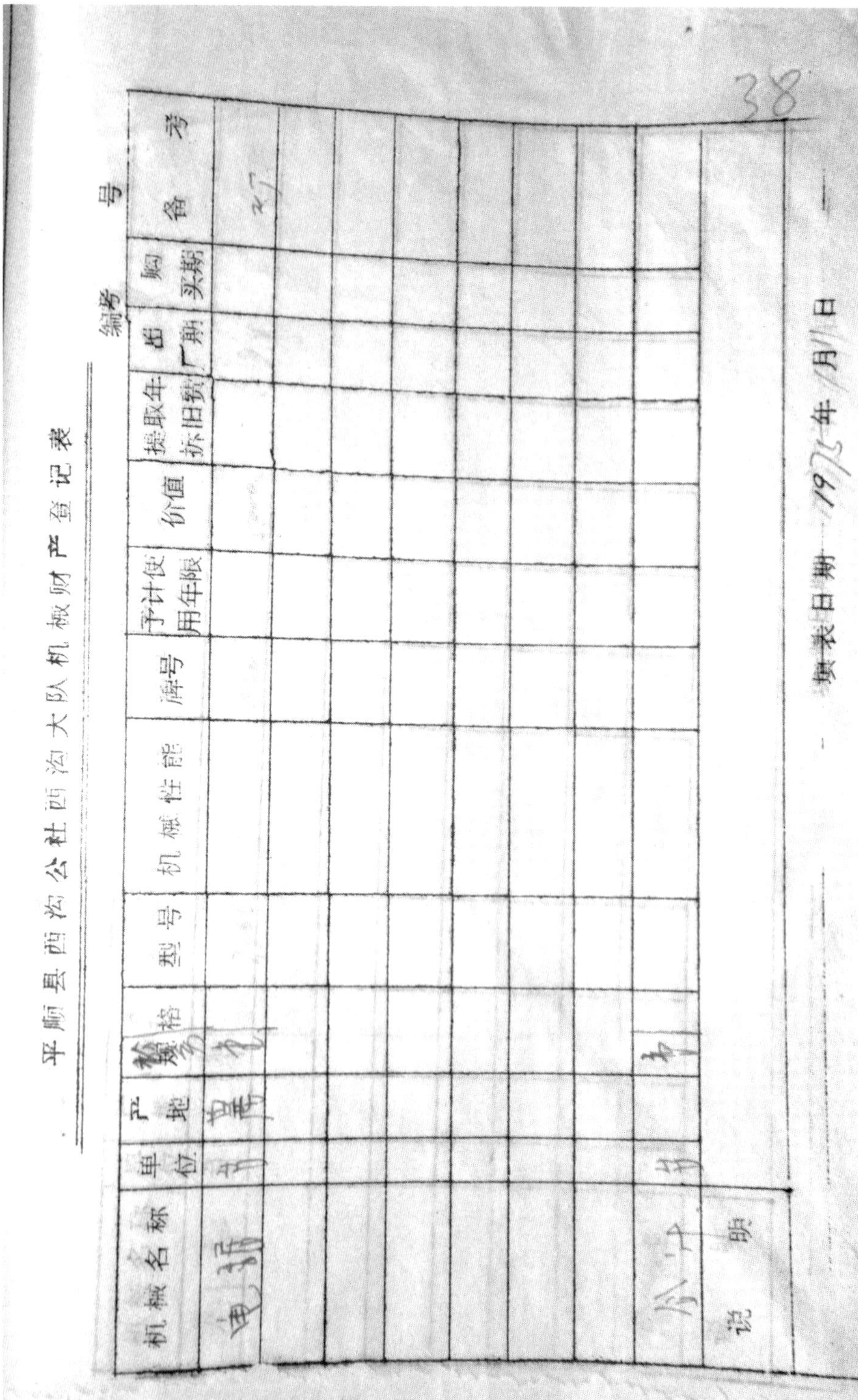

图2-4-3-35　平顺县西沟公社西沟大队机械财产登记表三十四

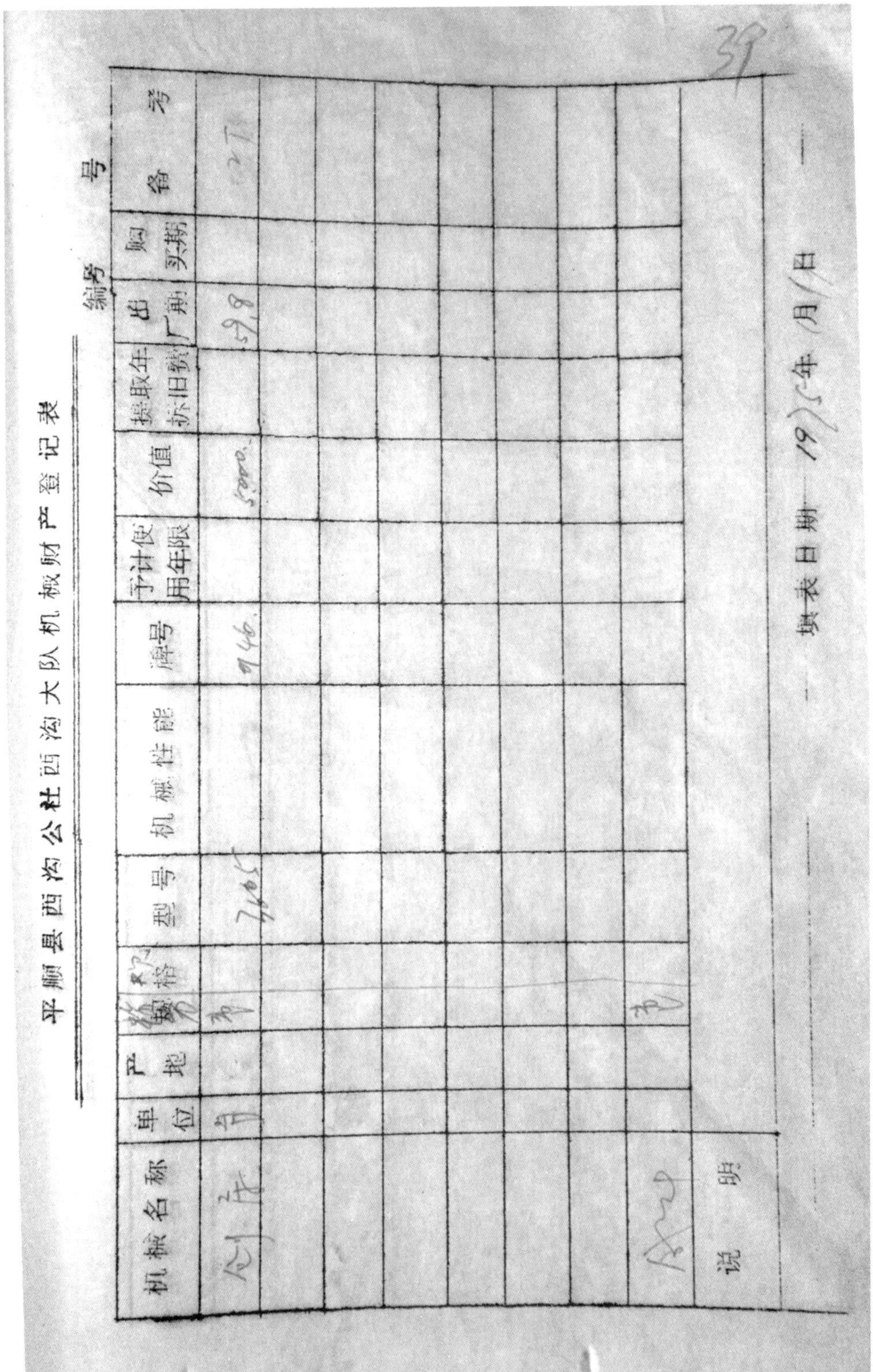

平顺县西沟公社西沟大队机械财产登记表

编号　　号

机械名称	单位	产地	数量/规格	型号	机械性能	牌号	预计使用年限	价值	提取折旧年数	出厂日期	购买日期	备考
刨床	台		1	7665		946		5000		58		
合计			1									
说明												

填表日期 1975年 1月1日

图2-4-3-36　平顺县西沟公社西沟大队机械财产登记表三十五

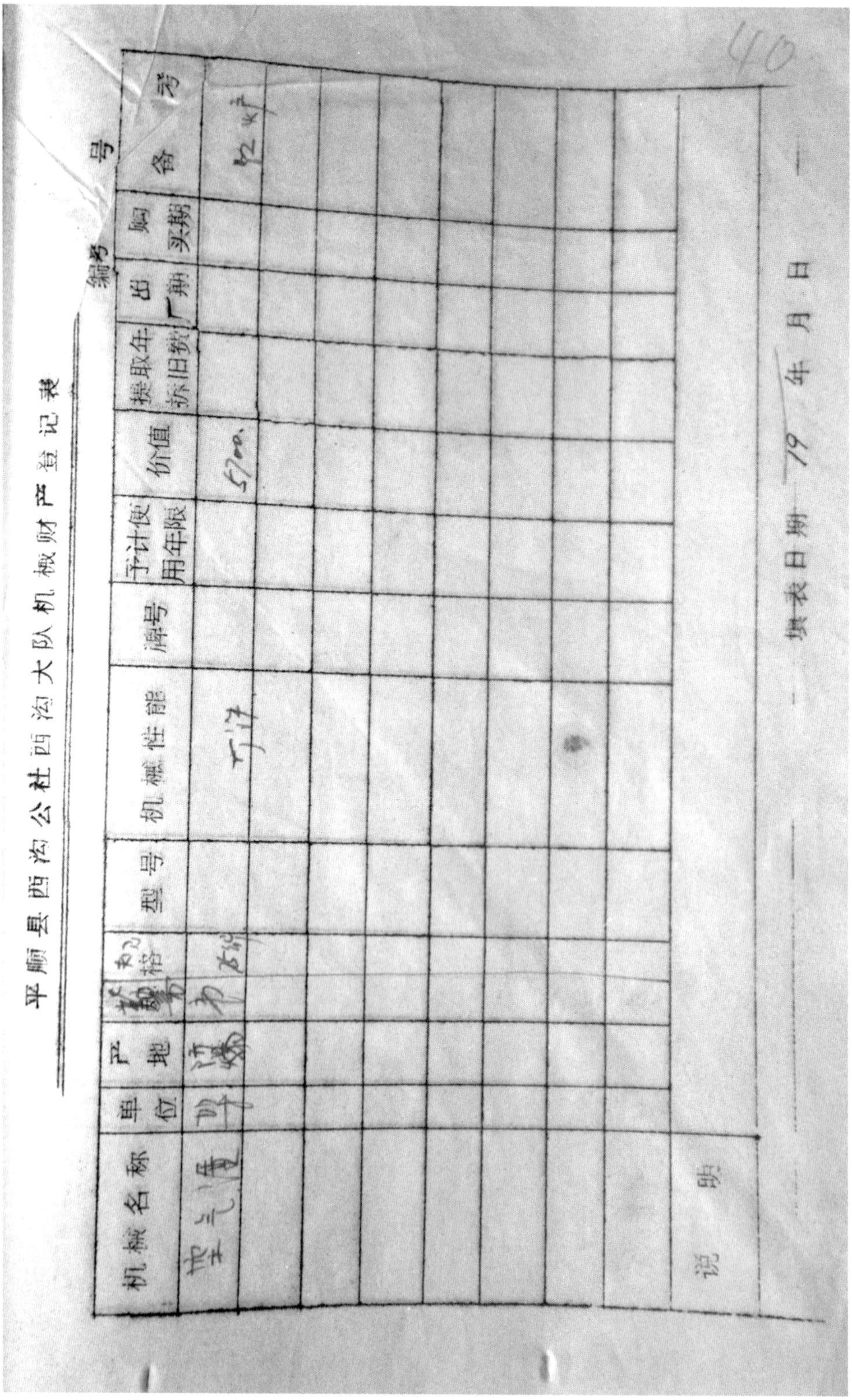

平顺县西沟公社西沟大队机械财产登记表

编号　　号

机械名称	单位	产地	规格		型号	机械性能	牌号	予计使用年限	价值	提取年拆旧数	出厂期	购买期	备考
空气锤	[illegible]	[illegible]	[illegible]	[illegible]		[illegible]			5700.				红炉
说明													

填表日期 79 年 月 日

图2-4-3-37　平顺县西沟公社西沟大队机械财产登记表三十六

平顺县西沟公社西沟大队机械财产登记表

编号　　号

机械名称	单位	产地	数量	规格	型号	机械性能	牌号	予计使用年限	价值	提取年拆旧费	出厂期	购买期	备考
电动	台		叁						740.				[illegible]
合計	台		叁										
说明													

填表日期 1975年1月11日

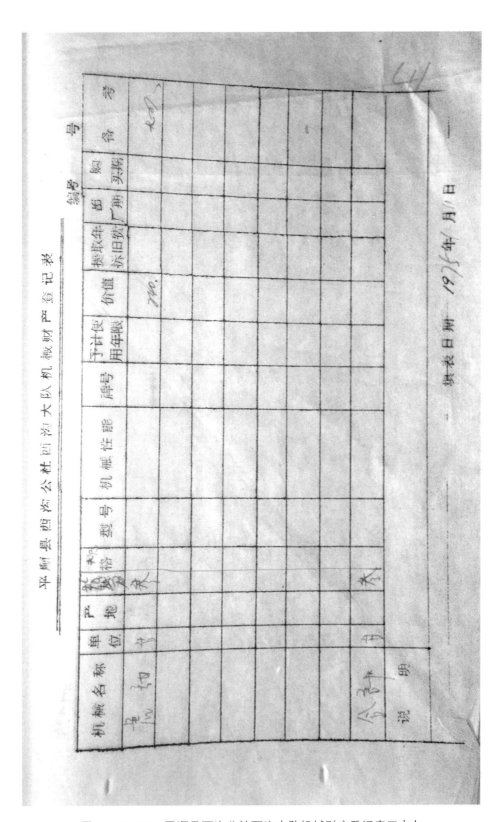

图2-4-3-38　平顺县西沟公社西沟大队机械财产登记表三十七

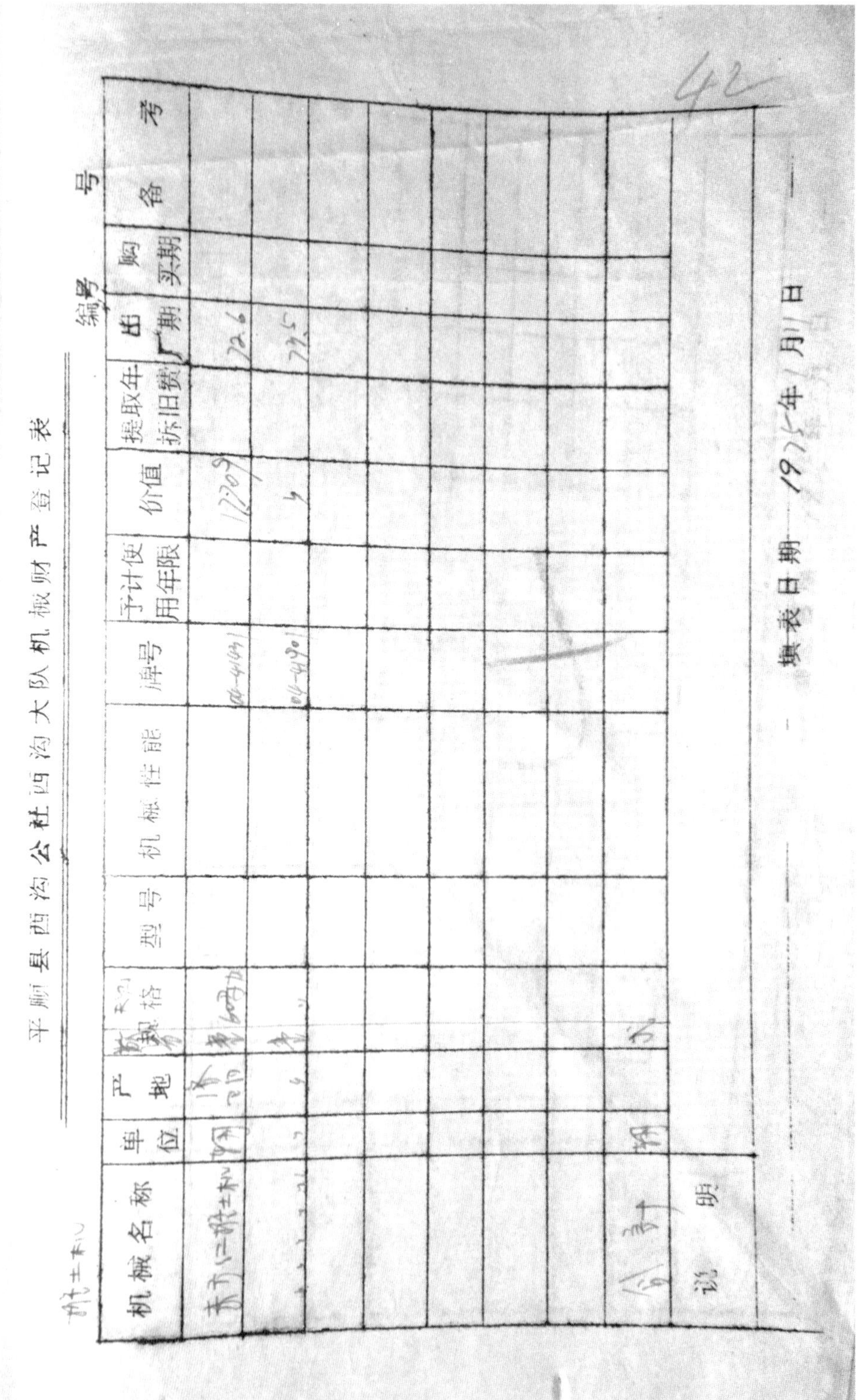

平顺县西沟公社西沟大队机械财产登记表

编号 42

机械名称	单位	产地	动力规格	型号	机械性能	牌号	预计使用年限	价值	提取年折旧费	出厂期	购买期	备考
东方红拖拉机	台	洛阳	东方红60马力			04-41941		12709		72.6		
		〃	东方红 〃			04-41901		〃		73.5		
合计	2台		2									
说明												

填表日期 1975年1月11日

图2-4-3-39　平顺县西沟公社西沟大队机械财产登记表三十八

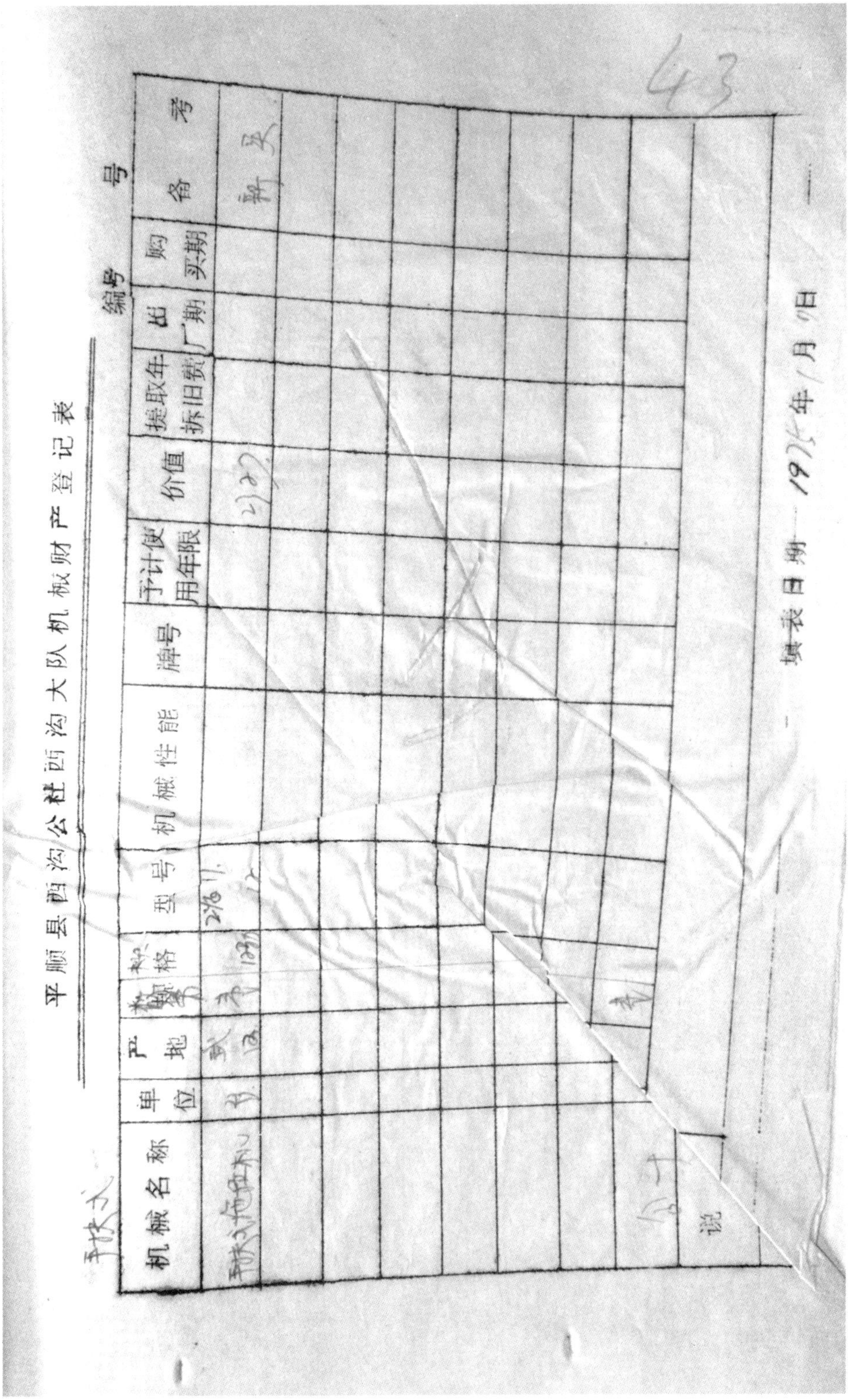

平顺县西沟公社西沟大队机械财产登记表

编号 号

机械名称	单位	产地	数量	规格	型号	机械性能	牌号	予计使用年限	价值	提取年拆旧费	出厂期	购买期	备考
手扶拖拉机	台	武汉	[illegible]	12马力	[illegible]				1322				新买
说明													

填表日期 197[illegible]年1月[illegible]日

图2-4-3-40　平顺县西沟公社西沟大队机械财产登记表三十九

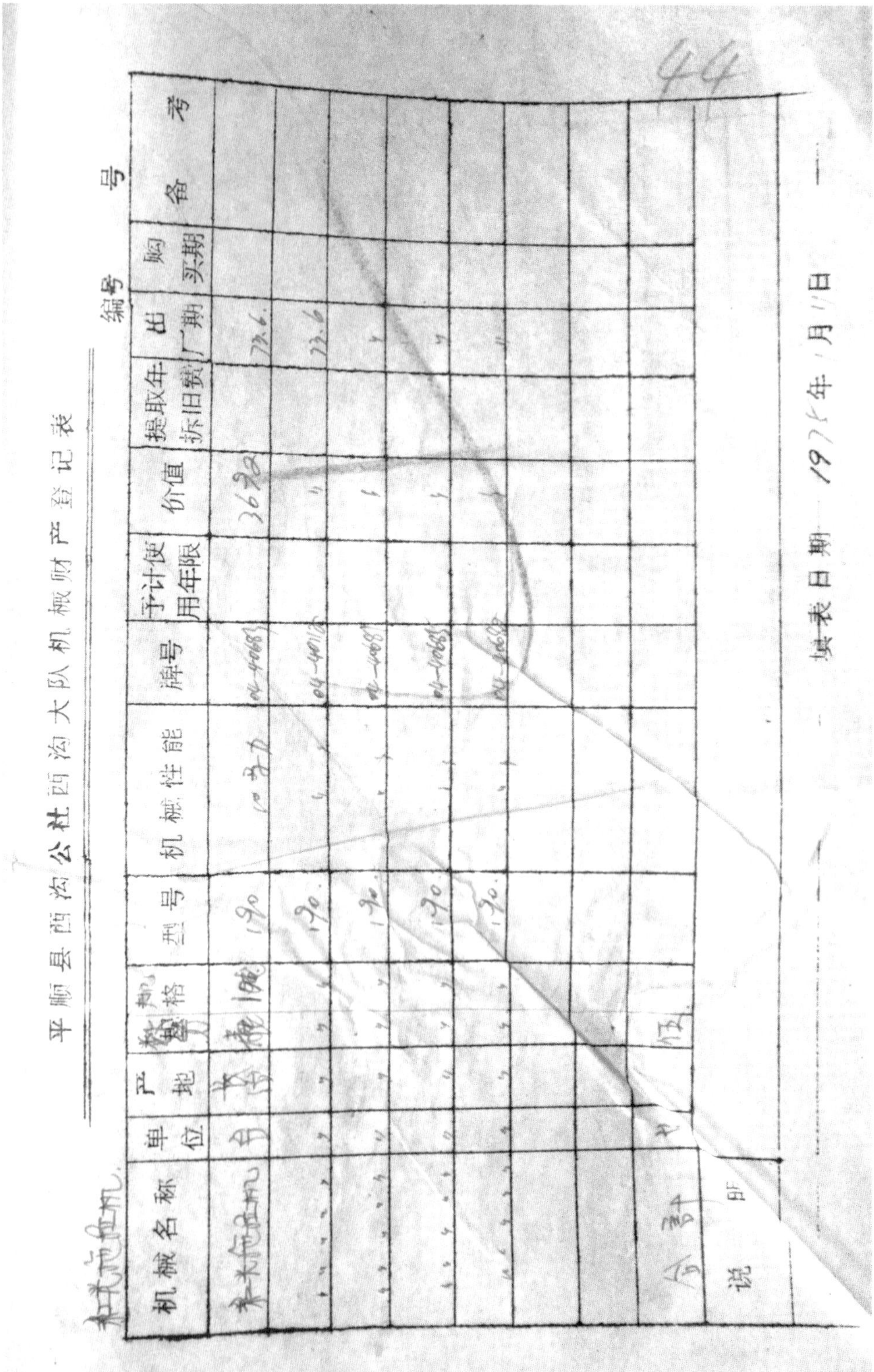

平顺县西沟公社西沟大队机械财产登记表

编号　　号

机械名称	单位	产地	规格	型号	机械性能	牌号	予计使用年限	价值	提取年拆旧费	出厂期	购买期	备考
拖拉机	台	[illegible]	[illegible]	190	10马力	04-40683		3672		73.6.		
〃	〃	〃	〃	190.	〃	04-40112		〃		73.6		
〃	〃	〃	〃	190.	〃	04-40687		〃		〃		
〃	〃	〃	〃	190.	〃	04-40685		〃		〃		
〃	〃	〃	〃	190.	〃	04-40689		〃		〃		
合计	七		伍									
说明												

填表日期　197[illegible]年　月　日

图2-4-3-41　平顺县西沟公社西沟大队机械财产登记表四十

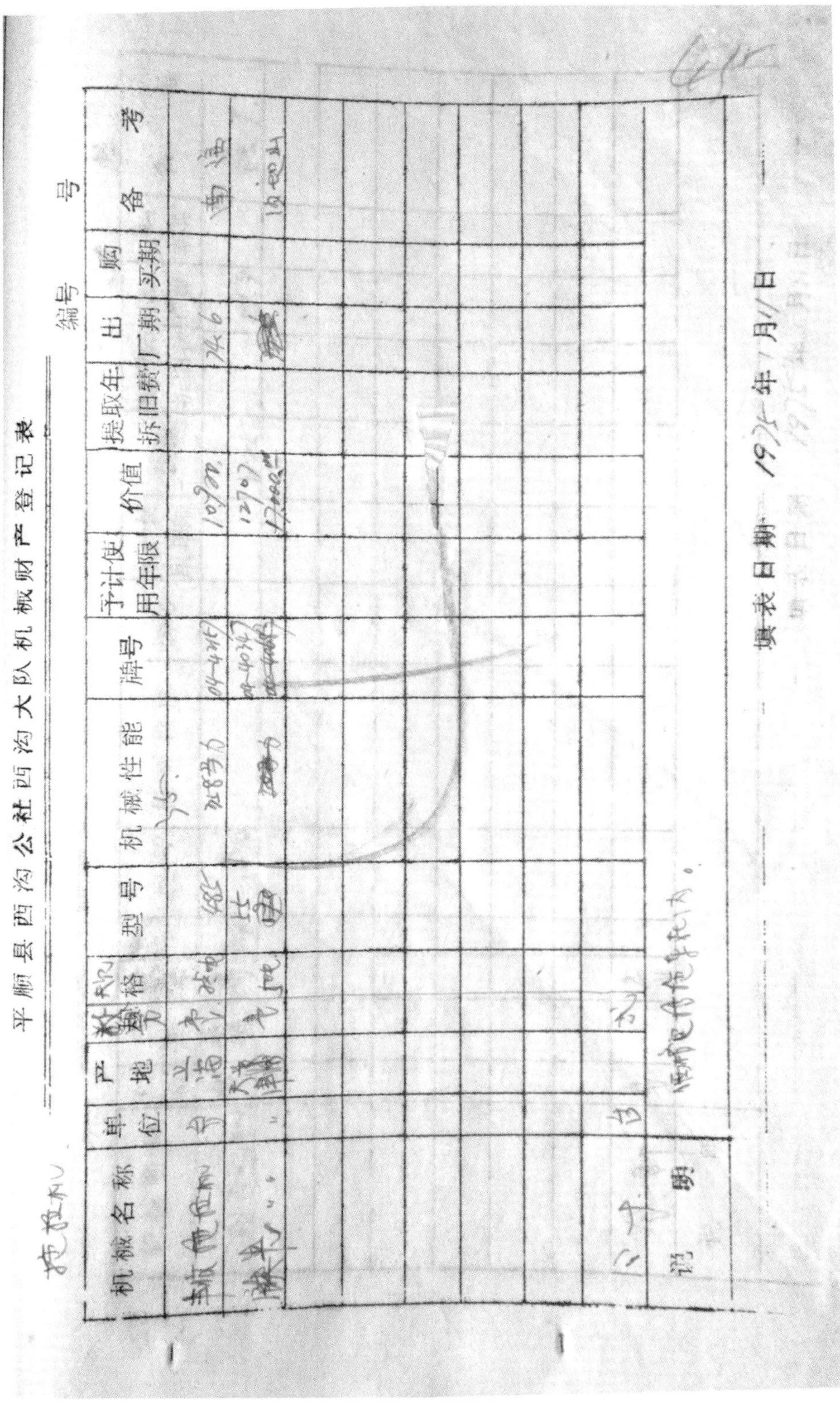

平顺县西沟公社西沟大队机械财产登记表

拖拉机

编号　　号

机械名称	单位	产地	规格	型号	机械性能	牌号	予计使用年限	价值	提取年拆旧费	出厂期	购买期	备考
[illegible]	台	上海	[illegible]	[illegible]	[illegible]	[illegible]		10920.		74.6		[illegible]
[illegible]	〃	[illegible]	[illegible]	[illegible]	[illegible]	[illegible]		12707 17000.00		[illegible]		[illegible]
合计	台											
说明	[illegible]											

填表日期　1975年1月11日

图2-4-3-42　平顺县西沟公社西沟大队机械财产登记表四十一

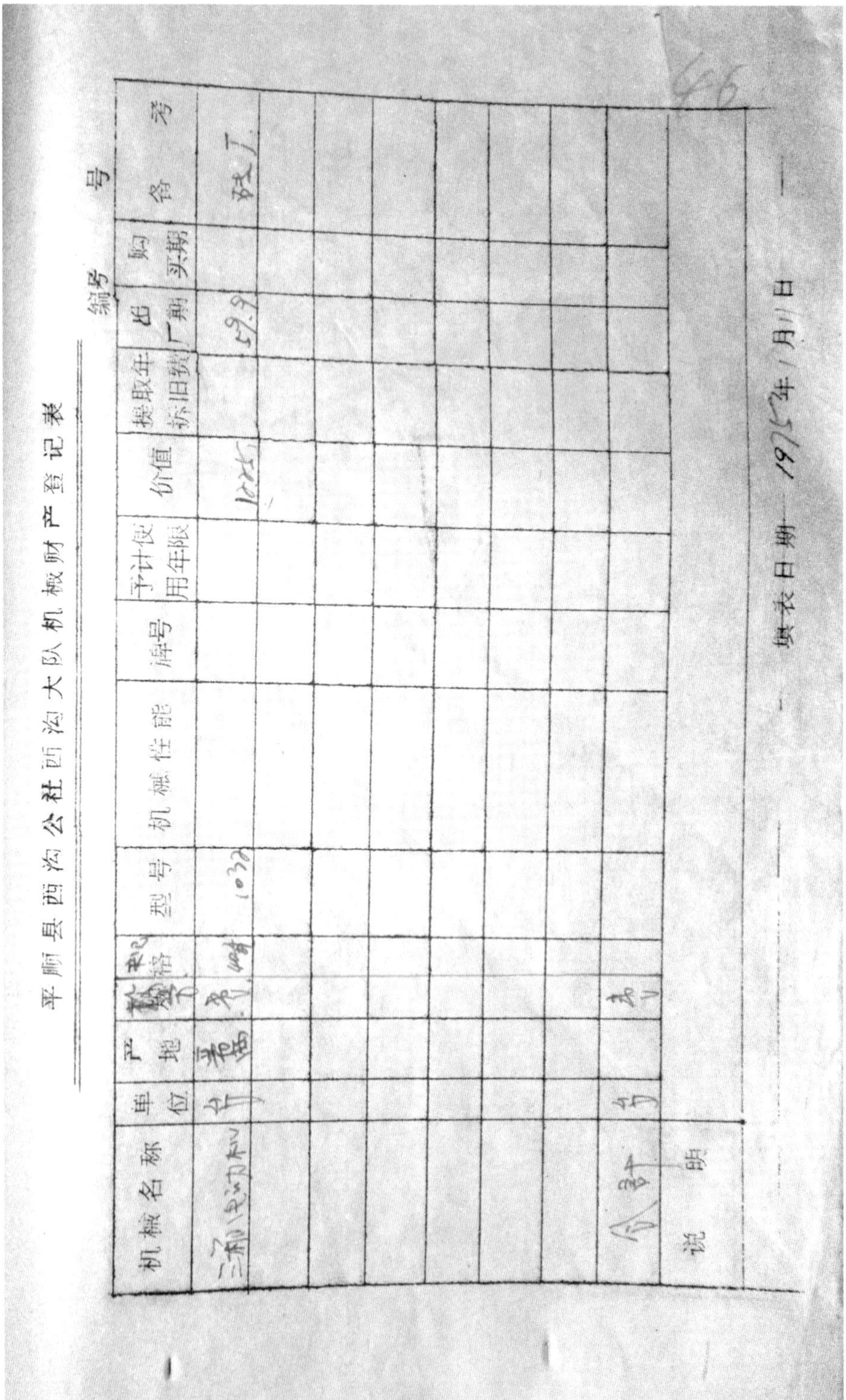

平顺县西沟公社西沟大队机械财产登记表

编号　　号

机械名称	单位	产地	数量	规格	型号	机械性能	牌号	予计使用年限	价值	提取年折旧费	出厂期	购买期	备考
三相电动机	台	晋西	壹	40千	1032				1225		59.9		残了
合计	台		壹										
说明													

填表日期 1975年1月11日

图2-4-3-43　平顺县西沟公社西沟大队机械财产登记表四十二

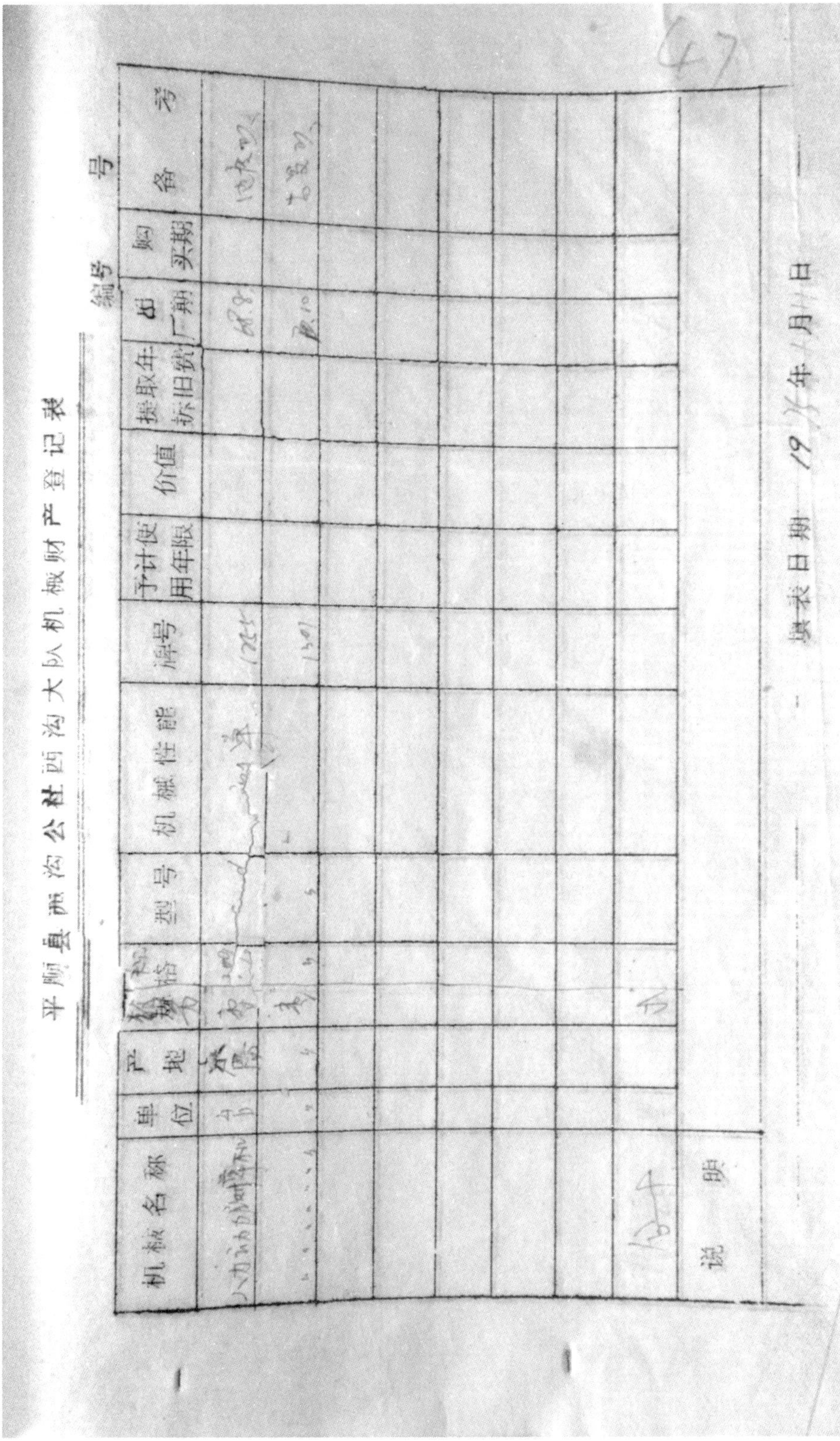

平顺县西沟公社西沟大队机械财产登记表

编号　　号

机械名称	单位	产地	规格	型号	机械性能	编号	预计使用年限	价值	提取折旧费	出厂年期	购买日期	备考

说明

填表日期　19　年　月　日

图2-4-3-44　平顺县西沟公社西沟大队机械财产登记表四十三

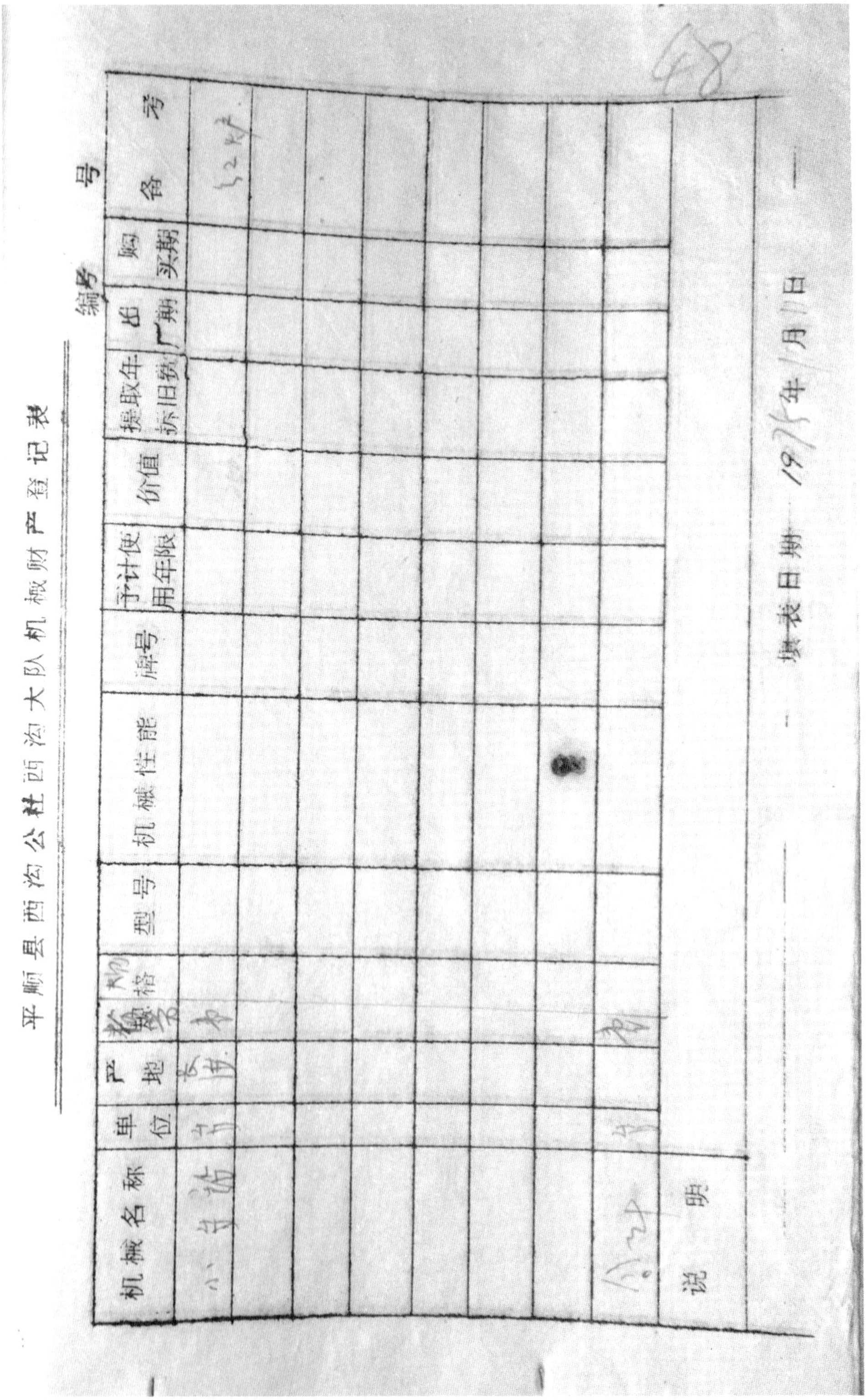

平顺县西沟公社西沟大队机械财产登记表

编号　　号

机械名称	单位	产地	规格		型号	机械性能	牌号	予计使用年限	价值	提取年折旧费	出厂期	购买期	备考
[illegible]	[illegible]	[illegible]	[illegible]										[illegible]
合计	[illegible]		[illegible]										
说明													

填表日期　1975年1月1日

图2-4-3-45　平顺县西沟公社西沟大队机械财产登记表四十四

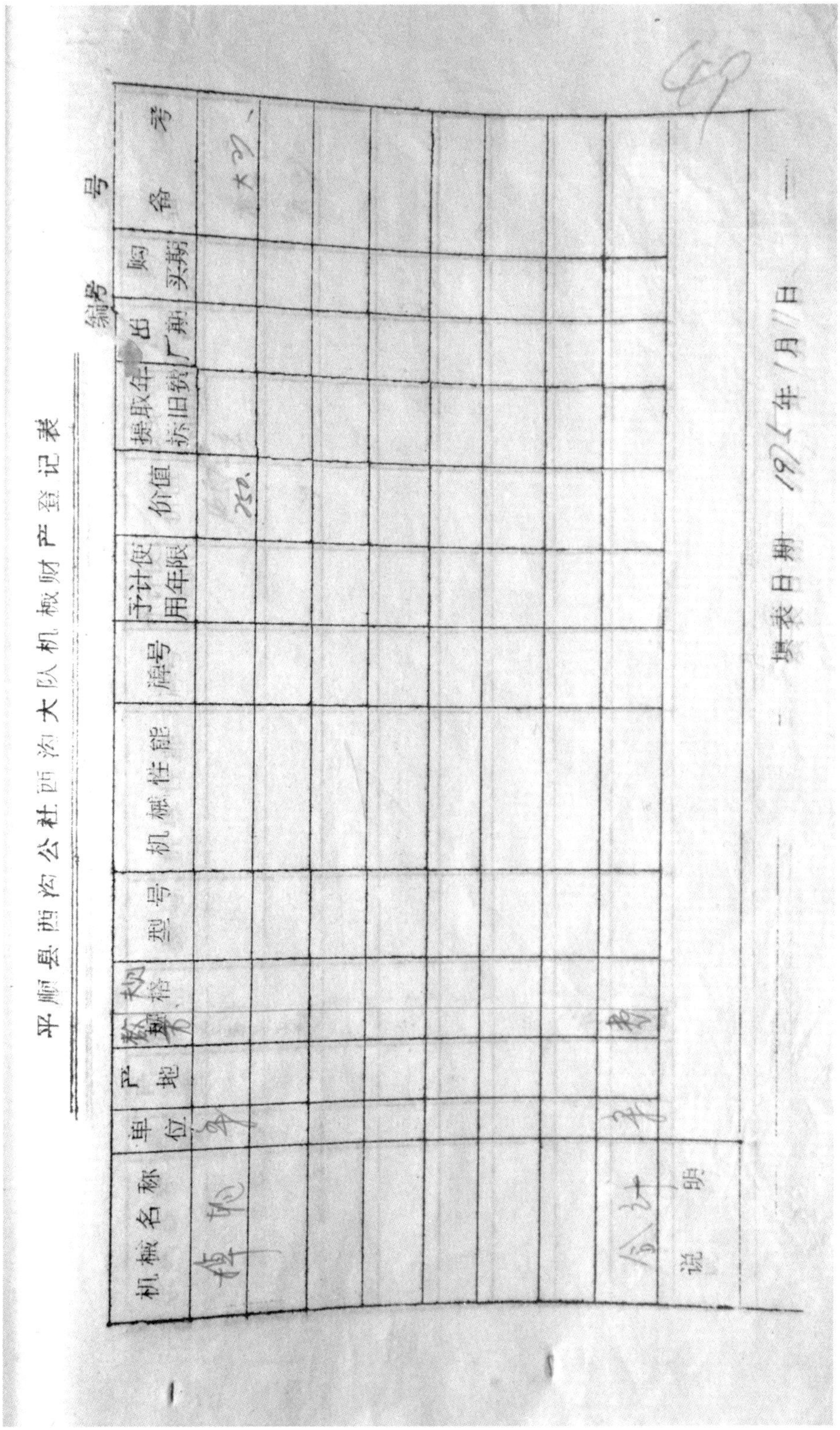

49

平顺县西沟公社西沟大队机械财产登记表

编号　　　　号

机械名称	单位	产地	数量	规格	型号	机械性能	牌号	予计使用年限	价值	提取折旧年数	出厂年期	购买年期	备考
[illegible]	[illegible]								250.				[illegible]
合计	[illegible]		[illegible]										
说明													

填表日期　197[illegible]年1月11日

图2-4-3-46　平顺县西沟公社西沟大队机械财产登记表四十五

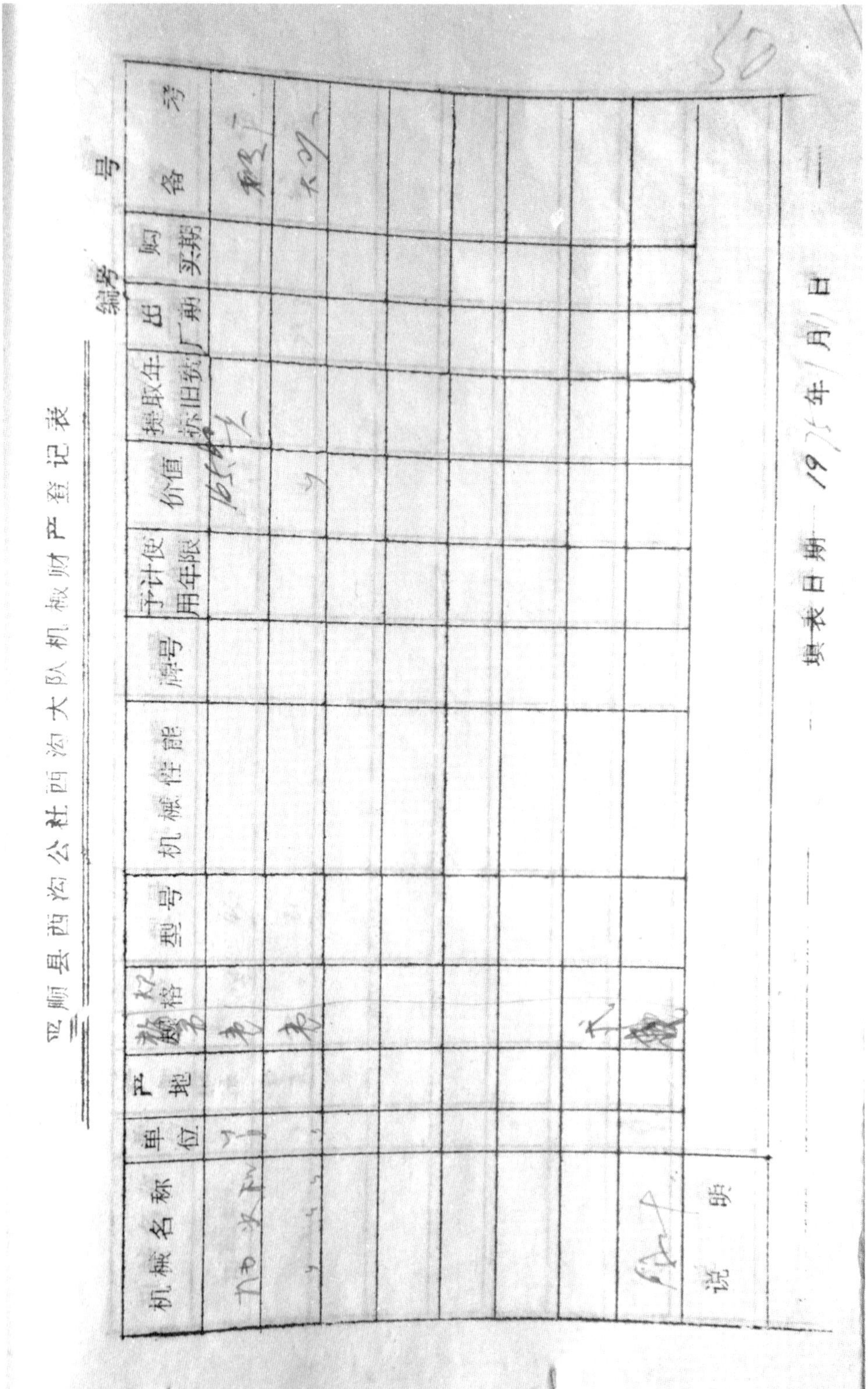

平顺县西沟公社西沟大队机械财产登记表

编号　　号

机械名称	单位	产地	数量	规格	型号	机械性能	厂牌号	预计使用年限	价值	提取年折旧费	出厂日期	购买日期	备考
[illegible]	[illegible]		[illegible]						[illegible]	[illegible]			[illegible]
			[illegible]						[illegible]				[illegible]
			[illegible]										
说明													

填表日期　197[illegible]年　月　日

图2-4-3-47　平顺县西沟公社西沟大队机械财产登记表四十六

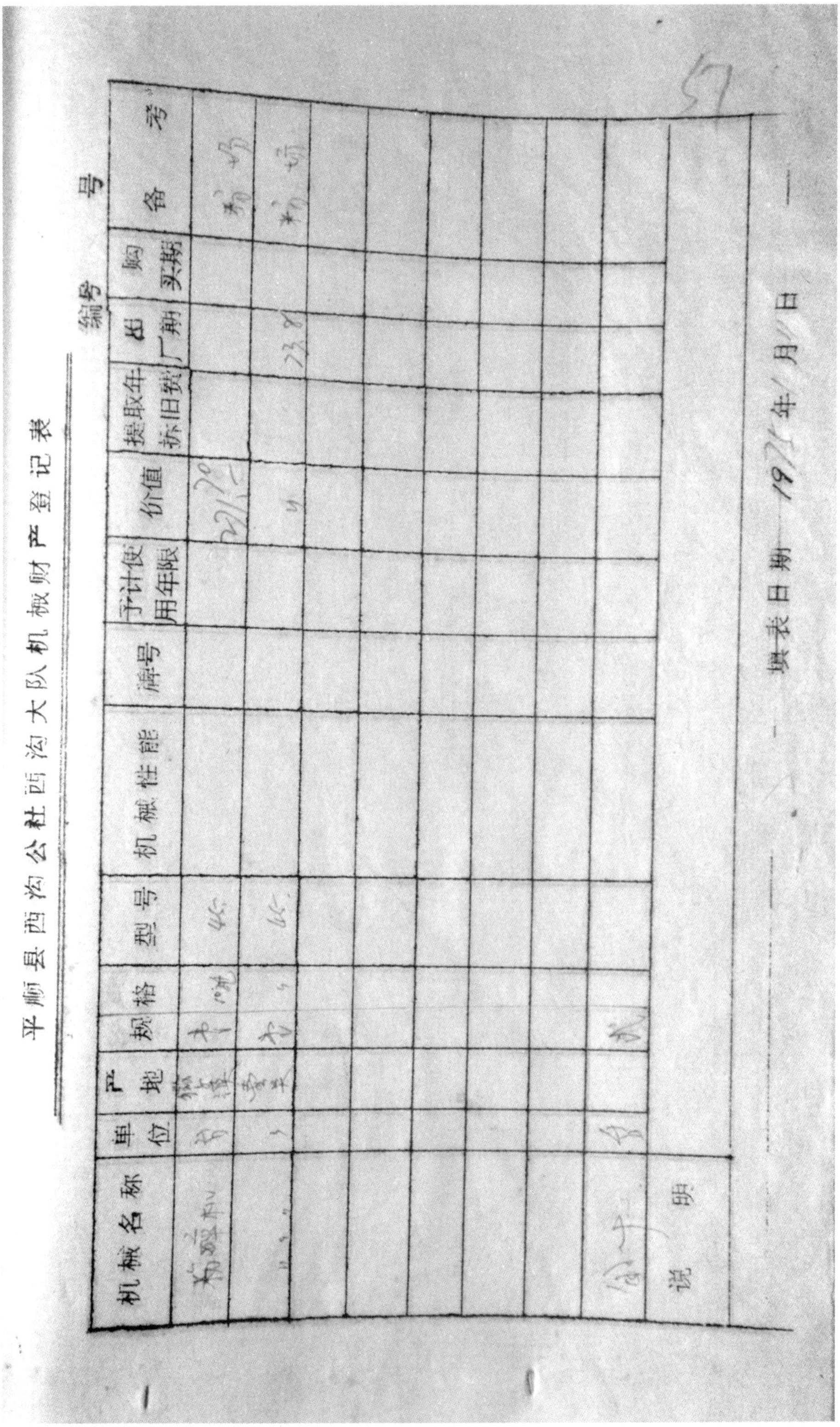

平顺县西沟公社西沟大队机械财产登记表

编号　　号

机械名称	单位	产地	规格	型号	机械性能	牌号	予计使用年限	价值	提取年折旧费	出厂期	购买期	备考
粉碎机	台	[illegible]	[illegible]	45				2215.70				粉坊
〃	〃	[illegible]	[illegible]	45				〃		23.8		粉坊
[illegible]	[illegible]		[illegible]									
说明												

填表日期 1975年1月11日

图2-4-3-48　平顺县西沟公社西沟大队机械财产登记表四十七

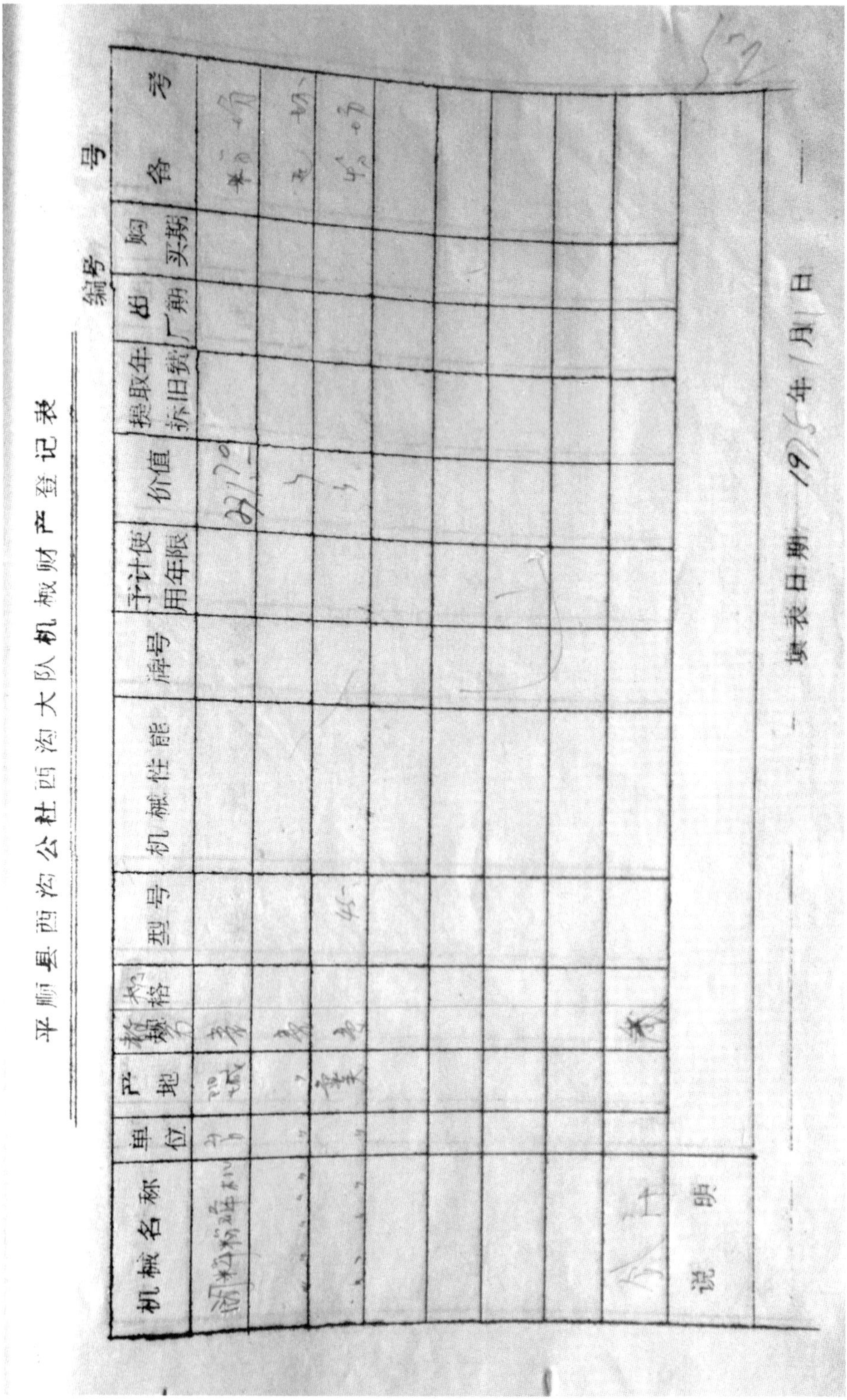

平顺县西沟公社西沟大队机械财产登记表

编号　　号

机械名称	单位	产地	数量	规格	型号	机械性能	编号	预计使用年限	价值	提取年折旧费	出厂日期	购买日期	备考
[illegible]	[illegible]	[illegible]	[illegible]						[illegible]				[illegible]
			[illegible]										[illegible]
		[illegible]	[illegible]		[illegible]								[illegible]

说明

填表日期 19[illegible]年[illegible]月　日

图2-4-3-49　平顺县西沟公社西沟大队机械财产登记表四十八

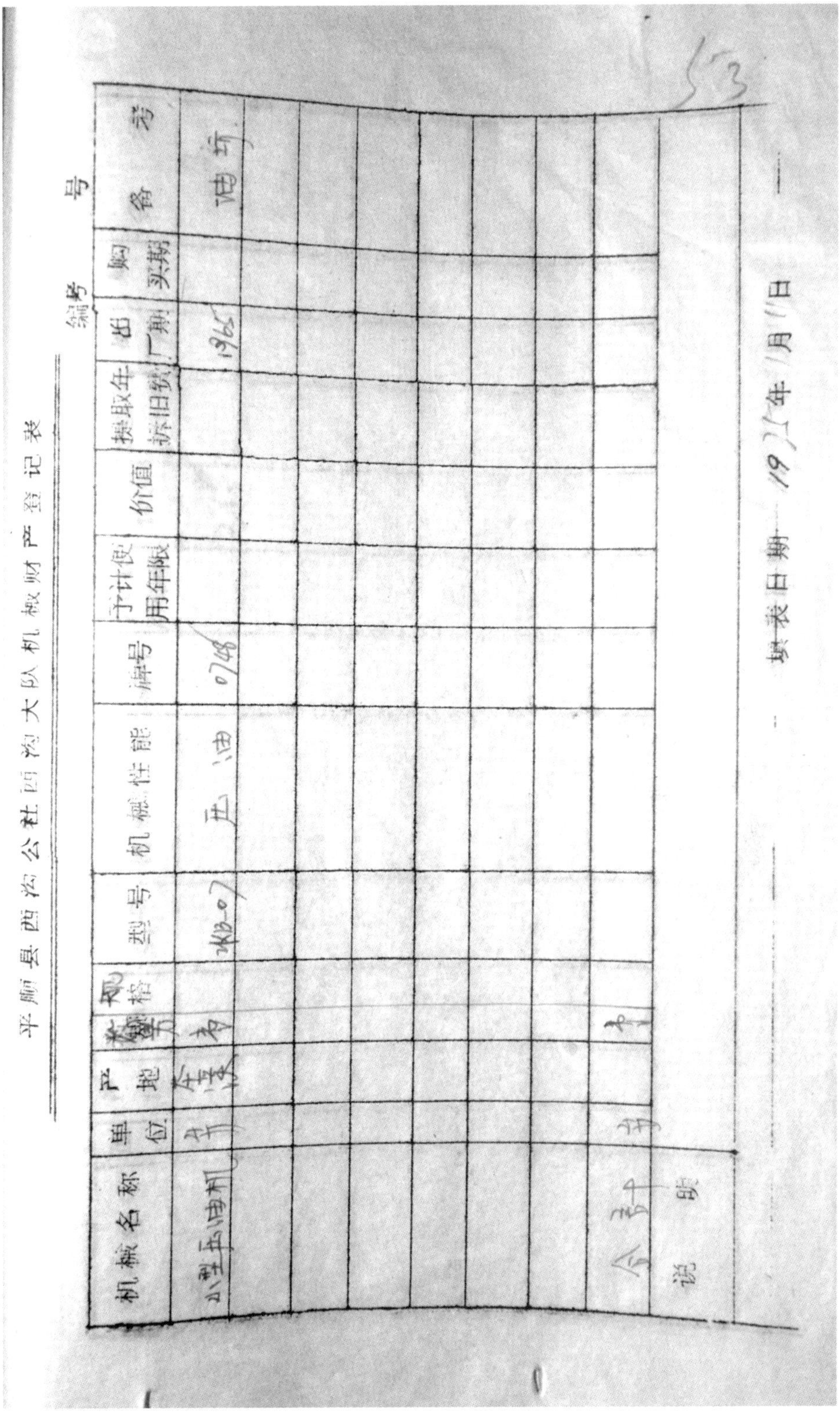

平顺县西沟公社西沟大队机械财产登记表

编号　　号

机械名称	单位	产地	数量	规格	型号	机械性能	牌号	预计使用年限	价值	提取年折旧数	出厂日期	购买日期	备考
小型压油机	台	[illegible]	[illegible]		2KB-07	压油	0748				1965		油坊
合计	台		[illegible]										
说明													

填表日期 19[illegible]年1月11日

图2-4-3-50　平顺县西沟公社西沟大队机械财产登记表四十九

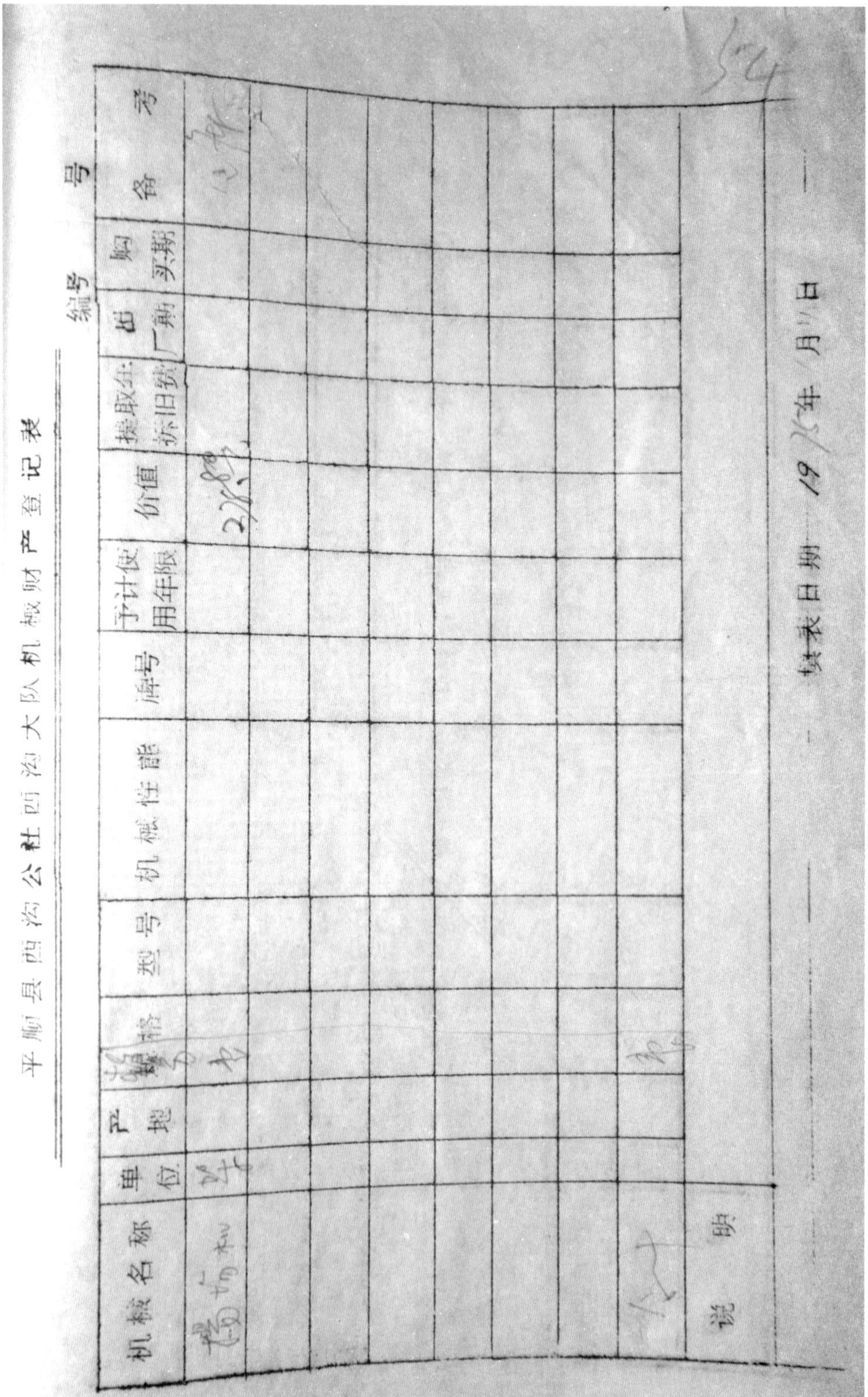

平顺县西沟公社西沟大队机械财产登记表

编号　　号

机械名称	单位	产地	规格	型号	机械性能	厂牌号	予计使用年限	价值	提取生拆旧费	出厂期	购买期	备考
[illegible]	[illegible]		[illegible]					[illegible]				[illegible]

说明

填表日期 19　年　月　日

图2-4-3-51　平顺县西沟公社西沟大队机械财产登记表五十

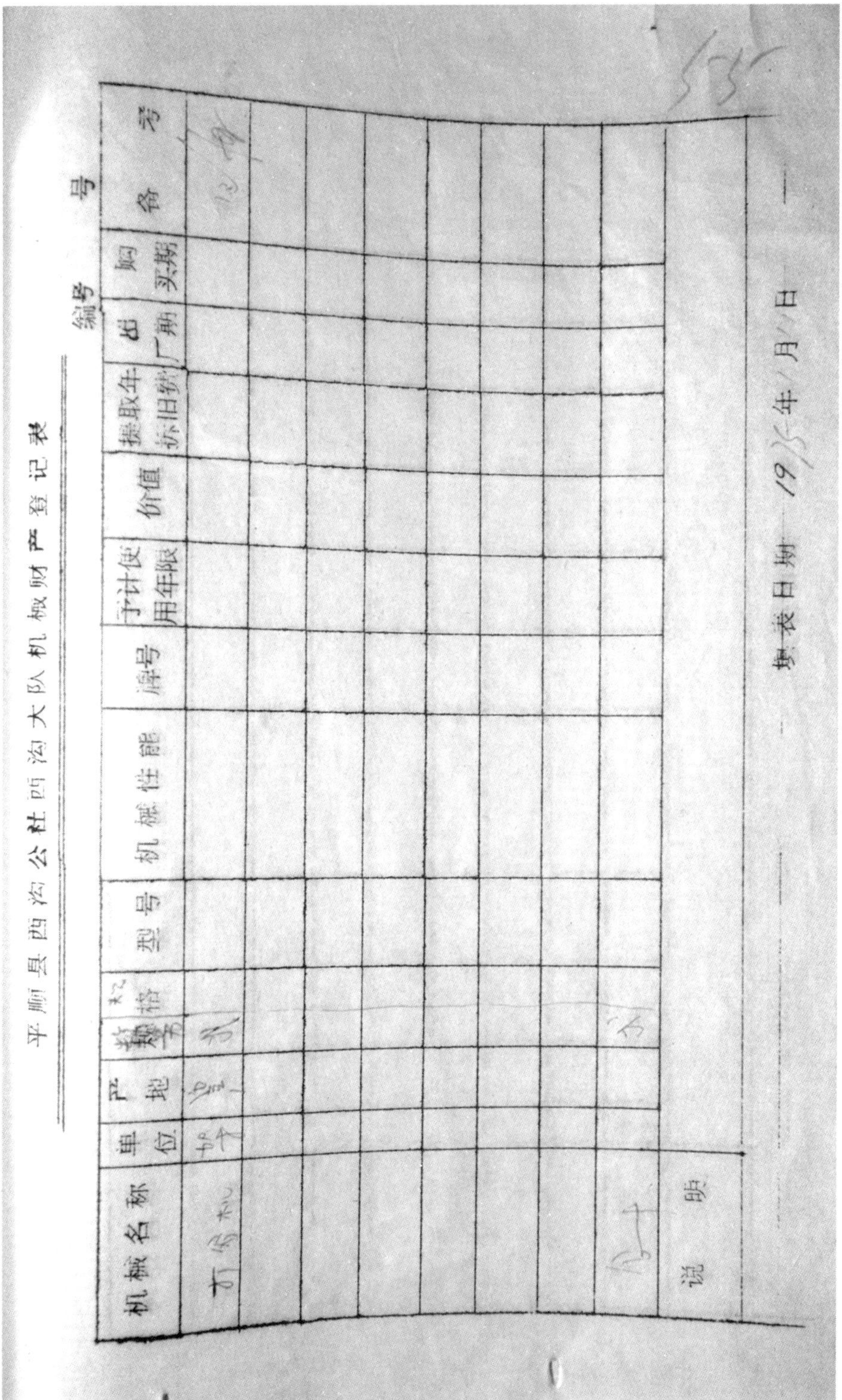

平顺县西沟公社西沟大队机械财产登记表

编号　　号

机械名称	单位	产地	数量	规格	型号	机械性能	牌号	预计使用年限	价值	提取年折旧	出厂期	购买期	备考
说明													

填表日期　19　年　月　日

图2-4-3-52　平顺县西沟公社西沟大队机械财产登记表五十一

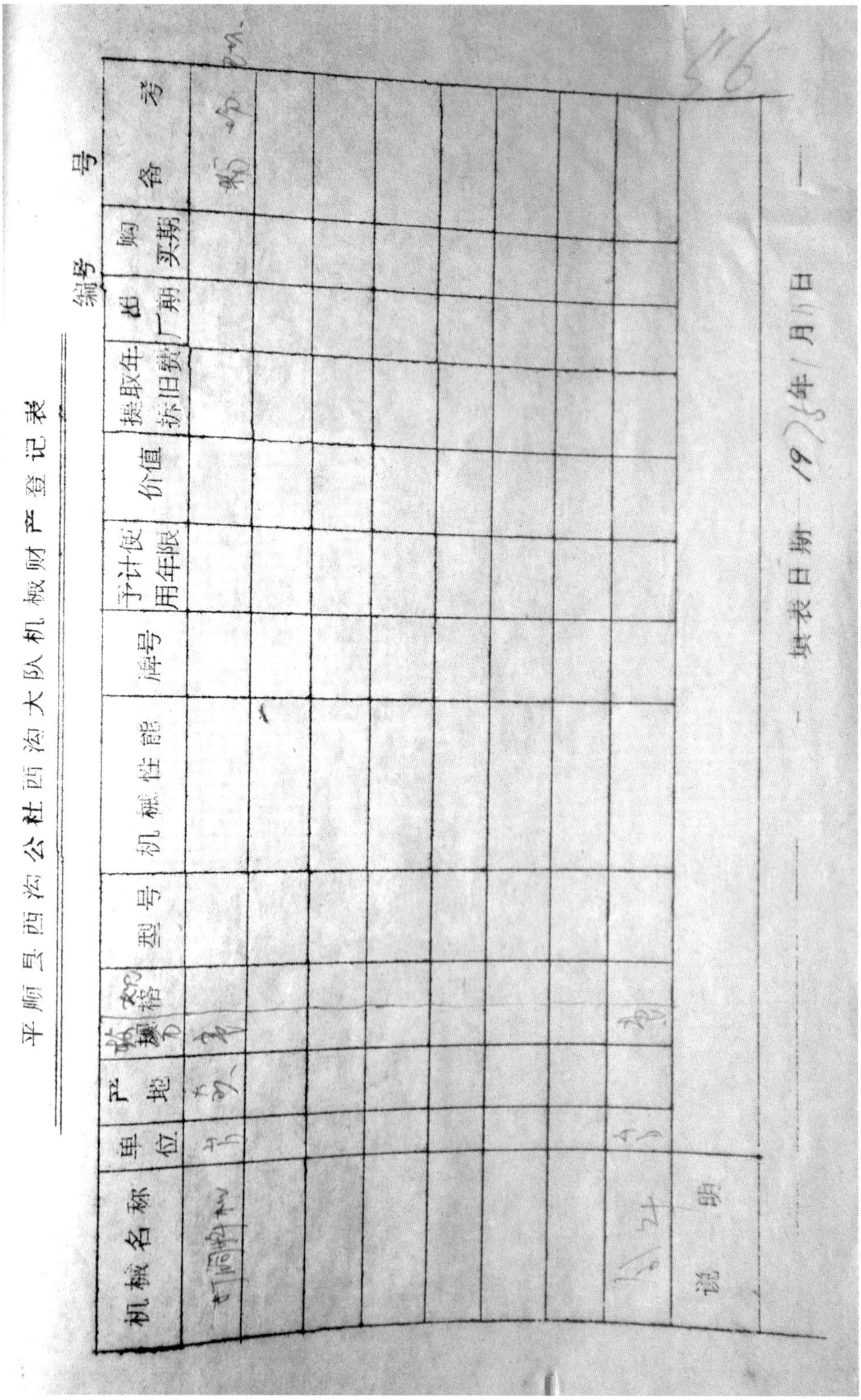

平顺县西沟公社西沟大队机械财产登记表

编号　　号

机械名称	单位	产地	规格	型号	机械性能	牌号	予计使用年限	价值	提取年折旧费	出厂期	购买期	备考
[illegible]	台	[illegible]	[illegible]									[illegible]
[illegible]	台		[illegible]									
说明												

填表日期 19[illegible]年1月[illegible]日

图2-4-3-53　平顺县西沟公社西沟大队机械财产登记表五十二

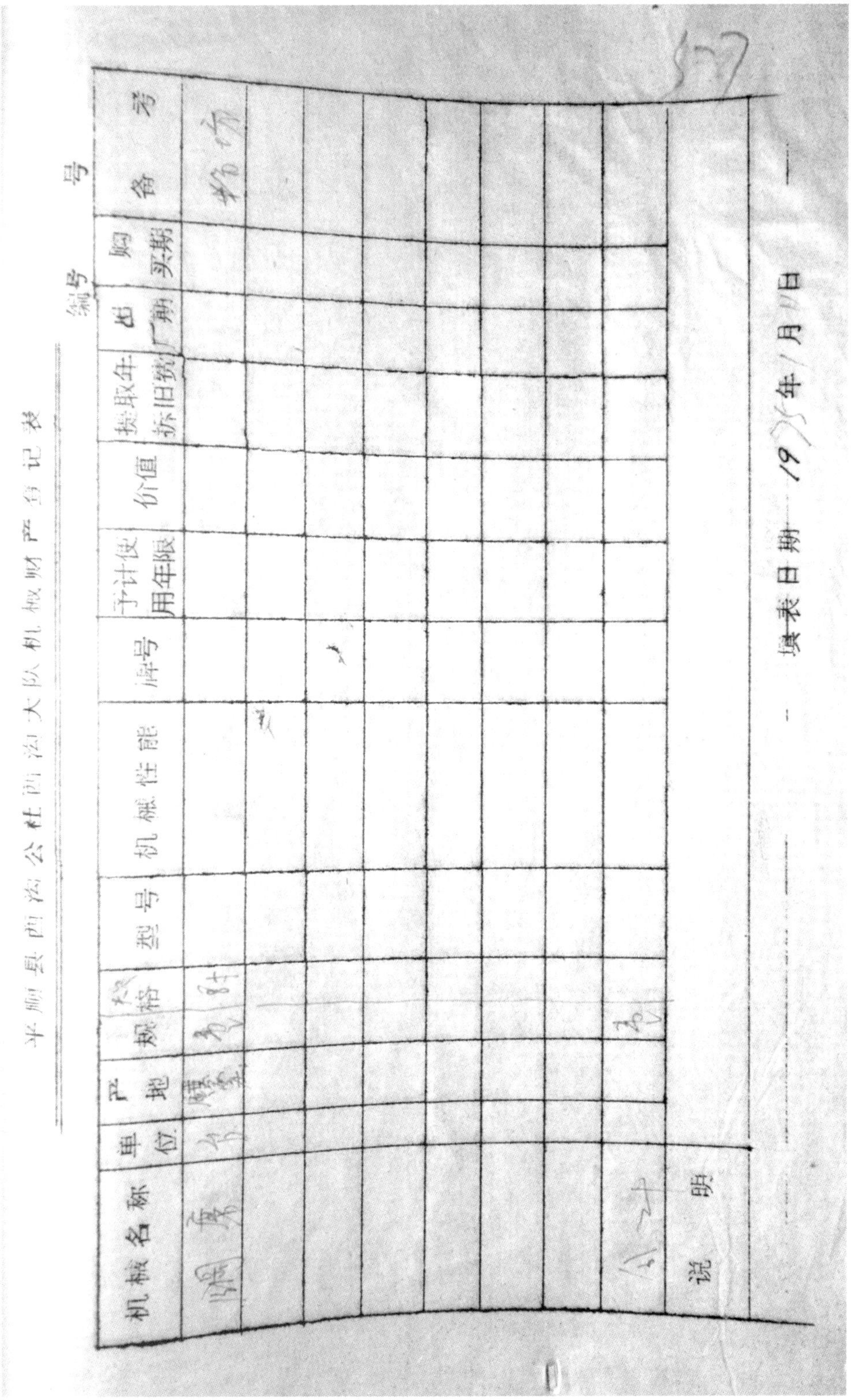

平顺县西沟公社西沟大队机械财产登记表

编号　　号

机械名称	单位	产地	规格	型号	机械性能	厂牌号	预计使用年限	价值	提取年折旧费	出厂日期	购买日期	备考
[illegible]	[illegible]	[illegible]	[illegible]									[illegible]
合计												

说明

填表日期　19[illegible]年1月[illegible]日

图2-4-3-54　平顺县西沟公社西沟大队机械财产登记表五十三

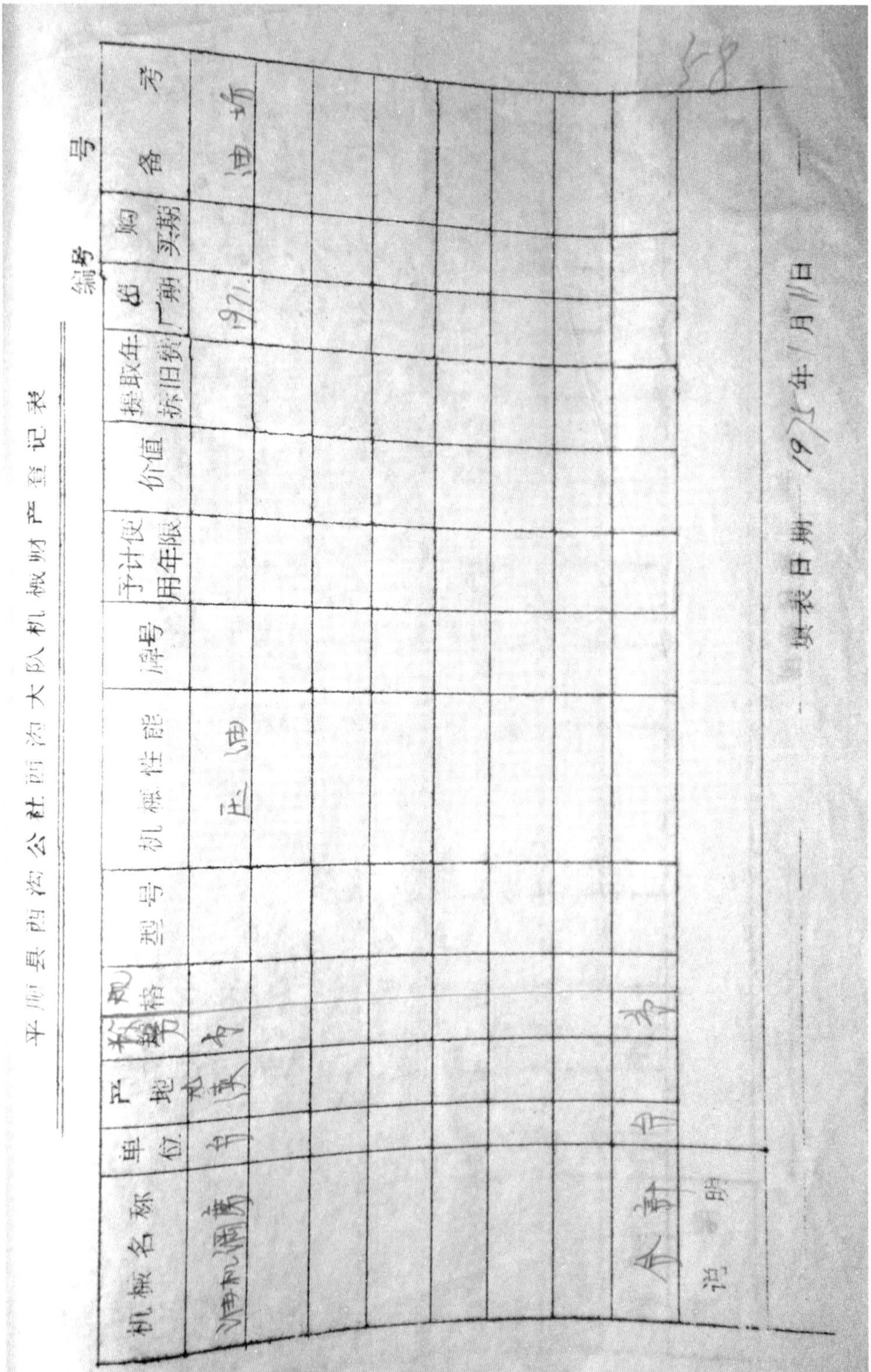

平顺县西沟公社西沟大队机械财产登记表

编号　　号

机械名称	单位	产地	[illegible]	规格	型号	机械性能	厂号	予计使用年限	价值	提取年折旧费	出厂日期	购买日期	备考
油机碾房	间	本庆	[illegible]			压油					1971		油坊
合计	间		[illegible]										
说明													

填表日期 1975年1月11日

图2-4-3-55　平顺县西沟公社西沟大队机械财产登记表五十四

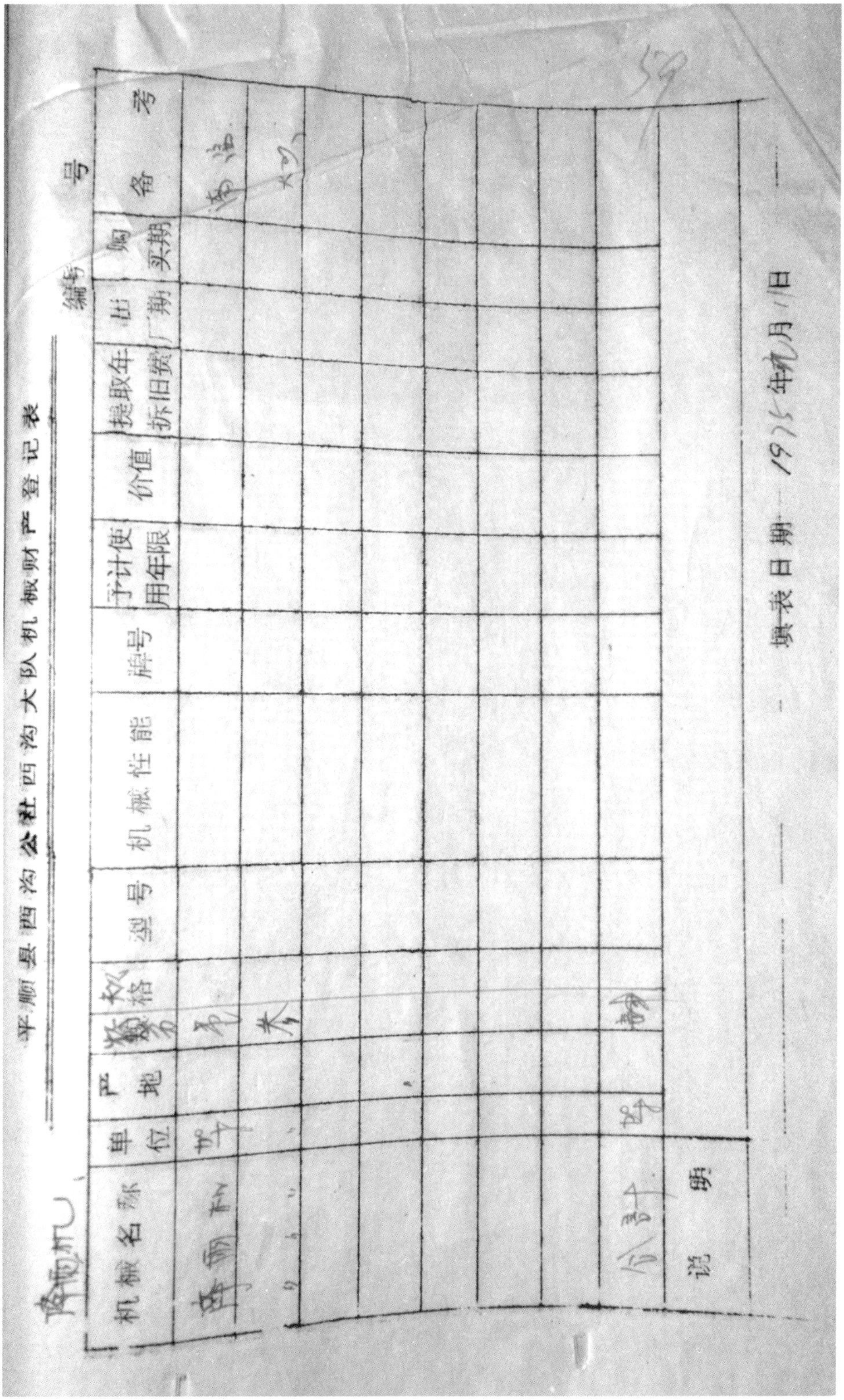

平顺县西沟公社西沟大队机械财产登记表

降雨机

编号　　号

机械名称	单位	产地	数量	规格	型号	机械性能	牌号	予计使用年限	价值	提取年拆旧费	出厂期	购买期	备考
降雨机	[illegible]		[illegible]										[illegible]
			[illegible]										[illegible]
合计	[illegible]		[illegible]										
说明													

填表日期 1975年九月1日

图2-4-3-56　平顺县西沟公社西沟大队机械财产登记表五十五

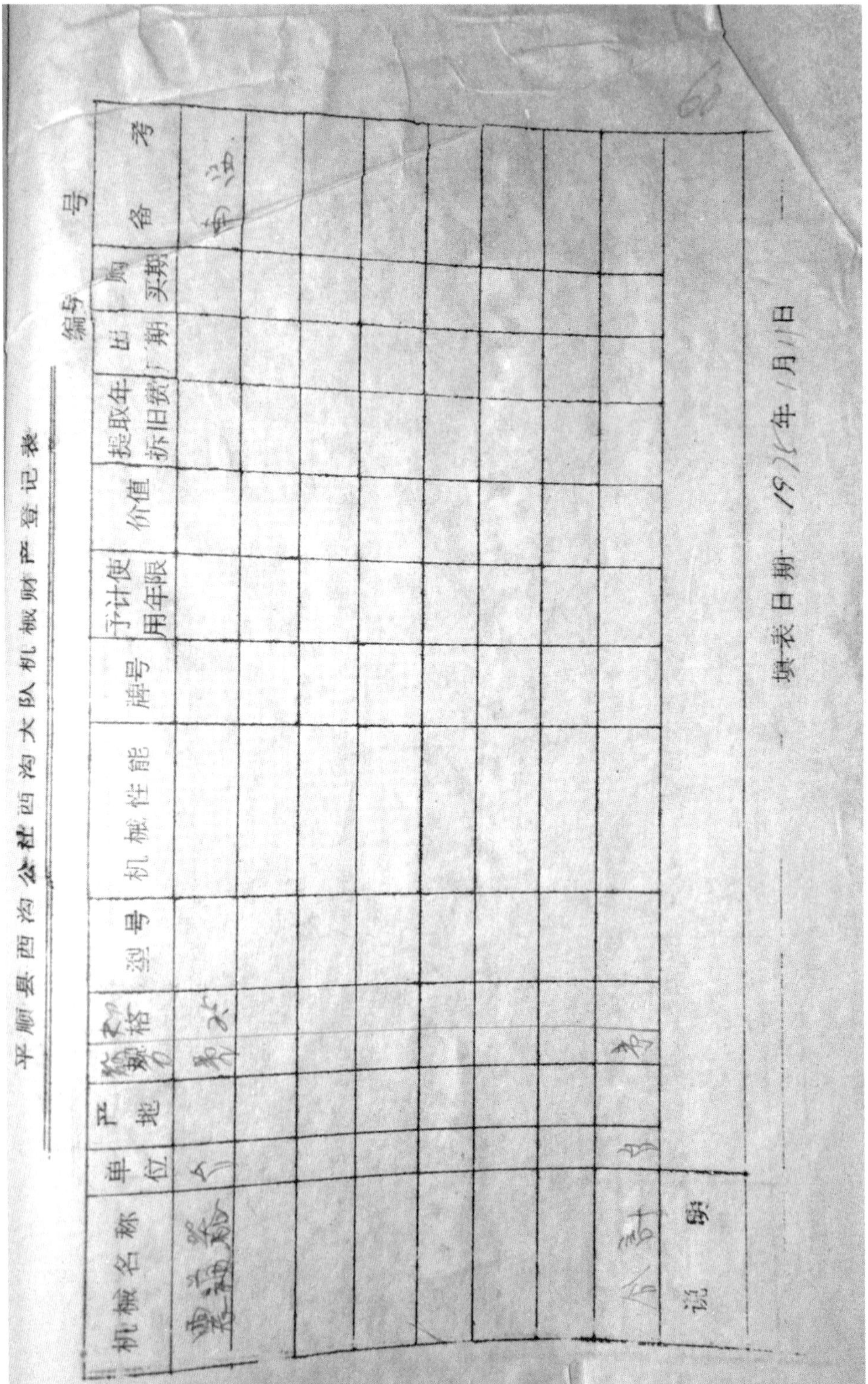

平顺县西沟公社西沟大队机械财产登记表

编号

机械名称	单位	产地	数量	规格	型号	机械性能	牌号	予计使用年限	价值	提取年拆旧费	出厂日期	购买日期	备考
[illegible]	[illegible]		[illegible]	[illegible]									自造
合计	[illegible]		[illegible]										
说明													

填表日期 19[illegible]年1月11日

图2-4-3-57　平顺县西沟公社西沟大队机械财产登记表五十六

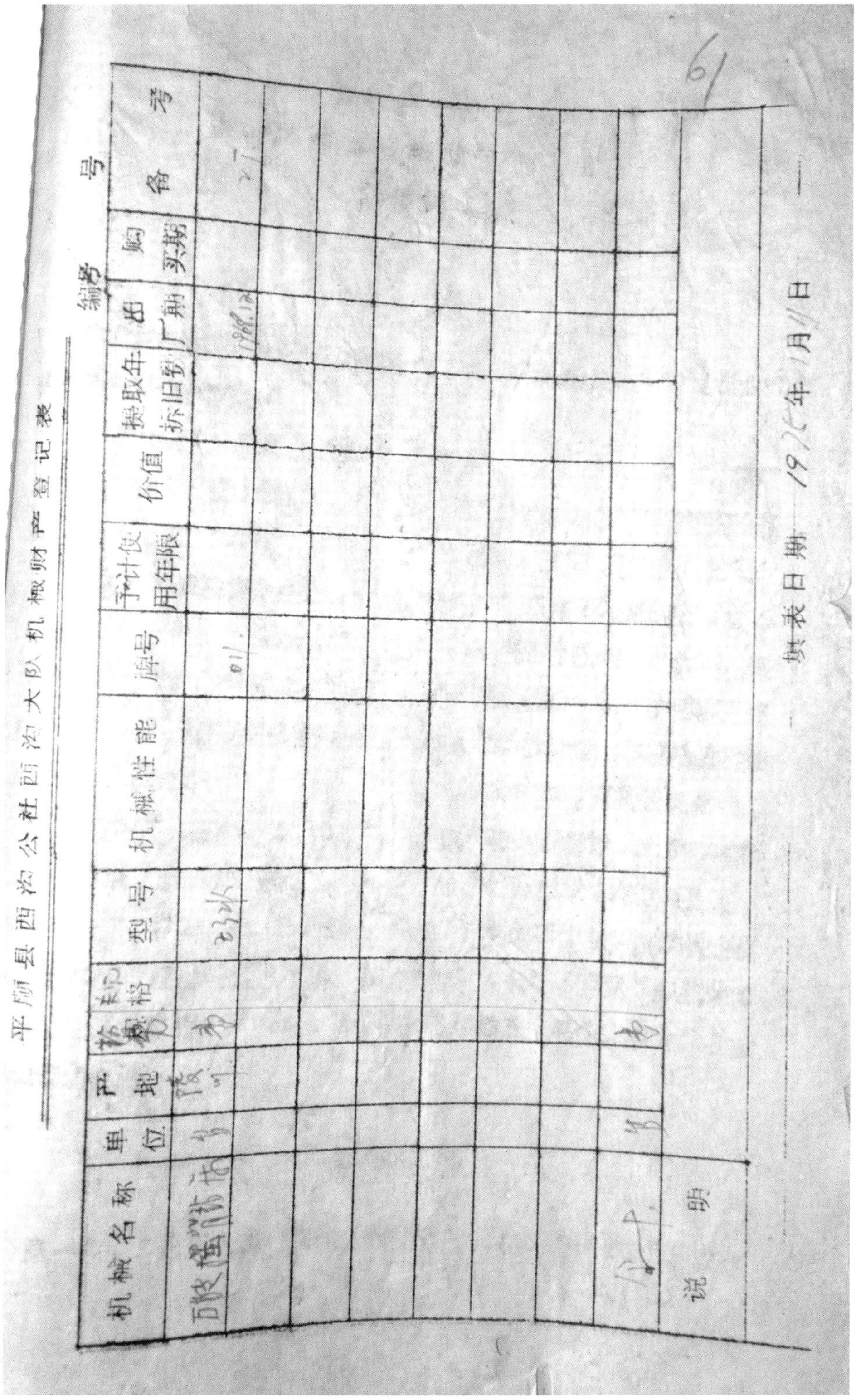

平顺县西沟公社西沟大队机械财产登记表

编号　　号

机械名称	单位	产地	商标	规格	型号	机械性能	牌号	予计使用年限	价值	提取年折旧费	出厂期	购买期	备考
[illegible]	[illegible]	[illegible]	[illegible]		[illegible]		011				1968.12		[illegible]
[illegible]	[illegible]		[illegible]										
说明													

填表日期　19[illegible]年1月11日

图2-4-3-58　平顺县西沟公社西沟大队机械财产登记表五十七

4.平顺县西沟公社西沟大队农业机械管理办法（试行稿）

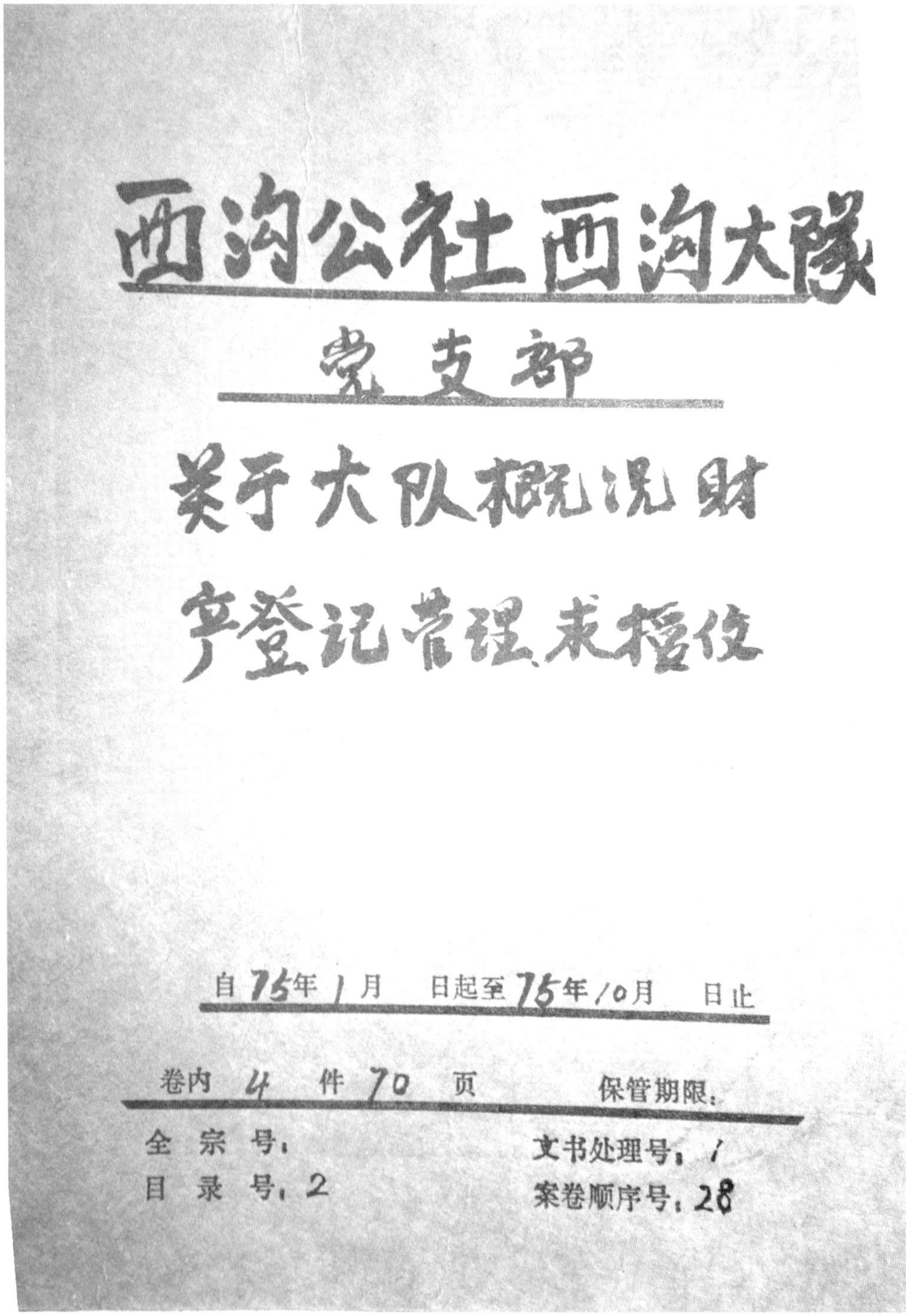

西沟公社西沟大队

党支部

关于大队概况财

产登记管理、永档保

自75年1月　日起至75年10月　日止

卷内 4 件 70 页　　保管期限：

全 宗 号：　　文书处理号：1

目 录 号：2　　案卷顺序号：28

图2-4-4-1　档案封面

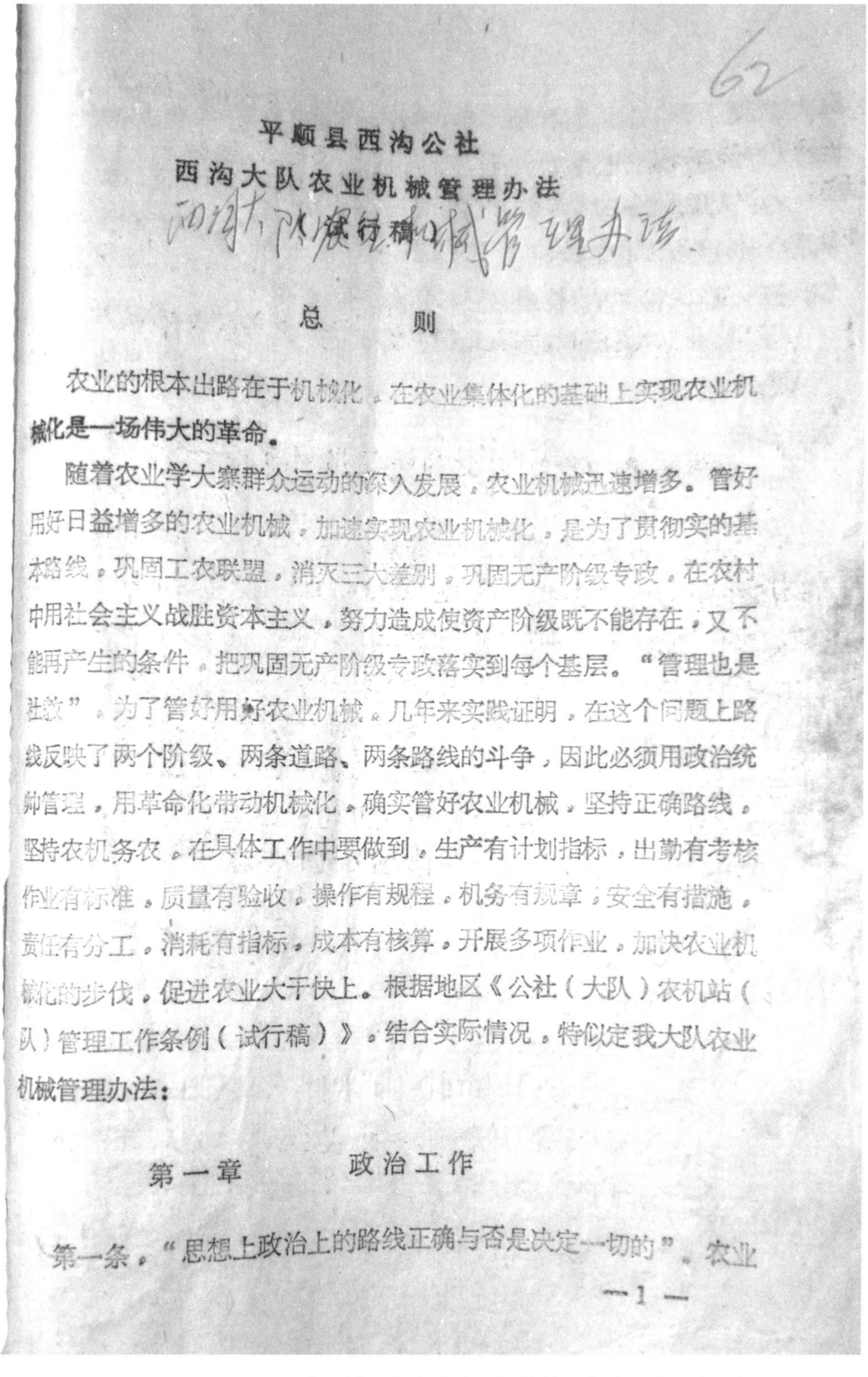

平顺县西沟公社

西沟大队农业机械管理办法

（试行稿）

总　　则

农业的根本出路在于机械化。在农业集体化的基础上实现农业机械化是一场伟大的革命。

随着农业学大寨群众运动的深入发展，农业机械迅速增多。管好用好日益增多的农业机械，加速实现农业机械化，是为了贯彻实的基本路线，巩固工农联盟，消灭三大差别，巩固无产阶级专政，在农村中用社会主义战胜资本主义，努力造成使资产阶级既不能存在，又不能再产生的条件，把巩固无产阶级专政落实到每个基层。“管理也是社教”，为了管好用好农业机械，几年来实践证明，在这个问题上路线反映了两个阶级、两条道路、两条路线的斗争，因此必须用政治统帅管理，用革命化带动机械化，确实管好农业机械，坚持正确路线，坚持农机务农，在具体工作中要做到，生产有计划指标，出勤有考核作业有标准，质量有验收，操作有规程，机务有规章，安全有措施，责任有分工，消耗有指标，成本有核算，开展多项作业，加快农业机械化的步伐，促进农业大干快上。根据地区《公社（大队）农机站（队）管理工作条例（试行稿）》，结合实际情况，特似定我大队农业机械管理办法：

第一章　　政治工作

第一条，“思想上政治上的路线正确与否是决定一切的”。农业

—1—

图2-4-4-2　平顺县西沟公社西沟大队农业机械管理办法（试行稿）第一页

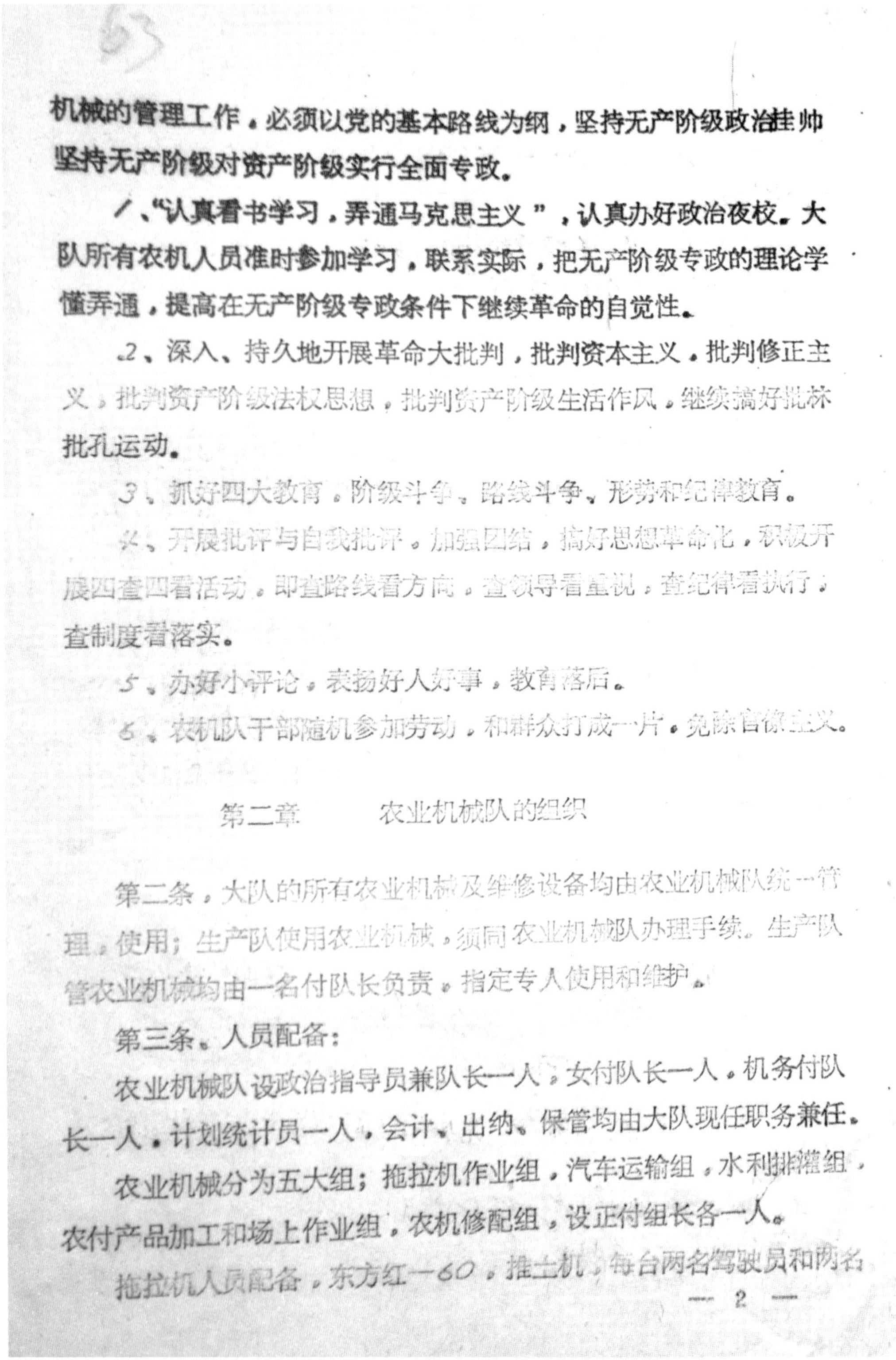

机械的管理工作。必须以党的基本路线为纲，坚持无产阶级政治挂帅坚持无产阶级对资产阶级实行全面专政。

1、"认真看书学习，弄通马克思主义"，认真办好政治夜校。大队所有农机人员准时参加学习，联系实际，把无产阶级专政的理论学懂弄通，提高在无产阶级专政条件下继续革命的自觉性。

2、深入、持久地开展革命大批判，批判资本主义，批判修正主义，批判资产阶级法权思想，批判资产阶级生活作风，继续搞好批林批孔运动。

3、抓好四大教育，阶级斗争，路线斗争，形势和纪律教育。

4、开展批评与自我批评，加强团结，搞好思想革命化，积极开展四查四看活动，即查路线看方向，查领导看重视，查纪律看执行，查制度看落实。

5、办好小评论，表扬好人好事，教育落后。

6、农机队干部随机参加劳动，和群众打成一片，免除官僚主义。

第二章　农业机械队的组织

第二条，大队的所有农业机械及维修设备均由农业机械队统一管理，使用；生产队使用农业机械，须同农业机械队办理手续。生产队管农业机械均由一名付队长负责，指定专人使用和维护。

第三条，人员配备：

农业机械队设政治指导员兼队长一人，女付队长一人，机务付队长一人，计划统计员一人，会计、出纳、保管均由大队现任职务兼任。

农业机械分为五大组；拖拉机作业组，汽车运输组，水利排灌组，农付产品加工和场上作业组，农机修配组，设正付组长各一人。

拖拉机人员配备，东方红—60，推土机，每台两名驾驶员和两名

— 2 —

图2-4-4-3　平顺县西沟公社西沟大队农业机械管理办法（试行稿）第二页

64

助手，铁牛—55型，丰收—35为两名驾驶员、一名助手；小型为两名驾驶员。

水利喷灌组三人，负责管理及维修设备。

其它均由大队革委按实际情况而定。

第三章　生产计划管理

第四条，农机队要认真执行“抓革命，促生产”的方针，坚持用毛东泽思想教育人，狠抓思想革命化，充分调动人的积极因素，发挥机械效能；提高劳动生产率，解放劳动力，为农业生产服务。为此它的生产计划，要以本大队实际出发，紧紧围绕农业生产。

第五条、依据农业种植计划，在农田基本建设规划和机械设备；技术状态；劳动生产任务，作业条件等，编制全队、各组年度、季度、月作业计划，油料、配件、保养计划，同时编制财务核算及收支计划。

第六条，根据大队农活，由正付队长统一调动机具和安排作业，避免乱指挥。

第四章　劳动管理

第七条，根据“按劳分配”的原则，对农机人员实行评工计分。办法是根据思想、技术水平；劳动态度、作业质量及使用维护机具状态，自报公议，最后由大队革委批准。

第八条，实行损失赔偿制度，无故损坏或丢失者，根据实际情况酌情处理。

第九条，实行任务管理，要狠抓三率，一合理配套，三率即：机具完好率、出勤率、利用率、要求分别达到80—95%以上；一合理

— 3 —

图2-4-4-4　平顺县西沟公社西沟大队农业机械管理办法（试行稿）第三页

配套即：主机和农具配套要合理编制，克服大马拉小车现象，充分发挥机具效能。

1、实行五定、定人员，定机具、定任务、定作业地区、定完成时间。

2、大搞农机具改革，开展多项作业，实现小机大用，一机多用综合利用。

第十条、严守岗位责任制。农机队的所有人员，按分工，严守其责，积极工作，发扬三不怕和三勤，三不怕即：不怕苦、不怕累、不怕脏；三勤即：勤学习、勤劳动、勤维护机具。

1、统计员，编写农机队的各项生产计划，机具维修保养计划；按旬、月及时统计各组完成作业进度，并向大队、公社月报；按农时季节及时了解和掌握各生产队作物种植情况，提供领导合理安排工作确实当好参谋。

2、各组长，领导车组人员认真功读马列和毛著，提高路线斗争觉悟，改进服务态度，认真执行各项制度，制定落实任务指标的具体措施，随时掌握工作进度及成本情况。

第十一条、开展社会主义劳动竞赛。

1、六比六看，比读书看思想；比路线看方向；比干劲看贡献；比团结看作风；比进度看质量；比节约看成本。

2、三高一低，即：高出勤，高功效，高质量，低成本。

3、三满意，领导满意，群众满意，生产队满意。

4、一安全，全年安全生产无事故。

第五章　　机务管理

— 4 —

图2-4-4-5　平顺县西沟公社西沟大队农业机械管理办法（试行稿）第四页

66

第十二条，机务的主要任务是：对机具和维修设备采取技术维护措施，坚决贯彻“人重于机，管重于建，防重于治，养重于修”的方针。实行五把关及把三关制。

五把关：1、磨合试车关，凡新接和经过大修的机具，修理后必须按规定磨合试车，而后投入生产。

2、使用和操作关：建立机具档案，逐次登记，以备查核。确保机具完好率达到十二项标准，即：内外清洁、部件完整、螺丝紧固、油路畅通、马力充足、间隙正确、仪表有效、润滑良好、电器操作灵敏、安全可靠保质量；全装距离合规格。

3、维护保养关：必须安时安号对机具进行保养，保养时间不得推后，保养项目不得遗漏，提倡一个勤字，反对一个懒字，认真做到五净：（油水、空气、机车、工具净）三不漏：（油、水、气）。

4、机具油料保管关：建立保管责任制，做到机有库、具有棚油有桶，专人保管，手续建全，各种机具油料分库分器存放，不得杂污；渠路配套工程要岁修、确保畅通。

5、安全生产关：严格执行《机务规章》和《交通规则》、做到安全生产、坚持原则和违章行作斗争。

把三关：1技术员：后桥，高压油泵，调速器。

2、机务队长，3个四号保养。

3、组长及车长：3个三号保养关。一 不许乱拆乱卸、建立审批制度。能用旧不换新，能修好不换新，能自造不买新，能自修不外修。

第六章　　安全管理

— 5 —

图2-4-4-6　平顺县西沟公社西沟大队农业机械管理办法（试行稿）第五页

第十三条、安全生产问题是一个严肃的路线和政治问题，是关系到人民生命财产及国家政治声誉的大事，因此要把安全生产管理列入日事议程之内；要年年抓，月月抓，经常抓；一抓到底，把事故消灭在萌芽之中。

第十四条、建立安全领导组，由正付队长及群众代表组成。任务是：认真执行中央制定的安全生产方针，施实上级规定的一切安全生产措施，为此要利用一切可能利用的时间大力宣传。

1、利用各种宣传工具，多种形式，大力宣传安全生产的方针做到家喻户晓，人人皆知。

2、发动群众搞安全，依靠群众管安全，大力开展群众性的安全生产月活动，总结交流安全生产反正两方面的经验。

3、建立安全生产责任制，每个作业组和车组都要有一名兼职安全生产员，监督和执行安全生产措施。

4、定期进行安全检查，并授于安全生产流动红旗，以资鼓励

5、安全生产防护用品按大队现行规定执行。

6、刹四风，拉人、无证开车、干部利用职权强行开车；机车带病作业之风。

第七章　　财任管理

第十五条，财务管理工作必须认真贯彻执行党对财务工作的方针、政策，规定，制度和办法，坚持自力更生，艰苦奋斗和勤俭办一切事业的方针；厉行增产节约的原则。不断总结经验，改善经营管理，努力降低作业的成本费用。

第十六条，农机队要实行各组、各车组单独核算，由大队该负

— 6 —

图2-4-4-7　平顺县西沟公社西沟大队农业机械管理办法（试行稿）第六页

08

盈亏

1、机车成本核算六项费用，工分及补助费用，油料费，大修提成费，维修费，机具折旧费，经营管理费。一般来说工分及补助费占总收入的10%；油料费占30%；维修费占5%；折旧费占10%；管理费占5%。

2、其它组、按任务指标核算，核算五项内容：原料、动力消耗、工分费、设备维修费、折旧费。

第十七条，财务管理制度。

遵照毛主席“节约闹革命”的指示，实行经济核算，降低各项费用，为此似定生产开支40元以下者，财会人员支付，40元以上者由大队主管财务分管干部研究决定；非生产性的开支，均按大队现行规定执行。

1、建立固定资产帐目，均要分别按名称型号、规格、数量、金额记入帐内。革新、自制设备，机具也做估价记入帐内。

2、建立农机队的专置帐目。

3、农业机械是大队的固定资产，按地区农机管理办法规定，未报上级审批；一律不准外调或卖出。

4、农机队的收费及劳保用费，勤杂费，均按大队革委现行规定执行。

第八章　技术人员培训

第十八条、为了适应农业机械化事业的发展需要，要有计划培养一大批又红又专的，亦工亦农的技术队伍，努力提高管理水平。

1、设立农机大学班，全面培养农机人材，采用队校挂钩，提高

— 7 —

图2-4-4-8　平顺县西沟公社西沟大队农业机械管理办法（试行稿）第七页

人员实践水平。

2、以师带徒、每组、每车、每年必须培养3——6名农机人员，壮大充实农机队伍。

3、以校带训，在大队学校高年级学生中，设立农业机电基础知识， 大队技术员任教师並带领实习，（时间由学校及大队协商而定）。

第九章　　加强党的一元化领导

第十九条，实现农业机械化，是继农业合作化后又一次伟大革命，这是伟大领袖毛主席为我党在农业的问题上制定的根本路线，实现农业机械化是我党在农村中消灭三大差别的必由之路，为此大队党总支除把农业机械化列入重要日程外，充实农机队的领导，必须确定一名付书记或主任专门抓。建立党的 分支机构，贯彻执行党总支对搞好农业机械化的意见和办法。农机分支书记就是农机队的政治指导员，具体负责农机队思想革命化建设及全面工作，用革命化带动机械化，加速实现全大队的农业机械化事业。

西沟大队农机队

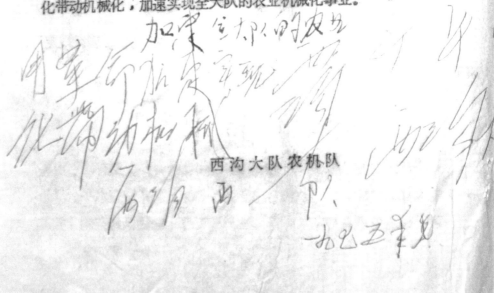

图2-4-4-9　平顺县西沟公社西沟大队农业机械管理办法（试行稿）第八页

三、科教文卫

（一）科学

1. 西沟管理区的人人学科学（1960年2月3号）

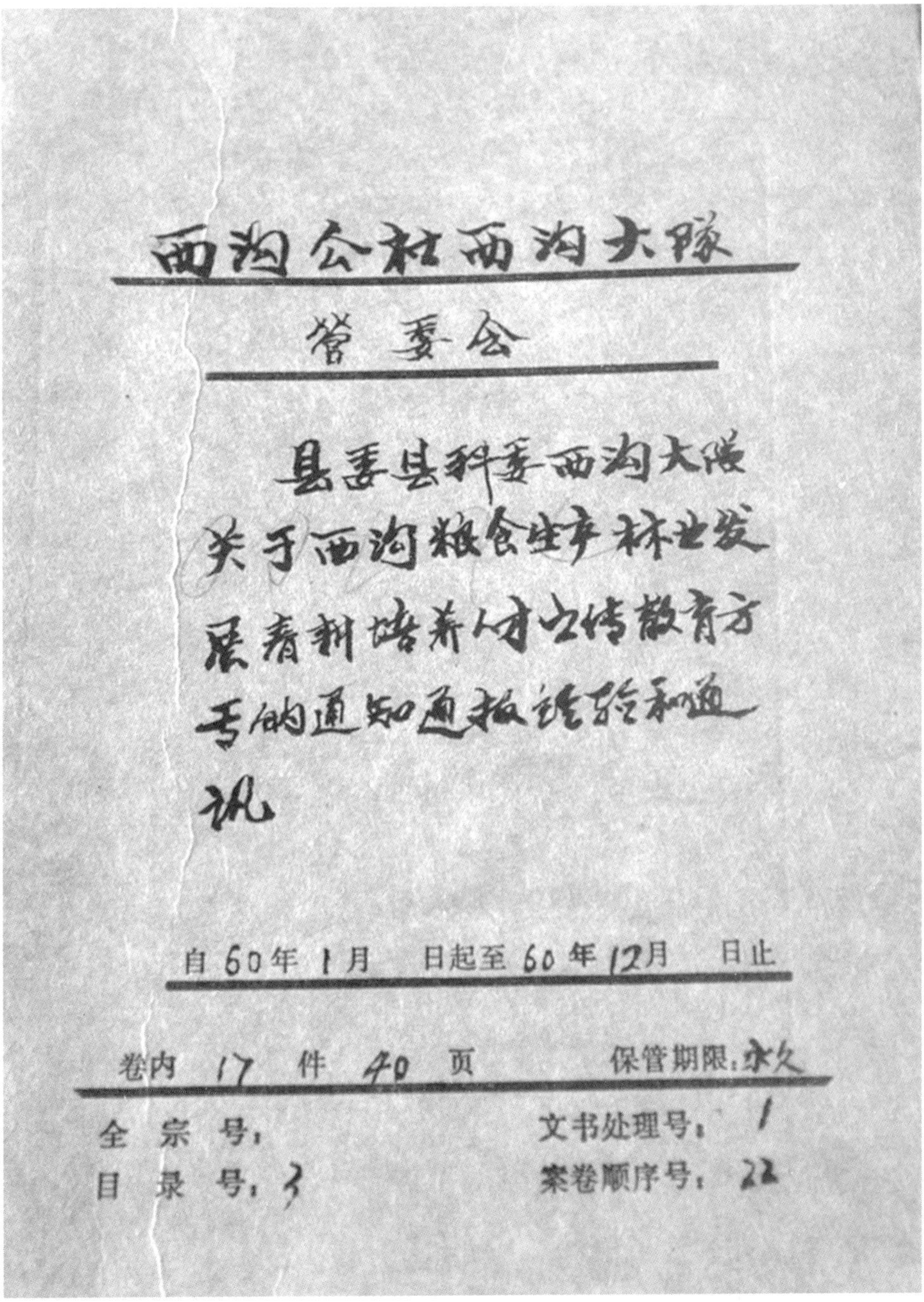

西沟公社西沟大队

管委会

县委县科委西沟大队关于西沟粮食生产林业发展畜牧培养人才宣传教育方面的通知通报总结和通讯

自60年1月 日起至60年12月 日止

卷内17件40页 保管期限：永久

全宗号： 文书处理号：1

目录号：3 案卷顺序号：22

图3-1-1-1　档案封面

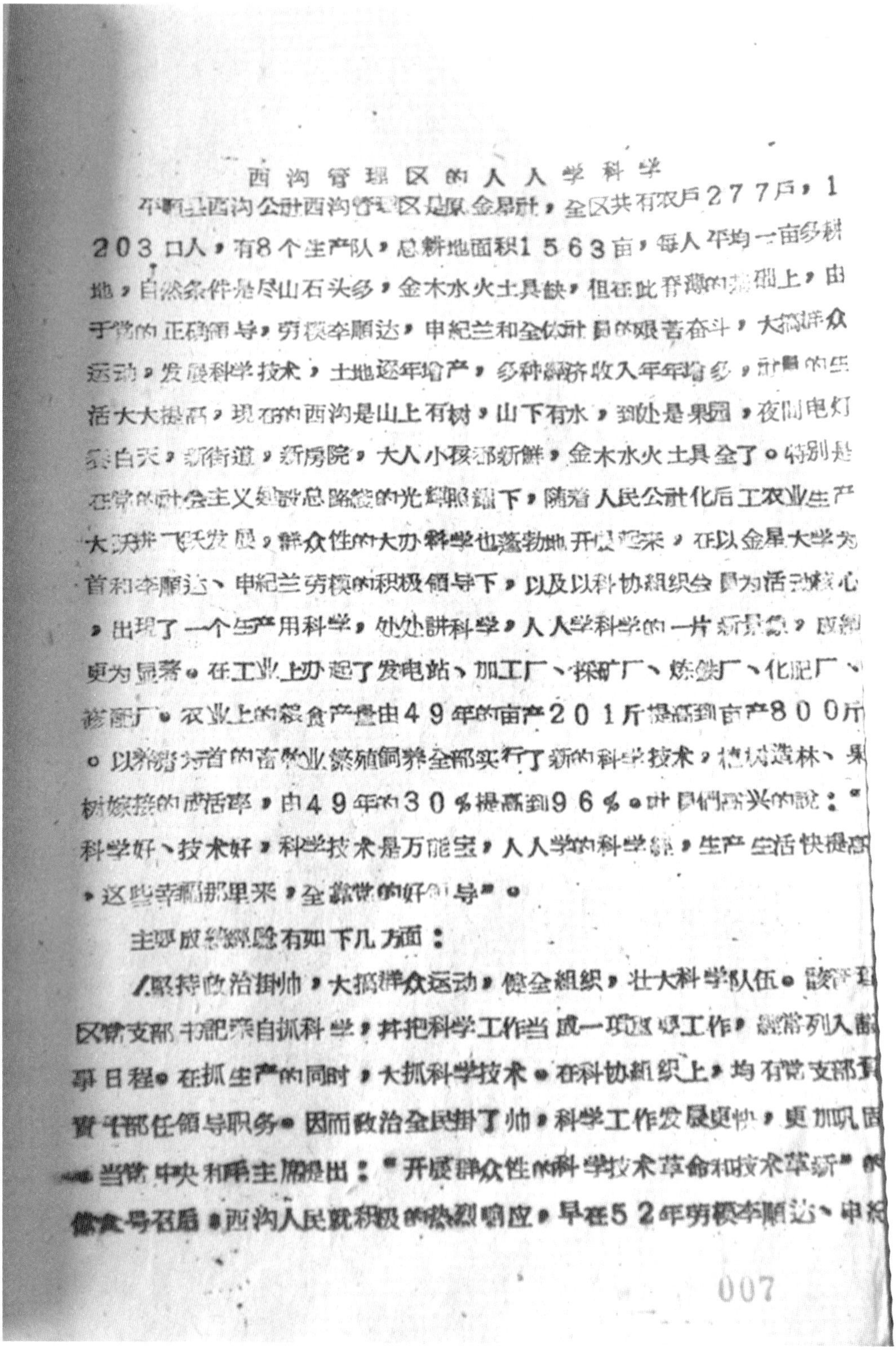

西沟管理区的人人学科学

平顺县西沟公社西沟管理区是原金星社，全区共有农户277户，1203口人，有8个生产队，总耕地面积1563亩，每人平均一亩多耕地，自然条件是尽山石头多，金木水火土具缺，但在此贫瘠的基础上，由于党的正确领导，劳模李顺达，申纪兰和全体社员的艰苦奋斗，大搞群众运动，发展科学技术，土地逐年增产，多种经济收入年年增多，社员的生活大大提高，现在的西沟是山上有树，山下有水，到处是果园，夜间电灯赛白天，新街道，新房院，大人小孩都新鲜，金木水火土具全了。特别是在党的社会主义建设总路线的光辉照耀下，随着人民公社化后工农业生产大跃进飞跃发展，群众性的大办科学也蓬勃地开展起来，在以金星大学为首和李顺达、申纪兰劳模的积极领导下，以及以科协组织会员为活动核心，出现了一个生产用科学，处处讲科学，人人学科学的一片新景象，成绩更为显著。在工业上办起了发电站、加工厂、探矿厂、炼铁厂、化肥厂、修配厂。农业上的粮食产量由49年的亩产201斤提高到亩产800斤。以养猪为首的畜牧业繁殖饲养全部实行了新的科学技术，植树造林、果树嫁接的成活率，由49年的30％提高到96％。社员们高兴的说："科学好、技术好，科学技术是万能宝，人人学的科学好，生产生活快提高，这些幸福那里来，全靠党的好领导"。

主要成绩经验有如下几方面：

1.坚持政治挂帅，大搞群众运动，健全组织，壮大科学队伍。该管理区党支部书记亲自抓科学，并把科学工作当成一项重要工作，经常列入议事日程。在抓生产的同时，大抓科学技术。在科协组织上，均有党支部负责干部任领导职务。因而政治全民挂了帅，科学工作发展更快，更加巩固。当党中央和毛主席提出："开展群众性的科学技术革命和技术革新"的伟大号召后，西沟人民就积极的热烈响应，早在52年劳模李顺达、申纪

007

图3-1-1-2　西沟管理区的人人学科学第一页

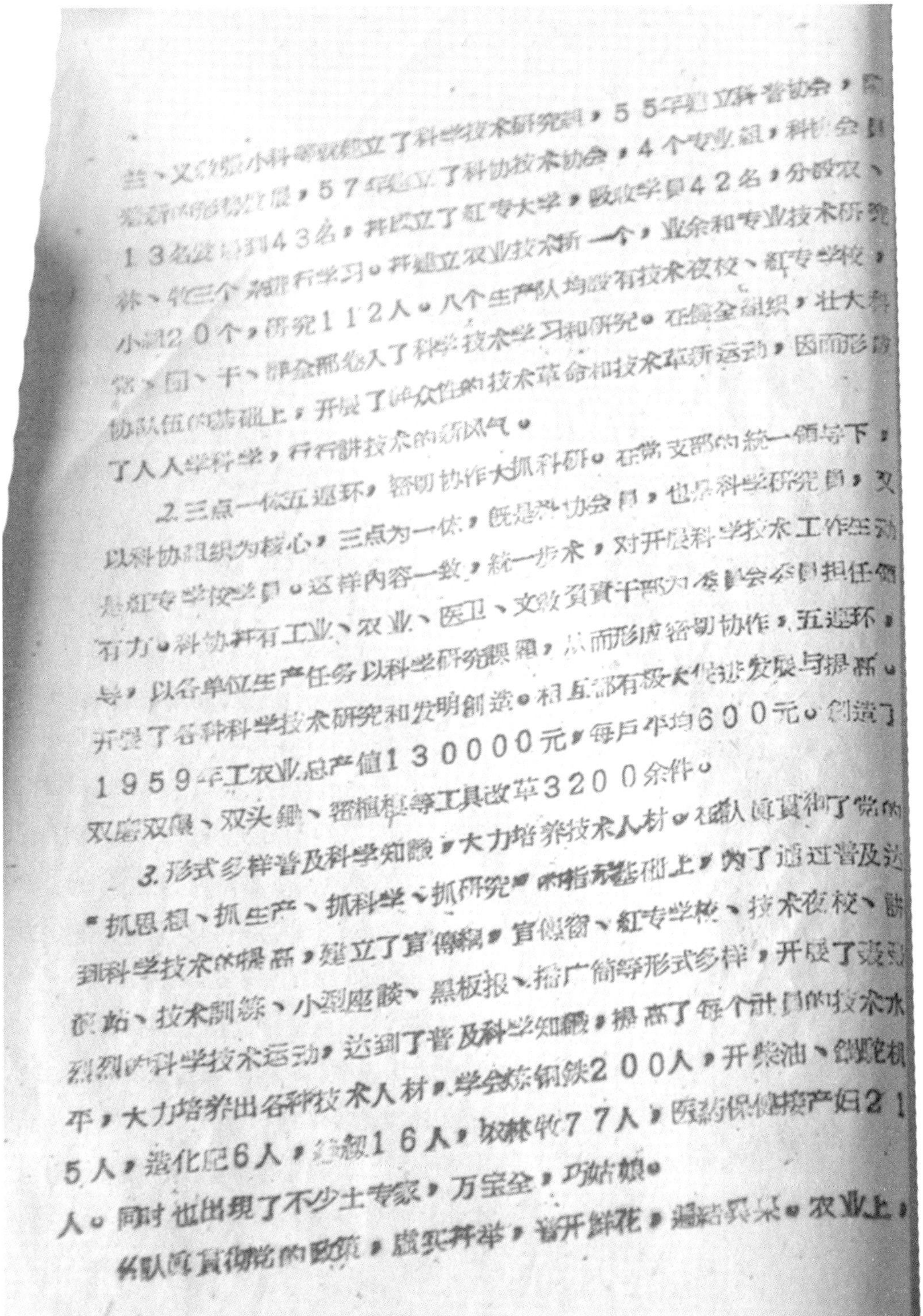

科学技术研究网，55年建立科普协会，阳
兰、文教振小科研致起立了科协技术协会，4个专业组，科协会员
素新的的规模，57年建立了红专大学，吸收学员42名，分设农、
13名毕业到43名，并建立了农业技术站一个，业余和专业技术研究
林、牧三个系进行学习。并建立农业技术站一个，红专学校，
小组20个，研究112人。八个生产队均设有技术夜校、红专学校，
常、团、干、群全部卷入了科学技术学习和研究。在健全组织，壮大科
协队伍的基础上，开展了群众性的技术革命和技术革新运动，因而形成
了人人学科学，行行讲技术的新风气。在党支部的统一领导下，
2.三点一体五连环，密切协作大抓科研。既是科协会员，也是科学研究员，又
以科协组织为核心，三点为一体，统一步调，对开展科学技术工作全面
是红专学校学员。这样内容一致，统一步术，文教负责干部为委员会委员担任领
有力。科协并有工业、农业、医卫、文教负责干部为委员会委员担任领
导，以各单位生产任务以科学研究课题，从而形成密切协作，五连环，
开展了各种科学技术研究和发明创造。相互都有极大促进发展与提高。
1959年工农业总产值130000元，每户平均600元。创造了
双磨双限、双头锄、密植耙等工具改革3200余件。
3.形式多样普及科学知识，大力培养技术人材。在队员贯彻了党的
"抓思想、抓生产、抓科学、抓研究"的指示基础上，为了通过普及达
到科学技术的提高，建立了宣传棚，宣传窗、红专学校、技术夜校、广
播站、技术训练、小型座谈、黑板报、播广筒等形式多样，开展了轰轰
烈烈的科学技术运动，达到了普及科学知识，提高了每个社员的技术水
平，大力培养出各种技术人材，学会炼钢铁200人，开柴油、锅驼机
5人，选化肥6人，拖拉机16人，农林牧77人，医药保健接产妇21
人。同时也出现了不少土专家，万宝全，巧姑娘。
各队贯彻党的政策，虚实并举，普开鲜花，遍结果实。农业上，

图3-1-1-3　西沟管理区的人人学科学第二页

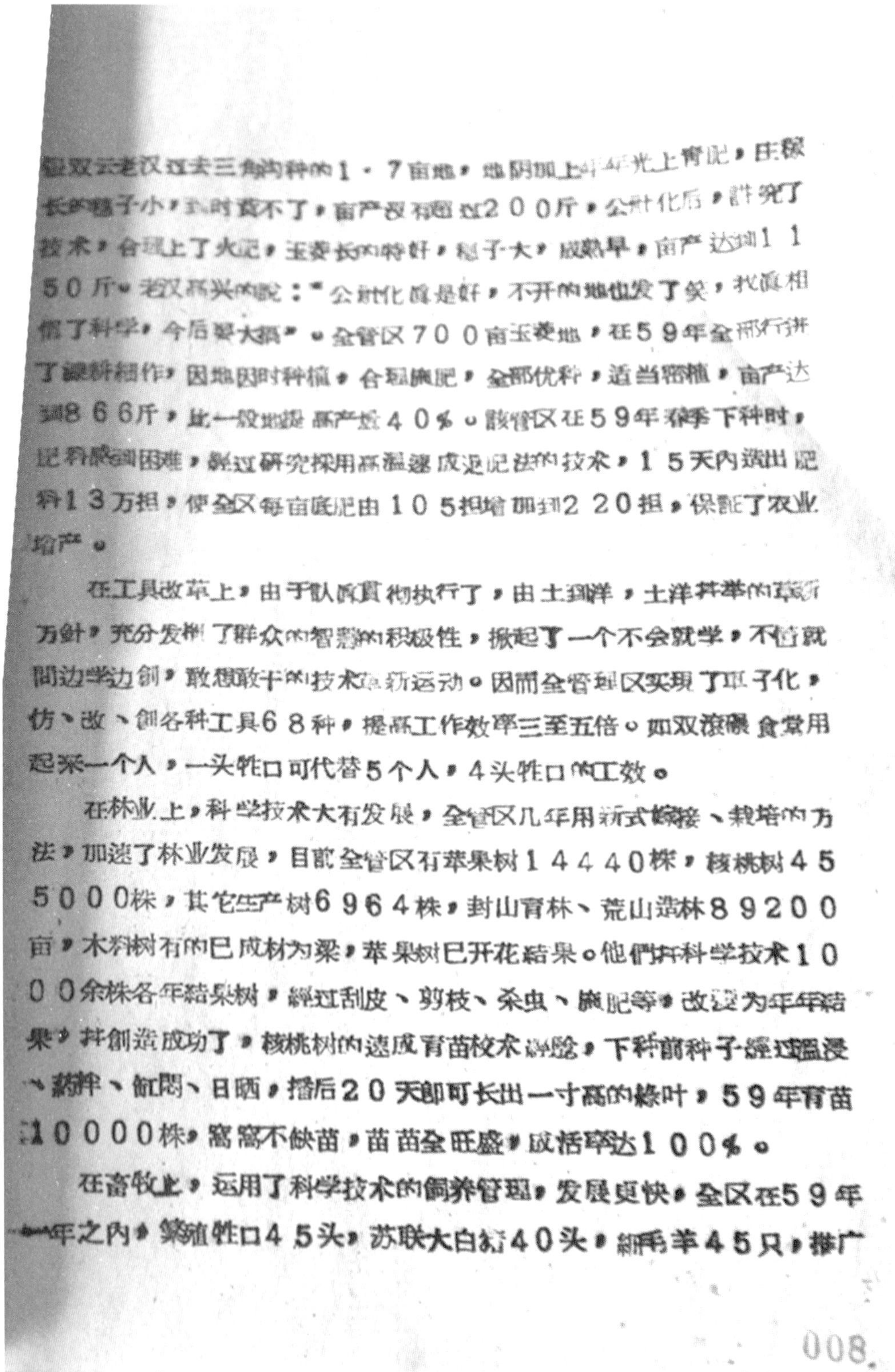
温双云老汉过去三角沟种的1．7亩地，地阴加上年年光上背肥，庄稼长的穗子小，到时黄不了，亩产没有超过200斤，公社化后，讲究了技术，合理上了火肥，玉茭长的特好，穗子大，成熟早，亩产达到1150斤。老汉高兴的说："公社化就是好，不开的地也发了笑，我真相信了科学，今后要大搞"。全管区700亩玉茭地，在59年全部实行了深耕细作，因地因时种植，合理施肥，全部优种，适当密植，亩产达到866斤，比一般地提高产量40%。该管区在59年春季下种时，肥料感到困难，经过研究採用高温速成造肥法的技术，15天内造出肥料13万担，使全区每亩底肥由105担增加到220担，保証了农业增产。

在工具改革上，由于认真貫彻执行了，由土到洋，土洋并举的革新方針，充分发挥了群众的智慧和积极性，掀起了一个不会就学，不懂就問边学边創，敢想敢干的技术革新运动。因而全管理区实现了車子化，仿、改、創各种工具68种，提高工作效率三至五倍。如双滚碾食堂用起来一个人，一头牲口可代替5个人，4头牲口的工数。

在林业上，科学技术大有发展，全管区几年用新式嫁接、栽培的方法，加速了林业发展，目前全管区有苹果树14440株，核桃树455000株，其它生产树6964株，封山育林、荒山造林89200亩，木料树有的已成材为梁，苹果树已开花結果。他們用科学技术1000余株各年結果树，經过刮皮、剪枝、杀虫、施肥等，改变为年年結果，并創造成功了，核桃树的速成育苗技术經验，下种前种子經过温浸、药拌、催悶、日晒，播后20天即可长出一寸高的綠叶，59年育苗10000株，窩窩不缺苗，苗苗全旺盛，成活率达100%。

在畜牧业上，运用了科学技术的飼养管理，发展更快，全区在59年一年之内，繁殖牲口45头，苏联大白猪40头，細毛羊45只，推广

008

图3-1-1-4　西沟管理区的人人学科学第三页

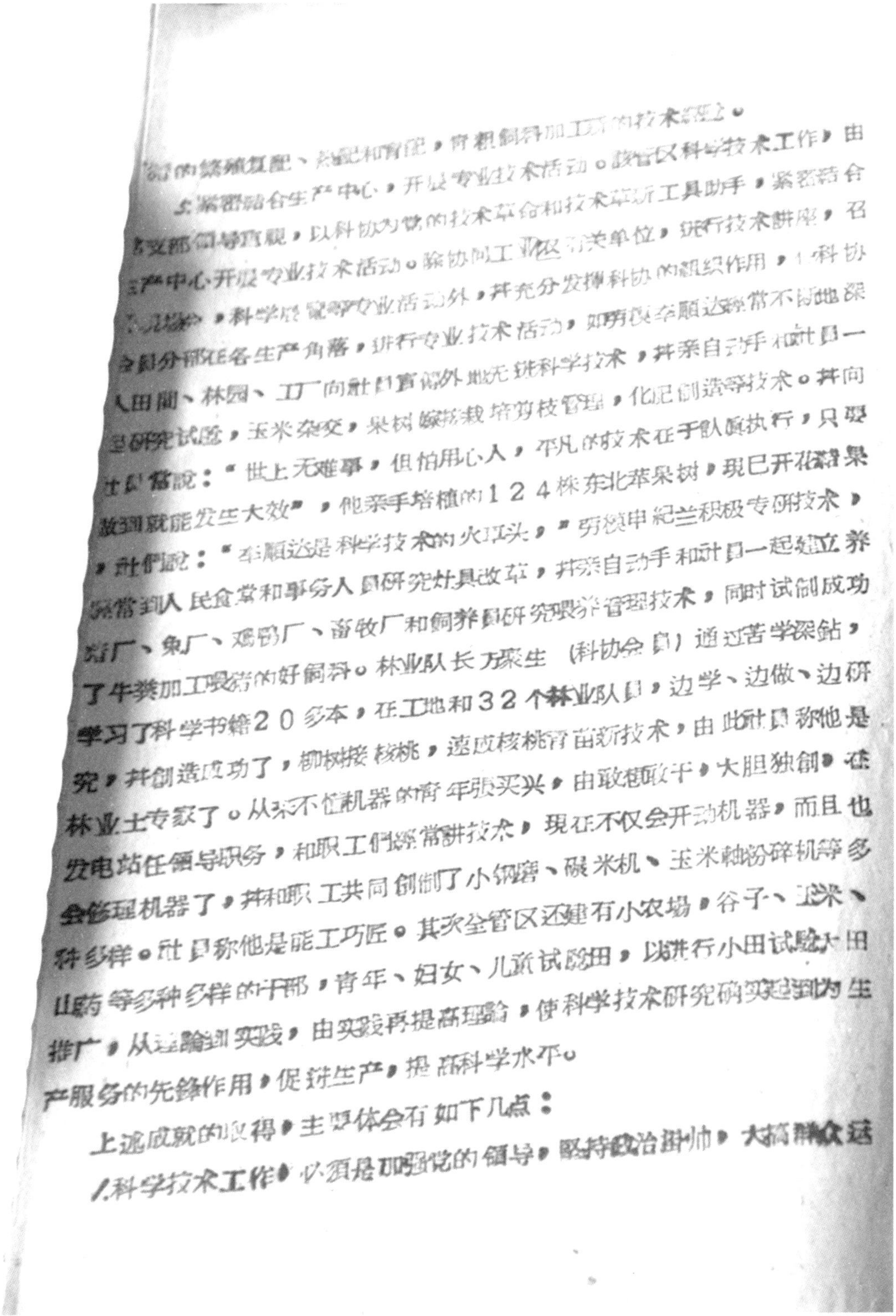

育粗饲料加工厂的技术经验。
[illegible]的繁殖复配、[illegible]配和育肥，该管区科学技术工作，由
[illegible]紧密结合生产中心，开展专业技术活动。紧密结合
[illegible]支部领导直接，以科协为核心的技术革命和技术革新工具助手，召
[illegible]产中心开展专业技术活动。除协同工业区有关单位，进行技术讲座，[illegible]科协
[illegible]，科学[illegible]等专业活动外，并充分发挥科协的组织作用，如[illegible]李顺达经常不断地深
[illegible]分配在各生产角落，进行专业技术活动，并亲自动手和社员一
入田间、林园、工厂向社员实际外地先进科学技术，化肥制造等技术。并向
[illegible]研究试验，玉米杂交，果树嫁接栽培剪枝管理，平凡的技术在于认真执行，只要
社员常说：“世上无难事，但怕用心人，他亲手培植的124株东北苹果树，现已开花结果
做到就能发生大效”，“穷模申纪兰积极专研技术，
，社们说：“李顺达是科学技术的火车头，并亲自动手和社员一起建立养
经常到人民食堂和事务人员研究炊具改革，同时试制成功
[illegible]厂、兔厂、鸡鸭厂、畜牧厂和饲养员研究喂养管理技术，
了牛粪加工喂猪的好饲料。林业队长万聚生（科协会员）通过苦学深钻，边学、边做、边研
学习了科学书籍20多本，在工地和32个林业队员，由此社员称他是
究，并创造成功了，柳树接核桃，速成核桃育苗新技术，大胆独创，在
林业土专家了。从来不懂机器的青年张买兴，由敢想敢干，现在不仅会开动机器，而且也
发电站任领导职务，和职工们经常讲技术，玉米轴粉碎机等多
会修理机器了，并和职工共同创制了小钢磨、碾米机、谷子、玉米、
种多样。社员称他是能工巧匠。其次全管区还建有小农场，以进行小田试验大田
山药等多种多样的干部，青年、妇女、儿童试验田，使科学技术研究确实起到为生
推广，从理论到实践，由实践再提高理论，
产服务的先锋作用，促进生产，提高科学水平。
上述成就的取得，主要体会有如下几点：
[illegible]科学技术工作，必须是加强党的领导，坚持政治挂帅，大搞群众运

图3-1-1-5　西沟管理区的人人学科学第四页

动与专业技术活动，只有这样才能保证科学技术的迅速发展和提高。

2.科学技术工作，必须贯彻科学技术为生产服务的方针政策，紧密结合党的中心工作任务，提出科学技术工作要求。这样才能够达到科学技术开展的根本途径和最终的目的。

3.科学技术工作，必须密切协作，贯彻百花齐放，百家争鸣的方针，大大发扬敢想、敢说、敢做的共产主义风格，大创、大改，大胆试验，只有这样科学技术工作才能赶上社会跃进的发展要求。

4.科学技术工作，必须坚持普及与提高相结合的原则，普及与提高并举，虚实并举，理论与实际相结合，由土到洋，土洋并举，小型与大型相结合，只有这样才能够达到多快好省，使广大群众掌握科学技术，使科学技术在生产中发挥更大的作用。

平顺县 科学技术委员会
科学技术协会

1960年2月3号

009

图3-1-1-6　西沟管理区的人人学科学第五页

（二）教育

1.山西省平顺县西沟乡金星大学生产管理系辅助课本第1册（1958年度）

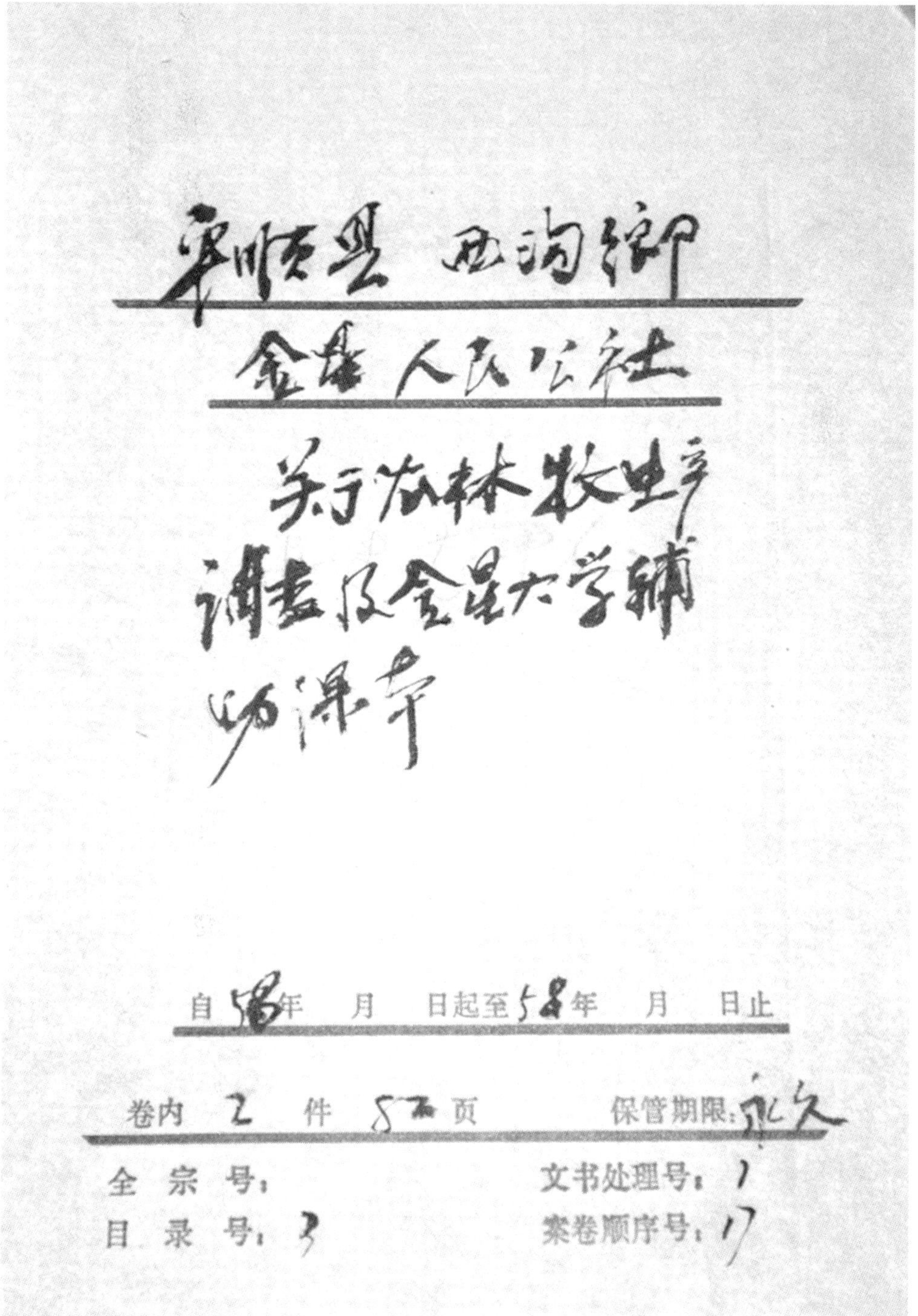
平顺县 西沟乡

金星人民公社

关于农林牧生产调查及金星大学辅助课本

自58年 月 日起至58年 月 日止

卷内 2 件 58 页 保管期限：永久

全宗号：　　文书处理号：1

目录号：3　　案卷顺序号：17

图3-2-1-1　档案封面

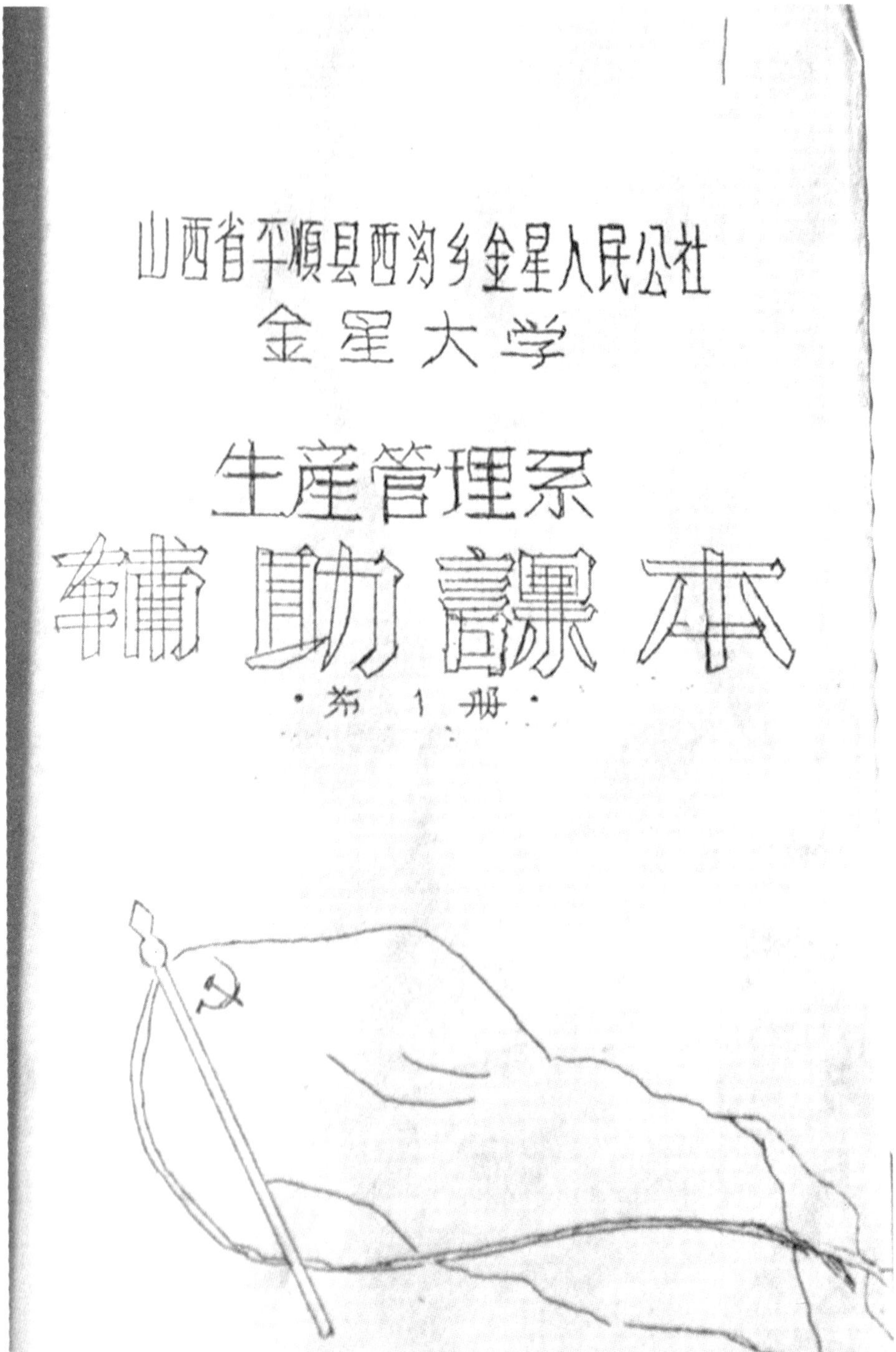

山西省平顺县西沟乡金星人民公社

金星大学

生產管理系

輔助課本

·第1册·

·金星大学教务委員会編·

·1958年·

图3-2-1-2　山西省平顺县西沟乡金星大学生产管理系辅助课本第1册封面

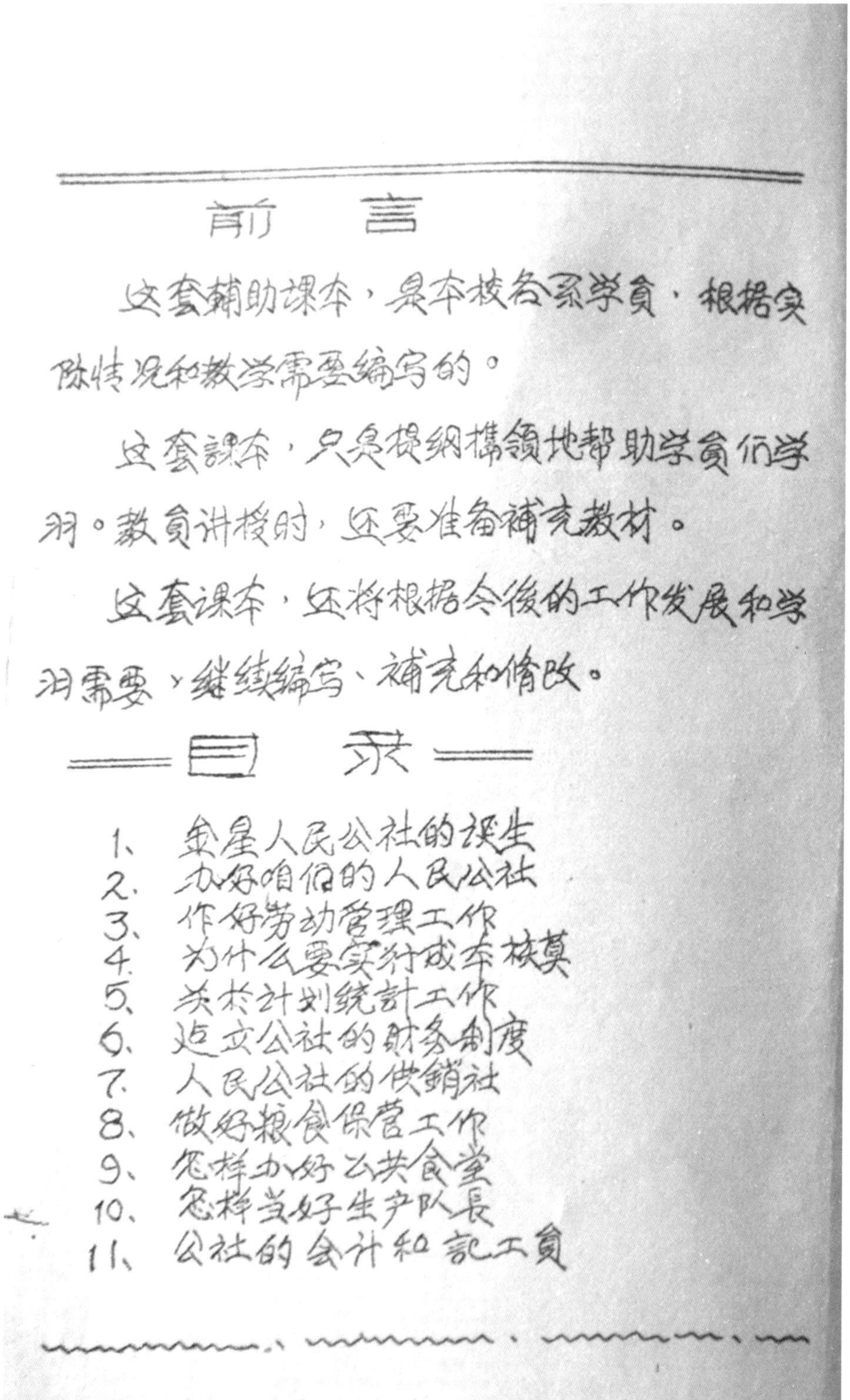

前言

这套辅助课本，是本校各系学員，根据实际情况和教学需要编写的。

这套課本，只是提纲携领地帮助学員们学习。教員讲授时，还要准备補充教材。

这套课本，还将根据今後的工作发展和学习需要，继续编写、補充和修改。

目录

图3-2-1-3　山西省平顺县西沟乡金星大学生产管理系辅助课本第1册第一页

第一课　金星人民公社的诞生

1958年8月19日，是西沟人民的一個大喜日。这天，西沟乡金星人民公社正式诞生了。西沟乡人民，在共产党的领导下，经历了長期的艰苦的革命斗争。咱们日夜盼望的，是建立一個人人平等、繁荣、幸福的新社会。如今，这個愿望实现了，怎不欢欣鼓舞啊！

金星人民公社，把原来西沟乡的金星、玉一、团结、建国、和平社及建設一社、建設二社七個农业社，聯合在一起，组成一個大公社。全公社现有1207户，4996人。总面积10万亩，耕地7400亩，牲畜509头，羊3500只。完小5个，初小17个，还有农业中学一所。

图3-2-1-4　山西省平顺县西沟乡金星大学生产管理系辅助课本第1册第二页

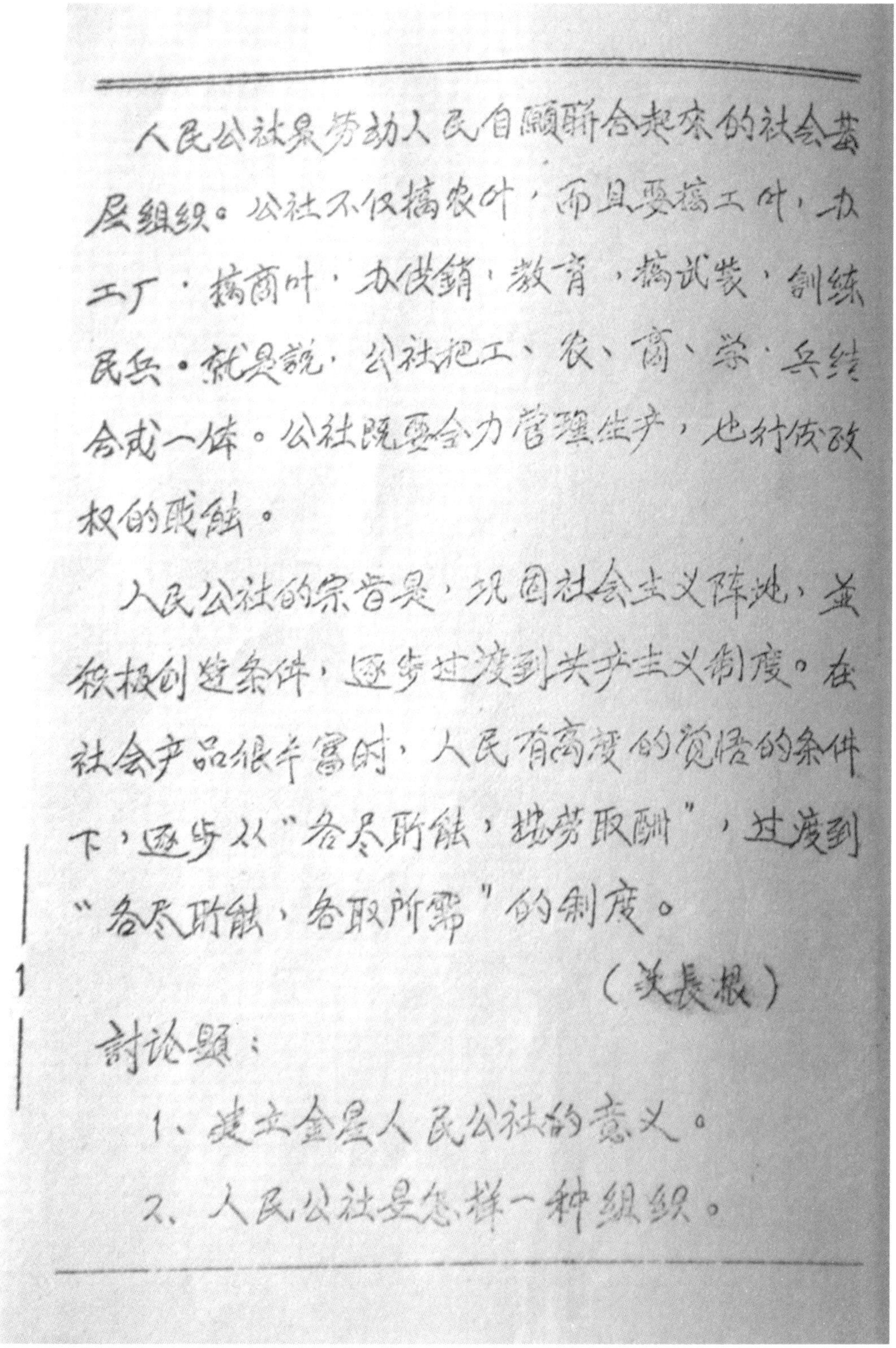

人民公社是劳动人民自愿联合起来的社会基层组织。公社不仅搞农业，而且要搞工业，办工厂，搞商业，办供销，教育，搞武装，训练民兵。就是說，公社把工、农、商、学、兵结合成一体。公社既要合力管理生产，也行使政权的职能。

人民公社的宗旨是，巩固社会主义阵地，并积极创造条件，逐步过渡到共产主义制度。在社会产品很丰富时，人民有高度的觉悟的条件下，逐步从"各尽所能，按劳取酬"，过渡到"各尽所能，各取所需"的制度。

（吴長根）

讨论题：

1、建立金星人民公社的意义。

2、人民公社是怎样一种组织。

图3-2-1-5　山西省平顺县西沟乡金星大学生产管理系辅助课本第1册第三页

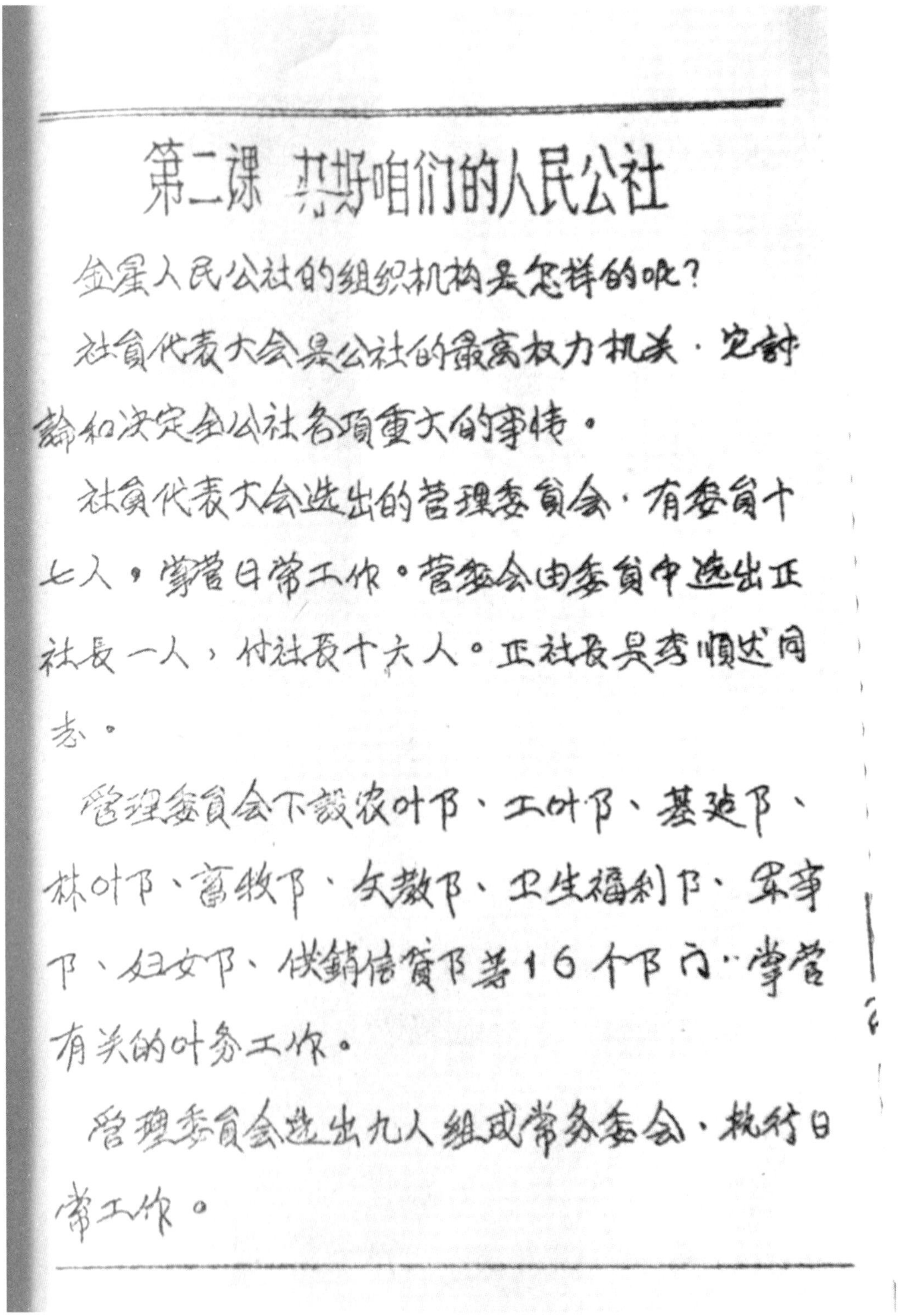

第二课 夸夸咱们的人民公社

金星人民公社的组织机构是怎样的呢？

社员代表大会是公社的最高权力机关，它讨论和决定全公社各项重大的事情。

社员代表大会选出的管理委员会，有委员十七人，掌管日常工作。管委会由委员中选出正社长一人，付社长十六人。正社长是李顺达同志。

管理委员会下设农业部、工业部、基建部、林业部、畜牧部、文教部、卫生福利部、军事部、妇女部、供销信贷部等16个部门，掌管有关的业务工作。

管理委员会选出九人组成常务委会，执行日常工作。

图3-2-1-6 山西省平顺县西沟乡金星大学生产管理系辅助课本第1册第四页

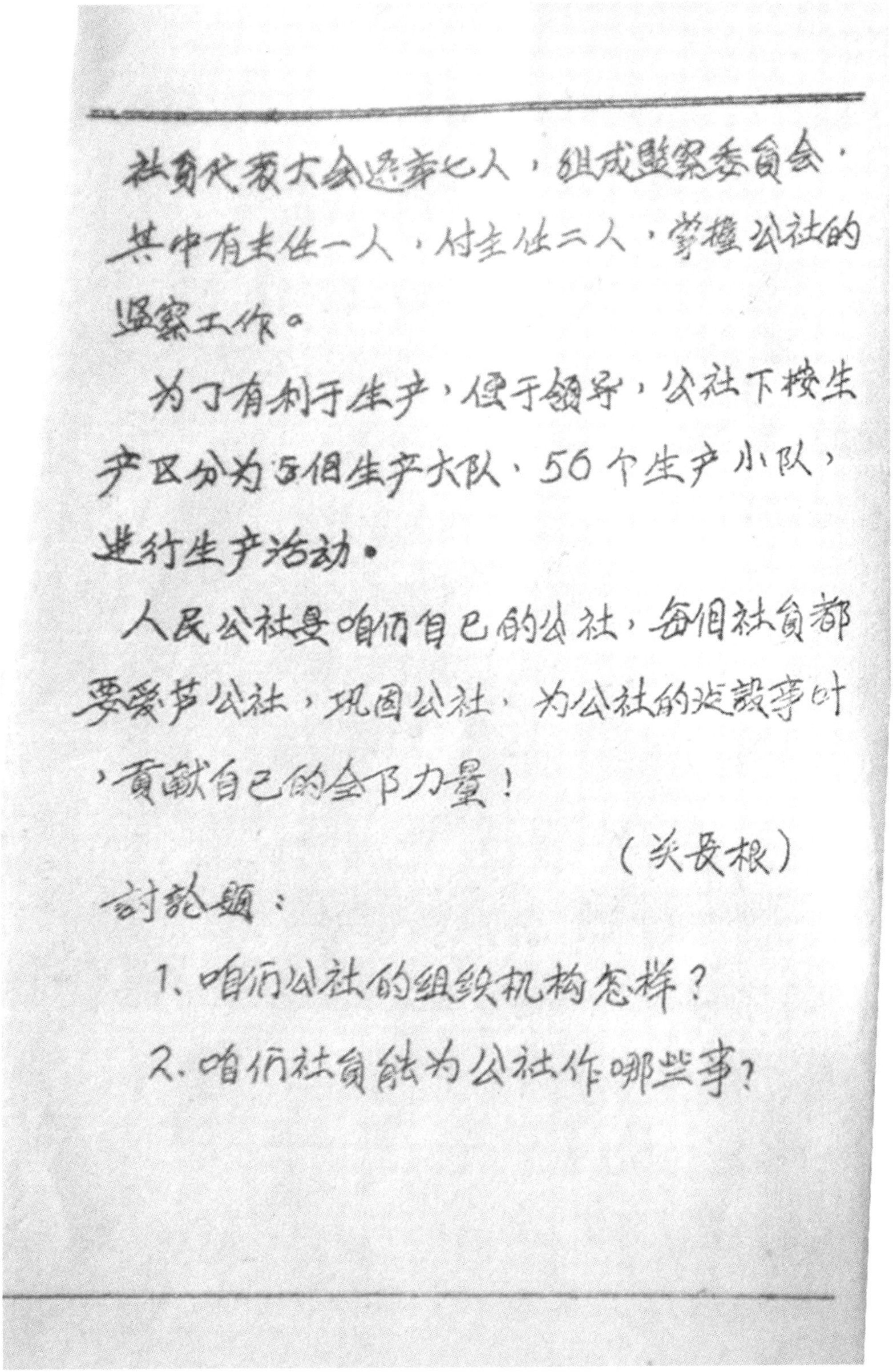

社员代表大会选举七人，组成监察委员会，其中有主任一人，付主任二人，掌握公社的监察工作。

为了有利于生产，便于领导，公社下按生产区分为5个生产大队，56个生产小队，进行生产活动。

人民公社是咱们自己的公社，每个社员都要爱护公社，巩固公社，为公社的建设事业，贡献自己的全部力量！

（关長根）

讨论题：

1、咱们公社的组织机构怎样？

2、咱们社员能为公社作哪些事？

图3-2-1-7　山西省平顺县西沟乡金星大学生产管理系辅助课本第1册第五页

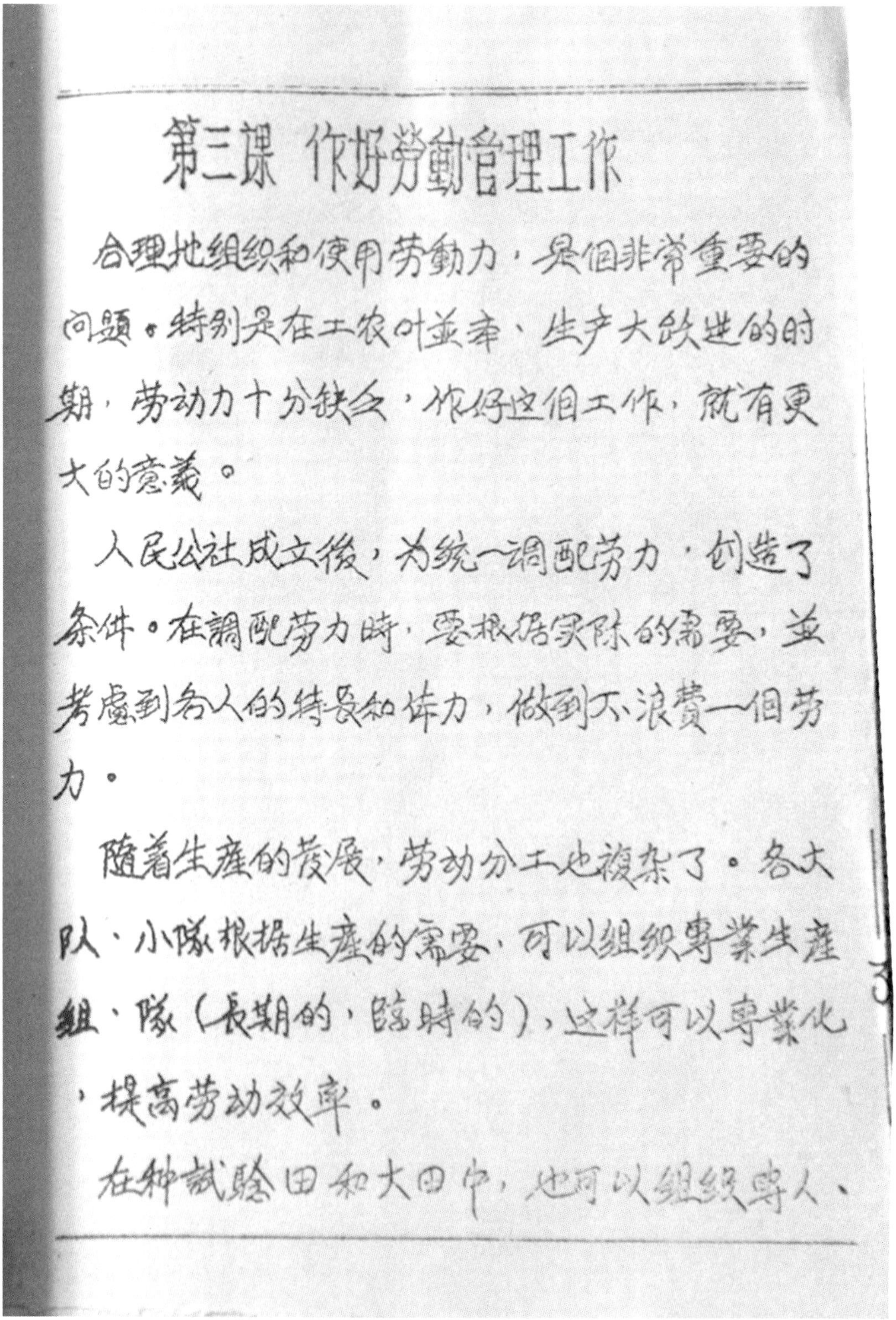

第三课 作好劳動管理工作

合理地组织和使用劳動力，是個非常重要的问題。特别是在工农业並举、生产大跃进的时期，劳动力十分缺乏，作好这個工作，就有更大的意義。

人民公社成立後，为统一调配劳力，创造了条件。在調配劳力時，要根据实际的需要，並考慮到各人的特長和体力，做到不浪费一個劳力。

随着生產的發展，劳动分工也複杂了。各大队、小隊根据生產的需要，可以组织専業生產組、隊（長期的，臨時的），这样可以専業化，提高劳动效率。

在种試験田和大田中，也可以组织専人、

图3-2-1-8 山西省平顺县西沟乡金星大学生产管理系辅助课本第1册第六页

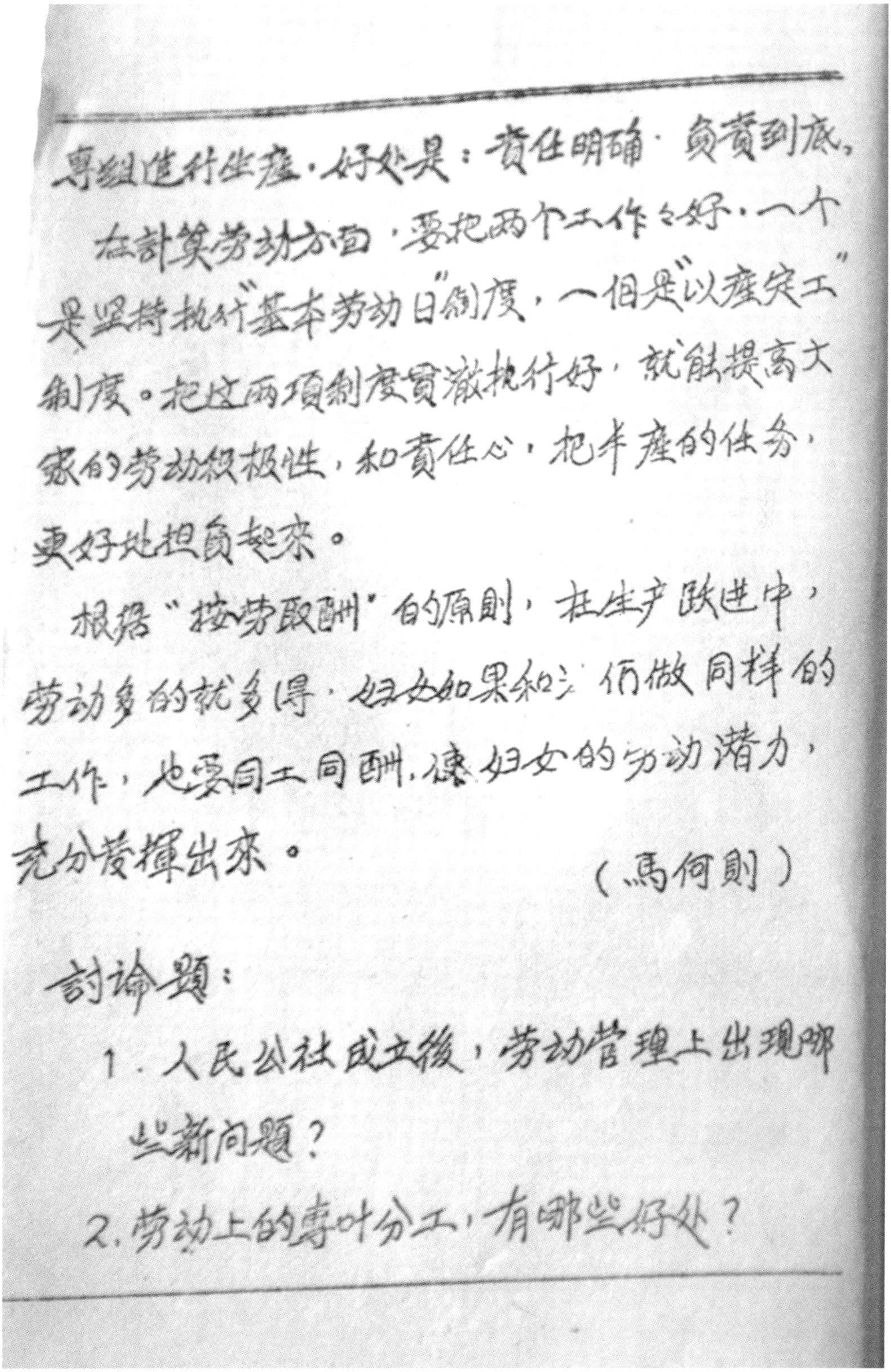

專組進行生産，好处是：責任明确，負責到底。

在計算劳动方面，要把两个工作々好，一个是坚持执行"基本劳动日"制度，一個是"以産定工"制度。把这两项制度貫澈执行好，就能提高大家的劳动积极性，和責任心，把生産的任务，更好地担負起来。

根据"按劳取酬"的原则，在生产跃进中，劳动多的就多得，妇女如果和氵们做同样的工作，也要同工同酬，使妇女的劳动潜力，充分發揮出来。

（馬何則）

討论题：

1. 人民公社成立後，劳动管理上出现哪些新問題？

2. 劳动上的專业分工，有哪些好处？

图3-2-1-9　山西省平顺县西沟乡金星大学生产管理系辅助课本第1册第七页

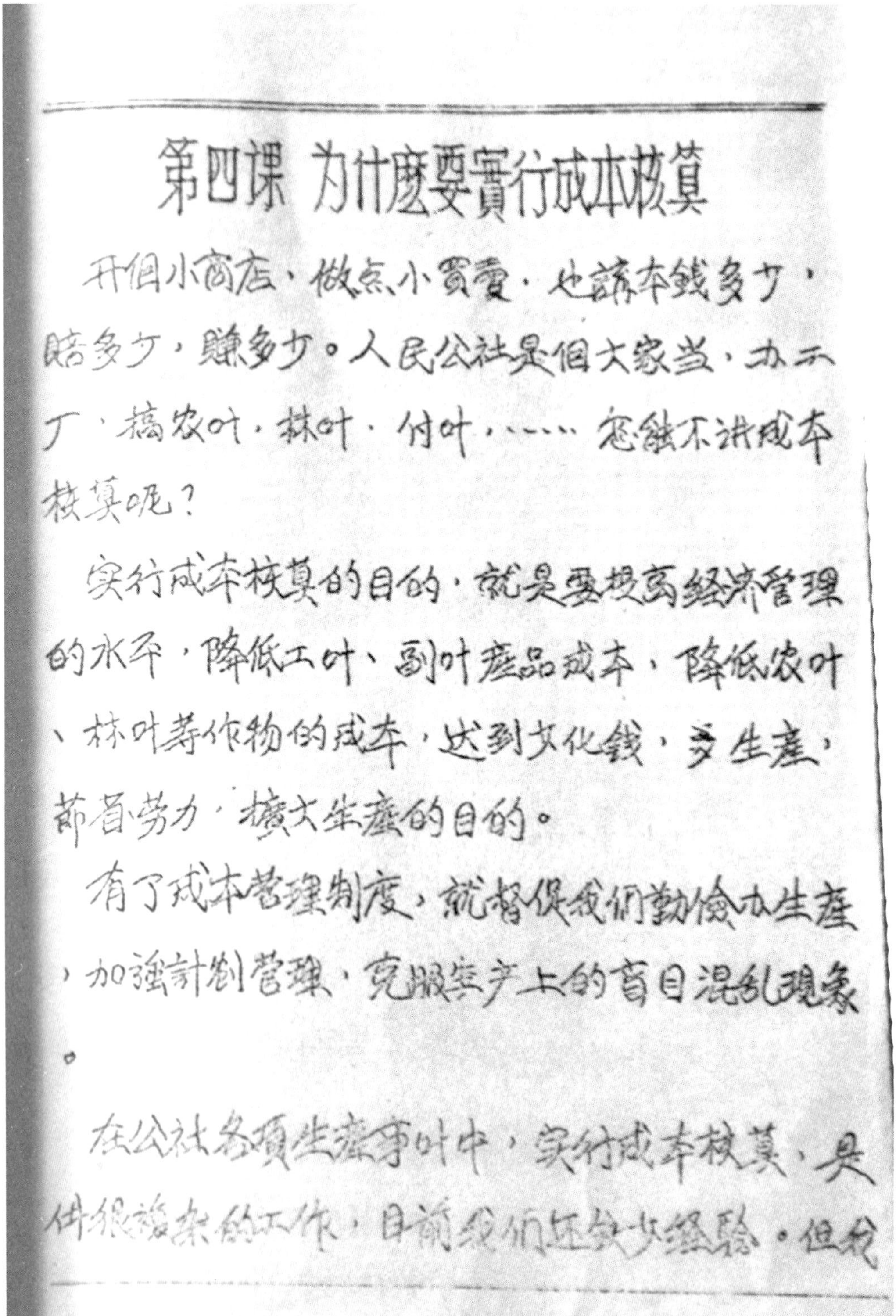

第四课 为什麽要實行成本核算

开個小商店，做点小買賣，也講本錢多少，賠多少，賺多少。人民公社是個大家当，办工厂，搞农叶，林叶，付叶，……怎能不讲成本核算呢？

实行成本核算的目的，就是要提高經济管理的水平，降低工叶、副叶產品成本，降低农叶、林叶等作物的成本，达到少化錢，多生產，节省劳力，擴大生產的目的。

有了成本管理制度，就督促我们勤儉办生產，加強計劃管理，克服生产上的盲目混乱现象。

在公社各項生產事叶中，实行成本核算，是件很複杂的工作，目前我们还缺少經驗。但我

图3–2–1–10　山西省平顺县西沟乡金星大学生产管理系辅助课本第1册第八页

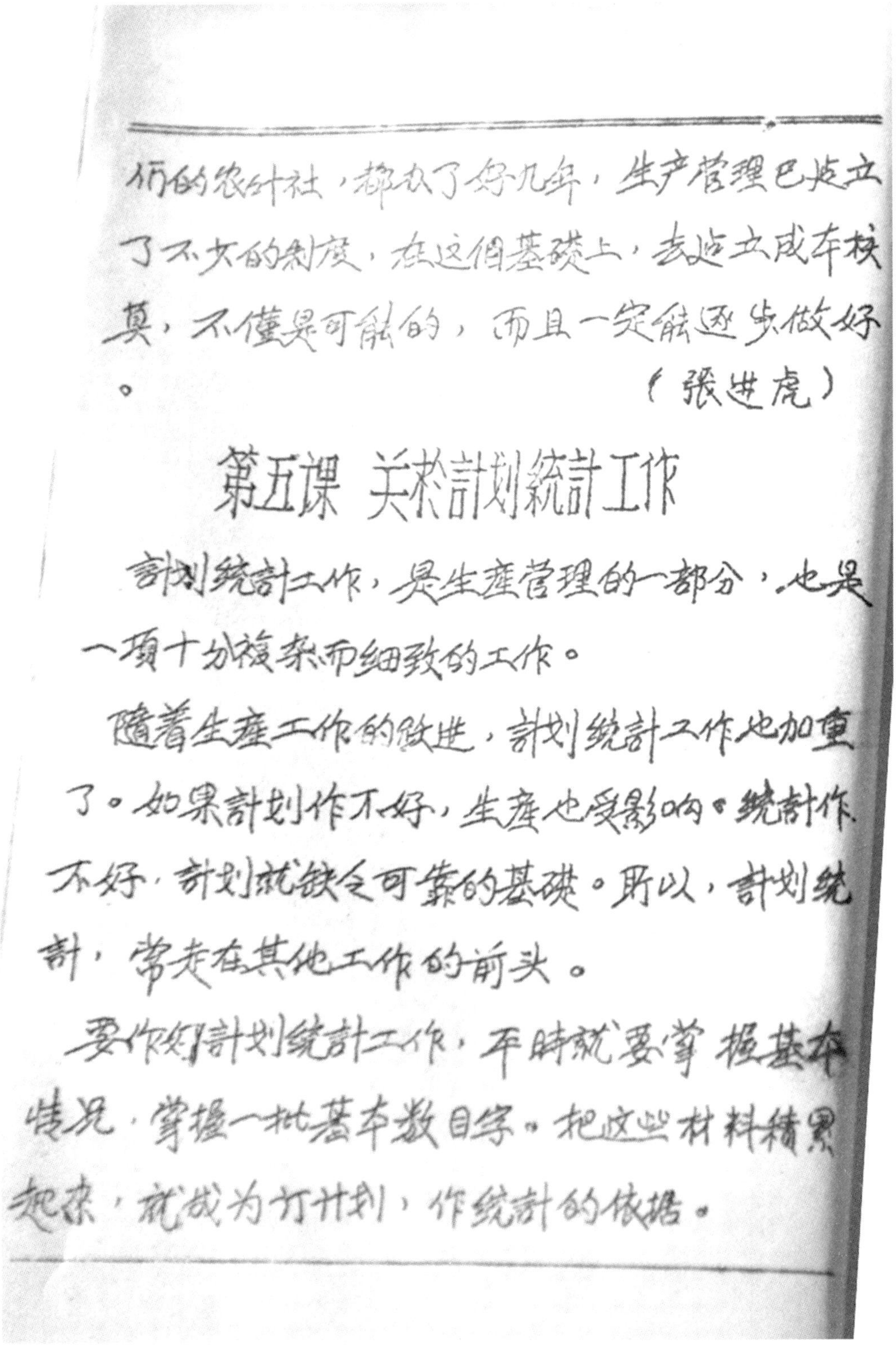

们的农业社，都办了好几年，生产管理已建立了不少的制度，在这個基礎上，去建立成本核算，不僅是可能的，而且一定能逐步做好。

（張进虎）

第五课 关於計划統計工作

計划統計工作，是生產管理的一部分，也是一項十分複杂而细致的工作。

隨着生產工作的改进，計划統計工作也加重了。如果計划作不好，生產也受影响。統計作不好，計划就缺乏可靠的基礎。所以，計划統計，常走在其他工作的前头。

要作好計划統計工作，平時就要掌握基本情况，掌握一批基本数目字。把这些材料積累起来，就成为订計划，作統計的依据。

图3-2-1-11　山西省平顺县西沟乡金星大学生产管理系辅助课本第1册第九页

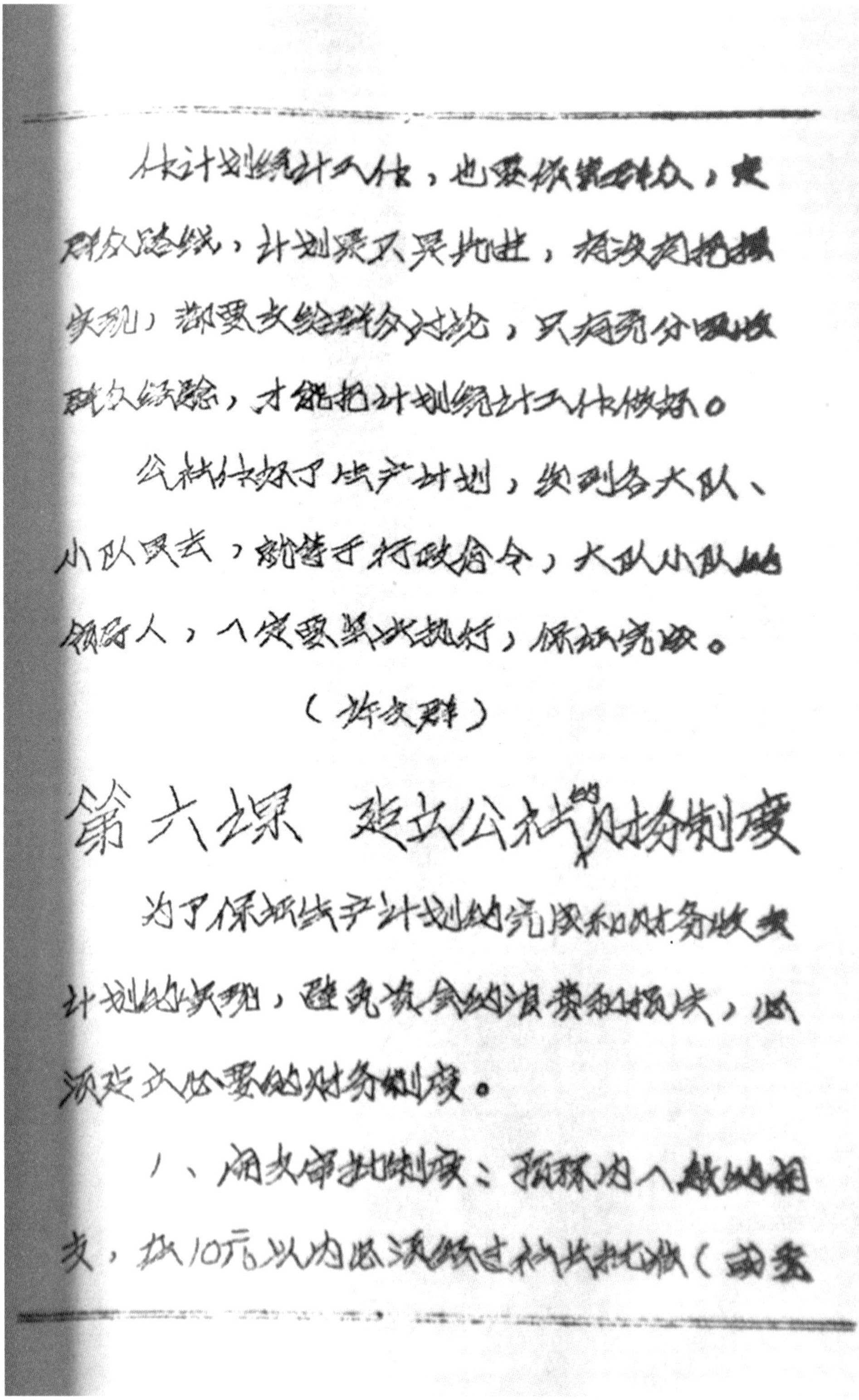

作计划统计工作，也要依靠群众，走群众路线，计划要从哪出，怎样把握实现，都要交给群众讨论，只有充分吸收群众经验，才能把计划统计工作做好。

公社作好了生产计划，发到各大队、小队以后，就等于行政命令，大队小队的领导人，一定要坚决执行，保证完成。

（许文群）

第六课 建立公社的财务制度

为了保证生产计划的完成和财务收支计划的实现，避免资金的浪费和损失，必须建立必要的财务制度。

1、开支审批制度：预算内一般的开支，在10元以内必须经过社长批准（或委

图3-2-1-12　山西省平顺县西沟乡金星大学生产管理系辅助课本第1册第十页

批人批准。特殊较大的开支，在10元以上要经过管理委员会和社员代表大会审查批准。对于一切不合手续的开支，会计员有权拒绝，但会计没批准权。

2、社员预支制度：公社在各项收入的农付业产品和现金收入，公社留下所需要的下分以后，按照社员的劳动日，同时照顾到社员的实际需要，逐步实行按月预支，在一般情况下，社员不得向社借支粮款（特殊情况例外）。

3、单据制度：公社的一切开支，必须有单据证明。会计员必须凭单据记帐。执行这项制度本着：严格制度、同时又要简化手续的精神。会计收到单据之后，

图3-2-1-13　山西省平顺县西沟乡金星大学生产管理系辅助课本第1册第十一页

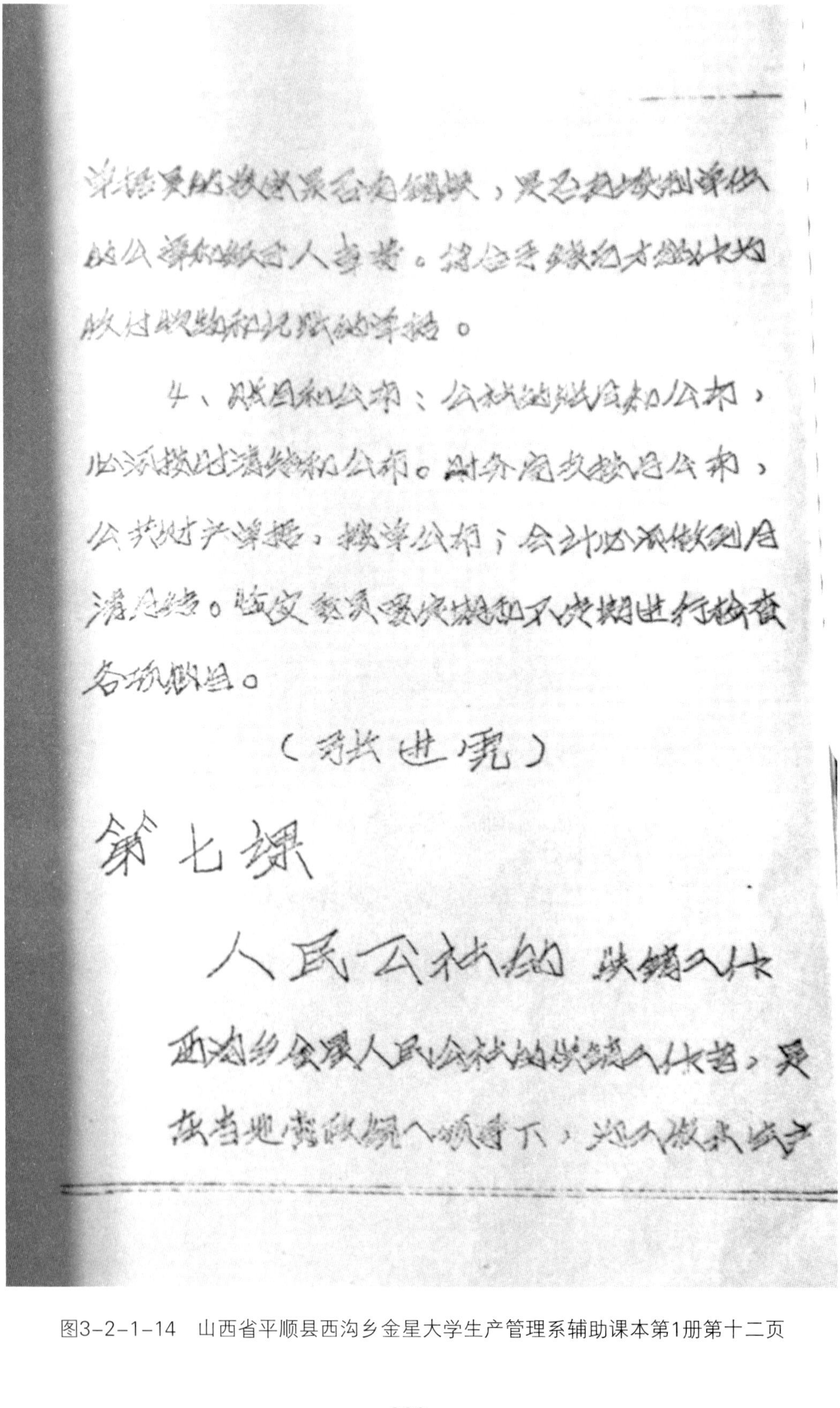

粮损失的数量和原因分析清楚，要区别情况追究单位的公社和个人责任。保管员必须负责对物资和现金的保管。

4、账目和公布：公社的账目和公布，必须按时清楚地公布。财务开支按月公布，公共财产详细、按季公布；会计必须做到日清月结。监委会须要定期和不定期进行检查各项帐目。

（讨论进完）

第七课

人民公社的先锋人物

西沟乡金星人民公社的先锋人物者，是在当地党政领导下，以人做成生产

图3-2-1-14　山西省平顺县西沟乡金星大学生产管理系辅助课本第1册第十二页

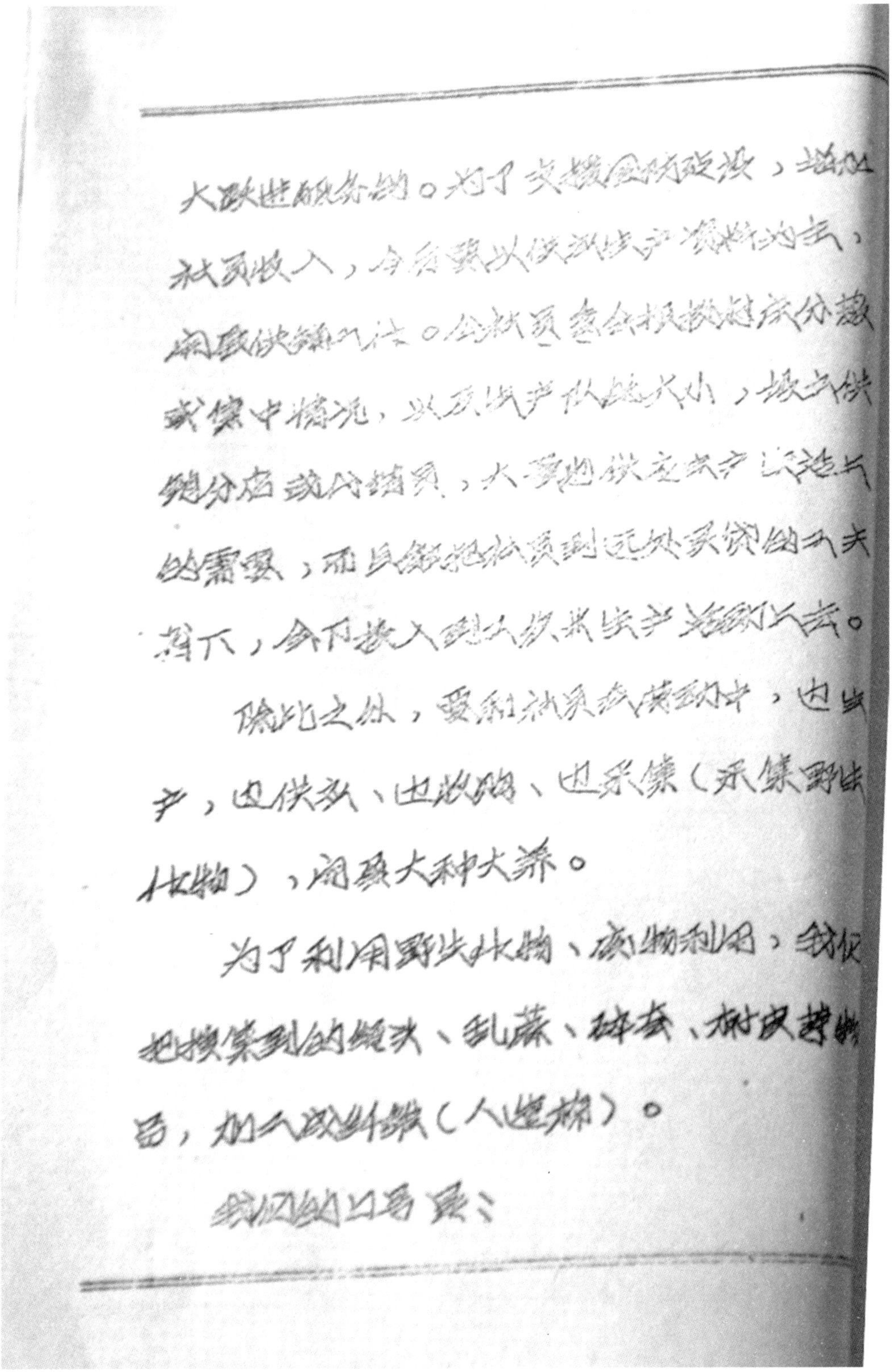

大队进行服务的。为了支援国防建设，增加社员收入，今后要以供销生产资料为主，兼顾供销生活。各社员要结合根据实际分散或集中情况，以及生产任务大小，增设供销分店或代销员，大力组织农业生产以适应的需要，而且能把社员到远处买货的工夫节下，全力投入到农业生产活动中去。

除此之外，要利用社员在劳动中，边生产，边供应、边收购、边采集（采集野生植物），开展大种大养。

为了利用野生植物、废物利用，我们把搜集到的橡子、乱藤、棉套、树皮等物品，加工成土纤维（人造棉）。

我们的口号是：

图3-2-1-15　山西省平顺县西沟乡金星大学生产管理系辅助课本第1册第十三页

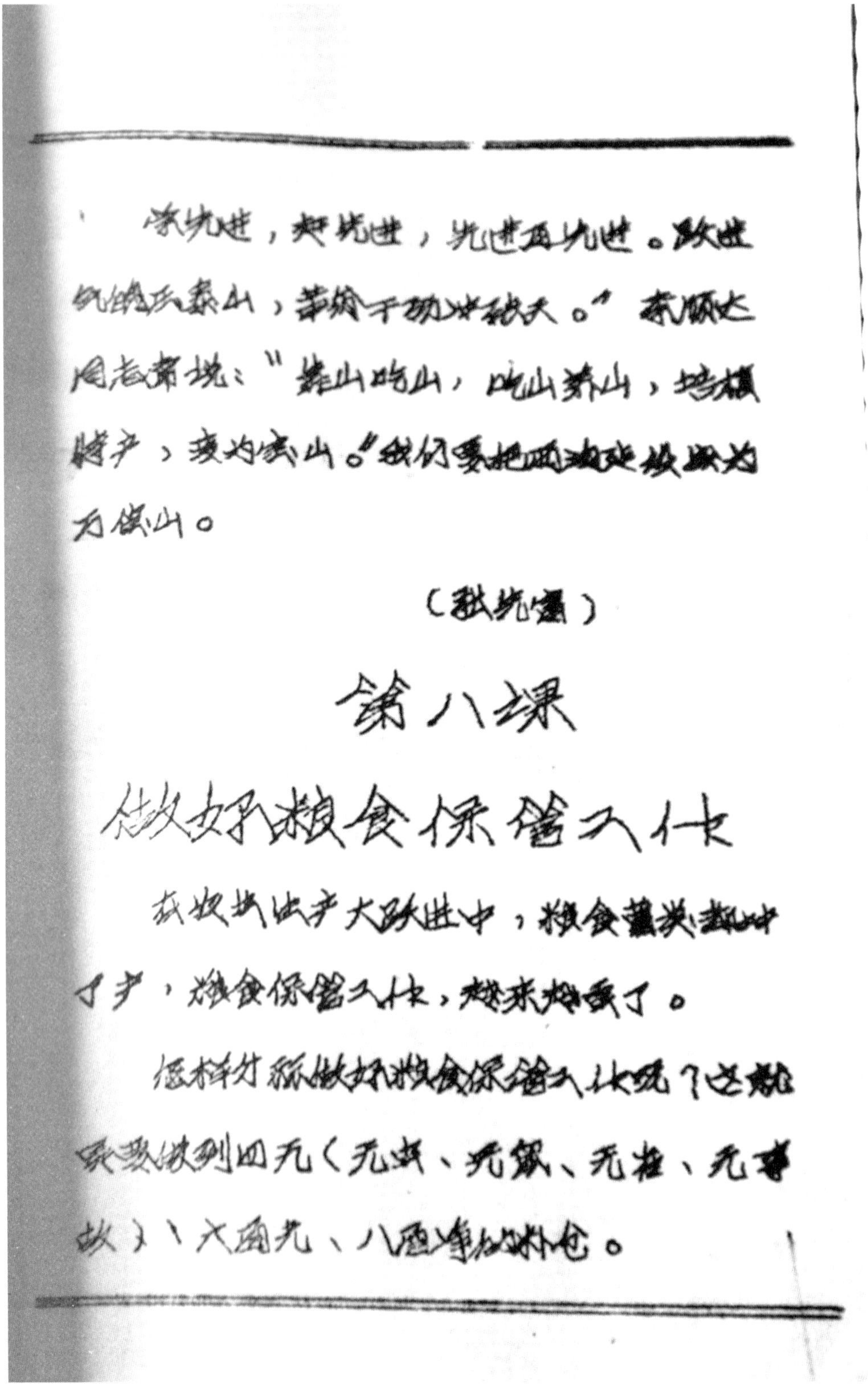
你先进，我先进，先进再先进。跃进红旗压泰山，革命干劲冲破天。”陈永贵同志常说：“靠山吃山，吃山养山，培植增产，变为宝山。”我们要把西沟荒坡变为万宝山。

（张先堂）

第八课

做好粮食保管工作

在农业生产大跃进中，粮食产量猛烈增加了，粮食保管工作，越来越重要了。

怎样才能做好粮食保管工作呢？这就要做到四无（无虫、无鼠、无霉、无事故）、六面光、八面净的好粮仓。

图3-2-1-16　山西省平顺县西沟乡金星大学生产管理系辅助课本第1册第十四页

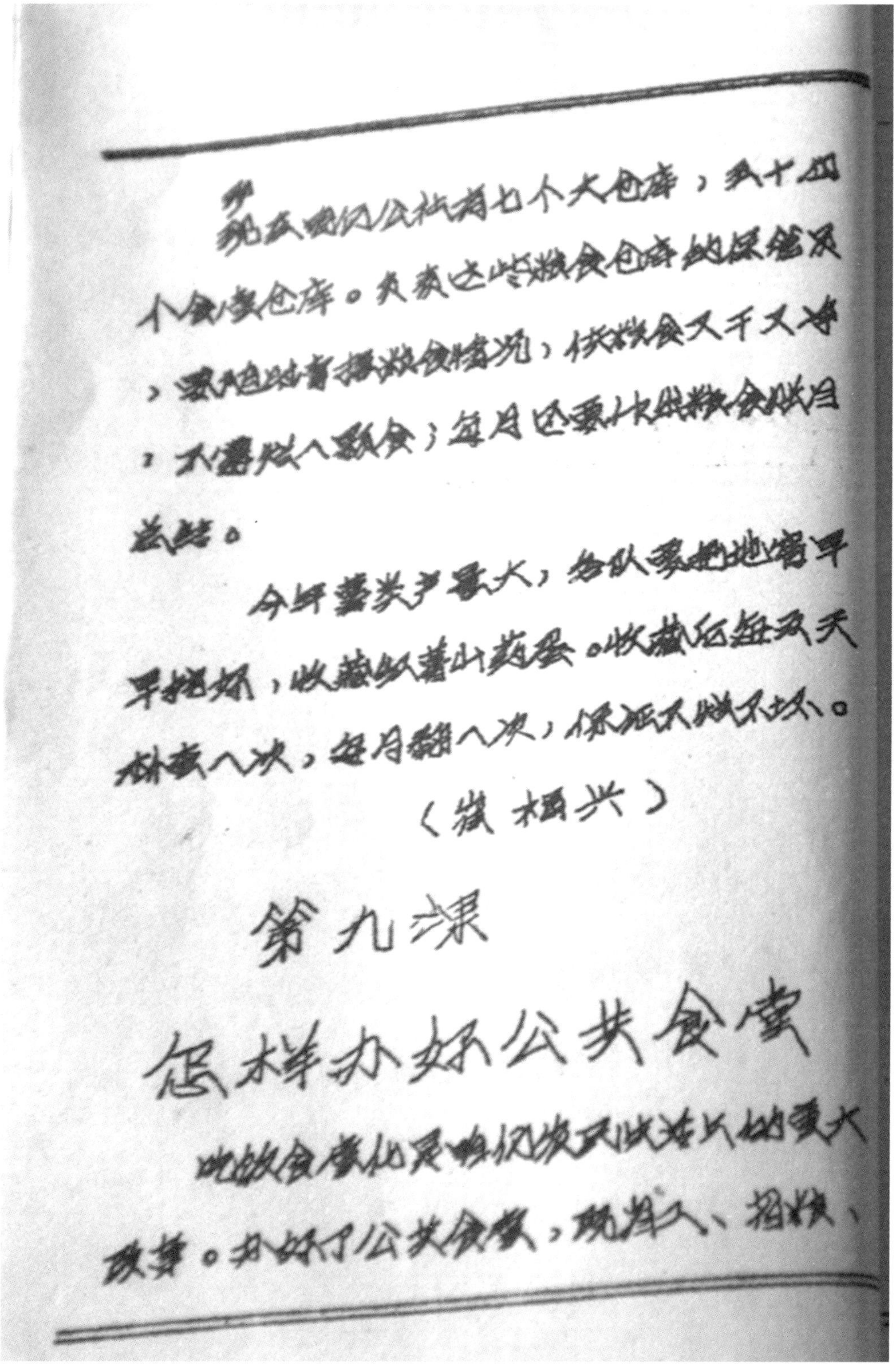
现在我们公社有七个大仓库，五十四个食堂仓库。负责这些粮食仓库的保管员，要做到常摸粮食情况，使粮食又干又净，不霉烂一粒粮食；每月还要作出粮食账目总结。

今年玉米产量大，各队要把地窖早早挖好，收藏红薯山药蛋。收藏后每五天检查一次，每月翻一次，保证不烂不坏。

（崔福兴）

第九课

怎样办好公共食堂

吃饭食堂化是咱们贫下中农的重大政策。办好了公共食堂，既省人、省粮、

图3-2-1-17　山西省平顺县西沟乡金星大学生产管理系辅助课本第1册第十五页

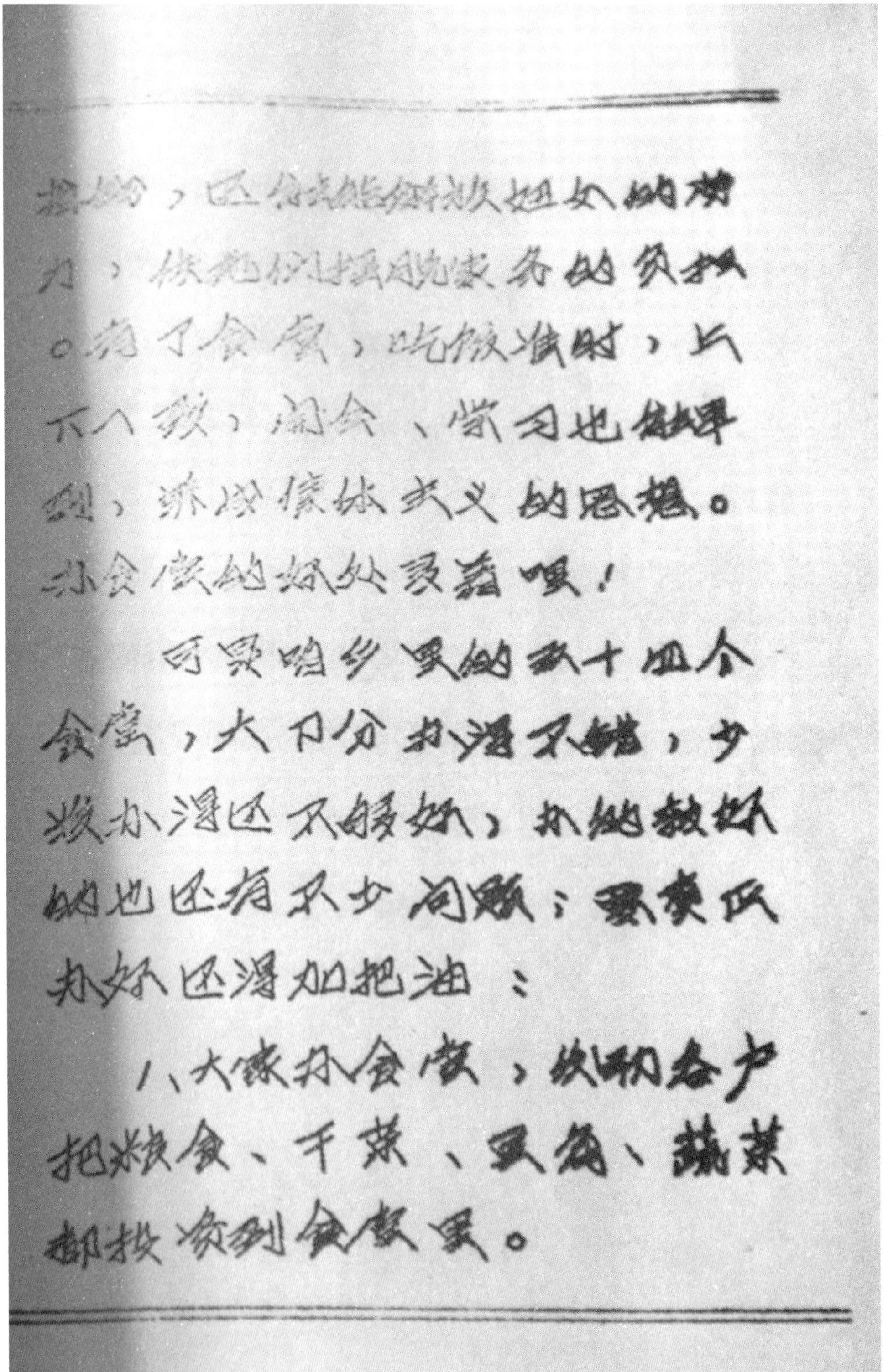

操心，还会能解放妇女的劳力，使她们摆脱家务的负担。有了食堂，吃饭准时，上下一致，开会、学习也能保证，消灭个体主义的思想。办食堂的好处多着哩！

可是咱乡里的五十四个食堂，大部分办得不错，少数办得还不够好，办的较好的也还有不少问题；要想办好还得加把油：

八、大家办食堂，欢迎各户把粮食、干菜、豆角、蔬菜都投资到食堂里。

图3-2-1-18　山西省平顺县西沟乡金星大学生产管理系辅助课本第1册第十六页

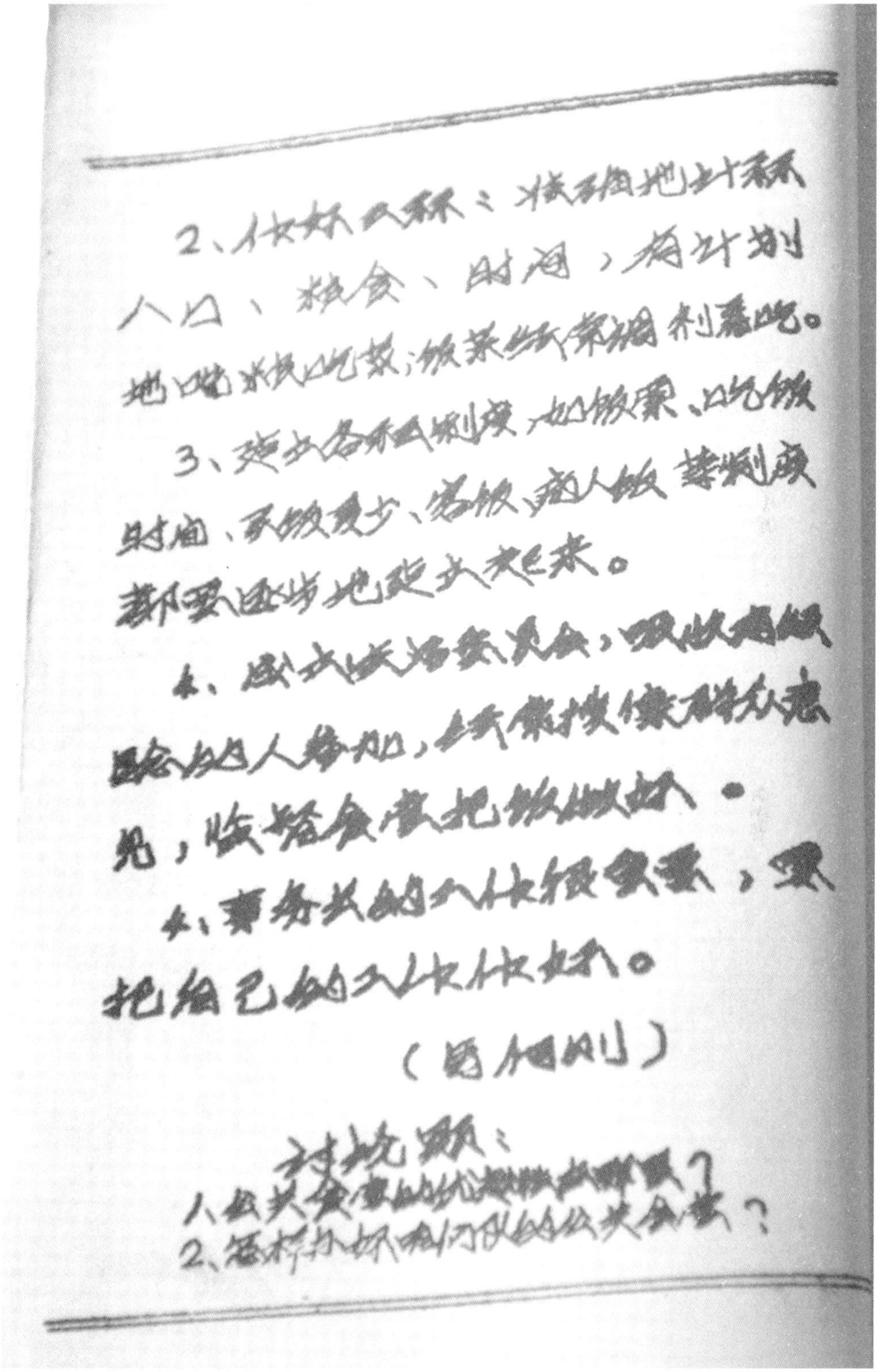

2、伙食管理：按每月把计划人口、粮食、时间，有计划地吃饱吃好；饭菜要经常调剂着吃。

3、建立各项制度，如饭票、吃饭时间、买饭手续、客饭、病人饭等制度都要逐步地建立起来。

4、成立伙食委员会，吸收有经验的人参加，经常搜集群众意见，帮助食堂把饭做好。

5、事务长的工作很重要，要把自己的工作做好。

（[illegible]）

讨论题：

1、公共食堂的优越性在哪里？

2、怎样办好咱们队的公共食堂？

图3-2-1-19　山西省平顺县西沟乡金星大学生产管理系辅助课本第1册第十七页

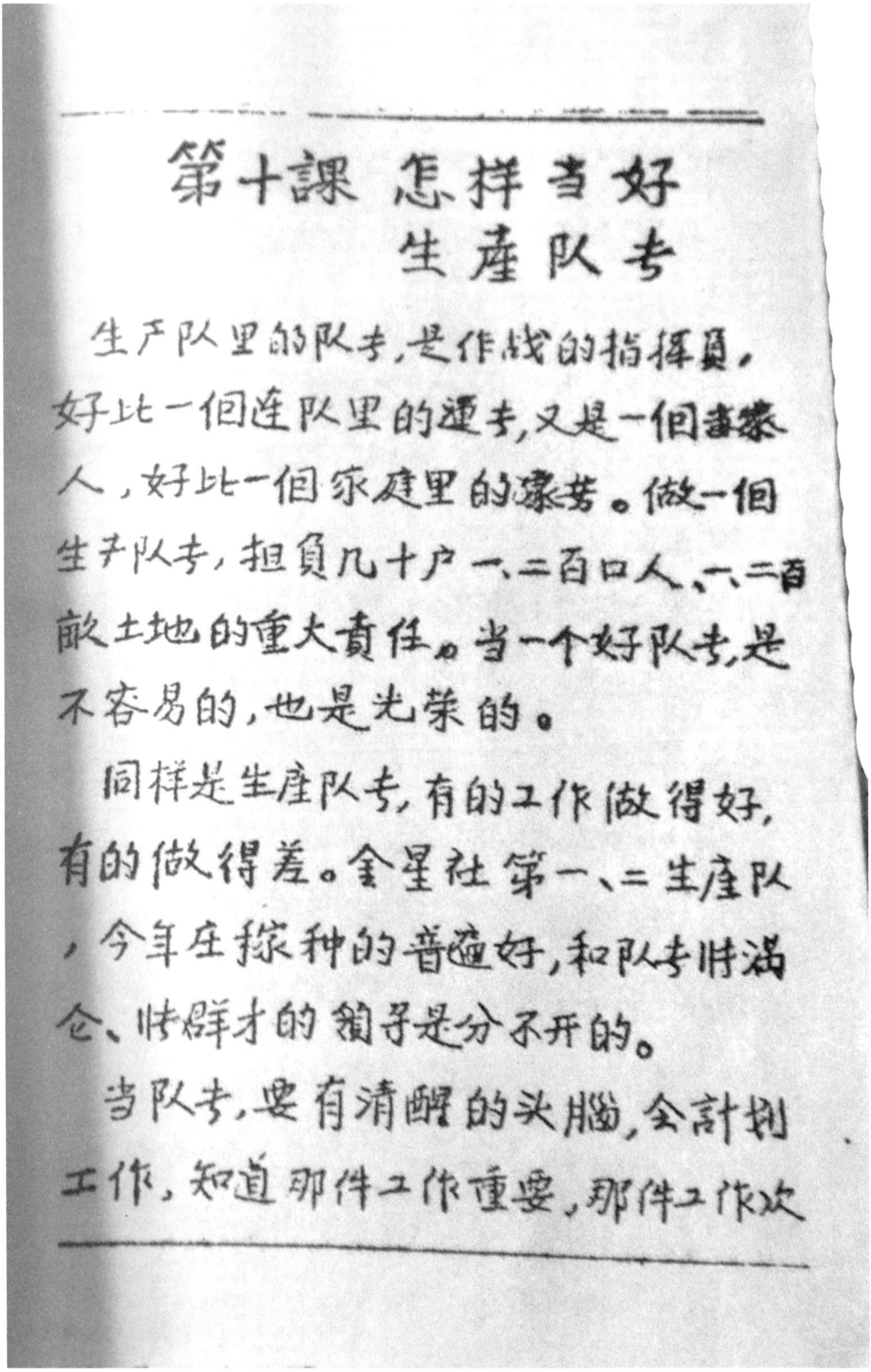

第十課 怎样当好生産队长

生产队里的队长，是作战的指挥員，好比一個连队里的連长，又是一個当家人，好比一個家庭里的家長。做一個生产队长，担負几十户一、二百口人、一、二百畝土地的重大責任。当一个好队长，是不容易的，也是光荣的。

同样是生産队长，有的工作做得好，有的做得差。金星社第一、二生産队，今年庄稼种的普遍好，和队长申满仓、申群才的領导是分不开的。

当队长，要有清醒的头腦，会計划工作，知道那件工作重要，那件工作次

图3-2-1-20　山西省平顺县西沟乡金星大学生产管理系辅助课本第1册第十八页

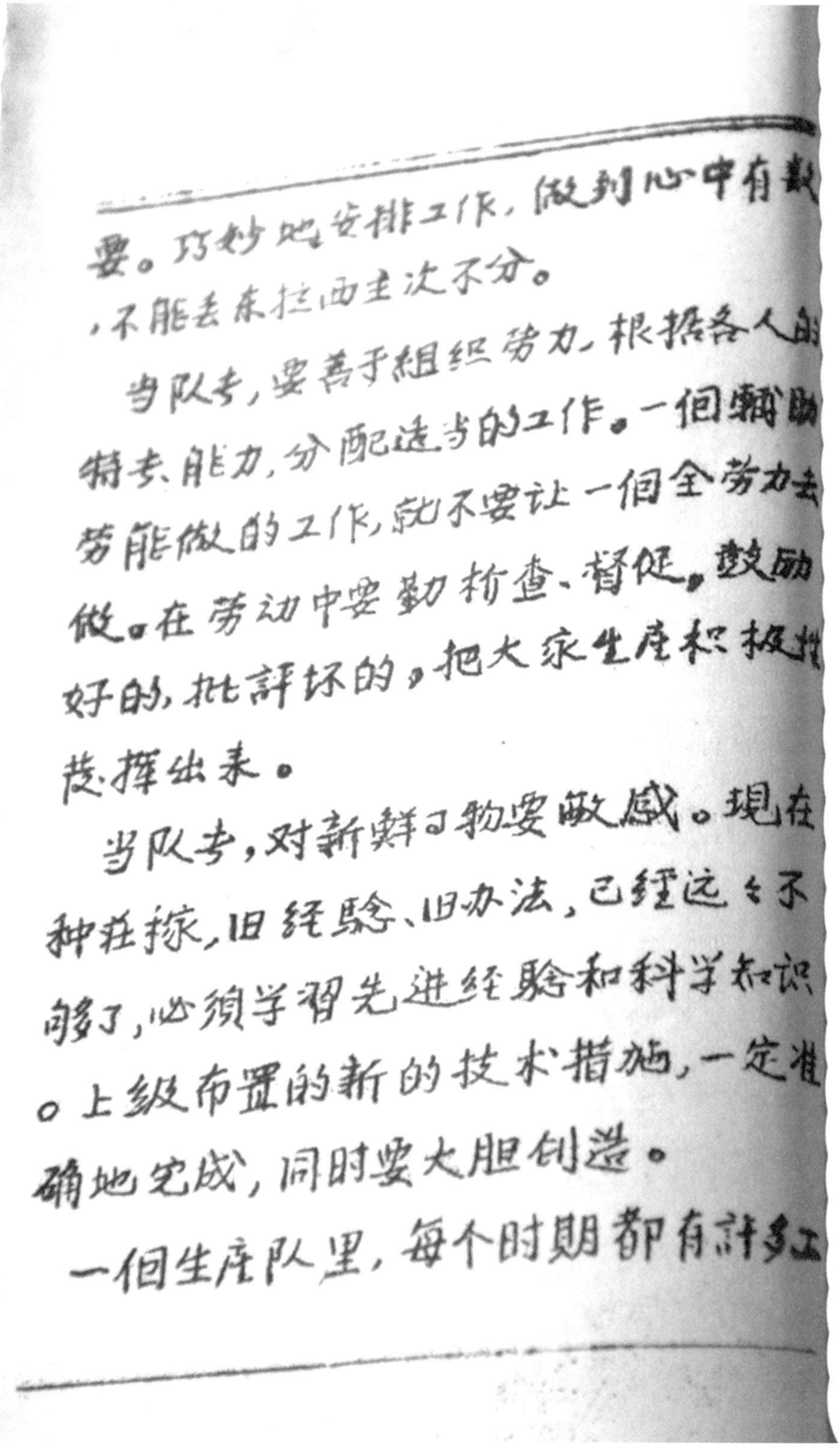

要。巧妙地安排工作，做到心中有数
，不能丢东拉西主次不分。
当队长，要善于組织劳力，根据各人的
特长、能力，分配适当的工作。一個輔助
劳能做的工作，就不要让一個全劳力去
做。在劳动中要勤检查、督促，鼓励
好的，批評坏的，把大家生產积极性
發揮出来。
当队长，对新鲜事物要敏感。現在
种莊稼，旧经驗、旧办法，已經远远不
够了，必須学習先进经驗和科学知识
。上級布置的新的技术措施，一定准
确地完成，同时要大胆创造。
一個生產队里，每个时期都有許多工

图3-2-1-21　山西省平顺县西沟乡金星大学生产管理系辅助课本第1册第十九页

作。这許多工作，如果光靠一個人去做，就是忙的累坏了，也不容易完成。因此，工作不怕多，怕的是少数人包办工作，不发动群众。队里的工作，要分給每个队員去做。大家都关心工作，都参加工作，工作就一定能做好。

做好任何工作，都需要文化知识。当队长的人，要利用生產空隙时间，学習文化。已经有初步文化程度的人，要經常阅读書报，不断地提高自己。

图3-2-1-22　山西省平顺县西沟乡金星大学生产管理系辅助课本第1册第二十页

討論題：

(1) 生産队长在一個生産单位中的地位和作用是什么？

(2) 生産队长怎样計划和安排工作？

(3) 生産队长怎样保証丰産措施的实现？

(4) 生産队长应該怎样学習？

(5) 你当生産队长的困难和经验是什么？

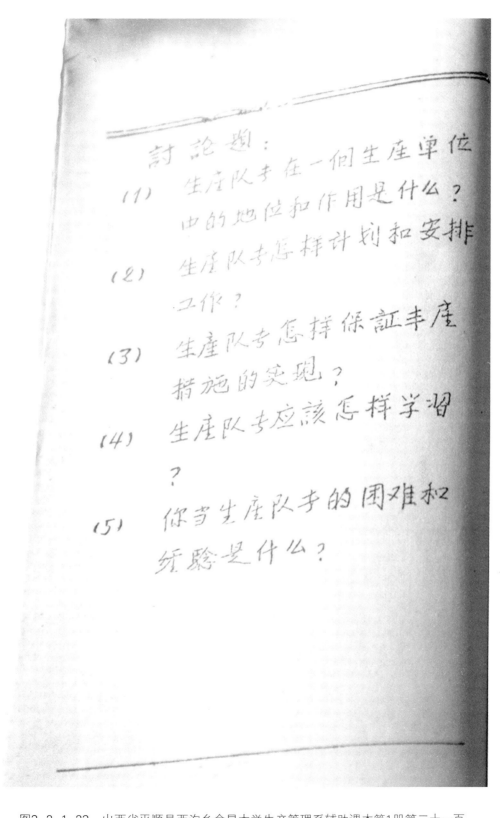

图3-2-1-23　山西省平顺县西沟乡金星大学生产管理系辅助课本第1册第二十一页

第十一课 公社的會計和記工員

人民公社的会計和記工員，担任公社的财务工作，协助领导上搞好劳動管理，他们的責任很重大。

怎样才算当好了会計和記工員呢？

首先，本人要树立共产主义思想，养成勤劳廉洁的好作風，为办好公社忘我地工作。

管理賬目，不論大小都要認真細心，保証不出差錯。

在日常工作中，要坚持制度，按手续办事。

要定期或不定期地向社員公布賬目，不要怕麻煩。每月向社主任、大隊长或小隊長报告工作，接受群众監督，听取群众意見，改进工作。

討論題：会計和記工員的任务是什么？

图3-2-1-24　山西省平顺县西沟乡金星大学生产管理系辅助课本第1册第二十二页

2. 依靠党的领导团结全体教师想尽一切办法办好全区学校——曹全喜（1960年1月16日）
注：晋东南区学校教育先进集体先进工作者总结评比交流经验誓师大会材料

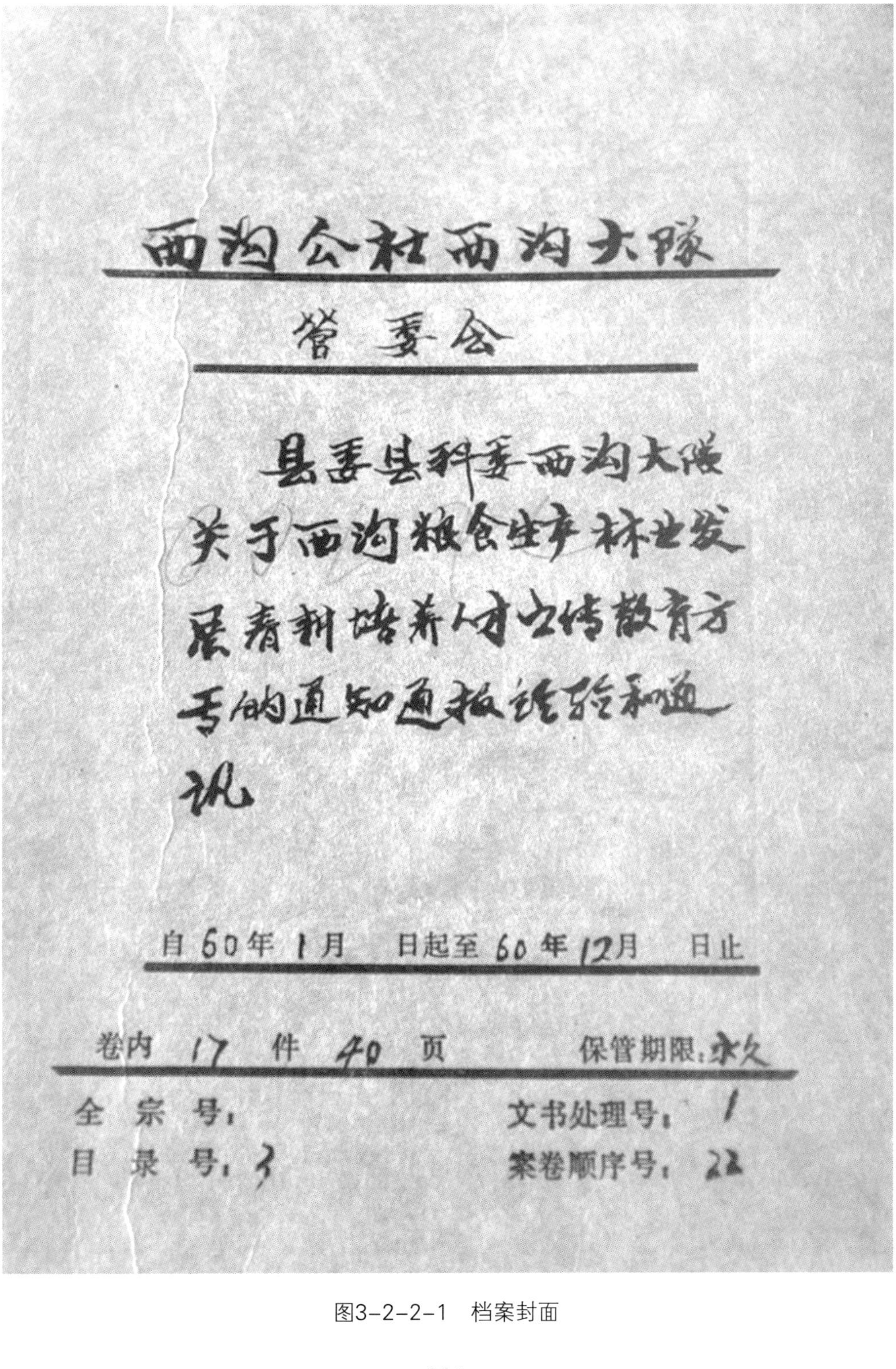
西沟公社西沟大队
管委会
县委县科委西沟大队关于西沟粮食生产林业发展育种培养人才宣传教育方面的通知通报经验和通讯

自60年1月 日起至60年12月 日止

卷内17件40页 保管期限：永久

全宗号： 文书处理号：1
目录号：3 案卷顺序号：22

图3-2-2-1 档案封面

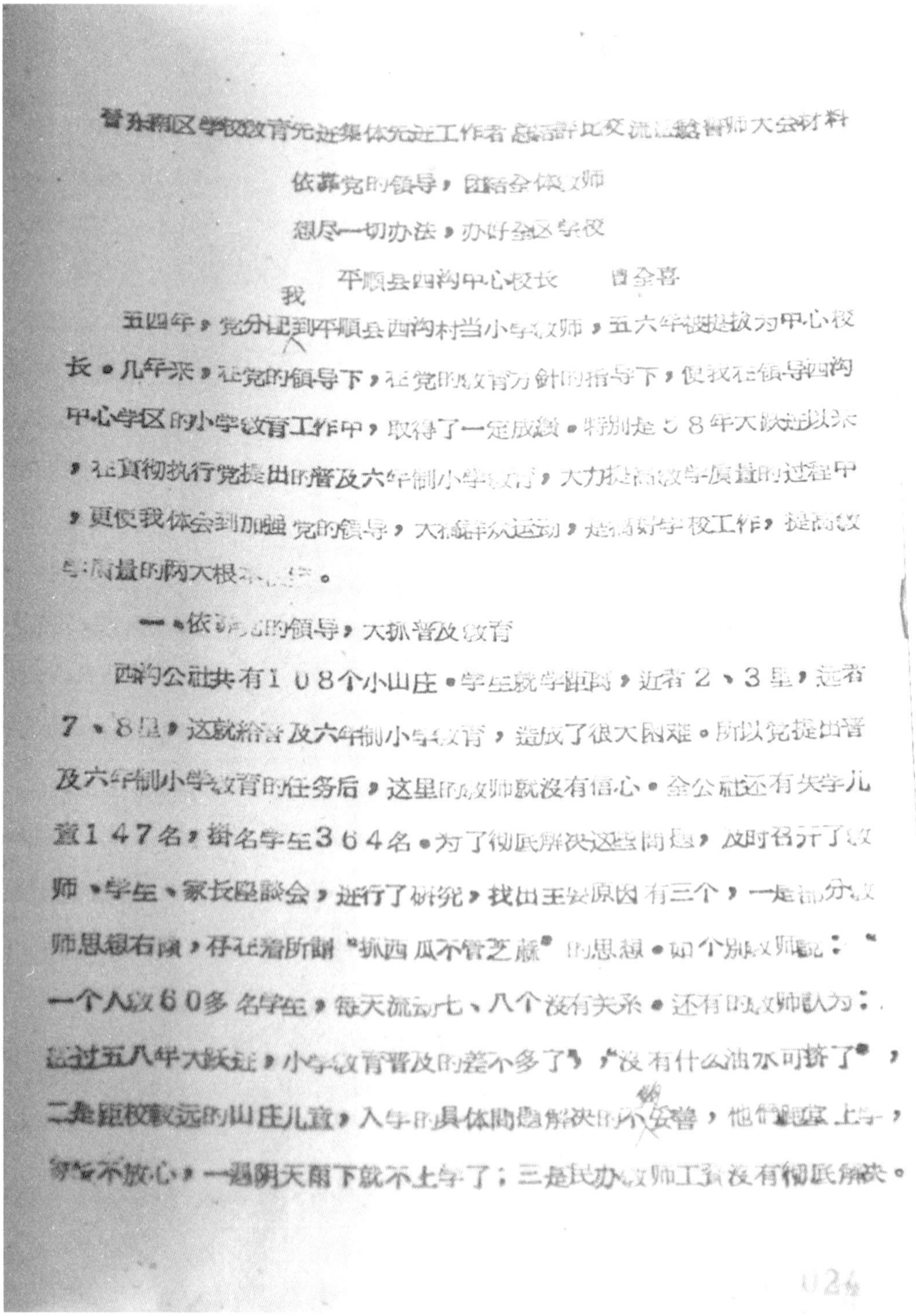

晋东南区学校教育先进集体先进工作者总结评比交流经验誓师大会材料

依靠党的领导，团结全体教师

想尽一切办法，办好全区学校

平顺县西沟中心校长　曹全喜

我五四年，党分配到平顺县西沟村当小学教师，五六年被提拔为中心校长。几年来，在党的领导下，在党的教育方针的指导下，使我在领导西沟中心学区的小学教育工作中，取得了一定成绩。特别是58年大跃进以来，在贯彻执行党提出的普及六年制小学教育，大力提高教学质量的过程中，更使我体会到加强党的领导，大搞群众运动，是搞好学校工作，提高教学质量的两大根本保证。

一、依靠党的领导，大抓普及教育

西沟公社共有108个小山庄。学生就学距离，近者2、3里，远者7、8里，这就给普及六年制小学教育，造成了很大困难。所以党提出普及六年制小学教育的任务后，这里的教师就没有信心。全公社还有失学儿童147名，挂名学生364名。为了彻底解决这些问题，及时召开了教师、学生、家长座谈会，进行了研究，找出主要原因有三个，一是部分教师思想右倾，存在着所谓"抓西瓜不管芝麻"的思想。如个别教师说："一个人教60多名学生，每天流动七、八个没有关系。还有的教师认为：经过五八年大跃进，小学教育普及的差不多了"，"没有什么油水可挤了"，二是距校较远的山庄儿童，入学的具体问题解决的不妥善，他们跑家上学，家长不放心，一遇阴天雨下就不上学了；三是民办教师工资没有彻底解决。

024

图3-2-2-2　依靠党的领导团结全体教师想尽一切办法办好全区学校第一页

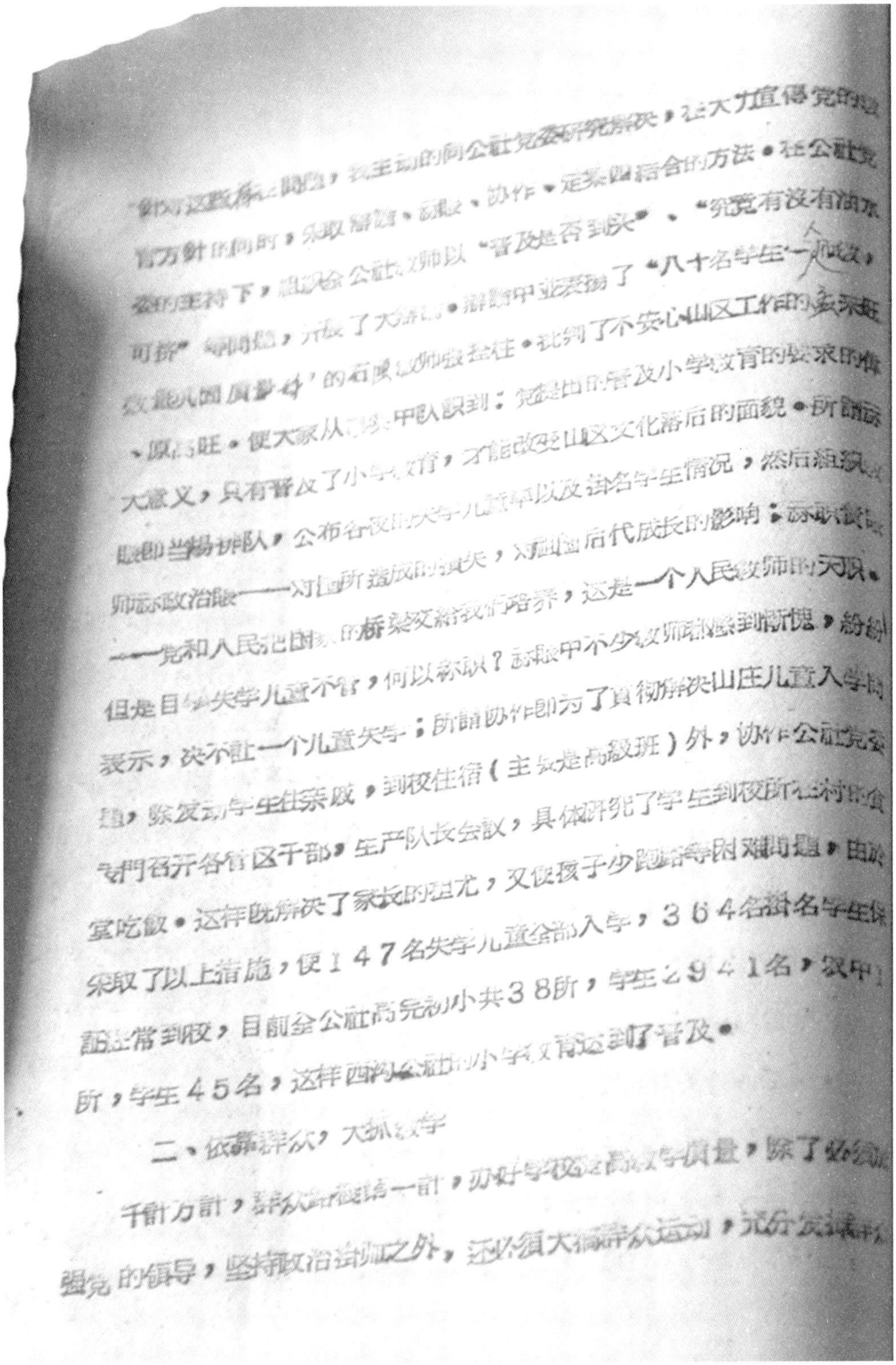

针对这些存在问题，我主动的向公社党委研究解决，在大力宣传党的教
育方针的同时，采取督促、动员、协作、定案四结合的方法。在公社党
委的主持下，组织全公社教师以"普及是否到头"、"究竟有没有潜力
可挖"等问题，开展了大辩论。辩论中批判了"八十名学生一个班级，
数量[illegible]质量[illegible]"的右倾保守思想。批判了不安心山区工作的资产阶
级[illegible]。使大家从辩论中认识到：党提出的普及小学教育的要求的伟
大意义，只有普及了小学教育，才能改变山区文化落后的面貌。所谓动
员即当场排队，公布各校的失学儿童以及辍名学生情况，然后组织教
师谈政治账——对国家所造成的损失，对祖国后代成长的影响；谈职责
——党和人民把团结的桥梁交给我们培养，这是一个人民教师的天职。
但是目前失学儿童不管，何以称职？谈账中不少教师都感到惭愧，纷纷
表示，决不让一个儿童失学；所谓协作即为了贯彻解决山庄儿童入学问
题，除发动学生住亲戚，到校住宿（主要是高级班）外，协作公社党委
专门召开各管区干部，生产队长会议，具体研究了学生到校所在村的食
宿吃饭。这样既解决了家长的担忧，又使孩子少跑路等困难问题，由于
采取了以上措施，使147名失学儿童全部入学，364名辍名学生保
证正常到校，目前全公社高完初小共38所，学生2941名，其中[illegible]
所，学生45名，这样西沟公社的小学教育达到了普及。

二、依靠群众，大抓教学

千方百计，群众路线一计，办好学校提高教学质量，除了必须加
强党的领导，坚持政治挂帅之外，还必须大搞群众运动，充分发挥教

图3-2-2-3 依靠党的领导团结全体教师想尽一切办法办好全区学校第二页

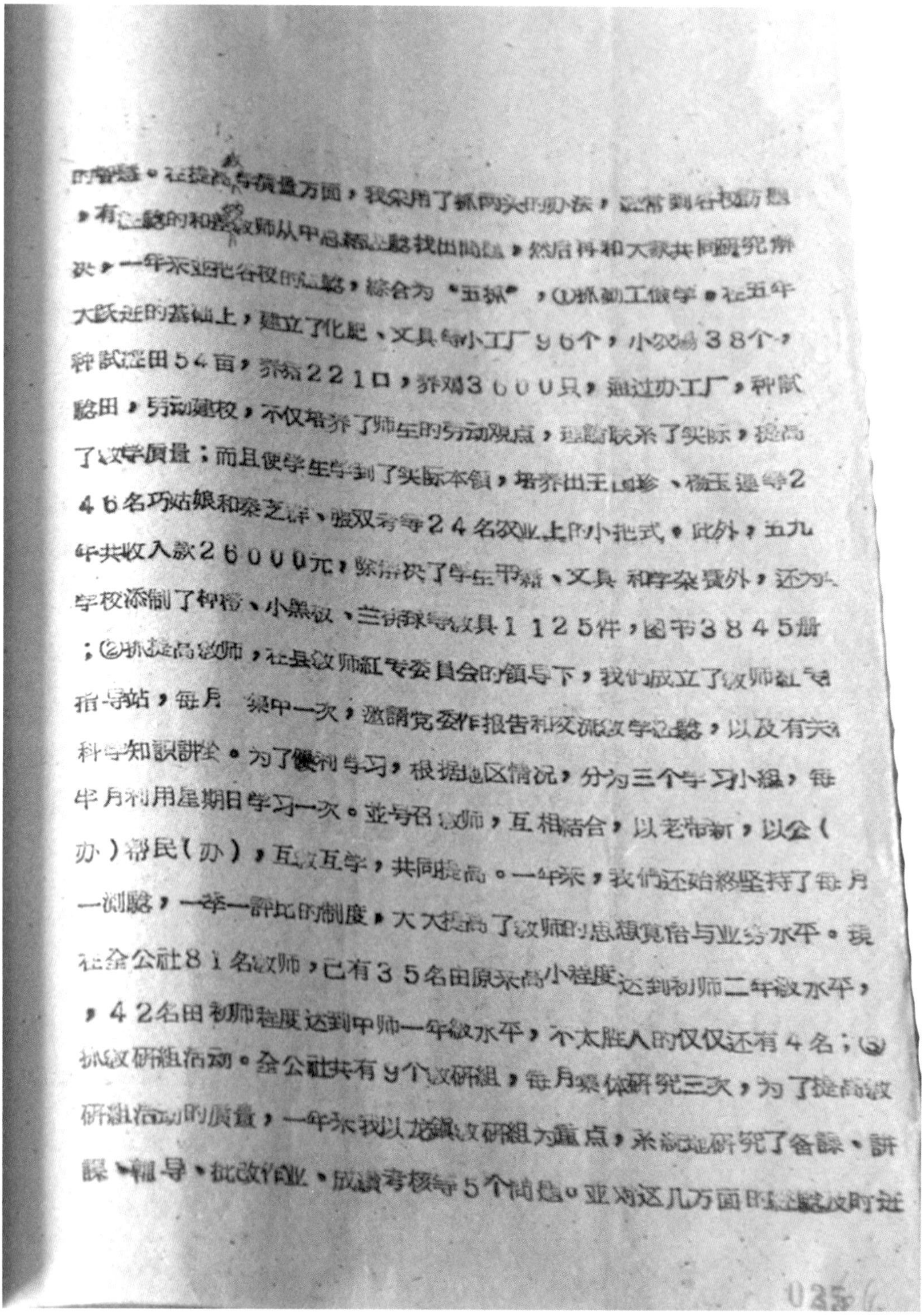

的經驗。在提高教學質量方面，我采用了抓两头的办法，經常到各校訪問，有經驗的和缺經驗的教师从中总結經驗找出問題，然后再和大家共同研究解决。一年来通过各校的經驗，綜合为"五抓"，①抓勤工儉学。在五年大跃进的基础上，建立了化肥、文具等小工厂96个，小农場38个，种試驗田54亩，养猪221口，养鸡3600只，通过办工厂，种試驗田，劳动建校，不仅培养了师生的劳动观点，理論联系了实际，提高了教学質量；而且使学生学到了实际本領，培养出王国珍、杨玉運等246名巧姑娘和秦之祥、张双有等24名农业上的小把式。此外，五九年共收入款26000元，除解决了学生书籍、文具和学杂費外，还为学校添制了桌椅、小黑板、兰排球等教具1125件，图书3845册；②抓提高教师，在县教师紅专委員会的領导下，我们成立了教师紅专指导站，每月集中一次，邀請党委作报告和交流教学經驗，以及有关科学知識講座。为了便利学习，根据地区情况，分为三个学习小組，每半月利用星期日学习一次。並号召教师，互相結合，以老带新，以公（办）帮民（办），互教互学，共同提高。一年来，我们还始終坚持了每月一测驗，一季一評比的制度，大大提高了教师的思想覚悟与业务水平。現在全公社81名教师，已有35名由原来高小程度达到初师二年級水平，42名由初师程度达到中师一年級水平，不太胜任的仅仅还有4名；③抓教研組活动。全公社共有9个教研組，每月集体研究三次，为了提高教研組活动的質量，一年来我以龙鎮教研組为重点，系統地研究了备課、講課、辅导、批改作业、成績考核等5个問題。並对这几方面的經驗及时进

图3-2-2-4　依靠党的领导团结全体教师想尽一切办法办好全区学校第三页

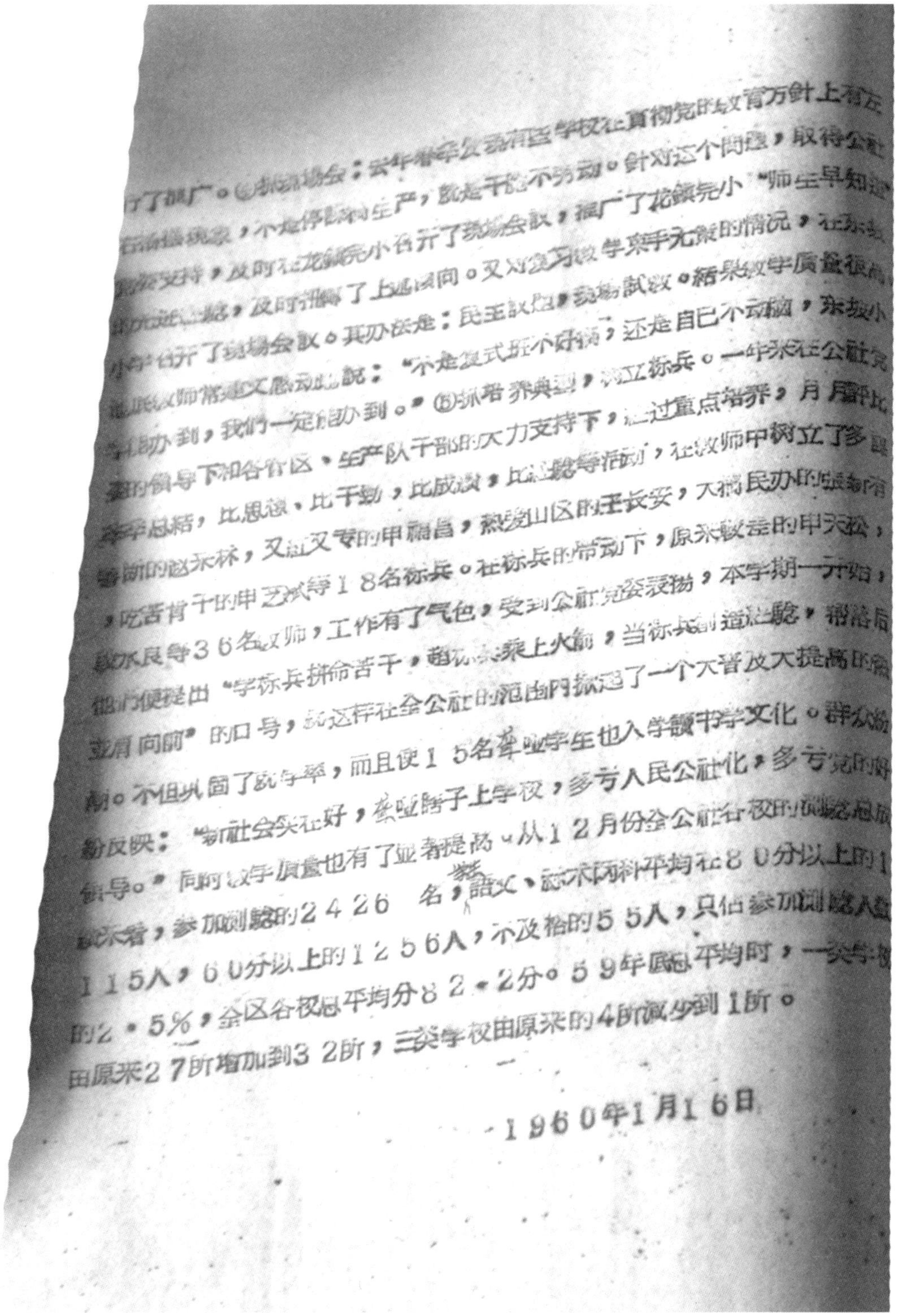

行了推广。⑥抓现场会：去年春季公社有些学校在贯彻党的教育方针上有左
右倾偏现象，不是停课搞生产，就是干脆不劳动。针对这个问题，取得公社
党委支持，及时在花镇完小召开了现场会议，推广了花镇完小"师生早知道
的先进经验，及时扭转了上述倾向。又对复式教学束手无策的情况，在东坡
小学召开了现场会议。其办法是：民主议题，现场试教。结果教学质量很高
使此教师常遭又感动地说："不是复式班不好搞，还是自己不动脑，东坡小
学能办到，我们一定能办到。"⑤抓培养典型，树立标兵。一年来在公社党
委的领导下和各管区、生产队干部的大力支持下，经过重点培养，月月评比
季季总结，比思想、比干劲，比成绩，比经验等活动，在教师中树立了多思
善断的赵东林，又红又专的申福昌，热爱山区的王长安，大搞民办的张新福
，吃苦肯干的申艺斌等18名标兵。在标兵的带动下，原来较差的申天松，
赵永良等36名教师，工作有了起色，受到公社党委表扬，本学期一开始，
他们便提出"学标兵拼命苦干，跟标兵乘上火箭，当标兵创造经验，帮落后
並肩向前"的口号，就这样在全公社的范围内掀起了一个大普及大提高的高
潮。不但巩固了就学率，而且使15名聋哑学生也入学读书学文化。群众纷
纷反映："新社会实在好，聋哑瞎子上学校，多亏人民公社化，多亏党的好
领导。"同时教学质量也有了显著提高。从12月份全公社各校的测验总成
绩来看，参加测验的2426　名，数学、语文、算术两科平均在80分以上的1
115人，60分以上的1256人，不及格的55人，只占参加测验人数
的2.5%，全区各校总平均分82.2分。59年底总平均时，一类学校
由原来27所增加到32所，三类学校由原来的4所减少到1所。

1960年1月16日

图3-2-2-5　依靠党的领导团结全体教师想尽一切办法办好全区学校第四页

（三）文艺活动

1. 农村文艺战线上的一面红旗（1960年5月25日）

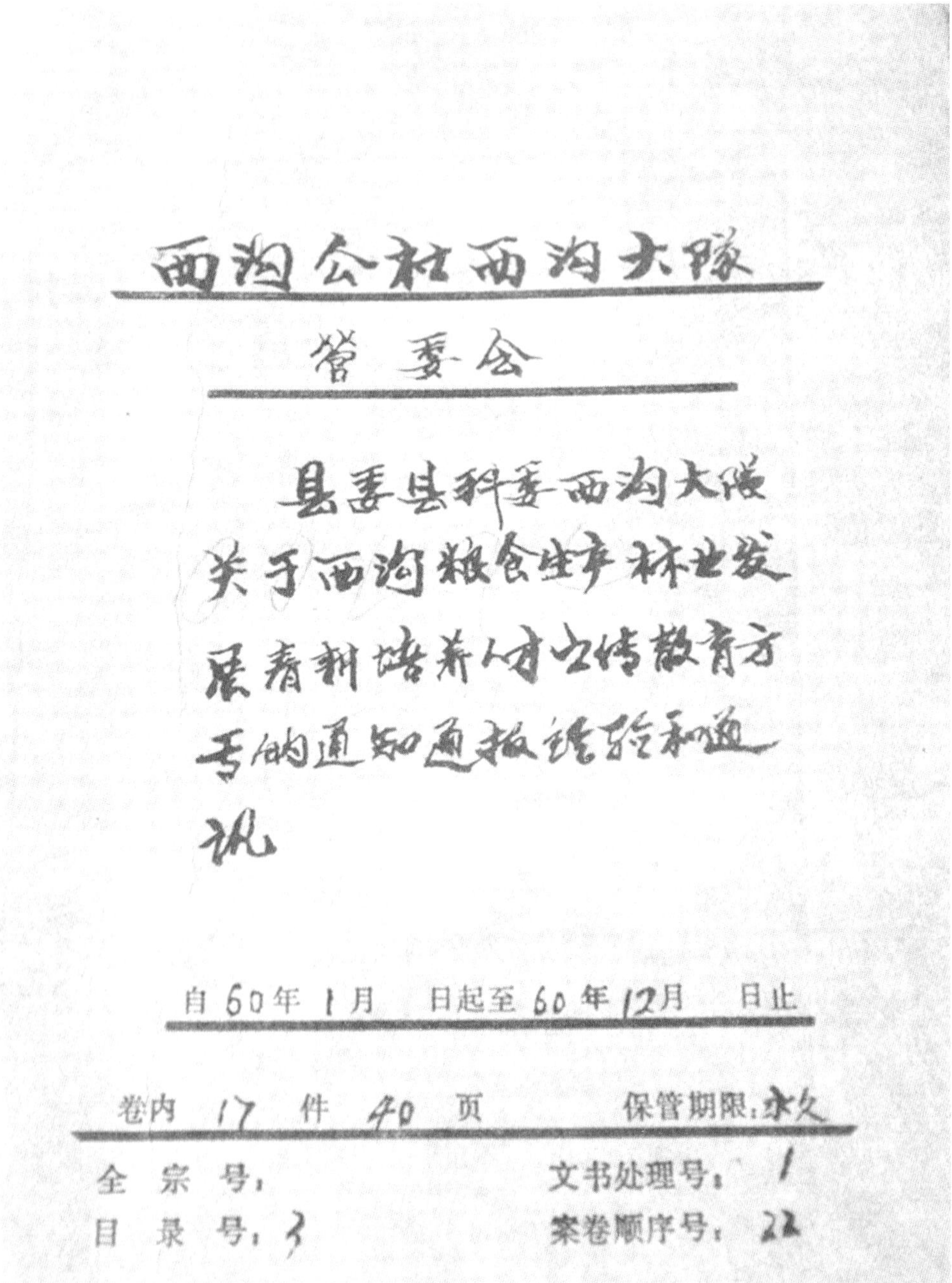

西沟公社西沟大队

管委会

县委县科委西沟大队关于西沟粮食生产林业发展育种培养人才宣传教育方面的通知通报经验和通讯

自60年1月 日起至60年12月 日止

卷内 17 件 40 页 保管期限：永久

全宗号： 文书处理号：1

目录号：3 案卷顺序号：22

图3-3-1-1 档案封面

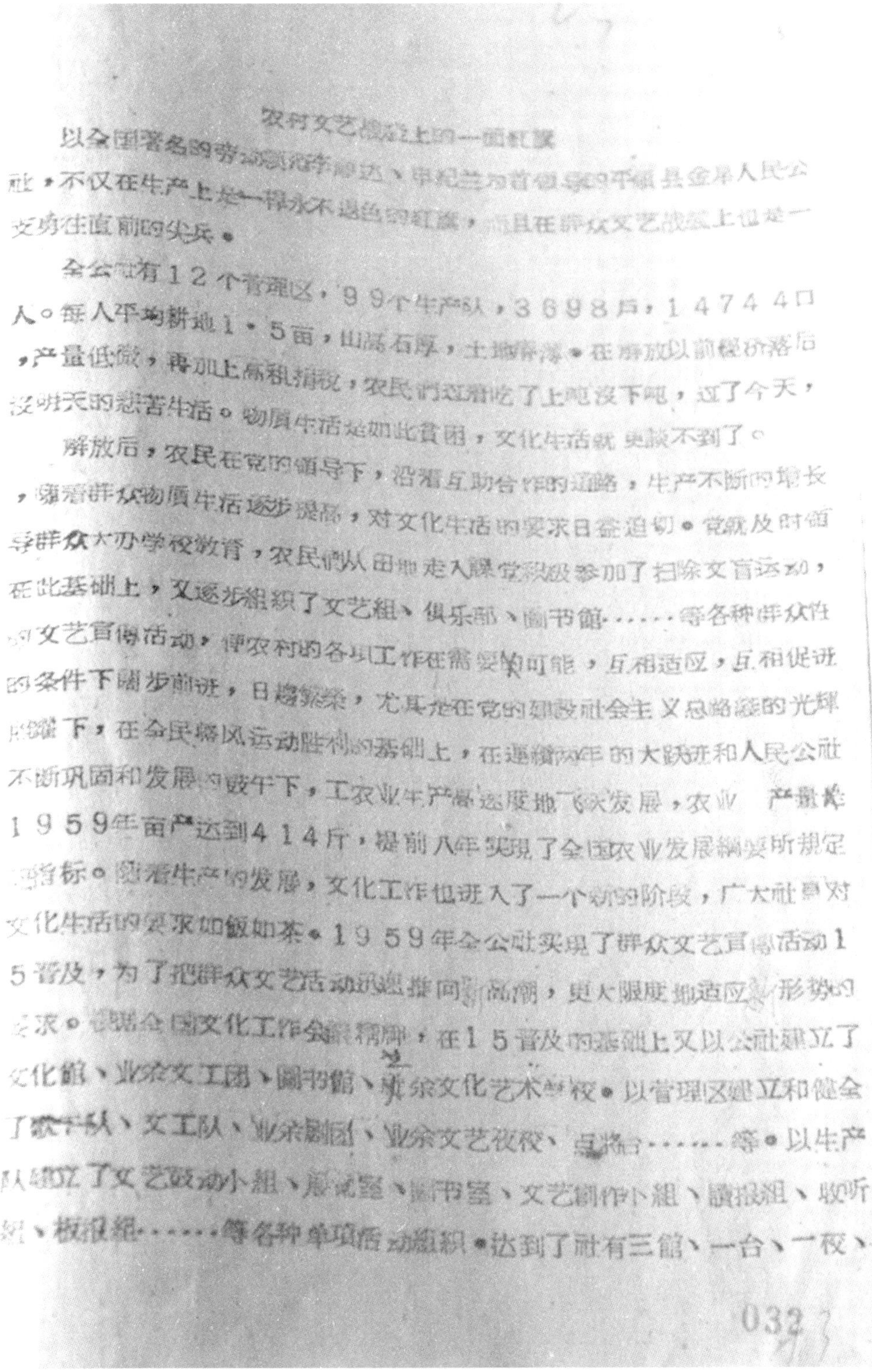

农村文艺战线上的一面红旗

以全国著名的劳动模范李顺达、申纪兰为首领导的平顺县金星人民公社，不仅在生产上是一面永不退色的红旗，而且在群众文艺战线上也是一支勇往直前的尖兵。

全公社有12个管理区，99个生产队，3698户，14744口人。每人平均耕地1.5亩，山高石厚，土地瘠薄。在解放以前经济落后，产量低微，再加上苛捐杂税，农民们过着吃了上顿没下顿，过了今天没明天的悲苦生活。物质生活是如此贫困，文化生活就更谈不到了。

解放后，农民在党的领导下，沿着互助合作的道路，生产不断的增长，随着群众物质生活逐步提高，对文化生活的要求日益迫切。党就及时领导群众大办学校教育，农民们从田地走入课堂积极参加了扫除文盲运动，在此基础上，又逐步組織了文艺組、俱乐部、圖书館……等各种群众性的文艺宣傳活动，使农村的各项工作在需要和可能，互相适应，互相促进的条件下齐步前进，日趋繁荣，尤其是在党的建設社会主义总路綫的光輝照耀下，在全民整风运动胜利的基础上，在連續两年的大跃进和人民公社不断巩固和发展的鼓午下，工农业生产高速度地飞跃发展，农业产量在1959年亩产达到414斤，提前八年实現了全国农业发展綱要所規定的指标。随着生产的发展，文化工作也进入了一个新的阶段，广大社员对文化生活的要求如饑如渴。1959年全公社实現了群众文艺宣傳活动15普及，为了把群众文艺活动迅速推向新高潮，更大限度地适应新形势的要求。根据全国文化工作会議精神，在15普及的基础上又以公社建立了文化館、业余文工团、圖书館、业余文化艺术学校。以管理区建立和健全了歌舞队、文工队、业余剧团、业余文艺夜校、广播台……等。以生产队建立了文艺鼓动小組、展览室、圖书室、文艺創作小組、讀报組、收听組、板报組……等各种单项活动組織。达到了社有三館、一台、一校、

032

图3-3-1-2　农村文艺战线上的一面红旗第一页

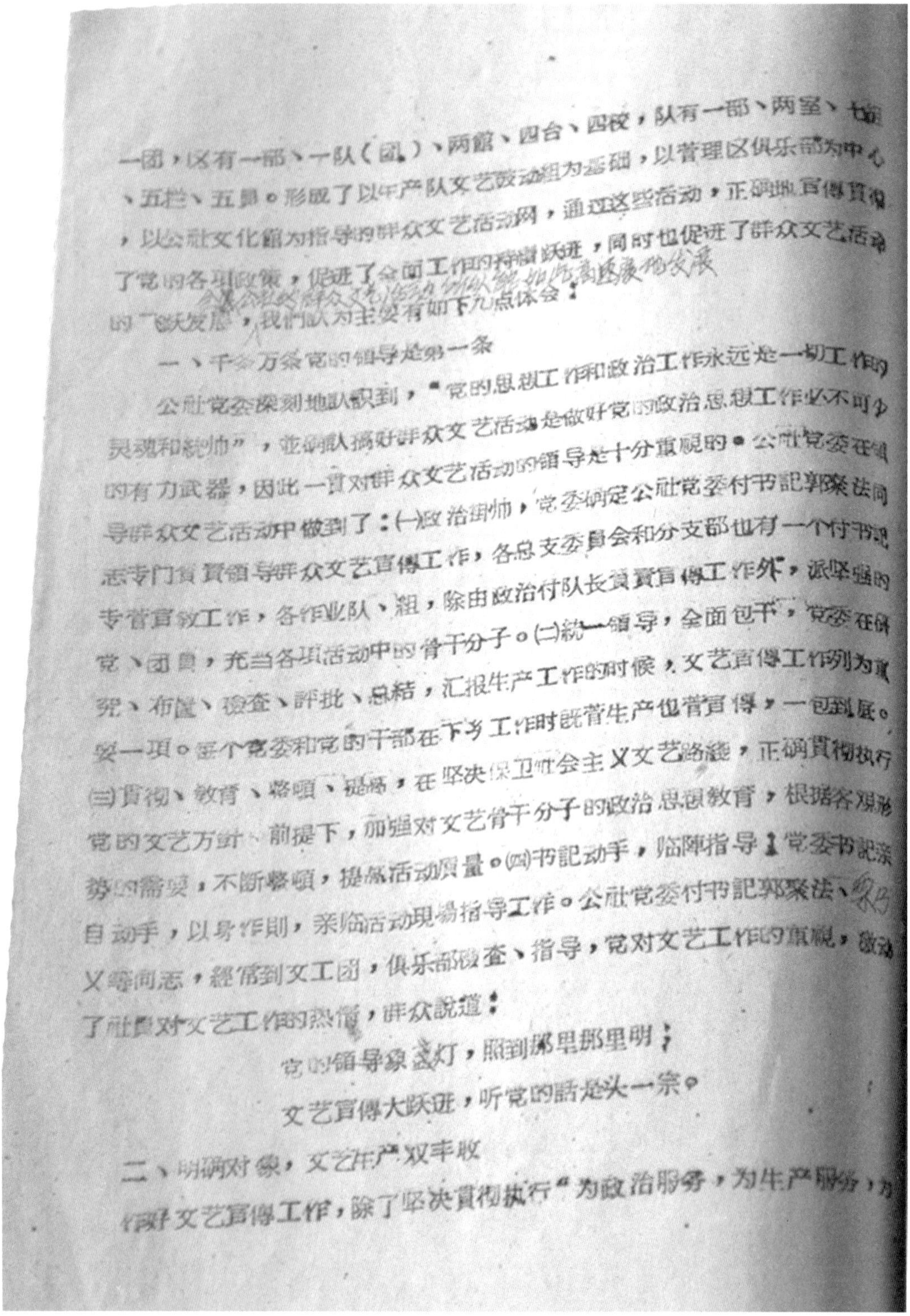

四台、四校，队有一部、两室、七组
一团，区有一部、一队（团）、两館、四台、四校，以管理区俱乐部为中心
、五拦、五員。形成了以生产队文艺鼓动組为基础，以管理区俱乐部为中心
，以公社文化館为指导的群众文艺活动网，通过这些活动，正确地宣傳貫徹
了党的各項政策，促进了全面工作的持續跃进，同时也促进了群众文艺活动
的飞跃发展，我們认为主要有如下九点体会：

一、千条万条党的領导是第一条
公社党委深刻地认識到，"党的思想工作和政治工作永远是一切工作的
灵魂和統帅"，並确认搞好群众文艺活动是做好党的政治思想工作必不可少
的有力武器，因此一貫对群众文艺活动的領导是十分重視的。公社党委在領
导群众文艺活动中做到了：(一)政治掛帅，党委确定公社党委付书記郭聚法同
志专门負責領导群众文艺宣傳工作，各总支委員会和分支部也有一个付书記
专管宣教工作，各作业队、組，除由政治付队长負責宣傳工作外，派坚强的
党、团員，充当各項活动中的骨干分子。(二)統一領导，全面包干，党委在研
究、布置、检查、評批、总結，汇报生产工作的时候，文艺宣傳工作列为重
要一項。每个党委和党的干部在下乡工作时既管生产也管宣傳，一包到底。
(三)貫徹、教育、整頓、提高，在坚决保卫社会主义文艺路綫，正确貫徹执行
党的文艺方針、前提下，加强对文艺骨干分子的政治思想教育，根据客观形
势的需要，不断整頓，提高活动質量。(四)书記动手，临陣指导：党委书記亲
自动手，以身作則，亲临活动現場指导工作。公社党委付书記郭聚法、
义等同志，經常到文工团，俱乐部检查、指导，党对文艺工作的重視，鼓动
了社員对文艺工作的热情，群众說道：
党的領导象盏灯，照到那里那里明；
文艺宣傳大跃进，听党的話是头一宗。

二、明确对象，文艺生产双丰收
作好文艺宣傳工作，除了坚决貫徹执行"为政治服务，为生产服务，为

图3-3-1-3　农村文艺战线上的一面红旗第二页

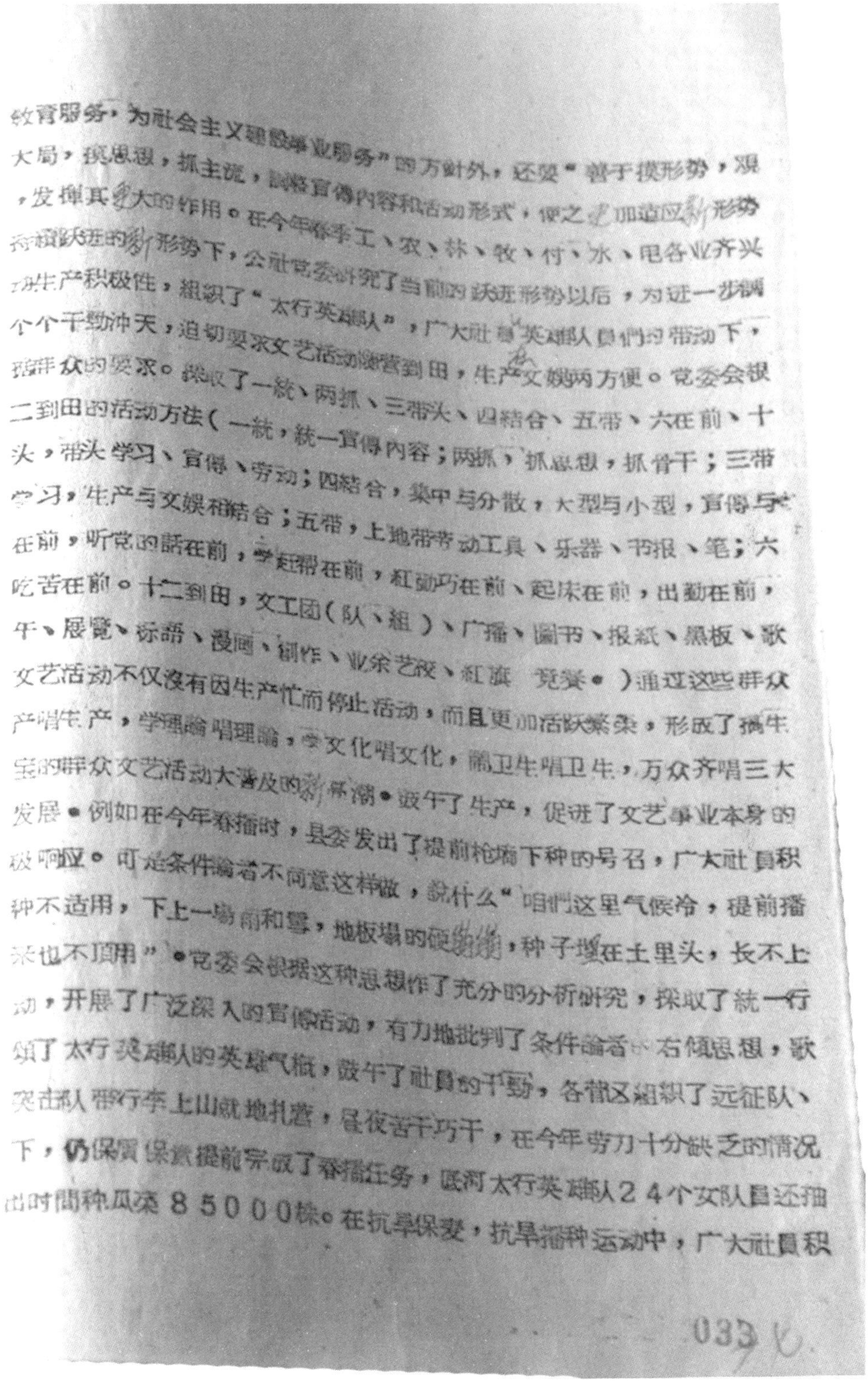

教育服务，为社会主义建设事业服务”的方针外，还要“善于摸形势，艰
大局，摸思想，抓主流，调整宣傳内容和活动形式，使之更加适应新形势
，发挥其更大的作用。在今年春季工、农、林、牧、付、水、电各业齐头
并进积跃进的新形势下，公社党委研究了当前的跃进形势以后，为进一步调
动生产积极性，組织了“太行英雄队”，广大社員在英雄队員們的带动下，
个个干勁冲天，迫切要求文艺活动深入到田，生产文娱两方便。党委会根
据群众的要求。採取了一統、两抓、三带头、四結合、五带、六在前、十
二到田的活动方法（一統，統一宣傳内容；两抓，抓思想，抓骨干；三带
头，带头学习、宣傳、劳动；四結合，集中与分散，大型与小型，宣傳与
学习，生产与文娱相結合；五带，上地带劳动工具、乐器、书报、笔；六
在前，听党的話在前，学赶帮在前，社动巧在前、起床在前，出勤在前，
吃苦在前。十二到田，文工团（队、組）、广播、圖书、报紙、黑板、歌
午、展覽、标語、漫画、创作、业余艺校、紅旗　竞賽。）通过这些群众
文艺活动不仅沒有因生产忙而停止活动，而且更加活跃繁荣，形成了搞生
产唱生产，学理論唱理論，学文化唱文化，讲卫生唱卫生，万众齐唱三大
宝的群众文艺活动大普及的新高潮。鼓午了生产，促进了文艺事业本身的
发展。例如在今年春播时，县委发出了提前抢墒下种的号召，广大社員积
极响应。可是条件論者不同意这样做，說什么“咱們这里气候冷，提前播
种不适用，下上一场雨和雪，地板塌的硬綁綁，种子埋在土里头，长不上
来也不頂用”。党委会根据这种思想作了充分的分析研究，採取了統一行
动，开展了广泛深入的宣傳活动，有力地批判了条件論者的右傾思想，歌
頌了太行英雄队的英雄气概，鼓午了社員的干勁，各管区組织了远征队、
突击队带行李上山就地扎营，昼夜苦干巧干，在今年劳力十分缺乏的情况
下，仍保質保量提前完成了春播任务，匠河太行英雄队24个女队員还抽
出时間种瓜菜85000株。在抗旱保麦，抗旱播种运动中，广大社員积

0336

图3-3-1-4　农村文艺战线上的一面红旗第三页

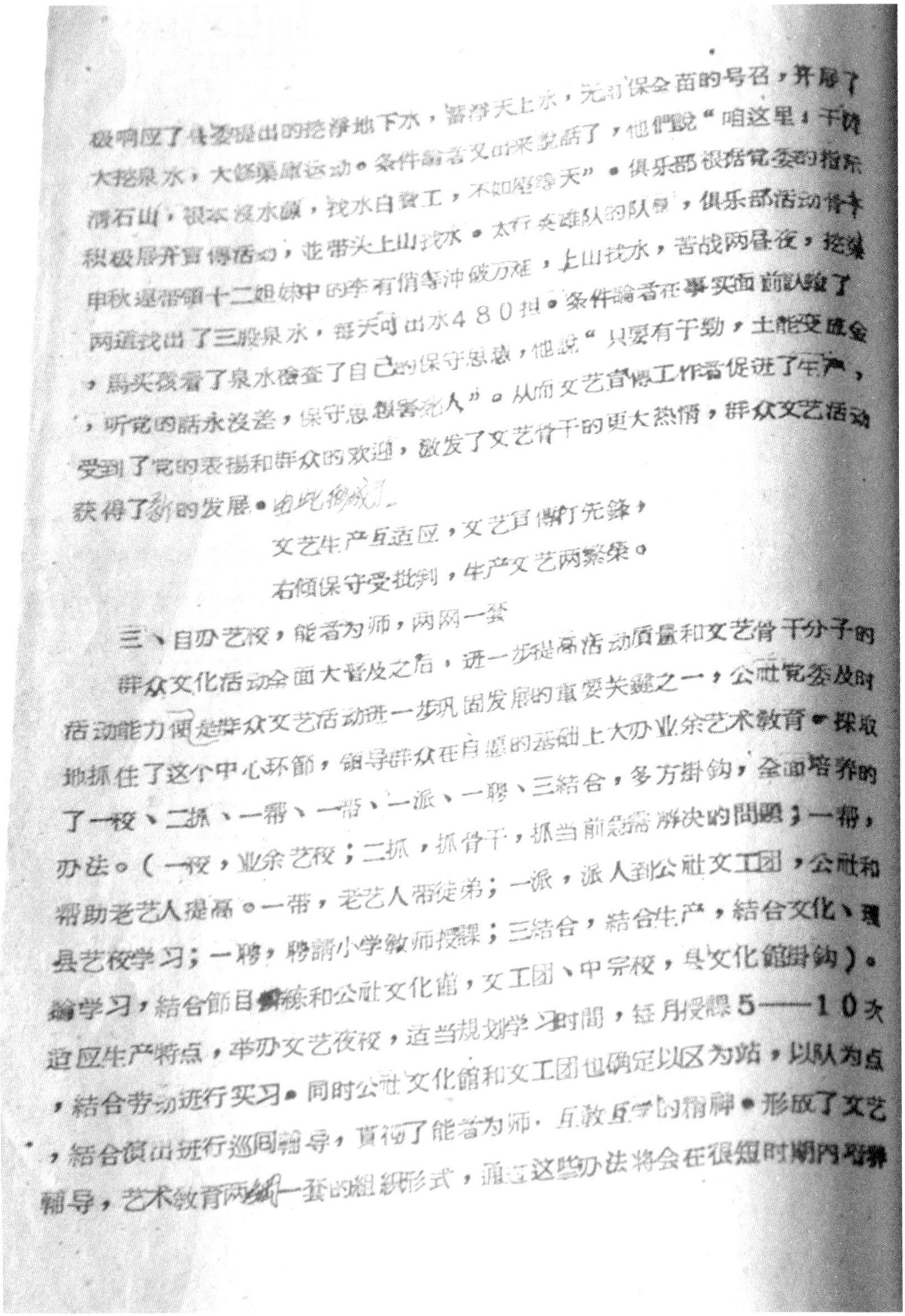

先打保全苗的号召，开展了
极响应了县委提出的挖净地下水，蓄存天上水，干旱
大挖泉水，大修渠库运动。条件論者又出来說話了，他們說"咱这里：指示
滑石山，根本沒水源，找水白費工，不如盼老天"。俱乐部根据党委的骨干
积极展开宣傳活动，並带头上山找水。太行英雄队的队員，俱乐部活动挖渠
申秋遐带領十二姐妹中的李有俏等冲破万难，上山找水，苦战两昼夜，認輸了
两道找出了三股泉水，每天可出水480担。条件論者在事实面前成金
，馬买孩看了泉水檢查了自己的保守思想，他說"只要有干劲，土能变生产，
，听党的話永沒差，保守思想害死人"。从而文艺宣傳工作者促进了群众文艺活动
受到了党的表揚和群众的欢迎，激发了文艺骨干的更大热情，
获得了新的发展。由此形成了

文艺生产互适应，文艺宣傳打先鋒，

右傾保守受批判，生产文艺两繁荣。

三、自办艺校，能者为师，两网一套

群众文化活动全面大普及之后，进一步提高活动质量和文艺骨干分子的
活动能力便是群众文艺活动进一步巩固发展的重要关鍵之一，公社党委及时
地抓住了这个中心环節，領导群众在自愿的基础上大办业余艺术教育。採取
了一校、二抓、一帮、一带、一派、一聘、三結合，多方掛鈎，全面培养的
办法。（一校，业余艺校；二抓，抓骨干，抓当前急需解决的問題；一帮，
帮助老艺人提高。一带，老艺人带徒弟；一派，派人到公社文工团，公社和
县艺校学习；一聘，聘請小学教师授課；三結合，結合生产，結合文化、理
論学习，結合節目排練和公社文化館，文工团、中宗校，县文化館掛鈎）。
适应生产特点，举办文艺夜校，适当規划学习时間，每月授課5——10次
，結合劳动进行实习。同时公社文化館和文工团也确定以区为站，以队为点
，結合演出进行巡回輔导，貫徹了能者为师，互教互学的精神。形成了文艺
輔导，艺术教育两網一套的組織形式，通过这些办法将会在很短时期內培养

图3-3-1-5　农村文艺战线上的一面红旗第四页

出一大批政治思想好，生产劳动好，活动质量好，群众关系好既红又专的
社会主义文艺战士。现在全公社的文艺活动骨干分子，已由1959年的
350名发展到1100名，群众对文艺夜校非常满意，女青年申秋运、
馬俊群等編詩領道：

文艺夜校是件宝，提高艺术离不了；

文艺活动大普及，紅透专深步步高。

四、就地取材，大兴創作之风

文艺創作是：既能結合党的政策和真人真事展开宣傳，又能結合文化
学习巩固扫盲成果，也能丰富本身文艺活动內容。在扫除文盲的基础上，
依靠創作小組，通过全面发动，重点組織，干部带头，奖励先进，写擂詩
，赛詩台，赛詩会……等方法，在春節和五一共組織了两次千篇文、万
首詩的創作高潮，有490余人共写出詩歌1万余首。公社党委付书記郭
聚法同志，每天总要抽出一定的时間进行創作，他的作品及时有力，爱憎
分明，思想性强，下面是在大搞园林化規划时他創作出来的植树造林十字
法：

一万大軍奋勇直前，两道深沟核桃栽滿；

三千斤籽子栽满山坡，四个战区扎下营盘；

五路大軍展开竞赛，六百万株树保証实現；

七天时間坚决完成，八百亩松林棵棵保活；

九十里公路全部綠化，十种树苗样样具全。

这段擂詩簡短易記，一看就懂。宣傳后，社員們明确了任务，自然地
积极行动起来，展开了轰轰烈烈的植树造林运动。在他的带动下，形成了
群众性的自覺的业余創作网，在党的每项工作到来之后，立刻就有大批的
詩歌出現，例如：在組織太行英雄队时編出了：

指标猛冲产量翻，英雄自有英雄胆；

034

图3-3-1-6　农村文艺战线上的一面红旗第五页

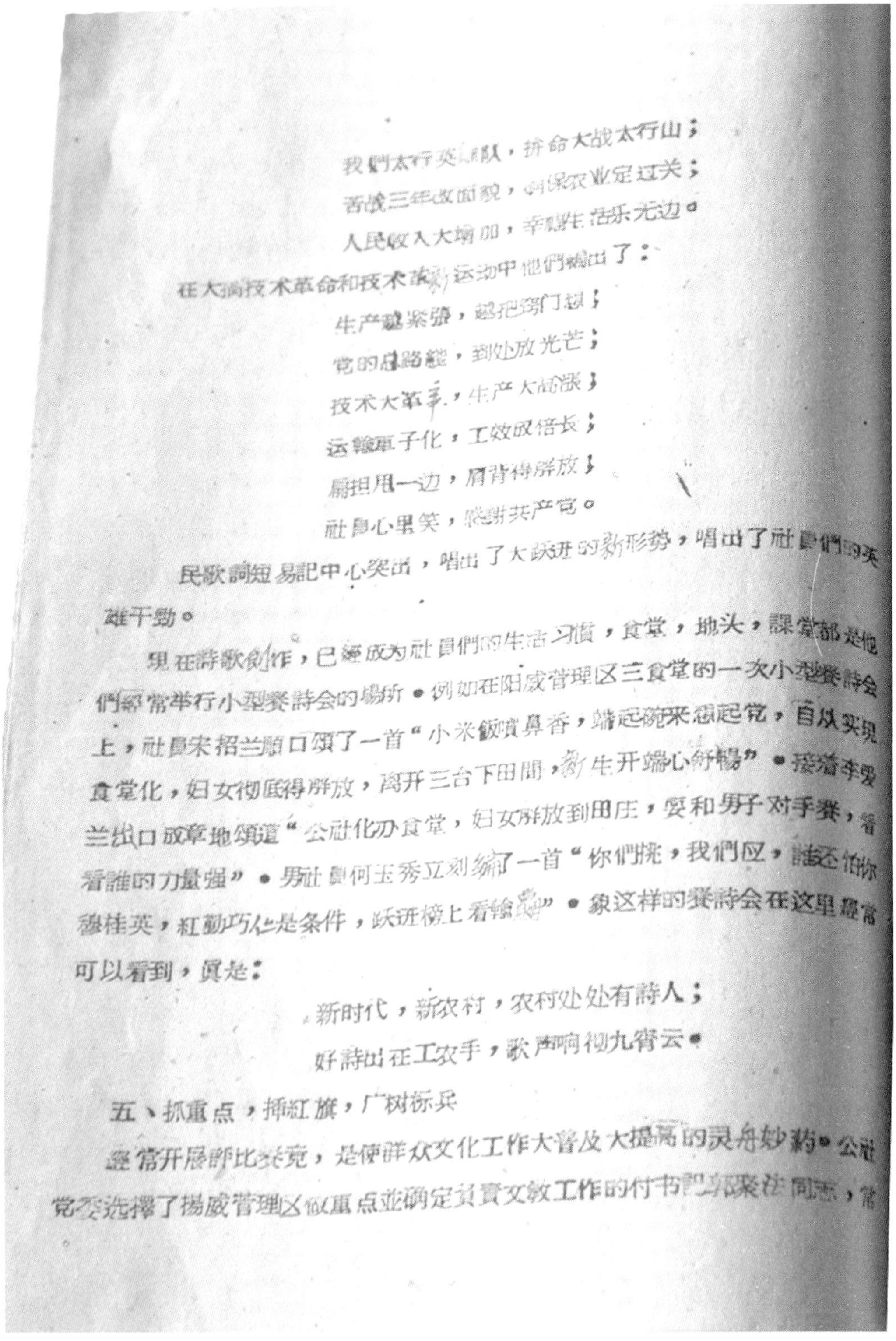

我們太行英雄队，拚命大战太行山；

苦战三年改面貌，确保农业定过关；

人民收入大增加，幸福生活乐无边。

在大搞技术革命和技术革新运动中他們編出了：

生产搞紧張，趕把窍门想；

党的总路綫，到处放光芒；

技术大革新，生产大高涨；

运輸車子化，工效成倍长；

扁担甩一边，肩背得解放；

社員心里笑，感謝共产党。

民歌詞短易記中心突出，唱出了大跃进的新形势，唱出了社員們的英雄干勁。

現在詩歌創作，已經成为社員們的生活习慣，食堂，地头，課堂都是他們經常举行小型賽詩会的場所。例如在阳威管理区三食堂的一次小型賽詩会上，社員宋招兰順口領了一首"小米飯噴鼻香，端起碗来想起党，自从实現食堂化，妇女彻底得解放，离开三台下田間，新生开端心舒暢"。接着李爱兰出口成章地頌道"公社化办食堂，妇女解放到田庄，要和男子对手賽，看看誰的力量强"。男社員何玉秀立刻編了一首"你們挑，我們应，誰还怕你穆桂英，紅勤巧也是条件，跃进榜上看输贏"。象这样的賽詩会在这里經常可以看到，真是：

新时代，新农村，农村处处有詩人；

好詩出在工农手，歌声响彻九霄云。

五、抓重点，插紅旗，广树标兵

經常开展評比竞赛，是使群众文化工作大普及大提高的灵丹妙药。公社党委选擇了楊威管理区做重点並确定負責文教工作的付书記郭深法同志，常

图3–3–1–7　农村文艺战线上的一面红旗第六页

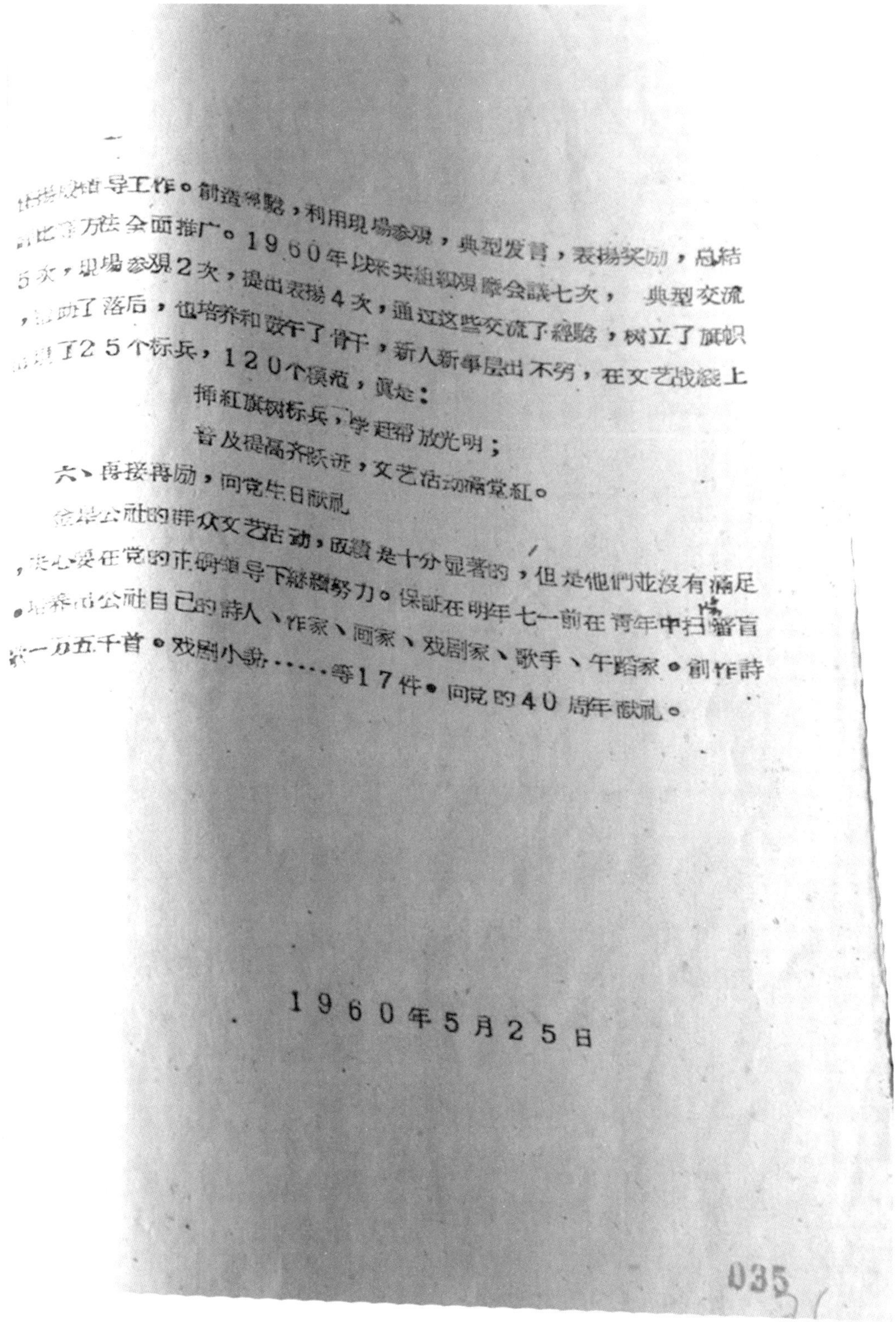

一

……导工作。創造經驗，利用現場參观，典型发言，表揚奖励，总結……方法全面推广。1960年以来共組织現場会議七次，典型交流5次，現場參观2次，提出表揚4次，通过这些交流了經驗，树立了旗帜，……动了落后，也培养和鍛午了骨干，新人新事层出不穷，在文艺战綫上……了25个标兵，120个模范，真是：

揷紅旗树标兵，学赶帮放光明；

普及提高齐跃进，文艺活动滿堂紅。

六、再接再励，向党生日献礼

……公社的群众文艺活动，成績是十分显著的，但是他們並沒有滿足，决心要在党的正确領导下継續努力。保証在明年七一前在青年中扫除文盲……培养……公社自己的詩人、作家、画家、戏剧家、歌手、午蹈家。創作詩歌一万五千首。戏剧小説……等17件。向党的40周年献礼。

1960年5月25日

035

图3-3-1-8　农村文艺战线上的一面红旗第七页

（四）卫生

1. 通报：生产必须卫生，卫生保证生产——西沟管理区春播运动中卫生赶稷山成绩优异（1960年5月1日）

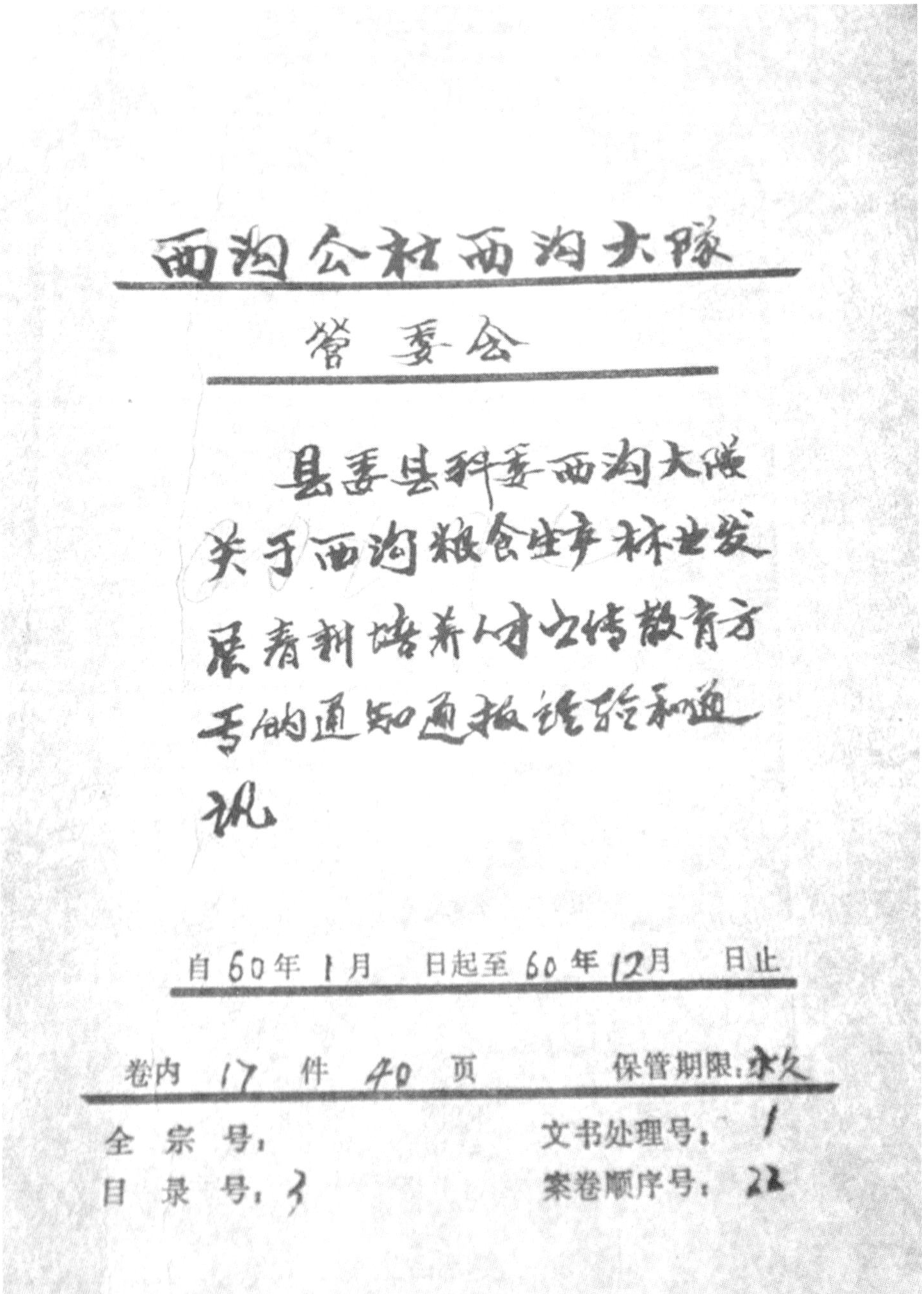

西沟公社西沟大队

管委会

县委县科委西沟大队关于西沟粮食生产林业发展春耕培养人才宣传教育方面的通知通报经验和通讯

自60年1月 日起至60年12月 日止

卷内17件40页 保管期限：永久

全宗号： 文书处理号：1

目录号：3 案卷顺序号：22

图3-4-1-1 档案封面

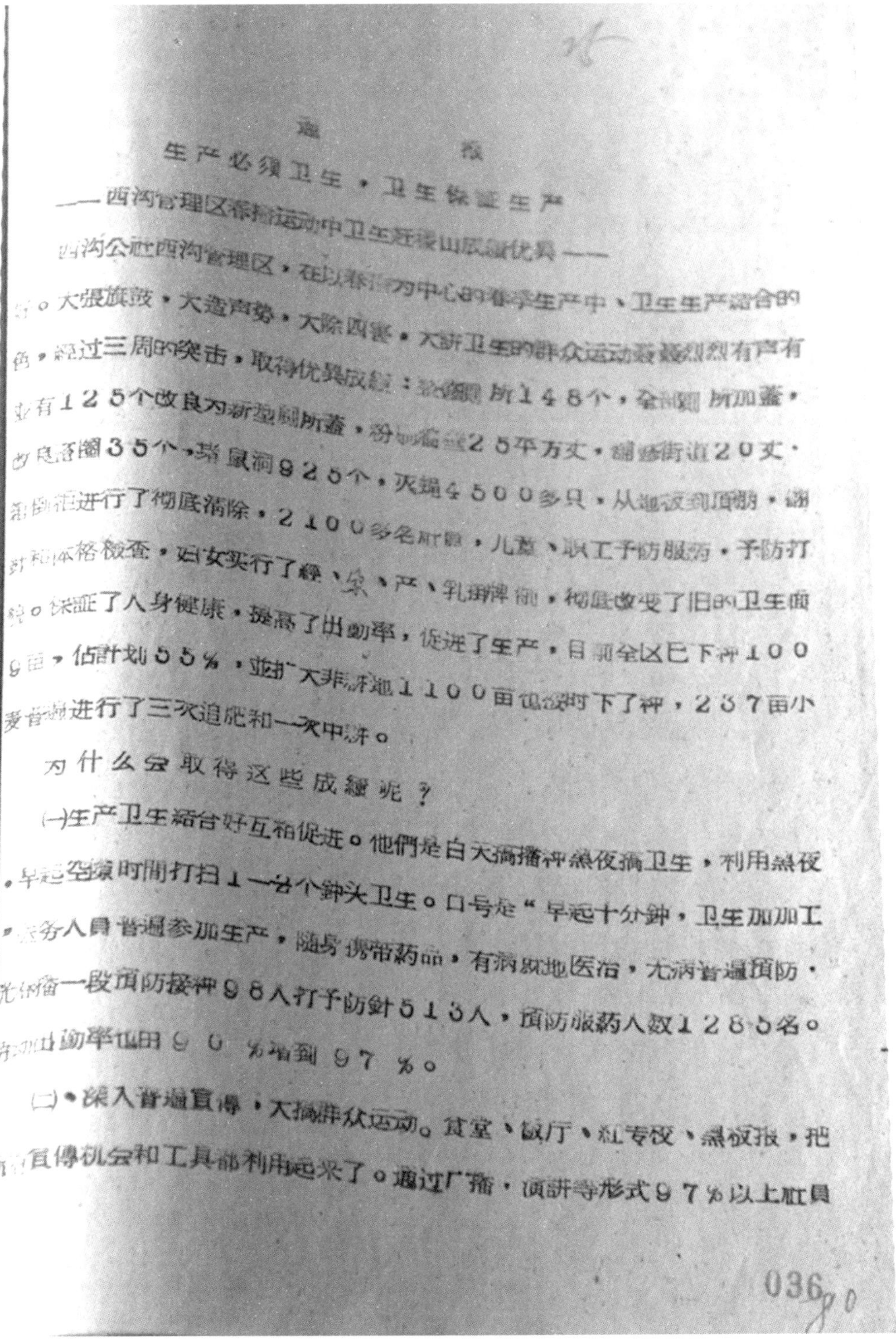

通　　　报

生产必须卫生，卫生保证生产

——西沟管理区春播运动中卫生赶稷山成绩优异——

西沟公社西沟管理区，在以春[illegible]为中心的春季生产中，卫生生产结合的[illegible]。大張旗鼓，大造声势，大除四害，大搞卫生的群众运动轰轰烈烈有声有色，經过三周的突击，取得优異成績：[illegible]厕所148个，全[illegible]厕所加盖，[illegible]有125个改良为新型厕所蓋，[illegible]25平方丈，[illegible]街道20丈，改良[illegible]圈35个，堵鼠洞925个，灭蝇4500多只，从地皮到顶棚，[illegible]进行了彻底清除，2100多名社員，儿童、职工予防服药，予防打针和体格檢查，妇女实行了經、孕、产、乳期衛生，彻底改变了旧的卫生面[illegible]。保証了人身健康，提高了出勤率，促进了生产，目前全区已下种1009亩，佔計划55%，並扩大非耕地1100亩也及时下了种，237亩小麦普遍进行了三次追肥和一次中耕。

为什么会取得这些成績呢？

(一)生产卫生結合好互相促进。他們是白天搞播种黑夜搞卫生，利用黑夜，早起空隙时間打扫1—2个鐘头卫生。口号是“早起十分鐘，卫生加加工”。[illegible]务人員普遍参加生产，隨身携帶药品，有病就地医治，无病普遍預防，[illegible]一段預防接种96人打予防針513人，預防服药人数1285名。[illegible]出勤率也由90%增到97%。

(二)、深入普遍宣傳，大搞群众运动。食堂、飯厅、紅专校、黑板报，把[illegible]宣傳机会和工具都利用起来了。通过广播，演講等形式97%以上社員

036

图3-4-1-2　通报：生产必须卫生，卫生保证生产——西沟管理区春播运动中卫生赶稷山成绩优异第一页

。每人至少都听到10次以上的宣傳，人人尽知卫生光荣，不卫生耻辱。由
于宣傳深入，群众普遍发动起来。广大社員，，水庫民工，学校师生、厂矿职
工都参加了运动。完小师生三天消灭苍蝇4250只，社員抽休息时間給幼
儿园担水，託所洁洗澡，水庫民工帮助生产队清除粪堆垃圾等等为了卫生齐
心协力互相支援已成为普遍风气。

㈢、大搞小型現場会，随易展覽館。他們把村、戶、人的卫生都分为“稷山
山化，甲等、乙等、丙等”四类。那里稷山化，就在那里开現場会搞展覽。
进行好坏对比現实教育，对社員启发很大。因此卫生光荣，不卫生可耻深入
人心，人人讲卫生，人人争上游已成为风气。这种教育的结果便有力地促进
了落后。第一次检查，丙等卫生戶还佔45%，最后一次檢查，甲等达到
70%以上，基本消灭了丙等戶。

㈣、加強党的領导。党委付书記王水云，支书烏何則亲自掛帅，組成赶
稷山指导小組，支委包队，党团員包干落后死角，层层加強領导，党委把卫
生工作列入重要议事日程。經常討論研究，时时发动，从而保証了卫生工作
大跃进。

現在西沟管理区已經是街道整齐美观，幼树成行；街院墻壁粉白，家戶
无垃圾，厕所有頂有蓋，处处設痰盂；澡塘理髮有設备，人人都洗澡。呈現
了处处整洁美观，人人心情舒暢的新局面。

中共平順县委会

1960年6月1日

图3-4-1-3　通报：生产必须卫生，卫生保证生产——西沟管理区
春播运动中卫生赶稷山成绩优异第二页

四、救助

（一）西沟乡一九五八年修水库以工代赈花名表（1958年5月27日）

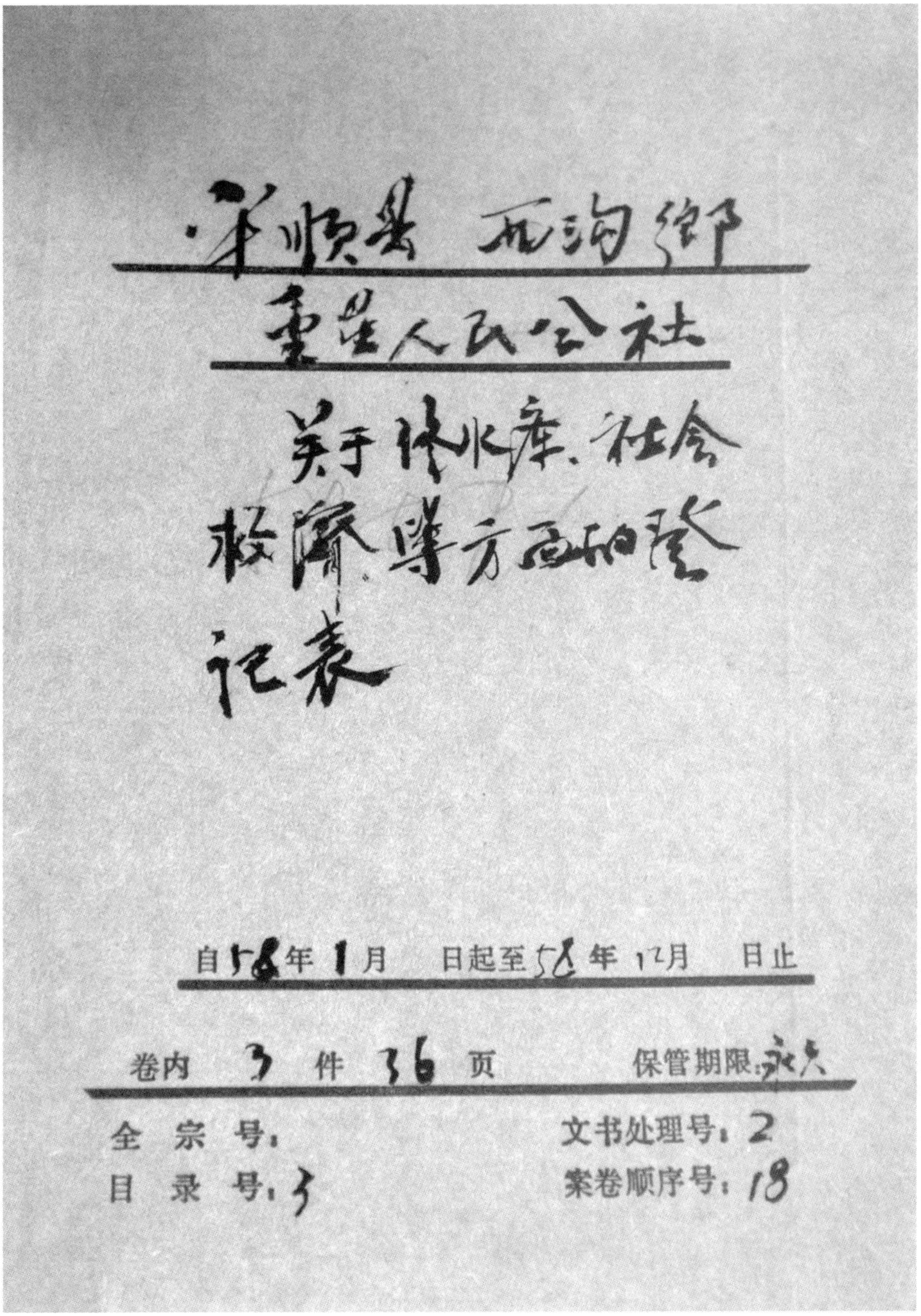

平顺县 西沟乡

金星人民公社

关于修水库、社会救济等方面的登记表

自58年1月 日起至58年12月 日止

卷内 3 件 36 页 保管期限：永久

全宗号：

文书处理号：2

目录号：5

案卷顺序号：18

图4-1-1 档案封面

西沟乡一九五八年修水库以工代赈花名表

一九五八年五月廿

平順縣
西溝鄉人民委員會

图4-1-2　西沟乡一九五八年修水库以工代赈花名表封面

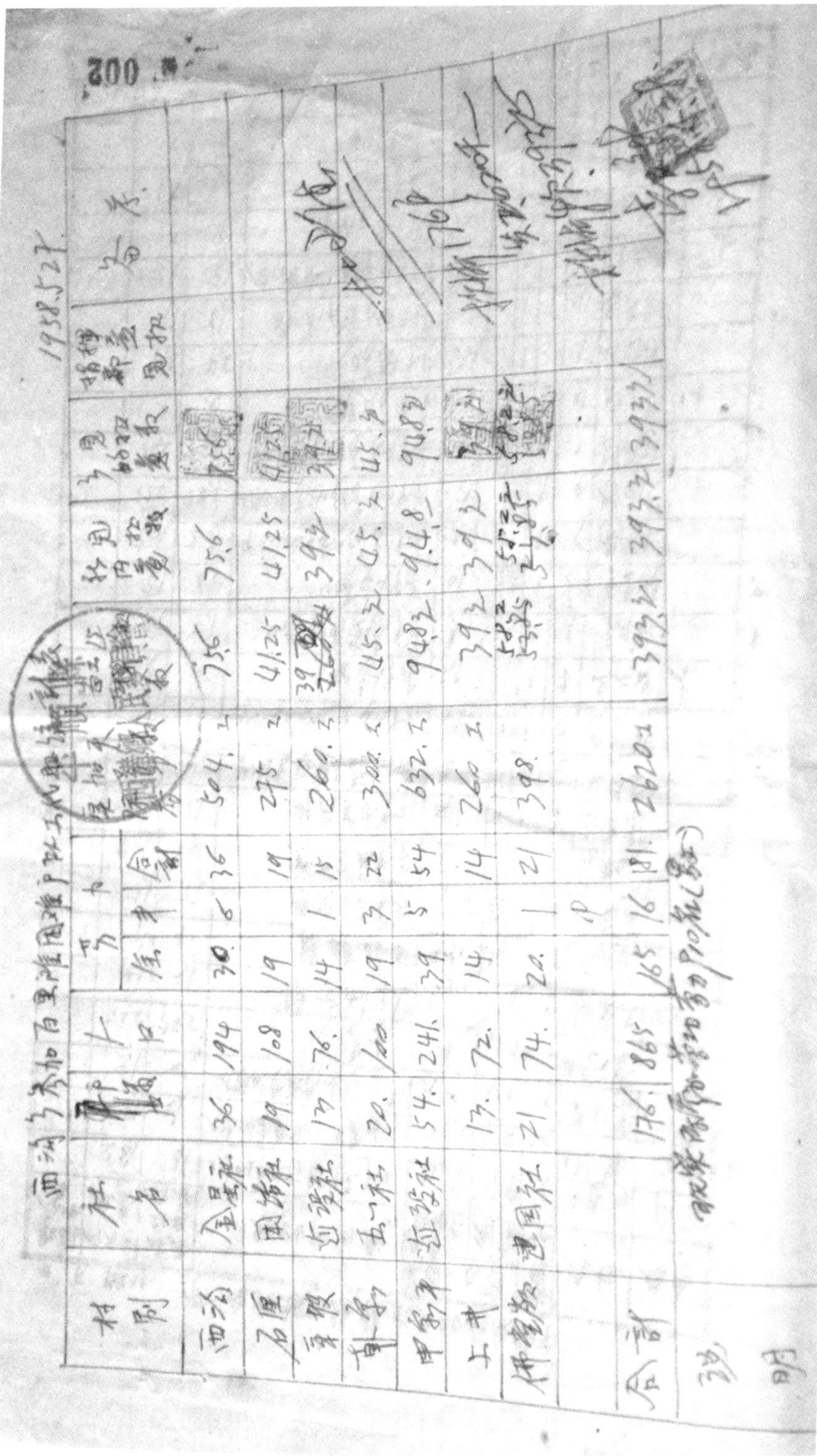

西沟乡参加百里滩困难户以工代赈统计表

1958.5.27

村别	社名	户数	人口	劳力 全	劳力 半	劳力 合计	[illegible]	[illegible]	[illegible]	[illegible]	[illegible]	备考
西沟	金星社	36	194	30	6	36	504工	75.6	75.6	75.6		
石匣	团结社	19	108	19		19	275工	41.25	41.25	41.25		
[illegible]	前进社	13	76	14	1	15	260工	39元	39元	39元		
[illegible]	五一社	20	100	19	3	22	300工	45元	45元	45元		
[illegible]	前进社	54	241	39	15	54	632工	94.8元	94.8元	94.8元		
上井		13	72	14		14	260工	39元	39元	[illegible]		
[illegible]	建国社	21	74	20	1	21	398	[illegible]	[illegible]	[illegible]		
合计		176	865	165	16	181	2620工	393元	393元	393元		

说明

图4-1-3　西沟乡参加百里滩困难户以工代赈统计表

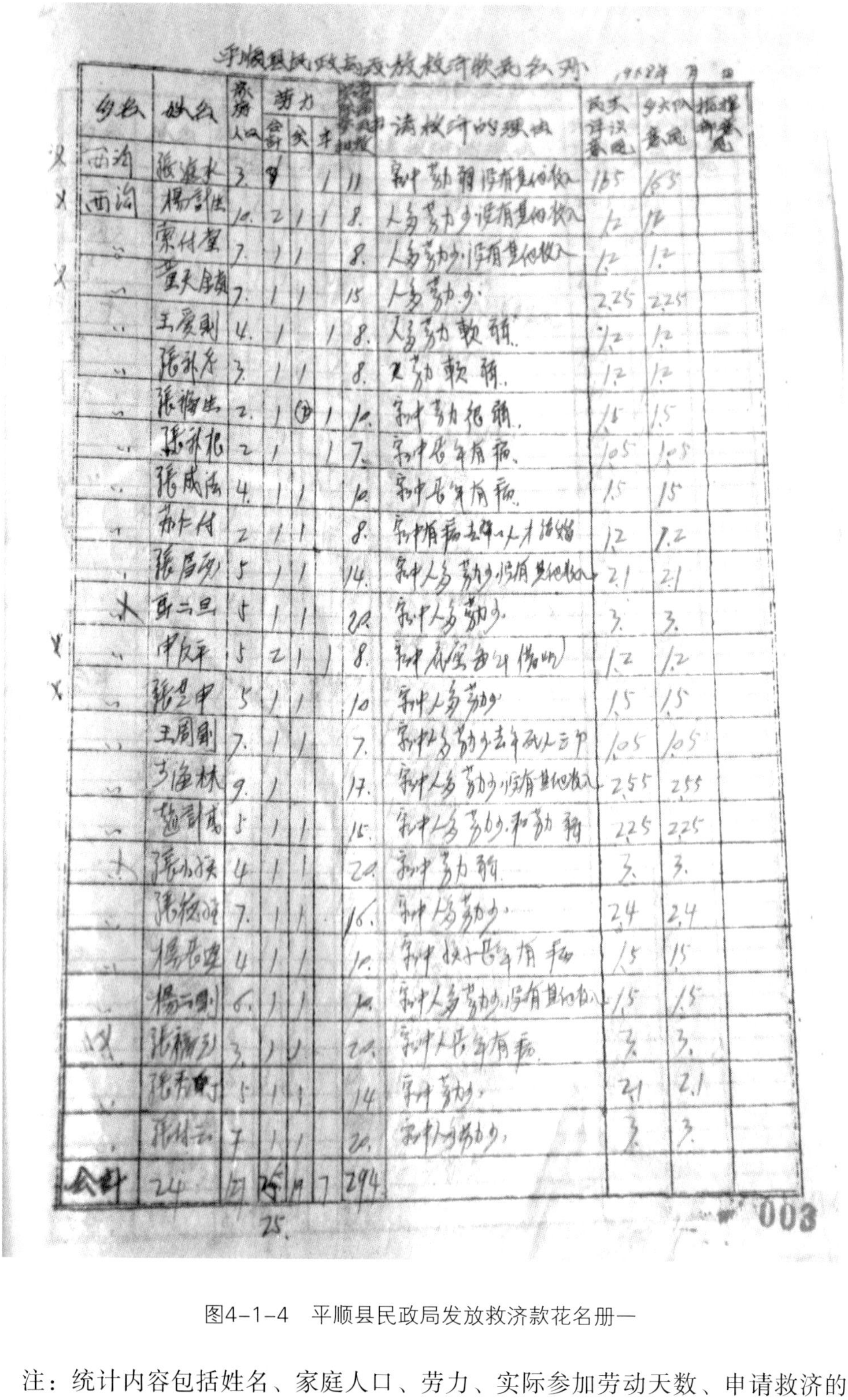

平顺县民政局发放救济款花名册　1958年　月　日

乡名	姓名	家庭人口	劳力 合计	实	半	实际参加劳动天数	申请救济的理由	民主评议意见	乡大队意见	指挥部意见
西沟	張遂水	3.	1		1	11	家中劳弱没有其他收入	1.65	1.65	
西沟	楊計世	10.	2	1	1	8.	人多劳力少没有其他收入	1.2	1.2	
〃	秦付堂	7.	1	1		8.	人多劳力少没有其他收入	1.2	1.2	
〃	董天康	7.	1	1		15	人多劳力少	2.25	2.25	
〃	王爱则	4.	1		1	8.	人多劳力软弱	1.2	1.2	
〃	張孙孝	3.	1	1		8.	人劳力软弱	1.2	1.2	
〃	張榜出	2.	1	(1)	1	10.	家中劳力很弱	1.5	1.5	
〃	張补根	2	1		1	7.	家中老年有病	1.05	1.05	
〃	張成法	4.	1	1		10.	家中老年有病	1.5	1.5	
〃	苏卜付	2	1	1		8.	家中有病去年一人才结婚	1.2	1.2	
〃	張居家	5	1	1		14.	家中人多劳力少没有其他收入	2.1	2.1	
大	郭二旦	5	1	1		20.	家中人多劳力少	3.	3.	
〃	申反平	5	2	1	1	8.	家中有病多年借的	1.2	1.2	
〃	張兰中	5	1	1		10	家中人多劳力少	1.5	1.5	
〃	王周则	7.	1	1		7.	家中人多劳力少去年死人三个	1.05	1.05	
〃	李海林	9.	1			17.	家中人多劳力少没有其他收入	2.55	2.55	
〃	赵計高	5	1	1		15.	家中人多劳力少和劳力弱	2.25	2.25	
大	張小孩	4	1	1		20.	家中劳力弱	3.	3.	
〃	張榜祥	7.	1	1		16.	家中人多劳力少	2.4	2.4	
〃	楊花变	4	1	1		10.	家中孩子老年有病	1.5	1.5	
〃	楊二则	6.	1	1		10.	家中人多劳力少没有其他收入	1.5	1.5	
〃	張福引	3.	1	1		20.	家中人老年有病	3.	3.	
〃	張秀则	5	1	1		14	家中劳力少	2.1	2.1	
〃	張付云	7	1	1		20.	家中人多劳力少	3.	3.	
合计	24	[illegible]	25	17	7	294				

003

图4-1-4　平顺县民政局发放救济款花名册一

注：统计内容包括姓名、家庭人口、劳力、实际参加劳动天数、申请救济的理由、民主评议意见、乡大队意见，按照个人统计，下同。

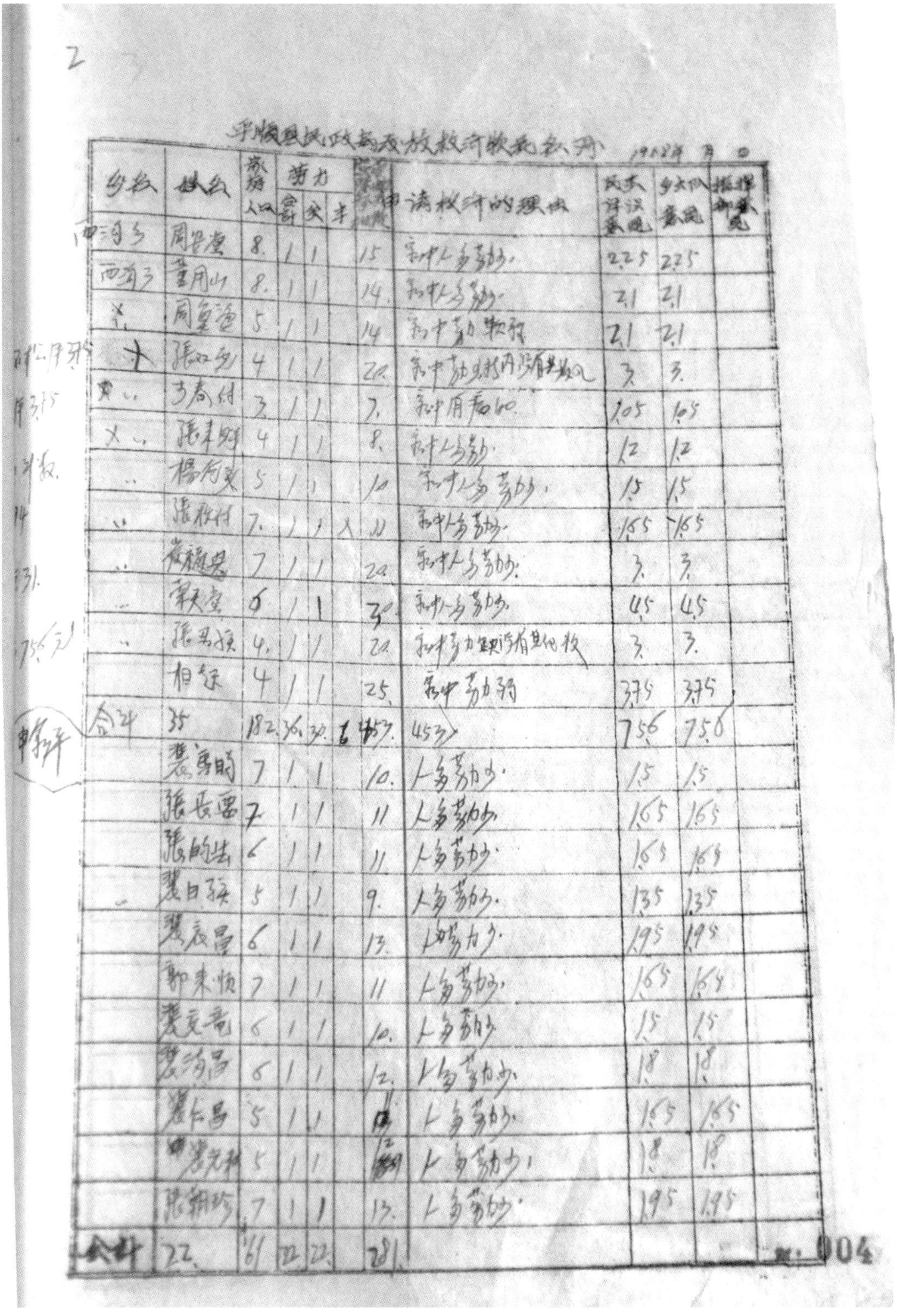

平顺县民政局发放救济款花名册　1958年　月　日

乡名	姓名	家庭人口	劳力 合計	全	半		申请救济的理由	民主评议意见	乡人代意见	报批意见
西河乡	周景堂	8	1	1		15	家中人多劳力少	22.5	22.5	
西河乡	董用山	8	1	1		14	家中人多劳力少	21	21	
〃	[illegible]	5	1	1		14	家中劳力缺乏	21	21	
〃	張[illegible]	4	1	1		20	家中劳力缺乏没有其他收入	3.	3.	
〃	李春付	3	1	1		7	家中用费[illegible]	10.5	10.5	
〃	張来財	4	1	1		8	家中人多劳少	12	12	
〃	楊[illegible]	5	1	1		10	家中人多劳力少	15	15	
〃	張[illegible]	7	1	1	1	11	家中人多劳力少	16.5	16.5	
〃	[illegible]	7	1	1		20	家中人多劳力少	3.	3.	
〃	[illegible]	6	1	1		30	家中人多劳力少	4.5	4.5	
〃	張[illegible]	4	1	1		20	家中劳力缺乏没有其他收入	3.	3.	
	相[illegible]	4	1	1		25	家中劳力弱	3.75	3.75	
合計	35	182	36	30	6	453	453	75.6	75.6	
	裴[illegible]	7	1	1		10	人多劳力少	15	15	
	張長[illegible]	7	1	1		11	人多劳力少	16.5	16.5	
	張[illegible]	6	1	1		11	人多劳力少	16.5	16.5	
〃	裴[illegible]	5	1	1		9	人多劳力少	13.5	13.5	
	裴[illegible]	6	1	1		13	人多劳力少	19.5	19.5	
	郭来順	7	1	1		11	人多劳力少	16.5	16.5	
	裴[illegible]	6	1	1		10	人多劳力少	15	15	
	裴[illegible]	6	1	1		12	人多劳力少	18	18	
	裴[illegible]	5	1	1		11	人多劳力少	16.5	16.5	
	裴[illegible]	5	1	1		12	人多劳力少	18	18	
	張[illegible]	7	1	1		13	人多劳力少	19.5	19.5	
合計	22	61	22	22		281				

图4-1-5　平顺县民政局发放救济款花名册二

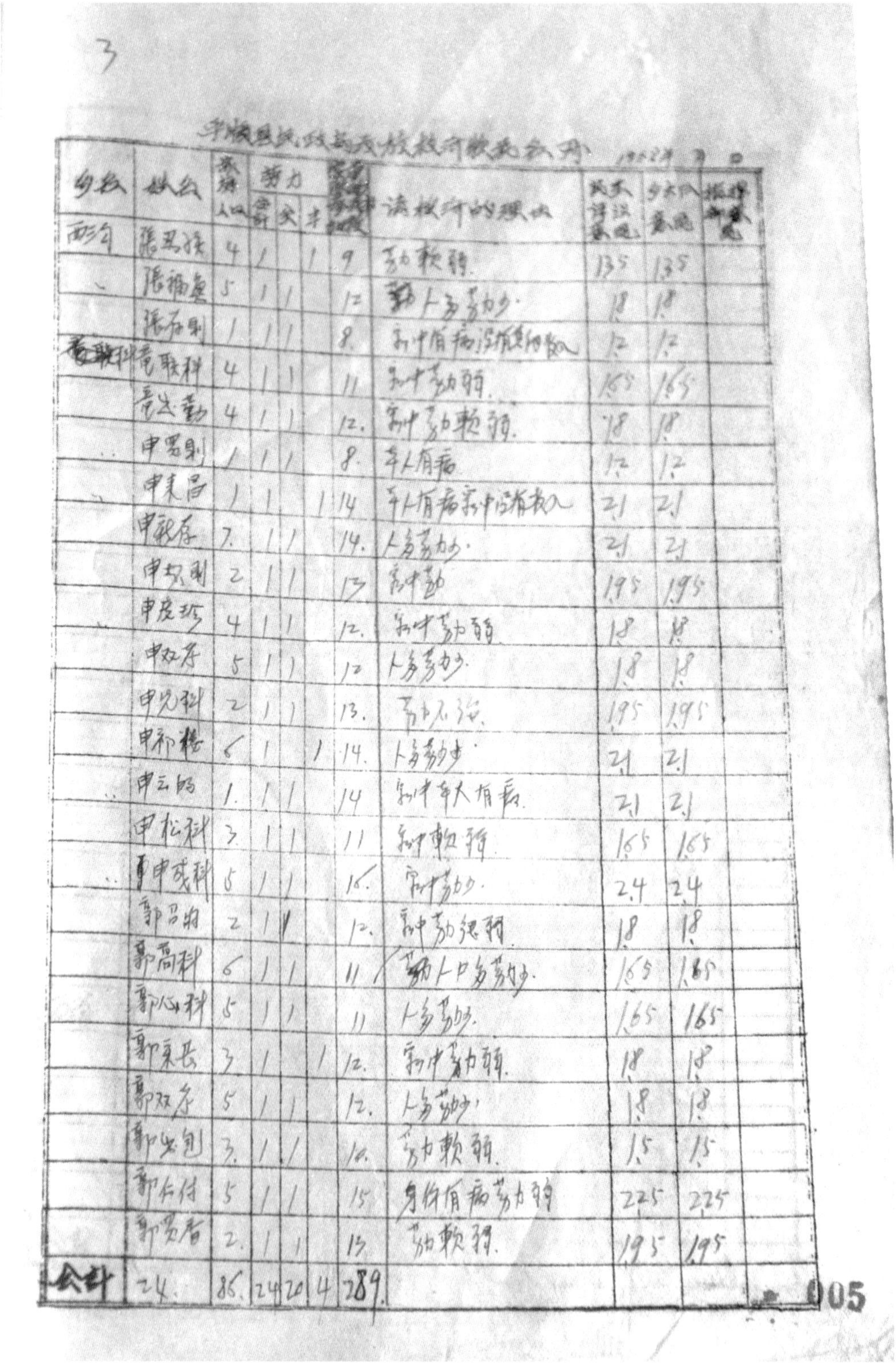

3

平顺县民政局发放救济款花名册 195[illegible]年 [illegible]月 [illegible]日

乡名	姓名	家庭人口	劳力			家庭需要救济数	该救济的理由	民政评议意见	乡人代意见	报批准数
			全劳	半	[illegible]					
西沟	张五孩	4	1		1	9	劳力较弱.	1.35	1.35	
、	张福魁	5	1	1		12	劳少人多劳力少.	1.8	1.8	
	张存则	1	1	1		8.	家中有病没有其他收入	1.2	1.2	
	秦联科	4	1	1		11	家中劳力弱.	1.65	1.65	
	秦五劳	4	1	1		12.	家中劳力较弱.	1.8	1.8	
、	申霄则	1	1	1		8.	本人有病	1.2	1.2	
、	申来昌	1	1		1	14	本人有病家中没有收入	2.1	2.1	
	申能存	7.	1	1		14.	人多劳力少.	2.1	2.1	
	申坎则	2	1	1		13	家中劳	1.95	1.95	
、	申庆珍	4	1	1		12.	家中劳力弱.	1.8	1.8	
	申双存	5	1	1		12	人多劳力少.	1.8	1.8	
	申先科	2	1	1		13.	劳力不强.	1.95	1.95	
	申祁楼	6	1		1	14.	人多劳力少.	2.1	2.1	
、	申云明	1.	1	1		14	家中本人有病.	2.1	2.1	
	申松科	3.	1	1		11	家中较弱.	1.65	1.65	
、	申成科	5	1	1		16.	家中劳力少.	2.4	2.4	
	郭吕狗	2	1	1		12.	家中劳力很弱.	1.8	1.8	
	郭高科	6	1	1		11	劳少人口多劳力少.	1.65	1.65	
	郭心科	5	1	1		11	人多劳力少.	1.65	1.65	
	郭来长	3	1		1	12.	家中劳力弱.	1.8	1.8	
	郭双存	5	1	1		12.	人多劳力少.	1.8	1.8	
	郭先包	3.	1	1		10.	劳力较弱.	1.5	1.5	
	郭合付	5	1	1		15	身体有病劳力弱	2.25	2.25	
	郭贵唐	2.	1	1		13.	劳力较弱.	1.95	1.95	
合计	24.	86.	24	20	4	289.				

005

图4-1-6　平顺县民政局发放救济款花名册三

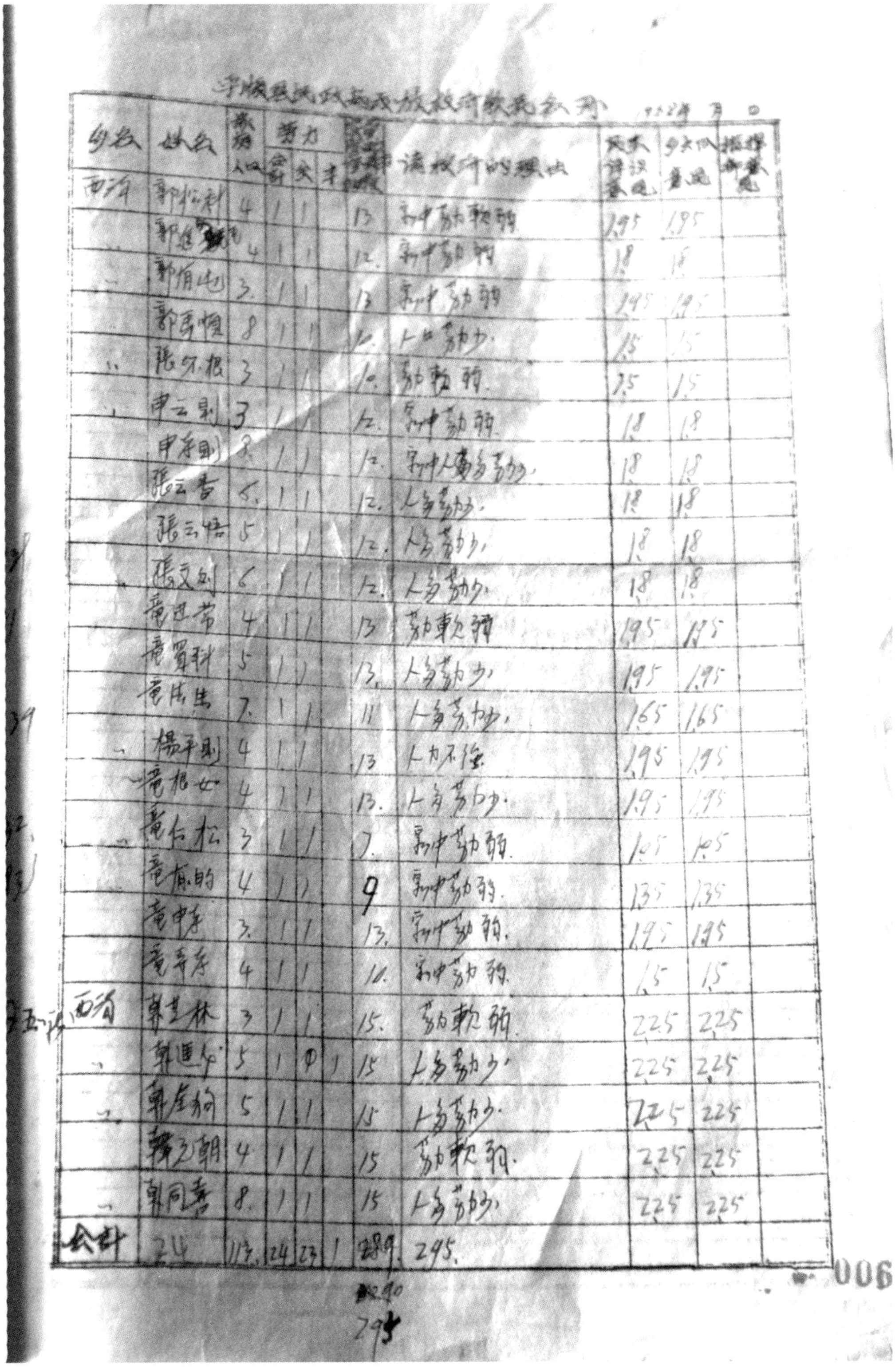

平顺县民政局发放救济款花名册　1952年　月　日

乡名	姓名	家庭人口	劳力 全	劳力 半	劳力 无	评议分数	请救济的理由	民主评议意见	乡人代意见	批准意见
西沟	郭松则	4	1	1		13	家中劳动弱	1.95	1.95	
	郭[illegible]	4	1	1		12	家中劳动	1.8	1.8	
〃	郭有山	3	1	1		13	家中劳动弱	1.95	1.95	
	郭其恒	8	1	1		10	人口劳动少	1.5	1.5	
〃	张尔根	3	1	1		10	劳动弱	1.5	1.5	
〃	申云则	3	1	1		12	家中劳动弱	1.8	1.8	
	申其则	3	1	1		12	家中人多劳动少	1.8	1.8	
	张云香	5	1	1		12	人多劳动少	1.8	1.8	
	张云悟	5	1	1		12	人多劳动少	1.8	1.8	
〃	张文则	6	1	1		12	人多劳动少	1.8	1.8	
	常进常	4	1	1		13	劳动软弱	1.95	1.95	
	常买科	5	1	1		13	人多劳动少	1.95	1.95	
	常法生	7	1	1		11	人多劳动少	1.65	1.65	
〃	杨平则	4	1	1		13	人力不够	1.95	1.95	
	常根女	4	1	1		13	人多劳动少	1.95	1.95	
〃	常仁松	3	1	1		7	家中劳动弱	1.05	1.05	
	常有的	4	1	1		9	家中劳动弱	1.35	1.35	
	常申孝	3	1	1		13	家中劳动弱	1.95	1.95	
	常孝孝	4	1	1		10	家中劳动弱	1.5	1.5	
西沟	郭生林	3	1	1		15	劳动软弱	2.25	2.25	
〃	郭进什	5	1	0	1	15	人多劳动少	2.25	2.25	
〃	郭金狗	5	1	1		15	人多劳动少	2.25	2.25	
	郭之朝	4	1	1		15	劳动软弱	2.25	2.25	
〃	郭同喜	8	1	1		15	人多劳动少	2.25	2.25	
合计	24	113	24	23	1	289	295			

290
295

图4-1-7　平顺县民政局发放救济款花名册四

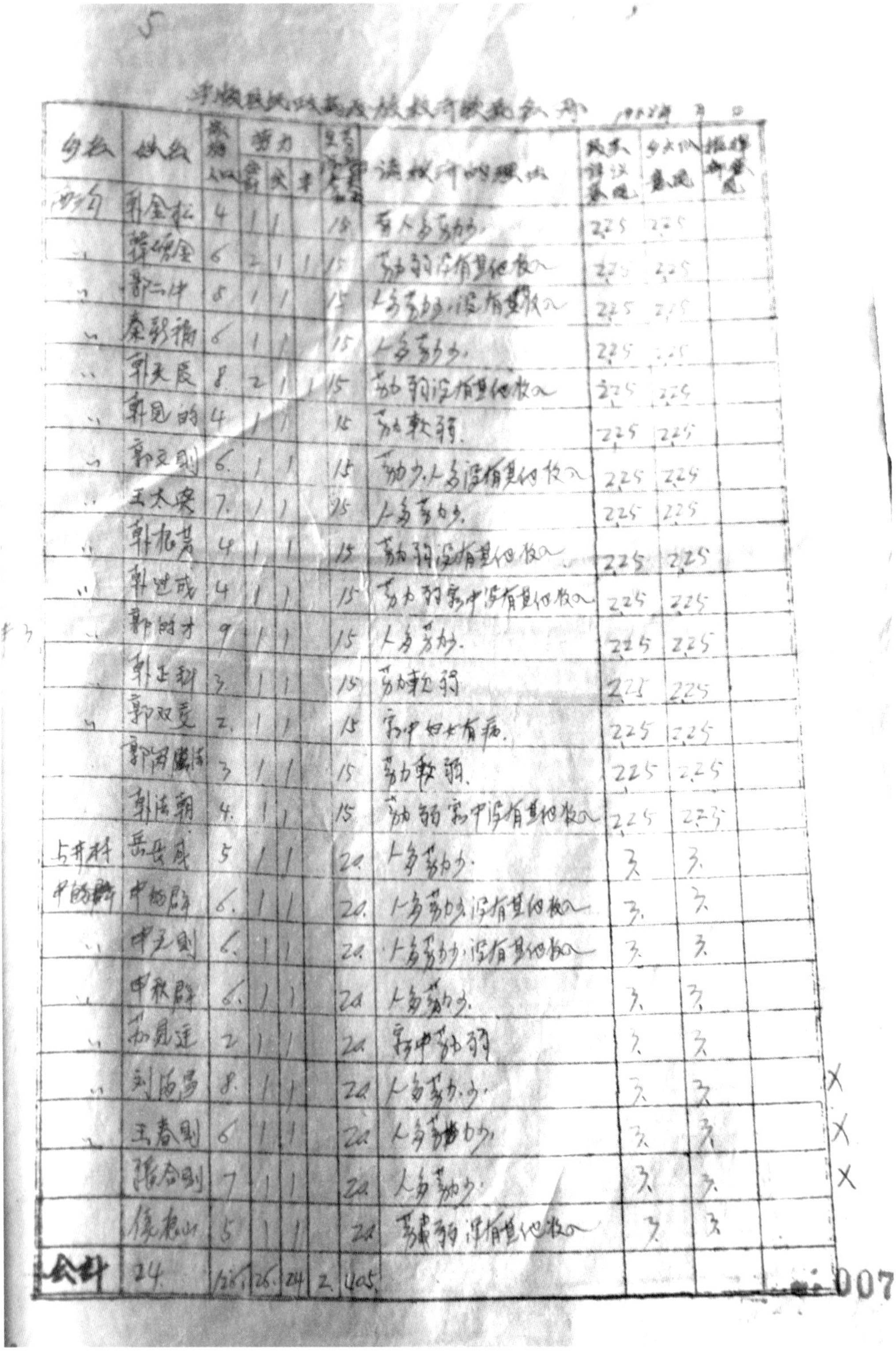

5

平顺县民政局发放救济款花名册 1958年 月 日

乡名	姓名	家庭人口	劳力 全	劳力 半	劳力 辅	申请救济款数	申请救济的理由	群众评议意见	乡人委意见	县审批意见
西沟	郭金松	4	1	1		15	有人多劳力少	2.25	2.25	
〃	韩福金	6	2	1	1	15	劳力弱没有其他收入	2.25	2.25	
〃	郭二中	5	1	1		15	人多劳力少没有其收入	2.25	2.25	
〃	秦彩福	6	1	1		15	人多劳力少	2.25	2.25	
〃	郭天良	8	2	1	1	15	劳力弱没有其他收入	2.25	2.25	
〃	郭见的	4	1	1		15	劳力软弱	2.25	2.25	
〃	郭文则	6	1	1		15	劳力少人多没有其他收入	2.25	2.25	
〃	王太安	7	1	1		15	人多劳力少	2.25	2.25	
〃	郭根芳	4	1	1		15	劳力弱没有其他收入	2.25	2.25	
〃	郭世成	4	1	1		15	劳力弱家中没有其他收入	2.25	2.25	
〃	郭财才	9	1	1		15	人多劳力少	2.25	2.25	
〃	郭正利	3	1	1		15	劳力软弱	2.25	2.25	
〃	郭双受	2	1	1		15	家中妇女有病	2.25	2.25	
	郭闲藏	3	1	1		15	劳力软弱	2.25	2.25	
	郭法朝	4	1	1		15	劳力弱家中没有其他收入	2.25	2.25	
古井村	岳长成	5	1	1		20	人多劳力少	3	3	
申福群	申福群	6	1	1		20	人多劳力少没有其他收入	3	3	
〃	申王则	6	1	1		20	人多劳力少没有其他收入	3	3	
〃	申秋群	6	1	1		20	人多劳力少	3	3	
〃	和员廷	2	1	1		20	家中劳力弱	3	3	
〃	刘海多	8	1	1		20	人多劳力少	3	3	
〃	王春则	6	1	1		20	人多劳力少	3	3	
	张合则	7	1	1		20	人多劳力少	3	3	
	候根山	5	1	1		20	劳动弱没有其他收入	3	3	
合计	24	126	26	24	2	405				

007

图4-1-8 平顺县民政局发放救济款花名册五

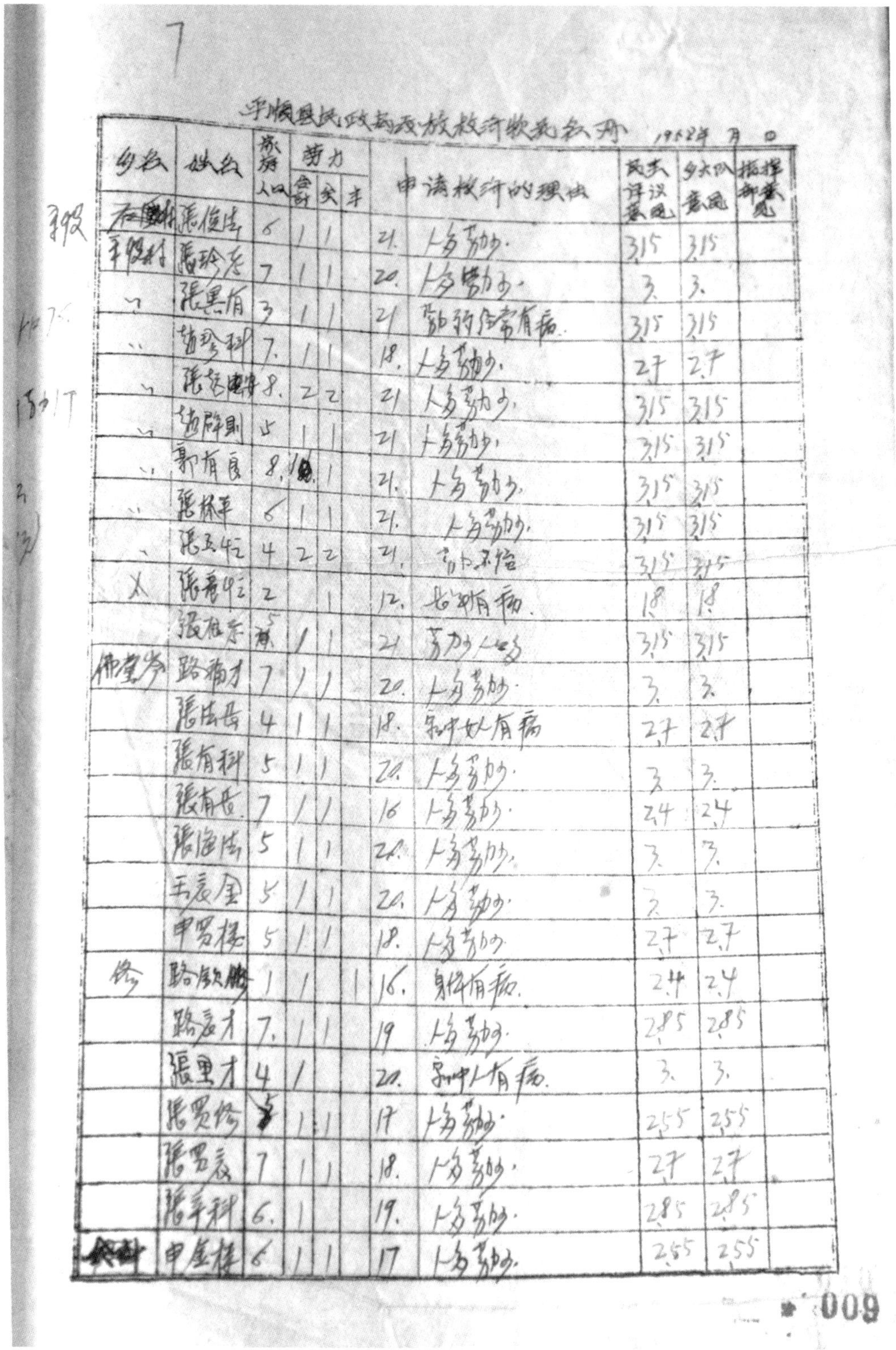

7

平顺县民政局发放救济款花名册　195[illegible]年　月　日

乡名	姓名	家庭人口	劳力 合计	男	女	申请救济的理由	民主评议意见	乡大队意见	指挥部意见
~~石[illegible]村~~	張俊清	6	1	1		21. 人多劳少	3.15	3.15	
平顺村	張玲秀	7	1	1		20. 人多劳少	3.	3.	
〃	張恩有	3	1	1		21. 劳弱经常有病	3.15	3.15	
〃	張珍科	7.	1	1		18. 人多劳少	2.7	2.7	
〃	張[illegible]	8.	2	2		21. 人多劳少	3.15	3.15	
〃	張群則	5	1	1		21. 人多劳少	3.15	3.15	
〃	郭有良	8.	1	1		21. 人多劳少	3.15	3.15	
〃	張林平	6	1	1		21. 人多劳少	3.15	3.15	
〃	張玉仁	4	2	2		21. 劳力不够	3.15	3.15	
〃	張貴仁	2		1		12. 老的有病	1.8	1.8	
	張相[illegible]	5	1	1		21. 劳力少人多	3.15	3.15	
佛堂岭	路福才	7	1	1		20. 人多劳少	3.	3.	
	張法岳	4	1	1		18. 家中女人有病	2.7	2.7	
	張有科	5	1	1		20. 人多劳少	3.	3.	
	張有岳	7	1	1		16 人多劳少	2.4	2.4	
	張俊法	5	1	1		20. 人多劳少	3.	3.	
	王应全	5	1	1		20. 人多劳少	3.	3.	
	申贵楼	5	1	1		18. 人多劳少	2.7	2.7	
〃	路钦胜	1	1		1	16. 身体有病	2.4	2.4	
	路应才	7.	1	1		19 人多劳少	2.85	2.85	
	張里才	4	1			20. 家中人有病	3.	3.	
	張贵修	5	1	1		17 人多劳少	2.55	2.55	
	張贵应	7	1	1		18. 人多劳少	2.7	2.7	
	張平科	6.	1			19. 人多劳少	2.85	2.85	
~~[illegible]~~	申金楼	6	1	1		17 人多劳少	2.55	2.55	

009

图4-1-9　平顺县民政局发放救济款花名册六

6

平顺县民政局发放救济款花名册　1958年 月 日

乡名	姓名	家庭人口	劳力 合计	劳力 男	劳力 半	全年缺款	申请救济的理由	群众评议意见	乡人代意见	县审批意见
与井村	郭黑孩	4	1	1		20	劳力不强家中没有其他收入	3	3	
〃	张二元	5	2	1		20	人多劳力少.	3	3	
〃	郭合狗	6	1	1		20	人多劳力少家中没有其他收入	3	3	
〃	曹悟才	6	1	1		20	人多劳力少没有其他收入	3	3	
石匣村	张有世	5	1	1		16.	人多劳力少.没有其他收入	2.4	2.4	
〃	张天成	5	1	1		7.	人多劳力少.	1.05	1.05	
〃	张言合	5	1	1		10	劳力少人多没有其他收入	1.5	1.5	
〃	张雷成	6.	1	1		8.	人多劳力少.老年有病.	1.2	1.2	
〃	张仁景	3	1	1		9	人多劳力少多病.	1.35	1.35	
〃	张进景	5	1	1		15	人多劳力少.	2.25	2.25	
〃	赵生景	5	1	1		12.	人多劳力少.家中没有其他收.	1.8	1.8	
〃	赵景才	6.	1	1		12.	人多劳力.	1.8	1.8	
〃	赵开景	7.	1	1		13.	人多劳力.没有其他收入.	1.95	1.95	
〃	张五景	7.	1	1		12.	人多劳力少.	1.8	1.8	
〃	张连长	7.	1	1		17.	人多劳力少.	2.55	2.55	
〃	杨加生	7.	1	1		12.	人多劳力少.	1.8	1.8	
〃	冯用福.	5	1	1		9	人多劳力少.	1.35	1.35	
〃	石连成	6.	1	1		13	人多劳力.	1.95	1.95	
〃	李丙则	5	1	1		19	劳力弱没有其他收入	2.85	2.85	
〃	张起秀	6.	1	1		16.	人多劳力少.	2.4	2.4	
〃	申云付	6.	1	1		11	人多劳力少.	1.65	1.65	
〃	冯素金	5	1	1		14.	人多劳力少.	2.1	2.1	
东峪村	秦根法	6	1	1		21	人多劳力少.	3.15	3.15	
〃	秦生法	9	2	2	1	21	人多劳力少.	3.15	3.15	
合计	24.	137	26	25	1	347.				

008

图4-1-10　平顺县民政局发放救济款花名册七

（二）平顺县西沟乡社会救济登记表（1958年6月6日）

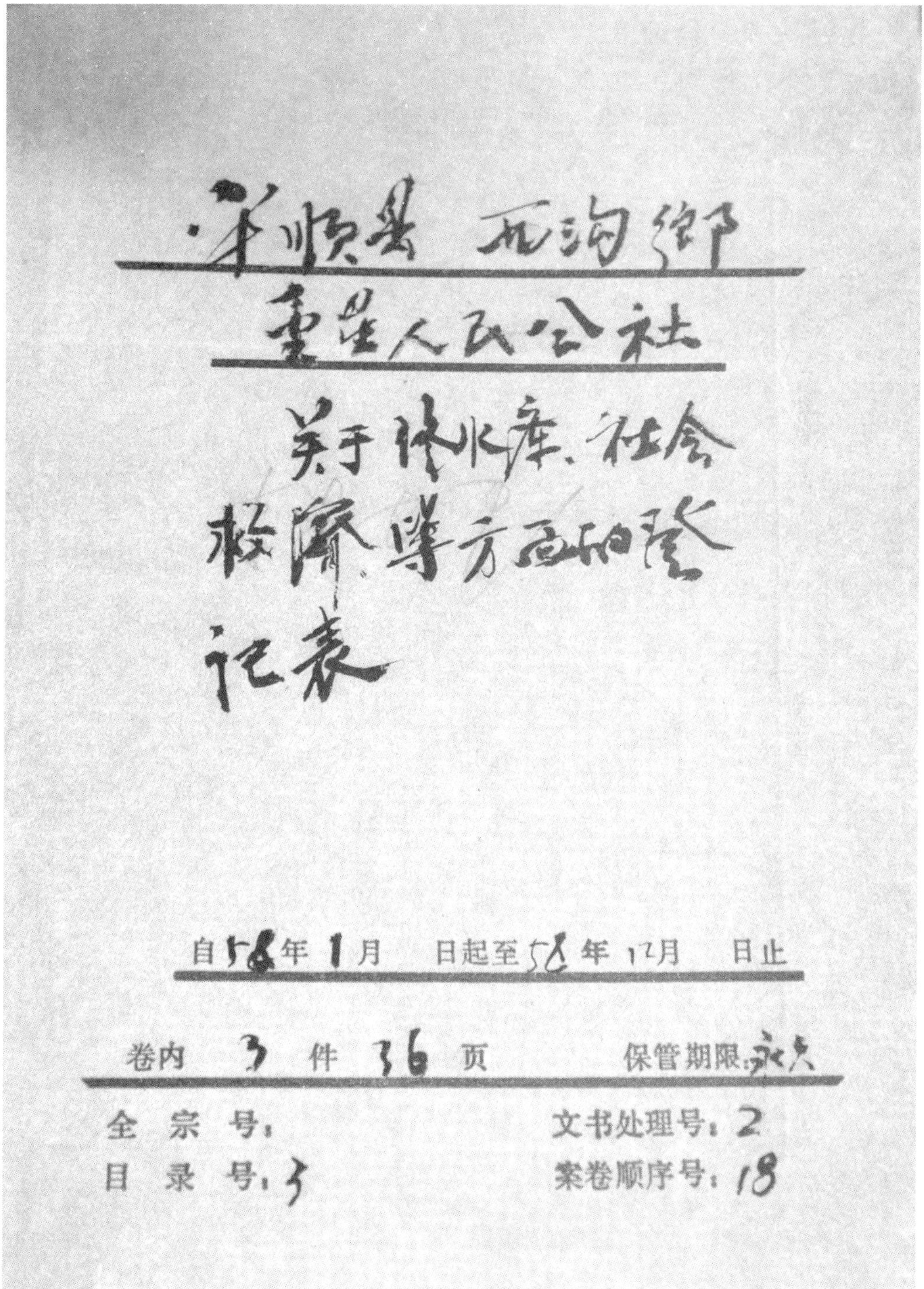
平顺县 西沟乡

金星人民公社

关于修水库、社会救济等方面的登记表

自58年1月 日起至58年12月 日止

卷内 3 件 36 页 保管期限：永久

全宗号：

文书处理号：2

目录号：5

案卷顺序号：18

图4-2-1 档案封面

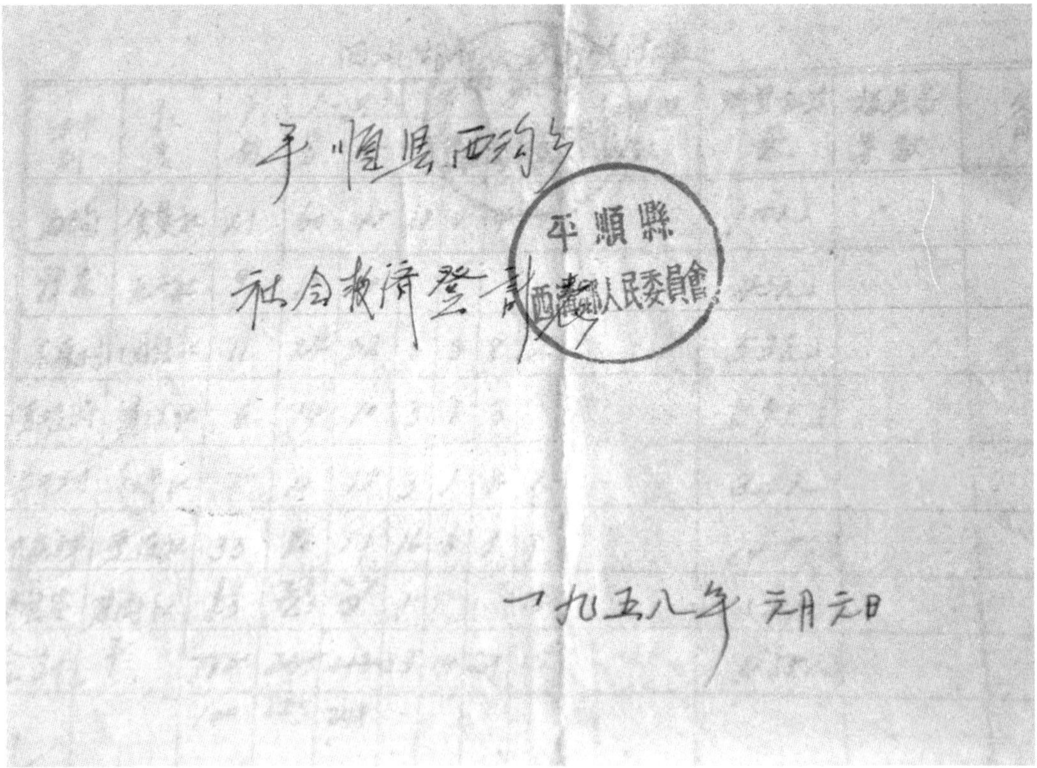

图4-2-2　平顺县西沟乡社会救济登计（记）表封面

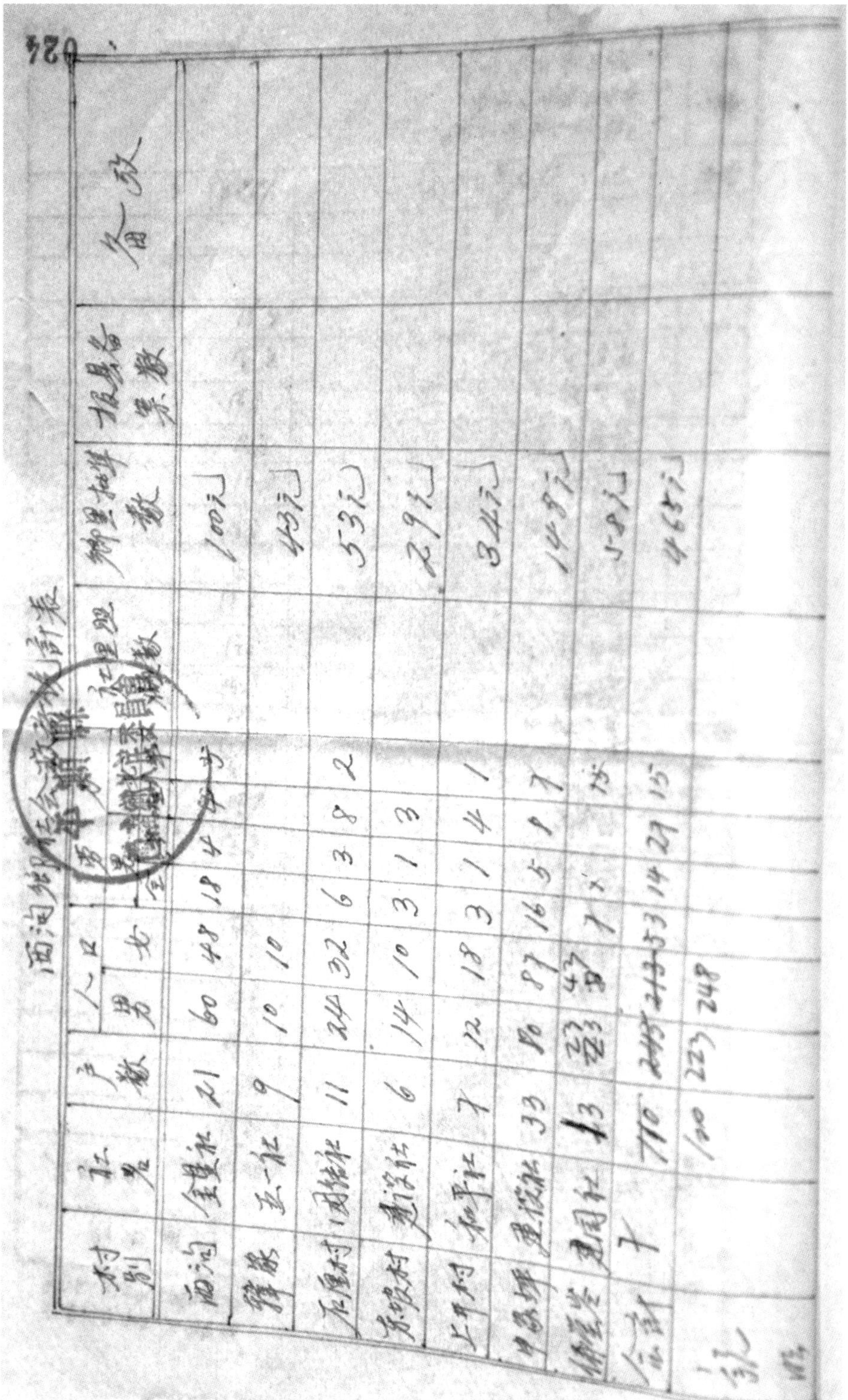

西沟乡社会救济统计表

村别	社别	户数	人口 男	人口 女	[illegible]	[illegible]	[illegible]	[illegible]	社里照顾数	乡里扶持款数	报县备案数	备考
西沟	金星社	21	60	48	18	4	4	5		100元		
池底	五一社	9	10	10						43元		
石匣村	团结社	11	24	32	6	3	8	2		533元		
东峪村	建设社	6	14	10	3	1	3			293元		
上井村	和平社	7	12	18	3	1	4	1		344元		
中南坪	建设社	33	80	87	16	5	9	7		1493元		
[illegible]	建国社	13	23	43	7	[illegible]		15		583元		
合计	7	110	243 213	213 53	14	29	15			4683元		
		100	223	248								

图4-2-3　西沟乡社会救济统计表

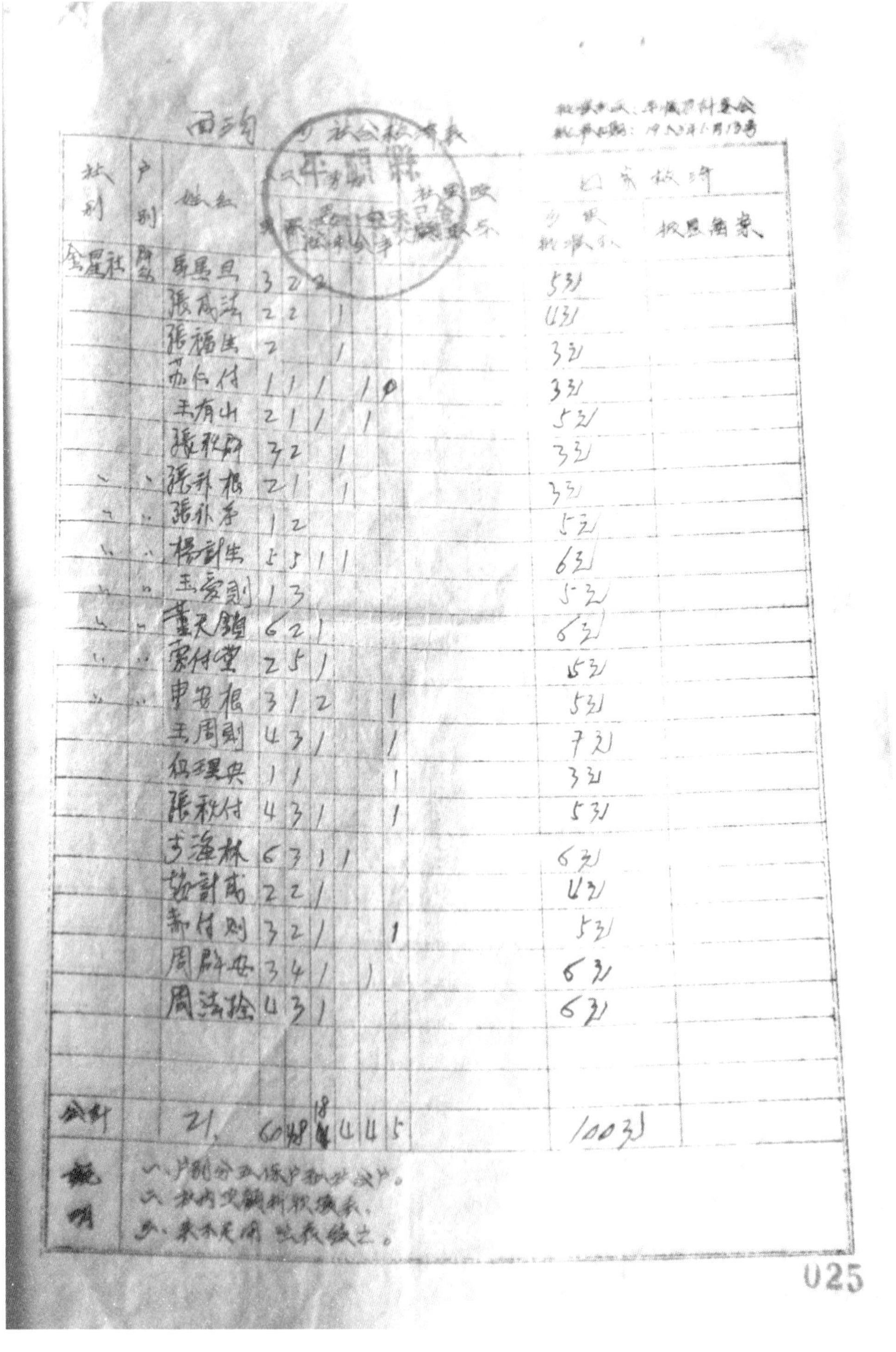

图4-2-4　西沟乡社会救济表一

注：统计内容包括社别、户别、姓名、人口、劳力、社里照顾数字、乡里批准款，按照个人统计，下同。

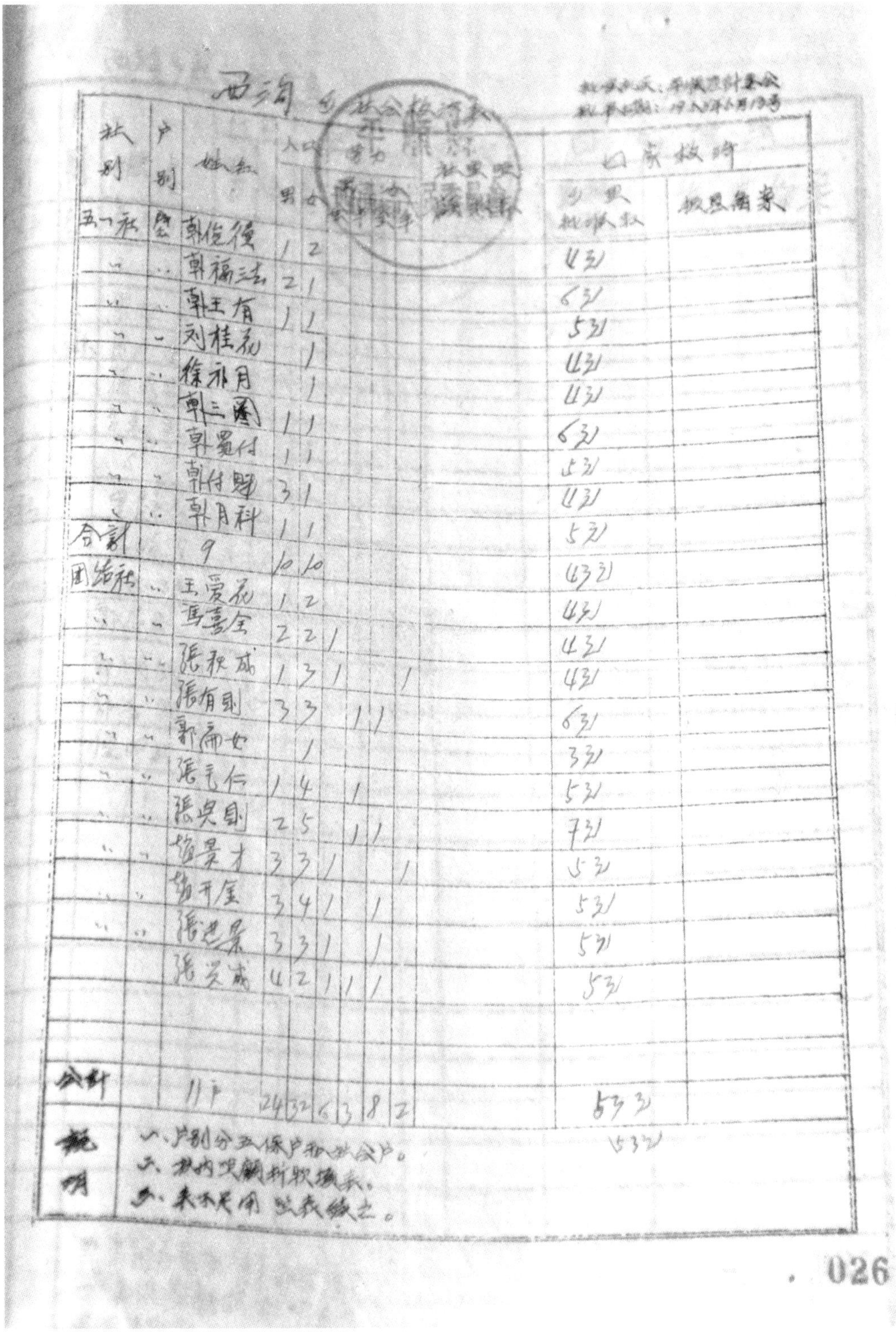

西沟乡社会救济表

制表单位：平顺县计委会
制表日期：1958年6月13号

社别	户别	姓名	人口 男	人口 女					口粮救济 乡政府批准数	县批准数
五一农	五保	郭俊德	1	2					43元	
〃	〃	郭福法	2	1					63元	
〃	〃	郭王有	1	1					53元	
〃	〃	刘桂花		1					43元	
〃	〃	徐不月		1					43元	
〃	〃	郭三圈	1	1					63元	
〃	〃	郭买付	1	1					53元	
〃	〃	郭付则	3	1					43元	
〃	〃	郭月科	1	1					53元	
合计		9	10	10					432元	
团结社	〃	王爱花	1	2					43元	
〃	〃	马喜全	2	2	1				43元	
〃	〃	张秋成	1	3	1			1	43元	
〃	〃	张有则	3	3		1	1		63元	
〃	〃	郭布女		1					33元	
〃	〃	张元仁	1	4		1			53元	
〃	〃	张吳则	2	5		1	1		73元	
〃	〃	张景才	3	3	1			1	53元	
〃	〃	张开全	3	4	1		1		53元	
〃	〃	张选景	3	3	1		1		53元	
		张兴成	4	2	1	1	1		53元	
总计		11户	24	32	6	3	8	2	532元	

说明：一、户别分五保户和社会户。二、社内只须排队填表。三、表于某月某日报县。

（532元）

. 026

图4-2-5　西沟乡社会救济表二

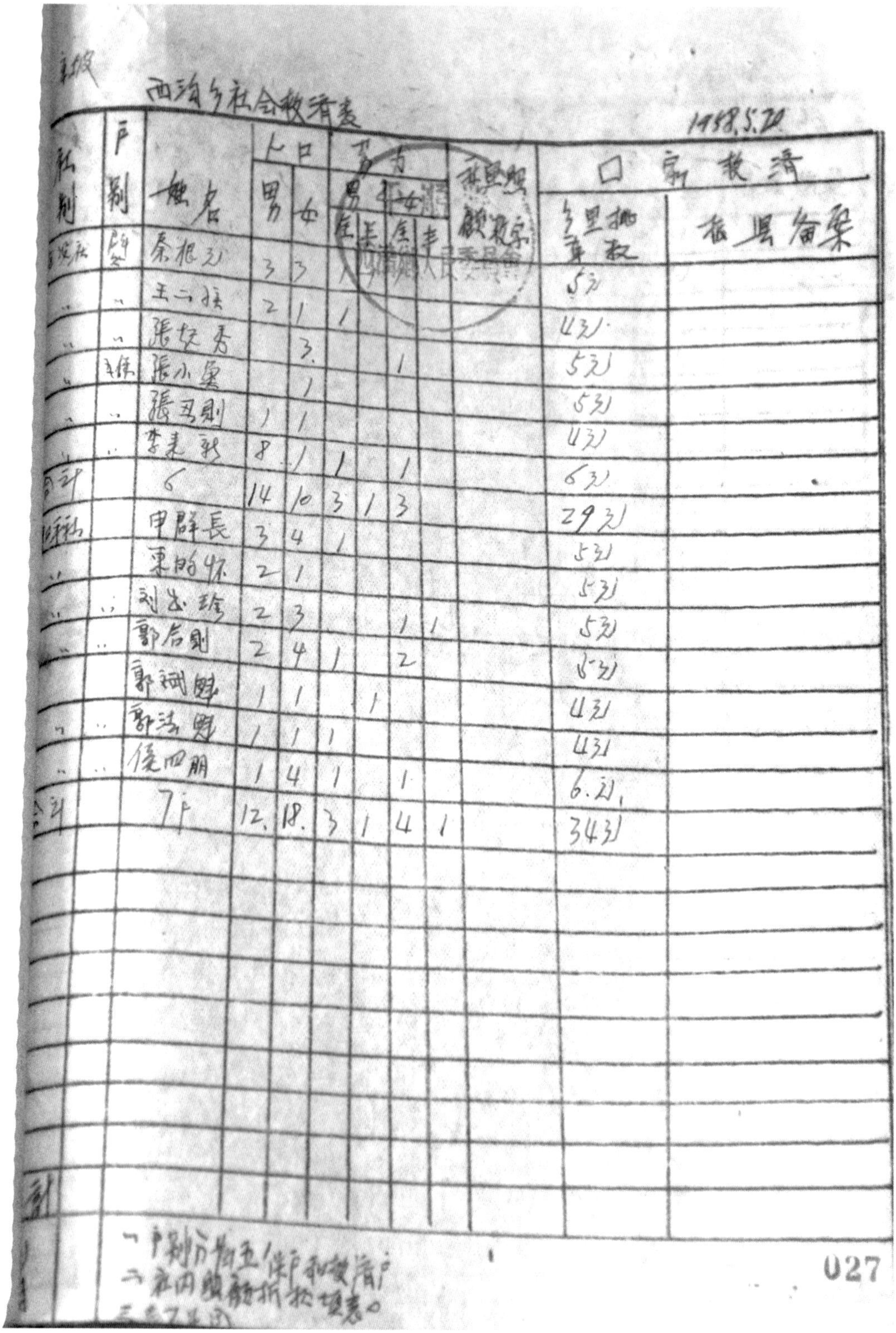

西沟乡社会救济表 1958.5.20

社别	户别	姓名	人口 男	人口 女	劳力 男 全	劳力 男 半	劳力 女 全	劳力 女 半	缺粮户缺粮数	口粮救济 乡里批准数	口粮救济 县备案
西发展	烈属	秦根元	3	3	1	1				5元	
〃	〃	王二孩	2	1	1					4元	
〃	〃	張妊秀		3.			1			5元	
〃	五保	張小是		1						5元	
〃	〃	張五則	1	1						4元	
〃	〃	李来新	8	1	1		1			6元	
合计		6	14	10	3	1	3			29元	
西和私		申辟長	3	4	1					5元	
〃		栗的怀	2	1						5元	
〃	〃	刘小珍	2	3			1	1		5元	
〃	〃	郭启則	2	4	1		2			5元	
		郭识则	1	1		1				4元	
〃	〃	郭洪則	1	1	1					4元	
〃	〃	侯四朋	1	4	1		1			6.元	
合计		7户	12.	18.	3	1	4	1		34元	
合计											

一、户别分烈军属五保户和救济户
二、在困难户前折放填表。
三、[illegible]

027

图4-2-6　西沟乡社会救济表三

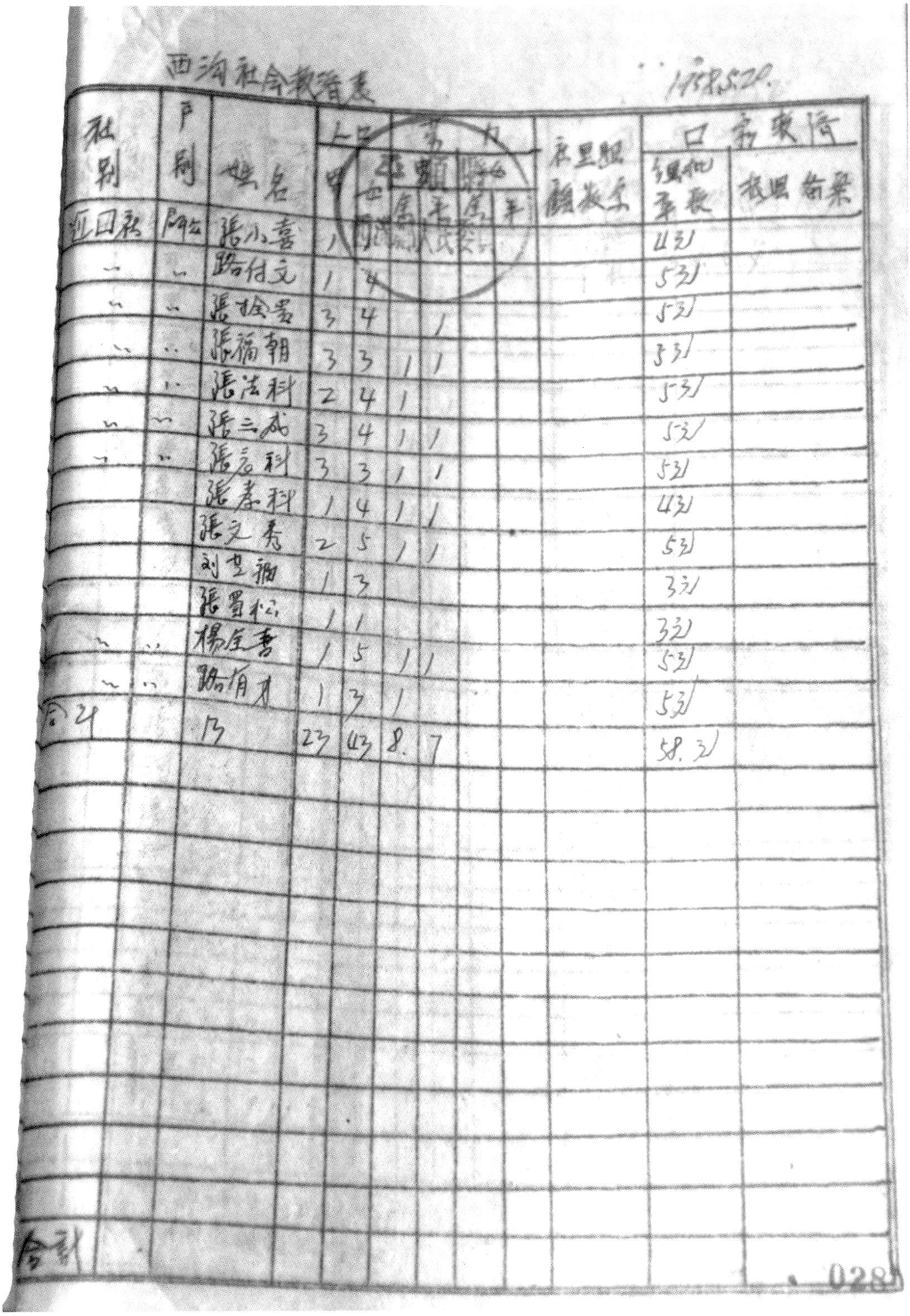

西沟社会救济表　　1958.5.20.

社别	户别	姓名	人口		劳力				家里服颜装索	口粮救济	
			男	女	男全	男半	女全	女半		组批条数	报县备案
近四社	[illegible]	张小喜	1							4元	
〃	〃	路付文	1	4						5元	
〃	〃	张捡书	3	4		1				5元	
〃	〃	张福朝	3	3	1	1				5元	
〃	〃	张法科	2	4	1					5元	
〃	〃	张三成	3	4	1	1				5元	
〃	〃	张启科	3	3	1	1				5元	
		张素科	1	4	1	1				4元	
		张文秀	2	5	1	1				5元	
		刘生福	1	3						3元	
		张冒松	1	1						3元	
〃	〃	杨金书	1	5	1	1				5元	
〃	〃	路有才	1	3	1					5元	
合计		13	23	43	8	7				58元	
合计											

028

图4-2-7　西沟乡社会救济表四

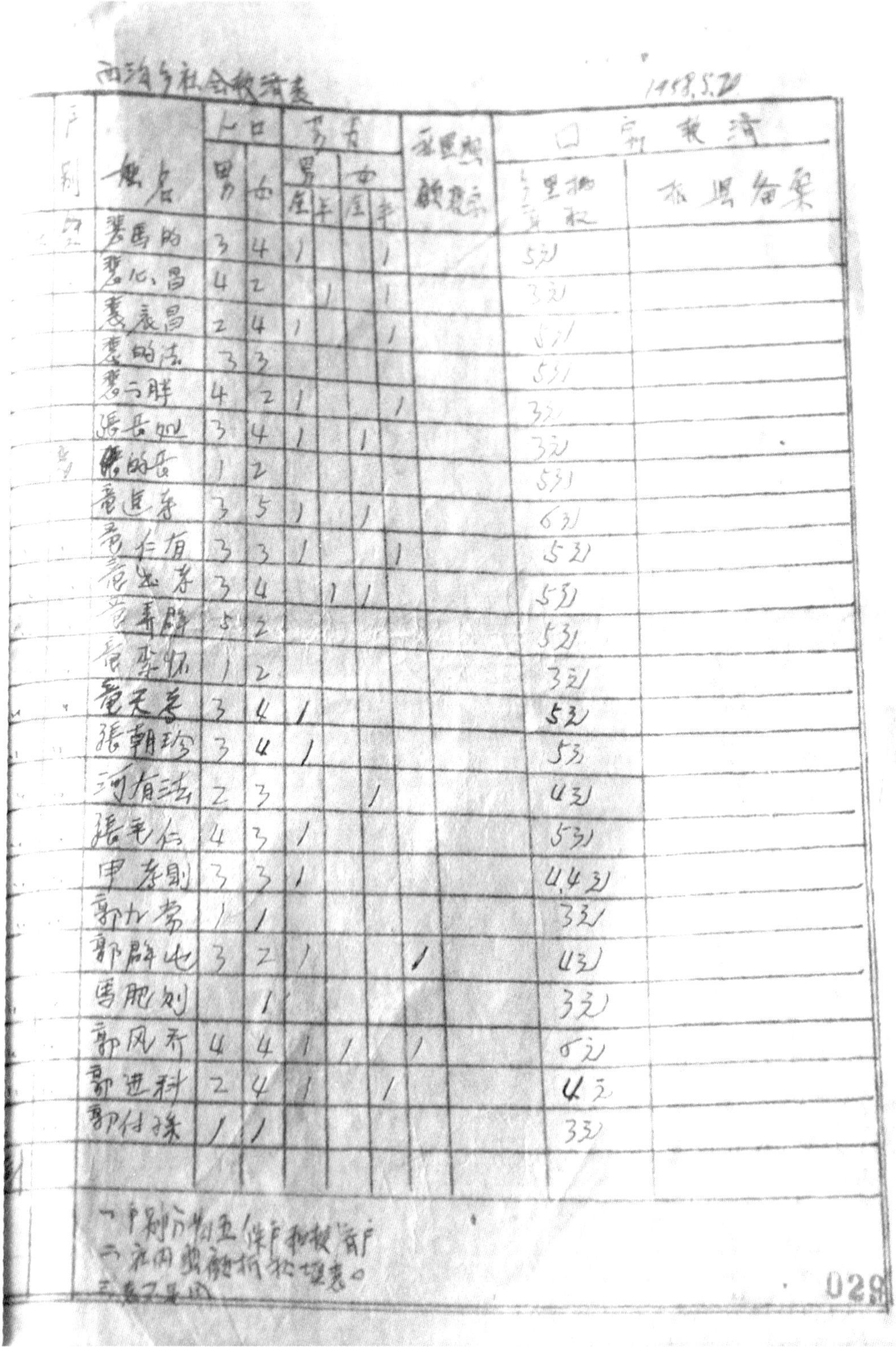

西沟乡社会救济表　　1958.5.2[illegible]

户别	姓名	人口 男	人口 女	劳力 男 全	劳力 男 半	劳力 女 全	劳力 女 半	无劳动能力	口粮救济 每人数量	口粮救济 本期备案
空	聂马的	3	4	1			1		5元	
	聂心昌	4	2		1		1		3元	
	聂表昌	2	4	1			1		5元	
	聂的法	3	3						5元	
	聂二胖	4	2	1			1		3元	
	張长如	3	4	1		1			3元	
	[illegible]的长	1	2						5元	
	聂道孝	3	5	1		1			6元	
	聂仁有	3	3	1			1		5元	
	聂光孝	3	4		1	1			5元	
	聂春胜	5	2						5元	
	聂李怀	1	2						3元	
	聂天孝	3	4	1					5元	
	張朝珍	3	4	1					5元	
	何有法	2	3			1			4元	
	張毛仁	4	3	1					5元	
	申孝则	3	3	1					4.4元	
	郭九学	1	1						3元	
	郭腊正	3	2	1				1	4元	
	马肥刘		1						3元	
	郭风齐	4	4	1	1			1	5元	
	郭进科	2	4	1			1		4元	
	郭付孩	1	1						3元	

一、户别分为五保户和救济户
二、在内类款折合填表。
三、[illegible]

029

图4-2-8　西沟乡社会救济表五

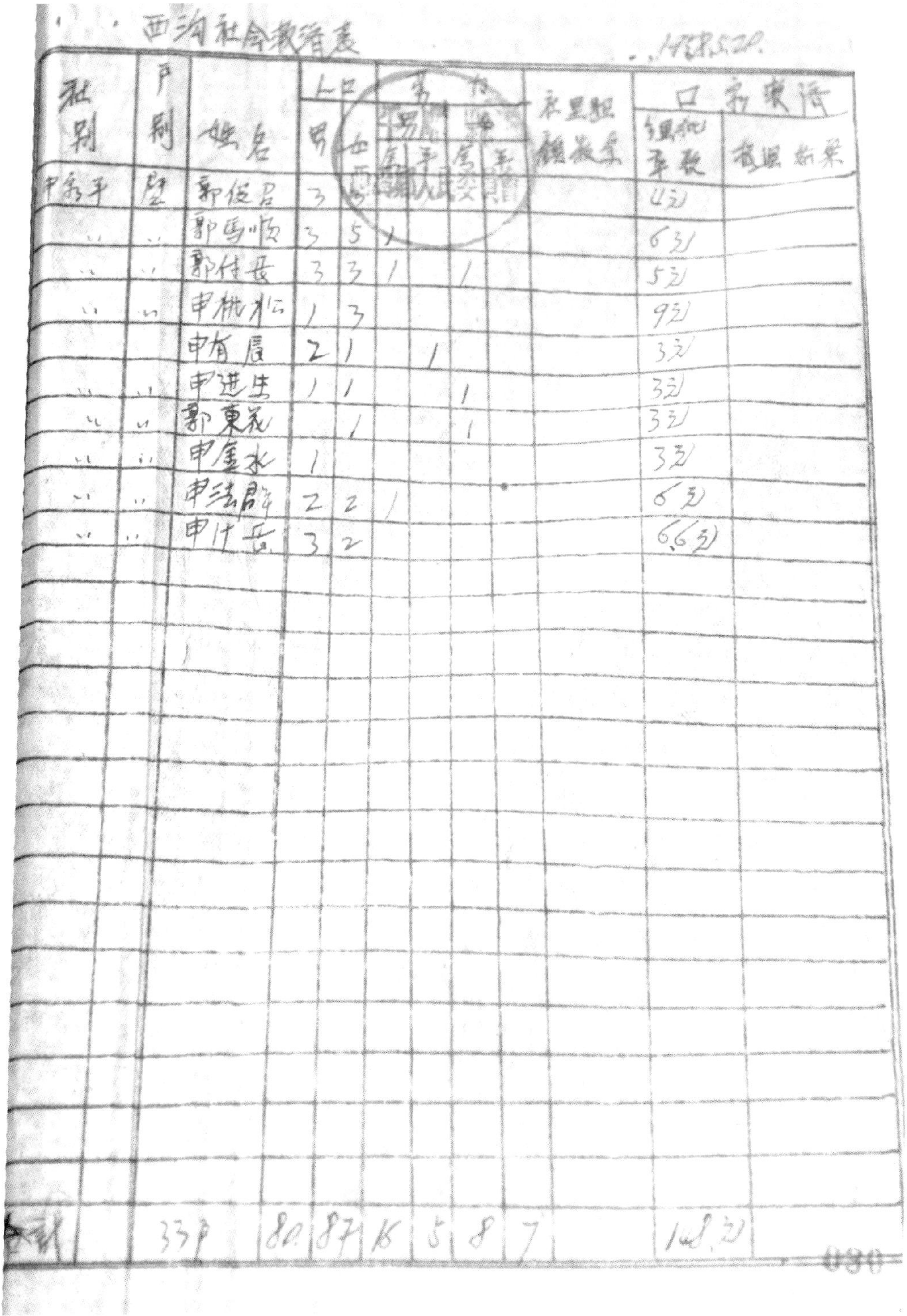

西沟社会救济表　1958.5.20

社别	户别	姓名	人口 男	人口 女	劳力 男 全	劳力 男 半	劳力 女 全	劳力 女 半	农业社领救金	口粮救济 组织享受	口粮救济 省粮新粟
申家平	贫	郭俊昌	3	5						4元	
〃	〃	郭马顺	3	5	1					6元	
〃	〃	郭付喜	3	3	1		1			5元	
〃	〃	申桃松	1	3						9元	
		申有辰	2	1		1				3元	
〃	〃	申进生	1	1			1			3元	
〃	〃	郭東花		1			1			3元	
〃	〃	申金水	1							3元	
〃	〃	申法群	2	2	1					6元	
〃	〃	申什岳	3	2						6.6元	
合计		33户	80	87	16	5	8	7		148元	

图4-2-9　西沟乡社会救济表六

（三）西沟公社西沟大队困难户统计表（1962年11月26日）

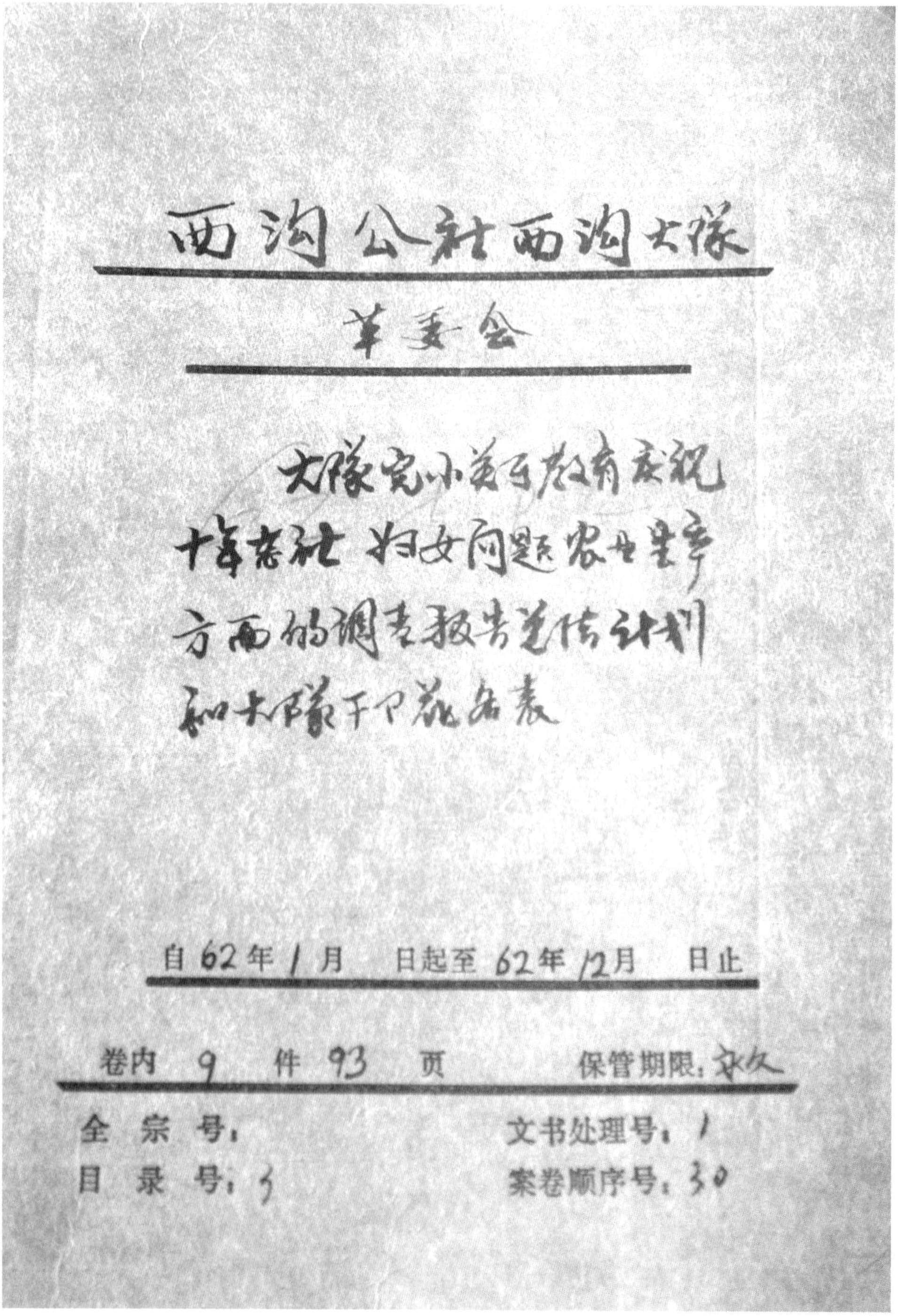
西沟公社西沟大队

革委会

大队完小关于教育庆祝十年建社 妇女问题农业生产方面的调查报告宣传计划和大队干部花名表

自62年1月 日起至62年12月 日止

卷内 9 件 93 页 保管期限：永久

全宗号：

文书处理号：1

目录号：3

案卷顺序号：30

图4-3-1 档案封面

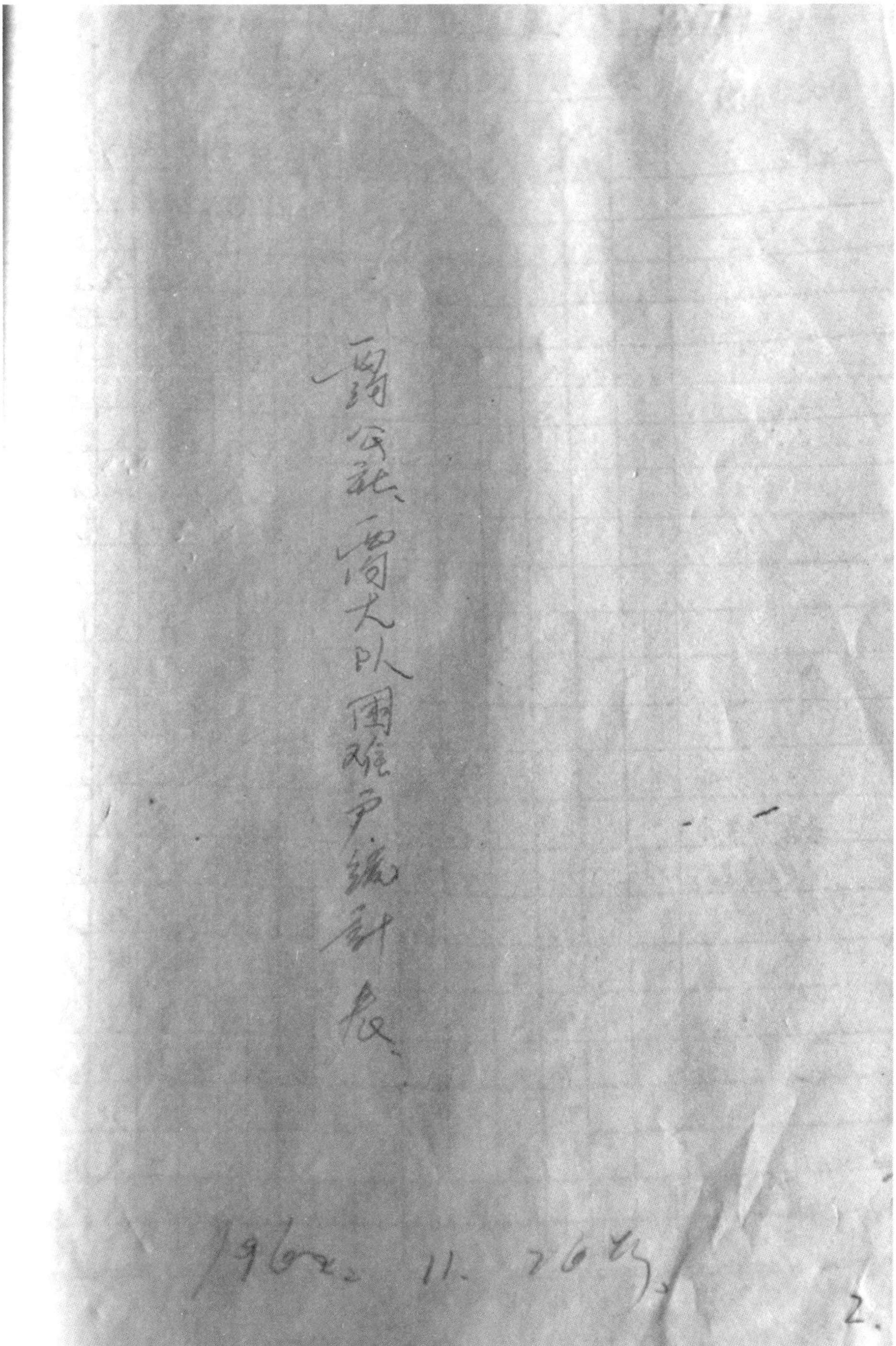
西沟公社、西沟大队困难户统计表
1962. 11. 26日
2.

图4-3-2　西沟公社西沟大队困难户统计表封面

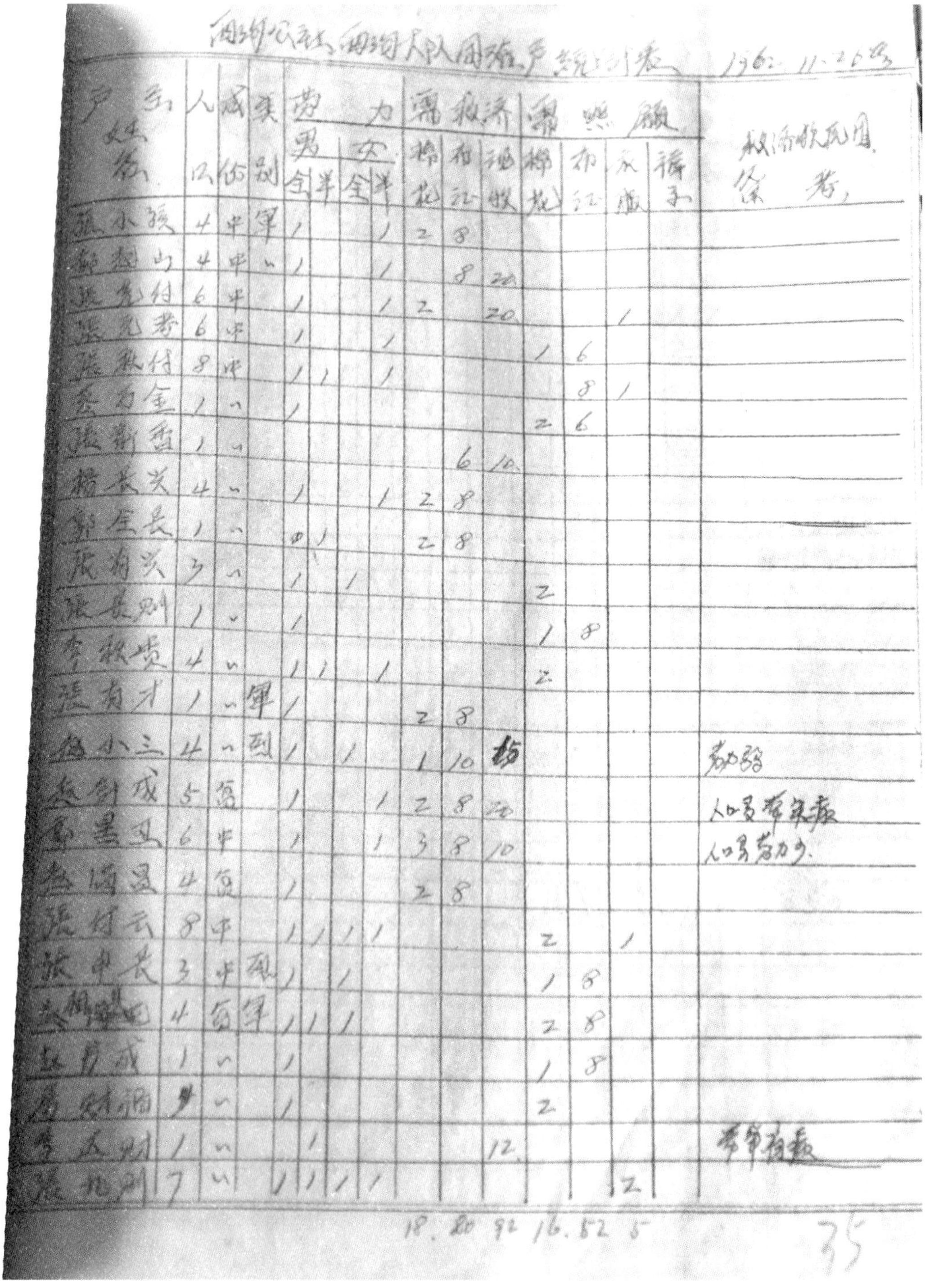

西沟公社西沟大队困难户统计表 1962.11.26日

户主姓名	人口	成份	类别	劳力 男 全	男 半	女 全	女 半	需救济 棉花	布证	退款	需照顾 棉花	布证	衣服	被子	救济款原因备考
張小孩	4	中	军	1			1	2	8						
郭树山	4	中	〃	1			1		8	20					
張[illegible]付	6	中		1			1	2		20			1		
張[illegible]考	6	中		1			1				1	6			
張[illegible]付	8	中		1	1		1					8	1		
[illegible]有金	1	〃		1							2	6			
張[illegible]香	1	〃							6	10					
杨长兴	4	〃		1			1	2	8						
郭[illegible]長	1	〃		⊘	1			2	8						
張有兴	3	〃		1		1					2				
張長则	1	〃		1							1	8			
李[illegible]贵	4	〃		1	1		1				2				
張有才	1	〃	军	1				2	8						
孙小三	4	〃	烈	1		1		1	10	[illegible]					劳力弱
[illegible]创成	5	贫		1			1	2	8	20					人口多[illegible]
郭墨[illegible]	6	中		1			1	3	8	10					人口多劳力少
[illegible]满显	4	贫		1				2	8						
張付云	8	中		1	1	1	1				2		1		
張申長	3	中	烈	1		1					1	8			
[illegible]	4	贫	军	1	1	1					2	8			
赵[illegible]成	1	〃		1							1	8			
[illegible]	[illegible]	〃		1							2				
李[illegible]财	1	〃			1					12					[illegible]有病
張[illegible]则	7	〃		1	1	1	1						2		

18. 20 92 16. 52 5

35

图4-3-3　西沟公社西沟大队困难户统计表一

注：统计内容包括户主姓名、人口、成分、类别、劳力、需救济、需照顾、救济款原因备考，按照个人统计，下同。

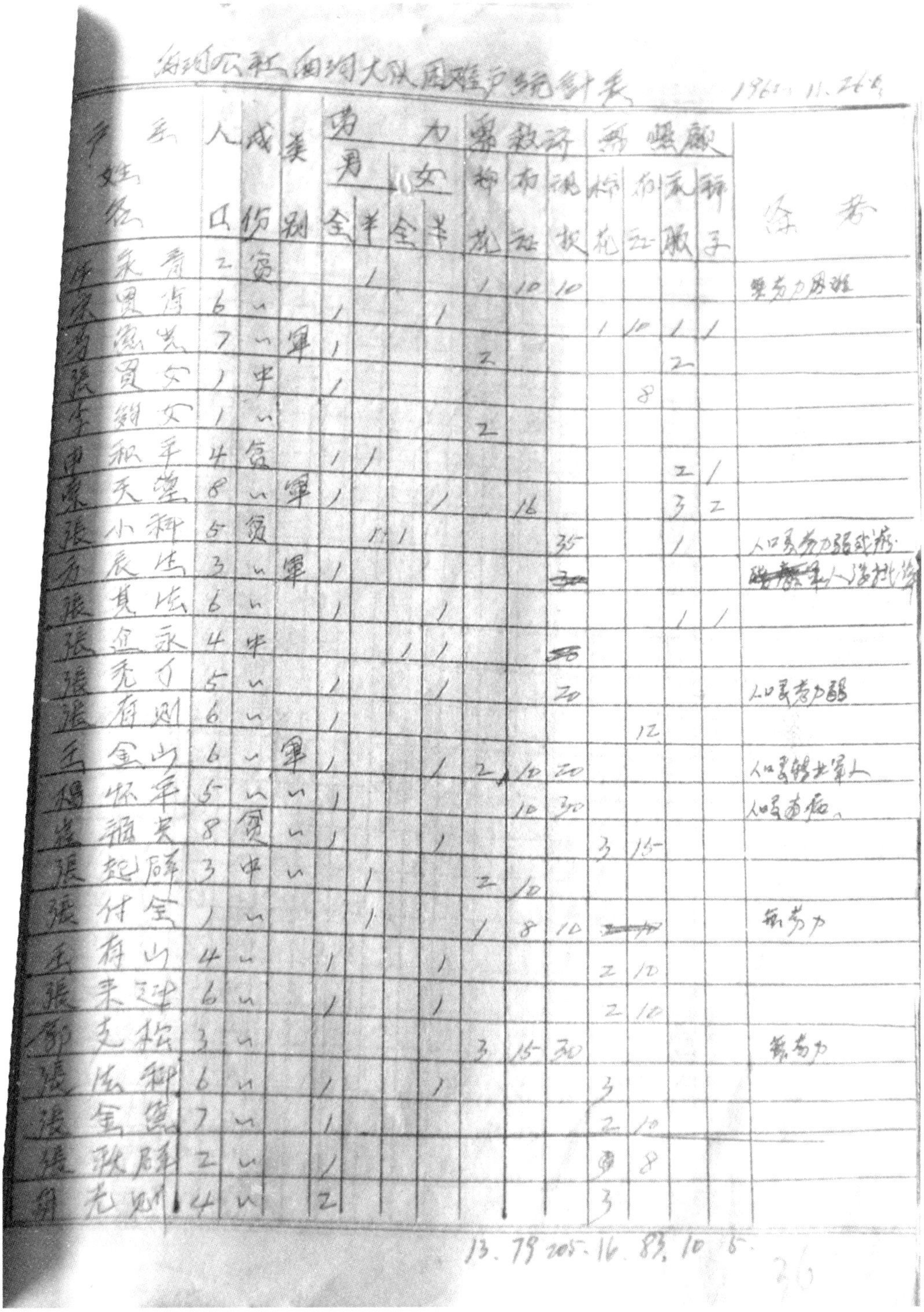

西沟公社西沟大队困难户统计表 196[illegible].11.26日

户主姓名	人口	成份	类别	劳力 男 全	劳力 男 半	劳力 女 全	劳力 女 半	救济 粮食	救济 布证	救济 现款	照顾 棉花	照顾 布证	照顾 衣服	照顾 鞋子	备考
[illegible]永青	2	贫			1			1	10	10					缺劳力困难
[illegible]	6	〃		1			1				1	10	1	1	
[illegible]	7	〃	军	1				2					2		
张[illegible]	1	中		1								8			
李[illegible]	1	〃						2							
申和平	4	贫		1	1								2	1	
[illegible]天望	8	〃	军	1			1		16				3	2	
张小[illegible]	5	贫			[illegible]	1				35			1		人口多劳力弱或病
[illegible]辰生	3	〃	军	1						~~30~~					~~[illegible]~~人[illegible]
张[illegible]	6	〃		1			1						1	1	
张[illegible]永	4	中				1	1			~~50~~					
张[illegible]	5	〃		1			1			20					人口多劳力弱
张府则	6	〃		1								12			
王金山	6	〃	军	1			1	2	10	20					人口多缺少军人
杨怀平	5	〃	〃	1					10	30					人口多有病
[illegible]福[illegible]	8	贫	〃	1			1				3	15			
张起[illegible]	3	中	〃		1			2	10						
张付全	1	〃			1			1	8	10	~~[illegible]~~	~~10~~			缺劳力
王存山	4	〃		1			1				2	10			
张[illegible]	6	〃		1			1				2	10			
[illegible]支[illegible]	3	〃						3	15	30					缺劳力
张[illegible]	6	〃		1			1				3				
张金[illegible]	7	〃		1							2	10			
张[illegible]	2	〃		1							[illegible]	8			
[illegible]光[illegible]	4	〃		2							3				
								13.	79	205.	16.	83,	10	5.	

26

图4-3-4 西沟公社西沟大队困难户统计表二

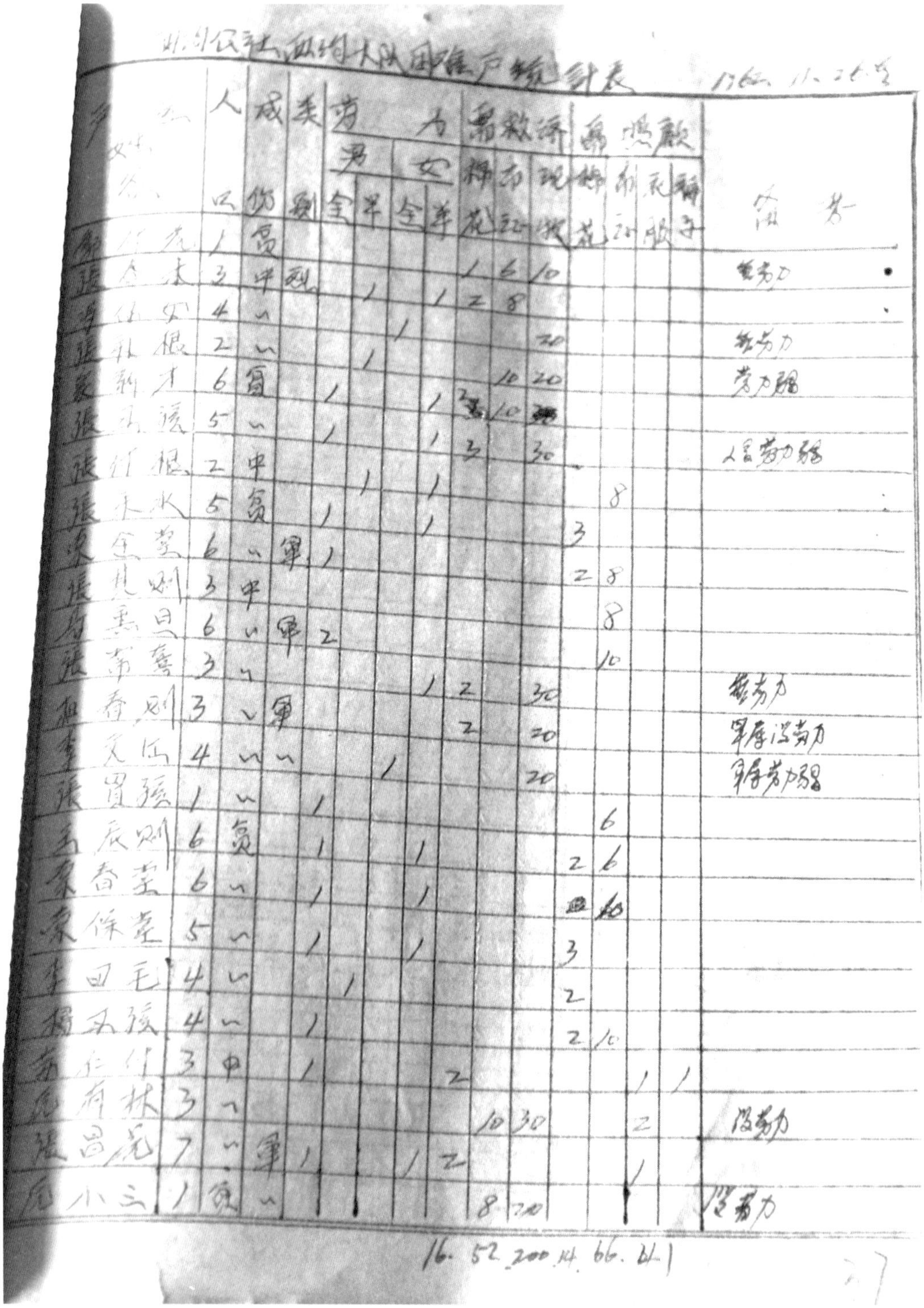

图4-3-5　西沟公社西沟大队困难户统计表三

西沟公社西沟大队困难户统计表 [illegible]

户主姓名	人口	成份	类别	劳力 男 全	男 半	女 全	女 半	需救济 棉花	布(尺)	现款	需照顾 棉花	布(尺)	衣服	鞋子	备考
张[illegible]水	3	中	恩	1				3	[illegible]						
[illegible]成	5	〃	军	1			1		8						
[illegible]刚	8	贫		1			1	3		20					人多劳力少
[illegible]发	7	中		1								8			
[illegible]香	1	〃						1	8						
[illegible]文	1	〃	烈					3							
[illegible]芬	2	〃			1					20					没劳力
[illegible]昌	7	〃		2		1				30		8			[illegible]
[illegible]	6	〃		1	1		1					8			
[illegible]堂	8	〃		1			1				2				
[illegible]	5	〃		1	1		1				2				
[illegible]安	7	〃		2							3				
[illegible]长	7	〃					1				3				
[illegible]堂	7	〃		1	1		1		16						
[illegible]明	2	〃								30					没劳力
[illegible]山	8	〃		1	1		1			45					人多劳力少
张[illegible]刚	2	〃		1					12						
[illegible]全保	6	〃		2				3							
[illegible]春保	3	〃			1		2	3							
[illegible]刚	6	〃	军	1						50					残废军人
[illegible]小伏	6	〃		1	1		1						2		
[illegible]	1	〃											1	1	
张三[illegible]	4	〃		2							2	10			
[illegible]	1		烈							10					没劳力
[illegible]			烈							20					军属劳力弱
[illegible] 96								63	255	[illegible]	58	235	27	7	
[illegible]大堂 8								16	444	156	12	54	3	1	人多劳力少 38

图4-3-6　西沟公社西沟大队困难户统计表四

（四）西沟公社西沟大队寒衣救济表（1965年3月8日）

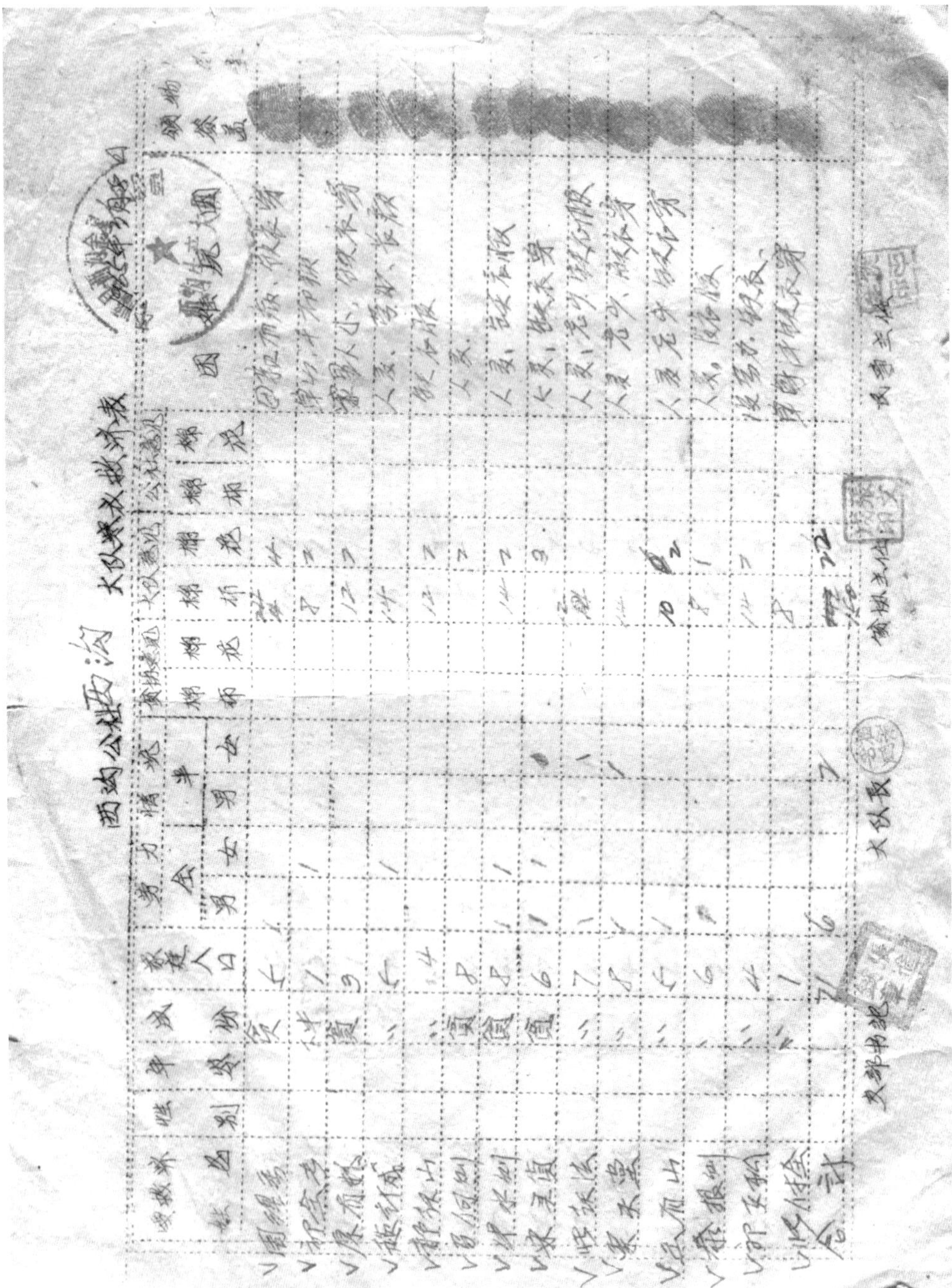

图4-4-1　西沟公社西沟大队寒衣救济表一

注：统计内容包括受救济姓名、性别、年龄、成分、家庭人口、劳力情况、贫协意见、大队意见、公社意见、困难原因，签字盖章，按照个人统计，下同。

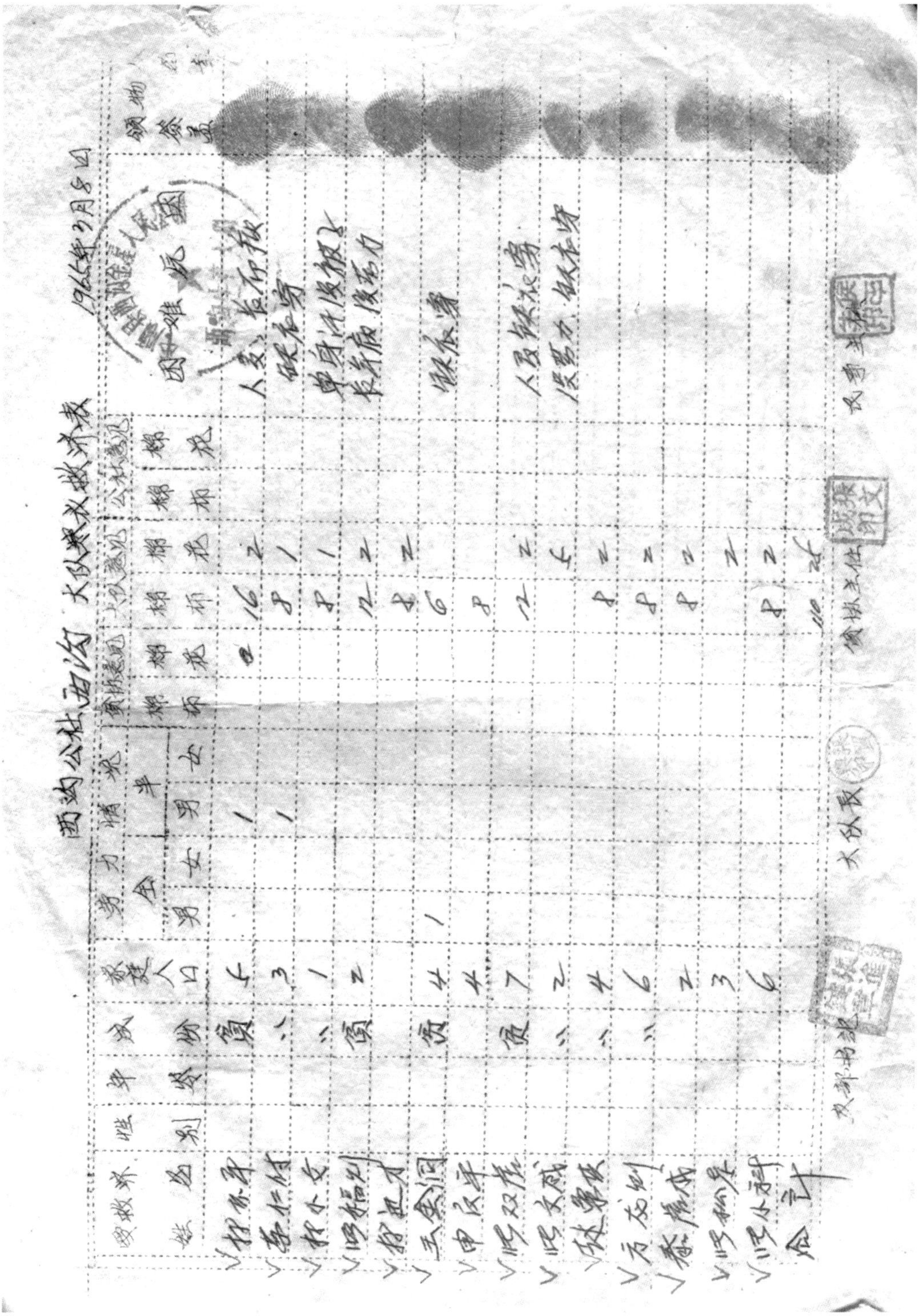

西沟公社西沟大队寒衣救济表　　1965年3月8日

受救济姓名	性别	年龄	成份	家庭人口	劳力情况 全 男	全 女	半 男	半 女	贫协意见 棉布	贫协意见 棉花	大队意见 棉布	大队意见 棉花	公社意见 棉布	公社意见 棉花	困难况	领物签盖印章
杨永平			贫	6			1				16	2			人多、长存病	
秦仁付			〃	3			1				8	1			缺衣穿	
杨小女			〃	1							8	1			单身汁没被子	
吕福则			贫	2							12	2			长年病 没劳力	
杨五才											8	2				
王金洞			贫	4	1						6				缺衣穿	
申良平				4							8					
吕双虎			贫	7							12	2			人多缺衣穿	
吕文藏			〃	2								6			没劳力 缺衣穿	
张象长			〃	4							8	2				
方应则			〃	6							8	2				
秦广成				2							8	2				
吕松炭				3								2				
吕小科				6							8	2				
合计											110	26				

支部书记　大队长　贫协主任　民事主任

图4-4-2　西沟公社西沟大队寒衣救济表二

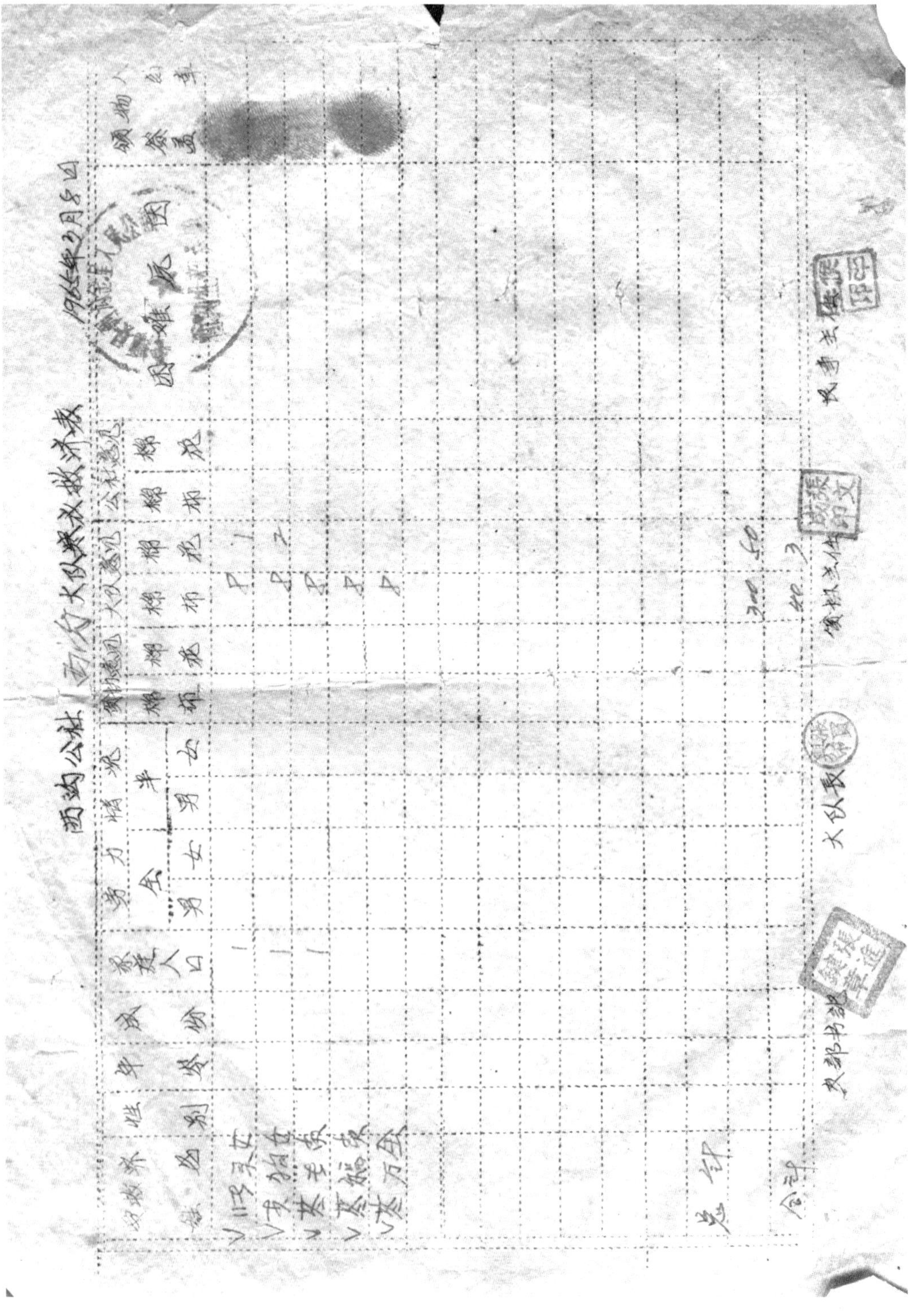

西沟公社西沟大队寒衣救济表

1965年3月8日

图4-4-3　西沟公社西沟大队寒衣救济表三

五、其他

（一）1962年西沟生产大队庆祝十年老社模范队社员名单

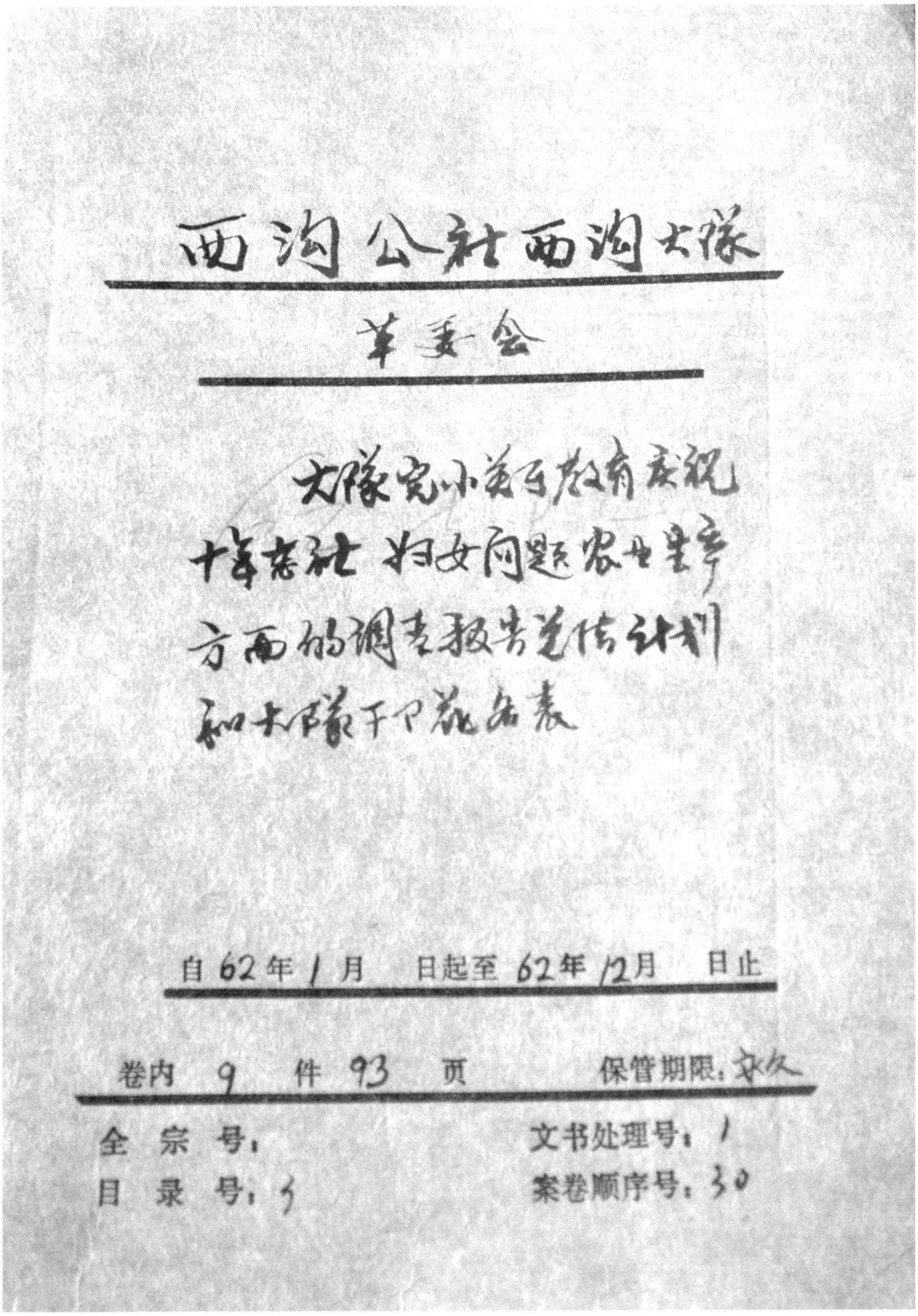

西沟公社西沟大隊

革委会

大隊完小关于教育庆祝十年老社 妇女问题农业生产方面的调查报告宣传计划和大隊干部花名表

自 62 年 1 月 日起至 62 年 12 月 日止

卷内 9 件 93 页 保管期限：永久

全 宗 号：

文书处理号：1

目 录 号：5

案卷顺序号：30

图5-1-1　档案封面

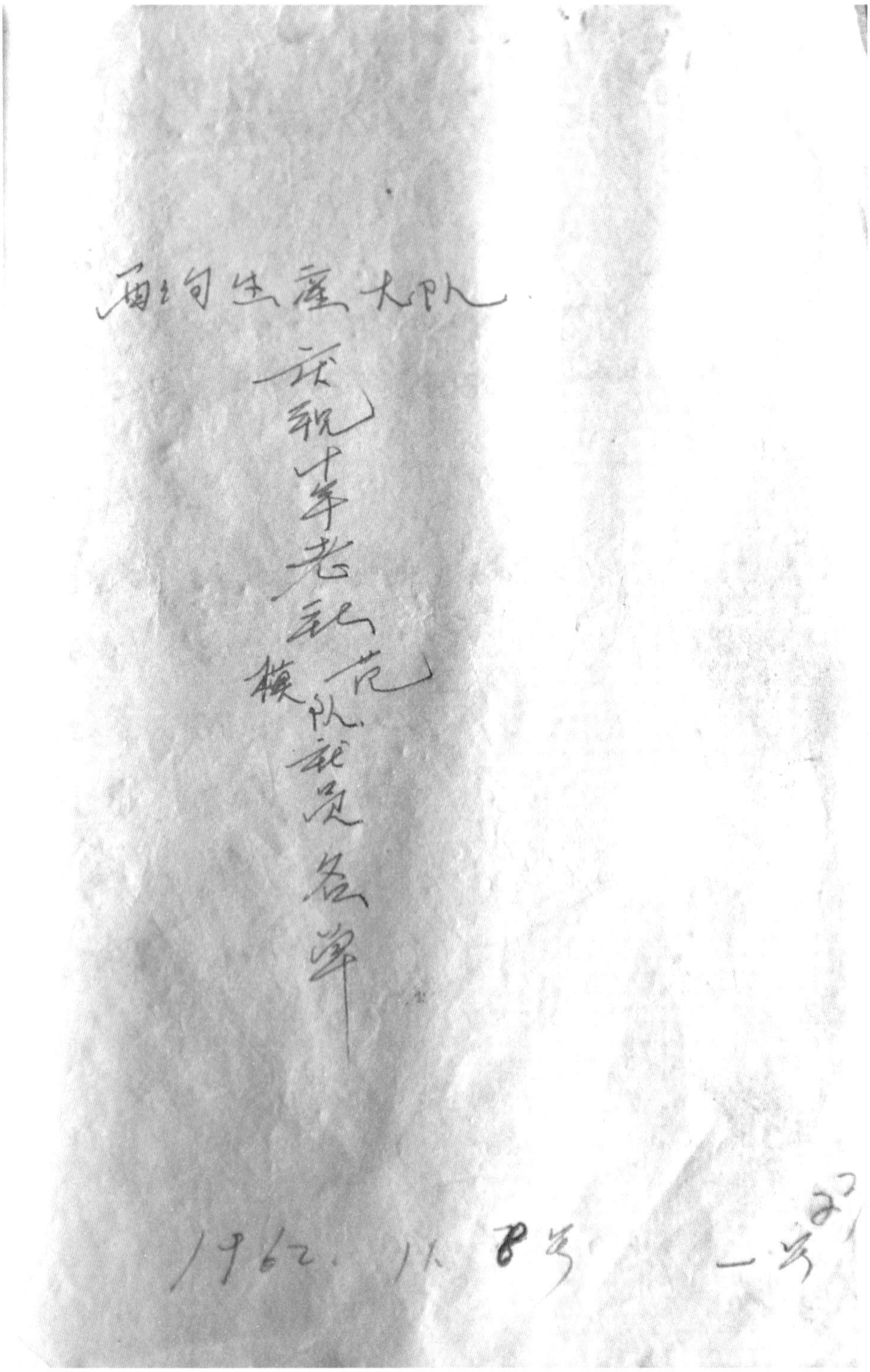
西沟生产大队
庆祝十年老社模范队社员名单

图5-1-2　1962年西沟生产大队庆祝十年老社模范队\社员名单封面

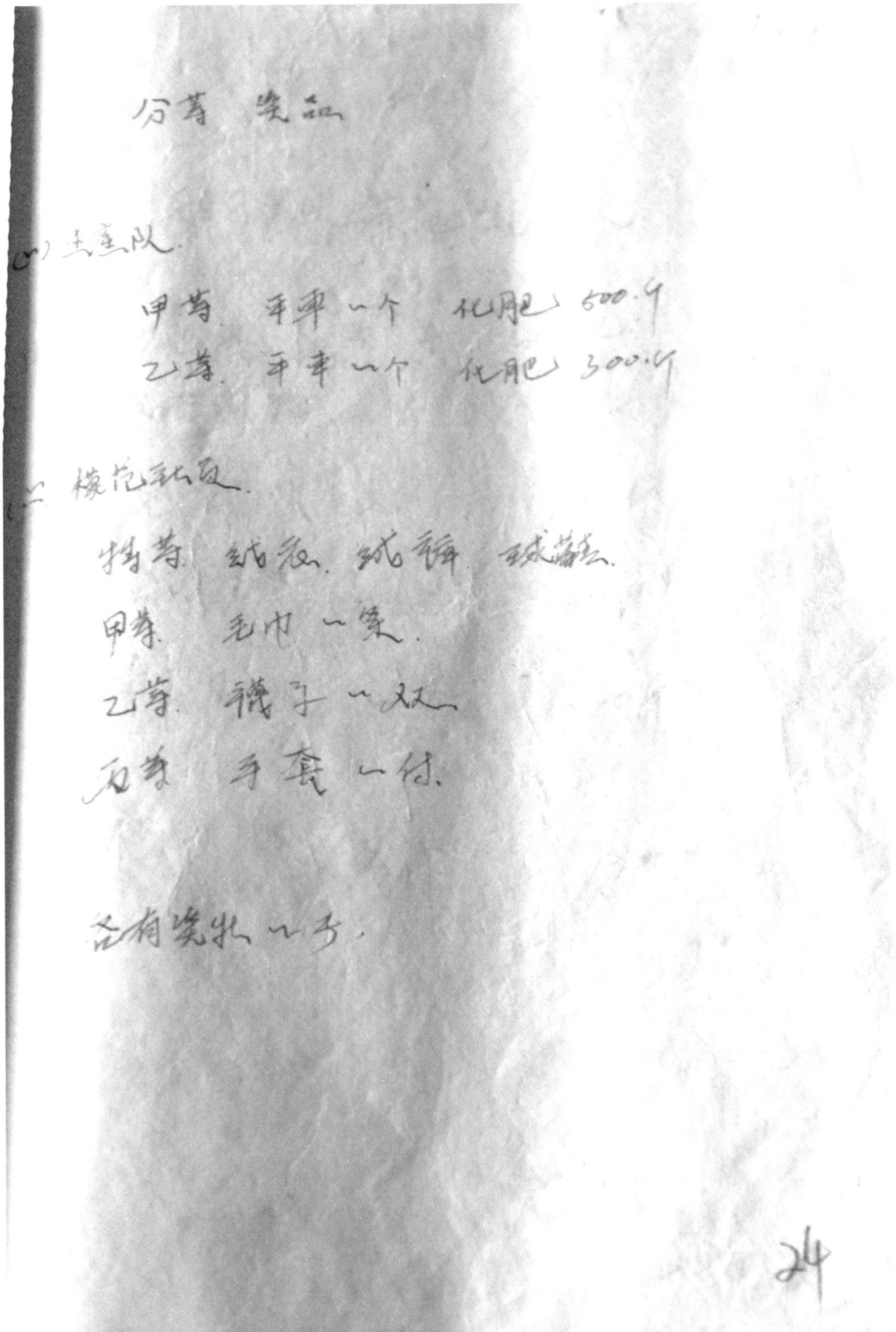

分等 奖品

(一) 生产队

甲等 平车一个 化肥500斤

乙等 平车一个 化肥300斤

(二) 模范社员

特等 绒衣 绒裤 球鞋

甲等 毛巾一条

乙等 袜子一双

丙等 手套一付

各有奖状一张

24

图5-1-3　1962年西沟生产大队庆祝十年老社模范队\社员名单分等奖品

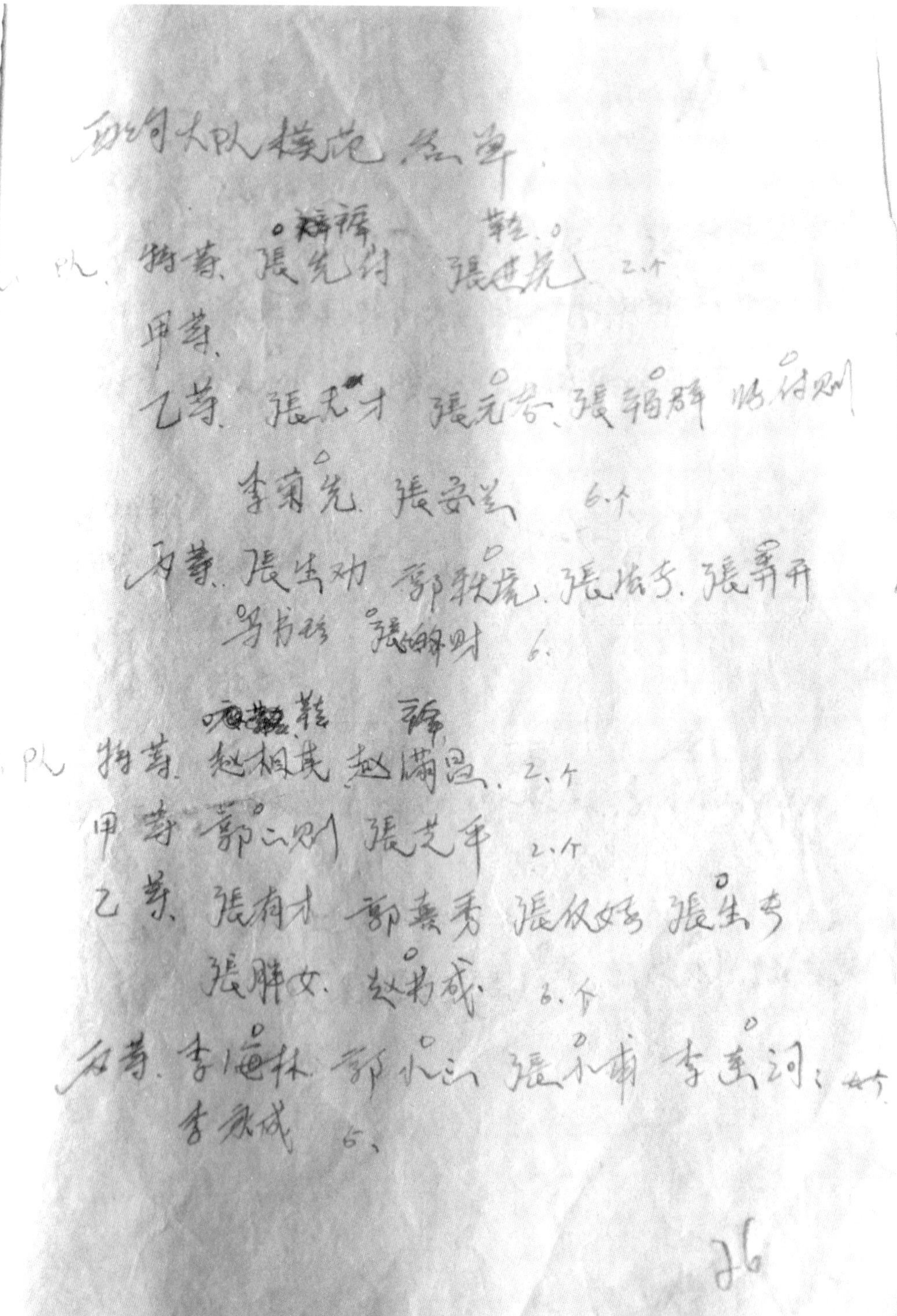

西沟大队模范名单

一队、特等、張先付 張世花 2个

甲等、

乙等、張老才 張元荣、張福群 张付则

李菊花、張安兰 6个

丙等、張生功 郭秋花、張怡秀、張再开

马占彩 張鲜财 6.

二队 特等、赵桐茂 赵满昌、2个

甲等 郭二则 張芝平 2个

乙等、張有才 郭春秀 張仅好 張生秀

張胖女、赵书成 6个

丙等、李海林 郭小二 張小甫 李春河 6个

李永成 6、

26

图5-1-4　1962年西沟生产大队庆祝十年老社模范队\社员名单一

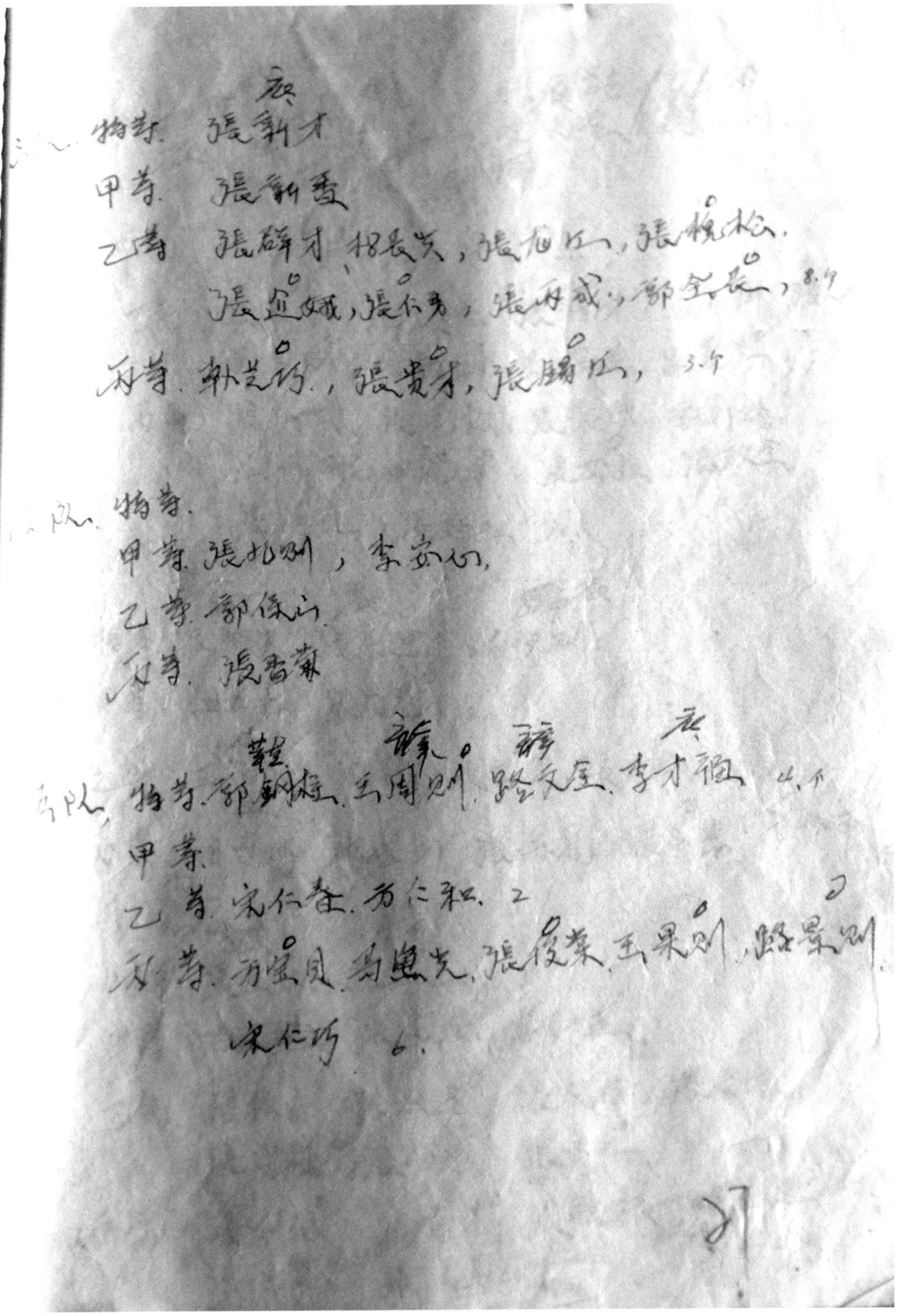
庆
特等 張新才
甲等 張新[illegible]
乙等 張[illegible]才、[illegible]長[illegible]，張[illegible]，張[illegible]，
張[illegible]，張仁[illegible]，張[illegible]成，郭全長，8个
丙等 [illegible]，張貴才，張[illegible]，3个

队 特等
甲等 張[illegible]，李[illegible]
乙等 郭[illegible]
丙等 張[illegible]

庆
队 特等 郭[illegible]、王周则、路[illegible]、李才福 4个
甲等
乙等 宋仁[illegible]、方仁和 2
丙等 方[illegible]、高[illegible]、張[illegible]、王[illegible]则、路[illegible]则
宋仁[illegible] 6

图5-1-5　1962年西沟生产大队庆祝十年老社模范队\社员名单二

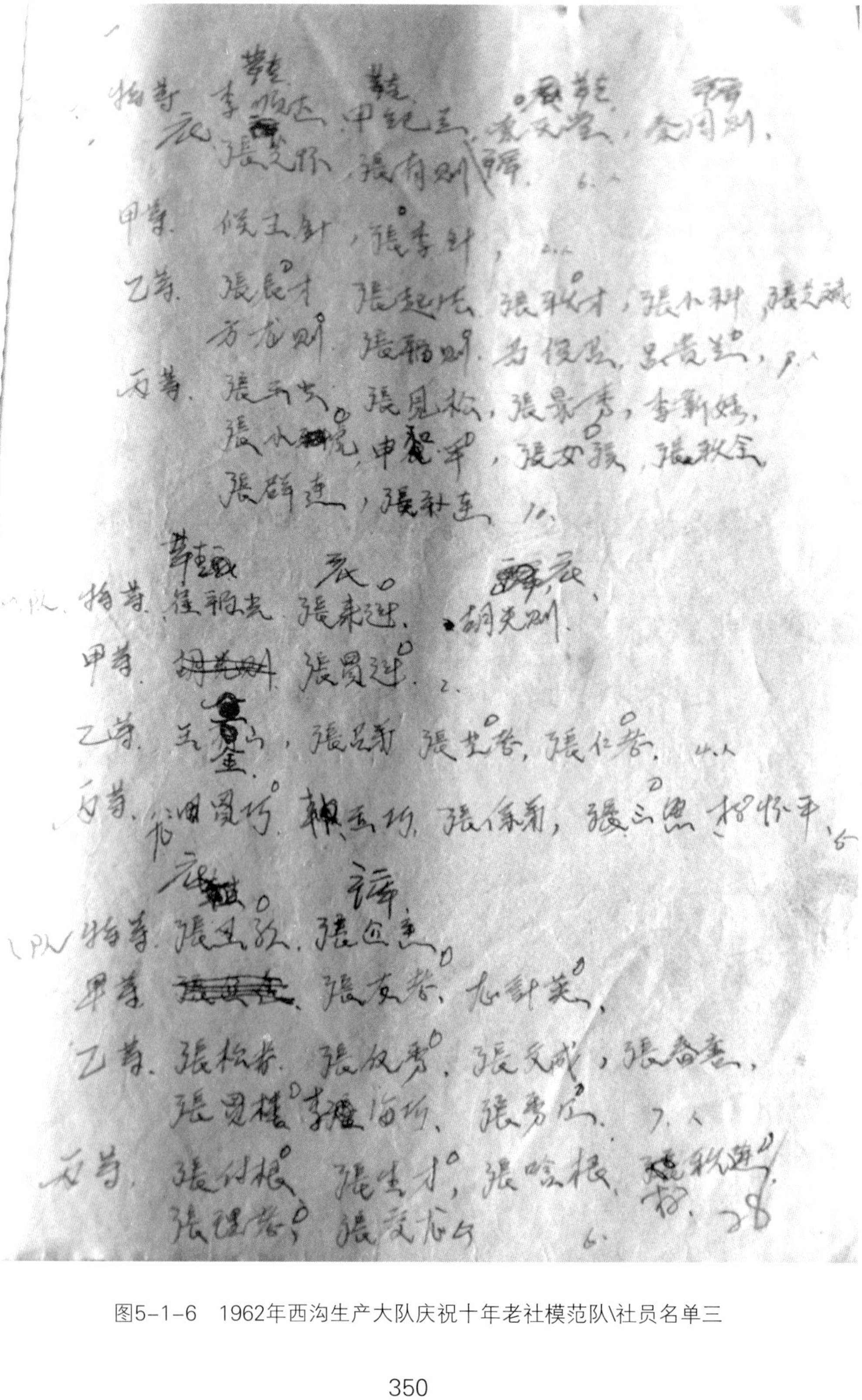

图5-1-6　1962年西沟生产大队庆祝十年老社模范队\社员名单三

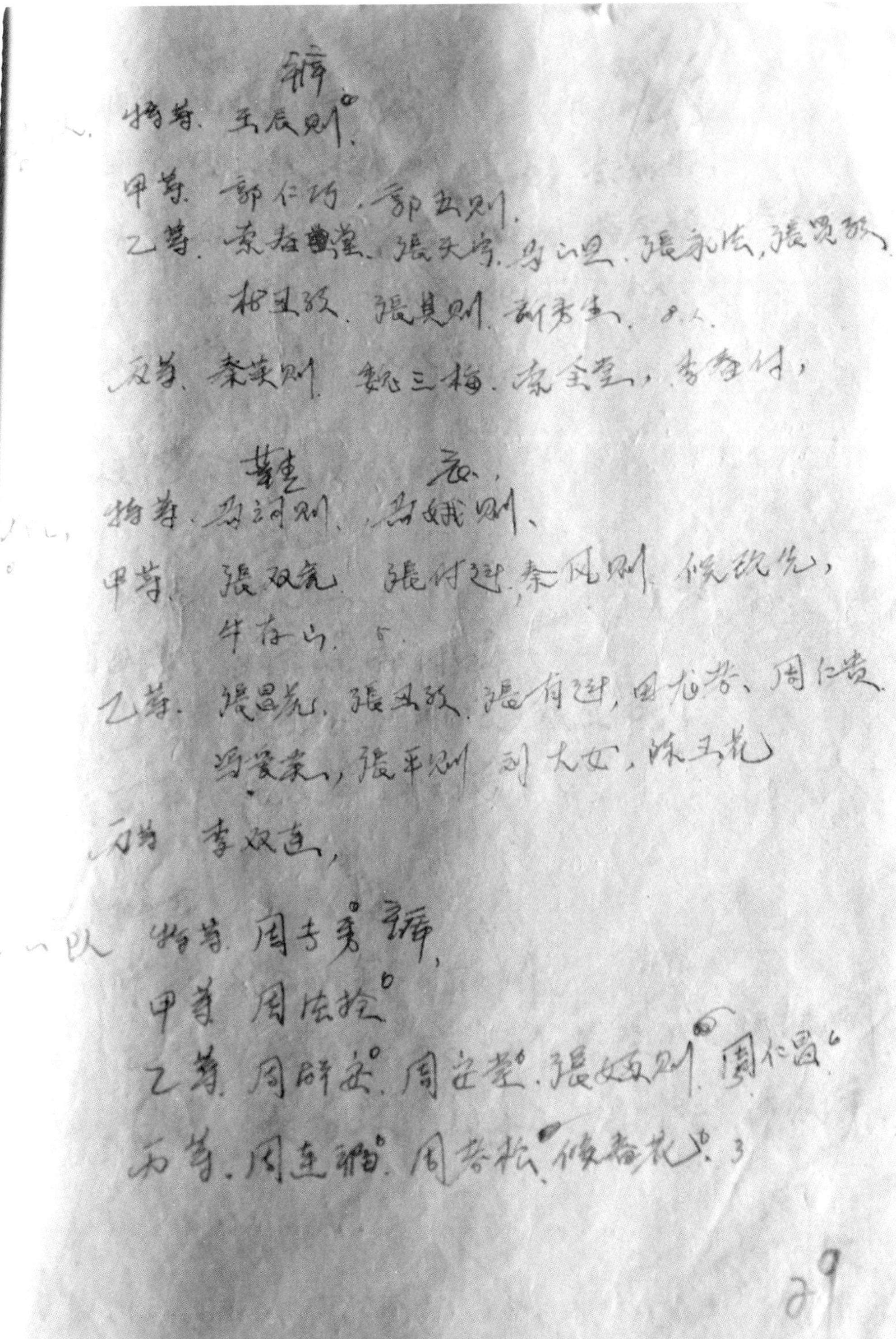
辖

特等、王辰则。

甲等、郭仁仍、郭五则。

乙等、秦春堂、張天学、马小旦、張永法、張贤玖、

柏玉玖、張贵则、郝秀生、8人

丙等、秦英则、魏三梅、秦全堂、李春付、

[illegible]

特等、马润则、马娥则、

甲等、張双亮、張付廷、秦凤则、侯玖先、

牛存山、5

乙等、張日亮、張五玖、張有廷、田龙芬、周仁贵、

冯爱荣、張平则、刘大女、陈玉花

丙等 李双连、

二队 特等 周寺秀 [illegible]、

甲等 周法珍

乙等 周祥安、周金堂、張娥则、周仁喜

丙等、周连福、周荟松、侯春花、3

29

图5-1-7　1962年西沟生产大队庆祝十年老社模范队\社员名单四

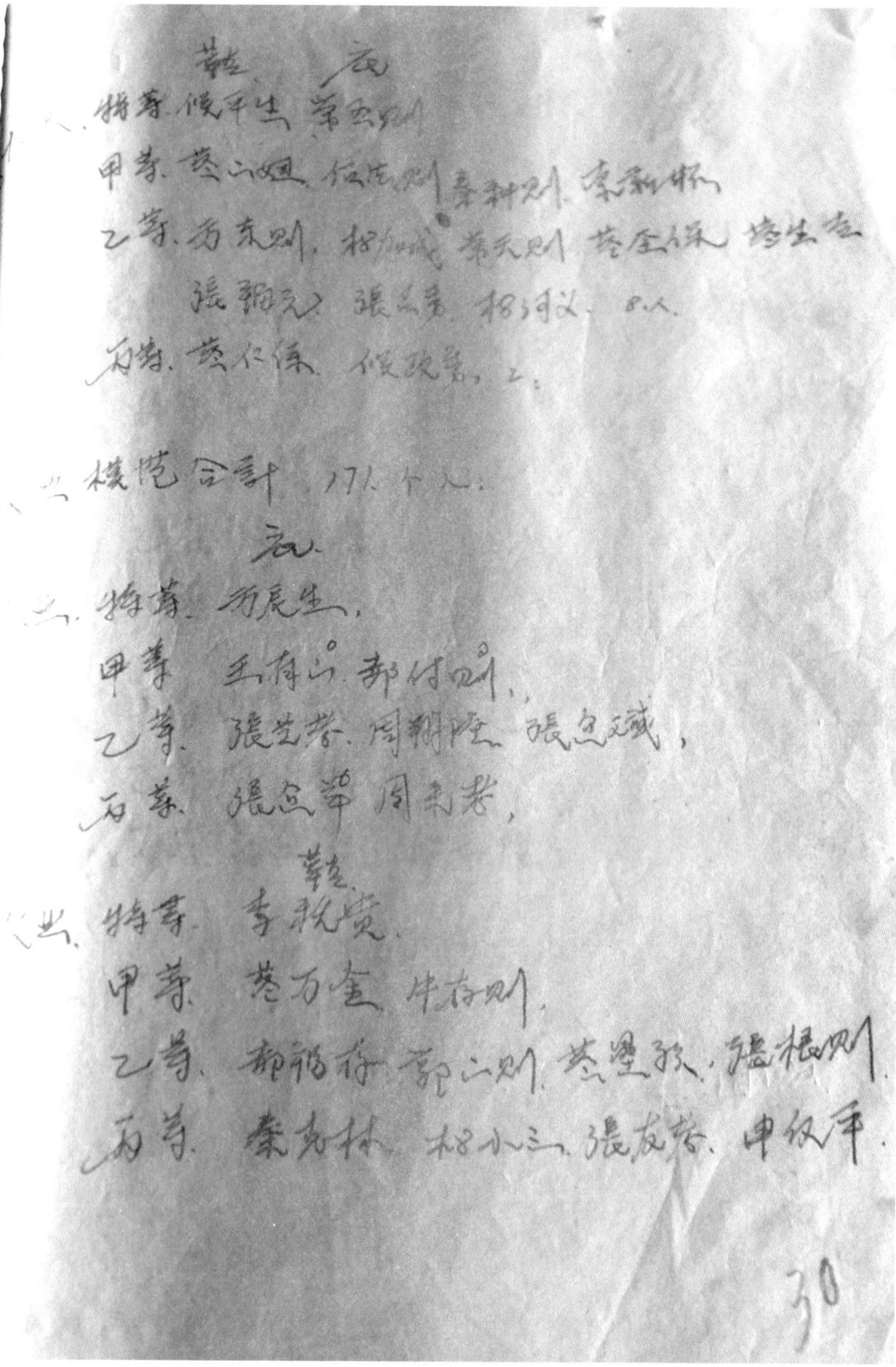

图5-1-8　1962年西沟生产大队庆祝十年老社模范队\社员名单五

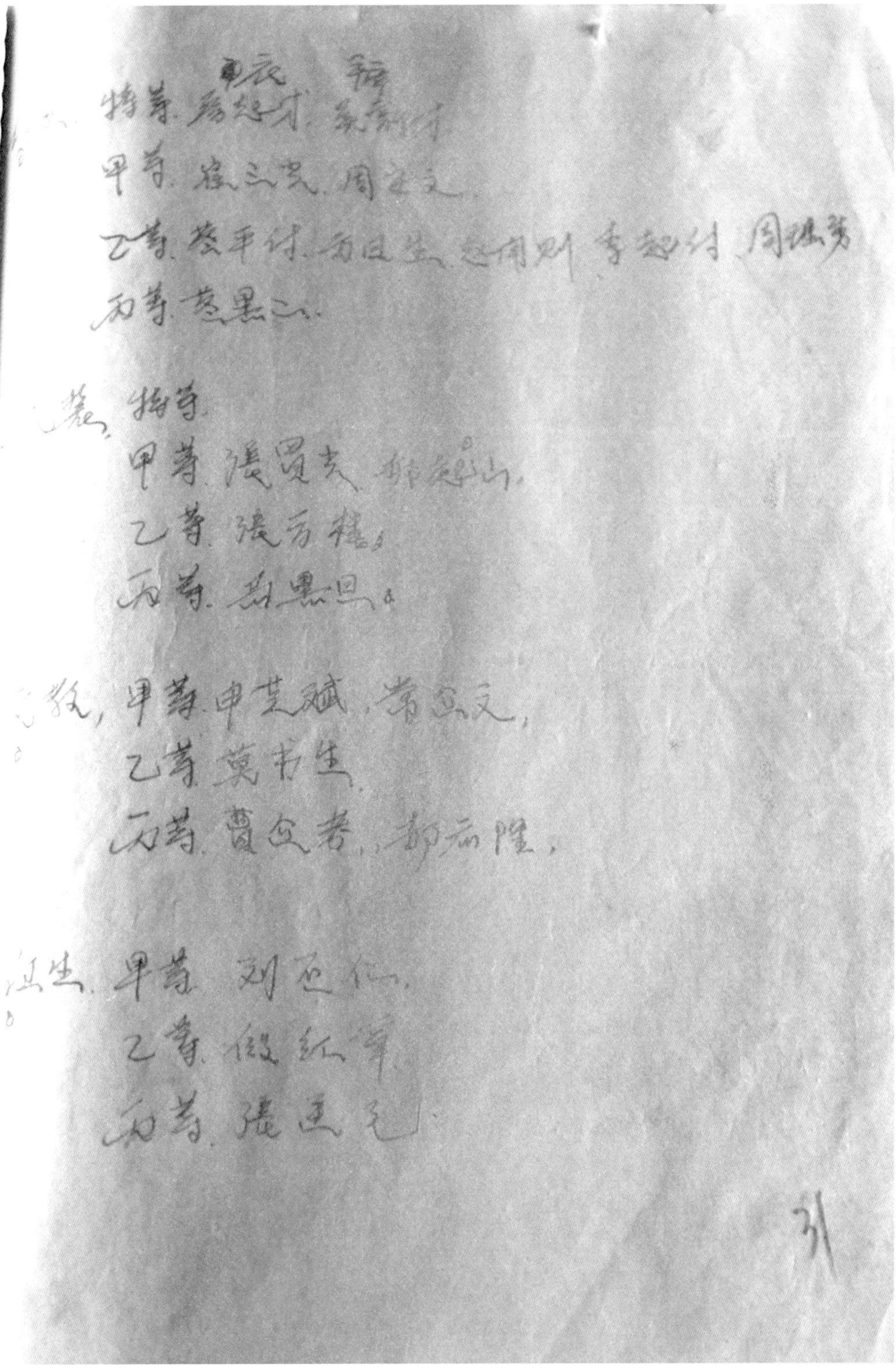

农 耕

特等 高起才、[illegible]

甲等 崔三虎、周[illegible]文

乙等 蔡平付、[illegible]、赵[illegible]、李起付、周[illegible]

丙等 蔡黑二

养 特等

甲等 张買支、郝[illegible]山

乙等 张[illegible]

丙等 高黑旦

教 甲等 申芝斌、常[illegible]文

乙等 莫书生

丙等 贾[illegible]、郝[illegible]

生 甲等 刘[illegible]

乙等 [illegible]

丙等 张[illegible]

31

图5-1-9　1962年西沟生产大队庆祝十年老社模范队\社员名单六

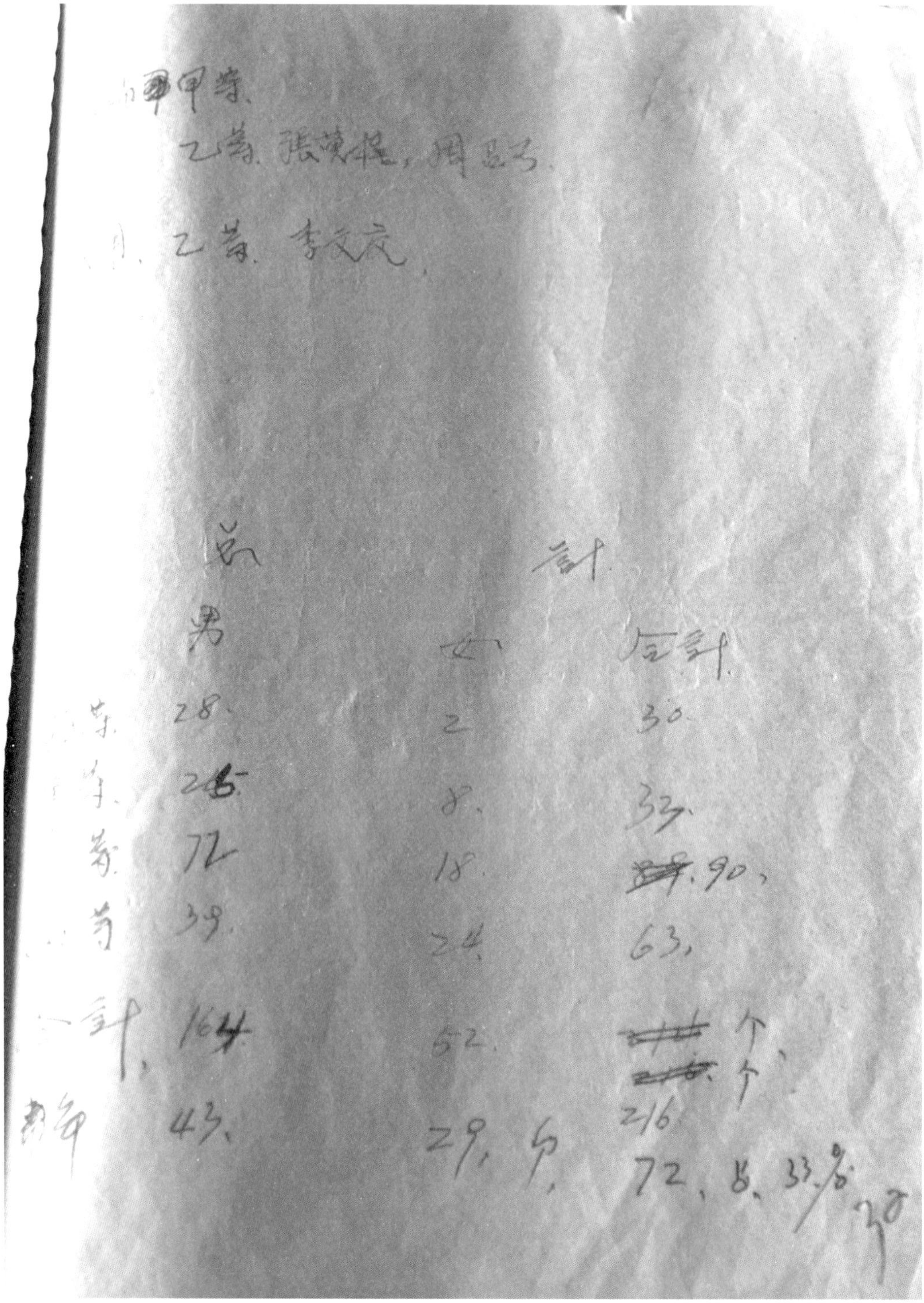

…甲等、

乙等、張文標，周呂?

…乙等、李文范、

总 計

	男	女	合計
东	28、	2	30、
	25	8、	33、
	72	18、	[illegible] 90、
	39、	24、	63、
計、	164	52、	[illegible] 个、 [illegible] 个
	43、	29、户、	216

72、8、33 / 28

图5-1-10　1962年西沟生产大队庆祝十年老社模范队\社员名单七

（二）李顺达1971年批条

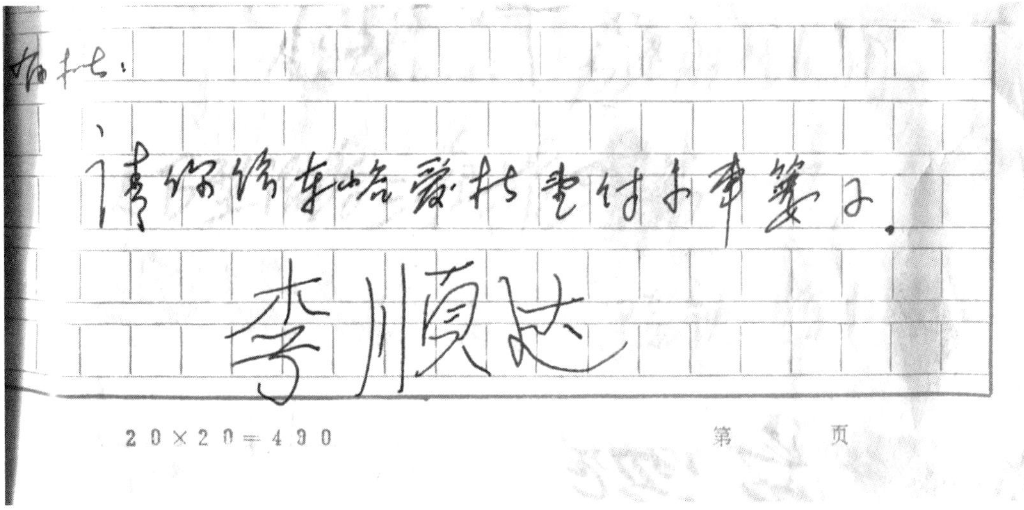
[illegible]：

[illegible]。

李顺达

20×20=400　　第　页

图5-2　李顺达1971年批条